Guia de **Terapia Cognitivo-comportamental**
para o **Terapeuta**

A MENTE VENCENDO O HUMOR

A Artmed é a editora oficial da FBTC

Christine A. Padesky, PhD, psicóloga clínica, é cofundadora do Center for Cognitive Therapy em Hutingon Beach, Califórnia; codesenvolvedora de TCC baseada em pontos fortes e coautora de seis livros, incluindo o mais vendido recurso de autoajuda, *A mente vencendo o humor*, 2ª edição. Recebeu o prêmio Aaron T. Beck por contribuições significativas e constantes ao campo da terapia cognitiva, conferido pela Academy of Cognitive Therapy (agora Academy of Cognitive and Behavior Therapies; ACBT), o prêmio Distinguished Contribution to Psychology, concedido pela California Psycological Association, e o prêmio da British Association for Behavioural and Cognitive Psychoterapies (BABCP) como Most Influential International CBT Therapist. Foi nomeada Distinguished Founding Fellow da ACBT e Honorary Fellow da BABCP. A BABCP elegeu *A mente vencendo o humor* como o livro de TCC mais influente de todos os tempos. Ela já ministrou *workshops* para mais de 50.000 terapeutas ao redor do mundo e é reconhecida por sua habilidade de integrar teoria, empirismo, criatividade a habilidades práticas de terapia. É consultora mundial e desenvolve materiais de treinamento em áudio e vídeo para terapeutas. Seus *websites* são www.mindovermood.com (para o público em geral) e www.padesky.com (para profissionais da saúde mental).

Dennis Greenberger, PhD, psicólogo clínico, é fundador e diretor do Anxiety and Depression Center em Newport Beach, Califórnia. É ex-presidente e membro fundador da ACBT. Fez sua formação no Center for Cognitive Therapy da University of Pennsylvania e teve como mentores Aaron T. Beck e Judith S. Beck. É antigo praticante da TCC, tendo ministrado conferências em âmbitos nacional e internacional. É coautor de *A mente vencendo o humor*, 2ª edição. Seu *website* é www.anxietyanddepressioncenter.com.

P123m   Padesky, Christine A.
          Guia de terapia cognitivo-comportamental para o terapeuta: a mente vencendo o humor / Christine A. Padesky, Dennis Greenberger ; tradução: Sandra Maria Mallmann da Rosa ; revisão técnica: Bernard Rangé. – 2. ed. – Porto Alegre: Artmed, 2021.
          viii, 500 p. : il. ; 23 cm.

          ISBN 978-65-5882-007-9

          1. Psicoterapia – Transtorno de humor. 2. Psiquiatria. I. Greenberger, Dennis. II. Título.

CDU 616.89

Catalogação na publicação: Karin Lorien Menoncin – CRB 10/2147

Christine A. Padesky
Dennis Greenberger

Guia de **Terapia Cognitivo-comportamental** para o **Terapeuta**

A MENTE VENCENDO O HUMOR

2ª EDIÇÃO

Tradução:
Sandra Maria Mallmann da Rosa

Revisão técnica:
Bernard Rangé
Professor do Programa de Pós-graduação em Psicologia do Instituto de Psicologia, Universidade Federal do Rio de Janeiro. Doutor em Psicologia. Especialista em Terapia Cognitiva pelo Beck Institute.

artmed

Porto Alegre
2021

Obra originalmente publicada sob o título
The clinician's guide to CBT using Mind over mood, second edition.
ISBN 9781462542574

Copyright © 2020 The Guilford Press
A Division of Guilford Publications, Inc
Published by arrangement with The Guilford Press

Gerente editorial
Letícia Bispo de Lima

Colaboraram nesta edição:

Coordenadora editorial
Cláudia Bittencourt

Adaptação da capa original
Márcio Monticelli

Preparação de originais
Maria Lúcia Badejo

Leitura final
Camila Wisnieski Heck e Marcos Viola Cardoso

Editoração
Ledur Serviços Editoriais Ltda.

Reservados todos os direitos de publicação, em língua portuguesa, ao
GRUPO A EDUCAÇÃO S.A.
(Artmed é um selo editorial do GRUPO A EDUCAÇÃO S.A.)
Rua Ernesto Alves, 150 – Bairro Floresta
90220-190 – Porto Alegre – RS
Fone: (51) 3027-7000

SÃO PAULO
Rua Doutor Cesário Mota Jr., 63 – Vila Buarque
01221-020 – São Paulo – SP
Fone: (11) 3221-9033

É proibida a duplicação ou reprodução deste volume, no todo ou em parte, sob quaisquer formas ou por quaisquer meios (eletrônico, mecânico, gravação, fotocópia, distribuição na Web e outros), sem permissão expressa da Editora.

SAC 0800 703-3444 – www.grupoa.com.br

IMPRESSO NO BRASIL
PRINTED IN BRAZIL

Agradecimentos

Sempre que escrevo, sou inspirada e influenciada por incontáveis terapeutas a quem tive o prazer de ensinar e dos quais me tornei amiga com o passar dos anos. Kate Gillespie merece um agradecimento especial porque me convenceu, depois de muitas conversas, de que os terapeutas que estão aprendendo TCC realmente precisavam e desejavam que escrevêssemos este livro. Max Eames sugeriu que o livro fosse organizado em torno de uma orientação passo a passo para cada capítulo da 2ª edição de *A mente vencendo o humor*, como uma alternativa para a abordagem mais puramente diagnóstica da 1ª edição. Sua sugestão foi brilhante e deu origem a um livro muito mais prático e útil do que aquele que eu havia começado a escrever. Os terapeutas que se consultaram comigo enquanto eu escrevia este livro influenciaram o projeto ao fazerem perguntas que demandaram maiores detalhes em muitas das ilustrações dos casos clínicos. Os muitos terapeutas que entusiasticamente participaram em meus *workshops* durante as últimas décadas influenciaram a minha noção de quais ideias eram inspiradoras e merecedoras de ser incluídas, e quais eram potencialmente confusas e requeriam maior explicação. Procurei assegurar que as perguntas formuladas, cidade após cidade, pelo mundo afora fossem abordadas nesta obra.

Agradeço à nossa editora, Kitty Moore, e a meu coautor, Dennis Greenberger, que me proporcionaram espaço e tempo, sem pressão, para que eu pudesse escrever o livro que tinha em mente. Sua confiança de que algo de valor emergiria e o encorajamento que cada um ofereceu nessa jornada ajudou a me manter durante o longo processo de escrita. Dennis sempre estava pronto para ler e discutir os esboços dos capítulos; ele também me enviava constantemente uma série de *e-mails* encorajadores. Barbara Watkins apresentou uma perspectiva editorial meticulosa e propôs soluções construtivas para cada desafio que detectava no texto. Toda a equipe editorial e de produção da Guilford se empenhou ao máximo. Um agradecimento especial à revisora de "olhos de águia", Marie Sprayberry, à gerente editorial de projeto Anna Brackett, ao mago Paul Gordon, pelo *design* da capa, e à equipe de *marketing* de Marian Robinson.

Minha mais profunda gratidão vai para Kathleen Mooney, minha parceira e colaboradora na inovação terapêutica ao longo de toda a minha carreira. Depois que concluí o esboço do original, ela passou incontáveis semanas editando cada um dos meus capítulos e sugerindo melhorias que possibilitaram maior clareza e legibilidade. Ela ainda desenvolveu os ícones das dicas e lembretes que constam neste livro. Kathleen é uma psicoterapeuta talentosa, e confio no seu julgamento em todas as questões clínicas. Tudo o que já era bom ficou ainda melhor nesta edição, porque ela generosamente ofereceu seu tempo e atenção para ajudar a melhorá-la. Trabalhamos tão próximas desde o começo de nossas carreiras como psicólogas que ela, mais do que qualquer um, é capaz de reconhecer quando a minha voz clínica é "verdadeira". Como colaboradora no desenvolvimento de todos os programas de treinamento desde 1983, Kathleen também ajudou a moldar meu coração e minha mente clínicos. Ela me apoiou incansavelmente na edição deste livro até que ele refletisse ambos.

Aaron T. Beck foi meu mentor e amigo desde o começo da minha carreira. Como um testamento das suas muitas gentilezas em relação a mim, procurei seguir suas pegadas e oferecer inspiração às novas gerações de terapeutas. Nos últimos anos, tenho desfrutado especialmente do encontro com estudantes de pós-graduação. Eles são o futuro da psicoterapia e estiveram constantemente na minha mente enquanto eu escrevia, criando certa pressão para que eu "acertasse" neste livro. Cada nova geração de terapeutas precisa aprender como fazer terapia de A a Z. Dei o melhor de mim para escrever um livro que teria gostado de ler quando estava aprendendo a ser terapeuta, e que estivesse na minha estante ainda hoje. Espero ter tido sucesso.

Christine A. Padesky

Em primeiro lugar, minha mais profunda gratidão a minha esposa, Deidre, e minhas filhas, Elysa e Alanna. Ao longo da minha vida, elas têm sido uma fonte de incansável apoio. Elas dão significado e consistência à minha vida e são sua riqueza.

Também estendo meu reconhecimento e minha gratidão aos meus colegas no Anxiety and Depression Center – Perry Passaro, Shanna Farmer, Robert Yielding, Jamie Lesser, David Lindquist e Jeannie Morgan. É uma grande inspiração trabalhar ao seu lado, e aprendi e continuo a aprender com eles todos os dias.

Finalmente, desejo agradecer a meus professores e mentores, Aaron e Judith Beck. Minha vida profissional foi definida pelo tempo que passamos juntos, e espero que minhas contribuições para este livro auxiliem no avanço do campo e da visão desses autores.

Dennis Greenberger

Prefácio

Agradecemos a você por incorporar à sua prática a 2ª edição de *A mente vencendo o humor*. Esse livro foi escrito para guiar os leitores na construção de habilidades que podem aliviar depressão, ansiedade, raiva, culpa e vergonha; ajudá-los a melhorar seus relacionamentos e a alcançar maior bem-estar. Este guia do terapeuta ilustra passo a passo como desvendar toda a aprendizagem que *A mente vencendo o humor* pode oferecer aos seus clientes, e como e quando fazer melhor uso das suas 60 folhas de exercícios. Também incorpora orientações práticas e princípios atualizados que refletem o aprimoramento nas abordagens e métodos da terapia cognitivo-comportamental (TCC) desde a publicação da 1ª edição.

Tenha este livro bem à mão para recorrer o seu conteúdo sempre que precisar. Sua apresentação passo a passo traz intervenções terapêuticas planejadas que podem ser facilmente revisadas nos dez minutos entre as sessões. Por exemplo, se planeja preparar um experimento comportamental, antes da sua sessão você poderá revisar, no Capítulo 7, os passos para colocá-lo em prática. Se você e seu cliente planejaram um experimento comportamental na sessão anterior, o Capítulo 7 também oferece sugestões para fazer um balanço do que aconteceu. A orientação oferecida varia conforme os resultados dos experimentos do seu cliente apoiem ou não as previsões feitas na sessão anterior.

Eu (Christine A. Padesky) escrevi os 14 primeiros capítulos deste livro com base em minhas quatro décadas de experiência na prática da TCC e na preparação, em âmbito mundial, de mais de 50 mil terapeutas em *workshops*, salas de aula e seminários via *web*. Esta 2ª edição de *Guia de terapia cognitivo-comportamental para o terapeuta: A mente vencendo o humor* captura muito de perto minha visão de como melhor praticar a TCC. O *feedback* e as perguntas de terapeutas que participaram de meus *workshops* ou que se consultaram comigo me ajudaram a identificar como *A mente vencendo o humor* pode auxiliá-los a circular entre os mal-entendidos comuns, os pontos de entrave e os dilemas a fim de melhorar os resultados da terapia. Dennis Greenberger escreveu o capítulo final deste livro, que ensina como melhor integrar *A mente vencendo o humor* à terapia de grupo, uma modalidade de tratamento com frequência subutilizada. Com base em seus 35 anos de experiência clínica e conhecimento significativo na condução e supervisão de TCC em grupo, o Capítulo 15 ilustra protocolos, sessão a sessão, para dois tipos de terapia em grupo baseada em *A mente vencendo o humor*.

Fizemos o melhor possível para descrever *A mente vencendo o humor* e os métodos da TCC em termos claros e práticos, fáceis de seguir, inclusive para terapeutas iniciantes em TCC. Ao mesmo tempo, os terapeutas altamente experientes reconhecerão que os diálogos entre terapeuta e cliente ao longo deste livro têm nuanças e refletem as complicações que ocorrem em sessões de terapia reais. Mesmo quando usadas práticas baseadas em evidências, a terapia nem sempre progride sem percalços. Ao longo deste livro, nossos Guias para a Resolução de Problemas abordam muitas das dificuldades comuns enfrentadas pelos terapeutas.

Não só mostramos o que fazer na terapia e como usá-la, mas também explicamos quando e por que usar ou não usar *A mente vencendo o humor* para problemas particulares. Além disso, fazemos referência a pesquisas que apoiam os métodos ensinados. Acompanhar a evolução da pesquisa atual é importante. Algumas vezes, as práticas de terapia que terapeutas e clientes presumem ser úteis podem, na verdade, reduzir as chances de recuperação do cliente. Para descobrir se o que fazemos em psicoterapia é mais ou menos útil do que fazer outras coisas, incluindo não fazer nada, gradualmente aprendemos como ajudar nossos clientes de forma mais efetiva. E, no entanto, o imenso número de resultados baseados em evidências pode tornar desafiador para os terapeutas manter seu conhecimento atualizado. Este guia está baseado em e usa como referência um resumo dos achados de pesquisa relevantes que provavelmente irão resistir ao teste do tempo. Os terapeutas podem seguir os princípios recomendados aqui e saber que estão usando *A mente vencendo o humor* de forma consistente com a prática baseada em evidências.

Ao apresentar as melhores maneiras de usar *A mente vencendo o humor*, esperamos que este guia aumente sua satisfação em ajudar seus clientes, orientando suas descobertas e auxiliando-os a adquirir os tipos de habilidades que podem apoiar uma mudança duradoura e positiva. Caso, ao utilizar *A mente vencendo o humor*, você identifique problemas não abordados aqui, por favor nos escreva. Poderemos sugerir estratégias que o auxiliem a resolver os entraves que encontrar. Com seu *feedback* construtivo, as futuras edições do livro e deste guia poderão ajudar um número ainda maior de pessoas.

Christine A. Padesky

Sumário

Prefácio vii
Christine A. Padesky

SEÇÃO I: *A mente vencendo o humor* desvendado

1 Como usar este guia do terapeuta 2

2 Habilidades fundamentais (Capítulos 1-4 de *A mente vencendo o humor*) 20

3 Definindo objetivos (Capítulo 5 de *A mente vencendo o humor*) 45

4 Registros de pensamentos, Parte I: situações, estados de humor e pensamentos (Colunas 1-3; Capítulos 6-7 de *A mente vencendo o humor*) 66

5 Registros de pensamentos, Parte II: reestruturação cognitiva (Colunas 4-7; Capítulos 8-9 de *A mente vencendo o humor*) 93

6 Novos pensamentos, planos de ação e aceitação (Capítulo 10 de *A mente vencendo o humor*) 126

7 Pressupostos subjacentes e experimentos comportamentais (Capítulo 11 de *A mente vencendo o humor*) 139

8 Novas crenças nucleares, gratidão e atos de gentileza (Capítulo 12 de *A mente vencendo o humor*) 175

9 Depressão e ativação comportamental (Capítulo 13 de *A mente vencendo o humor*) 211

10 Compreendendo a ansiedade e princípios do tratamento (Capítulo 14 de *A mente vencendo o humor*) 233

11 Adaptando *A mente vencendo o humor* a transtornos de ansiedade comuns e relacionados 280

12 Raiva, culpa e vergonha (Capítulo 15 de *A mente vencendo o humor*) 318

13 Manejo de recaída e felicidade (Capítulo 16 e Epílogo de *A mente vencendo o humor*) 369

SEÇÃO II: *A mente vencendo o humor* no contexto

14 Princípios da TCC na terapia individual e de casal 384

15 Terapia de grupo baseada em *A mente vencendo o humor* 422

Apêndice A: Guias de leitura para estados de humor específicos de *A mente vencendo o humor* 472

Apêndice B: Uma história pessoal do registro de pensamentos 476

Apêndice C: Recursos adicionais em inglês de Christine A. Padesky 479

Referências 480

Índice 489

SEÇÃO I

A MENTE VENCENDO O HUMOR DESVENDADO

1

Como usar este guia do terapeuta

O guia do terapeuta é mais do que um texto sobre como, quando e por que integrar a 2ª edição de *A mente vencendo o humor* à terapia. Ele demonstra muitas das melhores maneiras de praticar a terapia cognitivo-comportamental (TCC), funcionando como um terapeuta experiente em TCC, sentado na sala com você, auxiliando-o a fazer escolhas terapêuticas e guiando-o pelo caminho.

Nesta obra, apresentamos orientações detalhadas para *todos* os exercícios e folhas de exercícios que constam na 2ª edição de *A mente vencendo o humor: mude como você se sente, mudando o modo como você pensa* (Greenberger & Padesky, 2016). Este guia irá ajudá-lo a encontrar abordagens práticas e criativas para usar *A mente vencendo o humor* com seus clientes. **Recomendamos que você mantenha *A mente vencendo o humor* aberto ao seu lado enquanto lê este guia.** Os comentários e exemplos clínicos apresentados aqui vão fazer mais sentido quando você examinar o texto complementar e as folhas de exercícios que estão sendo descritas. Se você for iniciante no uso de *A mente vencendo o humor* com seus clientes ou se já o incorporou à sua prática há muito tempo, este guia vai aprimorar seu conhecimento e oferecer novos *insights* a fim de reforçar o trabalho com indivíduos, casais e grupos. Acreditamos que ele irá ajudá-lo a se tornar um terapeuta cognitivo-comportamental melhor.

ESTRUTURA DESTE GUIA DO TERAPEUTA

Os Capítulos 2 a 13 deste guia (os demais capítulos da Seção I) desvendam e elaboram as informações apresentadas em cada capítulo de *A mente vencendo o humor*. Eles trazem orientações detalhadas de como e quando usar cada uma das 60 folhas de exercícios em *A mente vencendo o humor* de forma consistente com práticas terapêuticas baseadas em evidências. Esses capítulos apresentam fundamentos clínicos para os métodos psicoterapêuticos, além das razões por que ensinamos habilidades selecionadas em uma ordem particular para clientes com diagnósticos específicos. Os procedimentos críticos da terapia são ilustrados com diálogos profundos entre terapeuta e cliente que se encaixam na teoria mais ampla da TCC e na prática baseada em evidências. Cada um desses capítulos, exceto o Capítulo 13, também inclui um Guia para a Resolução de Problemas a fim de tratar dos desafios clínicos comuns e das estratégias para manejá-los. O Capítulo 13 descreve como o Epílogo de *A mente vencendo o humor* pode ajudar a abordar vários problemas comuns dos clientes.

> ## Quadro de lembretes
>
> Este guia foi concebido para ser lido por clínicos experientes e também por estudantes nos campos da saúde mental, tenham eles prática em TCC ou não.
>
> Recomendamos manter *A mente vencendo o humor* aberto para fácil referência enquanto você lê este guia. Depois deste primeiro capítulo, cada capítulo desta obra:
>
> - Resume pesquisas de ponta e métodos clínicos baseados em evidências.
> - Apresenta dicas para individualizar o uso de *A mente vencendo o humor*.
> - Inclui um Guia para a Resolução de Problemas para desafios clínicos comuns encontrados no atendimento de clientes. (Uma exceção é o Capítulo 13, que, em vez de um Guia para a Resolução de Problemas, inclui uma discussão de como o Epílogo em *A mente vencendo o humor* pode auxiliar com questões particulares do cliente.)
> - Traz diálogos entre terapeuta e cliente para enriquecer a sua compreensão de como executar com eficiência os passos essenciais da terapia.
>
> Até que você esteja totalmente familiarizado com *A mente vencendo o humor*, revise os guias dos capítulos relevantes que dizem respeito às folhas de exercícios e aos capítulos que está usando com seus clientes. Sua revisão periódica irá ajudá-lo a recordar o "melhor uso" para *A mente vencendo o humor*.

A Seção II deste livro, *A mente vencendo o humor* no contexto (Capítulos 14 e 15), destaca os princípios da TCC e ilustra como eles apoiam o uso de *A mente vencendo o humor* na terapia com indivíduos, casais e grupos. Cada um desses capítulos também inclui um Guia para a Resolução de Problemas.

APLICAÇÕES DESTE GUIA DO TERAPEUTA

Pesquisas sugerem que a TCC é mais efetiva quando os clínicos são fiéis a um modelo e aos princípios terapêuticos da TCC (Simons et al., 2010). *A mente vencendo o humor* e este guia do terapeuta foram escritos para tornar mais fácil para você aderir a esse modelo e seguir os princípios que se provaram efetivos e para ajudá-lo a obter resultados consistentes e efetivos.

Como este guia auxilia os terapeutas experientes

Mesmo terapeutas experientes em TCC estão sujeitos a ficar "à deriva" e a parar de seguir as melhores práticas. Ocasionalmente, a terapia com um ou mais clientes se torna caótica ou desfocada. Os terapeutas podem se afastar de um plano de tratamento baseado em evidências, ficando inseguros sobre como retomar o caminho. Os Guias para a Resolução de Problemas abordam as causas dessas dificuldades e propõem soluções, juntamente com ilustrações de casos. Os resumos das diretrizes básicas baseadas em evidências aqui fornecidos podem ajudar a preencher as lacunas de informações sobre transtornos que os terapeutas tratam apenas ocasionalmente.

Além disso, terapeutas experientes em TCC algumas vezes avançam muito rapidamente e ignoram processos que ensinam aos clientes as habilidades fundamentais que as pesquisas associam a melhores resultados de tratamento e a índices mais baixos de recaída. Este guia traz explicações detalhadas para o ensino dessas habilidades, e *A mente vencendo o humor* inclui exercícios escritos para avaliar a compreensão do cliente e seu domínio em relação a elas. Os terapeutas podem periodicamente revisar quais habilidades seus clientes aprenderam e quais ainda precisam aprender consultando a *Checklist* de Habilidades de *A mente vencendo o humor* (Folha de Exercícios 16.1, *A mente vencendo o humor*, p. 273). Essa folha de exercícios lista habilidades principais e aquelas associadas à terapia para problemas de humor em particular. Ela auxilia os terapeutas a se assegurarem de que os clientes estão aprendendo as habilidades que mais provavelmente os ajudarão a melhorar e permanecer bem.

Como usar este guia em treinamento e supervisão

A mente vencendo o humor e este guia do terapeuta podem ser usados como textos complementares em programas de treinamento para terapeutas em graduação e pós-graduação. Juntos, oferecem aos terapeutas e aos estudantes uma visão geral dos métodos e processos centrais da TCC. Lembretes sucintos de protocolos da TCC, acompanhados por referências fundamentais para diagnósticos comuns dos clientes e problemas apresentados, são características deste guia do terapeuta. Os Guias para a Resolução de Problemas ao longo deste livro alertam os principiantes e também os terapeutas experientes quanto aos contratempos que podem ocorrer na terapia e as estratégias para lidar com eles.

Utilização em sala de aula

Este guia do terapeuta apresenta um modelo integrativo para os terapeutas em treinamento, associando a orientação prática para aplicações da terapia de *A mente vencendo o humor* com referências baseadas em evidências a partir das quais esses métodos foram derivados. As explicações e folhas de exercícios em *A mente vencendo o humor* possibilitam uma visão detalhada de quais habilidades da TCC podem beneficiar os clientes, e este guia mostra como ensinar essas habilidades mais efetivamente.

Quando terapeutas iniciantes em TCC focam na prática de algumas habilidades constituintes, uma de cada vez, como a definição de agendas ou a identificação de pensamentos automáticos, a aprendizagem em geral é mais fácil. Ao praticarem as habilidades constituintes com alguns clientes, os terapeutas podem aprender a variar os métodos clínicos para clientes com diferentes diagnósticos, estilos pessoais, origens culturais e estilos de aprendizagem. Quando se aprende TCC em um ambiente de grupo ou sala de aula, cada terapeuta pode discutir suas experiências na prática das habilidades constituintes, de modo que os participantes se beneficiem com a aprendizagem e a percepção de todos. O grupo pode discutir estratégias para manejar as barreiras que os terapeutas individuais consideraram insuperáveis. Dessa forma, os terapeutas aprendem a variar criativamente os métodos clínicos padronizados a fim de oferecer ajuda efetiva a uma ampla gama de clientes.

Os clínicos que supervisionam ou ensinam TCC podem usar *A mente vencendo o humor* e este guia do terapeuta para ilustrar os processos da TCC para os estudantes. Por exemplo, as perguntas e os quadros com dicas úteis em *A mente ven-*

cendo o humor fornecem modelos para estratégias de questionamento do terapeuta na sessão. *A mente vencendo o humor* inclui ilustrações clínicas padronizadas concretas para discussão e prática do terapeuta. Por exemplo, um curso sobre TCC para depressão pode ilustrar respostas do cliente à TCC destacando as seções em *A mente vencendo o humor* referentes a Paulo e Marisa, que estavam deprimidos. O instrutor pode pedir que os participantes comparem Paulo e Marisa em termos dos sintomas de depressão, história, aliança terapêutica e nível de habilidade na terapia cognitiva, conforme demonstrado em diálogos particulares entre terapeuta e cliente e exemplos de registros de pensamentos (p. ex., Capítulo 9 de *A mente vencendo o humor*). Como Paulo e Marisa ilustram duas faces bem diferentes da depressão e da resposta ao tratamento, eles proporcionam um rico material instrutivo para que os terapeutas aprendam as nuanças da TCC para depressão.

Estudantes em muitas universidades no mundo todo já praticaram e aprenderam habilidades de TCC durante seu curso aplicando métodos da TCC ao seu próprio humor, crenças e comportamentos usando as folhas de exercícios de *A mente vencendo o humor*. Os exemplos de clientes em *A mente vencendo o humor* e este guia do terapeuta trazem dados clínicos para ajudar a examinar as crenças negativas do terapeuta sobre aspectos da TCC. Por exemplo, a estrutura da terapia inibiu Marisa de experimentar suas emoções em *A mente vencendo o humor*? De que formas o terapeuta está controlando ou não as sessões nos diálogos apresentados neste guia? Em que aspectos a estrutura coloca o cliente mais no controle? Os estudantes conseguem encontrar exemplos em *A mente vencendo o humor* em que a estrutura inibe ou melhora a relação terapêutica?

Supervisão

No começo da supervisão, os supervisionados podem classificar seu conhecimento e suas habilidades atuais em uma variedade de competências centrais da TCC, usando a *Checklist* de Habilidades de *A mente vencendo o humor* (Folha de Exercícios 16.1, *A mente vencendo o humor*, p. 273). Os supervisores podem modificar essa folha de exercícios pedindo que os supervisionados classifiquem sua experiência e confiança anteriores ao ensinarem cada habilidade aos clientes. As respostas dos supervisionados podem ajudar a moldar os objetivos de aprendizagem para a supervisão. Os supervisores podem encorajar os supervisionados a circular as habilidades que eles mais desejam desenvolver em supervisão e, então, recomendar habilidades adicionais que são importantes de ser aprendidas. O ideal é que os supervisores colaborem com os supervisionados na confecção de planos de supervisão que apoiem a aprendizagem e sejam adequados aos tipos de clientes nos casos dos supervisionados. Os supervisionados periodicamente podem ser solicitados a reclassificar seu uso das habilidades que são alvo na supervisão.

A mente vencendo o humor e este livro fornecem modelos úteis para muitos procedimentos clínicos que os supervisionados precisam praticar. Dramatizações podem ser incorporadas à supervisão a fim de ajudar os supervisionados a ensaiar as estratégias que estão planejando usar com seus clientes. Exemplos de caso clínico e/ou diálogos de cada texto podem servir como amostras da prática quando um supervisionado não tem uma situação clínica relevante para dramatizar. Os mesmos princípios da ACT descritos no Capítulo 14 deste guia podem ser incorporados à supervisão. Idealmente, a supervisão é colaborativa, inclui a descoberta guiada e foca no desenvolvimento de habilidades terapêuticas duradouras. Orientações adicionais sobre supervisão podem ser encontradas em Kennerley, Kirk e Westbrook (2017).

Autossupervisão ou supervisão pelos pares

Para autossupervisão e supervisão pelos pares, os praticantes são encorajados a registrar e revisar as próprias sessões. Geralmente é indicado focar em uma ou duas áreas de melhoria por vez. Por exemplo, um mês você pode escolher melhorar sua habilidade para ajudar os clientes a identificar pensamentos automáticos; outro mês pode escolher melhorar sua compreensão de experimentos comportamentais. Depois que seus objetivos iniciais de aprendizagem foram atingidos, objetivos adicionais podem ser definidos. As folhas de exercícios no capítulo de *A mente vencendo o humor* sobre definição dos objetivos (Capítulo 5) podem ajudá-lo a estabelecer e priorizar objetivos para autossupervisão e supervisão pelos pares. Diálogos com os clientes em capítulos relevantes neste guia podem ser usados como modelos para as intervenções terapêuticas que você está praticando.

A maioria dos terapeutas está altamente motivada para melhorar suas habilidades de prática. A autossupervisão em geral é a mais exigente que qualquer um de nós irá receber. Sugerimos que você adote uma atitude de encorajamento em vez de perfeccionismo. Enfatize a observação e a resolução de problemas e evite críticas e julgamento. Seja colaborativo e curioso com você mesmo. E, é claro, você pode usar os exercícios e folhas de exercícios de *A mente vencendo o humor* para avaliar seus pensamentos sempre que ficar desencorajado ou impaciente com o progresso feito. Da mesma forma que ocorre com os clientes, os incômodos e problemas que você experimenta como terapeuta podem se transformar nas sementes para uma aprendizagem valiosa.

Praticantes que trabalham isolados

Alguns terapeutas não têm o benefício de supervisão e treinamento regulares porque sua prática está geograficamente isolada. Outros clínicos são os únicos praticantes da TCC em seus grupos ou regiões. Aqueles que trabalham sozinhos frequentemente reconhecem a necessidade de treinamento adicional, mas os meios para obter isso podem parecer remotos. Mais uma vez, este guia do terapeuta apresenta Guias para a Resolução de Problemas que abordam as dificuldades comumente encontradas, bem como soluções recomendadas.

Os praticantes isolados são encorajados a se beneficiar de supervisão ou consultas por telefone ou pela internet. A maioria dos centros de treinamento em TCC no mundo inteiro oferece serviços de consulta a distância. Um de nós (Christine A. Padesky) passa um bom tempo da sua semana de trabalho em encontros de videoaconselhamento com terapeutas de diversas partes do mundo. A consulta com um terapeuta de TCC mais experiente pode abordar questões particulares sobre um caso ou o desenvolvimento de habilidades gerais em TCC.

Uso pessoal de *A mente vencendo o humor* para facilitar a aprendizagem

Uma das melhores maneiras de aprender TCC é praticar os métodos clínicos nas próprias questões profissionais ou pessoais (cf. Bennett-Levy, Thwaites, Haarhoff, &

Perry, 2015). Muitos terapeutas usaram eles próprios *A mente vencendo o humor*, preenchendo muitas das folhas de exercícios para situações pessoalmente relevantes. Quando os terapeutas aplicam métodos da TCC às suas próprias vidas, conseguem experimentar benefícios pessoais e melhorar suas habilidades na terapia, desenvolvendo uma compreensão mais profunda dos usos potenciais para cada exercício. O uso pessoal de *A mente vencendo o humor* ajuda os terapeutas a aprender como é trabalhar em exercícios de TCC durante momentos de excitação emocional. Isso também aumenta a familiaridade com as informações e os exercícios incluídos em *A mente vencendo o humor*. A habilidade de selecionar tarefas de aprendizagem e adequá-las às necessidades do cliente é determinada, em parte, pela familiaridade com *A mente vencendo o humor*.

Muitos terapeutas têm dificuldades com a estrutura ou com outros aspectos da TCC. Eles podem ter crenças como "A estrutura interfere na experiência das emoções do cliente", "A estrutura inibe uma boa relação terapêutica" ou "Estrutura é o controle por parte do terapeuta". É importante testar esses tipos de crenças do terapeuta, as quais podem interferir na prática da TCC. Isso é especialmente verdadeiro para crenças sobre a estrutura da terapia, porque a forte adesão à estrutura da TCC pode estar ligada a um melhor resultado no tratamento (Shaw et al., 1999). As crenças do terapeuta podem ser testadas nos registros de pensamentos, usando os métodos descritos em *A mente vencendo o humor* (ver os Capítulos 4 e 5 deste guia do terapeuta). Além de preencherem os registros de pensamentos, os terapeutas podem conduzir experimentos comportamentais (ver o Capítulo 7 deste guia) e ativamente buscar *feedback* dos clientes sobre o impacto das mudanças em seu estilo ou procedimentos.

Uso de *A mente vencendo o humor* por terapeutas que não praticam a TCC

Terapeutas que não praticam a TCC podem querer que seus clientes aprendam habilidades particulares da TCC quando há evidências de que essas habilidades ajudarão a promover uma mudança duradoura e reduzir o risco de recaída. Conforme descrito ao longo deste guia, algumas vezes inúmeros e diferentes tipos de psicoterapia provaram ser eficazes para vários humores e problemas para os quais as pessoas buscam ajuda. A TCC é frequentemente uma dessas terapias, tendo demonstrado efeitos duradouros, especialmente quando os clientes aprendem a praticar habilidades relevantes. *A mente vencendo o humor* é escrito de forma gradual para refletir a sequência de aprendizagem que a maioria dos clientes segue para adquirir as habilidades associadas a índices mais baixos de recaída.

O modelo de TCC apresentado na Figura 2.1 (p. 7) de *A mente vencendo o humor* e também neste guia (igualmente como Figura 2.1) é um modelo simples que liga pensamentos, humores, comportamentos, reações físicas e ambiente como ponto de partida para ajudar os clientes a entenderem seus problemas presentes. Esse modelo é compatível com a maioria das formas de psicoterapia, já que simplesmente ensina as pessoas que essas cinco áreas da vida estão interconectadas, com cada parte influenciando as outras. Diferentes psicoterapias enfatizam diferentes aspectos desse modelo geral. *A mente vencendo o humor* será particularmente útil quando os terapeutas quiserem abordar humor, pensamentos ou comportamentos como alvos para mudança. Embora os terapeutas em TCC possam intervir em qualquer uma ou em todas as cinco áreas para ajudar alguém, a TCC coloca ênfase particular na melhora dos estados de humor a partir da mudança comportamental e/ou identificação, avaliação e possivelmente mudança dos pensamentos.

Outra circunstância em que os terapeutas que geralmente não praticam a TCC podem escolher seguir um protocolo da TCC é quando as evidências apoiam fortemente a sua eficácia para um problema particular do cliente. *A mente vencendo o humor* pode ser usada para estruturar e guiar o tratamento de clientes com uma ampla variedade de problemas. Os Guias de Leitura específicos para humor (reproduzidos neste livro no Apêndice A, p. 472-475) podem ajudar a guiar terapeutas que não são da TCC até os tipos de habilidades e aprendizagem que provavelmente serão úteis para clientes que lutam contra depressão, ansiedade, raiva, culpa e vergonha.

QUANDO USAR *A MENTE VENCENDO O HUMOR*: UMA ÁRVORE DE DECISÃO

Durante as últimas décadas, terapeutas no mundo inteiro adotaram o livro *A mente vencendo o humor* em sua prática. Suas duas edições foram traduzidas para mais de 25 línguas. Ainda assim, você pode estar entre os muitos terapeutas que nunca usaram um livro de exercícios como parte da terapia. A Figura 1.1 apresenta uma árvore de decisão para ajudá-lo a decidir se *A mente vencendo o humor* pode ser útil para você e seus clientes.

DUAS FORMAS DE USAR *A MENTE VENCENDO O HUMOR* E ESTE GUIA DO TERAPEUTA

Depois que você e seus clientes fizerem a escolha de integrar *A mente vencendo o humor* à terapia, você pode usar o livro de exercícios de várias formas a fim de aprimorar a autocompreensão de seus clientes e promover o desenvolvimento de habilidades. É comum que *A mente vencendo o humor* esteja plenamente integrado à terapia ou seja usado como adjunto da terapia para identificar habilidades específicas a serem desenvolvidas. Seja qual for a abordagem que escolher entre essas duas, você irá encontrar orientações relevantes ao longo deste livro.

Integrando plenamente *A mente vencendo o humor* à terapia

Quando *A mente vencendo o humor* estiver plenamente integrado à terapia, poderá ser usado como modelo durante o curso desta. Depois que a terapia tiver encerrado, *A mente vencendo o humor* se torna um resumo das habilidades aprendidas e pode servir como uma forma de terapia constante. Para muitos clientes, *A mente vencendo o humor* funciona como um plano útil de tratamento gradual, com poucas modificações ou com informações adicionais necessárias. Por exemplo, *A mente vencendo o humor* é planejado para se

> **Dica clínica**
>
> Certifique-se de estar usando a 2ª edição de *A mente vencendo o humor* quando aplicar os princípios apresentados neste guia.

```
Eu tenho uma conceitualização?          Se não... Desenvolver uma
        Se sim
          ↓
Eu tenho um plano de tratamento?        Se não... Construir um
        Se sim
          ↓
A mente vencendo o humor combina com o plano da terapia?
        Se sim                    Se não, A mente vencendo o humor
          ↓                       ensina as habilidades de que o cliente precisa?
                                         Se sim          Se não
Meu cliente é capaz de e está disposto      ↓              ↓
a usar A mente vencendo o humor?      ┌──────────────┐  ┌──────────────┐
    Se sim         Se não             │ Indicar A mente│ │Não usar A mente│
      ↓              ↓                │ vencendo o humor│ │vencendo o humor│
┌──────────────┐ ┌──────────────────┐ └──────────────┘  └──────────────┘
│ Usar A mente │ │Resolver o problema ou não│
│vencendo o humor│ │usar A mente vencendo o humor│
└──────────────┘ └──────────────────┘
          └──────→ REAVALIAR ←──────┘
       O cliente acha A mente vencendo o humor útil?
       O cliente apresenta melhoras nas habilidades?
        Se sim                        Se não
          ↓                             ↓
┌──────────────┐              Resolver o problema/acrescentar
│ Continuar a usar│ ←─────── mais intervenções terapêuticas
│A mente vencendo o humor│
└──────────────┘
```

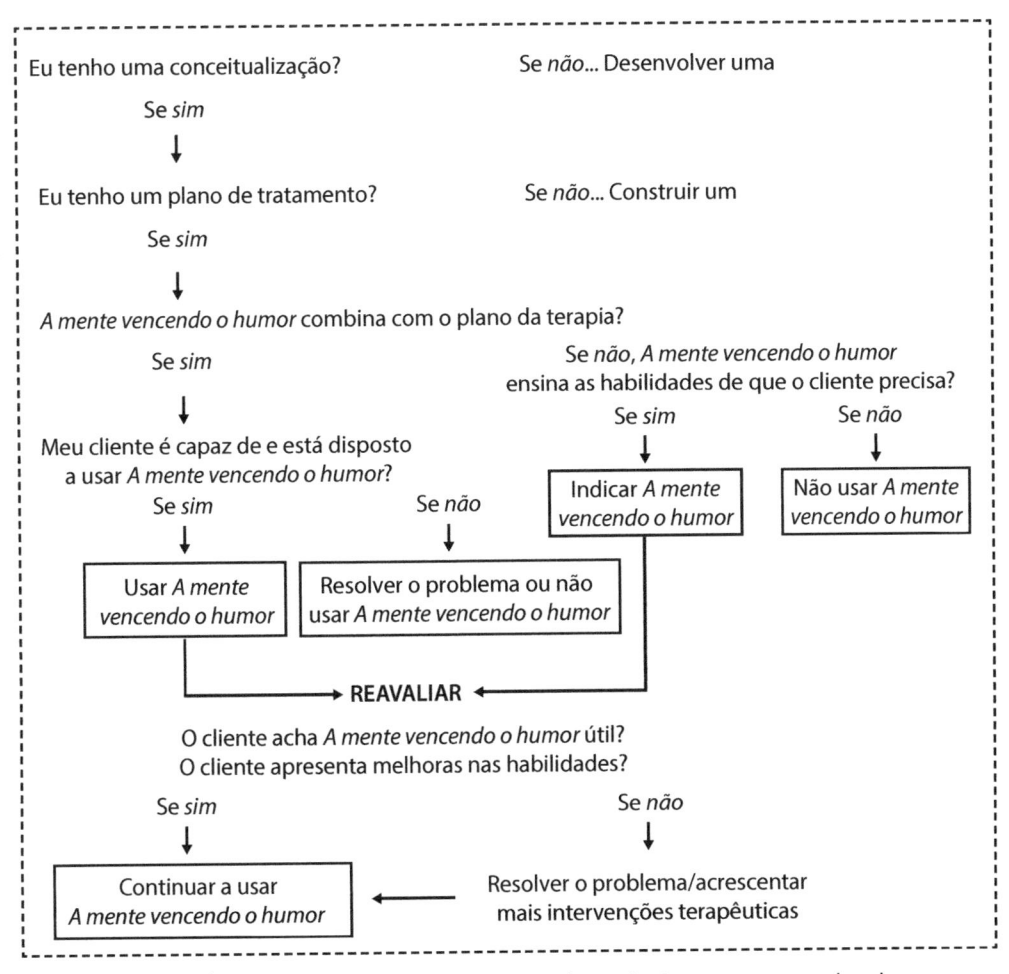

FIGURA 1.1 Árvore de decisão para uso da 2ª edição de *A mente vencendo o humor*.

adequar a práticas de terapia baseadas em evidências a fim de trabalhar com clientes com problemas relacionados a estados de humor como depressão, ansiedade, raiva, culpa ou vergonha. Para aumentar a probabilidade de melhoras duradouras no humor, *A mente vencendo o humor* pode cumprir um papel importante no encorajamento da prática de habilidades depois de encerrada a terapia. Terapeutas que lideram grupos, sejam eles baseados em habilidades ou para problemas relacionados ao humor, também podem usar *A mente vencendo o humor* como um programa de terapia pronto. O Capítulo 15 deste guia descreve como usar *A mente vencendo o humor* efetivamente para esses fins.

Use os Guias de Leitura para individualizar *A mente vencendo o humor*

Enquanto muitas das habilidades ensinadas em TCC são similares em todos os problemas dos clientes, a ordem e a maneira como elas são ensinadas variam de acordo com as características e os diagnósticos individuais, os ambientes de terapia e a duração do tratamento disponível. Dependendo do humor, diferentes capítulos de *A mente vencendo o humor* são recomendados aos leitores em uma ordem específica.

Os Guias de Leitura que descrevem a ordem dos capítulos recomendada em *A mente vencendo o humor* para depressão, ansiedade, raiva e culpa ou vergonha são apresentados no Apêndice A deste livro (p. 472-475). Essas sequências de capítulos são concebidas para ensinar as habilidades mais relevantes para cada estado de humor em uma ordem mais adequada a tratamentos baseados em evidências. Os Guias de Leitura recomendam que as pessoas leiam os quatro primeiros capítulos de *A mente vencendo o humor*, escolham um humor no qual trabalhar e então passem à leitura do capítulo relacionado a esse humor: o Capítulo 13 (Compreendendo sua depressão), o Capítulo 14 (Compreendendo sua ansiedade) ou o Capítulo 15 (Compreendendo a raiva, a culpa e a vergonha). Depois que o cliente termina o capítulo sobre o estado de humor escolhido, o Guia de Leitura para esse humor sugere uma ordem de leitura para as habilidades de aprendizagem ensinadas nos capítulos adicionais de *A mente vencendo o humor*.

Na primeira vez que você seguir um Guia de Leitura específico de *A mente vencendo o humor* com um cliente, poderá ser conveniente ler os capítulos correspondentes neste guia do terapeuta, na ordem em que está indicando as leituras e folhas de exercícios a ele. Ao seguir o mesmo caminho que seu cliente, você obtém uma visão mais clara das habilidades relevantes em *A mente vencendo o humor* ensinadas para um estado de humor específico e estará mais apto a solucionar as dificuldades comuns que podem surgir na terapia. Isso será útil sobretudo se você for relativamente novo na TCC ou no uso de *A mente vencendo o humor*. Embora seguir os Guias de Leitura funcione bem para muitos clientes, você poderá querer indicar o capítulo de *A mente vencendo o humor* sobre definição de objetivos (Capítulo 5) mais no começo da terapia. O Capítulo 3 deste guia (Definindo objetivos) traz orientação de como fazer isso.

Determinados capítulos em *A mente vencendo o humor* não se aplicarão a alguns estados de humor. Por exemplo, pessoas que trabalham predominantemente a ansiedade podem nunca usar os registros de pensamentos; assim, poderão pular os Capítulos 6 a 9 de *A mente vencendo o humor*, que ensinam as habilidades para registro de pensamentos. Para uma explicação de por que os registros de pensamentos são menos relevantes para transtornos de ansiedade, veja o Capítulo 10 deste guia.

Encontre rapidamente aquilo que você está procurando

Nós prevemos e esperamos que você ache útil revisar as seções deste guia do terapeuta repetidamente. Você pode consultar as informações contidas em seus vários capítulos sempre que isso for relevante para uma sessão de terapia particular. Para que você encontre mais rapidamente as informações que está procurando, incluímos um sumário mais detalhado do que o contido na maioria dos livros. Os tópicos do Guia para a Resolução de Problemas estão listados no final de cada capítulo no sumário. Entendemos que o seu dia de trabalho é atarefado e esperamos que essas sinalizações o ajudem a encontrar mais rapidamente o que está procurando.

Colaborem na decisão de usar *A mente vencendo o humor*

Se você pretende integrar plenamente *A mente vencendo o humor* à terapia, certifique-se de que seu cliente está interessado no livro de exercícios e que é capaz de usá-lo. A maioria das pessoas é receptiva a um livro de exercícios quando entende seus benefícios e consegue estabelecer seu próprio ritmo de aprendizagem. Algumas vezes o uso de um livro de exercícios ajudará a baixar o custo da terapia ao reduzir o número de sessões necessárias. Além de oferecer esse benefício, *A mente vencendo o humor* faz as pessoas recordarem o que estão aprendendo na terapia e estrutura sua aprendizagem entre as sessões e a prática das habilidades. Você e seu cliente devem discutir a frequência com que as sessões serão agendadas. Frequentemente o ideal são encontros semanais durante as primeiras duas ou três semanas, porque você precisa avaliar os problemas do seu cliente e determinar como melhor usar o livro de exercícios para reforçar a terapia. Durante as sessões iniciais, você pode ajudá-lo a definir os objetivos da terapia (ver o Capítulo 3 deste guia) e examinar a resposta dele aos capítulos iniciais de *A mente vencendo o humor*.

Se um cliente responde com interesse e conclui com sucesso os primeiros capítulos de *A mente vencendo o humor*, às vezes é possível que os encontros sejam menos frequentes nas semanas seguintes, se isso for necessário por questões financeiras ou outras razões. Esse percurso de terapia é ilustrado a seguir. Como vale para todo este guia, esse exemplo de caso está baseado em experiências terapêuticas reais e no programa de tratamento de um ou de vários clientes. Em todos os exemplos de caso, os detalhes foram modificados para proteger a confidencialidade do cliente.

Exemplo de caso: Pam

Pam, que enfrenta a depressão, um marido que bebe excessivamente e uma variedade de crises familiares, chegou à terapia pedindo ajuda para "lidar melhor" com isso. Ela e seu terapeuta decidiram, depois do primeiro encontro, que ela se beneficiaria com TCC para a depressão, um grupo local para parceiros de pessoas com alcoolismo, apoio para levar seu marido para tratamento e o desenvolvimento de habilidades de assertividade para que conseguisse dizer não a familiares que lhe faziam demandas irracionais. Pam tinha recursos financeiros limitados, e seu plano de saúde cobria apenas oito sessões de terapia. Quando lhe foi oferecido *A mente vencendo o humor* como parte central da terapia, ela concordou em fazer uma tentativa.

Depois da primeira sessão, Pam leu e concluiu os Capítulos 1 (Como *A mente vencendo o humor* pode ajudá-lo), 2 (Compreendendo seus problemas) e 3 (É o pensamento que conta). O terapeuta revisou suas folhas de exercícios na segunda sessão e observou que ela conseguiu concluí-los sem dificuldade. Boa parte da segunda sessão foi passada trabalhando situações estressantes em que Pam não conseguia dizer não aos adultos da família. Pam e seu terapeuta identificaram seus estados de humor nessas situações e os tipos de pensamentos, imagens e lembranças que acompanhavam esses estados de humor. Pam concordou em ler o Capítulo 4 (Identificando e avaliando estados de humor) durante a semana seguinte e escrever e classificar seus estados de humor nas situações em que achava que sua família se aproveitava dela.

Durante a terceira sessão, o terapeuta ajudou Pam a (1) desenvolver uma lista de formas diplomáticas de dizer não e (2) identificar os pensamentos que interferiam na sua prática da assertividade. Pam relatou alguma diminuição na depressão como resultado de sentir-se menos culpada por não atender às expectativas de todos. Ela também participou de reuniões de um grupo para parceiros de pessoas com alcoolismo e gostou das pessoas que conheceu lá. Pam concordou em praticar dizer não durante a semana; em ler a primeira seção do capítulo sobre depressão de *A mente vencendo o humor* (Capítulo 13); e completar as Folhas de Exercícios 13.1 a 13.4 para medir sua depressão e começar a monitorar como seus estados de humor poderiam estar associados às suas atividades durante o dia.

Na quarta sessão, Pam e seu terapeuta examinaram suas experiências de dizer não aos familiares, além de suas atividades e estados de humor, conforme registrado em seu Registro de Atividades (Folha de Exercícios 13.4, *A mente vencendo o humor*, p. 199) e na Folha de Exercícios 13.6 (Cronograma de Atividades, p. 206) na sessão. Guiados pelas observações escritas de Pam nas folhas de exercícios da semana anterior, eles focaram especialmente no aumento de atividades prazerosas e atividades associadas aos seus valores, porque ela já estava realizando muitas atividades e não estava muito propensa à evitação. Como sua depressão já estava melhorando, segundo medido no Inventário de Depressão (Folha de Exercícios 13.1, *A mente vencendo o humor*, p. 186), e como podia frequentar apenas mais quatro sessões de terapia, ela e seu terapeuta combinaram de agendar sua quinta consulta para dali a duas semanas.

Para esse intervalo de tempo estendido até a consulta seguinte, Pam combinou de realizar as atividades escritas em seu Cronograma de Atividades durante a primeira semana e também de ligar para o programa de assistência ao empregado no trabalho do seu marido para saber quais opções de tratamento estariam disponíveis caso ele concordasse em receber ajuda. Durante a segunda semana, ela concordou em continuar as atividades que ajudavam seu humor, bem como em ler e preencher as folhas de exercícios dos Capítulos 6 (Situações, estados de humor e pensamentos) e 7 (Pensamentos automáticos) de *A mente vencendo o humor*.

Quando Pam retornou, duas semanas mais tarde, seu estado de humor estava muito melhor, e ela relatou que o livro de exercícios a estava ajudando a "corrigir seu pensamento". Comentou que se identificou com Marisa em *A mente vencendo o humor*, porque Marisa também estava deprimida e, assim como Pam, tinha história de abuso sexual. Pam relatou alguma dificuldade em distinguir entre pensamentos e estados de humor, embora o exame de suas folhas de exercícios mostrasse que apenas às vezes ela os identificava erroneamente. Pam e seu terapeuta discutiram as diferenças entre pensamentos e estados de humor usando suas folhas de exercícios como exemplos.

Foi identificado um pensamento recorrente para as situações em que Pam queria dizer não, mas não conseguia: "Eles vão me abandonar ou me magoar". Essa crença foi examinada na sessão, completando as quatro últimas colunas do Registro de Pensamentos de sete colunas (Folha de Exercícios 9.2, *A mente vencendo o humor*, p. 110), que Pam já havia começado na Folha de Exercícios 7.3 (Identificando pensamentos automáticos, *A mente vencendo o humor*, p. 61).

Uma breve discussão da história de Pam, incluindo o abuso físico e sexual que se seguiu quando ela tentou ser assertiva quando criança, ajudou-a a entender as origens dessa crença. Ela e seu terapeuta então examinaram as respostas da família atual de Pam (seu marido e seus filhos adultos) à sua assertividade infrequente. Pam recordou que, embora seus familiares atuais ficassem zangados quando ela se impunha, eles geralmente se desculpavam algumas horas depois e, recentemente, até mesmo haviam dito que ela estava certa em dizer não. Essa conceitualização ligando sua crença, sua história e sua experiência atual foi reveladora para Pam. Ela foi embora com mais planos de assertividade e com o compromisso de ler o Capítulo 8 (Onde estão as evidências?) de *A mente vencendo o humor*. Sua sexta sessão foi agendada para duas semanas mais tarde devido às férias do terapeuta.

As três sessões restantes foram agendadas com três semanas de intervalo porque Pam achou recomendável durante o intervalo de suas semanas ter mais tempo para praticar os exercícios de *A mente vencendo o humor*. Ela também quis mais tempo para buscar uma avaliação para o alcoolismo do seu marido, para praticar a assertividade e experimentar resolver seus problemas de forma independente. Embora Pam tivesse muitos problemas, as habilidades ensinadas em *A mente vencendo o humor* e sua aplicação focada em seus problemas atuais foram suficientes para ajudá-la a ter um progresso significativo na terapia breve. No final do tratamento, Pam era capaz de estabelecer limites apropriados às demandas feitas por outros membros da família; ela participava regularmente de reuniões para parceiros de pessoas com alcoolismo e não mais assumia a responsabilidade pelo problema do marido com a bebida. Seu marido iniciou tratamento, mas o abandonou. Apesar do misto de melhoras e retrocessos em sua vida, a depressão de Pam e os sentimentos de culpa diminuíram. Ela escreveu ao seu terapeuta alguns meses mais tarde, dizendo que ainda tinha muitos problemas, mas estava fazendo progressos lentamente e continuava usando o livro *A mente vencendo o humor*.

Conforme ilustrado nesse exemplo de caso, a utilidade de *A mente vencendo o humor* como um modelo para tratamento é reforçada quando os terapeutas aplicam as habilidades ensinadas aos objetivos da terapia dos clientes. Como Pam conseguiu usar o livro de forma bastante independente, seu terapeuta pôde realizar tarefas adicionais durante as sessões de terapia. Se Pam tivesse tido dificuldade para aprender as habilidades de *A mente vencendo o humor*, seu terapeuta teria usado uma parte maior de cada sessão de terapia para examinar diretamente as informações em *A mente vencendo o humor*, revisando os exercícios que Pam havia preenchido e proporcionando a prática adicional das habilidades na sessão.

Pam evoluiu muito rapidamente nos capítulos relevantes de *A mente vencendo o humor*. O ritmo do progresso ao longo do livro irá variar de cliente para cliente. As habilidades ensinadas em *A mente vencendo o humor* se baseiam uma na outra sequencialmente, portanto os clientes devem empregar tempo suficiente em cada capítulo para garantir que consigam completar as folhas de exercícios do respectivo capítulo com alguma facilidade e confiança. É, portanto, importante que os terapeutas revisem as folhas de exercícios dos seus clientes. A revisão durante a sessão permite aos clientes a oportunidade de contar aos seus terapeutas o que estão aprendendo e discutir algumas das situações-problema que enfrentaram durante a semana, conforme descrito nessas folhas de exercícios. O exame das folhas de exercícios também informa os terapeutas sobre o quanto os clientes compreendem e conseguem praticar as habilidades ensinadas no capítulo.

Usando *A mente vencendo o humor* como um complemento da terapia

Quando *A mente vencendo o humor* é usado como uma terapia complementar, seções, capítulos ou folhas de exercícios particulares são sugeridos aos clientes quando necessário. Os clientes podem usar *A mente vencendo o humor* até mesmo durante momentos em que você não está trabalhando com eles ou está realizando um tratamento diferente (p. ex., gerenciamento de crise ou medicação). Às vezes os clientes precisam desenvolver apenas algumas habilidades ensinadas em *A mente vencendo o humor*. Sempre que você estiver focando nessas habilidades, incorpore o livro à sua terapia. Outras circunstâncias nas quais *A mente vencendo o humor* provavelmente será usado como complemento da terapia incluem casos em que você:

- Usa uma abordagem terapêutica diferente da TCC e ainda leva em consideração habilidades em *A mente vencendo o humor* que é importante que os clientes aprendam.
- Trabalha em um contexto em que o tempo é limitado ou não há tempo para psicoterapia.
- Trabalha em um contexto em que medicação é o único modo de tratamento.
- Só tem permissão de realizar intervenção breve focada na crise e não pode oferecer muitas sessões de terapia para dificuldades permanentes.
- Identifica apenas uma ou duas habilidades em *A mente vencendo o humor* como aquelas que o cliente precisa aprender.

Ao usar *A mente vencendo o humor* como terapia complementar, você pode reforçar seu valor terapêutico seguindo alguns passos simples:

- Empregue algum tempo orientando os clientes para *A mente vencendo o humor*. Descreva como e por que você acha que o livro pode ser útil. Aconselhe sobre quais capítulos podem ser mais úteis e a ordem em que devem ser lidos.
- Informe aos clientes que nem todas as habilidades são fáceis de aplicar e encoraje-os a fazer os exercícios quantas vezes for necessário para aprender as habilidades em cada capítulo. Informe sobre a ajuda que está disponível da sua parte ou de outros, caso sejam encontradas dificuldades.

O exemplo de caso a seguir ilustra esses dois pontos.

Exemplo de caso: Carmine

Carmine é médico em uma clínica de saúde mental. Ele administra medicação para um grande número de pacientes deprimidos e ansiosos. Ele oferece *A mente vencendo o humor* como um coadjuvante da medicação. Os pacientes interessados em usar o livro são orientados a ler capítulos específicos, seguindo os Guias de Leitura apresentados no Apêndice A deste livro (p. 472-475). Carmine diz aos seus pacientes:

"Cada capítulo inclui folhas de exercícios a serem preenchidas. Elas vão ajudá-lo a entender melhor sua depressão ou ansiedade e a aprender habilidades para que você se sinta melhor. A maioria das pessoas precisa usar este livro por vários meses para aprender essas habilidades. É importante que você faça cada exercício tantas vezes quanto necessário para entendê-lo bem. Alguns exercícios você vai precisar fazer apenas uma vez. Outros você poderá ter que fazer cinco ou até mesmo dez vezes antes de entendê-los. Não tenha pressa em terminar o livro: use-o com a maior frequência possível durante a semana."

"Se você tentar um exercício várias vezes e ainda não entender como fazê-lo, releia o capítulo e os exemplos. Se ele ainda estiver confundindo-o, podemos reservar cinco minutos no seu próximo *checkup* da medicação para ver se posso ajudá-lo. Se eu não puder ajudá-lo nesse espaço de tempo, vou encaminhá-lo a um terapeuta para obter mais ajuda."

- Defina expectativas realistas com seu cliente. Por exemplo, você acha que *A mente vencendo o humor* irá ajudar a resolver a depressão do cliente completamente ou apenas de forma moderada? Este é um cliente que será capaz de completar a maioria dos capítulos em uma questão de semanas ou provavelmente irá precisar de uma semana ou mais para cada capítulo?

O exemplo de caso a seguir ilustra esse ponto.

Exemplo de caso: Trinity

Trinity trabalha em uma clínica para atendimento de crise. Ela vê muitos clientes de baixa renda com problemas de humor e transtorno da personalidade que não podem pagar terapia suficiente para ser útil. Ela oferece a esses clientes *A mente vencendo o humor* e promove ativamente o uso de longa duração, estabelecendo expectativas plausíveis para o auxílio do livro:

"Este livro pode ajudá-lo a lidar com alguns dos problemas na sua vida. Esta não é uma solução rápida, porque soluções rápidas tendem a não durar. Este é um livro para você usar dia após dia, mês após mês, ano após ano. Ele pode ajudá-lo a se sentir melhor imediatamente, ou pode parecer não ajudar muito, mas, se você persistir, poderá aprender a entender melhor seus estados de humor e aprender algumas maneiras de se sentir melhor. Recomendo que você passe uma semana ou mais em cada capítulo até encontrar um que realmente ajude. Mantenha-se nesse capítulo por algumas semanas e então avance até encontrar outro capítulo útil."

"Quando você chegar ao final do livro, volte e releia os capítulos que mais o ajudaram. Muitas das folhas de exercícios neste livro são repetidas no final, e todas elas estão disponíveis *on-line* no *website* da editora como arquivos em formato PDF para que você possa baixá-los em um celular ou *tablet* e preenchê-los no calor de uma situação onde quer que você esteja. Você poderá usá-los quantas vezes precisar nos próximos anos. Vai depender de você ler o livro devagar e descobrir quais capítulos e exercícios lhe são mais úteis."

- Demonstre interesse pelo uso que os clientes fazem de *A mente vencendo o hu-*

mor. Pergunte se estão gostando do livro, caso tenha contato com eles nas semanas seguintes. Se você provavelmente não vai vê-los novamente, poderá pedir que façam contato em algumas semanas com um breve relato do seu progresso.

- Se possível, mostre aos clientes como *A mente vencendo o humor* se aplica às suas vidas antes de mandá-los para casa com o livro. Você pode abrir o segundo capítulo de *A mente vencendo o humor* e mostrar ao cliente como suas dificuldades se encaixam no modelo de cinco partes para compreensão dos problemas representados na Figura 2.1 (p. 7) e também descrever como esse modelo se encaixa no tipo de terapia que você oferece. A discussão do livro durante seu encontro possibilita uma ponte entre o tratamento que você oferece e *A mente vencendo o humor*; os clientes podem associar mais facilmente a abordagem do livro ao que já aprenderam com você.

O exemplo de caso a seguir ilustra esses dois pontos.

Exemplo de caso: Bob

Bob tem usado uma abordagem psicodinâmica para ajudar Melody com sua depressão. Ele recentemente aprendeu sobre *A mente vencendo o humor* e decidiu acrescentá-lo à terapia dela porque Melody ainda está muito deprimida. Ela também está tomando medicação antidepressiva. Bob diz a Melody:

> "Eu gostaria de lhe dar um livro para ler e usar entre nossas sessões de terapia. Ele descreve coisas que você pode fazer para ajudar com a depressão. Assim como acrescentamos a medicação à sua terapia, podemos acrescentar também este livro de exercícios. Para mostrar como a terapia, a medicação e o livro se complementam, vamos examinar este modelo para entender a sua depressão (*aponta para a Figura 2.1 em A mente vencendo o humor*)."

> "Você vai aprender neste livro como estas cinco partes da sua vida se complementam. O antidepressivo que você toma está trabalhando para melhorar a parte das reações físicas da depressão. Na terapia, estamos trabalhando para entender as conexões entre seus ambientes passados e seus estados de humor, comportamentos e pensamentos atuais (*aponta para as partes da Figura 2.1*). O livro vai lhe ensinar coisas que você pode fazer para mudar a forma negativa como pensa sobre as coisas quando está deprimida. Algumas das ideias neste livro serão como aquelas sobre as quais falamos na terapia, e algumas podem ser diferentes. Se você tiver algumas perguntas quando ler o livro, podemos conversar sobre elas aqui. Você tem alguma pergunta agora?"

COMO *A MENTE VENCENDO O HUMOR* APOIA O PROGRESSO DOS CLIENTES

A mente vencendo o humor apoia o progresso dos clientes de quatro formas:

1. Ensina habilidades. *A mente vencendo o humor* ensina habilidades para manejar os estados de humor, avaliar comportamentos e pensamentos e resolver problemas. Cada capítulo inclui informações didáticas relevantes, ilustradas com exemplos de como várias pessoas podem aplicar esse conhecimento em situações comuns na vida. Quando praticam as habilidades até que elas se tornem uma segunda natu-

> ## Quadro de lembretes
>
> Você pode usar *A mente vencendo o humor* de diferentes maneiras:
>
> - Como um guia para todo o curso da terapia.
> - Como um adjunto da terapia com um cliente que está usando o manual em casa, com ou sem orientação do terapeuta.
> - Como um meio de ensinar habilidades distintas (integrar capítulos específicos à terapia).
>
> Mais uma vez, até que você esteja plenamente familiarizado com *A mente vencendo o humor*, revise os guias do capítulo relevante que se referem às folhas de exercícios e capítulos que está usando com seus clientes. Sua revisão periódica irá ajudá-los a recordar o "melhor uso" para *A mente vencendo o humor*.

reza, os clientes têm maior chance de dar e manter os passos necessários para melhorar suas vidas.

2. Mostra aos clientes como aplicar as habilidades. As folhas de exercícios de *A mente vencendo o humor* convocam ativamente os clientes a aplicar as habilidades que estão aprendendo às suas experiências na vida cotidiana. Elas oferecem uma forma estruturada para eles continuarem a desenvolver novas habilidades entre as sessões de terapia e depois de a terapia ter sido encerrada. As folhas de exercícios destacam e capturam as observações e percepções dos clientes. Para obter o máximo possível de aprendizagem pelos esforços dos clientes, as folhas de exercícios são revisadas na terapia.

3. Fornece *feedback*. As folhas de exercícios fornecem *feedback* imediato ao cliente e ao terapeuta sobre se o cliente compreende as habilidades ensinadas e se essas habilidades ajudam a melhorar os problemas-alvo. Se as habilidades particulares não forem úteis, cliente e terapeuta podem avaliar se a habilidade não está voltada adequadamente para aspectos importantes dos problemas do cliente ou se o cliente não está praticando a habilidade da forma pretendida ou na "dose" apropriada. Por exemplo, alguns dos exercícios requerem prática várias vezes por semana e/ou durante várias semanas antes que tenham um efeito duradouro nos estados de humor.

4. Mede os estados de humor. Todos os clientes que usam *A mente vencendo o humor* são encorajados a medir seus estados de humor regularmente, usando os inventários apresentados no livro, de modo que eles e seus terapeutas tenham evidências concretas de que estão melhorando ou não. As medidas do humor fornecidas incluem o Inventário de Depressão de *A mente vencendo o humor*, o Inventário de Ansiedade de *A mente vencendo o humor* e um conjunto geral de escalas, denominado Medindo e monitorando meus estados de humor. As escalas de Medindo e monitorando meus estados de humor podem ser usadas para avaliar uma variedade de estados de humor estressantes ou positivos, como raiva, culpa, vergonha e felicidade, além de outros alvos da terapia (p. ex., estresse, dor, conflito). Cada uma dessas medidas é acompanhada por um quadro que possibilita que o cliente monitore a mudança ao longo do tempo. Cada quadro de monitoramento está impresso na página de *A mente vencendo o humor* imediatamente após a medida do estado de humor à qual corresponde.

Todos os inventários de humor e outras folhas de exercícios em *A mente vencendo o humor* estão disponíveis na forma de arquivos que podem ser baixados no *website* da editora. Os compradores de *A mente vencendo o humor* podem baixar esses formulários (a fim de preenchê-los quando necessário). Os clínicos são aconselhados a lembrar os clientes sobre os limites potenciais da confidencialidade se eles carregarem e armazenarem suas folhas de exercícios em aparelhos que podem ser acessados por outras pessoas. Os clientes também precisam ter em mente que algumas folhas de exercícios são muito detalhadas para que sejam facilmente preenchidas em aparelhos eletrônicos de formato pequeno, como *smartphones*, e podem ser mais bem preenchidas em um dispositivo eletrônico maior ou com o uso de caneta/lápis e papel.

Aquisição de habilidades do cliente e mudanças duradouras

A TCC provou levar a mudanças mais duradouras do que medicação no tratamento de depressão e ansiedade (Holln, Stewart, & Strunk, 2006; Steiner, Hofmann, Kruse, & Leichsenring, 2014). Também é considerada um tratamento de ponta baseado em evidências para muitos transtornos (Hofmann, Asnaani, Vonk, Sawyer, & Fange, 2012). Pessoas que receberam TCC para depressão e ansiedade relatam melhora na qualidade de vida depois do tratamento (Hofmann, Curtiss, Carpenter, & Kind, 2017; Hofmann, Wu, & Boettcher, 2014).

Esses benefícios da terapia foram associados à aquisição de habilidades para o manejo de estados de humor. Estudos demonstram que a compreensão que os clientes têm e a competência no uso das habilidades da TCC estão ligadas à recuperação da depressão (Jarrett, Vittengl, Clark, & Thase, 2018). Tanto a prática qualitativa quanto a quantitativa das habilidades da TCC foram associadas a resultados positivos na terapia (Kazantskis et al., 2016). Além do mais, a qualidade do desenvolvimento das habilidades foi associada a índices mais baixos de recaída (Neimeyer & Freixas, 2016).

Os benefícios da aquisição de habilidades e suas ligações com a mudança duradoura são as razões principais pelas quais escrevemos ambas as edições de *A mente vencendo o humor*. A maior parte das habilidades cognitivas e comportamentais que sabemos que ajudam as pessoas pode ser aprendida por meio de um livro de exercícios. Durante a terapia de casal, você pode querer que os dois parceiros aprendam a identificar e testar seus pensamentos automáticos quando sentirem raiva, mas pode não haver tempo suficiente na sessão para isso. Ou você pode trabalhar em um programa contra abuso de substâncias, e a maioria dos seus clientes não conseguir identificar facilmente seus estados de humor. Ou pode querer ajudar clientes que lutam contra a procrastinação a ver a relação entre suas dificuldades atuais e pressupostos subjacentes sobre perfeição. Cada uma dessas situações terapêuticas requer o ensino de habilidades específicas que são ensinadas em *A mente vencendo o humor*.

Por exemplo, um casal que enfrenta raiva e conflito pode já saber como identificar os estados de humor. Seu terapeuta pode recomendar que cada parceiro leia em *A mente vencendo o humor* o Capítulo 3 (É o pensamento que conta), o Capítulo 6 (Situações, estados de humor e pensamentos) e todo ou partes do Capítulo 7 (Pensamentos automáticos) por um período de tempo razoável. Então, pode-se pedir aos parceiros para identificarem um ou dois pensamentos automáticos que têm quando sentem raiva um do outro. Levará menos tempo de terapia responder a perguntas sobre esses capítulos e revisar os exercícios completados do que ensinar os conceitos incluídos nesses capítulos durante as sessões de terapia. Depois que os parceiros se tornarem hábeis na identificação de seus pensamentos automáticos durante as discussões, o casal poderá ler, em *A mente vencendo o humor*, os Capítulos 8 (Onde estão as evidências?), 9 (Pensamento alternativo ou compensatório) e 10 (Novos pensamentos, planos de ação e aceitação) em um ritmo que combine com seu desenvolvimento. Eles podem praticar as habilidades ensinadas nesses capítulos dentro e fora das sessões de terapia.

O uso de um manual de autoajuda pode verdadeiramente substituir o tempo gasto em terapia e atingir resultados equivalentes? Uma revisão da autoajuda guiada no tratamento de depressão e transtornos de ansiedade constatou que ela pode, na verdade, ter uma pequena vantagem em relação à psicoterapia frente a frente no curto prazo. No entanto, não há diferenças significativas entre os dois no *follow-up* (Cuijpers, Donker, van Straten, Li, & Anderson, 2010). Assim, você pode usar um livro de exercícios como *A mente vencendo o humor* como parte da terapia sem ficar preocupado se está prestando assistência abaixo do ideal, desde que o livro seja usado de forma clinicamente apropriada. Use a árvore de decisão apresentada na Figura 1.1 deste capítulo e os princípios descritos ao longo deste guia para aumentar a probabilidade de que *A mente vencendo o humor* aprimore a terapia para seus clientes.

2

Habilidades fundamentais

(CAPÍTULOS 1-4 DE *A MENTE VENCENDO O HUMOR*)

Quando *A mente vencendo o humor* está plenamente integrado à terapia, os clientes leem os Capítulos 1 a 4, independentemente do estado de humor, comportamento ou outro objetivo em que estejam focando. Esses quatro capítulos introduzem ideias fundamentais da teoria e prática da TCC. Sua compreensão é fácil para a maioria das pessoas. Eles mostram como um modelo da TCC pode ser aplicado a problemas cotidianos. Este capítulo ilustra como apoiar a compreensão dos seus clientes desses quatro primeiros capítulos de *A mente vencendo o humor* e como encorajar a prática das habilidades relevantes. Iniciamos com uma demonstração de como você pode apresentar *A mente vencendo o humor* a eles.

APRESENTANDO *A MENTE VENCENDO O HUMOR*

Quantos livros de psicoterapia há na sua estante que você não leu? Possivelmente comprou esses livros porque achou que seriam úteis ou interessantes. O que determina quais livros você lê e usa? O primeiro objetivo de apresentar a alguém *A mente vencendo o humor* é aumentar a probabilidade de que ele seja lido e usado. É importante reservar um tempo em uma sessão de terapia para descrever ou mostrar o livro ao seu cliente, dar uma justificativa para seu uso, discutir suas expectativas mútuas de como ele poderá ser útil e apresentar instruções claras sobre como você gostaria que seu cliente usasse o livro nas semanas seguintes. Apresentamos a seguir um diálogo ilustrando uma maneira de apresentar *A mente vencendo o humor*. Observe como a terapeuta usou colaboração e descoberta guiada (princípios descritos mais detalhadamente no Capítulo 14 deste guia) para aumentar o interesse de Kyle na sua utilização.

Terapeuta: Você foi muito claro ao me descrever sua ansiedade hoje. Obrigada. Se ouvi corretamente, você se sente ansioso o tempo todo.

Kyle: Sim, mal consigo suportar isso.

Terapeuta: A maioria das pessoas que são ansiosas deseja aprender a lidar com isso o mais rapidamente possível. Você se sente assim?

Kyle: Sim!

Terapeuta: Ironicamente, isso significa que, durante as próximas semanas, vou lhe pedir para se permitir sentir-se ansioso em vez de tentar se livrar da ansiedade. Quando se sentir ansio-

	so, vou lhe pedir para prestar muita atenção e registrar algumas das coisas que você notar a respeito. Isso vai ajudá-lo a entender melhor a sua ansiedade para que possamos seguir o melhor caminho para o tratamento.
Kyle:	Você está dizendo que eu preciso me sentir ansioso para aprender sobre isso?
Terapeuta:	Sim. Isso faz sentido para você?
Kyle:	Acho que entendo, mas não gosto disso.
Terapeuta:	Estar ansioso não é divertido. Então é melhor garantirmos que, quando você experimentar ansiedade, iremos aprender alguma coisa que provavelmente irá ajudá-lo.
Kyle:	Não estou certo do que vou aprender.
Terapeuta:	No começo, seria útil se você pudesse fazer algumas observações sobre a sua ansiedade. Quando ela aumenta ou diminui? O que se passa na sua mente quando está ansioso? O que sente fisicamente? Essas informações podem nos ajudar a descobrir juntos com o que sua ansiedade tem a ver e como melhor ajudá-lo.
Kyle:	Certo, mas não sei bem como fazer isso.
Terapeuta:	Há muito a aprender no começo da terapia. Então vamos usar um lembrete por escrito do que conversamos e algumas instruções por escrito sobre como observar sua ansiedade.
Kyle:	Certo.
Terapeuta:	Eu gostaria de recomendar um livro chamado *A mente vencendo o humor*, que pode ajudá-lo a aprender sobre a sua ansiedade e lembrá-lo de algumas das coisas sobre as quais conversamos em nossas consultas.
Kyle:	Eu tenho que ler todo o livro?
Terapeuta:	Não. Se você gostar dele, vou recomendar determinados capítulos que podem nos auxiliar durante a terapia. Você só vai ler os capítulos que ensinam habilidades para ajudá-lo com a sua ansiedade.
Kyle:	Certo.
Terapeuta:	Minha primeira sugestão é que você leia os dois primeiros capítulos – as primeiras 15 páginas do livro – antes da nossa próxima consulta e veja se consegue preencher a Folha de Exercícios 2.1, Compreendendo meus problemas (abrindo o livro e apontando para essa folha de exercícios na p. 13). Veja, tem um quadro com dicas úteis nessa página (aponta para a p. 14), que irá ajudá-lo a preencher a folha de exercícios. Depois traga o livro para a próxima sessão para que possamos examinar a folha de exercícios juntos. Se você tiver algum problema com ela, vou ajudá-lo na próxima vez.
Kyle:	Certo.
Terapeuta:	Se você quiser fazer mais, também pode ler as seis primei-

ras páginas do Capítulo 14, sobre ansiedade, e preencher o questionário de ansiedade incluído no capítulo para sabermos o quanto está ansioso agora. Aqui está ele, na página 213. Nosso objetivo será deixá-lo menos ansioso nas próximas semanas. Se você preenchê-lo, o usaremos como seu escore de ansiedade inicial para que possamos medir e monitorar como você está se saindo. Você acha que terá tempo para começar a ler o Capítulo 14 ou quer ler apenas os Capítulos 1 e 2?

Kyle: Pode ser que eu tenha tempo.

Terapeuta: Você pode ver como evolui nos Capítulos 1 e 2 e, então, decidir se quer ler a primeira parte do Capítulo 14. Por que você não circula no sumário o que combinou de fazer nesta semana para que não se esqueça?

Kyle: (Circula os Capítulos 1 e 2 e escreve: "Se eu tiver tempo, primeiras seis páginas" ao lado da indicação do Capítulo 14 no sumário).

Terapeuta: Existe alguma coisa que possa atrapalhar a sua leitura dos dois primeiros capítulos nesta semana?

Kyle: Não. Eles não parecem muito longos.

Terapeuta: Se você tiver dificuldade, eu vou ajudá-lo na próxima vez, mas acho que você vai achar isso interessante. Estou muito curiosa para saber mais sobre que coisas estão conectadas à sua ansiedade. Então traga o livro na próxima semana, mesmo que você não complete tudo. Certo?

Kyle: Certo.

Dica clínica: Apresentando *A mente vencendo o humor* aos clientes

- Dê uma justificativa para a sua utilização.
- Reserve um tempo para discussão.
- Associe *A mente vencendo o humor* aos objetivos dos clientes.
- Colabore no estabelecimento das expectativas de como *A mente vencendo o humor* será usado na terapia.
- Dê instruções claras sobre como usá-lo (quais páginas e folhas de exercícios).
- Peça que os clientes anotem o que combinaram fazer.
- Lembre seus clientes de trazer *A mente vencendo o humor* para as sessões de terapia.
- Revise as folhas de exercícios dos clientes nas sessões de terapia.
- Ofereça ajuda com as dificuldades.
- Expresse interesse e curiosidade pelo que seus clientes irão aprender.

A terapeuta de Kyle não apressou a discussão de *A mente vencendo o humor*. Ela o apresentou durante a sessão em um momento em que Kyle estava expressando uma necessidade que poderia ser ajudada pelo livro ("Não sei exatamente como fazer isso"). Ela também apresentou uma justificativa para usar um livro de exercícios (isso o "ajudaria a aprender" entre as sessões, forneceria um lembrete por escrito do que foi discutido na terapia e o ensinaria a observar a ansiedade), além de instruções claras sobre quais partes de *A mente vencendo o humor* completar na semana seguinte.

Além disso, a terapeuta colaborou com Kyle, perguntando a cada solicitação se ele estava disposto a experimentar e descobrindo com ele o quanto ler e completar do livro. Ela também perguntou sobre bloqueios que poderiam interferir na leitura e ofereceu ajuda caso Kyle não conseguisse completar a tarefa. Suas comunicações promoveram colaboração e implicavam que o uso de *A mente vencendo o humor* tinha a intenção de auxiliar Kyle, e não de ser uma tarefa onerosa. Por fim, sinalizou que o livro seria uma parte integrante da próxima sessão ("Traga o livro de volta na próxima semana") e expressou seu interesse e curiosidade em descobrir o que Kyle iria aprender.

Como ilustra esse exemplo, alguns minutos de discussão associando *A mente vencendo o humor* aos objetivos da terapia e ao processo de aprendizagem podem incluir esse livro no contexto da terapia. Os clientes têm maior probabilidade de usar ativamente *A mente vencendo o humor* se os terapeutas encorajarem seu uso fora das sessões de terapia e revisarem nas sessões o que foi preenchido. Os clientes com quem já usamos esse livro o levam para cada sessão, juntamente com alguma outra anotação sobre a terapia ou publicações que têm, e discutimos ou revisamos suas anotações e as observações que são pertinentes à aprendizagem daquela semana.

Alerta: leia antes de usar!

Antes de usar *A mente vencendo o humor* com os clientes, familiarize-se com seu conteúdo. Quanto mais profundamente você conhecer o livro, mais fácil será adaptar as leituras e folhas de exercícios a clientes específicos. Integrar *A mente vencendo o humor* à terapia encoraja seu uso em casa e fornece uma ponte para a prática independente das habilidades aprendidas na terapia. Por fim, *A mente vencendo o humor* inclui muitos quadros com dicas úteis que você e seus clientes podem usar para navegar nos pontos de "bloqueio" nas sessões de terapia.

Se você ler *A mente vencendo o humor* atentamente, poderá aprender novas estratégias de mudança e novos caminhos para a descoberta do cliente, e isso pode ajudar a melhorar a qualidade da terapia que oferece. As seções a seguir o ajudarão a entender como usar cada um dos quatro primeiros capítulos de *A mente vencendo o humor* mais efetivamente.

CAPÍTULO 1 DE *A MENTE VENCENDO O HUMOR*: COMO *A MENTE VENCENDO O HUMOR* PODE AJUDÁ-LO

A expectativa desempenha um importante papel no sucesso da psicoterapia e em outras intervenções de tratamento. O primeiro capítulo de *A mente vencendo o humor* tem apenas quatro páginas, mas traz uma visão geral dos benefícios potenciais da obra e apoia as expectativas dos leitores por resultados positivos. Você pode apoiar expectativas positivas para a terapia e usar *A mente vencendo o humor* fazendo afirmações breves e genuínas como estas:

"A abordagem da TCC usada nesse livro é uma das terapias mais bem-sucedidas para os tipos de problemas que você está experimentando. É por isso que eu gostaria que você a experimentasse."

"Muitas pessoas [ou "meus clientes", se isso valer para você] usaram esse livro com sucesso para manejar *XYZ*. Se você estiver disposto, podemos ver se ele vai ajudá-lo."

É importante que todas as declarações que você fizer sejam honestas. Não promova exageradamente a terapia ou *A mente vencendo o humor*. Não diga: "Tenho certeza de que isso vai ajudá-lo rapidamente". Em vez disso, é melhor dizer: "Espero que essa abordagem seja útil. Se você estiver disposto, vamos experimentá-la por algumas semanas e ver se parece estar ajudando. É claro que não há garantias. Se isso não ajudar, vamos tentar outra coisa".

A mente vencendo o humor inclui resumos no final de cada capítulo. Esses resumos nos fazem lembrar, como terapeutas, dos principais pontos de aprendizagem que queremos garantir que nossos clientes entendam. Por essa razão, eles são reproduzidos nos capítulos relevantes deste guia do terapeuta. Veja o Resumo do Capítulo 1 em *A mente vencendo o humor* no quadro a seguir.

Como não há folhas de exercícios para preencher ou habilidades para praticar no Capítulo 1, a maioria das pessoas consegue ler também o Capítulo 2 na mesma semana. Se você não tem certeza sobre a habilidade de leitura ou a motivação do seu cliente, peça que ele leia o Capítulo 1 e acrescente que pode seguir adiante e ler todo ou parte do Capítulo 2 se quiser. Quando alguém combina de ler o Capítulo 1 e então não o lê, isso pode ser um sinal de que essa pessoa está relutante em usar um livro de exercícios, tem dificuldades para ler ou está ambivalente com a terapia ou em trabalhar com você. Nesse caso raro, os pensamentos e sentimentos da pessoa sobre a terapia e/ou o uso de *A mente vencendo o humor* podem ser explorados na sessão seguinte.

Resumo do Capítulo 1
(*A mente vencendo o humor*, p. 1-4)

▶ A terapia cognitivo-comportamental (TCC) é um método comprovadamente efetivo para depressão, ansiedade, raiva e outros estados de humor.

▶ A TCC também pode ser usada para auxiliar no tratamento de transtornos alimentares, uso de álcool e drogas, estresse, baixa autoestima e outras condições.

▶ *A mente vencendo o humor* objetiva ensinar habilidades de TCC de forma gradual.

▶ A maioria das pessoas descobre que, quanto mais tempo dedica à prática de cada habilidade, maior benefício obtém.

▶ Você encontrará orientações ao longo do livro que o ajudarão a personalizar a ordem de leitura dos capítulos para que possa se direcionar para os estados de humor que mais o preocupam.

CAPÍTULO 2 DE *A MENTE VENCENDO O HUMOR*: COMPREENDENDO SEUS PROBLEMAS

Quatro personagens principais

Quatro personagens principais são acompanhados ao longo de *A mente vencendo o humor*, e os conhecemos no Capítulo 2: Paulo, Márcia, Marisa e Vítor. Eles representam pessoas com diagnósticos distintos e bem-definidos, além de pessoas com múltiplos problemas.

- **Paulo** era deprimido. Sua depressão tinha início recente.
- A depressão de **Marisa** era recorrente e algumas vezes incluía pensamentos e comportamentos suicidas.
- **Márcia** relatava uma variedade de problemas relacionados à ansiedade, incluindo ataques de pânico, preocupações e medo de viajar de avião.
- **Vítor** estava se recuperando de alcoolismo. Ele estava experimentando episódios de ansiedade, baixa autoestima, culpa e vergonha, além de explosões de raiva que começavam a causar tensão na relação com sua esposa, Júlia.

O propósito de incluir quatro personagens principais ao longo do livro é ajudar os leitores a observar uma variedade de formas como os princípios e habilidades ensinados em *A mente vencendo o humor* podem ser aplicados a problemas comuns e a desafios na vida. A maioria das folhas de exercícios para desenvolvimento de habilidades em *A mente vencendo o humor* é ilustrada com exemplos de um ou mais desses quatro personagens para dar aos leitores exemplos concretos de como completá-los. Os leitores podem acompanhar o progresso da aprendizagem desses quatro personagens ao longo do livro e podem até mesmo saber o que aconteceu com eles depois da terapia no Epílogo de *A mente vencendo o humor*. Os leitores com frequência se identificam com um ou mais desses personagens, especialmente quando seus problemas presentes são semelhantes. No entanto, não é preciso que as pessoas se identifiquem com um único personagem da obra. Muitos personagens secundários são apresentados em vários capítulos que ilustram uma ampla variedade de dificuldades humanas.

O modelo de cinco partes

Um modelo de cinco partes simples (Padesky & Mooney, 1990) para descrição e compreensão das dificuldades é apresentado no Capítulo 2. Os leitores observam como os quatro personagens principais de *A mente vencendo o humor* inserem as informações de suas vidas nesse modelo. O fato de quatro conjuntos diversos de problemas apresentados poderem se encaixar nesse modelo encoraja os leitores a acreditar que seus próprios problemas também se encaixarão nesse modelo. O modelo de cinco partes é uma forma simples e acessível ao cliente de começar a esboçar uma conceitualização de caso descritiva dos problemas apresentados (Kuyken, Padesky, & Dudley, 2009).

Uma das falsas concepções comuns sobre a TCC é que ela considera os pensamentos como o principal ponto de partida para os estados de humor e o comportamento. O modelo de cinco partes apresentado na Figura 2.1 (p. 7) de *A mente vencendo o humor* (e apresentado aqui, também como Figura 2.1) é um desenho mais acurado da teoria da TCC. Ele reflete uma interação constante entre comportamento, pensamentos, humores e experiência física. Mudanças em qualquer uma dessas áreas podem levar a mudanças nas demais.

FIGURA 2.1 Modelo de cinco partes para entender as experiências na vida. *Copyright* © 1986 Christine A. Padesky.

E esses quatro elementos intrapessoais são constantemente influenciados pelo ambiente, que inclui contextos situacionais (p. ex., dificuldades financeiras) e interpessoais (p. ex., apoio e demandas sociais), além do ambiente mais amplo (p. ex., ambiente urbano *versus* cidade pequena) e fatores culturais de uma pessoa (p. ex., étnico, racial, LGBTQ+, religioso), atuais e históricos (Padesky & Mooney, 1990). Os clientes devem preencher a Folha de Exercícios 2.1, Compreendendo meus problemas (*A mente vencendo o humor*, p. 13). Lembre-os de que existem perguntas orientadoras que podem fazer a si mesmos no quadro Dicas Úteis, na p. 14 de *A mente vencendo o humor*. Quando os clientes têm dificuldades para preencher essa folha de exercícios sozinhos, você pode completá-la com eles na sessão. O Resumo do Capítulo 2 em *A mente vencendo o humor* descreve o que os clientes podem aprender com esse exercício.

Em vez de apenas examinar o resumo desses pontos de aprendizagem com cada cliente, é mais memorável derivá-los das respostas na folha de exercícios, conforme ilustrado no diálogo a seguir:

TERAPEUTA: É interessante ver tudo o que você escreveu nesta folha de exercícios. Foi difícil preenchê-la?

JONTELLE: Eu fiquei travada algumas vezes, mas o quadro Dicas Úteis na página seguinte ajudou.

Resumo do Capítulo 2
(*A mente vencendo o humor*, p. 5-15)

▶ Há cinco partes em qualquer problema: ambiente/situações de vida, reações físicas, humor, comportamentos e pensamentos.

▶ Cada uma dessas cinco partes interage com as outras.

▶ Pequenas mudanças em qualquer área podem originar mudanças nas demais áreas.

▶ A identificação dessas cinco partes pode proporcionar uma nova maneira de compreender os próprios problemas e fornecer ideias de como fazer mudanças positivas na vida (ver Folha de Exercícios 2.1, *A mente vencendo o humor*, p. 13).

TERAPEUTA: Fico feliz. Bem, você fez um bom trabalho ao preenchê-la. Notei que o problema que você me contou que está tendo com sua filha está faltando nesta folha de exercícios. As coisas estão melhores nessa área ou você apenas se esqueceu de colocar?

JONTELLE: Oh, esqueci disso!

TERAPEUTA: Você quer acrescentar?

JONTELLE: Sim.

TERAPEUTA: Onde você colocaria isso na folha de exercícios?

JONTELLE: Em "situações"?

TERAPEUTA: Faz sentido.

JONTELLE: (*Escreve a informação adicional na Folha de Exercícios 2.1*)

Observe que o terapeuta não forneceu mais ajuda do que o necessário e apoiou o entendimento correto do modelo.

TERAPEUTA: O capítulo dizia que cada uma dessas cinco partes interage com as outras. Você pode me dar alguns exemplos de como isso poderia funcionar no seu caso?

JONTELLE: Bem, eu noto que tenho tendência a ficar em casa quando estou mais ansiosa.

TERAPEUTA: Então vamos traçar uma linha entre seu comportamento [ficar em casa] e seu estado de humor [ansiosa].

JONTELLE: Certo. (*Traça uma linha.*)

TERAPEUTA: Quando você fica mais em casa, acha que isso afeta algum dos seus pensamentos?

JONTELLE: (*Olha para sua folha de exercícios.*) Acho que é quando começo a pensar: "Eu sou fraca".

TERAPEUTA: Certo. Vamos traçar uma linha, então, entre seu comportamento e seus pensamentos.

Quando o terapeuta e Jontelle trabalharam juntos e traçaram linhas conectando várias partes do modelo, Jontelle começou a entender o que o Resumo do Capítulo 2 pretende dizer com "Cada uma dessas cinco partes interage com as outras". Não foi necessário fazer todas as conexões depois que ela compreendeu essa ideia. A seguir, o terapeuta ligou sua folha de exercícios com o modelo de cinco partes às opções de tratamento:

TERAPEUTA: Quando vejo como todas essas partes interagem para você, isso me ajuda a entender como entrou em uma situação tão difícil com sua ansiedade. Pequenas mudanças em uma área podem originar pequenas mudanças em outras áreas, e em pouco tempo você está travada. Isso faz sentido para você?

JONTELLE: Sim, realmente faz. Nunca me dei conta disso antes. Agora estou realmente presa em uma confusão.

TERAPEUTA: Na verdade, eu vejo boas notícias nesse quadro.

JONTELLE: Você vê? Eu não vejo.

TERAPEUTA: As boas notícias parecem ser as pequenas mudanças. Se pequenas mudanças para pior podem provocar uma confusão como essa, então pequenas melhoras em uma área podem levar a pequenas melhoras em outras áreas, e por

JONTELLE: fim a sua confusão pode ser resolvida.

JONTELLE: Você realmente pensa assim?

TERAPEUTA: Sim. Se você estiver disposta a trabalhar comigo, nosso trabalho será descobrir quais são as menores mudanças que você pode fazer que irão originar a maior melhora positiva com o tempo.

JONTELLE: Como fazemos isso?

TERAPEUTA: Reserve um minuto e olhe para esta folha de exercícios. Há alguma área em que você acha que poderia fazer uma pequena mudança positiva? Poderíamos começar por aqui e ver se essa pequena mudança pode ajudar a mudar também algumas das demais áreas.

JONTELLE: (Silenciosa por um minuto) Eu quero ficar em casa quando estou ansiosa, mas noto que, em alguns dias, quando tenho que sair, algumas vezes me sinto um pouco melhor. Talvez eu possa começar a descobrir algumas coisas mais simples para fazer fora de casa quando estiver me sentindo ansiosa.

TERAPEUTA: Essa é uma ideia interessante. Podemos experimentar isso e ver o que acontece. Você tem alguma previsão?

Fazer ligações entre a conceitualização de caso e os passos do tratamento é importante na terapia. Quando os clientes são convidados a colaborar para fazer conexões entre diferentes partes da sua experiência (como a Folha de Exercícios 2.1 os orienta a fazer), frequentemente começam a pensar nos passos que podem dar para se ajudar.

Dessa forma, os problemas que um cliente lista na Folha de Exercícios 2.1 podem ser usados como ponto de partida para desenvolver os objetivos da terapia e até mesmo como plano inicial para a terapia.

Pensamentos e comportamentos são as duas partes do modelo de cinco partes que geralmente são mais fáceis para as pessoas mudarem diretamente. Por essa razão, com frequência são alvos dos esforços de mudança da TCC. Os comportamentos são geralmente mais fáceis de identificar, muito embora mudá-los algumas vezes possa ser desafiador. Os pensamentos geralmente estão fora da consciência das pessoas. Portanto, *A mente vencendo o humor* ensina os leitores a tomarem consciência deles. Mesmo que os pensamentos não sejam necessariamente as causas fundamentais de muitos problemas abordados em terapia, as crenças que as pessoas têm podem interferir (p. ex., "Por que tentar? Não vai fazer nenhuma diferença") ou apoiar (p. ex., "Se eu der um passo de cada vez, consigo fazer isso") os esforços de mudança.

Os pensamentos com frequência servem a uma função de manutenção para o humor e dificuldades comportamentais e, assim, têm forte influência nos esforços de mudança. As crenças das pessoas podem dificultar que mudem comportamentos, mesmo quando veem os benefícios de fazê-lo. Portanto, o próximo capítulo de *A mente vencendo o humor* ensina mais as pessoas sobre os papéis que os pensamentos desempenham em suas vidas.

CAPÍTULO 3 DE *A MENTE VENCENDO O HUMOR*: É O PENSAMENTO QUE CONTA

O terceiro capítulo de *A mente vencendo o humor* tem apenas nove páginas, mas inclui uma variedade de exemplos que demonstram por que é tão importante aprender a identificar os pensamentos. As ideias mais importantes são destacadas no Resumo do Capítulo 3. Conforme observado nesse resumo, o capítulo aborda duas falsas concepções sobre a TCC que podem ser tratadas no início da terapia. A primeira é uma crença comum de que o pensamento positivo é uma solução para os problemas da vida. Na verdade, o pensamento positivo "é uma proposta muito simplista, geralmente não provoca mudanças duradouras e pode nos levar a negligenciar informações que são importantes" (*A mente vencendo o humor*, p. 24). Uma segunda falsa concepção sobre a TCC é que mudar crenças é o único foco da terapia. A página final do Capítulo 3 apresenta uma variedade de cenários que demonstram a igual importância de fazer mudanças nos pensamentos, humores, comportamentos, respostas físicas e ambiente/situações da vida. Portanto, embora identificar, testar e algumas vezes mudar os pensamentos possa ajudar a resolver muitos problemas na vida, é igualmente importante considerar que precisam ser feitas mudanças em todas as demais áreas do modelo de cinco partes.

As relações com os pensamentos

Os leitores de *A mente vencendo o humor* têm apenas uma folha de exercícios para completar no terceiro capítulo: Folha de Exercícios 3.1, As relações com os pensamentos (*A mente vencendo o humor*, p. 23). A maioria das pessoas acha essa folha de exercícios fácil de preencher porque ela oferece um cenário concreto sobre uma mãe (Sara) em uma reunião da escola e, então, pede que os leitores imaginem quais estados de humor, comportamentos ou reações físicas provavelmente estão relacionados aos pensamentos de Sara descritos no alto da folha de exercícios. Simplesmente é preciso marcar uma ou mais respostas em cada uma das três áreas.

Resumo do Capítulo 3
(A mente vencendo o humor, p. 17-25)

▶ Os pensamentos ajudam a definir os estados de humor que experimentamos.

▶ Os pensamentos influenciam o modo como nos comportamos e o que escolhemos fazer e não fazer.

▶ Os pensamentos e as crenças afetam as respostas físicas.

▶ As experiências da vida (ambiente) ajudam a determinar as atitudes, as crenças e os pensamentos que se desenvolvem na infância e com frequência persistem na vida adulta.

▶ *A mente vencendo o humor* ajuda você a examinar todas as informações disponíveis; não é simplesmente pensamento positivo.

▶ Embora as mudanças no pensamento com frequência sejam essenciais, a melhora do estado de humor também pode requerer mudanças no comportamento, nas reações físicas e em situações/ambientes domésticos ou de trabalho.

Essa folha de exercícios é planejada para encorajar os leitores a aplicar as ideias contidas nesse capítulo a uma situação na vida real. Não há um conjunto de respostas corretas, porque as pessoas podem imaginar uma variedade de respostas a pensamentos particulares. Em vez disso, os terapeutas podem pedir que os clientes falem um pouco mais sobre por que escolheram as respostas que escolheram a fim de certificar-se de que eles compreendem as relações entre os pensamentos e essas outras partes da experiência humana. Como alternativa, o terapeuta pode simplesmente perguntar: "Essa folha de exercícios o ajudou a entender como os pensamentos estão relacionados com os estados de humor, comportamentos e reações físicas?". Se o cliente diz que sim, o terapeuta pode perguntar: "Você pode me dar um exemplo da sua vida nesta semana que demonstre essa mesma relação entre pensamentos e uma dessas outras áreas da sua vida?".

O que mais os terapeutas precisam saber sobre as relações com os pensamentos

Embora o Capítulo 3 apresente aos clientes uma introdução simples aos papéis que os pensamentos desempenham na vida das pessoas, os terapeutas se beneficiam de uma compreensão mais completa. Por exemplo, tipos específicos de pensamentos estão relacionados a estados de humor específicos. Isso é chamado de "especificidade cognitiva". Segundo, existem três níveis de pensamento comumente abordados na terapia. A terapia prossegue mais tranquilamente quando os terapeutas aprendem a reconhecer que níveis de pensamento estão presentes porque diferentes ferramentas da terapia são usadas para abordar cada nível de pensamento.

Especificidade cognitiva

Uma das contribuições iniciais de Beck para a compreensão das relações entre pensamentos e estados de humor foi a ideia de que cada estado emocional ou humor, independentemente da origem, é acompanhado por padrões de pensamento característicos (Beck, 1976). A ansiedade é acompanhada por pensamentos de perigo e vulnerabilidade; a depressão, por pensamentos negativos sobre o *self*, o mundo e o futuro; e a raiva, por pensamentos de violação e injustiça. A terapia pode ser prejudicada se esses pensamentos não forem identificados e avaliados. Por exemplo, embora a atividade aumentada possa servir como um antidepressivo poderoso, muitos indivíduos deprimidos se recusam a fazer as atividades devido aos pensamentos característicos que ocorrem na depressão: "Isso não vai ajudar" (desesperança), "Não sou divertido para que queiram estar comigo" (autocrítica) e "Não vou me divertir de qualquer forma" (pessimismo).

Os terapeutas em TCC ensinam os clientes a identificar, avaliar e mudar padrões de pensamento disfuncionais que interferem na melhora de seus estados de humor, comportamentos e outros aspectos de suas vidas. Compreendendo a especificidade cognitiva, os terapeutas podem garantir que os tipos de pensamento tratados na terapia são aqueles relacionados aos estados de humor visados. Mudanças cognitivas relevantes, com frequência, também ajudam os clientes a mudar seus ambientes (p. ex., "Se eu tiver valor, então talvez mereça relacionamentos mais gratificantes") e também podem ser acompanhadas por mudanças neurobiológicas.

Três níveis de pensamento

Três níveis de pensamento são abordados na TCC: "pensamentos automáticos", "pressupostos subjacentes" e "crenças nucleares" (algumas vezes referidas como "esquemas"). Apresentamos aqui um manual sucinto sobre esses três níveis, relacionados com *A mente vencendo o humor*.

Pensamentos automáticos

Pensamentos automáticos são os pensamentos (palavras, imagens e lembranças) momento a momento, não planejados, que fluem pela mente das pessoas ao longo do dia. Esses pensamentos são os mais fáceis de mudar, especialmente quando são testados nas situações em que surgem. Assim, *A mente vencendo o humor* ensina os leitores a identificar pensamentos automáticos em sua relação com situações particulares. O instrumento mais frequentemente usado para testar pensamentos automáticos é o Registro de Pensamentos (ver Figura 6.1 em *A mente vencendo o humor*, p. 42). Esse Registro de Pensamentos de sete colunas (Padesky, 1983) usado em *A mente vencendo o humor* pede que as pessoas identifiquem seus pensamentos (Coluna 3) relacionados a um forte estado de humor (Coluna 2) que sentiram em uma situação específica (Coluna 1). Elas então devem procurar nessa situação evidências que apoiem (Coluna 4) ou não apoiem (Coluna 5) seus pensamentos automáticos. Por fim, são solicitadas a gerar um pensamento alternativo ou compensatório (Coluna 6) que se adapte às evidências da situação e que vejam se esse novo pensamento leva a alguma mudança no seu humor (Coluna 7). Os Capítulos 4 e 5 deste guia do terapeuta ensinam detalhadamente como ajudar seus clientes a aprenderem a usar os Registros de Pensamentos de sete colunas. Para uma descrição de como e por que esse Registro de Pensamentos de sete colunas foi desenvolvido, veja o Apêndice B deste livro.

Pressupostos subjacentes

Pressupostos subjacentes são crenças transituacionais ou regras que guiam as vidas das pessoas; incluem declarações do tipo "deveria" (p. ex., "Uma mãe sempre deve pensar primeiro nos seus filhos") e crenças condicionais do tipo "Se... então..." (p. ex., "Se as pessoas me conhecerem, então irão me rejeitar"). Pressupostos subjacentes são preditivos; eles guiam comportamentos e expectativas, muito embora com frequência não sejam articulados conscientemente. A natureza preditiva dos pressupostos subjacentes torna mais fácil testá-los realizando experimentos em vez de procurar evidências em uma única situação. Assim, os leitores de *A mente vencendo o humor* são ensinados sobre pressupostos subjacentes em relação a um capítulo sobre o teste de crenças com experimentos ativos. O Capítulo 7 deste guia do terapeuta fornece orientação passo a passo sobre como identificar pressupostos subjacentes e testá-los com experimentos comportamentais.

Crenças nucleares (esquemas)

Crenças nucleares ou esquemas foram descritos como telas ou filtros que ajudam a processar e codificar as informações (Beck, Rush, Shaw, & Emery, 1979). Neste guia, preferimos o termo "crenças nucleares" e o utilizamos para descrever crenças nucleares sobre si mesmo, os outros e o mundo. As crenças nucleares são absolutas (p. ex., "Eu sou forte") e dicotômicas (p. ex., "Eu sou forte" ou "Eu sou fraco"). Por essa razão, elas são mais bem examinadas em um *continuum* (escala), que pode ajudar as pessoas a verem o meio-termo entre esses dois extremos. A maioria das experiências na vida provavelmente estará posicionada no meio, e não nos extremos de um *continuum*/escala. Incluímos a Folha de Exercícios 12.8, Classificando comportamentos em uma escala, em *A mente vencendo o humor* (p. 166), que pode ser muito útil para os clientes que tendem a julgar a si mesmos, os outros e as experiências na vida em termos de crenças nucleares do tipo "tudo ou nada".

Mais uma vez, as crenças nucleares geralmente vêm em pares/dicotomias (p. ex., "As pessoas são cruéis" ou "As pessoas são gentis"). De acordo com a teoria cognitiva, apenas uma das crenças nucleares de um par é ativada de cada vez (ver Beck, 1967). Quando um estado de humor intenso é ativado, crenças nucleares relacionadas a esse humor geralmente são as ativadas. Assim, as pessoas que são deprimidas têm maior probabilidade de acreditar em "Não sou adorável" do que em "Sou adorável". Pessoas que são extremamente ansiosas têm mais probabilidade de acreditar em "Isso é perigoso" e "Não consigo lidar com isso" do que em "Isso é administrável" e "Posso lidar com isso". Quando esses estados de humor melhoram, é provável que a crença alternativa oposta retorne.

A crença nuclear que está atualmente ativa guia as interpretações que as pessoas fazem dos eventos em suas vidas. Assim, quando as pessoas enfrentam um desafio na vida em um dia em que se sentem altamente ansiosas, é provável que se concentrem em todos os problemas ("Isso é perigoso") e em suas fragilidades ("Não consigo lidar com isso"); em consequência, elas se sentem sobrecarregadas. Em um dia em que não estão se sentindo ansiosas, elas podem enfrentar o mesmo desafio com resignação ou até com otimismo, porque crenças nucleares diferentes estariam ativas: "Isso é difícil", no entanto, "Eu consigo manejar e resolver com um passo de cada vez". O trabalho com crenças nucleares é descrito mais detalhadamente no Capítulo 8 deste guia.

Que nível de pensamento deve ser abordado na terapia?

É esperado que crenças nucleares desadaptativas estejam ativas durante estados de humor intensos porque a crença nuclear contrária relacionada a esse humor é aquela que será ativada. Pensamentos automáticos, pressupostos subjacentes e crenças nucleares estão conectados entre si. Quando uma crença nuclear particular é ativada, os pensamentos automáticos e pressupostos subjacentes relacionados a ela provavelmente também serão ativados. Por exemplo, a crença nuclear de que "Não se pode confiar nas pessoas" provavelmente é acompanhada por pressupostos subjacentes como "Se eu ficar muito próximo, vou me magoar" e por pensamentos automáticos como "Ela está tentando me machucar".

Mesmo que as crenças nucleares pareçam realmente importantes de ser abordadas, em geral é aconselhável que os terapeutas trabalhem com a crenças nos níveis dos pensamentos automáticos ou pressupostos subjacentes quando os clientes estão experimentando estados de humor intensos. Por quê? Os pensamentos automáticos e pressupostos subjacentes podem ser testados mais rapidamente do que as crenças nucleares. Na maior parte do tempo, o trabalho com pensamentos automáticos ou pressupostos subjacentes ocasionará melhora muito rápida no humor, e as crenças nucleares mais adaptativas retornarão naturalmente. Assim, é melhor trabalhar com pensamentos automáticos e crenças subjacentes no começo da terapia, e somente trabalhar com as crenças nucleares se elas não mudarem naturalmente com o tempo depois que os estados de humor dos clientes tiverem melhorado. Se a terapia eventualmente precisar focar em intervenções diretas nas crenças nucleares,

> ## Quadro de lembretes
>
> Na maior parte do tempo, os terapeutas não precisarão trabalhar com crenças nucleares. Mesmo que as crenças nucleares pareçam realmente importantes de ser abordadas, em geral é aconselhável que os terapeutas trabalhem com as crenças no nível dos pensamentos automáticos ou pressupostos subjacentes quando os clientes estiverem experimentando estados de humor intensos. Depois que os clientes experimentam mudanças positivas nos estados de humor e comportamentos, crenças nucleares mais positivas provavelmente vão ressurgir.

elas podem levar um longo tempo para mudar (Padesky, 1994).

Quando o objetivo da terapia é a mudança do comportamento, o melhor nível de pensamento a focar geralmente é o dos pressupostos subjacentes. Isso se deve ao fato de os padrões comportamentais serem guiados por pressupostos subjacentes. Por exemplo, comportamentos aditivos são mantidos em parte por pressupostos subjacentes sobre fissura (p. ex., "Se eu tiver fissura, ela vai durar para sempre ou vai piorar se eu não a satisfizer") e controle (p. ex., "Se eu estiver cansado, não vou conseguir me controlar"). Igualmente, os pressupostos subjacentes costumam estar na raiz dos comportamentos em relacionamentos. Por exemplo, o pressuposto "Se nós discordamos sobre as coisas, isso significa que não somos compatíveis" pode conduzir a esquiva de conflito ou falta de disposição para assumir compromisso com um relacionamento altamente positivo, mas às vezes controverso.

Quando um terapeuta deve trabalhar com as crenças nucleares?

As crenças nucleares podem não mudar naturalmente quando o humor melhorar se uma dessas crenças pareadas for fraca ou ausente. Esse é algumas vezes o caso de pessoas com dificuldades de humor crônicas por toda a vida ou diagnosticadas com transtornos da personalidade. Para esses clientes, pode ser necessário identificar, construir e fortalecer crenças nucleares mais positivas (Padesky, 1994) usando folhas de exercícios do Capítulo 12 de *A mente vencendo o humor*. Mesmo assim, os processos de construção e fortalecimento de crenças nucleares mais adaptativas são mais fáceis e mais prováveis de ter sucesso quando as pessoas experimentam estados de humor mais balanceados. Assim, os terapeutas são encorajados a seguir os Guias de Leitura para estados de humor particulares (ver Apêndice A, p. 472-475) e ajudar os clientes a desenvolver habilidades de manejo do humor antes de empreenderem esforços para construir crenças nucleares mais positivas.

Níveis de pensamento: resumo

Em suma, existem três níveis de pensamento interconectados. As crenças nucleares ("Não sou digno de ser amado") dão origem a pressupostos subjacentes ("Se as pessoas me conhecerem, não vão gostar de mim"). Juntos, as crenças nucleares e os pressupostos subjacentes determinam os tipos de pensamentos automáticos que ocorrem.

Por exemplo, na presença de uma crença nuclear ativada de que "Não sou digno de ser amado" e de um pressuposto subjacente de que "Se eu estiver deprimido, nada vai ajudar a me sentir melhor", um pensamento automático mais provável seria "Não vou me divertir nada na festa" em vez de "Vou à festa e aproveitarei a companhia dos meus amigos".

Muitos textos de terapia cognitiva nomeiam apenas dois níveis de pensamento: pensamentos automáticos e esquemas. Nesses casos, tanto os pressupostos subjacentes quanto as crenças nucleares são considerados "esquemas". Acreditamos que o sistema em três níveis é uma forma mais útil de classificação dos pensamentos porque os terapeutas podem escolher diferencialmente métodos terapêuticos baseados no tipo de pensamento a ser avaliado.

Como lembrete:

- Os pensamentos automáticos são mais bem avaliados em registros dos pensamentos (Capítulos 6 a 9 de *A mente vencendo o humor*; Capítulos 4 e 5 deste guia do terapeuta).
- Os pressupostos subjacentes são mais bem testados com experimentos comportamentais (Capítulo 11 de *A mente vencendo o humor*; Capítulo 7 deste guia).
- As crenças nucleares podem ser mudadas com o tempo, classificando-se as experiências em um *continuum* e identificando e fortalecendo crenças nucleares mais positivas (Capítulo 12 de *A mente vencendo o humor*; Capítulo 8 deste guia).

Os capítulos anotados neste guia do terapeuta ensinam essas habilidades mais detalhadamente.

CAPÍTULO 4 DE *A MENTE VENCENDO O HUMOR*: IDENTIFICANDO E AVALIANDO ESTADOS DE HUMOR

TERAPEUTA: Como você se sentiu quando seu amigo lhe disse isso?
RICK: Eu não sei. Mal.
TERAPETA: Que tipo de mal? Triste? Furioso? Assustado?
RICK: Não sei. Apenas mal.

Como mostra o resumo na próxima página, o Capítulo 4 é planejado para ajudar as pessoas a tomar consciência dos seus estados de humor, identificar e nomear uma variedade de estados de humor e classificar sua intensidade. A habilidade de identificar os estados de humor é importante, especialmente porque diferentes habilidades serão úteis, dependendo dos tipos de estados de humor que alguém experimenta. Como Rick, no breve diálogo anterior, alguns clientes não conseguem identificar e nomear seus estados de humor ou não têm vocabulário muito extenso para os estados de humor. Para esses clientes, o Capítulo 4 oferece estratégias e exercícios que ajudarão a aprender essa habilidade útil.

Identificando estados de humor

A identificação dos estados de humor é uma habilidade particularmente importante porque assegura que terapeutas e clientes estejam falando uma linguagem comum. Além disso, no final do Capítulo 4 de *A mente vencendo o humor*, os leitores são orientados a seguir até o capítulo com o tópico que mais se aproxima do estado de humor que mais os estressa: depressão (Ca-

> ### Resumo do Capítulo 4
> (*A mente vencendo o humor*, p. 27-34)
>
> ▶ Estados de humor intensos sinalizam que algo importante está acontecendo em sua vida.
>
> ▶ Os estados de humor geralmente podem ser descritos por uma única palavra.
>
> ▶ A identificação de estados de humor específicos ajuda a estabelecer objetivos e acompanhar o progresso.
>
> ▶ É importante identificar os estados de humor que você tem em situações particulares (Folha de Exercícios 4.1, *A mente vencendo o humor*, p. 30).
>
> ▶ A medição de seus estados de humor (Folha de Exercícios 4.2, *A mente vencendo o humor*, p. 32) possibilita que você avalie a sua intensidade, acompanhe o progresso e avalie a eficácia das estratégias aprendidas.
>
> ▶ *A mente vencendo o humor* pode ser personalizado para ajudá-lo com os estados de humor que são mais angustiantes para você. Depois de concluir este capítulo, reporte-se ao capítulo relacionado a seu estado de humor mais angustiante. No final do capítulo, são recomendados capítulos adicionais e a ordem de leitura.

pítulo 13), ansiedade (Capítulo 14) ou raiva, culpa ou vergonha (Capítulo 15). Portanto, é importante que as pessoas dispendam tempo suficiente no Capítulo 4 para identificar os estados de humor que, para elas, são os mais importantes de entender e manejar. Para auxiliar, a Folha de Exercícios 4.1, Identificando estados de humor (*A mente vencendo o humor*, p. 30), pede que as pessoas identifiquem os estados de humor em cinco situações diferentes. Se as pessoas têm problemas de humor, é provável que o mesmo humor ou humores surja em várias dessas situações.

Como Rick, no diálogo anterior, algumas pessoas identificam todos os seus estados de humor em termos de "Eu me sinto mal" ou "Eu me sinto bem". Esses clientes precisam de ajuda adicional para aprender a ser mais específicos na identificação dos estados de humor. Na terapia, queremos ajudar os clientes a começar a substituir palavras vagas como "mal" ou "anestesiado" ou "tenso" por descrições mais específicas do estado de humor, como "nervoso", "com raiva", "irritado", "triste" e "decepcionado". O Capítulo 4 de *A mente vencendo o humor* começa com uma lista dos estados de humor (p. 27) que pode ser usada para ajudar a identificar variações nesses estados. Sugerimos que os clientes que têm completo desconhecimento dos estados de humor prestem atenção às suas reações físicas ou às situações que querem evitar. Quando perceberem tensão física, excitação ou momentos em que se sentem "mal", eles podem usar essas circunstâncias como oportunidades para analisar a lista de estados de humor e ver se algum deles combina com suas reações.

O Capítulo 4 de *A mente vencendo o humor* inclui sugestões de exercícios que os clientes podem fazer para prestar atenção à sua tensão corporal, para ver se diferentes estados de humor afetam seus corpos de diferentes maneiras. Por exemplo, tristeza pode se assemelhar a completa falta de energia – "Alguém me tirou da tomada". Raiva pode estar conectada a tensão no pescoço ou nos ombros do cliente. Algumas pessoas acham recomendável buscar ativamente lembranças para situações em que provavelmente sentiram estados de humor particulares no passado. Elas podem então tentar recordar como eram esses estados de humor. Quando os clientes estão com dificuldades para identificar os estados de humor, pode ser muito útil fazer esses tipos de exercícios *na sessão* até começarem a notar as diferenças entre estados de humor particulares. Também é útil incluir mais estados de humor prazerosos, como felicidade ou entusiasmo.

Avaliando estados de humor

Depois que conseguem identificar e nomear os estados de humor, as pessoas podem aprender a avaliar sua intensidade. A habilidade de avaliar os estados de humor é essencial porque muitas pessoas buscam a terapia para aprender a manejar estados de humor estressantes e a aumentar os estados de humor positivos. A mudança nas avaliações do humor ao longo do tempo é uma forma de medir se as habilidades que estão aprendendo e praticando as estão ajudando a atingir seus objetivos de manejo e melhora dos estados de humor. Um indício de que seus clientes conseguem fazer isso é sua habilidade de completar a Folha de Exercícios 4.2, Identificando e avaliando estados de humor (*A mente vencendo o humor*, p. 32).

Embora as folhas de exercícios no Capítulo 4 de *A mente vencendo o humor* usem avaliações genéricas do humor, os leitores são alertados de que existem inventários de humor mais específicos em capítulos posteriores. Especificamente, existe um Inventário de Depressão de *A mente vencendo o humor* (Folha de Exercícios 13.1, em *A mente vencendo o humor*, p. 186); um Inventário de Ansiedade (Folha de Exercícios 14.1, em *A mente vencendo o humor*, p. 213); e um conjunto de escalas em Avaliando e acompanhando meus estados de humor (Folha de Exercícios 15.1, em *A mente vencendo o humor*, p. 246), que podem ser usados para monitorar uma variedade de estados de humor, incluindo estados de humor positivo, como felicidade. O uso de medidas contínuas do humor para monitorar o progresso é enfatizado no Resumo do Capítulo 4 de *A mente vencendo o humor*.

Se souber, no começo da terapia, que certos clientes estão experimentando depressão, ansiedade ou outro estado de humor, você pode lhes pedir para preencher os inventários ou outras medidas de humor relevantes em *A mente vencendo o humor* antes de lerem o Capítulo 4. De fato, recomendamos pedir que todos os clientes preencham medidas do humor relevantes no começo da terapia. O acompanhamento da mudança nessas medidas é uma das melhores maneiras de obter *feedback* e saber se a terapia está ajudando ou não. A maioria dos terapeutas em TCC pede que seus clientes preencham uma variedade de medidas de humor no seu ingresso; então, durante o curso da terapia, eles regularmente lhes pedem para completar medidas relacionadas aos estados de humor focados na terapia.

Conforme observado no Capítulo 1 deste guia do terapeuta, seus clientes podem baixar arquivos com versões em PDF das medidas de estados de humor de *A mente vencendo o humor* no *website* da editora e carregá-los em um dispositivo eletrônico para facilitar seu preenchimento e armazenagem. Se você escolheu sugerir isso, lembre-se de aconselhá-los sobre os limites potenciais da confidencialidade se carregarem e armazenarem suas folhas de exercícios em aparelhos que podem ser acessados por outras pessoas.

GUIA PARA A RESOLUÇÃO DE PROBLEMAS: CAPÍTULOS 1 A 4 DE *A MENTE VENCENDO O HUMOR*

Vários dilemas podem surgir quando você decide incorporar *A mente vencendo o humor* à terapia. A maioria deles são variações sobre os bloqueios potenciais que podem ocorrer na terapia, mesmo que você não esteja usando um livro de exercícios. As questões mais comuns são tratadas aqui.

Quando os clientes têm mais de um estado de humor principal

As pessoas comumente têm dificuldades com mais de um estado de humor. Depressão é frequentemente comórbida com ansiedade, culpa, vergonha e/ou raiva, por exemplo. Esta é, na verdade, uma das justificativas para abordarmos uma variedade de estados de humor em *A mente vencendo o humor*, em vez de seguir o caminho mais fácil de escrever um livro focado em um único estado de humor. Pode ser encorajador para os clientes verem que as habilidades que estão aprendendo podem ser úteis para vários ou mesmo para a maioria dos seus estados de humor. No entanto, no final do Capítulo 4 de *A mente vencendo o humor*, pedimos que as pessoas escolham um estado de humor e sigam o Guia de Leitura para esse humor (veja o Apêndice A, p. 472-475) durante as semanas e meses iniciais de uso do livro. Se os clientes estão tendo dificuldades com mais de um estado de humor, como eles escolhem? Alguns clientes não têm dificuldade em escolher o humor que desejam enfrentar primeiro. Quando eles não têm certeza de qual humor escolher, peça-lhes que levem em consideração as seguintes perguntas:

1. "Quais estados de humor você experimenta mais intensamente? Quais estados de humor interferem mais na sua vida?" (Nota: As medidas dos estados de humor de *A mente vencendo o humor* podem ajudar a determinar a intensidade do estado de humor.)

Paul experimentava tanto raiva quanto ansiedade. Ele classificou os dois estados de humor em um nível de aproximadamente 80/100 no seu pior. No entanto, sua raiva estava criando dificuldades no trabalho e em casa que estavam atingindo níveis de crise. Assim, decidiu focar primeiro na raiva, embora também quisesse ajuda com a ansiedade.

2. "Que estados de humor você acha mais problemáticos?" Isso com frequência não é o mesmo que intensidade.

Emma experimentava ansiedade intensa, mas vinha experimentando ansiedade há muitos anos e já estava "acostumada com ela". Quando começou a se sentir deprimida, ficou muito preocupada com os pensamentos suicidas. Assim, relatou estar mais preocupada com a depressão do que com a ansiedade, mesmo que seus escores de ansiedade fossem mais altos.

3. "Há um estado de humor que é o principal, na medida em que ele dá origem à maior parte dos seus outros estados de humor?"

Mahmoud chegou à terapia para obter ajuda com a depressão, a qual havia se tornado muito severa durante o último ano. Seu terapeuta descobriu que ele também tinha uma longa história de ansiedade social. Durante os últimos três anos, foi se afastando gradualmente das interações sociais ao vivo.

Mahmoud passava cada vez mais tempo em casa e só participava de atividades que pudesse realizar *on-line*. Quando ele e seu terapeuta começaram a discutir as atividades que poderia fazer e que ajudariam a melhorar seu humor deprimido, ficou claro que sua ansiedade social estava criando uma barreira à TCC tradicional para a depressão. Eles concordaram que precisavam abordar primeiro a ansiedade social.

4. "Que humor você gostaria de trabalhar primeiro?"

Ocasionalmente os terapeutas têm preocupações de que seus clientes não estejam escolhendo o humor "certo" no qual trabalhar ou discordam das escolhas que seus clientes fazem. Geralmente é melhor começar a terapia focando nos objetivos que são mais importantes para seu cliente, mesmo que você ache que seria melhor um ponto de partida diferente. A percepção dos clientes de que seus terapeutas concordam com e estão trabalhando na direção dos objetivos da terapia escolhidos por eles está entre os componentes de uma boa aliança terapêutica (Bordin, 1979; Horvath & Greenberg, 1989). Por exemplo, se Mahmoud, no exemplo anterior, quisesse trabalhar apenas sua depressão em vez de começar pela ansiedade social, seria melhor que o terapeuta descobrisse formas de mudar para o tratamento da depressão nas primeiras semanas da terapia. Se Mahmoud fizesse algum progresso na redução da depressão, sua aliança terapêutica provavelmente aumentaria (Strunk, Brotman, & DeRubeis, 2010). Nesse momento, o terapeuta seria capaz de ajudar Mahmoud a considerar os prós e contras de também abordar sua ansiedade social.

Quando os clientes têm habilidade limitada para a leitura

A 1ª edição de *A mente vencendo o humor* foi avaliada em uma variedade de índices e recebeu uma avaliação média de classificação para a leitura de 15 anos (Martinez, Whitfield, Dafters, & Williams, 2007). Ao escrevermos a 2ª edição, buscamos simplificar as palavras usadas e encurtar as sentenças, para que mesmo adultos e adolescentes mais velhos com habilidades mais limitadas para a leitura conseguissem lê-lo e entendê-lo. Até o momento, não temos conhecimento de alguma análise do nível de leitura da 2ª edição, embora a maioria dos adultos seja capaz de ler toda a obra. Mesmo assim, alguns clientes terão habilidades de leitura ou capacidade de atenção limitadas. Por exemplo, um cliente que está severamente deprimido pode achar desafiador ler mais do que uma página ou duas de cada vez. Uma forma de simplificar *A mente vencendo o humor* é descrever os quatro personagens acompanhados no manual (Paulo, Marisa, Márcia e Vítor) e pedir que os clientes escolham o personagem que é mais parecido com eles. Um cliente pode então ser instruído a acompanhar esse personagem enquanto lê *A mente vencendo o humor* e a ignorar a maior parte do texto relacionada aos outros personagens.

Suponha que Rita, que está severamente deprimida, escolha seguir a personagem Marisa, que também estava muito deprimida. No Capítulo 2 de *A mente vencendo o humor* (Compreendendo seus problemas), o terapeuta elimina as seções que descrevem Vítor e Márcia e pede que Rita leia apenas as páginas de abertura do capítulo (que introduz conceitos por meio de Paulo, que também era deprimido), a seção descrevendo Marisa e o exercício intitulado Compreendendo meus problemas. A eliminação das seções sobre Vítor e Márcia reduz o tamanho do capítulo quase pela metade; também elimina a discussão da ansiedade, o que Rita não precisa no momento. Seu terapeuta pode igualmente cortar os capítulos seguintes para ajudar a criar uma versão mais curta e mais fácil de ler de *A mente vencendo o humor*. O terapeuta de Rita deve oferecer orientação sobre o que ler em cada capítulo, porque alguns pontos de aprendizagem importantes serão perdidos se *todas* as referências a Vítor e Márcia forem ignoradas.

Os clientes que não sabem ler e escrever podem não conseguir usar *A mente vencendo o humor* diretamente. Entretanto, alguns deles podem se beneficiar do uso de um leitor de áudio para a obra, ou seus terapeutas podem usar a publicação para guiar o planejamento do tratamento e os exercícios do cliente. Tenha em mente que pedimos que os clientes leiam e registrem as coisas por duas razões: para ajudá-los a consolidar as habilidades e a recordar pontos de aprendizagem importantes. Em nossa experiência, os clientes que não leem ou escrevem com frequência criaram outras maneiras de recordar as coisas. Os terapeutas são encorajados a ser curiosos sobre como esses clientes recordam coisas importantes e a incorporar esses métodos à terapia. Por exemplo, os clientes podem se beneficiar de lembretes visuais do que estão aprendendo na terapia. Um cliente que mantém um Registro de crença nuclear (Folha de Exercícios 12.6, *A mente vencendo o humor*, p. 161) pode recortar e guardar figuras de revistas para ajudá-lo a lembrar-se de eventos que apoiam uma nova crença nuclear. Os clientes que sabem ler, mas não sabem escrever, podem usar um gravador digital para completar os exercícios de *A mente vencendo o humor*. Nessas formas, os terapeutas podem criativamente adaptar o material de *A mente vencendo o humor* para uso com muitos clientes que, de outro modo, poderiam parecer pouco adequados para se beneficiar desse livro de exercícios.

Quando os clientes não fazem o que combinam fazer

O que e como pedimos que os clientes façam na terapia terá grande influência no seu nível de participação. Seguir algumas orientações simples aumentará enormemente a probabilidade de que eles leiam e concluam os exercícios em *A mente vencendo o humor* e outros tipos de prática de habilidades entre as consultas.

1. Indique pequenas tarefas

Ler e escrever as tarefas deve ser suficientemente viável para se encaixar na agenda do cliente. Por exemplo, uma mãe que trabalha fora e tem dois filhos pequenos pode precisar fazer um esforço enorme para ocupar até mesmo cinco minutos por dia lendo ou escrevendo. Discuta expectativas razoáveis com cada cliente. Alguns se comprometerão com 15 a 20 minutos por semana para realizar as tarefas; outros podem conseguir ocupar até uma hora por dia.

2. Indique tarefas dentro do nível de habilidades do cliente

A mente vencendo o humor foi escrito para ajudar os clientes a desenvolver habilidades associadas à melhoria do humor e à resolução mais efetiva de problemas. Se a terapia avança muito rapidamente pelo livro de exercícios, os clientes podem começar a se sentir perdidos e parar de fazer as leituras e os exercícios combinados. Os clientes terão que completar alguns capítulos e folhas de exercícios mais de uma vez para aprender as habilidades. Ocasionalmente os capítulos pressupõem que os clientes sejam capazes de usar as habilidades ensinadas em capítulos anteriores. Por exemplo, se um cliente é solicitado a completar um Registro de Pensamentos de sete colunas (Capítulos 8 e 9) antes de aprender a identificar pensamentos "quentes" (Capítulo 7), ele pode não conseguir completar a tarefa. Se você seguir os Guias de Leitura apresentados no Apêndice A deste livro, poderá se assegurar de que as habilidades estão sendo aprendidas em uma ordem que faz sentido para um estado de humor particular. Também é recomendável avaliar as habilidades na sessão por meio da escrita, dramatização ou prática de imaginação.

3. Indique tarefas relevantes e interessantes

Associe as tarefas da terapia aos objetivos dos clientes e indique tarefas o mais interessantes possível. Uma maneira de aumentar o nível de interesse é usar frases de ação como estas:

"Vamos ver o que acontece se..."

"Vamos planejar um experimento para esta semana..."

"Estou curioso sobre o que você vai notar quando..."

"Escreva o que acontece, e vamos ver o que podemos aprender com isso na próxima vez."

Esse tipo de linguagem é muito mais envolvente do que usar uma expressão como "tarefa de casa", já que muito poucas pessoas ficam animadas em fazer uma tarefa de casa. É mais provável que se sintam energizadas pela ideia de realizar experimentos, investigar, notar e escrever o que observam ou experimentar alguma coisa para ver se isso ajuda.

Um estudo identificou que os clientes tinham maior probabilidade de fazer a tarefa de casa que estivesse mais diretamente ligada a aprender o que acharam mais útil em uma sessão (Jensen et al., no prelo). Considere Bill, que deseja ter mais sucesso em seus relacionamentos. Quando seu terapeuta lhe perguntou, depois de 30 minutos, o que havia sido mais útil na sessão de terapia até aquele momento, Bill relatou que estava mais interessado no que seu terapeuta lhe ensinou sobre pensamentos automáticos e imagens, porque percebeu que havia muitos deles que interferiam em seus esforços nos encontros amorosos. Quais dessas tarefas você acha que ele tem maior probabilidade de realizar?

a. "Escreva dez pensamentos automáticos e imagens nesta semana."

b. "Leia o Capítulo 6 de *A mente vencendo o humor.*"

c. "Imagine que você esteja se preparando para ligar para Pat e convidá-la para sair. Escreva três pensamentos automáticos ou imagens que poderiam impedi-lo de dar o telefonema. Escolha um desses pensamentos ou imagens, leia o Capítulo 6 de *A mente vencendo o humor* e veja se consegue preencher as colunas das evidências de um registro de pensamentos usando como orientação as perguntas no quadro Dicas Úteis, na página 76. Observe se você se sente mais ou menos inclinado a ligar para Pat depois de trabalhar no registro de pensamentos."

Embora a terceira tarefa (c) seja mais complexa, é mais provável que Bill a complete porque é diretamente relevante para o seu problema. Além disso, se telefonar para convidar para um encontro tem sido um entrave para Bill, ele provavelmente ficará interessado em aprender mais sobre essa experiência. O quadro Dicas Úteis, na página 76 de *A mente vencendo o humor*, pode ajudá-lo a começar a resolver sua dificuldade. Assim, Bill se beneficiará mais com a terceira tarefa do que com as duas primeiras, que são mais mecânicas.

4. Colabore com os clientes no desenvolvimento das tarefas de aprendizagem

Encoraje seus clientes a colaborar com você na seleção e no planejamento das tarefas da terapia. Os clientes com frequência descobrem os passos que precisam ser dados e o ritmo em que devem dar esses passos. Parte do planejamento conjunto das tarefas é discutir se o cliente está disposto a realizar determinadas tarefas. Não peça que façam coisas que não estão dispostos a fazer ou que você mesmo não estaria disposto a fazer. Os clientes têm maior probabilidade de completar tarefas de aprendizagem designadas colaborativamente do que tarefas simplesmente indicadas pelo terapeuta.

5. Forneça um resumo por escrito e uma justificativa clara para cada tarefa

Frequentemente os clientes estão motivados para fazer exercícios na terapia, mas se esquecem do que fazer ou de por que estão fazendo. Depois que você e o cliente escolheram uma tarefa de aprendizagem para a semana, anotem. Um resumo por escrito pode incluir uma justificativa para a tarefa (O que o cliente vai aprender? Como isso está ligado aos objetivos da terapia?); uma descrição específica do que o cliente irá observar, ler, escrever ou fazer; e um plano alternativo se a tarefa original se revelar impossível. Por exemplo, o exercício de aprendizagem alternativo pode ser anotar os pensamentos e estados de humor que interferem na realização da tarefa original.

6. Comece a tarefa durante a sessão

Uma das melhores maneiras de fazer determinado cliente entender e conseguir realizar um exercício de aprendizagem é iniciá-lo durante a sessão de terapia. Por exemplo, um cliente que deve anotar os pensamentos automáticos relacionados à insegurança pode perceber dúvidas referentes à habilidade para completar essa tarefa. Se for assim, essas dúvidas podem ser registradas como uma amostra do tipo de pensamentos que serão registrados. Iniciar uma tarefa na sessão de terapia aumenta a compreensão do cliente do que é esperado. Além do mais, as dificuldades que podem interferir na realização da tarefa frequentemente surgem quando o cliente tenta iniciá-la (por escrito, dramatização ou imaginação) com a sua orientação. Você pode, então, abordar esses entraves antecipadamente.

7. Identifique e resolva os impedimentos da tarefa

Não é suficiente indicar claramente uma tarefa na terapia. Pergunte ao cliente: "O que poderia interferir na realização deste exercício?". Quando questionados, os clientes conseguem antecipar as prováveis dificuldades. A discussão antecipada das dificuldades aumenta a possibilidade de o cliente cumprir as tarefas designadas. Por exemplo, se um cliente diz: "Eu posso me esquecer", vocês dois podem discutir um plano para lembrar. Se um cliente diz: "Não sei se terei tempo para fazer essas observações nesta semana", vocês podem discutir a redução do tamanho da tarefa ou como priorizar as observações para que o cliente possa aprender ao máximo com o tempo que tiver disponível para a tarefa.

É importante encorajar os clientes a resolver as próprias dificuldades que identificarem. Em vez de oferecer uma solução rápida ("Talvez você possa reservar dez minutos durante o almoço todos os dias"), é melhor perguntar: "Como você gostaria de lidar com isso? O que acha que ajudaria?" e então permitir um período de silêncio para que ele reflita. As pessoas têm maior probabilidade de empregar estratégias que elas mesmas pensam do que de seguir o conselho de outra pessoa. Além disso, com frequência encontram melhores soluções para suas dificuldades do que as que você sugere, já que se conhecem e sabem dos seus compromissos diários muito melhor do que você.

8. Enfatize a aprendizagem, não um resultado desejado em particular

Um objetivo primordial da terapia é aprender. Algumas vezes as pessoas aprendem mais com resultados indesejáveis do que com o sucesso. Os clientes podem ficar desencorajados se o terapeuta parece esperar determinados resultados que não ocorrem. Portanto, não faça previsões do que os clientes aprenderão com suas atividades. Em vez disso, esteja aberto para a aprendizagem que emergir com os experimentos, observações ou exercícios escritos.

Para criar as condições, você pode dizer: "Conversamos hoje sobre como o fato de falar diretamente o que você deseja pode lhe fazer se sentir menos sobrecarregada pelos seus amigos. Não saberemos se isso funciona até você tentar. Você acha que valeria a pena experimentar o que praticamos hoje alguns minutos por semana?". Se a cliente concordar, você pode continuar: "Quando você fizer isso, observe como se sente e como seus amigos reagem. Isso vai nos ajudar a saber se essa ideia é útil ou não". Essa instrução mantém a porta aberta para resultados esperados e inesperados. Por exemplo, Marla pode descobrir que seus amigos ficam irritados quando ela expressa seus desejos. Embora inesperado, esse resultado fornece informações importantes que podem mudar sua compreensão mútua do problema dela. Talvez ela se sinta sobrecarregada pelos amigos porque eles não respeitam seus sentimentos ou, talvez, porque ela se expresse de formas que são prejudiciais do ponto de vista interpessoal.

Faz parte do papel dos terapeutas ajudar os clientes a aprender *alguma coisa* com cada exercício realizado. Os terapeutas devem se esforçar para ajudar os clientes a também aprender com as tarefas incompletas. Por exemplo, quando um cliente expressou disposição para ler um capítulo ou preencher uma folha de exercícios e depois não o fez, a exploração desse lapso pode desvendar eventos da vida, estados de humor ou crenças que estão interferindo no progresso. Ou o terapeuta pode identificar que certos aspectos ou propósitos de uma tarefa não estavam claros para o cliente.

9. Demonstre interesse e faça o acompanhamento na consulta seguinte

Idealmente, você ficará interessado no que seus clientes aprendem com suas atividades entre as sessões. Demonstrar seu entusiasmo encoraja o cliente, assim como dedicar algum tempo de cada sessão para discutir seus esforços. Como leitura, escrita, experimentos ou observações do cliente contribuem para que ele aprenda ou se aproxime mais dos seus objetivos na terapia? Quando associa as atividades de aprendizagem dos seus clientes ao progresso na terapia, você os encoraja a continuar com seus esforços.

Uma boa prática do terapeuta é anotar o que cada cliente combinou de fazer naquela semana. A revisão dessas anotações antes da sessão seguinte o ajudará a recordar para que você possa receber o cliente com curiosidade genuína no encontro seguinte – por exemplo, "Estou muito interessado em saber como funcionou esse plano de ação com a sua família nesta semana". A revisão das atividades de aprendizagem do seu cliente entre as sessões deve fazer parte da agenda de cada sessão. Para mais informações sobre a definição da agenda, veja a seção "Colaboração: definição da agenda" do Capítulo 14 deste guia do terapeuta.

10. Aprenda com a não adesão

Não pense na não adesão dos clientes às tarefas de aprendizagem como "resistência" à terapia. Geralmente há muito boas razões para que os clientes não concluam as atividades que combinaram fazer. Pergunte a seu cliente por que não fez o que vocês discutiram. A identificação das razões ajuda os dois a resolverem os impedimentos ao progresso da terapia. Revise as nove orientações anteriores para o terapeuta a fim de certificar-se de que você está fazendo todo o possível para facilitar a adesão do seu cliente. Se você estiver implantando todos esses princípios, examine os fatores do cliente. Dois tipos de fatores do cliente que comumente estão subjacentes à não adesão são os fatores ou problemas da vida que precisam ser resolvidos e crenças que interferem na adesão.

Fatores ou problemas da vida a serem resolvidos

Muito frequentemente, quando os clientes chegam a uma sessão sem ter feito uma tarefa de aprendizagem, explicam que se esqueceram ou que não tiveram tempo para realizar a tarefa. Peça que o cliente faça uma estimativa de quanto tempo ele acha que uma tarefa iria demandar. Se a estimativa dele for diferente da sua, revise o que é esperado e comece a tarefa na sessão para avaliar a demanda de tempo provável. Também pode valer a pena desenvolver estratégias práticas específicas para ajudar os clientes na realização das tarefas. As duas estratégias mais comuns são programar um horário determinado para realizar as tarefas e realizar as tarefas quando necessário.

Alguns clientes acham útil agendar um horário predeterminado para realizar as tarefas. Se o horário predeterminado preceder ou for posterior a uma atividade diária, como escovar os dentes, jantar ou fazer uma pausa para o café, então a atividade diária passa a ser uma deixa e um lembrete para realizar a tarefa. Um cliente deprimido que combina de preencher o registro de pensamentos em um horário designado todos os dias pode ser solicitado a revisar mentalmente as 24 horas anteriores e escolher o momento mais depressivo como um foco para registro desse pensamento. Uma desvantagem de designar um horário para registrar observações detalhadas como as requeridas por um registro de pensamentos é que a lembrança da experiência pode estar mais fraca na hora em que o registro do pensamento é escrito.

Uma alternativa para o método do horário predeterminado é o método de realização da tarefa quando necessário. Alguns clientes acham mais fácil fazer o registro de pensamentos e outras tarefas durante ou imediatamente após uma experiência relacionada ao humor. Eles podem levar consigo *A mente vencendo o humor* para o trabalho, transportá-lo no seu carro, mantê-lo à disposição quando estão em casa, usar uma cópia impressa do Registro de Pensamentos de sete colunas ou usar os formulários em PDF que podem ser arquivados em seus dispositivos eletrônicos. Para esses clientes, o sinal ou lembrete para fazer um registro de pensamento é a experiência de uma emoção ou comportamento particular. A vantagem do método, quando necessário, é que os clientes se voltam para as dificuldades imediatamente, quando os detalhes da experiência estão frescos na sua mente. A desvantagem desse método é que os eventos podem não ocorrer com frequência suficiente para a construção rápida das habilidades. Para aumentar o número de situações abordadas, os clientes que experimentam estados de humor infrequentemente podem usar experiências anteriores para a prática das habilidades.

Você e seus clientes podem considerar um amplo espectro de questões que podem interferir nas atividades de aprendizagem (p. ex., familiares não apoiadores, um parceiro ou colega abusivo ou abuso de substância). Por exemplo, Mary não concluiu suas tarefas escritas por três sessões seguidas. Durante a quarta sessão, ela revelou que estava relutante em registrar alguma coisa no papel em casa, por medo de que seu marido fisicamente abusivo encontrasse e ficasse com raiva. Mary e seu terapeuta decidiram que seria mais seguro para ela ir para a terapia 30 minutos mais cedo, fazer as suas tarefas por escrito na sala de espera e deixar o material escrito com seu terapeuta. Dessa maneira, Mary pôde se beneficiar com as tarefas por escrito e ficar tranquila de que seu marido não iria ver o que ela havia escrito. É claro que o terapeuta também explorou com Mary questões relacionadas a mantê-la segura do abuso.

Crenças que interferem

Alguns clientes acham que se eles apenas aparecerem para cada sessão de terapia isso já os levará a melhorar. Pensam na terapia como análoga a ir a um médico, e sua expectativa é de meramente comparecer a cada consulta, talvez tomar alguma medicação e não fazer mais nada até a consulta seguinte. Na TCC, e ao usar *A mente vencendo o humor*, os clientes são convocados a ser muito mais ativos e colaborativos no seu tratamento. Você pode verificar, especialmente no começo da terapia, se entendem que é esperado que eles desempenhem um papel ativo. Mesmo que entendam, é importante, antes de dar a primeira tarefa, oferecer uma justificativa para os esforços entre as sessões. Você pode afirmar que o que acontece entre as sessões de terapia é tão importante quanto o que acontece durante. A adesão do cliente às tarefas de aprendizagem tem implicações prognósticas: aqueles que realizam as tarefas tendem a melhorar mais rapidamente (Kazantis et al., 2016). Essa explicação costuma ser suficiente para aumentar a adesão.

Quando os clientes rotineiramente não realizam as atividades combinadas, a não adesão se torna um foco da terapia. A não adesão é uma oportunidade valiosa para descobrir crenças que precisam receber atenção antes que a terapia possa ter efeitos benéficos. Por exemplo, considere como cada uma das seguintes crenças afetaria a adesão às tarefas de aprendizagem da terapia:

"Não há esperança; nada que eu faça vai fazer diferença."

"Eu não vou fazer direito."

"Não vou fazer com perfeição."

"Meu terapeuta vai me criticar."

"Se eu mostrar à minha terapeuta o que estou pensando, ela vai saber que eu estou louco."

"Se o meu terapeuta realmente se importasse, saberia o quanto isso é difícil para mim e não me pediria para fazer mais."

Os terapeutas conseguem identificar crenças como essas que acompanham a não adesão e as abordam usando os métodos detalhados em *A mente vencendo o humor*. A avaliação desses tipos de crenças aumenta a probabilidade de transformar a não adesão em adesão. Além disso, crenças relacionadas à não adesão algumas vezes refletem pressupostos subjacentes que estão contribuindo para outros problemas nas vidas dos clientes.

3

Definindo objetivos

(CAPÍTULO 5 DE *A MENTE VENCENDO O HUMOR*)

TERAPEUTA: Quais são seus objetivos para a terapia?

LAMAR: Principalmente, eu quero me sentir melhor.

TERAPEUTA: Certamente eu posso entender isso. Parece que você não se sente muito bem agora. (*Pausa*) Se você se sentisse melhor, o que seria diferente na sua vida?

LAMAR: Eu acordaria me sentindo feliz. Provavelmente passaria mais tempo com minha família e meus amigos. E trabalharia em alguns projetos que não tenho vontade de fazer.

Depois que você e seu cliente concordarem quanto aos objetivos e ao caminho que irão tomar para atingi-los, a terapia prossegue mais rapidamente e pode ser mais efetiva. A definição de objetivos soa como uma tarefa árida, mas inclui a discussão das razões do cliente para querer a mudança, além dos pontos fortes, valores, apoio e motivações. Trazer esses fatores para a consciência do seu cliente pode oferecer esperança e estimular a terapia. Quando você e seu cliente notam os primeiros sinais de melhora, isso também aumenta a esperança e a motivação dele. Pense na definição dos objetivos como o tema musical no início de um bom filme: ele prepara o cenário e antecipa a ação. Algumas das notas importantes dessa escala musical são destacadas no Resumo do Capítulo 5 em *A mente vencendo o humor*.

DEFININDO OBJETIVOS

Alguns podem achar atípico o fato de não colocarmos o capítulo sobre definição de objetivos no início de *A mente vencendo o humor*, sobretudo porque isso geralmente é discutido na primeira sessão da terapia. Esse capítulo sobre definição de objetivos é o sexto capítulo recomendado pelos Guias de Leitura para diferentes estados de humor no Apêndice A deste livro. Essa localização é planejada para pessoas que usam *A mente vencendo o humor* que não estão em terapia. Os primeiros leitores de *A mente vencendo o humor* nos deram o *feedback* de que era um tanto enfadonho fazer a definição de objetivos no início, mas que ficou mais interessante depois que eles absorveram melhor as ideias do livro. Na terapia, o processo de definição dos objetivos se torna mais interessante porque os terapeutas são hábeis em ajudar os clientes a descrever objetivos específicos e podem oferecer encorajamento realista de que os objetivos são atingíveis. A possibilidade, ou mesmo probabilidade, de atingirmos nossos objetivos é animadora.

Os terapeutas com frequência vão pedir que os clientes leiam o Capítulo 5 mais no começo da terapia do que o indicado nos Guias de Leitura. Este é um capítulo independente e pode ser lido em qualquer momento que o terapeuta ache que seja útil. Trata-se de um dos capítulos mais curtos de *A mente vencendo o humor*, porém inclui quatro folhas de exercícios que as pessoas podem preencher a fim de aumentar a probabilidade de escolherem objetivos importantes e que provavelmente irão atingir. O capítulo começa simplesmente pedindo que façam uma lista dos objetivos que desejam atingir, usando a Folha de Exercícios 5.1, Definindo objetivos (*A mente vencendo o humor*, p. 36). Como *A mente vencendo o humor* é idealmente apropriado para ajudar a fazer mudanças no estado de humor ou no comportamento, esses dois tipos de objetivos são destacados nas instruções para essa folha de exercícios. Mesmo assim, os clientes podem escrever qualquer tipo de objetivos que tiverem na terapia.

É melhor descrever os objetivos em termos que possam ser observados ou medidos. As melhoras no humor podem ser medidas por meio dos vários inventários de humor incluídos em *A mente vencendo o humor*. Tente ajudar seus clientes a descrever as mudanças no comportamento que eles desejam fazer em termos que possam ser observados e/ou medidos. Por exemplo, um dos quatro clientes descritos em *A mente vencendo o humor* é Vítor, um homem em recuperação de alcoolismo que tinha baixa autoestima, ansiedade, raiva e problemas de relacionamento. A Figura 3.1 mostra os objetivos que Vítor e seu terapeuta especificaram na segunda sessão da terapia. Observe como alguns dos objetivos gerais iniciais que Vítor definiu para si eram observáveis e mensuráveis ("Manter-me sóbrio", "Sentir-me mais calmo") e como alguns podem ser mais difíceis de medir e julgar, sejam ou não atingidos ("Ser um marido melhor", "Ser mais bem-sucedido no meu trabalho", "Sentir-me com mais valor"). Isso é típico.

A seguir, o terapeuta de Vítor sugeriu que eles estabelecessem "objetivos especí-

> ## Resumo do Capítulo 5
> (*A mente vencendo o humor*, p. 35-40)
>
> ▶ Definir objetivos pessoais para mudança de humor ou comportamento ajuda a saber para onde você está indo e a acompanhar seu progresso.
>
> ▶ Com frequência, as pessoas têm sentimentos contraditórios quanto a fazer mudanças, porque isso geralmente traz vantagens e desvantagens. Ter em mente suas razões para mudar é importante para se manter motivado.
>
> ▶ As pessoas apoiadoras em sua vida, assim como suas qualidades pessoais, suas experiências passadas, seus valores, seus pontos fortes e sua motivação para aprender novas habilidades, fornecem uma boa expectativa de que você atingirá seus objetivos.
>
> ▶ É importante prestar atenção e observar os primeiros sinais de melhora que você marcou na Folha de Exercícios 5.4 (*A mente vencendo o humor*, p. 39) porque as mudanças positivas com frequência começam pequenas e aumentam gradualmente com o passar do tempo.

Objetivos gerais	Objetivos específicos pequenos
Ser um marido melhor.	Gritar menos. Não bater as coisas. Beijar Júlia ao me despedir. Abraçar Júlia ao chegar. Voltar para casa na hora.
Manter-me sóbrio.	Não beber. Não sair com Pete quando cansado. Ligar para o padrinho do AA quando estiver difícil. Ir às reuniões do AA quando viajar.
Sentir-me mais calmo.	Descobrir o que desencadeia tensão. Aprender como relaxar em momentos tensos.
Ser mais bem-sucedido no meu trabalho.	Ligar para cinco clientes por dia. Entregar os relatórios dentro do prazo. Conversar com o chefe uma vez por semana.
Sentir-me com mais valor.	Parar de me recriminar pelos erros. Aprender a ver meus pontos positivos. Aprender a aceitar minhas imperfeições.

FIGURA 3.1 Objetivos da terapia de Vítor. Os objetivos gerais eram os que Vítor registrou na Folha de Exercícios 5.1; os específicos foram desenvolvidos por meio da discussão com seu terapeuta e foram anexados a essa folha de exercícios.

ficos pequenos". Esta foi uma tentativa de ajudar Vítor a descrever seus objetivos mais ambíguos em termos mensuráveis. Ele escreveu seus objetivos mais gerais na Folha de Exercícios 5.1 e anexou sua lista de objetivos mais específicos a ela.

Os objetivos gerais de Vítor ajudaram a estabelecer áreas na sua vida que precisavam melhorar. Seus objetivos mais específicos detalharam mudanças observáveis e mensuráveis. Assim, tanto Vítor quanto seu terapeuta podiam monitorar regularmente se estava sendo feito progresso ou não. Algumas das mudanças específicas que eles listaram ainda não eram tão específicas quanto seria o ideal. Por exemplo, os passos que Vítor poderia começar a dar para ser um marido melhor eram muito mais claros do que os que poderia dar para se sentir com mais valor. Porém, como trabalhar no sentimento de valor de Vítor era um objetivo para mais tarde na terapia, seu terapeuta não achou que fosse necessário gastar um tempo adicional esclarecendo esse objetivo nessa segunda sessão. Além disso, alguns dos objetivos específicos de Vítor descreviam a interrupção de comportamentos ("Gritar menos"). Pode ser difícil interromper um comportamento sem substituí-lo por outro. Quando chegou a hora de trabalhar nos objetivos particulares, o terapeuta ajudou Vítor a descrever novos comportamentos que desejava desenvolver para substituir os indesejáveis ("Discutir os problemas com Júlia em um volume de voz normal. Fazer uma pausa quando notar que minha voz começa a aumentar de volume").

VANTAGENS E DESVANTAGENS DE ATINGIR OS OBJETIVOS

A Folha de Exercícios 5.2, no Capítulo 5, Vantagens e desvantagens de atingir ou não meus objetivos (*A mente vencendo o humor*, p. 37), guia as pessoas durante um exercício de tomada de decisão. Nesse exercício, as pessoas são solicitadas a examinar as vantagens e desvantagens de atingir e não atingir seus objetivos. Pesquisas mostram que perguntar sobre os prós e contras de atingir a mudança pode aumentar a persistência e o compromisso com o objetivo (Nenkov & Gollwitzer, 2012). Já que a maioria dos clientes e outras pessoas que usam *A mente vencendo o humor* está motivada a fazer mudanças, é esperado que esse exercício aumente a motivação para aprender e praticar as habilidades ensinadas.

Alerta importante!

Para pessoas que ainda não se comprometeram com um objetivo particular, esteja consciente de que examinar as vantagens e desvantagens da mudança pode *diminuir* a disposição para a mudança. Quando as pessoas ainda não decidiram se querem mudar, é mais provável que a mudança seja promovida se os terapeutas usarem métodos extraídos da "entrevista motivacional", uma abordagem planejada para resolver a ambivalência em relação à mudança (Miller & Rollnick, 2013; Miller & Rose, 2015). Por exemplo, quando as pessoas ainda estão muito ambivalentes quanto a fazer uma mudança, explorar apenas as razões positivas para mudar é mais efetivo do que perguntar sobre os aspectos positivos e negativos da mudança. Assim, a Folha de Exercícios 5.2, Vantagens e desvantagens de atingir ou não meus objetivos, deve ser usada apenas para aqueles objetivos que o cliente clara e definitivamente quer atingir.

O QUE VAI AJUDAR ALGUÉM A ATINGIR OS OBJETIVOS?

Embora os objetivos frequentemente pareçam difíceis de atingir, pedir que as pessoas reflitam sobre suas qualidades pessoais, seus valores, sua rede de apoio e suas experiências passadas de superação de obstáculos pode encorajá-las a ver que a mudança positiva é possível. Pedimos que elas reflitam e façam uma lista desses pontos fortes e experiências na Folha de Exercícios 5.3, O que pode me ajudar a atingir meus objetivos? (*A mente vencendo o humor*, p. 387). Embora esta seja uma folha de exercícios breve, é benéfico que as pessoas passem pelo menos 10 a 15 minutos pensando a respeito. Com frequência elas conseguem pensar em apenas uma ou duas coisas para escrever em um primeiro momento. Se for concedido mais tempo, frequentemente virá à mente uma lista de experiências positivas, pontos fortes e valores. Os itens listados nessa folha de exercícios fornecem uma riqueza de recursos aos quais retornar nas semanas e meses seguintes enquanto você ajuda seus clientes a perseguirem seus objetivos.

Se algum dos seus clientes achar difícil identificar coisas para escrever nessa folha de exercícios, você pode seguir os princípios que Padesky e Mooney (2012) descrevem em seu modelo para construir um modelo pessoal de resiliência. Esses princípios encorajam o foco em uma busca por pontos fortes e resiliência em experiências da vida cotidiana ligados aos interesses e valores positivos de um cliente. Sua ideia é a de que todos nós apresentamos pontos fortes quando fazemos alguma coisa que estamos altamente motivados a fazer.

Por exemplo, Cecília estava vivendo na pobreza em um abrigo do governo, isolada da sua família e sem amigos, e vinha experimentando depressão grave durante o último ano. Ela não conseguia identificar nada que a ajudasse a atingir seu objetivo de se sentir menos deprimida. Em vez disso, sua desesperança aumentou quando olhou para a Folha de Exercícios 5.3. Observe como o terapeuta a ajudou a identificar razões para ter esperança focando em uma pequena experiência cotidiana:

CECÍLIA: Eu não tenho nenhuma ajuda. É por isso que estou deprimida. Não tenho dinheiro, não tive sucesso na minha vida, e ninguém se importa comigo.

TERAPEUTA: Vamos pensar um pouco mais sobre isso. (*Pausa*) Há alguma pequena coisa que você anseia fazer todos os dias?

CECÍLIA: Na verdade não. O que você quer dizer?

TERAPEUTA: Bem, eu anseio por uma xícara de café pela manhã. Será que existe um pequeno momento durante o dia pelo qual você anseia... mesmo um pouquinho?

CECÍLIA: Não.

TERAPEUTA: Pare apenas um minuto e pense sobre isso. Pode ser uma coisa muito pequena.

CECÍLIA: (*Depois de um minuto*) Bem, há uma coisa. (*Pausa*) Meu vizinho tem uma menininha e um cachorrinho. Algumas vezes eles saem à rua à tarde. Eu os observo.

TERAPEUTA: O que lhe agrada ao observá--los?

CECÍLIA: A menininha é engraçada. Algumas vezes ela fica dançando. Às vezes o cachorrinho pula para cima e para baixo, e às vezes ele foge dela. Eles me fazem lembrar de alguns bons momentos quando eu era jovem.

TERAPEUTA: Você faz questão de prestar atenção neles todas as tardes?

CECÍLIA: Sim. Geralmente é por volta de 16 horas quando eles saem. Então eu me sento perto da janela e os observo.

TERAPEUTA: Que coisas algumas vezes interferem e você não os vê?

CECÍLIA: Se está chovendo eles não saem à rua. Bem, eles levam o cachorrinho na rua, mas apenas por um minuto. E alguns dias eles simplesmente não saem ou, então, saem e vão dar uma caminhada em outro lugar.

TERAPEUTA: Nesses dias em que eles não saem ou não ficam na rua, há alguma coisa que você faz para ajudá-la a recordar o quanto é agradável essa experiência de observá-los?

CECÍLIA: Hmmm. Nunca pensei nisso, mas acho que eu penso naquela menininha e me lembro dela naqueles dias. Por volta das 16 horas.

TERAPEUTA: Então, mesmo estando deprimida, parece que você ainda é capaz de ter prazer observando aquela menininha. Isso melhora um pouquinho o seu astral.

CECÍLIA: Sim.

TERAPEUTA: E mesmo quando ela não está lá, você tem uma boa imaginação e consegue se lembrar dela e desfrutar dessa lembrança.

CECÍLIA: É isso mesmo.

TERAPEUTA: E vê-la também desperta algumas boas lembranças da sua própria infância.

CECÍLIA: Sim. Algumas vezes.

TERAPEUTA: Vamos anotar essas três coisas. Pegue esta folha de papel e escreva com suas próprias palavras acerca da sua habilidade de ter prazer ao observar a menininha (*pausa enquanto Cecília escreve*), sua imaginação e como isso pode ajudá-la a se lembrar de coisas boas (*pausa enquanto Cecília escreve*) e suas boas lembranças (*pausa enquanto Cecília escreve*).

CECÍLIA: Certo.

TERAPEUTA: Você consegue pensar em como essas três coisas podem, de alguma forma, mesmo que pequena, ajudá-la a atingir seu objetivo de se sentir menos deprimida?

CECÍLIA: Na verdade, não.

TERAPEUTA: Você acha que sua habilidade de imaginar a menina e os bons tempos, mesmo quando eles não estão ali, poderia ajudá-la de alguma maneira?

CECÍLIA: Hummm. Talvez, se eu conseguir me imaginar me sentindo melhor, isso me ajude.

TERAPEUTA: Como você acha que isso poderia ajudar?

CECÍLIA: Bem, a maior parte do tempo, eu só penso em como sempre vou estar deprimida. Talvez se eu pensasse na possibilidade de me sentir melhor isso ajudasse.

TERAPEUTA: Sim, entendo o que você quer dizer. É difícil tentar coisas para se ajudar se você está certa de que sempre estará deprimida. O que você pode escrever na folha de exercícios para captar essa ideia?

CECÍLIA: Se eu puder me imaginar me sentindo melhor, isso poderia me ajudar um pouco. (*Escreve isso na Folha de Exercícios 5.3.*)

TERAPEUTA: E há alguma coisa que você pode trazer das suas boas lembranças para ajudá-la a atingir seus objetivos?

CECÍLIA: Eu era feliz algumas vezes quando criança, mesmo que minha vida fosse difícil. Talvez eu pudesse descobrir formas de ser feliz novamente.

TERAPEUTA: Essa é uma boa ideia. E talvez juntos possamos descobrir algumas coisas para você fazer e tentar que não só lhe darão esperança, mas também a ajudarão a realmente se sentir melhor a longo prazo.

CECÍLIA: Isso seria bom.

O terapeuta de Cecília fez muitas coisas bem nessa entrevista. Ele pediu que ela observasse pequenas coisas, reconhecesse algumas coisas positivas que estava fazendo, estruturasse a esperança nas suas próprias palavras e anotasse suas ideias na folha de exercícios. Se ele tivesse indicado essas ideias para Cecília e lhe dissesse o que escrever, ela teria se sentido menos confiante em relação a elas ou poderia ter pensado que o terapeuta estava valorizando demais uma pequena experiência positiva. Usando a lenta descoberta guiada da paciente na forma de diálogo socrático, o terapeuta a ajudou a descobrir suas próprias ideias para registrar na folha de exercícios. No final dessa interação, Cecília pareceu experimentar um pequeno grau de esperança. Terapeutas não familiarizados com o diálogo socrático e outros métodos de descoberta guiada podem ler mais a respeito em Padesky (1993a, 2019) e nos Capítulos 7 e 14 deste guia.

SINAIS DE MELHORA

No início, alguns objetivos podem ser desanimadores. A identificação de pequenos sinais de melhora aumenta a motivação e a esperança. Por que isso se dá assim? Como exemplo, pense em quanta esperança você experimenta para o objetivo de "se sentir mais feliz" em comparação com o mesmo objetivo quando uma sinalização que procura ao longo do caminho é se você "sorri com mais frequência". Sentir-se mais feliz é um pouco abstrato; as pessoas têm mais facilidade para se imaginar sorrindo com mais frequência. A folha de exercícios final no Capítulo 5, Folha de Exercícios 5.4 (*A mente vencendo o humor*, p. 39), pede que os leitores identifiquem pequenos sinais de melhora. Uma *checklist* de algumas melhoras comuns que as pessoas notam quando seus estados de humor melhoram é incluída nesta folha de exercícios, juntamente com linhas em branco nas quais você e seu cliente podem escrever sinais personalizados que esperam observar.

Esta não é uma folha de exercícios do tipo "escreva e esqueça". Faça uma anotação para retornar a essa folha de exercícios no espaço de poucas semanas. Isso orienta você e seus clientes a fazerem esforços deliberados para procurar e notar mudanças positivas e pode ajudar a estabelecer expectativas mais positivas e otimistas. Isso também ajuda seus clientes a superar o pes-

simismo que algumas pessoas sentem em relação a promover mudanças ou melhorias em sua vida. Quando as pessoas não acreditam que podem mudar, frequentemente não estão atentas às pequenas mudanças positivas que ocorrem. Se você retornar a essa folha de exercícios a cada poucas semanas ou meses e notar que algumas das sinalizações identificadas estão ocorrendo na vida do seu cliente, isso encorajará vocês dois, ao mostrar que estão fazendo progressos na direção de objetivos importantes.

Use algumas das perguntas a seguir para ajudar seus clientes a determinar sinalizações particulares de mudança. Escolha as perguntas que parecem mais úteis para um cliente e um objetivo em particular. Por exemplo, se um cliente tem um objetivo vago ("Quero me sentir melhor"), as perguntas 4, 6 e 8 na lista a seguir podem ser particularmente úteis no esclarecimento dos resultados desejados na terapia.

1. "Que pequenos passos mostrariam que você está avançando em direção ao seu objetivo?"
2. "O que você precisa fazer primeiro antes que seu objetivo seja possível?"
3. "Quantas semanas ou meses você acha que levará para atingir seu objetivo?"
4. "Qual seria o primeiro sinal de que você está fazendo progresso?"
5. "Se este fosse o objetivo de um amigo, o que você o aconselharia a fazer para começar?"
6. "Existe uma ou duas mudanças menores que fariam você se sentir melhor e lhe informariam de que está no caminho certo?"
7. "Você consegue dividir seu objetivo em alguns passos menores?"
8. "Seus objetivos são observáveis? Como você vai saber se está fazendo progresso? O que será diferente na sua vida?"

DEFININDO OBJETIVOS PARA A MUDANÇA EMOCIONAL

Muitos clientes chegam à terapia com o objetivo geral de se sentirem menos deprimidos, menos ansiosos ou mais felizes. O exame da intensidade dos seus estados de humor e dos tipos de experiências que despertam reações de humor pode informar suas escolhas para objetivos mensuráveis específicos e sinalizações de mudança. O Inventário de Depressão de *A mente vencendo o humor* (Folha de Exercícios 13.1, p. 186) e o Inventário de Ansiedade de *A mente vencendo o humor* (Folha de Exercícios 14.1, p. 213) avaliam sintomas mensuráveis específicos de depressão e ansiedade. Esses inventários estão incluídos em *A mente vencendo o humor* para facilitar que você e seu cliente estabeleçam um escore básico do humor para que possam monitorar as mudanças de sessão para sessão e medir o progresso em direção aos objetivos para esses estados de humor particulares.

Além disso, esses inventários em *A mente vencendo o humor* identificam sintomas específicos de depressão e ansiedade que respondem a intervenções focadas e podem ser boas sinalizações de mudança. Você pode procurar mudanças em itens específicos desses inventários para ver se habilidades particulares praticadas por seus clientes levam a melhoras em sintomas relevantes. Por exemplo, se um cliente programou atividades prazerosas durante a semana, e realizá-las coincidiu com um decréscimo no escore do Inventário de Depressão de *A mente vencendo o humor*, discuta se ele acha que a mudança do comportamento estava ligada ao decréscimo na depressão.

Para muitas pessoas, a ativação comportamental pode originar estas mudanças positivas:

- Melhora do humor (item 1, Inventário de Depressão de *A mente vencendo o humor*).
- Aumento no interesse e prazer nas atividades habituais (item 4).
- Diminuição no afastamento de outras pessoas (item 5).
- Decréscimo em achar mais difícil fazer coisas habituais (item 6).

A ativação comportamental também pode afetar outros itens, como estes:

- Visão de si mesmo como sem valor (item 7).
- Pensamentos suicidas (item 9).
- Visão desesperançosa do futuro (item 14).
- Pensamentos autocríticos (item 15).
- Cansaço ou perda de energia (item 16).
- Mudança no padrão de sono (item 18).

Se ocorrerem mudanças em algum desses sintomas, discuta como seu cliente acha que a ativação comportamental pode ter ajudado na semana anterior. A identificação de benefícios específicos da prática de habilidades encoraja as pessoas a incorporar essas mudanças às suas vidas. Outros itens no Inventário de Depressão de *A mente vencendo o humor*, como pensamentos suicidas, distúrbios do sono e comportamento de esquiva, podem requerer atenção especial e intervenções planejadas. Pelo detalhamento e medida de sintomas específicos, você assegura profundidade e melhora a probabilidade de resultados positivos na terapia.

Muitos clientes têm objetivos relacionados ao aumento da felicidade ou um sentimento positivo de bem-estar. Outros querem reduzir as reações ao estresse ou experimentar certas emoções com mais ou menos frequência. O progresso em direção a todos esses tipos de objetivos pode ser monitorado com a Folha de Exercícios 15.1, Avaliando e acompanhando meus estados de humor (*A mente vencendo o humor*, p. 246), que observa a frequência, a força e a duração de um estado de humor. Conforme descrito em mais detalhes no Capítulo 12 deste guia do terapeuta, essa medida genérica do humor também pode ser usada para monitorar outras experiências do cliente que são alvos de mudança, tais como dor física ou mesmo comportamentos particulares.

PRIORIZANDO OBJETIVOS E ACOMPANHANDO O PROGRESSO

Depois que os objetivos são especificados, você e seu cliente podem decidir quantos objetivos podem ser atingidos no tempo disponível. Se você está fazendo terapia breve com apenas alguns encontros, no máximo um ou dois objetivos serão atingidos. Mesmo que a terapia possa ser estendida por um período mais longo, os objetivos devem ser priorizados para que vocês possam decidir o que trabalhar primeiro. Na TCC, clientes e terapeutas discutem os objetivos e determinam suas prioridades colaborativamente. As perguntas a seguir são sugeridas para ajudar seus clientes na escolha dos objetivos de prioridade mais alta:

1. "Você precisa enfrentar algum desses objetivos imediatamente para evitar uma crise?"
2. "Qual deles provocaria a melhora mais imediata na sua vida?"
3. "Há outro objetivo que você precisa atingir primeiro antes de poder alcançar os objetivos que nomeou nas respostas às perguntas 1 e 2?"
4. "Qual desses objetivos é mais importante ou mais significativo para você?"
5. "Quais desses objetivos seriam mais fáceis de atingir?"

As perguntas 1 e 2 ajudam a identificar objetivos urgentes. A pergunta 3 pede que o cliente considere se atingir os objetivos urgentes depende da realização de outros objetivos. Se os objetivos particulares são urgentes ou não, isso depende do atingimento de outro objetivo. Por exemplo, Vítor precisava ficar sóbrio para atingir seus outros objetivos. Se os objetivos particulares são urgentes ou não, a pergunta 4 identifica os objetivos que seu cliente está mais fortemente motivado para atingir. A pergunta 5 considera qual objetivo seria o mais fácil de atingir. Se o cliente está se sentindo sobrecarregado ou sem esperança para fazer mudanças, o objetivo mais fácil é algumas vezes o ponto de partida mais viável. Atingir algum objetivo, mesmo que fácil, pode aumentar a esperança do seu cliente.

Depois que os objetivos da terapia são estabelecidos e priorizados, você e seu cliente podem passar parte de cada sessão avaliando o progresso em direção aos objetivos. Quando os objetivos são atingidos, outros podem emergir como prioridade mais alta. Se o seu cliente não está fazen-

Dica clínica

Recomendamos que os terapeutas usem a Folha de Exercícios 15.1 com os clientes para acompanhar o progresso na direção dos objetivos para estados de humor (p. ex., felicidade) ou comportamentos (p. ex., expressões de afeição) positivos.

do progresso no atingimento dos objetivos, (1) considere dividir os objetivos específicos em passos menores; (2) procure o que está interferindo no progresso em direção aos objetivos (p. ex., pensamentos, emoções, déficits nas habilidades, circunstâncias na vida); e (3) discuta com seu cliente o que poderia ser mudado ou acrescentado à terapia para acelerar a melhora.

GUIA PARA A RESOLUÇÃO DE PROBLEMAS: CAPÍTULO 5 DE *A MENTE VENCENDO O HUMOR*

Embora os princípios para definição dos objetivos sejam simples, esse estágio da terapia pode ser muito mais difícil do que parece. Clientes e terapeutas que não definem objetivos em outras áreas das suas vidas frequentemente têm dificuldades para aprender a fazer isso na terapia, sobretudo quando o estresse emocional é alto. Os exemplos clínicos a seguir demonstram as respostas terapêuticas a três armadilhas comuns na definição dos objetivos.

Objetivos vagos do cliente ou dificuldade do cliente na descrição dos objetivos

As perguntas na página 51 podem ajudar o cliente a ser mais específico em relação a objetivos vagos. O seguinte trecho de uma terapia ilustra esse processo.

TERAPEUTA: Judy, você diz que quer ser uma mãe melhor. O que você quer dizer com isso?

JUDY: Não tenho certeza. Só não acho que estou à altura.

TERAPEUTA: Você consegue pensar em uma ou duas coisas que faria de forma diferente se fosse uma mãe melhor?

JUDY: (*Pausa*) Apenas tornar o lar mais feliz.

TERAPEUTA: Se uma amiga lhe dissesse que queria tornar seu lar mais feliz, o que você a aconselharia a fazer?

JUDY: Gritar menos. E fazer mais coisas com as crianças. Man-

Quadro de lembretes

- Os objetivos ajudam a identificar o que os clientes querem mudar e a definir os alvos para mudança, além de fornecerem sinalizações para acompanhar o progresso.
- Divida os objetivos gerais vagos em objetivos específicos observáveis e mensuráveis para que haja um quadro de referência mais claro para monitorar o progresso dos objetivos.
- Priorize os objetivos, ajudando seu cliente a decidir em quais trabalhar primeiro.
- Meça e faça um gráfico dos escores do humor para monitorar o progresso. Você pode monitorar as mudanças na frequência, intensidade e duração dos estados de humor.
- Se o cliente não estiver fazendo progresso em direção aos objetivos, considere dividi-los em passos ainda menores, resolver o problema que está interferindo no progresso dos objetivos ou fazer mudanças no plano da terapia.

TERAPEUTA: ter as coisas mais organizadas.

TERAPEUTA: Mais alguma coisa?

JUDY: Se eu fizesse alguma dessas mudanças, isso seria um milagre.

TERAPEUTA: Certo, vamos fazer uma lista: "Gritar menos", "Fazer mais coisas com as crianças", "Manter as coisas mais organizadas". Escolha uma das coisas na lista e vamos ver se podemos ser mais específicos.

JUDY: Não sei qual escolher.

TERAPEUTA: Escolha uma que pareça importante para você. Se todas forem importantes, escolha qualquer uma que quiser.

JUDY: Manter as coisas mais organizadas.

TERAPEUTA: O que você precisaria fazer para ter as coisas mais organizadas em casa?

JUDY: Não sei. Esse é o meu problema.

TERAPEUTA: Quais são as coisas que lhe mostram que você não é organizada?

JUDY: Eu me atraso para buscar as crianças, a casa é uma confusão, eu pago minhas contas com atraso mesmo quando tenho o dinheiro, e geralmente há pratos sujos na pia. Você quer mais?

TERAPEUTA: Entendi. Diga uma mudança ou duas que você poderia fazer nas próximas semanas que sinalizariam que estaria fazendo progresso.

JUDY: Acho que se a casa estivesse mais organizada. E se eu já estivesse na escola quando as crianças saíssem.

TERAPEUTA: Por que você não escreve esses objetivos abaixo de "Manter as coisas mais organizadas"?

Posteriormente nessa sessão, Judy e seu terapeuta discutiram em detalhes as mudanças que ela precisava fazer para ter sua vida mais organizada nas duas formas especificadas. Objetivos claros e um plano para atingi-los criaram as condições para Judy fazer as mudanças desejadas ou descobrir quais pensamentos, sentimentos e circunstâncias estavam interferindo no progresso nessa área da sua vida. Conforme mostra esse diálogo, a definição dos objetivos requer paciência e persistência. Quando Judy teve dificuldade em ser específica, seu terapeuta mudou a perspectiva e lhe pediu para pensar em uma amiga. A maioria das pessoas que fica perdida na sua própria experiência consegue pensar com mais clareza sobre outra pessoa. Embora demande tempo especificar os objetivos nesse grau de detalhe, é mais fácil atingir objetivos específicos do que vagos. Além disso, Judy veria seu progresso na terapia mais claramente se definisse objetivos claros e mensuráveis.

Mudança constante nos objetivos do cliente

Manter o foco nos objetivos que um cliente escolheu é uma dificuldade comum na segunda coluna. Algumas vezes é necessária uma mudança nos objetivos. Por exemplo, Keisha e seu terapeuta estabeleceram um objetivo de reduzir a depressão. Depois que ela aprendeu a identificar seus estados de humor e pensamentos automáticos, eles descobriram que estava com raiva, não deprimida. Keisha e seu terapeuta mudaram seus objetivos para aumentar sua consciência da raiva e ser mais assertiva para refletir essa mudança nos objetivos. No entanto, alguns clientes mudam os objetivos da terapia com tanta frequência que isso não é terapêutico, porque não fazem progresso em nenhuma área das suas vidas. Observe como o terapeuta de Ricardo discutiu o impacto na terapia das suas constantes mudanças de objetivos.

TERAPEUTA: O que você quer garantir que abordemos hoje, Ricardo?

RICARDO: Eu gostaria de ajuda para descobrir como encontrar alguém para namorar.

TERAPEUTA: Mais alguma coisa?

RICARDO: Não. Essa é coisa principal para a qual eu quero ajuda.

TERAPEUTA: Na semana passada, começamos a falar sobre seus planos de mudar de emprego. Vamos continuar falando sobre isso nesta semana também?

RICARDO: Isso não está tanto na minha mente nesta semana.

TERAPEUTA: Certo, mas, antes de começarmos a falar sobre namoro, eu tenho uma preocupação sobre a qual gostaria de falar com você, Ricardo.

RICARDO: O que é? Você está chateado comigo por algum motivo?

TERAPEUTA: Não. Eu pareço chateado?

RICARDO: Não chateado exatamente, mas muito sério.

TERAPEUTA: Acho que realmente pareço sério porque não sei se estou ajudando você tanto quanto eu poderia. A cada semana você chega aqui com um problema diferente. Cada um desses problemas é muito inquietante para você, mas parece que não nos fixamos em nenhum deles por tempo suficiente para começarmos a resolvê-lo. Você percebeu isso?

RICARDO: Você está dizendo que quer se livrar de mim?

TERAPEUTA: De forma alguma. Mas quero me certificar de que a terapia o está ajudando tanto quanto possível. Eu me preocupo que, se continuarmos mudando os problemas, daqui a alguns meses você estará no mesmo lugar onde começamos. O que você acha? Acha que está fazendo progresso?

RICARDO: Não tenho certeza. Eu gosto de vir aqui.

TERAPEUTA: Fico feliz que goste. O que você acha da minha ideia de tentar melhorar o quanto a terapia o ajuda?

RICARDO: Talvez seja uma boa ideia, mas não sei bem como fazer diferente.

TERAPEUTA: Uma ideia que tenho é escolher um de seus problemas e falar sobre ele todas as semanas pelo menos em parte da sessão. Como isso seria para você?

RICARDO: Pode ser difícil. Se estou sobrecarregado com alguma coisa, eu quero resolver logo.

TERAPEUTA: Sim, isso pode ser difícil para você. Podemos falar sobre o que você tiver de "sobrecarga" no começo da sessão e, então, mudar e falar sobre o problema regular até que ele seja resolvido. Como isso seria para você?

RICARDO: Não tenho certeza. Talvez seja bom. Em que problema trabalharíamos?

TERAPEUTA: Isso dependeria de você. Fiz uma lista de todos os problemas de que falamos até agora. Vamos reservar algum tempo hoje e decidir qual dessas áreas você mais gostaria de melhorar.

O terapeuta de Ricardo expressou preocupação diretamente e descreveu os possíveis riscos da troca de objetivos a cada semana. A seguir, em vez de demandar foco em um único objetivo, fez perguntas a Ricardo para descobrir como tinha sido sua experiência na terapia. Se Ricardo tivesse dito que uma única sessão foi suficiente para resolver cada um dos problemas apresentados até o momento, o terapeuta poderia ter concordado em continuar esse padrão. No entanto, ele parecia confirmar a percepção do terapeuta de que havia ocorrido pouco progresso na terapia, exceto pelo desenvolvimento de uma relação terapêutica positiva.

O terapeuta então perguntou se ele estava disposto a tentar uma abordagem terapêutica diferente e propôs uma opção. Ricardo observou que poderia ser difícil se manter focado em um único objetivo, então o terapeuta propôs um plano para conciliar o estilo de Ricardo e a percepção do terapeuta do que provavelmente era mais útil. Como ocorre com todas as mudanças na terapia, Ricardo e seu terapeuta puderam tratar essa mudança como um experimento comportamental e avaliar seus prós e contras nas sessões seguintes. Se necessário, eles poderiam colaborar para fazer ajustes adicionais a fim de maximizar a eficácia terapêutica.

Objetivos desadaptativos do cliente

Na maioria dos casos, os terapeutas aceitam os objetivos que os clientes escolhem. Entretanto, há algumas circunstâncias nas quais isso pode ser antiterapêutico. Dois desses casos ocorrem quando os clientes (1) escolhem objetivos que provavelmente não irão atingir por meio de seus próprios esforços ou (2) definem objetivos que, na verdade, reafirmam ou provavelmente manterão suas dificuldades.

Objetivos improváveis de serem atingidos pelos esforços dos clientes

Algumas vezes os clientes definem objetivos que envolvem a mudança de outras pessoas ou a alteração de circunstâncias em suas vidas que não estão sob seu controle. Os objetivos que envolvem outras pessoas podem ser atingidos se essas pessoas concordarem em se unir ao cliente na terapia e se o contrato terapêutico for mudado de terapia individual para terapia de casal, terapia familiar ou terapia com algum outro grupo relevante. Mesmo assim, é importante explorar as mudanças que o cliente está disposto a fazer, porque mudanças para melhorar relacionamentos raramente são unilaterais. Outras vezes, os objetivos dos clientes estão sob o controle de outra pessoa. Por exemplo, uma cliente queria que seu marido parasse de beber. Ela poderia, certamente, considerar os passos a dar para pedir que ele considerasse fazer essa mudança, mas a sobriedade de seu marido não era um objetivo que ela poderia atingir sozinha.

Nessas circunstâncias, faça ao seu cliente uma ou mais das perguntas a seguir. Depois de cada pergunta, há um exemplo de justificativa que você pode apresentar ao seu cliente para fazer essa pergunta. Melhor ainda, crie suas próprias explicações, adaptando a linguagem e as metáforas que individualizam essa discussão.

1. "Este objetivo envolve mudar alguma coisa em você?"

Exemplo de justificativa:

"Seus objetivos não devem envolver outras pessoas. Por exemplo, se você define o objetivo de fazer seu namorado parar de criticá-la, este é um objetivo para o comportamento dele, não o seu. Você não tem controle direto sobre o comportamento dele, embora possa lhe dizer como se sente e lhe pedir que pare. Se a crítica dele for um problema para você, seu objetivo pode ser primeiramente conversar com ele a respeito e ver se está disposto a mudar seu comportamento. Se ele não estiver disposto a fazer uma mudança, você pode ter de decidir se continua o relacionamento. Se decidir manter o relacionamento e ele continuar a criticá-la, você poderá ter de aprender a lidar com as críticas dele e continuar a conversar com ele a respeito."

2. "Estes objetivos envolvem mudar coisas que estão no seu controle?"

Exemplo de justificativa:

"É melhor definir objetivos que estejam sob o seu controle. Por exemplo, se outra pessoa decide sobre as promoções no seu local de trabalho, um objetivo de se tornar gerente do seu departamento não está realmente sob o seu controle direto. Se deseja ser gerente, você pode definir objetivos como melhorar seu desempenho no trabalho e reunir-se com seu supervisor para esclarecer quais padrões de desempenho precisa atingir para ser considerado para uma promoção.

Além disso, mesmo esforços perfeitos não garantem um resultado particular, especialmente quando outra pessoa tem controle sobre o seu objetivo. Por exemplo, você provavelmente poderá descobrir quais são as expectativas que seu supervisor tem para o gerente do departamento e provavelmente poderá satisfazê-las. Esperamos que você sinta satisfação enquanto melhora seu desempenho no trabalho. Entretanto, uma posição de gerente pode não estar disponível, ou outra pessoa dentro ou fora do departamento pode ser indicada para o cargo apesar dos seus melhores esforços."

3. "Seus objetivos são realistas no espaço de tempo que você quer?"

Exemplo de justificativa:

"Alguns objetivos são quase impossíveis de alguém atingir. Por exemplo, um objetivo de ser milionário até o final do ano se você atualmente não tem economias e seu trabalho mal paga suas contas provavelmente é irrealista. A maioria de nós não definiria um objetivo como esse, mas com frequência definimos objetivos na terapia que são igualmente irrealistas. Por exemplo, algumas pessoas que são ansiosas definem o objetivo 'nunca me sentir nervoso de novo'. Como todas as pessoas se sentem nervosas algumas vezes em algumas situações, esse não é um objetivo realista. Seria mais realista definir objetivos como 'ficar nervoso apenas como uma pessoa comum', 'conseguir andar de avião sem ter um ataque de pânico' e 'superar meu medo de falar em público'. Esses são objetivos realistas e viáveis.

Igualmente, é irrealista interromper todos os pensamentos negativos. Se deseja ser menos autocrítico, por exemplo, você pode definir um objetivo como 'me criticar menos' ou 'me dar crédito pelos meus sucessos tanto quanto dou pelos meus erros'. É improvável que você consiga parar completamente de ser autocrítico; todos nós somos autocríticos algumas vezes – e isso pode até ser bom se for em pequenas doses."

Objetivos que reformulam ou mantêm as dificuldades

Algumas vezes os clientes definem objetivos que na verdade são reformulações das suas dificuldades. Por exemplo, Cláudia se descreveu de forma que sugeria um estilo interpessoal altamente dependente. Ela estava frequentando a terapia para descobrir o que estava fazendo de errado em seus relacionamentos. De acordo com Cláudia, seus quatro últimos parceiros românticos lhe disseram que ela queria "demais e muito rapidamente". Quando o terapeuta começou a ajudá-la a definir os objetivos, Cláudia disse que seu objetivo principal era encontrar um parceiro que "estivesse disponível 24 horas por dia, sete dias por semana". Com o esclarecimento, ela reconheceu que esse era um objetivo literal, não uma metáfora para cuidado atencioso. Com base na sua história e no trabalho de conceitualização de caso, o terapeuta levantou a hipótese de Cláudia ser altamente dependente e por isso achar que precisava ser cuidada 100% do tempo pelo seu parceiro. O terapeuta reconheceu que o objetivo dela de receber atenção constante era uma reformulação das suas dificuldades interpessoais. Observe como o terapeuta engenhosamente a ajudou a transformar esse objetivo inicial em um objetivo que visava a redução da dependência para que ela conseguisse desenvolver um relacionamento mais equilibrado.

TERAPEUTA: Parece que ter um parceiro que estivesse disponível 24 horas por dia, sete dias por semana, realmente seria muito bom para você.

CLÁUDIA: Sim, esse é o tipo de pessoa que eu estou procurando.

TERAPEUTA: Se você pudesse estar em um relacionamento com alguém que estivesse disponível 24 horas por dia, sete dias por semana, como isso faria você se sentir melhor?

CLÁUDIA: Eu poderia relaxar. E me sentir segura de que qualquer problema que surgisse seria tratado por nós dois juntos.

TERAPEUTA: Mais alguma coisa?

CLÁUDIA: Eu teria certeza de que ele me amava. Se alguém se compromete com você e está disposto a sempre estar ali, você sabe que ele a ama.

TERAPEUTA: Vamos anotar essas coisas. (*Escrevendo*) "Quero relaxar. Quero me sentir segura de que iremos lidar juntos com os problemas que surgirem. Quero ter certeza de que ele me ama."

CLÁUDIA: Isso parece bom.

TERAPEUTA: Posso ver como você realmente deseja essas coisas.

CLÁUDIA: Fico feliz, porque aquele outro terapeuta me disse que não eram razoáveis.

TERAPEUTA: Acho que a maioria das pessoas deseja se sentir relaxada em seu relacionamento amoroso mais íntimo, sentir-se segura de que os problemas serão tratados e ter certeza de que seu parceiro a ama.

CLÁUDIA: Sim, eu concordo.

TERAPEUTA: Eu quero o melhor para você. E então tenho que lhe dizer que há uma coisa no seu objetivo que me preocupa.

CLÁUDIA: O que é?

TERAPEUTA: Você disse que só sentiria essas coisas se o seu parceiro estivesse disponível para você 24 horas por dia, sete dias por semana. E descreveu para mim o quanto se sente angustiada quando fica sozinha por qualquer período de tempo.

CLÁUDIA: Sim.

TERAPEUTA: Eu entendo isso. O que me preocupa é que, mesmo quando as pessoas estão completamente apaixonadas, algumas vezes é impossível ficarem juntas o tempo todo. As pessoas precisam trabalhar ou têm tarefas para realizar ou podem ter um membro da família que fica doente e precisa da sua ajuda. Parece que cada uma dessas coisas normais que são inevitáveis arruinaria a sua capacidade de relaxar, sentir-se segura do amor dele e ter confiança de que os problemas poderiam ser tratados. E até mesmo lhe causaria muito sofrimento. Então eu me preocupo que você jamais será feliz se o seu objetivo é ter alguém disponível para você 24 horas por dia, sete dias por semana.

CLÁUDIA: Mas esse é o único momento em que eu sinto essas coisas, quando estamos juntos.

TERAPEUTA: Eu entendo, e então me preocupo com você porque, na minha experiência, é impossível ter garantia de que alguém sempre estará ali – mesmo que essa pessoa a ame muito.

CLÁUDIA: Então não sei o que fazer.

TERAPEUTA: Tenho uma ideia. Você gostaria de ouvi-la?

CLÁUDIA: Certo.

TERAPEUTA: E se você conseguisse relaxar, sentir-se segura do amor de alguém e confiante de que seus problemas seriam tratados, independentemente de seu parceiro estar com você ou você estar sozinha por um dia ou mais? Como isso seria para você?

CLÁUDIA: Não sei como isso é possível.

TERAPEUTA: Se imaginarmos que é possível, apenas por um minuto, como seria para você ter esses sentimentos de relaxamento e segurança mesmo quando estivesse sozinha?

CLÁUDIA: Isso seria bom... se eu realmente relaxasse e me sentisse segura.

TERAPEUTA: Vamos examinar a lista que fizemos agora há pouco: "Quero relaxar. Quero me sentir segura de que iremos tratar os problemas que surgirem. Quero ter certeza de que ele me ama". Se você conseguisse experimentar essas coisas quando estivesse sozinha, da mesma forma que sentiria quando seu parceiro estivesse com você, isso não seria ótimo?

CLÁUDIA: Sim. Um pouco difícil de imaginar, mas seria bom.

TERAPEUTA: Que vantagens você teria se experimentasse essas coisas quando estivesse sozinha, da mesma forma que quando estivesse com ele?

CLÁUDIA: Eu não teria que passar tanto tempo me preocupando quando estamos juntos sobre o que vai acontecer se eu estiver sozinha.

TERAPEUTA: Seria como estar bem 24 horas por dia, sete dias por semana, porque, não importam as circunstâncias que surgissem, você se sentiria segura... tanto sozinha como com ele?

CLÁUDIA: Entendo o que você quer dizer, mas como eu sinto essas coisas se estiver sozinha?

TERAPEUTA: Isso é o que teremos que descobrir juntos. Mas primeiro eu quero saber se você estaria disposta a definir objetivos de relaxar, sentir-se segura quanto ao manejo dos problemas e confiar no amor do seu parceiro quando estiver sozinha e quando estiver com ele.

CLÁUDIA: Certo. Isso parece bom – se conseguirmos descobrir como fazer isso.

O terapeuta de Cláudia seguiu as diretrizes da entrevista que podem ser usadas com quase todos os objetivos que um cliente definir que pareçam desadaptativos. Vamos recapitular os passos da entrevista:

1. Demonstre empatia pelo que seu cliente deseja. Declare que você consegue entender como esse objetivo o faria se sentir bem.

2. Pergunte como a vida seria melhor se o cliente atingisse esse objetivo. Anote as consequências e os significados que são mais importantes para ele.

3. Alie-se ao seu cliente nos benefícios dessas consequências e significados e reconheça, se apropriado, como é compreensível que ele deseje essas coisas.

4. Expresse cuidado e preocupação de que seu cliente possa não conseguir obter essas coisas porque, na sua experiência, o mundo ou as outras pessoas provavelmente não irão cooperar ou ser capazes de cumprir o objetivo conforme declarado. Expresse sua preocupação pelo sofrimento do seu cliente sempre que o mundo ou as outras pessoas o desapontam.

5. Proponha a definição de objetivos para atingir as consequências ou significados do objetivo original do cliente (p. ex., relaxar, sentir-se segura, ser capaz de lidar com problemas) sem incluir os aspectos problemáticos dos objetivos originais.

6. Pergunte ao seu cliente sobre as vantagens de atingir os objetivos conforme declarado. Note bem que, como seu cliente pode estar ambivalente em relação a esses novos objetivos, você irá perguntar sobre as vantagens, e *não* sobre as desvantagens de atingir os objetivos reformulados. Lembre-se da pesquisa sobre entrevista motivacional citada anteriormente neste capítulo, em conexão com quando examinar e quando não examinar as vantagens e desvantagens de atingir os objetivos (Miller & Rollnick, 2013; Miller & Rose, 2015).

7. Pergunte ao seu cliente: "Você está disposto a perseguir os objetivos conforme os reformulamos?". Se ele deseja modificar esses objetivos em algum aspecto, você deve apoiá-lo a fazer isso, desde que os elementos desadaptativos não sejam reintroduzidos. Se tais elementos reaparecerem, então esses passos do diálogo podem ser repetidos para os elementos recentemente acrescentados.

O segredo para essa entrevista é ser empático com as razões válidas para que os clientes queiram atingir os objetivos que definem, mesmo quando os objetivos declarados são desadaptativos. As consequências e os significados associados aos objetivos desadaptativos geralmente são bons objetivos em si mesmos. Adote uma postura terapêutica de que você é um aliado comprometido em atingir resultados que sejam bons para o seu cliente. A entrevista apresentada anteriormente pode ajudar você e seu cliente a descobrirem esses objetivos revisados.

Crença de que a mudança é impossível

Os terapeutas algumas vezes acham que a mudança é impossível ou improvável para alguns clientes, especialmente aqueles que têm dificuldades crônicas, graves ou de longa duração. Como as expectativas dos terapeutas influenciam seu comportamento e os resultados da terapia, é antiterapêutico achar que um cliente não pode mudar. Por exemplo, um terapeuta que acha que um cliente não pode mudar pode desistir facilmente quando surge um entrave na terapia, porque na verdade não espera fazer progresso. Em contraste, um terapeuta que acredita que a mudança é possível resolve ativamente o problema quando o progresso é paralisado e faz ajustes no plano terapêutico até que a mudança seja atingida. Quando você se pegar pensando que a mudança é impossível para determinado cliente, pergunte a si mesmo: "O que eu faria com um cliente que não tivesse esse diagnóstico/perfil se me deparasse com essa dificuldade?" ou "Se a mudança é inevitável, como eu posso alterar o plano de tratamento para ajudá-lo a chegar mais rapidamente?".

Alguns clientes estão convencidos de que não podem mudar, e, portanto, definir um objetivo é uma tarefa sem sentido. Quando eles lhe disserem isso, estes são os passos que você pode dar:

1. Primeiro, descubra se essa crença foi reforçada por profissionais de saúde mental com quem eles já trabalharam, incluindo você. Muitas pessoas já ouviram de profissionais bem-intencionados que seus problemas são crônicos e que o melhor que podem fazer é aceitar suas dificuldades.

2. A seguir, discuta suas crenças sobre mudança e as possíveis diferenças na sua abordagem de tratamento em relação às passadas, como no exemplo a seguir.

CARLOS: De que adianta? Não consigo mudar. Eu nasci assim e sempre serei assim.

TERAPEUTA: De onde você tirou a ideia de que não pode mudar?

CARLOS: É obvio. Eu nunca mudei, muito embora tenha estado em terapia por anos.

TERAPEUTA: O que os terapeutas anteriores lhe disseram sobre mudança?

CARLOS: Alguns tentaram ser gentis, como você, mas, quanto mais eu penso sobre isso, vejo que o Dr. Grayson estava certo.

TERAPEUTA: O que o Dr. Grayson disse?

CARLOS: Ele disse que algumas pessoas nascem com talento musical e algumas não. E algumas pessoas nascem com as habilidades de ter facilidade nos relacionamentos e outras não. Ele foi muito gentil em relação a isso. Disse que eu estaria dando o melhor de mim se aprendesse a ser menos irritado com as pessoas, mas que não poderia esperar ter bom relacionamento o tempo todo como as outras pessoas têm.

TERAPEUTA: Então ele disse que você poderia mudar um pouco, mas não muito.

CARLOS: É. E eu mudei um pouco. Então de nada adianta bater a cabeça contra a parede. Eu simplesmente não vou ficar melhor do que isso.

TERAPEUTA: Esta é uma ideia importante para discutirmos. Como você supõe que o Dr. Grayson sabia o quanto você poderia mudar?

CARLOS: Acho que pelo seu treinamento e experiência.

TERAPEUTA: Quando você o consultou?

CARLOS: Alguns anos atrás.

TERAPEUTA: Você e ele fizeram o mesmo tipo de terapia que estamos fazendo juntos?

CARLOS: Não, era diferente. Nós falávamos sobre as coisas em geral. Ele não me dava coisas específicas para tentar fazer durante a semana.

TERAPEUTA: E você provavelmente sabe, pela sua experiência, que há diferentes abordagens terapêuticas. Dependendo das abordagens usadas, os terapeutas trabalham com os problemas de maneiras diferentes.

CARLOS: Sim.

TERAPEUTA: Além disso, aprendemos mais a cada ano, e novos métodos de terapia são desenvolvidos e testados, portanto algumas coisas que achávamos que eram difíceis de mudar cinco anos atrás são mais fáceis de mudar agora. Por exemplo, quando comecei a fazer terapia, eu não tinha muitas ideias sobre como ajudar pessoas com transtorno de pânico – mas agora acho que posso ajudá-las muito facilmente.

CARLOS: Então você está dizendo que o Dr. Grayson estava errado?

TERAPEUTA: Não tenho certeza. O Dr. Grayson poderia estar certo naquela época e pela abordagem que estava usando.

CARLOS: Mas você acha que eu posso mudar?

TERAPEUTA: Sim, eu acho. E acho que podemos elaborar coisas para você aprender e experimentar entre as consultas que o ajudarão a fazer as mudanças que deseja.

CARLOS: Mas e se eu não conseguir mudar? E se não for você ou a sua abordagem? E se for comigo?

TERAPEUTA: Você gostaria de mudar?

CARLOS: É claro. Estou infeliz.

TERAPEUTA: Na minha experiência, se as pessoas querem mudar, geralmente conseguimos descobrir uma maneira, mesmo que isso signifique mudar a nossa abordagem inúmeras vezes até descobrirmos o que ajuda.

CARLOS: Desculpe, mas não sei se eu acredito nisso.

TERAPEUTA: Você não precisa acreditar. O bom em relação à mudança é que ela é possível, mesmo que você não acredite nela. Muitas das pessoas com quem trabalho não acreditam que podem mudar. Tudo o que eu peço é que você experimente as coisas que achamos que podem ajudar e me dê seu *feedback* honesto sobre como elas tornam as coisas mais fáceis ou mais difíceis para você, de modo que possamos continuar ajustando o plano.

CARLOS: Eu posso fazer isso.

TERAPEUTA: Você gostaria de experimentar, então?

CARLOS: Sim.

TERAPEUTA: E não quero que você simplesmente me acompanhe por uma questão de fé sem que aconteça mudança. Então vamos estabelecer alguns objetivos, medir seus estados de humor e revisar o seu progresso todas as semanas para nos assegurarmos de que estamos indo a algum lugar.

Nessa discussão, a terapeuta de Carlos trouxe à tona e abordou suas crenças nucleares sobre mudança. Pode ser importante ter uma discussão aberta das crenças sobre a mudança, porque a desesperança pode minar os esforços de mudança. Por exemplo, Carlos achava que não era possível para ele uma mudança adicional. Ele via algum progresso como uma casualidade feliz, mas temporária. As atitudes de Carlos o predispunham a aceitar os retrocessos e suspeitar do progresso.

A terapeuta não insistiu para que Carlos compartilhasse sua confiança sobre a possibilidade de mudança. Em vez de entrar em uma batalha para convencê-lo de que a mudança era possível, ela introduziu a possibilidade de mudança com uma justificativa plausível. Em vez de pedir que Carlos acreditasse no seu plano, pediu que ele participasse e lhe desse um *feedback* periódico para avaliar o progresso.

Note que a terapeuta de Carlos não desacreditou seu terapeuta anterior, o Dr. Grayson, nem questionou os métodos de terapia dele. Fazer isso não é benéfico, a não ser que um terapeuta anterior tenha sido claramente antiético ou não profissional. Mesmo os terapeutas anteriores que parecem inadequados para você podem ter sido úteis ao seu cliente em muitos aspectos. Não há nenhum benefício terapêutico em minar as reações positivas de alguém a um terapeuta anterior. Uma ênfase nas diferenças entre as abordagens terapêuticas e nos novos desenvolvimentos em psicoterapia pode promover a esperança do cliente sem invalidar experiências prévias de terapia.

3. Por fim, depois que o seu cliente concorda em tentar fazer mudanças e ajudar a avaliar o sucesso do tratamento, a terapia pode começar com determinação. Trabalhe com seu cliente para definir objetivos de mudança claros e possíveis. Grandes objetivos (como o estabelecimento de uma amizade íntima) podem ser divididos em objetivos viáveis (como conseguir manter uma conversa). Não faça perguntas dicotômicas como "Você mudou?". Elas provavelmente suscitarão uma resposta negativa de clientes como Carlos, que têm expectativas negativas e, portanto, estão mais propensos a focar nas dificuldades percebidas do que no progresso. Em vez disso, use um *continuum* ou uma escala de avaliação para medir o progresso em direção aos objetivos. Um *continuum* permite que as pessoas reconheçam tanto o progresso quanto as dificuldades e pode prevenir que recaiam em um pensamento do tipo tudo ou nada.

Desânimo com a mudança lenta

Quando as pessoas obtêm progresso muito lento e/ou têm retrocessos frequentes, tanto os clientes quanto os terapeutas podem ficar desestimulados. Metáforas que incorporem esperança podem proporcionar encorajamento. Charleen, uma mulher diagnosticada com depressão maior recorrente e transtorno da personalidade *borderline*, estava particularmente desanimada depois de uma tentativa de suicídio e hospitalização (sua terceira internação em um ano). Seu terapeuta apresentou a metáfora de uma escada em espiral para transformar sua perspectiva sobre esse retrocesso.

CHARLEEN: Aqui estou novamente. Estou tão revoltada comigo mesma, e você também deve estar. Você pode até desistir. Eu jamais vou mudar.

TERAPEUTA: (*Depois de uma longa pausa*) Estou pensando como nós saberíamos se você mudou.

CHARLEEN: O quê?

TERAPEUTA: Você já subiu uma escada em espiral?

CHARLEEN: Sim.

TERAPEUTA: Quando você sobe o primeiro lance e dá uma olhada, o que você vê?

CHARLEEN: Oh, uma árvore e um prédio.

TERAPEUTA: Agora, se você continuar subindo a escada e der mais uma volta, o que você vê?

CHARLEEN: A mesma árvore e o prédio.

TERAPEUTA: Eles parecem exatamente os mesmos?

CHARLEEN: Sim.

TERAPEUTA: Você tem certeza? Haveria alguma mudança no que você vê, mesmo que seja pequena?

CHARLEEN: Bem, talvez uma pequena diferença na perspectiva. Você pode ver a árvore um pouco mais do alto ou dentro da janela do prédio.

TERAPEUTA: Então a visão seria essencialmente a mesma, com uma pequena diferença na perspectiva.

CHARLEEN: Sim.

TERAPEUTA: Você acha que está fazendo progresso quando sobe uma escada em espiral?

CHARLEEN: Entendo o que você está querendo dizer.

TERAPEUTA: O que é?

CHARLEEN: Que algumas vezes pode parecer que você está no mesmo lugar, mesmo que esteja fazendo progresso.

TERAPEUTA: Acho que sim. E talvez a única maneira de sabermos se você está emperrada é se houver alguma mudança na perspectiva. (*Pausa*) Já estivemos juntos neste hospital muitas vezes. Há alguma diferença entre esta hospitalização e as anteriores que nos mostre que podemos estar fazendo progresso?

CHARLEEN: Bem, no passado eu sempre gritava e o atacava quando você aparecia. Eu não fiz isso hoje.

TERAPEUTA: Por que não?

CHARLEEN: Acho que agora eu acredito que você me colocou aqui porque se importa, não porque me odeia.

TERAPEUTA: Você acha que isso é um progresso?

CHARLEEN: Sim. Suponho que sim.

TERAPEUTA: Há alguma outra mudança na perspectiva, mesmo que pequena, que mostre que estamos avançando?

Metáforas de mudança como a da escada em espiral podem ajudar você e seus clientes a manter a esperança e o comprometimento com o progresso da terapia, mesmo quando padrões desadaptativos são repetidos inúmeras vezes.

4

Registros de pensamentos, Parte I: situações, estados de humor e pensamentos

(COLUNAS 1-3; CAPÍTULOS 6-7 DE *A MENTE VENCENDO O HUMOR*)

Já estou trabalhando nestes registros de pensamentos há tantas semanas que não estava certo se todo esse tempo tinha valido a pena. Porém, ontem à noite, eu saí depois do grupo e vi que meu carro estava bloqueado de ambos os lados por outros dois carros. Eles estavam estacionados perto demais, e os dois haviam ultrapassado as linhas [do espaço para estacionar]. Pensei: "Esses ***! Só pensam neles mesmos. Eu devia estraçalhar suas janelas!". Então, com a mesma rapidez, eu me peguei pensando: "Ei, onde estão as evidências?". E olhei para as linhas dos carros no chão e vi que a área de estacionamento estava cheia e aqueles dois carros foram forçados a estacionar sobre a linha dos carros ao lado deles. Naquele milésimo de segundo eu percebi que aquilo não era culpa das pessoas próximas a mim. A minha raiva diminuiu, e acabei tendo um pensamento compensatório: "Ei, tudo bem. Este estacionamento é apertado, e eles não tinham a intenção de me causar algum problema". Precisei de algum tempo para entrar no meu carro, mas fiquei muito feliz porque tive um "pensamento automático compensatório", como você me disse que eu teria algum dia. Acho que estou fazendo progresso.

Roberto, em terapia para depressão e gerenciamento da raiva

A habilidade de usar um registro de pensamentos e obter alívio emocional foi associada à redução de recaída para depressão (Neimeyer & Freixas, 2016). De fato, um registro de pensamentos é um instrumento importante no tratamento da depressão. Os registros de pensamentos requerem que as pessoas aprendam habilidades para identificar e testar seus pensamentos automáticos. Essas habilidades para reestruturação cognitiva parecem inéditas e um tanto desafiadoras inicialmente, sobretudo para pessoas que não são introspectivas ou que atualmente estão sobrecarregadas do ponto de vista emocional. No entanto, *A mente vencendo o humor* dedica quatro capítulos (Capítulos 6 a 9) a explicações ilustrativas e à prática gradual de cada uma das habilidades constituintes necessárias para completar o Registro de Pensamentos de sete colunas desenvolvido por Padesky (1983) e usado no livro. Quando você está trabalhando com clientes que têm depressão, passe tempo suficiente nesses capítulos de *A mente vencendo o humor* para que seus clientes adquiram domínio no uso deste Registro de Pensamentos de sete colunas. O Apêndice B (p. 476-478) descreve o desenvolvimento e as justificativas para os elementos no Registro de Pensamentos de sete colunas. Essa história é especialmente relevante para terapeutas que têm experiência no uso de outras formas de registro de pensamentos.

Os registros de pensamentos também são úteis para muitos outros problemas do cliente, como ilustram os exemplos de casos ao longo deste capítulo, do próximo capítulo e apresentados em *A mente vencendo o humor*. Os terapeutas podem usar registros de pensamentos com clientes que enfrentam problemas com raiva, culpa, vergonha, conflito interpessoal, abuso de substância, dificuldades alimentares, problemas parentais e psicose. Planeje um mínimo de quatro semanas para ajudar seus clientes a dominar as habilidades de reestruturação cognitiva incluídas no Registro de Pensamentos de sete colunas (ver Figura 6.1 em *A mente vencendo o humor*, p. 42). Algumas pessoas precisam de vários meses para dominar essas habilidades.

Este capítulo e o próximo irão guiá-lo por processos de aprendizagem importantes e bloqueios comuns encontrados quando começa a ensinar as pessoas a usar um Registro de Pensamentos de sete colunas. Este capítulo mostra como ajudar os clientes a ter domínio das habilidades necessárias para completar as três primeiras colunas do Registro de Pensamentos de sete colunas a fim de que identifiquem pensamentos "quentes" e imagens associados às reações de humor em situações particulares. O Capítulo 5 mostra como ensiná-los a reestruturar seus pensamentos e imagens usando as colunas 4 a 7 do Registro de Pensamentos.

OS REGISTROS DE PENSAMENTOS SÃO IMPORTANTES?

Assim como Roberto, algumas pessoas se questionam se todo o tempo gasto aprendendo a usar um registro de pensamentos vale a pena. Podem ser apresentadas metáforas da vida cotidiana para sublinhar os benefícios de ter domínio sobre um instrumento desafiador. Pergunte aos seus clientes acerca de habilidades que têm atualmente e que a princípio são desafiadoras para aprender. Considere áreas relevantes de perícia para cada cliente, como cuidado de crianças, carpintaria, artesanato, tocar um instrumento musical ou trabalhar no comércio. Quando as pessoas relembram seus primeiros contatos com essas tarefas que agora realizam com facilidade, frequentemente conseguem relembrar desafios que pareciam confusos na época. É exatamente assim quando os clientes aprendem a usar o Registro de Pensamentos de sete colunas. Durante as primeiras semanas, precisam pensar muito sobre cada um dos passos e descobrir tudo. Com o tempo, tomam conhecimento de seus padrões de pensamento e desenvolvem estratégias que lhes permitem substituir o pensamento emocional rápido pelo pensamento mais lento necessário para olhar o panorama e reagir aos eventos de formas mais equilibradas (Kahneman, 2013).

A prática intensiva com os Registros de Pensamentos de sete colunas reprograma o cérebro de maneira que o cliente possa realizar esse processo de modo dinâmico e com frequência muito rapidamente, como Roberto vivenciou no estacionamento. Para pessoas que foram atormentadas por muitos anos com intensas reações emocionais e comportamentos impulsivos, os registros de pensamentos podem levar a transformações que devem ser comemoradas. Depois que alguém passa a ter "pensamentos automáticos equilibrados" em resposta a julgamentos rápidos, raciocínio emocional e catastrofização, raramente precisará continuar a praticar o processo intensivo de escrita nos Registros de Pensamentos de sete colunas. As pessoas que conhecem informática algumas vezes pensam nesse processo como aprender a "fazer *upload* de um novo *software* cerebral".

Para ajudá-lo a desenvolver suas próprias habilidades na implementação do Registro de Pensamentos de sete colunas, este e o próximo capítulo deste guia ilustram como as habilidades constituintes desse registro de pensamentos funcionam e se encaixam.

O FLUXO DO USO DE REGISTROS DE PENSAMENTOS DE SETE COLUNAS NA TERAPIA

Os Capítulos 6 a 9 de *A mente vencendo o humor* ensinam as habilidades de reestruturação cognitiva necessárias para usar efetivamente o Registro de Pensamentos de sete colunas. Quando você o introduzir na terapia, tenha a expectativa de trabalhar com seus clientes por algumas semanas antes que sejam capazes de usar esse registro de pensamentos de forma independente. Com frequência são necessárias quatro ou mais semanas de trabalho na sessão antes que eles sejam capazes de preencher sozinhos todas as sete colunas desse registro de pensamentos entre as sessões.

Você e cada cliente irão completar todas as sete colunas desse registro de pensamentos na sessão. Os exercícios de aprendizagem dos clientes começam com a prática semanal do preenchimento das três primeiras colunas de um Registro de Pensamentos de sete colunas para situações em que um estado de humor alvo foi ativado ou exacerbado, conforme descrito neste capítulo. Eles trazem para cada sessão as folhas de exercícios com as três primeiras colunas preenchidas. Você pedirá que o cliente escolha um desses registros de pensamento para vocês completarem na sessão, e, enquanto fazem isso, focam no melhoramento das habilidades do cliente no uso efetivo de cada coluna. Frequentemente são necessárias algumas semanas de prática com as colunas 1 a 3 antes que os clientes consigam identificar prontamente seus pensamentos "quentes".

Depois que conseguirem identificar seus pensamentos "quentes" em situações específicas, peça que os clientes preencham as cinco primeiras colunas do Registro de Pensamentos de sete colunas entre as sessões. O próximo capítulo deste guia ensina métodos para ajudar os clientes a preencherem as colunas 4 a 7. A quarta e quinta colunas requerem que eles procurem evidências na situação que apoiam e não apoiam seus pensamentos quentes. Na sessão seguinte, peça que o cliente escolha um desses registros de pensamentos iniciados em casa para que, juntos, vocês dois o ajustem e completem. Depois que conseguem reunir evidências que não apoiam seus pensamentos quentes, os clientes estarão prontos para preencher os Registros de Pensamentos de sete colunas de forma independente. Eles podem ser revisados e discutidos na sessão o quanto for necessário para consolidar as habilidades dos seus clientes para cada uma das sete colunas e incorporar suas descobertas no registro de pensamentos a outras discussões na terapia.

Recomendamos que os clientes passem tempo suficiente lendo cada um dos capítulos sobre registro de pensamentos de *A mente vencendo o humor* (Capítulos 4 a 9) para que possam preencher as folhas de exercícios nesses capítulos com alguma facilidade. O desenvolvimento das habilidades de um cliente deve determinar o ritmo do avanço nos capítulos; não deve ser atribuído um tempo arbitrário para completar cada capítulo. Seja qual for o ritmo do cliente, discuta o que é aprendido a cada semana e revise os exercícios completados. Use pelo menos uma parte de cada sessão de terapia para melhorar a compreensão que ele tem dos passos que estão sendo praticados.

Neste guia, o resto deste capítulo e o Capítulo 5 abordam as "melhores práticas" para ensinar o uso dos Registros de Pensamentos de sete colunas aos clientes. Os Guias para a Resolução de Problemas no final destes dois capítulos ilustram respostas terapêuticas que você pode dar aos desafios comuns que surgem com o uso do registro de pensamentos.

CAPÍTULO 6 DE *A MENTE VENCENDO O HUMOR*: SITUAÇÕES, ESTADOS DE HUMOR E PENSAMENTOS

A parte em branco do exemplo e os Registros de Pensamentos de sete colunas completados no início do Capítulo 6 de *A mente vencendo o humor* (p. 42-43) mostram aos leitores o que é um Registro de Pensamentos de sete colunas, como é preenchido e quais podem ser os benefícios positivos para o humor com o seu uso. Conforme apresentado no Resumo do Capítulo 6 em *A mente vencendo o humor*, o capítulo primeiramente fornece uma justificativa para aprender a usar os registros de pensamentos. Também ensina às pessoas as habilidades fundamentais necessárias para completar as três primeiras colunas de um Registro de Pensamentos de sete colunas, que se diferenciam entre as situações, os estados de humor e os pensamentos.

A única folha de exercícios nesse capítulo é a Folha de Exercícios 6.1, Distinguindo situações, estados de humor e pensamentos (*A mente vencendo o humor*, p. 48). Ela fornece uma lista de 33 palavras e afirmações; para cada uma, os leitores devem decidir se ela está relacionada a uma situação, estado de humor ou pensamento. As respostas corretas são fornecidas nas páginas 49 e 50 de *A mente vencendo o humor*. Preencha essa folha de exercícios agora para ver como pode ser essa experiência para seus clientes. Mesmo que a maioria das respostas pareça bastante óbvia, você pode rotular indevidamente um ou dois itens. Os clientes com frequência rotulam indevidamente inúmeros itens, e estes podem ser discutidos

Resumo do Capítulo 6
(*A mente vencendo o humor*, p. 50)

▶ O Registro de Pensamentos ajuda a desenvolver um conjunto de habilidades que melhoram seus estados de humor e suas relações, levando a mudanças positivas em sua vida.

▶ As três primeiras colunas de um Registro de Pensamentos distinguem determinada situação de estado de humor, reações físicas e pensamentos que você teve na situação.

▶ O Registro de Pensamentos é uma ferramenta que o ajuda a desenvolver novos modos de pensar para que possa se sentir melhor.

▶ Como ocorre sempre no desenvolvimento de uma nova habilidade, você precisa praticar o uso do Registro de Pensamentos até que ele se torne uma ferramenta confiável para ajudá-lo a se sentir melhor.

para esclarecer as diferenças entre esses três componentes separados; caso contrário, um registro de pensamentos provavelmente não vai ajudá-los. Não é raro que as pessoas confundam pensamentos e estados de humor. Já que queremos ajudá-las a testar seus pensamentos, estes precisam ser identificados acuradamente. Por exemplo, é improvável que uma pessoa que rotula "Eu acho que as pessoas não gostam de mim" como um estado de humor veja isso como um pensamento que pode ser testado.

Quando você apresentar o Registro de Pensamentos de sete colunas aos seus clientes, não lhes peça para que o preencham sozinhos na primeira semana. Eles ainda não têm as habilidades para isso. Em vez disso, na semana anterior ou depois de o cliente ler o Capítulo 6 de *A mente vencendo o humor*, ajude-o a preencher um Registro de Pensamentos de sete colunas inteiro durante a sessão. Como isso pode levar de 30 a 45 minutos, apresente o registro de pensamentos no começo da sessão para que haja tempo suficiente para completar todas as sete colunas. Isso vai oferecer aos seus clientes experiência direta dos efeitos positivos que um registro de pensamentos pode ter sobre seus estados de humor. Depois que passam por essa experiência, é maior a probabilidade de passarem o tempo que for necessário praticando as habilidades requeridas para aprenderem a usar os registros de pensamentos de forma independente. Mesmo assim, eles precisarão da sua ajuda para completar cada uma das colunas dos registros de pensamentos nas primeiras semanas em que as estiverem preenchendo.

Depois que você concluir um Registro de Pensamentos de sete colunas com um cliente na sessão, peça que ele preencha apenas as três primeiras colunas em casa. O cliente pode seguir a orientação dada no Capítulo 6 de *A mente vencendo o humor*, juntamente com o que você ensinou na sessão. As próximas seções resumem o que você precisa saber sobre o melhor e mais efetivo uso dessas três colunas.

Coluna 1: Situação

Os registros de pensamentos são mais úteis para situações altamente específicas e evocam estados de humor especialmente intensos. Em geral uma situação "específica" pode ser descrita como aquela que está acontecendo em um momento particular, em um lugar particular, envolvendo pessoas particulares. Assim, as pessoas são aconselhadas a responder "Quem? O quê? Quando? Onde?" quando descrevem situações na coluna 1 de um Registro de Pensamentos de sete colunas. É melhor descrever uma situação que seja limitada no tempo – geralmente algo entre alguns segundos e 30 minutos. Isso irá trazer para o foco estados de humor e pensamentos significativos. Pesquisas estimam que as pessoas têm dezenas de milhares de pensamentos por dia. Haverá provavelmente um número impraticável de pensamentos se um cliente descrever uma situação como "todo o dia de ontem".

Algumas vezes uma situação está em grande parte ocorrendo dentro da cabeça de uma pessoa. Nesse caso, é aceitável escrever na coluna 1 o tema geral dos pensamentos que a pessoa estava tendo, como neste exemplo: "Eu estava sentado na minha cadeira e pensando em todas as contas que chegaram naquele dia e me perguntando como eu iria conseguir pagá-las". Pensamentos mais específicos serão escritos na terceira coluna do Registro de Pensamentos de sete colunas, abaixo de Pensamentos automáticos (imagens). No exemplo do pagamento das contas, os pensamentos e imagens específicos podem incluir: "Jamais vou conseguir pagar todas estas contas. Meu carro será tomado. Vou perder meu emprego e terei que declarar falência. Imagem: Meu carro sendo

> **Quadro de lembretes**
>
> Ao usar registros de pensamentos, encoraje seu cliente a escolher situações específicas durante a semana em que o estado de humor no qual atualmente você está focando na terapia seja intensamente ativado.

rebocado. Imagem: Abrindo uma carta de uma agência de cobrança".

Instrua seus clientes que estão aprendendo a usar registros de pensamentos a escolherem situações em que o estado de humor principal em que estão trabalhando é ativado em um nível intenso. Por exemplo, alguém que está trabalhando a depressão pode se sentir sempre deprimido; no entanto, um registro de pensamentos será mais útil para uma situação em que a depressão da pessoa é classificada, em uma escala de 0 a 100%, como 60% ou mais.

Durante as primeiras semanas de uso dos registros de pensamentos, lembre seus clientes de escolherem situações nas quais o estado de humor em que estão focando na terapia (p. ex., depressão, raiva ou culpa) é ativado e também intenso. Sem esses lembretes, é comum que as pessoas preencham registros de pensamentos para qualquer hora da semana em que sentiram estresse, mesmo que seu humor não fosse particularmente intenso ou que um estado de humor diferente do seu humor alvo tenha sido ativado. Embora registros de pensamentos possam ser um instrumento útil para muitos estados de humor, os clientes fazem mais progresso quando trabalham em registros de pensamentos relacionados ao estado de humor que é seu foco primário na terapia. Isso ocorre porque os registros de pensamentos lhes dão oportunidades de identificar e testar os pensamentos principais que mantêm esse estado de humor específico.

Coluna 2: Estados de humor

A maioria dos clientes que leem o Capítulo 6 de *A mente vencendo o humor* já terá lido o Capítulo 4, Identificando e avaliando estados de humor. Uma vez que esta é uma habilidade que as pessoas provavelmente já adquiriram, não há informações aprofundadas no Capítulo 6 sobre identificação e avaliação dos estados de humor. Se alguns clientes ainda não conseguem identificar facilmente e avaliar os estados de humor, peça-lhes que revisem o Capítulo 4. Umas das diretrizes mais simples oferecidas às pessoas que aprendem a identificar estados de humor é que um estado de humor geralmente pode ser descrito em uma palavra. Há uma amostra de lista de estados de humor na página 27 de *A mente vencendo o humor* que pode ser usada como guia para ampliar o vocabulário das pessoas relacionado a estados de humor.

Quando você e seus clientes começam a preencher os registros de pensamentos, tenha em mente que as pessoas tipicamente experimentam mais de um estado de humor em determinada situação. Você vai notar que os exemplos de registros de pensamentos ao longo de *A mente vencendo o humor* frequentemente têm vários estados de humor identificados e avaliados pela intensidade na coluna. Encoraje seus clientes a identificar e avaliar todos os estados de humor que experimentam em determinada situação. O reconhecimento da combinação dos estados de humor experimentados pode acrescentar profundidade à sua compreensão mútua de por que situações particulares são estressantes.

Embora as pessoas com frequência experimentem múltiplos estados de humor em determinadas situações, geralmente é útil que se concentrem em apenas um deles quando identificam pensamentos automáticos e imagens, porque diferentes tipos de pensamentos irão acompanhar cada humor. Peça que os clientes circulem o humor listado na coluna 2 que eles desejam entender melhor ou que está mais intimamente relacionado com seus objetivos no tratamento. Quando chegarem à coluna 3, eles deverão procurar os pensamentos relacionados a esse estado de humor.

Avaliando experiências físicas, impulsos e outros alvos na coluna 2

Seus clientes podem registrar as reações físicas, além dos estados de humor, na coluna 2 quando isso for relevante (ver Figura 6.5 em *A mente vencendo o humor*, p. 47). O texto de *A mente vencendo o humor* sugere que isso é conveniente se o estado de humor principal que está sendo investigado for ansiedade. Você pode escolher acrescentar uma seção à coluna 2 de um Registro de Pensamentos de sete colunas também para outros propósitos. Por exemplo, pode acrescentar uma seção na parte inferior da coluna 2 para os clientes identificarem e avaliarem sua dor; sua fissura por álcool e drogas, compulsão por alimentos ou purga, ou para cometer automutilação; ou outros alvos da terapia que estejam ligados a situações, estados de humor e pensamentos. Se decidir acrescentar uma seção como uma dessas, peça que seus clientes também avaliem a intensidade dessas experiências físicas ou impulsos.

Coluna 3: Pensamentos automáticos (imagens)

Essa breve seção no Capítulo 6 introduz a gama de conteúdo cognitivo a ser coletado na coluna 3 de um Registro de Pensamentos de sete colunas (*A mente vencendo o humor*, p. 44). Aqui as pessoas escrevem os pensamentos, crenças, imagens, lembranças e significados que estão associados à situação na coluna 1 e aos estados de humor identificados na coluna 2. Tenha em mente que os pensamentos mais importantes nem sempre ocorrem na forma de palavras. Pensamentos podem ocorrer na forma de imagens, devaneios e lembranças e podem incluir uma variedade de componentes sensoriais (imagens, odores, sons, gostos e experiências cinestésicas). Estas últimas formas de pensamento podem ser desenhadas à mão na coluna 3 de um Registro de Pensamentos de sete colunas ou descritas em palavras (p. ex., "Imagem: eu me vejo caído no piso, sem conseguir respirar" na Figura 6.5 de *A mente vencendo o humor*, p. 45).

Quadro de lembretes

Você pode adaptar um registro de pensamentos para identificar e testar pensamentos relacionados a experiências físicas e a comportamentos ou impulsos. Acrescente itens que deseje que seu cliente identifique e classifique (p. ex., dor, fissura por substâncias) na metade inferior da coluna 2.

Exemplos das três primeiras colunas de um Registro de Pensamentos de sete colunas, conforme preenchidos por Marisa, Vítor, Márcia e Paulo, os quatro principais personagens de *A mente vencendo o humor*, são apresentados nas páginas 46 e 47 de *A mente vencendo o humor*. Esses exemplos pretendem fornecer ilustrações claras do que está envolvido no preenchimento dessas três primeiras colunas. Pensamentos automáticos e imagens são abordados apenas brevemente nesse ponto de *A mente vencendo o humor*, porque o Capítulo 7 do livro os discute mais detalhadamente. O capítulo guia as pessoas para desenvolver e aplicar essas habilidades às suas próprias situações, estados de humor e pensamentos.

CAPÍTULO 7 DE *A MENTE VENCENDO O HUMOR*: PENSAMENTOS AUTOMÁTICOS

A maioria das pessoas acha relativamente fácil identificar e descrever situações em que estados de humor particulares são ativados. A identificação e a avaliação dos estados de humor podem ser um pouco mais desafiadoras. Geralmente é preciso mais prática para que as pessoas se tornem aptas a identificar pensamentos e imagens que acompanham seus estados de humor. O Capítulo 7 é dedicado a ajudá-las a identificar esses pensamentos e imagens e também a determinar quais pensamentos estão mais intimamente associados aos estados de humor que estão tentando entender e manejar (ver Resumo do Capítulo 7).

Pensamentos automáticos

Todos nós temos muitos "pensamentos automáticos" durante o dia, e eles podem nos ajudar a entender nossas reações de humor às situações. As páginas de abertura do Capítulo 7 demonstram como a personagem Marisa, de *A mente vencendo o humor*, só conseguiu entender uma reação de humor muito confusa quando tomou consciência dos seus pensamentos (*A mente vencendo o humor*, p. 51). Em seguida, é dado um exemplo da vida de Vítor para o qual é apresentada aos leitores uma situação e suas reações de humor, então eles devem imaginar quais pensamentos poderiam ajudar a explicar seu estado de humor (*A mente vencendo o humor*, p. 51). Quando apresentar os pensamentos automáticos aos seus clientes, defina exemplos similares personalizados retirados das suas vidas. O diálogo a seguir mostra como um terapeuta fez isso com uma cliente adolescente, Kendra.

TERAPEUTA: Você teve alguns momentos nesta semana em que seu humor revertia muito rapidamente de um estado de humor para outro?

KENDRA: Sim. Fiquei muito entusiasmada com a nova peça e estava segura de que iria ganhar o papel principal. Então vi Mischa ir até o microfone e fiquei em choque.

TERAPEUTA: Que estado de humor você teve quando a viu ao microfone?

KENDRA: Derrotada.

TERAPEUTA: Você achou que ela ia lhe derrotar pelo papel principal?

KENDRA: Sim, eu estava certa disso.

TERAPEUTA: E como você se sentiu a respeito?

KENDRA: Meu humor simplesmente mudou.

TERAPEUTA: Quando você olha para esta lista de estados de humor

> **Resumo do Capítulo 7**
> (*A mente vencendo o humor*, p. 69)
>
> ▶ Pensamentos automáticos são pensamentos que entram em nossa mente espontaneamente ao longo do dia.
>
> ▶ Sempre que experimentamos estados de humor intensos, também existem pensamentos automáticos presentes que fornecem dicas para a compreensão de nossas reações emocionais.
>
> ▶ Os pensamentos automáticos podem ser palavras, imagens ou recordações.
>
> ▶ Para identificar pensamentos automáticos, observe o que passa por sua mente quando você experimenta um estado de humor intenso.
>
> ▶ Tipos específicos de pensamentos estão associados a cada estado de humor. Este capítulo sugere perguntas que você pode fazer para identificar esses pensamentos específicos dos estados de humor.
>
> ▶ Pensamentos "quentes" são pensamentos automáticos que têm a carga emocional mais forte. Eles são geralmente os pensamentos mais valiosos para serem testados em um Registro de Pensamentos.

(*aponta para a lista de estados de humor na p. 27 de* A mente vencendo o humor), qual deles você diria que capta melhor como se sentiu?

KENDRA: Decepcionada... vezes mil.

Note que, quando Kendra disse que se sentia "derrotada", este foi mais um pensamento do que um sentimento. Seu terapeuta notou essa discrepância, mas, em vez de atacar verbalmente esse ponto com Kendra e colocar a discussão em risco, ele simplesmente refletiu: "Você achou que ela ia lhe derrotar pelo papel principal?". Quando Kendra concordou com essa reformulação de "derrota" como um pensamento, seu terapeuta perguntou: "E como você se sentiu a respeito?".

TERAPEUTA: Certo. Então você estava se sentindo entusiasmada (*escreve "Entusiasmada" no lado esquerdo do quadro branco*) e aí viu Mischa ao microfone (*escreve "Vi Mischa" à direita de "Entusiasmada" e desenha duas setas e um quadro conforme mostra a Figura 4.1*) e depois se sentiu mil vezes decepcionada (*acrescenta "Decepcionada x 1.000" conforme mostra a Figura 4.1*).

KENDRA: O que tem no quadro?

TERAPEUTA: Nossos estados de humor não mudam simplesmente sem razão. Apenas ver Mischa não explica que você se sinta mil vezes decepcionada. Aposto que alguma outra pessoa na sala não se sentiu decepcionada quando viu Mischa.

KENDRA: Não. Alguns provavelmente se sentiram felizes em vê-la ali porque ela é realmente uma

Entusiasmada ➡ Viu Mischa ➡ [   ] ➡ Decepcionada x 1.000

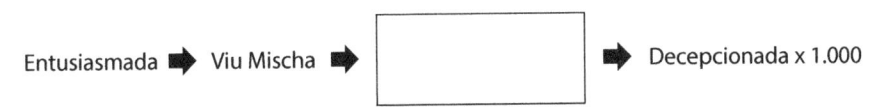

FIGURA 4.1 Desenho do terapeuta da situação de Kendra, faltando os pensamentos automáticos.

TERAPEUTA: Então essas pessoas poderiam estar pensando...

KENDRA: "Oh, que bom! Mischa vai tentar. Ela tem uma ótima voz."

TERAPEUTA: E com esses pensamentos, elas provavelmente se sentiriam...

KENDRA: Talvez entusiasmadas?

TERAPEUTA: Faz sentido.

KENDRA: Hummm.

TERAPEUTA: Que pensamentos, imagens ou lembranças você estava tendo que poderíamos colocar neste quadro para explicar por que se sentiu tão decepcionada por vê-la?

KENDRA: Eu sabia que não iria receber o papel principal se a enfrentasse. Ela sempre me vence nos testes. Nunca vou ganhar o papel principal enquanto ela estiver na minha escola.

TERAPEUTA: Pegue aqui este marcador e escreva esses pensamentos no quadro. (*Faz uma pausa enquanto Kendra escreve*) Alguma imagem ou lembrança veio à sua mente quando você a viu ao microfone?

KENDRA: Sim. Eu me lembrei do musical do ano passado, em que eu era sua substituta e ela não ficou doente nem uma vez. cantora talentosa. Vi algumas pessoas se olharem e sorrirem quando ela subiu no palco.

É mesquinho querer que alguém fique doente, mas... (*encolhe os ombros*).

TERAPEUTA: Quando você imaginou que ela ficaria doente, também imaginou como seria estar no papel principal?

KENDRA: Hum-hum. Seria fantástico.

TERAPEUTA: Então outra parte da sua decepção foi imaginar essa grande experiência que você estaria perdendo?

KENDRA: Sim, acho que sim.

TERAPEUTA: Por que você não escreve algumas palavras no quadro para descrever essa imagem que teve?

KENDRA: (*Escreve: "Visão de mim mesma cantando no palco – não vai acontecer."*)

TERAPEUTA: Esses pensamentos e imagens que você escreveu no quadro a ajudam a entender por que se sentiu decepcionada vezes mil?

KENDRA: Com certeza.

TERAPEUTA: Esses pensamentos e sua imagem são o que chamamos de "pensamentos automáticos". Durante o dia, temos milhares de pensamentos automáticos. Eles podem ser palavras ou lembranças ou imagens. Algumas vezes até mesmo ouvimos coisas ou sentimos cheiros.

Kendra: (*Sorrindo*) Eu canto muitas músicas na minha cabeça.

Terapeuta: Esta semana vou lhe ajudar a aprender a notar e prestar atenção ao que vem a sua cabeça quando você tem um estado de humor intenso. Os pensamentos automáticos, imagens e músicas que pipocam na sua cabeça nos ajudarão a entender melhor seus estados de humor. O Capítulo 7 do livro *A mente vencendo o humor* que estamos usando tem alguns quadros Dicas Úteis que podem ajudá-la a se lembrar dessas ideias. Também há folhas de exercícios para ajudá-la a praticar.

Kendra: Certo. Vamos fazer isso.

Os terapeutas precisam criar condições para a aprendizagem dos clientes. Para ajudar as pessoas a terem mais consciência dos seus pensamentos automáticos, é importante identificar situações específicas nas quais elas experimentam um estado de humor intenso. Kendra foi capaz de identificar seus pensamentos com bastante facilidade, em parte porque seu terapeuta desenhou um quadro muito claro de uma situação específica na qual ela experimentou uma intensa mudança de humor. Se ele tivesse sido menos específico e simplesmente perguntado: "Quais são alguns dos pensamentos que você tem na escola quando seu humor está triste?", Kendra poderia apenas ter respondido: "Eu não sei".

Quando os clientes têm dificuldade para identificar pensamentos, mesmo para situações altamente específicas, peça-lhes que usem a imaginação para recriar vividamente as situações em suas mentes. Depois que uma situação é recordada em detalhes, em geral é muito mais fácil acessar os pensamentos automáticos e as imagens conectadas a eles. Kendra parecia estar imaginando vividamente os testes na sua escola enquanto falava, por isso seu terapeuta não precisou estimulá-la a usar a imaginação.

Depois que foi para casa, Kendra pôde usar as perguntas listadas no quadro Dicas Úteis, na p. 55 de *A mente vencendo o humor*, para ajudar a identificar seus pensamentos automáticos e imagens. Essas mesmas perguntas podem ser usadas com os clientes na sessão para ajudar a identificar pensamentos intimamente ligados aos estados de humor. Costuma ser proveitoso começar pela pergunta mais geral: "O que estava passando em sua mente instantes antes de você começar a se sentir assim?". Observe a formulação dessa pergunta: "O que estava passando em sua mente...?" em vez de "O que você estava pesando?". A vantagem da primeira pergunta é que ela tem mais probabilidade de estimular uma busca por lembranças e imagens do que uma pergunta sobre pensamento, o que a maioria das pessoas interpreta como pensamentos expressos em palavras.

Os clientes raramente relatam imagens aos terapeutas, a menos que sejam questionados diretamente, apesar do fato de as imagens serem comumente experimentadas em uma ampla variedade de emoções e circunstâncias (Hackmann & Holmes, 2004; Brewin, Gregory, Lipton, & Burges, 2010; O'Donnell, Di Simplicio, Brown, Holmes, & Burnett Heyes, 2018). Se um cliente não relata espontaneamente alguma imagem ou lembrança, averigue em algum momento com perguntas como estas: "Alguma imagem ou lembrança veio à mente? Sabe, como quadros mentais ou sons?". Pesquisas demonstram que imagens e lembranças (frequentemente experimentadas em dimensões multissensoriais) evocam emoção mais forte do que pensamentos similares formulados como palavras (Holmes & Matthews, 2010). Essa vantagem do imaginário vale para estados de humor tanto positivos quanto negativos (Holmes, Lang, & Shah, 2009). Essa vantagem pode existir em parte porque as imagens parecem mais "reais" do que pensamentos estruturados em palavras (Matthews, Ridgeway, & Holmes, 2013). Assim, elas costumam ajudar as pessoas a entender mais completamente a intensidade emocional das suas respostas às situações do que os pensamentos verbais.

Estados de humor, pensamentos automáticos e especificidade cognitiva

Como você sabe se os pensamentos automáticos e as imagens que seu cliente identifica são os mais relevantes? A teoria da especificidade cognitiva nos ensina que certos tipos de pensamentos automáticos e imagens estão ligados a estados de humor particulares (como brevemente mencionado no Capítulo 2 deste guia). Se você sabe quais estados de humor seus clientes experimentam, a teoria da especificidade cognitiva o ajuda a saber quais tipos de pensamentos automáticos e imagens estão mais provavelmente associados a eles. Ou, então, depois que você conhece os pensamentos automáticos e as imagens dos seus clientes, a teoria da especificidade cognitiva o orienta para discernir os estados de humor que eles provavelmente estão experimentando.

Beck foi um dos primeiros a elaborar a ideia de que estados de humor particulares são acompanhados por tipos específicos de pensamentos (ver, p. ex., Beck, 1976, 2005). Mais de 50 anos atrás, ele observou que a depressão é caracterizada por três tipos principais de pensamentos: pensamentos negativos sobre si mesmo (autocrítica), sobre o mundo (pessimismo) e sobre o futuro (desesperança) (Beck, 1967). Posteriormente, ampliou suas observações para notar que pensamentos conectados a ansiedade focam em temas de perigo/ameaça e na incapacidade de enfrentá-los (Beck, 1976; Beck & Emery com Greenberg, 1985).

Pensamentos associados à raiva também são caracterizados por temas de ameaça, porque medo e mágoa dão origem à raiva (Beck, 1988). Mais especificamente, a raiva é marcada por pensamentos de que os outros estão sendo injustos, quebrando regras, nos magoando ou sendo desrespeitosos. Em seus extremos, os pensamentos associados à raiva podem dar origem a crenças fixas que demonizam outra pessoa ou grupo de pessoas e se transformam em ódio (Beck, 1988, 1999). Culpa e vergonha envolvem temas similares à raiva, com uma diferença: quando sentimos culpa ou vergonha, apontamos para nós mesmos o dedo de "transgressor" ou "pessoa ofensiva". Sentimos culpa quando quebramos regras ou valores que são importantes para nós. Se acreditamos que essa(s) violação(ões) dos nossos padrões nos torna(m) uma pessoa má e/ou que outros nos rejeitariam se soubessem o que fizemos, provavelmente sentiremos vergonha.

No começo da terapia, é provável que as pessoas consigam identificar mais estados de humor do que pensamentos. Assim, ao identificar pensamentos automáticos de um cliente, você pode fazer perguntas que provavelmente irão evocar os tipos de pensamentos ligados a esses estados de humor identificados. Se os pensamentos relatados não "combinarem" com o humor, você saberá que outros estados de humor estão presentes, que o cliente identificou erroneamente o humor ou que ele ainda não articulou os pensamentos conectados com o estado de humor identificado. Para conferir a sua habilidade para combinar pensamentos com estados de humor, preencha agora a Folha de Exercícios 7.1 (*A mente vencendo o humor*, p. 58) e compare suas respostas com a resposta-chave apresentada na mesma página.

A teoria da especificidade cognitiva é descrita em *A mente vencendo o humor* nas páginas 56 e 57. Como você quer que os clientes identifiquem os pensamentos automáticos e as imagens mais relevantes com a maior rapidez possível, essa informação os ajuda a saber que tipos de pensamentos estão procurando quando experimentam estados de humor particulares. Assim, cada pergunta listada em Perguntas que ajudam a identificar pensamentos automáticos (o quadro Dicas Úteis, na p. 55 de *A mente vencendo o humor*) é acompanhada de uma lista de estados de humor para os quais a pergunta provavelmente é pertinente. Você também pode usar essas perguntas relevantes para o estado de humor a fim de estimular os clientes a identificar pensamentos automáticos na sessão.

Perguntas gerais para identificar pensamentos automáticos para um estado de humor

Quando você está usando o quadro Perguntas que ajudam a identificar pensamentos automáticos (*A mente vencendo o humor*, p. 55) com um cliente, primeiro faça as duas perguntas gerais para qualquer estado de humor (reformulando-as a partir das versões de *A mente vencendo o humor* que os leitores fazem a si mesmos):

> "O que estava passando em sua mente instantes antes de você começar a se sentir assim?"

> "Que imagens ou lembranças você teve nessa situação?"

Em vez de se apressar em passar de uma pergunta para a outra, dê algum tempo ao seu cliente para que ele possa pensar em cada uma. Depois de fazer a primeira pergunta, você pode simplesmente estimular: "E alguma outra coisa estava passando pela sua mente naquele momento?". Quando imagens e lembranças são identificadas, reserve um tempo para obter detalhes específicos sobre o que foi imaginado e sobre como os diferentes elementos do imaginário ou memória se associaram ao seu estado de humor.

A seguir, você pode fazer uma ou mais das perguntas listadas no quadro Dicas Úteis (mais uma vez, reformuladas a partir das versões em *A mente vencendo o humor* que os leitores perguntam a si mesmos) que são mais relevantes para o estado de humor que está tentando entender.

Perguntas para identificar pensamentos automáticos associados à depressão

As perguntas para depressão listadas nesse quadro procuram pensamentos e imagens relacionados à tríade cognitiva negativa de Beck (pensamentos negativos sobre si mesmo, sobre o mundo e sobre o futuro). Ao formular essas perguntas ao cliente, você pode perguntar:

> "O que isso sugere sobre você? Sobre sua vida? Sobre seu futuro?"

Dê um tempo para que seu cliente reflita sobre cada uma dessas perguntas. Com frequência é recomendado fazê-las mais de uma vez ou retornar a perguntas anteriores caso elas assumam nova relevância depois que os pensamentos forem desvendados. O diálogo a seguir ilustra a primeira parte desse processo.

TERAPEUTA: Você disse que a coisa mais deprimente é que acha que vai ser reprovada no teste de sexta-feira. Caso seja reprovada, o que isso diria sobre você?

REBECA: Que sou burra.

TERAPEUTA: E, levando isso mais adiante, se você for reprovada no teste, o que isso significaria em relação ao seu futuro?

REBECA: Não vou conseguir entrar na faculdade de medicina e não vou me tornar médica.

TERAPEUTA: E se não conseguir se tornar médica, o que isso diz sobre você ou sobre seu futuro?

REBECA: Que eu sou um fracasso e jamais vou ser feliz.

TERAPEUTA: Você tem alguma imagem relacionada com esse futuro?

REBECA: Eu me vejo como uma dona de casa. Terei que limpar a casa todo dia, e a minha vida não vai ter nenhum significado ou propósito.

TERAPEUTA: Quando você me fala sobre seus pensamentos, posso entender por que se sente tão deprimida ao imaginar ser reprovada no teste de sexta-feira. Para você, isso significa que é burra; que não vai conseguir entrar na faculdade de medicina e realizar seu sonho de se tornar médica. E isso significa que você será um fracasso e infeliz pelo resto da sua vida. Você imagina seu futuro como uma dona de casa infeliz, sem propósito na vida. Será que entendi direito?

REBECA: Sim. Isso é muito desesperador.

Note que o terapeuta não se apressou em questionar as previsões de Rebeca sobre o que aconteceria durante o teste da sexta-feira ou sobre os significados que ela estava associando ao fracasso previsto no teste. Nesse ponto, ele estava concentrado em desvendar os pensamentos automáticos, imagens e significados associados a esse evento. Posteriormente na sessão, cada um deles poderia ser examinado. O terapeuta também pôde ajudar Rebeca a desenvolver um plano de ação para aumentar suas chances de passar no teste. Entretanto, era importante que ele identificasse o maior número possível de pensamentos e imagens relevantes antes de iniciar qualquer intervenção. Caso contrário, haveria o risco de, enquanto um pensamento estivesse recebendo atenção na sessão, outros pensamentos importantes serem negligenciados e posteriormente prejudicarem a eficácia da sessão.

Perguntas para identificar pensamentos automáticos associados à ansiedade

Quando os clientes relatam ansiedade, comece formulando perguntas que captem a natureza catastrófica dos pensamentos ansiogênicos, que geralmente estão focados em perigos, ameaças e na incapacidade de enfrentá-los. Recorra às perguntas sobre ansiedade no quadro Dicas Úteis (*A mente vencendo o humor*, p. 55) e comece formulando perguntas como estas:

"O que você teme que aconteça?"

"Qual é a pior coisa que poderia acontecer?"

Você pode estimular o imaginário reformulando a segunda pergunta desta forma:

"Qual é a pior coisa que você consegue imaginar que aconteceria?"

Essas perguntas captam os aspectos de perigo/ameaça da ansiedade, mas não abordam diretamente o componente de vulnerabilidade relacionado a uma percepção de que não podemos lidar com o perigo ou com maus resultados. Pensamentos de vulnerabilidade frequentemente são codificados em imagens ansiogênicas. Assim, você pode perguntar:

"E se isso acontecesse, como você se imagina enfrentando a situação?"

Obtenha detalhes de alguma imagem ansiogênica. Esse imaginário provavelmente incluirá exageros de perigo ou subestimação da habilidade pessoal de enfrentamento e das opções de ajuda. Por exemplo, um homem que se sentia ansioso com a ideia de pedir um aumento de salário relatou uma imagem na qual seu chefe, em suas palavras, "cresceu diante de mim. Seu rosto estava como um pimentão, e ele gritava que eu era insignificante e que não tinha direito de pedir mais dinheiro. Eu me encolhi num canto, me enrolei como uma bola e fiquei tão constrangido que não consegui voltar para a minha mesa". Essa imagem exagerava a altura do seu chefe, apresentava uma resposta em voz muito alta e com insultos (o que era improvável, dado o comportamento típico do seu chefe) e incluía uma caricatura da sua fraca capacidade de enfrentamento. Essa imagem, no entanto, combinava bem com o nível de ansiedade desse homem e servia como um precipitante potente para evitação.

Perguntas para identificar pensamentos automáticos associados à raiva

Como os pensamentos associados à raiva geralmente focam em outra pessoa ou outras pessoas, você pode reformular as perguntas listadas em *A mente vencendo o humor* para identificar pensamentos automáticos associados à raiva (p. 55), como a seguir:

"O que isso sugere sobre como a(s) outra(s) pessoa(s) se sente(m)/pensa(m) sobre você?"

"O que isso sugere sobre a(s) outra(s) pessoa(s) em geral?"

Usar essas perguntas como uma verificação para a pergunta geral "O que estava passando em sua mente instantes antes de se sentir assim?" geralmente resultará em uma rica coletânea de pensamentos que alimentam a raiva.

Por exemplo, a raiva frequente de Darlene em relação a seu marido, John, era desencadeada por diferenças em seus valores referentes a questões parentais com seus dois filhos pequenos. Quando ele levou as crianças ao parque em uma tarde de sábado, Darlene lhe disse especificamente para não lhes comprar nenhuma "porcaria" para comer, e ele concordou enquanto saíam pela porta. Quando voltaram, um pouco antes do jantar, a camisa do seu filho estava manchada de sorvete. Darlene imediatamente ficou enfurecida (classificando sua raiva em 100%) e relatou os seguintes pensamentos: "Ele não fez o que eu pedi. Ele nunca me escuta. Ele dá às crianças tudo o que elas querem. Eu sempre tenho que ser a 'malvada', e ele é o 'bonzinho'". As duas perguntas listadas anteriormente, referentes ao que isso lhe sugeria sobre os outros, ajudaram-na a desvendar outros pensamentos: "John não me respeita. Se ele não consegue ser pai em equipe por algumas horas, nunca vamos conseguir estar em sintonia" e "Nossos filhos vão crescer achando que podem manipular as pessoas para fazerem o que eles querem".

Em conjunto, esses pensamentos explicam muito bem a intensidade das reações de Darlene. Nesse ponto, muitos clínicos parariam de coletar os pensamentos e começariam a testá-los. No entanto, antes de interromper a identificação dos pensamentos automáticos, é importante fazer ao cliente uma segunda pergunta: "Que imagens ou lembranças você teve nessa situação?". A raiva é frequentemente maior quando as situações fazem os clientes recordarem outras situações em que as pessoas os magoaram ou os desrespeitaram. Isso com frequência também é acompanhado por imagens que podem ser acuradas ou distorcidas, da mesma forma que os pensamentos expressos em palavras.

Quando os clientes inicialmente identificam pensamentos automáticos e imagens, pode ser mais proveitoso perguntar sobre as imagens e lembranças depois que eles identificam inúmeros pensamentos verbais, porque os processos de identificação de pensamentos trazem uma situação de volta à vida e tornam a cena mais vívida na mente de alguém. Quando o terapeuta de Darlene perguntou sobre imagens ou lembranças, ela relatou a seguinte lembrança:

> "Quando vi o sorvete na camisa de DJ, tive uma lembrança de como meu pai costumava nos levar para tomar sorvete quando nos visitava depois que meus pais se divorciaram. Ele nos dizia para não contarmos para nossa mãe porque ela era 'muito rígida' para deixar nos divertirmos e ficaria furiosa se soubesse que estávamos nos divertindo tanto."

Trazer essa lembrança à consciência provou ser essencial para ajudar Darlene a entender a intensidade da sua raiva em relação a John. Isso também a ajudou e a seu terapeuta a deslindar quais aspectos da situação atual justificavam a raiva e deveriam ser discutidos com John e quais partes da sua reação provinham de experiências de infância com seu pai que poderiam não se aplicar ao seu marido. Essas distinções a ajudaram a discutir a situação com John de forma mais construtiva.

Perguntas para identificar pensamentos automáticos associados à culpa

As pessoas geralmente sentem culpa quando acham que violaram regras ou valores que são importantes para elas. Assim, para um cliente que sente culpa, as perguntas principais incluídas no quadro Dicas Úteis relacionadas à culpa (*A mente vencendo o humor*, p. 55) podem ser apresentadas assim:

> "Você rompeu as regras, magoou outras pessoas ou não fez alguma coisa que deveria ter feito?"
>
> "O que você pensa sobre si mesmo por ter feito isso ou por que acredita ter feito isso?"

As respostas à primeira pergunta revelam situações e pensamentos que desencadearam sentimentos de culpa. A segunda pergunta ajuda a diferenciar entre culpa e vergonha. Com culpa, as pessoas têm maior probabilidade de se julgarem situacionalmente: "Cometi um grande erro. Foi um erro de minha parte fazer isso. Preciso fazer alguma coisa para corrigir isso". Com vergonha, as pessoas geralmente relatam pensamentos que as descrevem em termos de traços estáveis: "Sou claramente uma má pessoa. Que tipo de pessoa faria uma coisa assim? Eu sou cruel/má/pecadora".

Como ocorre com todos os estados de humor, é importante formular as perguntas para estados de humor específicos no contexto das perguntas gerais descritas anteriormente. Note que o terapeuta de Xavier o ajudou a desvendar pensamentos automáticos relacionados aos seus sentimentos de culpa depois de uma consulta.

XAVIER: Eu me senti tão culpado depois da reunião que fui para meu escritório e evitei qualquer pessoa pelo resto da tarde.

TERAPEUTA: O que aconteceu na reunião? Você fez ou disse alguma coisa errada?

XAVIER: Eu não defendi a minha equipe. Quando os números mostraram que nossa equipe estava atrasada, eu disse que eles não estavam trabalhando o suficiente e que falaria com eles, em vez de apontar o absurdo dos prazos que a gerência havia definido.

TERAPEUTA: Entendo. Quero ter certeza de que entendo qual parte disso estava associada ao sentimento de culpa. Sua resposta foi contra algum dos seus valores?

XAVIER: Sim. Essa é a forma certa de expressar isso. Eu quero ser um líder de equipe que apoia seu time. Em vez disso, eu os traí para parecer bom na frente do gerente regional. Depois disso, me senti muito mal.

TERAPEUTA: O que esse comportamento disse sobre você? O que pensou de si mesmo depois da reunião?

XAVIER: Eu decepcionei a minha equipe e a mim mesmo. Minhas respostas foram fracas naquela reunião. Preciso descobrir uma maneira de consertar isso.

TERAPEUTA: O que você diria que o faz se sentir mais culpado em relação ao que disse e fez na reunião?

XAVIER: O fato de eu ter dito algo negativo sobre a equipe quando ela estava trabalhando tão arduamente o ano inteiro. Eu absolutamente não fui justo.

TERAPEUTA: Então, se escrevêssemos os pensamentos associados à sua culpa, quais seriam eles?

XAVIER: "Não fui justo com a equipe. Foi injusto criticar o trabalho dela. Fui um líder fraco em vez de ser forte."

TERAPEUTA: Você teve lembranças ou imagens associadas a esses pensamentos?

XAVIER: Na verdade não... embora eu sempre achasse que seria um líder corajoso lutando no *front* junto com o meu grupo. Eu me comportei mais como um traidor que corre ao primeiro tiro.

Xavier conseguiu identificar um desencadeante claro e os pensamentos associados à sua culpa. Em vez de identificar uma lembrança específica, identificou uma imagem do tipo de líder que desejava ser, contrastada com uma imagem de como achou que havia se comportado. As imagens podem fornecer ricas oportunidades para intervenções. Por exemplo, Xavier pôde elaborar uma resposta para sua culpa imaginando o que um líder corajoso faria para retificar as declarações que fez na reunião.

Perguntas para identificar pensamentos automáticos associados à vergonha

As perguntas iniciais específicas para estados de humor que podem revelar pensamentos automáticos relacionados à vergonha são as mesmas que para a culpa:

"Você rompeu regras, magoou outras pessoas ou não fez alguma coisa que deveria ter feito?"

"O que você pensa sobre si mesmo por ter feito isso ou por que acredita ter feito isso?"

Lembre-se de que as respostas à segunda pergunta provavelmente descreverão traços negativos estáveis se o estado de humor experimentado for vergonha – por exemplo: "Sou uma pessoa má [e o fato de eu ter feito isso comprova]". Enquanto a culpa pode ser experimentada independentemente de a pessoa achar que outros concordariam que o que ela fez foi errado, a vergonha é quase sempre acompanhada por esta convicção: "Se outras pessoas soubessem disso sobre mim, elas me rejeitariam/pensariam mal de mim/não me amariam mais". Por essa razão, uma pergunta adicional investiga sobre as opiniões de outras pessoas:

"O que isso sugere sobre como a(s) outra(s) pessoa(s) sentiria(m)/pensaria(m) sobre você [se soubessem que fez isso]?"

Esses pensamentos sobre as reações de outras pessoas em geral são apenas pressupostos, porque as circunstâncias que originam a vergonha geralmente são mantidas em segredo dos outros. No entanto, pensamentos e imagens sobre as reações dos outros têm forte impacto na profundidade da vergonha sentida.

Usando nosso exemplo anterior, podemos nos perguntar se Xavier estava sentindo vergonha, além de culpa, depois que falou negativamente sobre sua equipe na reunião. Ele parecia querer manter suas ações em segredo da equipe, o que poderia sinalizar alguma vergonha. Se esta estivesse presente, esperaríamos que ele tivesse pensamentos sobre as reações da equipe em relação a ele. Seu terapeuta investigou isso:

TERAPEUTA: Agora entendo a sua culpa pelo que você disse na reunião. Quero lhe perguntar mais uma coisa que você disse quando começou a falar sobre isso. Você disse que evitou ver qualquer pessoa pelo resto da tarde. Quem você estava evitando?

XAVIER: Todos, mas, sobretudo, eu não queria falar com os membros da minha equipe. Eles sabiam que a reunião regional seria naquela tarde.

TERAPEUTA: O que você imagina que teria acontecido se os visse?

XAVIER: Talvez eles me perguntassem o que aconteceu na reunião.

TERAPEUTA: E se eles lhe perguntassem sobre a reunião, o que você teria dito?

XAVIER: Eu não saberia o que dizer. Se eles soubessem o que eu havia dito, se sentiriam traídos. Pensariam mal de mim.

TERAPEUTA: E, de certa forma, isso corresponde ao que você está me dizendo que pensa sobre si mesmo.

XAVIER: Sim, é claro. Estou constrangido pelo que fiz.

TERAPEUTA: Que sentimento você tem quando imagina sua equipe descobrindo o que disse, especialmente se eles pensarem mal de você? Como você se sentiria então?

XAVIER: Envergonhado. Eu não fui correto, e esse não é o tipo de líder que eu quero ser.

Nesse ponto, Xavier estava preso às suas reações internas de culpa por seu comportamento. Parecia que também estaria vulnerável ao sentimento de vergonha se os outros ficassem sabendo o que disse. Sua esquiva das outras pessoas era um indício para seu terapeuta investigar melhor e considerar se a vergonha poderia ser um estado de humor adicional que merecesse atenção. Intervenções direcionadas para culpa e vergonha são detalhadas no Capítulo 12 deste guia.

Identificando pensamentos quentes

As dicas na seção anterior podem orientar você e seus clientes na identificação de pensamentos e imagens relevantes para estados de humor particulares. Mesmo assim, é bastante comum que as pessoas identifiquem pensamentos que não explicam completamente a intensidade das suas reações em determinadas situações. Durante as sessões, examine os pensamentos que você e seu cliente identificam e considere esta pergunta: "Esses pensamentos explicam a intensidade do humor relatado?". Em caso negativo, é provável que seu cliente ainda não tenha identificado o pensamento (ou pensamentos) quente conectado ao estado de humor na situação. "Pensamentos quentes" são aqueles que explicam mais claramente reações emocionais particulares e sua intensidade. As classificações do humor na coluna 2 do Registro de Pensamentos de sete colunas sugerem com que intensidade de humor os pensamentos precisam combinar.

Quando os pensamentos identificados para determinada situação parecem "mais frios" do que as classificações de humor, revise os pensamentos automáticos identificados na coluna 3 do Registro de Pensamentos de sete colunas e pergunte ao seu cliente: "O que neste pensamento foi mais estressante para você?". O diálogo a seguir ilustra esse processo. Danni e seu terapeuta estavam examinando sua Folha de Exercícios 7.3 preenchida (representada na Figura 4.2). Essa folha de exercícios apresenta as três primeiras colunas do Registro de Pensamentos de sete colunas.

TERAPEUTA: Vamos examinar a folha de exercícios que você preencheu nesta semana [ver Figura 4.2].

DANNI: Certo.

TERAPEUTA: Vejo que você identificou uma situação em que se sentiu muito deprimida.

DANNI: Sim, eu estava me sentindo um pouco melhor brincando com a minha cachorra, mas então eu a machuquei e a depressão se abateu sobre mim.

TERAPEUTA: Você escolheu uma situação muito boa para esse registro de pensamentos, então. Eu lhe pedi que escolhesse um momento em que a sua depressão estava ruim ou ficou pior. Vejo que você se sentiu deprimida em um nível de 80%.

DANNI: Isso.

TERAPEUTA: Vamos examinar seus pensamentos automáticos. Vejo que você colocou uma pergunta na coluna dos Pensamentos automáticos (imagens), coluna 3. O que você acha que seria a resposta mais depressiva a essa pergunta?

DANNI: Se eu realmente a machuquei.

TERAPEUTA: Com certeza. Eu também me sentiria muito mal se machucasse o meu cachorro. Porém, só para me assegurar de que

FOLHA DE EXERCÍCIOS 7.3 Identificando pensamentos automáticos

1. Situação	2. Estados de humor	3. Pensamentos automáticos (imagens)
Brincando com a minha cachorra. Eu puxei muito forte, e ela latiu para mim.	Assustada 65% Deprimida 80%	Acho que a machuquei. Ela parece bem, mas eu não deveria brincar de forma tão bruta.
Com quem você estava? O que você estava fazendo? Quando aconteceu? Onde você estava?	Descreva cada estado de humor em uma palavra. Avalie a intensidade do estado de humor (0-100%). Circule ou marque o humor que você quer examinar.	O que estava passando por minha mente instantes antes de eu começar a me sentir assim? (Geral) Que imagens ou lembranças tenho nesta situação? (Geral) O que isso significa sobre a mim? Minha vida? Meu futuro? (Depressão) O que temo que possa acontecer? (Ansiedade) Qual a pior coisa que poderia acontecer? (Ansiedade) O que isso significa em termos de como a(s) outra(s) pessoa(s) sente(m)/pensa(m) a meu respeito? (Raiva, vergonha) O que isso significa em relação à(s) outra(s) pessoa(s) ou às pessoas em geral? (Raiva) Quebrei as regras, magoei outras pessoas ou não fiz algo que deveria ter feito? O que penso a meu respeito por ter feito isso ou pelo que acredito ter feito? (Culpa, vergonha)

De Greenberger e Padesky (2016). Copyright © 2016 Dennis Greenberger e Christine A. Padesky. Adaptado com permissão.

FIGURA 4.2 Folha de Exercícios 7.3 preenchida por Danni.
Como indicou sua discussão com seu terapeuta (ver texto),
seus pensamentos identificados não eram suficientemente quentes.

você entende suas reações, o que seria tão deprimente em machucá-la? O que isso significaria para você?

DANNI: Acho que significaria que não sou boa nem mesmo para ter um cachorro. Eu sou uma pessoa muito atrapalhada.

TERAPEUTA: Mesmo que ela parecesse bem, como diz este outro pensamento abaixo, você acha que ainda teve pensamentos sobre não ser suficientemente boa para ter um cachorro e de que é uma pessoa muito atrapalhada depois que isso aconteceu?

DANNI: Sim. Eu me senti muito mal em relação a todas as vezes em que estraguei tudo neste ano. Acho que eu estava pensando: "Não sou suficientemente boa".

TERAPEUTA: Por que você não acrescenta estes três pensamentos ao seu registro de pensamentos: "Eu posso ter machucado a minha cachorra", "Eu realmente estraguei tudo" e "Não sou suficientemente boa para ter um cachorro"?

DANNI: (*Escreve esses três pensamentos em um Registro de Pensamentos de sete colunas*)

TERAPEUTA: (*Em silêncio enquanto Danni escreve*) Antes de continuarmos, você teve alguma imagem relacionada a esses pensamentos?

DANNI: Hummm. Não tenho certeza. Eu posso ter tido uma imagem em que levava minha cachorra ao veterinário. Quero dizer, ela estava muito machucada.

TERAPEUTA: Escreva essa imagem no seu registro de pensamentos. (*Faz uma pausa enquanto Danni escreve*). Quando você olha para esses cinco pensamentos e essa imagem, qual ou quais deles você acha que estavam associados mais fortemente a sentir-se 80% deprimida?

DANNI: Este pensamento (*apontando*): "Não sou suficientemente boa para ter um cachorro".

TERAPEUTA: Certo. Faça um círculo em torno dele para que saibamos que era o pensamento "quente". Antes de examinarmos as evidências relacionadas a esse pensamento, você pode me dizer o que nos ajudou a identificá-lo?

DANNI: Não consigo me lembrar.

TERAPEUTA: Acho que foi quando examinamos a pergunta que você escreveu e perguntamos: "Qual seria a resposta mais depressiva?" a essa pergunta.

DANNI: Oh, certo.

TERAPEUTA: E, então, mesmo quando tivemos essa resposta, eu perguntei: "O que seria tão depressivo nisso?" e "O que isso significaria para você?". Talvez você pudesse escrever essas três perguntas nas suas anotações da terapia. Elas podem ajudá-la a descobrir mais pensamentos "quentes" nesta semana. (*Faz uma pausa enquanto Danni escreve e também lhe faz lembrar quais são as três perguntas.*) E agora escreva um lembrete para procurar imagens. Algumas vezes uma imagem pode ser o pensamento quente.

Conforme ilustrado nesse diálogo, o terapeuta de Danni examinou o que ela escreveu na Folha de Exercícios 7.3 (*A mente vencendo o humor*, p. 61) e procurou ver se havia um pensamento "quente" ali. Nenhum dos pensamentos parecia suficientemente quente para combinar com uma avaliação da depressão de 80%, então o terapeuta fez perguntas a Danni para ajudá-la a encontrar outros pensamentos mais quentes. Observe também que, no fim dessa conversa, o terapeuta examinou com Danni os passos que deram para identificar os pensamentos automáticos mais quentes. Você pode ajudar a melhorar a habilidade de seus clientes a cada semana pedindo-lhes que reflitam sobre o que os ajudou a identificar pensamentos automáticos importantes, direcionando-os, então, para escrever essas ideias e estratégias em suas anotações da terapia. As notas da terapia podem ser escritas no próprio livro *A mente vencendo o humor*, em um caderno da terapia separado ou em um arquivo eletrônico que o cliente revise periodicamente.

Como você sabe quando encontrou o pensamento "quente"?

Algumas vezes, você e seu cliente podem se perguntar como podem saber quando encontraram um pensamento "quente" ou se deveriam continuar procurando mais pensamentos. Os critérios apontados no Quadro de lembretes, a seguir, podem ajudar a decidir. Vamos examinar brevemente cada um desses três critérios, com alguns exemplos clínicos.

O pensamento é suficientemente "quente"?

O calor necessário do pensamento depende da classificação do estado de humor na coluna 2 do registro de pensamentos. Por exemplo, suponha que seu cliente identifique este pensamento: "Eu estraguei tudo, e isso vai causar mais trabalho para Sharon". Este poderia ser o pensamento "quente" para um estado de humor de culpa? Se a culpa estivesse avaliada em 20 a 30%, talvez sim, mas geralmente pedimos que nossos clientes preencham registros de pensamentos quando os estados de humor são muito mais intensos. Se o seu cliente avaliou sentimentos de culpa em 75%, esse mesmo pensamento pareceria suficientemente "quente"? É possível que não, pois não está claro por que causar mais trabalho para Sharon mereceria avaliação de culpa de 75%.

Para encontrar um pensamento mais quente, pergunte: "E o que faz você se sentir culpado sobre causar mais trabalho para Sharon?". Seu cliente pode responder: "Na verdade, não fiz tanto esforço quanto deveria. Para economizar 20 minutos do meu tempo, tomei um atalho, e agora provoquei cerca de duas horas de trabalho para ela consertar o meu erro". Esse pensamento parece mais "quente"? Ele certamente explica de forma mais clara a culpa do seu cliente. É mais fácil entender por que essas circunstâncias podem levá-lo a avaliar a culpa em 75%. Nesse ponto, você também pode perguntar a ele sobre o significado desses eventos: "E o que você acha que sugere o fato de o seu atalho ter causado trabalho extra para Sharon?". O cliente pode responder: "Eu sou preguiçoso, e outra pessoa está pagando o preço". Este também poderia ser um pensamento "quente". Você pode pedir a ele para avaliar a quantidade de culpa que cada pensamento provoca a fim de decidir qual pensamento é mais quente.

O pensamento está relacionado com a situação na coluna 1?

Algumas vezes, as pessoas escrevem pensamentos que são julgamentos de si mesmas ou de outras pessoas sem clara relação com a situação descrita no registro de pensamentos. Quando as pessoas estão avaliando seus pensamentos "quentes", idealmente desejam procurar evidências que se originam da situação listada na coluna 1. Considere Paul, que estava preenchendo o Registro de Pensamentos de sete colunas para uma situação em que passou com sua bicicleta sobre um prego e furou um pneu. Seu humor foi raiva, classificada em 90%. Ele descreveu seu pensamento como "As pessoas são capazes de sair do seu caminho para machucar as outras". Embora esse pensamento pareça bem "quente" e ajudasse a explicar uma resposta de raiva, não estava claro como isso estava relacionado ao prego e ao pneu furado. Observe como o terapeuta ajudou Paul a fazer essa ligação.

PAUL: Então meu pensamento "quente" foi: "As pessoas são capazes de sair do seu caminho para machucar as outras".

TERAPEUTA: Isso com certeza combina com raiva.

PAUL: Sim.

TERAPEUTA: Quero ter certeza de que entendi o que você quer dizer. Como esse pensamento está relacionado ao prego que furou seu pneu?

PAUL: Alguém claramente colocou o prego ali esperando causar problemas para outra pessoa. Eu sou o pobre otário que passou por ali e teve que pagar por um pneu novo.

TERAPEUTA: Então devemos acrescentar esse pensamento à coluna 3: "Alguém colocou o prego ali para causar problemas para outra pessoa".

PAUL: *(Escreve esse pensamento na coluna 3.)*

TERAPEUTA: Qual deles você acha que é o pensamento mais "quente" relacionado ao prego no seu pneu? O pensamento geral sobre as pessoas saindo do seu caminho para machucar as outras ou seu pensamento mais específico de que alguém colocou esse prego ali para causar problemas para outra pessoa... e que essa outra pessoa acabou sendo você?

PAUL: Sem dúvida, a ideia de que alguém colocou o prego ali para causar problemas.

TERAPEUTA: Esse pensamento explica por que você sentiu raiva em um nível de 90%?

PAUL: Sim.

TERAPEUTA: Então vamos circular esse pensamento como seu pensamento mais "quente". Agora vamos procurar evidências que apoiem essa ideia e anotar na coluna 4.

O pensamento é testável, não um fato?

Algumas vezes, as pessoas registram um pensamento que descreve um evento estressante e o circulam como seu pensamento "quente". Por exemplo, Elon listou:

Quadro de lembretes

Para que seja um pensamento "quente", um pensamento (palavras ou imagem) precisa:

- Ser suficientemente "quente" – o pensamento corresponde à intensidade da avaliação do estado de humor?
- Estar relacionado à situação específica na coluna 1 do registro de pensamentos.
- Ser testável (não um fato).

"Rafael me deixou" como seu pensamento "quente", explicando seu humor de "deprimida 95%". Rafael e Elon haviam rompido o relacionamento alguns meses antes. O fato de que seu parceiro a havia deixado não podia ser o pensamento "quente" que explicava a depressão de Elon porque esse fato não assegura uma emoção específica: algumas pessoas podem se sentir aliviadas quando o parceiro vai embora; outras podem se sentir ansiosas ou com raiva. Quando alguém escreve um fato na coluna 3 do Registro de Pensamentos de sete colunas, pergunte sobre os *significados* relacionados ao evento que correspondem a esse estado de humor. O modo mais simples de fazer isso é expressar empatia e então fazer uma indagação relacionada ao humor, como fez o terapeuta de Elon.

Elon: O pensamento quente é "Rafael me deixou".

Terapeuta: Posso entender como isso foi doloroso para você. (*Pausa*) Quero ter certeza de que não estou fazendo nenhuma suposição e que entendo por completo. Qual foi a parte mais deprimente no fato de ele a deixar?

Elon: Ele era o amor da minha vida. Acho que nunca mais vou ser feliz de novo. Na verdade, não consigo me imaginar me apaixonando outra vez.

Terapeuta: E se essas coisas provarem ser verdadeiras, o que isso vai significar para você e o resto da sua vida?

Elon: (*Com os olhos se enchendo de lágrimas*) Que nunca mais vou ser feliz. O resto da minha vida está arruinado.

Terapeuta: Posso ver o quanto isso é doloroso para você. Alguma imagem ou lembrança conectada a esses pensamentos vem à sua mente?

Elon: Eu me vejo em uma casa escura com todas as cortinas fechadas. Estou ali sentada numa cadeira com o olhar distante e pensando nele.

Terapeuta: Realmente, há alguns pensamentos e imagens importantes. Sei que eles são dolorosos. Mesmo assim, é importante anotá-los no seu registro de pensamentos para que possamos realmente captar o que é tão deprimente para você no fato de Rafael deixá-la. Eu anotei seus pensamentos enquanto você estava falando. Se eu ler o que você me contou, acha que consegue anotar essas ideias na coluna 3 em seu registro de pensamentos?

Elon: (*Acena com a cabeça e pega a caneta.*)

Terapeuta: (*Lendo*) "Ele era o amor da minha vida. Acho que nunca mais vou ser tão feliz de novo. Não consigo me imaginar me apaixonando outra vez. Nunca mais vou ser feliz. O resto da minha vida está arruinado". E você teve uma imagem de si mesma em uma casa escura, sentada numa cadeira, cortinas cerradas, com o olhar perdido e pensando em Rafael. (*Depois que Elon termina de escrever*) Esses pensamentos realmente me ajudam a entender por que você se sente tão deprimida quando pensa que ele a deixou. Qual desses pensamentos você acha que é o mais "quente" para você?

Elon: "Nunca mais vou ser feliz."

Terapeuta: Vamos circular esse pensamento. Você estaria disposta a falar mais sobre isso hoje e ver se as evidências em geral apoiam essa ideia ou existe alguma evidência que sugira que você pode encontrar um modo de ser feliz de novo em algum momento no futuro?

Elon: Suponho que sim, mas não consigo me imaginar algum dia me sentindo feliz de novo.

Terapeuta: Entendo. Na verdade, esse pensamento parece ser realmente importante para entendermos sua depressão. Vamos examinar como o encontramos. Você escreveu o que eu chamaria de um "fato" na coluna 3: Rafael a deixou. Você teve esse sentimento de que esse era seu pensamento "quente", mas, quando um fato está direcionando o seu humor, é conveniente descobrir qual é o *significado* desse fato para você. Então eu lhe perguntei: "Qual é a parte mais deprimente para você no fato de ele a deixar?". E você me contou todos esses pensamentos que descrevem o que seu rompimento significa para você.

Elon: Hum-hum.

Terapeuta: Antes de seguirmos adiante, vamos fazer uma anotação para lembrar você disso no seu livro *A mente vencendo o humor*, na parte sobre a identificação dos pensamentos "quentes". Isso poderá ajudá-la na próxima vez.

Elon: O que eu devo escrever?

Terapeuta: Que tal: "Se meu pensamento for um fato, perguntar: 'Qual é a coisa mais deprimente sobre esse fato?'". É claro, você pode mudar um pouco a pergunta, dependendo do estado de humor em que estiver trabalhando. Se estiver trabalhando na raiva, você escreveria: "O que nesse fato me deixa com tanta raiva?".

Elon: Entendo o que você quer dizer.

Pensamentos "quentes": resumo

É preciso muita prática antes que os clientes consigam identificar facilmente seus pensamentos e imagens mais "quentes". Enquanto seus clientes trabalham para ter domínio da habilidade de identificar pensamentos "quentes", você pede que pratiquem em casa o preenchimento das colunas 1 a 3 do Registro de Pensamentos de sete colunas, a cada semana, e que continuem revisando o Capítulo 7 de *A mente vencendo o humor*. Na sessão com cada cliente, examine as três primeiras colunas de pelo menos um dos registros de pensamentos do seu cliente e faça perguntas como esta para revelar pensamentos adicionais: "Permita que eu me certifique de que entendo o que você quer dizer aqui. O que seria mais deprimente para você em relação a...?". Peça que seu cliente acrescente esses pensamentos ao registro de pensamentos antes de escolher um pensamento "quente" e, então, continue a auxiliá-lo a completar na sessão as quatro colunas restantes do Registro de Pensamentos de sete colunas.

Ensine seus clientes a procurar pensamentos "quentes" que passem no teste do pensamento mais "quente", estejam relacionados à situação na coluna 1 e captem o significado dos fatos relacionado ao estado de humor em vez dos fatos propriamente ditos. O preenchimento dos registros de pensamentos na sessão reforça a utilidade dessa abordagem, especialmente se você e seus clientes completam um ou mais Registros de Pensamentos de sete colunas que eles já começaram e que abordam situações ou circunstâncias que ainda estão ativando seus estados de humor alvo. O preenchimento dos registros de pensamentos na sessão pode servir para melhorar os estados de humor dos clientes e também reforça a utilidade do tempo que empregaram identificando pensamentos automáticos durante a semana. O próximo capítulo deste guia demonstra como ajudar os clientes a aprender as habilidades de reestruturação cognitiva necessárias para completarem sozinhos as quatro colunas restantes do Registro de Pensamentos de sete colunas.

Verificações do estado de humor

O Capítulo 7 de *A mente vencendo o humor* termina com um lembrete para os leitores medirem novamente seus estados de humor. Este é um ponto oportuno neste guia para lembrar a importância de solicitar que os clientes preencham as medidas do humor regularmente. Em geral, é recomendado medir semanalmente ou semana sim, semana não. As pessoas podem agendar os dias em seus calendários físicos ou eletrônicos para completar as medidas relevantes do humor. Elas podem fazer isso usando qualquer medida que você sugerir. *A mente vencendo o humor* inclui as seguintes medidas: o Inventário de Depressão de *A mente vencendo o humor* (Folha de Exercícios 13.1, p. 186); o Inventário de Ansiedade de *A mente vencendo o humor* (Folha de Exercícios 14.1, p. 213); e Avaliando e acompanhando meus estados de humor (Folha de Exercícios 15.1, p. 246), que podem ser usadas para monitorar uma variedade de estados de humor, incluindo estados de humor positivos, como felicidade.

Os benefícios de fazer os clientes monitorarem seus estados de humor incluem ajudá-los a avaliar a força dos seus estados de humor, possibilitando que monitorem seu progresso e avaliem a eficácia das habilidades que estão praticando. Medir a felicidade regularmente pode ser tão útil quanto medir os estados de humor que os clientes estão tentando reduzir. Medindo e pensando sobre a felicidade, os clientes com frequência começam a reconhecer que os estados de humor que os perturbam não são constantes e não definem exclusivamente suas experiências. Tenha em mente, no entanto, que pode ser prematuro medir a felicidade quando os clientes estão experimentando depressão grave, porque eles não podem sentir muita felicidade até que a depressão esteja mais moderada.

Medidas periódicas do humor fornecem dados que são igualmente valiosos para você como clínico. Além de monitorar o progresso ou a ausência de progresso na terapia, as medidas do humor podem informar quais sintomas específicos ou experiências do cliente estão aumentando, diminuindo ou são contínuos. Se a depressão ou transtornos de ansiedade não estão respondendo à terapia conforme o esperado, é recomendável ver quais sintomas estão contabilizando os escores nos inventários de depressão ou ansiedade. O foco nesses sintomas pode levar a uma melhora mais rápida. Por exemplo, se um cliente indica muito pouco sono em uma medida de depressão, direcionar a atenção da terapia para o sono pode levar a melhoras significativas no humor (Manber et al., 2011). Os Capítulos 9 a 13 neste guia incluem informações sobre outros papéis importantes que as medidas do humor podem desempenhar no planejamento do tratamento, na avaliação dos resultados e no manejo de recaída para estados de humor específicos.

GUIA PARA A RESOLUÇÃO DE PROBLEMAS: CAPÍTULOS 6-7 DE *A MENTE VENCENDO O HUMOR*

Se você estiver mais familiarizado com um formato diferente para registro dos pensamentos

A mente vencendo o humor ensina os leitores a usar um Registro de Pensamentos de sete colunas (Padesky, 1983). Há mais de 100 versões diferentes de registros de pensamentos em vigor, e a eficácia relativa das diferentes versões raramente foi estudada (Waltman, Frankel, Hall, Williston, & Jager-Hyman, 2019). O Registro de Pensamentos de sete colunas usado em *A mente vencendo o humor* tem a vantagem de orientar os clientes a pesar as evidências antes de procurar explicações alternativas – um processo que está ligado a maior uso de habilidades da TCC, comparado com métodos que apenas incluem o desenvolvimento de explicações alternativas (Jarrett, Vitengl, Clark, & Thase, 2011). Embora você possa ensinar os clientes a usar outros registros de pensamentos, alguns dos benefícios clínicos potenciais do uso do Registro de Pensamentos de sete colunas são destacados no Apêndice B: Uma história pessoal do registro de pensamentos (p. 476). Compare esses benefícios com os do(s) registro(s) de pensamentos que você usa atualmente. Além disso, uma demonstração clínica de Padesky usando um Registro de Pensamentos de sete colunas em sessão é referenciado no Apêndice C, na p. 479 (Padesky, 1996a).

5

Registros de pensamentos, Parte II: reestruturação cognitiva

(COLUNAS 4-7; CAPÍTULOS 8-9 DE *A MENTE VENCENDO O HUMOR*)

> Consigo descobrir meus pensamentos "quentes" com mais facilidade agora.
>
> *Alycia, terceira semana de trabalho nos registros de pensamentos*
>
> *Naraj, quinta semana de trabalho nos registros de pensamentos*

Depois que conseguem identificar os pensamentos "quentes", as pessoas estão prontas para começar a dominar a habilidade de procurar evidências que apoiem e não apoiem esses pensamentos. Essa é a habilidade principal ensinada no Capítulo 8 de *A mente vencendo o humor*. Se você for iniciante no uso do Registro de Pensamentos de sete colunas em terapia, reserve um minuto antes de ler este capítulo para revisar a seção logo no início do Capítulo 4 deste guia, intitulada "O fluxo do uso de registros de pensamentos de sete colunas na terapia". Isso lhe servirá como um lembrete dos seus papéis nos primeiros estágios do uso do registro de pensamentos. Conforme ressalta essa seção, você precisa estar pronto para ajudar seus clientes a preencher na sessão todas as sete colunas do registro de pensamentos por várias semanas antes que eles sejam capazes de fazer isso por conta própria. Este capítulo lhe mostra como fazer isso efetivamente.

CAPÍTULO 8 DE *A MENTE VENCENDO O HUMOR*: ONDE ESTÃO AS EVIDÊNCIAS?

Encontrar evidências que *apoiem* os pensamentos "quentes" geralmente é fácil para as pessoas. Mas pode ser bem difícil para elas identificar evidências que *não apoiem* seus pensamentos "quentes", especialmente à primeira vista. Não é incomum os clientes passarem muitas semanas desenvolvendo o domínio das habilidades para a coleta de evidências relacionadas a pensamentos "quentes". Se o número de sessões de terapia disponível for limitado, considere a realização de encontros menos frequentes depois que os clientes chegarem ao Capítulo 8 de *A mente vencendo o humor*, em vez de se apressar em ir adiante e ignorar o tempo necessário para desenvolver habilidades para a coleta de evidências. O exame das evidências que apoiam e que não apoiam os pensamentos "quentes" é um processo que pode ajudar a reduzir a intensidade de estados de humor estressantes, conforme sublinhado no Resumo do Capítulo 8.

> **Resumo do Capítulo 8**
> (*A mente vencendo o humor*, p. 71-94)
>
> ▶ Quando temos pensamentos automáticos negativos, geralmente damos importância principalmente a informações e experiências que confirmam nossas conclusões.
>
> ▶ É útil considerar os pensamentos "quentes" como hipóteses ou suposições.
>
> ▶ Reunir evidências que apoiam e que não apoiam seus pensamentos "quentes" ajuda a reduzir a intensidade dos estados de humor angustiantes.
>
> ▶ Evidências consistem em informações factuais, não interpretações.
>
> ▶ A coluna 5 do Registro de Pensamentos pede que você busque ativamente informações que não apoiam um pensamento "quente".
>
> ▶ É importante escrever todas as evidências que não apoiam seu pensamento "quente".
>
> ▶ Você pode fazer a si mesmo as perguntas específicas das Dicas Úteis, nas páginas 76 e 77, para completar a coluna 5 de um Registro de Pensamentos.

Fatos *versus* interpretações

Fato: John me disse que não gostava da minha atitude.
Fato possível: Nunca sou convidada para festas.
Interpretação: Ninguém gosta de mim.

As melhores evidências estão baseadas em fatos, não em opiniões ou interpretações. As pessoas com frequência têm alguma dificuldade em diferenciar entre evidências factuais e opiniões/interpretações, especialmente quando estão experimentando fortes estados de humor. Reserve um momento para preencher a Folha de Exercícios 8.1, Fatos *versus* interpretações (*A mente vencendo o humor*, p. 74), e compare suas respostas com as que estão na chave de respostas na página 74 de *A mente vencendo o humor*. Se você teve dificuldades com esse exercício, leia o texto seguinte, na página 75, para revisar as diferenças entre evidências factuais e interpretações. Lembre-se de que fatos são observações com as quais quase todas as pessoas vendo uma situação provavelmente irão concordar. Sempre que possível, ajude seus clientes a aprender a listar fatos em vez de interpretações nas colunas das evidências de seus Registros de Pensamentos de sete colunas.

Coluna 4: Evidências que apoiam o pensamento "quente"

Você pode estar se perguntando por que o Registro de Pensamentos de sete colunas (Padesky, 1983) solicita primeiro evidências que apoiem um pensamento "quente". Há três razões para isso. A principal é que pode ser invalidante alguém expressar um pensamento "quente" como "Nunca mais vou ser feliz de novo", e depois dessa declaração você prossegue com a pergunta "Que evidências apoiam isso?". Na terapia, geralmente demonstramos empatia por uma declaração como essa (p. ex., "Essa ideia é muito angustiante") e então continuamos com uma investigação aberta como

"Conte-me as experiências que você teve que o levaram a essa conclusão". O Registro de Pensamentos de sete colunas permite que esse mesmo processo aconteça, independentemente da presença do terapeuta, ao demandar evidências que apoiem o pensamento "quente".

Uma segunda razão para primeiro reunir e anotar informações que *apoiem* um pensamento "quente" é que essas informações são registradas para que a pessoa possa refletir sobre alguma coisa diferente. Depois que escrevem as evidências que apoiam seu pensamento "quente", as pessoas são mais capazes de considerar informações que podem não apoiar esse pensamento. Se as evidências de apoio não forem coletadas primeiro, quando forem reunidas evidências não apoiadoras, a pessoa provavelmente irá pensar ou dizer: "Bem, sim, tem isso, mas..." e então declarar as evidências que apoiam o pensamento "quente". Essa ordem diminui o valor das evidências não apoiadoras.

Terceiro, a TCC é empírica, sendo essencial que os terapeutas não caiam na armadilha de presumir que todo pensamento angustiante é um pouco distorcido. Precisamos identificar as evidências que apoiam um pensamento "quente". Por exemplo, se Beth tem o pensamento "quente" "Não sou uma boa mãe", é importante saber o que aconteceu que a levou a essa conclusão. Existe uma grande diferença entre as pessoas que acham que não são bons pais porque perdem a paciência e gritam com seus bebês e aquelas que derramam água quente sobre as mãos dos seus bebês para "lhes dar uma lição". De qualquer forma, Beth pode realmente estar tentando se portar de uma forma que considera ser uma boa mãe e, no entanto, pode não saber como manejar circunstâncias desafiadoras. Reunir evidências da vida dos seus clientes que apoiem seus pensamentos "quentes" pode ajudá-lo a decidir os tipos de intervenções que são necessários: testar os pensamentos, fornecer educação parental, elaborar planos de ação para administrar os desafios parentais, preparar experimentos comportamentais para testar os medos dos clientes e até mesmo contatar serviços sociais para relatar abuso infantil.

Que tipos de evidências e quantas evidências devem ser listadas?

Em geral as pessoas conseguem listar rapidamente uma variedade de coisas que apoiam seus pensamentos "quentes". Isso pode ser problemático, sobretudo se elas examinam suas vidas inteiras quando procuram essas evidências. A memória não é um registro preciso da experiência passada, e o que recordamos é influenciado em parte pela pessoa a quem contamos nossas lembranças (ver Stone, Barnier, Sutton, & Hirst, 2013). Assim, recordamos das coisas de forma um pouco diferente se contamos a um terapeuta sobre um evento na infância e quando falamos com um irmão ou um estranho. Além disso, temos milhares de memórias passadas. Aquelas que vêm à mente em determinado momento dependem em parte do nosso estado de humor atual. Temos maior probabilidade de recordar e prestar atenção em lembranças congruentes com o humor do que naquelas incongruentes com o humor (Holland & Kensiger, 2010; Hitchcock, Werner-Seidler, Blackwell, & Dalgleish, 2017). Assim, se procurarmos ao longo de nossas vidas evidências de que somos "um fracasso", a maioria de nós seria capaz de citar inúmeros eventos que apoiam essa conclusão, mesmo que nós e outras pessoas em geral achemos que somos bem-sucedidos. Se essa mesma pergunta for formulada quando estivermos nos sentindo deprimidos, virão à mente ainda mais lembranças que apoiam o "fracasso" e menos lembranças de "sucesso".

> **Dica clínica**
>
> Quando você e seu cliente estiverem procurando evidências que apoiem um pensamento "quente", busquem principalmente fatos extraídos da situação específica descrita na coluna 1 do Registro de Pensamentos de sete colunas.

Quando as pessoas tiveram uma longa história de dificuldades na vida, podemos esperar que tenham um grande reservatório de lembranças que apoiam muitos tipos diferentes de pensamentos estressantes. Na verdade, recordar e anotar experiências de vida congruentes com o humor em um registro de pensamentos pode intensificar um estado de humor atual. Portanto, em vez de ensinar os clientes a escrever evidências de toda a sua vida na coluna 4, é muito mais produtivo pedir-lhes que anotem apenas evidências obtidas da situação específica descrita na coluna 1 desse Registro de Pensamentos de sete colunas. Essa instrução faz sentido porque esse Registro de Pensamentos é concebido para testar pensamentos automáticos e imagens evocados em uma situação específica.

Considere Karla, que estava experimentando depressão. Karla foi molestada sexualmente quando criança, foi abusada fisicamente em seu casamento recente e lutava contra adição a medicamentos controlados, até que ingressou em um programa para adição a drogas, há dois anos. Ela estava preenchendo um Registro de Pensamentos de sete colunas sobre uma situação recente no trabalho em que achou que um colega a havia tratado com desrespeito em uma reunião. Seu pensamento "quente" foi: "Não sou o tipo de pessoa que merece respeito". Se deixada por conta própria, provavelmente Karla listaria abuso sexual, abuso físico, adição e outros eventos traumáticos na vida como evidências de que não merecia respeito (ver Figura 5.1). Em vez disso, seu terapeuta a direcionou para procurar evidências na situação listada na coluna 1 de seu registro de pensamentos.

TERAPEUTA: Em que evidências que apoiam essa ideia de que "não é o tipo de pessoa que merece respeito" você consegue pensar?

KARLA: Tantas pessoas decidiram que podiam me abusar, e eu não impedi.

TERAPEUTA: Desculpe, Karla. Não fui claro com você. Eu quero que testemos esse pensamento nessa situação em seu registro de pensamentos: "Quarta-feira, 14h, reunião no trabalho". Que evidências havia nessa reunião de que você não merecia respeito?

KARLA: Não sei se entendi o que você quer dizer.

TERAPEUTA: Bem, eu não estava lá. Você agiu de alguma maneira que transmitisse às pessoas que não deveria ser respeitada? Disse alguma coisa que fez que parecesse menos merecedora de respeito?

KARLA: Oh, entendo o que você quer dizer. Bem, acho que estava falando bem baixinho, então talvez John tenha pensado

Registro de Pensamentos

1. Situação Quem? O quê? Quando? Onde?	2. Estados de humor a. O que você sentiu? b. Avalie cada estado de humor (0-100%). c. Circule ou marque o estado de humor que você quer examinar.	3. Pensamentos automáticos (imagens) a. O que estava passando por sua mente instantes antes de você começar a se sentir assim? Algum outro pensamento? Imagem? b. Circule ou marque o pensamento "quente".	4. Evidências que apoiam o pensamento "quente"	5. Evidências que não apoiam o pensamento "quente"
Quarta-feira, 14h. Reunião no trabalho. Quando comecei a dar uma sugestão sobre o novo plano de vendas, John me interrompeu e disse: "Isso não vai funcionar" e, então, falou sobre as ideias dele.	Deprimida 80% Magoada 75%	Ele não gosta da minha ideia. Aquela provavelmente não foi uma boa ideia. Me interromper foi desrespeitoso. (Não sou o tipo de pessoa que merece respeito.)	Meu tio me molestou. Meu ex-marido me bateu e disse que eu não valia nada. Sou uma viciada e algumas vezes tenho dificuldade para ficar longe das drogas. Fiz muita confusão na minha vida.	

FIGURA 5.1 Cinco primeiras colunas de um Registro de Pensamentos de sete colunas com evidências da coluna 4 coletadas da sua história. Adaptada de Padesky (1983). Copyright © 1983 Christine A. Padesky.

que poderia falar mais alto do que eu.

TERAPEUTA: Escreva na coluna 4: "Eu estava falando bem baixinho". (*Faz uma pausa enquanto Karla escreve*) Agora que vejo o que você escreveu, não estou certo se entendo como é que falar baixinho significa que você seja menos merecedora de respeito.

KARLA: Nós tínhamos uma reunião de treinamento no trabalho, e eles disseram que você deveria falar clara e firmemente se quisesse ser respeitada.

TERAPEUTA: Oh. Então talvez você possa acrescentar alguma coisa à sua sentença, como "... o que não é a melhor maneira de obter respeito, de acordo com a nossa reunião de treinamento".

KARLA: Certo. (*Escreve essa ideia com suas próprias palavras em seu registro de pensamentos, conforme mostra a Figura 5.2*)

TERAPEUTA: Que outras evidências na reunião indicam que você não merecia respeito?

KARLA: Eu não sou gerente, e as demais pessoas na reunião, em sua maioria, eram gerentes. Além disso, John tem MBA, e eu só tenho uma graduação de dois anos na faculdade comunitária.

TERAPEUTA: Certo, anote isso na coluna 4.

Note que o terapeuta de Karla não discutiu as evidências da situação que Karla apresentou. Embora não achasse que o *status* não gerencial de Karla, seu nível educacional ou falar em voz baixa merecessem desrespeito, ele a encorajou a escrever esses itens em seu Registro de Pensamentos de sete colunas porque Karla estava relacionando esses fatos à ideia de ser menos merecedora de respeito. Compare as Figuras 5.1 e 5.2. Lembre-se de que na Figura 5.1 Karla estava listando eventos que aconteceram ao longo da sua vida. A Figura 5.2 mostra como fica o Registro de Pensamentos de sete colunas quando as evidências são retiradas de uma *situação específica*. Reserve um momento antes de continuar lendo e reflita sobre o que você observa acerca de cada uma delas e quais seriam as vantagens de procurar evidências na situação, e não na vida toda de uma pessoa.

Procurando na situação específica fatos que apoiam um pensamento "quente"

Um Registro de Pensamentos de sete colunas é concebido para testar pensamentos automáticos e imagens (coluna 3) que vieram à mente de uma pessoa em determinada situação (registrada na coluna 1). Ele não é planejado para testar se um pensamento particular pode ser verdadeiro em outras situações. Portanto, as evidências mais pertinentes que apoiam ou não um pensamento "quente" serão encontradas na situação descrita nesse registro de pensamentos. Um dos benefícios de reunir evidências de uma situação específica é que as pessoas podem detectar as distorções mais facilmente e gerar visões alternativas de eventos específicos recentes do que quando fazem uma varredura na sua vida inteira e focam em experiências históricas congruentes com o estado de humor. Conforme discutido na seção anterior, quando Karla examinou sua vida pelas lentes da depressão, encontrou inúmeras evidências que combinavam com

Registro de Pensamentos

1. Situação Quem? O quê? Quando? Onde?	2. Estados de humor a. O que você sentiu? b. Classifique cada estado de humor (0-100%). c. Circule ou marque o estado de humor que você quer examinar.	3. Pensamentos automáticos (imagens) a. O que estava passando pela sua mente instantes antes de você começar a se sentir assim? Algum outro pensamento? Imagem? b. Circule ou marque o pensamento "quente".	4. Evidências que apoiam o pensamento "quente"	5. Evidências que não apoiam o pensamento "quente"
Quarta-feira, 14h. Reunião no trabalho. Quando comecei a dar uma sugestão sobre o novo plano de vendas, John me interrompeu e disse: "Isso não vai funcionar" e, então, falou sobre as ideias dele.	Deprimida 80% Magoada 75%	Ele não gosta da minha ideia. Aquela provavelmente não foi uma boa ideia. Me interromper foi desrespeitoso. (Não sou o tipo de pessoa que merece respeito.)	Eu estava falando muito baixinho, e nossa reunião de treinamento nos ensinou que essa não é uma boa maneira de conseguir respeito. Não sou gerente, e as demais pessoas na reunião, em sua maioria, eram gerentes. John tem MBA, e eu tenho apenas uma graduação de dois anos em uma faculdade comunitária.	

FIGURA 5.2 Primeiras cinco colunas do Registro de Pensamentos de sete colunas de Karla, com evidências da coluna 4 coletadas da situação na coluna 1. Adaptada de Padesky (1983). Copyright © 1983 Christine A. Padesky.

sua ideia de que não era "o tipo de pessoa que merece respeito". Entretanto, essas experiências passadas não estavam relacionadas ao fato de ela merecer respeito na reunião de quarta-feira.

Além disso, evidências extraídas de uma situação recente em geral são mais administráveis emocionalmente do que um resumo dos piores momentos na vida. A lista de Karla de traumas e dificuldades do passado (Figura 5.1, coluna 4) pode ser emocionalmente avassaladora para ser lembrada. Registrar por escrito essas experiências pode fortalecer seu estado de humor depressivo atual e as crenças negativas sobre si mesma. Embora sua história nos ajude a entender por que "desrespeitada" era um tema para ela, suas lembranças automáticas e desafios na vida nos afastariam muito da situação atual. Um registro de pensamentos não é o instrumento ideal para abordar crenças em todo o contexto de uma variedade de experiências passadas. Ele é concebido para avaliar pensamentos automáticos relevantes para uma situação específica.

Ainda assim, é interessante observar que, se o pensamento "quente" de Karla não fosse apoiado pelas evidências na sua situação atual, esse registro de pensamentos poderia começar a enfraquecer sua convicção de que não mereceria respeito nas situações presentes e também nas futuras. No entanto, se o seu pensamento "quente" de que não merecia respeito fosse apoiado na situação atual, então ela e seu terapeuta poderiam criar um plano de ação para começar a tratar os problemas relevantes (usando a Folha de Exercícios 10.2, *A mente vencendo o humor*, p. 121). Esse Plano de Ação poderia ajudar Karla em outras situações relacionadas.

Em suma, como Karla queria ajuda com a sua experiência atual de depressão, era melhor testar seus pensamentos "quentes" em relação a evidências extraídas de suas situações atuais. O que aprendesse a partir dessas evidências associadas a seus pensamentos "quentes" poderia ser aplicado de forma que tivesse um impacto positivo em outras situações atuais e futuras. É improvável que um foco em traumas e dificuldades históricos fosse o caminho mais curto para o alívio do humor de Karla, a não ser que seu diagnóstico principal fosse transtorno de estresse pós-traumático relacionado a esses traumas. Nesse caso, um Registro de Pensamentos de sete colunas provavelmente não teria sido usado, porque foram desenvolvidos outros métodos que são mais indicados no tratamento desse transtorno (ver Ehlers & Clark, 2000; Ehlers, Clark, Hackmann, McManus, & Fennell, 2005).

De modo geral, apenas registramos evidências de todo o tempo de vida em um Registro de Pensamentos de sete colunas quando a situação na coluna 1 é alguma coisa como "Sentada numa cadeira, pensando na minha vida". Mesmo nesse caso, as vantagens recém-descritas sugeririam que provavelmente há benefícios em estimular alguém a examinar experiências mais recentes na vida do que as mais distantes. Esses benefícios ficam ainda mais claros na próxima seção, quando examinamos a busca por evidências que não apoiam um pensamento "quente".

As quatro primeiras colunas de um Registro de Pensamentos de sete colunas requerem que nós, como usuários, andemos mais devagar e documentemos nossas reações. Tudo o que é registrado nessas quatro colunas pode acontecer em um *flash*. Observamos o que está acontecendo à nossa volta (coluna 1, Situação). Experimentamos respostas emocionais rápidas (coluna 2, Estados de humor) e pensamentos (coluna 3, Pensamentos automáticos [imagens]). Nossa mente foca seletivamente em observações que combinam com nossos pensamentos automáticos e estados de humor e os apoiam (coluna 4, Evidências que apoiam o pensamento "quente"). As quatro primeiras colunas de um Registro de Pensamentos de sete colunas requerem que examinemos atentamente essas respostas rápidas, descrevendo-as em detalhes. Esse processo de ir mais devagar e elaborar nossas reações automáticas pode ser terapêutico por si só porque com frequência não nos damos conta plenamente de por que respondemos como respondemos às situações (ver Kahneman, 2013).

Coluna 5: Evidências que não apoiam o pensamento "quente"

Começando pela coluna 5 (Evidências que não apoiam o pensamento "quente"), as três colunas restantes do Registro de Pensamentos de sete colunas requerem que as pessoas se envolvam em processos de pensamento ainda mais lentos e mais deliberados para gerar respostas que não surjam tão automaticamente quanto os pensamentos "quentes". A maioria das pessoas que estão em meio à experiência de estados de humor intensos precisa de ajuda para encontrar evidências que não apoiem seus pensamentos "quentes". O quadro Dicas Úteis, na página 76 de *A mente vencendo o humor*, Perguntas que ajudam a encontrar evidências que não apoiam o pensamento "quente", é concebido para ajudar as pessoas a reunir essas informações ao mudarem a perspectiva com a qual encaram a situação descrita na coluna 1 do Registro de Pensamentos. O quadro Dicas Úteis fornece uma variedade de perguntas que empregam diferentes estratégias para mudança de perspectiva. Assim, se uma ou duas perguntas não se revelarem proveitosas para determinada pessoa em determinada situação, há muitas outras perguntas a serem formuladas.

Mudar a perspectiva é a chave para a identificação de informações em determinada situação que não apoia os pensamentos "quentes". A perspectiva natural que as pessoas assumem quando experimentam um estado de humor intenso em torno delas é analisar o que combina com esse estado de humor. Assim, quando fazemos aos nossos clientes uma pergunta de abertura, como: "Havia alguma evidência nessa situação que não apoiasse seu pensamento 'quente'?", a maioria deles responderá rapidamente: "Não". Ainda assim, será útil fazer essa pergunta de abertura, porque as pessoas que conseguem gerar visões alternativas sobre a situação com um mínimo de estímulo estão demonstrando maior flexibilidade cognitiva. Uma habilidade de mudar a perspectiva facilmente é um indício de que elas podem desenvolver habilidades de registro de pensamentos com maior rapidez.

Algumas das perguntas apresentadas no quadro Dicas Úteis mudam a perspectiva ao solicitarem que a pessoa imagine outra pessoa em seu lugar na mesma situação:

- Se meu melhor amigo ou alguém que amo tivesse esse pensamento, o que eu diria para essa pessoa?

Outra estratégia é afastar a atenção seletiva de informações congruentes com o estado de humor:

- Quando não estou me sentindo desse modo, penso sobre esse tipo de situação de forma diferente? Como? Em que informações factuais devo me concentrar?
- Existem pequenas informações que contradizem meu pensamento "quente" e que eu possa estar ignorando ou não considerando importantes?

- Existem alguns pontos fortes ou qualidades em mim que estou ignorando? Quais são? Como poderiam me ajudar nesta situação?
- Existe algum aspecto positivo nesta situação que estou ignorando? Existe alguma informação que sugira que pode haver um resultado positivo nesta situação?

Uma mudança na perspectiva temporal também pode mudar a perspectiva:

- Daqui a cinco anos, se eu olhar para trás em relação a esta situação, irei encará-la de forma diferente? Como? Irei me concentrar em alguma parte diferente de minha experiência?

Você e seus clientes podem considerar inúmeras perguntas diferentes na sessão quando estiverem procurando colaborativamente evidências que não apoiam seus pensamentos "quentes". Peça que seus clientes marquem as perguntas mais úteis no quadro das Dicas Úteis como um lembrete para as fazerem a si mesmos quando começarem a preencher as colunas das evidências dos Registros de Pensamentos de sete colunas por conta própria. Explique a eles que não precisam formular a si mesmos todas essas perguntas. Eles podem examinar o quadro Dicas Úteis e escolher as perguntas que parecem mais relevantes e úteis para determinado registro de pensamento. Fazer uma variedade de perguntas é recomendável. Quando as informações que não apoiam um pensamento "quente" se originam de várias perspectivas diferentes, a pessoa tem maior probabilidade de se sentir confiante de que um ponto de vista é válido.

Estas são algumas diretrizes que podem ajudar o processo a seguir mais tranquilamente quando você estiver ajudando um cliente a reunir evidências que não apoiem um pensamento "quente":

1. Conforme orientado no Registro de Pensamentos de sete colunas, aproveite todas as oportunidades para registrar todas as evidências na situação que *apoiam* o pensamento "quente" (coluna 4) antes de procurar evidências que *não apoiam* o pensamento "quente" (coluna 5). As justificativas para esse processo foram apresentadas na discussão da coluna 4 neste capítulo.

2. Adote uma postura colaborativa e neutra de investigação curiosa, em vez de uma busca obstinada por erros no pensamento. Por exemplo:

"Certo. Já reunimos algumas evidências que apoiam seu pensamento 'quente'. Isso me ajuda a entender muito melhor as suas reações. Apenas para sermos justos, também deveríamos tentar ver se havia alguma evidência nesta situação que não apoia o seu pensamento 'quente.'"

3. Às vezes é preciso alguns minutos para encontrar a primeira evidência que não apoia um pensamento "quente". Seja paciente e mantenha-se curioso. A segunda evidência pode levar quase o mesmo tempo. Depois que duas evidências já foram encontradas, outras evidências em algum momento irão surgir mais rapidamente.

4. Reúna evidências oralmente por alguns minutos antes de pedir que seus clientes comecem a anotá-las em seus Registros de Pensamentos de sete colunas. Pedir que registrem a evidência assim que ela é mencionada pode retardar o processo de descoberta. Esperar até que haja duas ou três evidências antes de pedir que seus clientes as registrem ajuda a manter a dinâmica da busca. Você pode fazer anotações enquanto eles falam para se lembrar de coisas que dizem e que podem ser relevantes. Certifique-se de usar as palavras *exatas* dos seus clientes em suas anotações em vez de parafrasear. Desse modo, quando ler o resumo das evidências reunidas, eles irão reconhecer o que você escreveu como ideias deles.

5. Procure uma *variedade* de evidências na situação. Considere as informações sobre seu cliente, sobre a situação em si e as circunstâncias que a rodeiam, outras pessoas na situação e fatores invisíveis que podem ter influenciado o que aconteceu ou foi dito (p. ex., álcool ou drogas consumidos, hora do dia ou da noite, fadiga, pressões no trabalho ou em outras situações na vida). Quando pode ser encontrada maior variedade de evidências que não apoiam o pensamento "quente", é mais provável que perspectivas alternativas sejam mais verossímeis para o seu cliente.

6. Não relate com exagero as evidências que os clientes oferecem. Mais uma vez, tente resumi-las utilizando as palavras exatas que eles usaram. Se você modificar suas palavras, é melhor minimizar o que disseram. Minimizar um pouco faz com que seu cliente corrija mentalmente o seu resumo em uma direção positiva. Exagerar um pouco pode levar seu cliente a desconsiderar a evidência; um resumo exagerado pode servir para enfraquecer o significado das evidências. Por exemplo, compare suas reações mentais se alguém resumisse "Eu fiz um trabalho muito bom explicando meus sentimentos" assim:

"Você fez um trabalho muito bom explicando seus sentimentos." (Palavras exatas, com mudanças apenas nos pronomes)

"Você foi muito claro na explicação dos seus sentimentos." (Exagero)

"Você pode não ter se saído tão bem quanto esperava, mas tentou explicar seus sentimentos." (Levemente minimizado)

Vamos ver como o terapeuta de Karla, baseado no Registro de Pensamentos parcialmente preenchido apresentado na Figura 5.2, aproveitou essas diretrizes para ajudá-la a procurar evidências que não apoiam seu pensamento "quente": "Não sou o tipo de pessoa que merece respeito".

TERAPEUTA: Certo. Então temos esta evidência na coluna 4: Você estava falando muito baixinho, e sua reunião de treinamento lhe ensinou que essa não é uma boa maneira de conseguir respeito; você não é gerente, e as demais pessoas na reunião, em sua maioria, eram gerentes; John tem MBA, e você teu uma graduação de dois anos na nossa faculdade comunitária.

KARLA: Hum-hum.

TERAPEUTA: Só para sermos justos, também deveríamos examinar essa situação para ver se havia alguma evidência que não apoiasse seu pensamento "quente".

KARLA: Certo.

TERAPEUTA: Havia alguma coisa em você naquela reunião que acha que merecia respeito?

KARLA: Não que eu consiga lembrar.

TERAPEUTA: Aquela outra mulher no seu departamento que trabalha com você. Qual é o nome dela?

KARLA: Keysha.

TERAPEUTA: Keysha. Obrigado por me lembrar. Keysha tem MBA e é gerente?

KARLA: Não.

TERAPEUTA: Se Keysha estivesse na reunião e falasse baixinho sobre alguma coisa, e John a interrompesse e dissesse: "Isso não vai funcionar", como você reagiria?

KARLA: Eu ficaria furiosa e lamentaria por ela.

TERAPEUTA: O que você pensaria sobre o que aconteceu?

KARLA: Eu pensaria que John estava sendo rude e que era injusto não ouvir as ideias dela.

TERAPEUTA: Você então pensaria: "Oh, bem, Keysha não é o tipo de pessoa que merece respeito"?

KARLA: Não, porque ela é uma boa trabalhadora, e suas ideias são boas. Ela merece respeito.

TERAPEUTA: Por que ela merece respeito apesar de estar falando baixinho, não ser uma gerente e não ter um MBA?

KARLA: Bem, todo aquele que tem uma ideia merece pelo menos o respeito de deixarem-no terminar de expressar sua ideia antes que John a derrube.

TERAPEUTA: (*Escrevendo em suas anotações*) Alguma outra razão para que ela mereça respeito?

KARLA: Ela é um ser humano. E nosso treinamento disse que devemos agir com respeito em relação a todos na companhia, concordando ou não com a pessoa.

TERAPEUTA: (*Anotando as palavras dela*) Alguma outra razão para que ela mereça respeito?

KARLA: Não. É isso.

TERAPEUTA: Então se você estivesse sentada naquela reunião e John interrompesse Keysha quando ela falasse baixinho para apresentar a sua ideia, como você acha que teria se sentido?

KARLA: Com raiva. De John.

TERAPEUTA: E o que você teria feito ou dito para expressar a sua raiva?

KARLA: Provavelmente, nada, porque John não gosta que as pessoas lhe chamem a atenção. Ele sobe no seu pedestal e não quer ser interrompido.

TERAPEUTA: Entendo. Então você não teria dito ou feito nada. O que você teria pensado de Keysha em termos de ser merecedora de respeito?

KARLA: Eu teria pensado que ela merecia mais respeito do que John lhe demonstrou.

TERAPEUTA: Então, se Keysha estivesse ali, você não a teria defendido, mas estaria pensando: "Ela merece respeito".

KARLA: Sim.

TERAPEUTA: Deixe-me ler o que você disse sobre Keysha nessa mesma situação. Estas são suas palavras exatas: "John estava sendo rude. Foi injusto não ouvir as ideias dela. Ela merece respeito porque é uma boa trabalhadora, e suas ideias são boas. Todo aquele que tem uma ideia merece pelo menos o respeito de deixarem-no terminar de expressar a sua ideia antes que John a derrube. Ela merece respeito porque é um ser humano. Nosso treinamento disse que deve-

Karla:	Eu disse tudo isso?
Terapeuta:	Sim. Tive o cuidado de anotar suas ideias nas suas próprias palavras. Você acha que algumas dessas ideias entram na coluna 5 do seu registro de pensamentos como Evidências que não apoiam o pensamento "quente"?
Karla:	(*Examinando a lista por escrito*) Sim.
Terapeuta:	Pegue esta caneta e anote as ideias relevantes no seu registro de pensamentos.
Karla:	(Escrevendo) "John estava sendo rude. Foi injusto não ouvir a minha ideia. Todo aquele que tem uma ideia merece pelo menos o respeito de deixarem-no terminar de expressar a sua ideia antes que John a derrube. Eu mereço respeito porque sou um ser humano. E nosso treinamento disse que devemos agir com respeito em relação a todos na companhia, concordando ou não com a pessoa."
Terapeuta:	O que você pensa sobre essa evidência?
Karla:	É verdadeira. Não achei que eu teria alguma coisa para escrever aqui.
Terapeuta:	Notei que você não escreveu a ideia que teve ao pensar sobre Keysha, de que ela merece respeito porque "ela é uma boa trabalhadora, e suas ideias são boas". O que fez você decidir que essa ideia não se aplicava a você?
Karla:	Não sei se eu sou uma boa trabalhadora ou não. E talvez a minha ideia não fosse muito boa.
Terapeuta:	Estou curioso. Por que você estava incluída na reunião?
Karla:	Porque sou a pessoa que está fazendo o trabalho nesse projeto.
Terapeuta:	Por que você acha que eles designaram esse trabalho para você?
Karla:	Porque sou eu quem lida com toda a logística de abastecimento do produto.
Terapeuta:	Você foi encarregada disso só porque ninguém mais queria fazer?
Karla:	Não. Eu trabalhei naquele departamento por alguns anos, e meu supervisor achou que eu conseguiria lidar com maior responsabilidade.
Terapeuta:	Você acha que seu supervisor achou que você era uma boa trabalhadora ou não?
Karla:	Você me pegou. (*Sorrindo levemente*) Sim, ele achou que eu era muito boa.
Terapeuta:	Não estou tentando "pegá-la" ou expô-la. Só não estou certo de que alguém que não fosse uma boa trabalhadora seria sequer convidada para uma reunião da gerência.
Karla:	Entendo a sua visão.
Terapeuta:	Então você poderia escrever alguma coisa na coluna 5 sobre isso? Algo como: "Pelo menos um dos supervisores achou

	que eu era uma funcionária muito boa", ou outra coisa que você ache justo.
Karla:	(*Escrevendo*) "Eu sou boa no gerenciamento da logística de fornecimento dos produtos."
Terapeuta:	Certo. Era sobre isso que vocês estavam falando na reunião?
Karla:	Sim. Sobre nossa cadeia de fornecimento e como resolver algumas quebras contratuais.
Terapeuta:	E eu notei que você escreveu "gerenciamento da logística de fornecimento dos produtos". Você é a gerente disso?
Karla:	Sim.
Terapeuta:	Mas você disse que não era gerente.
Karla:	Não, eu não sou. Os gerentes são todas as pessoas nas finanças e no planejamento. Eles na verdade não sabem como as coisas realmente funcionam na nossa fábrica. É por isso que me convidaram para estar ali.
Terapeuta:	Mas certamente John tem conhecimento sobre a logística de fornecimento, se ele tem um MBA.
Karla:	Na verdade, não. Ele acha que tem, mas você não pode realmente saber o que está acontecendo a não ser que esteja no chão da fábrica e observe a linha de produção e veja onde estão os problemas.
Terapeuta:	Isso é muito interessante. Eu não entendi completamente a situação. Com base no que está me dizendo, há alguma razão adicional para que você merecesse respeito naquela reunião?
Karla:	Sim. Na verdade, eu era a única na reunião que trabalha no chão da fábrica e entende o que está acontecendo para acelerar e retardar a produção. E sou a única que gerencia a cadeia de fornecimento dos produtos, que era sobre o que eu estava tentando falar. Mesmo John não conhece essa área tão bem quanto eu. Se ele não tivesse me interrompido, eu tinha uma ideia muito boa que poderia ter economizado o dinheiro da companhia.
Terapeuta:	Isso parece muito importante. Vamos dispor de um momento enquanto você anota essas ideias no seu Registro de Pensamentos.

A Figura 5.3 apresenta o Registro de Pensamentos de Karla, mostrando todas as suas evidências que não apoiavam seu pensamento "quente". Note que ainda mais evidências poderiam ter sido reunidas. Você pode estar se perguntando por que o terapeuta perguntou a Karla se ela teria enfrentado John e dito alguma coisa sobre ele ser desrespeitoso com Keysha. A razão para perguntar isso era a suposição do terapeuta de que refletir sobre isso poderia enfraquecer as suposições que Karla estava fazendo em relação à atitude dos gerentes de se manterem em silêncio depois da interrupção de John (p. ex., "Eles devem concordar que eu não mereço respeito"). No entanto, essa linha de evidências potenciais caiu por terra quando o terapeuta tomou conhecimento de mais detalhes sobre a perícia especial de Karla e sobre o que ela estava falando na reunião. Essa informação

Registro de Pensamentos

1. Situação Quem? O quê? Quando? Onde?	2. Estados de humor a. O que você sentiu? b. Avalie cada estado de humor (0-100%). c. Circule ou marque o estado de humor que você deseja examinar.	3. Pensamentos automáticos (imagens) a. O que estava passando pela sua mente instantes antes de você começar a se sentir assim? Algum outro pensamento? Imagem? b. Circule ou marque o pensamento "quente".	4. Evidências que apoiam o pensamento "quente"	5. Evidências que não apoiam o pensamento "quente"
Quarta-feira, 14h. Reunião no trabalho. Quando comecei a dar uma sugestão sobre o novo plano de vendas, John me interrompeu, e disse: "Isso não vai funcionar", e, então, falou sobre as ideias dele.	Deprimida 80% Magoada 75%	Ele não gosta da minha ideia. Aquela provavelmente não foi uma boa ideia. Me interromper foi desrespeitoso. (Não sou o tipo de pessoa que merece respeito.)	Eu estava falando muito baixinho, e nossa reunião de treinamento nos ensinou que essa não é uma boa maneira de conseguir respeito. Não sou gerente, e as demais pessoas na reunião, em sua maioria, eram gerentes. John tem um MBA, e eu tenho apenas uma graduação de dois anos em uma faculdade comunitária.	John estava sendo rude. Foi injusto não ouvir a minha ideia. Todo aquele que tem uma ideia pelo menos merece o respeito de que o deixem terminar de expressar sua ideia antes que John a derrube. Eu mereço respeito porque sou um ser humano. Nosso treinamento disse que devemos agir com respeito em relação a todos na companhia, mesmo que não concordemos com a pessoa. Eu sou boa no gerenciamento da logística de fornecimento dos produtos. Eu era a única na reunião que trabalha no chão da fábrica e entende o que está acontecendo para acelerar ou retardar a produção. Sou a única que gerencia a cadeia de suprimentos, que era sobre o que eu estava tentando falar. Mesmo John não conhece essa área tão bem quanto eu. Se ele não tivesse me interrompido, eu tinha uma ideia muito boa que poderia ter economizado o dinheiro da companhia.

FIGURA 5.3 Primeiras cinco colunas de Karla de um Registro de Pensamentos de sete colunas com evidências da coluna 5 coletadas da situação na coluna 1. Adaptada de Padesky (1983). Copyright © 1983 Christine A. Padesky.

que Karla forneceu era ainda mais relevante para seu pensamento "quente" sobre merecer ou não respeito.

Note que o terapeuta obteve muito rapidamente a segunda metade das evidências para a coluna 5 depois que perguntou a Karla acerca de uma evidência de que Keysha merecia respeito e que Karla havia escolhido não colocar em seu Registro de Pensamentos referente a ela mesma: "Ela é uma boa funcionária, e suas ideias são boas". Se o terapeuta não tivesse feito uma lista por escrito das declarações de Karla sobre Keysha merecer respeito, a omissão dessa declaração poderia não ter ficado aparente. Anotar todas as ideias dos seus clientes e depois deixá-los escolher o que escrever em seus Registros de Pensamentos é uma estratégia muito boa. Depois de fazer isso, mantenha-se igualmente curioso sobre o que eles decidem não escrever em seus Registros de Pensamentos tanto quanto em relação ao que escolhem escrever.

Conforme recomendado, o terapeuta guiou Karla na procura de evidências diretamente relacionadas à situação na coluna 1 do seu Registro de Pensamentos de sete colunas. Orientar um cliente dessa maneira fornece um foco de pesquisa que pode tornar o registro dos pensamentos um processo mais eficaz em termos de tempo em comparação com uma busca de evidências na vida inteira do cliente. Acima de tudo, evidências do passado distante de uma pessoa provavelmente não serão tão convincentes quanto evidências de uma situação recente. Considere as seguintes evidências que poderiam ter sido derivadas do passado de Karla:

"Minha mãe costumava dizer que todos merecem respeito."

"Meu treinador na faculdade disse que respeitava meu esforço e trabalho árduo."

"Minha melhor amiga aos 20 anos disse que me respeitava mais do que a qualquer outra pessoa."

Muito embora essas evidências possam ser relevantes para Karla, compare a sua força com a das evidências registradas na coluna 5 da Figura 5.3. É fácil imaginar Karla respondendo às evidências históricas com o pensamento desqualificador "Todas essas pessoas se importavam comigo quando eu era mais moça, mas suas opiniões na verdade não contam em termos da reunião de quarta-feira".

Reunindo evidências quando um pensamento "quente" é uma imagem

Os terapeutas algumas vezes se questionam sobre como procurar evidências quando um pensamento "quente" é uma imagem. Os mesmos processos descritos nas seções anteriores funcionam igualmente bem para testar imagens. Dependendo da natureza da imagem, há inúmeras abordagens a ser usadas. Estas são três estratégias comuns:

1. Se a imagem está relacionada com alguma coisa que não ocorreu, considere a criação de uma imagem alternativa que mantenha alguns dos elementos da imagem original, mas inclua aspectos suficientemente mudados para que a imagem já não seja perturbadora. Por exemplo, uma mulher estava angustiada devido a uma imagem recorrente de um ladrão invadindo e roubando a sua casa. Na ausência de qualquer intruso, ela e seu terapeuta mudaram essa imagem pela de uma amiga invadindo sua casa para lhe entregar um presente. Sempre que a mulher começava a pensar na primeira imagem perturbadora, ela trocava o final para a imagem da invasão divertida da amiga.

2. Outra abordagem é testar o significado de uma imagem. Por exemplo, o significado da imagem que a mulher teve de alguém invadindo e roubando a sua casa poderia ter sido que ela não se sentia segura ou que duvidava da sua capacidade de se proteger quando as coisas dessem errado. Reunir evidências para testar suas crenças sobre segurança e sua capacidade de se proteger levaria a crenças compensatórias ou alternativas (p. ex., "As evidências mostram que estou segura em casa") e imagens (p. ex., uma imagem de si mesma defendendo-se com sucesso de um intruso). Também pode ser importante testar os significados que as pessoas associam a ter imagens particulares. Por exemplo, algumas vezes as pessoas concluem que são más porque tiveram imagens particulares. Outras vezes, acham que ter uma imagem significa que o que imaginam provavelmente irá acontecer. Os clientes podem testar crenças como estas preenchendo registros de pensamentos ou usando experimentos comportamentais (ver Capítulo 7 deste guia).

3. Se uma imagem é uma representação altamente distorcida de um evento na vida real, trabalhe para modificá-la e alinhá-la com o que realmente aconteceu, conforme demonstrado no diálogo a seguir. Procure evidências de quais partes da imagem se alinham intimamente com eventos na vida real e quais partes podem estar distorcidas. Testar as imagens não será tão efetivo se você usar métodos puramente verbais (Pearson, Naselaris, Holmes, & Kosslyn, 2015). Em vez disso, entre na imagem do seu cliente e a visualize durante o processo de reunião de evidências, como ilustra o exemplo de Cliff a seguir.

TERAPEUTA: Então, nesta semana você preencheu este registro de pensamentos para uma situação em que se sentiu envergonhado. Vamos ver: na coluna 1 você escreveu: "Terça-feira à tarde, eu estava caminhando e vi um morador de rua. Ele estava gritando comigo e com as outras pessoas que passavam, e eu gritei de volta: 'Deixe-me em paz'". Na coluna 2, seu estado de humor era "vergonha", que você classificou em 90%. E na coluna 3 você identificou uma variedade de pensamentos automáticos: "Eu não deveria ter falado com uma voz tão má com ele. Qualquer um de nós pode ser morador de rua algum dia. Ele me deixou desconfortável, e eu queria que se afastasse". Você circulou seu pensamento "quente", que era uma imagem em que você "gritava e chutava o homem, que jazia indefeso no chão".

CLIFF: (*Olhando para baixo*)

TERAPEUTA: Isso parece ser uma imagem muito intensa.

CLIFF: (*Baixinho*) Sim.

TERAPEUTA: Você ainda sente vergonha quando pensa nessa imagem?

CLIFF: Sim.

TERAPEUTA: Então parece que é um registro de pensamento importante para trabalharmos hoje. Tudo bem para você?

CLIFF: Sim. Suponho que sim.

TERAPEUTA: Primeiramente, quero cumprimentá-lo por fazer um trabalho tão bom ao preencher as primeiras colunas. Você escolheu uma situação clara, em que experimentou um humor intenso, e fez um trabalho realmente bom de identificação dos seus pensamentos automáticos e imagens. Posso entender como seu pensamento mais "quente" era essa imagem de você gritando e chutando o homem. E, mesmo que eu possa ver que a imagem lhe é inquietante, você foi suficientemente corajoso para escrevê-la para que possamos discutir.

CLIFF: (*Fazendo contato visual pela primeira vez*) Realmente me incomodou muito que eu possa ter uma imagem como essa. Jamais pensei em mim dessa forma antes.

TERAPEUTA: Então aí também há algum pensamento adicional? Um pensamento como: "Se eu posso ter uma imagem como essa, então...'?

CLIFF: Então eu posso ser esse tipo de pessoa.

TERAPEUTA: Certo. Você poderia escrever isso no seu registro de pensamentos logo abaixo da imagem: "Se eu posso ter uma imagem como essa, então posso ser o tipo de pessoa que...".

CLIFF: (*Escrevendo*) "Se eu posso ter uma imagem como essa, então posso ser o tipo de pessoa que bateria violentamente em um morador de rua."

TERAPEUTA: Agora temos essa imagem "quente" e também esse pressuposto "quente" de que ter uma imagem como essa significa que você pode ser o tipo de pessoa que bateria violentamente em um morador de rua. Qual delas você quer testar primeiro?

CLIFF: A imagem. Não consigo tirá-la da minha cabeça.

TERAPEUTA: Ótimo. Vamos começar pelas evidências que apoiam essa imagem. O que aconteceu na situação que combina com a imagem? Podemos escrever essa informação na coluna 4, Evidências que apoiam o pensamento "quente".

CLIFF: Eu gritei com o homem para que ele me deixasse em paz.

TERAPEUTA: Certo. Anote isso. (*Faz uma pausa enquanto Cliff escreve*) Mais alguma coisa?

CLIFF: Na verdade, não.

TERAPEUTA: Apenas para termos certeza de que temos tudo para essa coluna antes de passarmos para a seguinte, conte-me um pouco mais sobre a sua imagem. O que você viu, sentiu, ouviu, etc., nessa imagem? Você consegue ir mais lentamente e descrevê-la para mim?

CLIFF: Eu me senti muito zangado e agitado internamente. Posso vê-lo encolhido no chão e posso me sentir chutando-o, mas ele não se move, então é como chutar um saco de farinha de 50 quilos. É apenas um baque forte, mas eu estou agitado e gritando: "Deixe-me em paz. Você é um pedaço de m*** sem valor!".

TERAPEUTA: O que mais está acontecendo? Há outras pessoas por perto?

CLIFF: Não, só eu e ele.

TERAPEUTA: Você está vendo isso pela perspectiva dos seus olhos, de dentro para fora, ou por outra perspectiva, como se fosse um espectador observando a cena?

CLIFF: É uma pergunta interessante... Acho que, na verdade, estou observando a cena a alguma distância, porque consigo me ver por inteiro.

TERAPEUTA: O que você está vestindo?

CLIFF: Uma camiseta azul, *jeans* e botas pretas.

TERAPEUTA: Estas são as roupas que você estava vestindo naquele dia em que viu o morador de rua?

CLIFF: Não, eu estava vestido para trabalhar, então estava com calça preta e uma camisa escura; e sapatos comuns.

TERAPEUTA: Talvez você devesse anotar essa diferença na coluna 5, Evidências que não apoiam o pensamento "quente". (*Faz uma pausa enquanto Cliff escreve*) Que outras coisas da sua imagem não combinam bem com o que estava acontecendo na situação?

CLIFF: Bem, eu na verdade não o chutei. Ele não estava encolhido no chão; estava de pé agitando os braços para as pessoas e gritando. Na imagem, eu é que sou agressivo e ele está silencioso e cambaleante. Na realidade, ele estava sendo muito agressivo e empurrando as pessoas. Eu me senti um pouco ameaçado, para ser honesto.

Quando Cliff e seu terapeuta reuniram detalhes comparando sua imagem com o que realmente havia acontecido, ficou mais claro que havia muito poucas evidências para apoiá-la e muitas evidências que não a apoiavam. Depois de registrar todas as evidências, Cliff anotou na coluna 6 os detalhes de uma imagem compensatória que combinava muito mais com os eventos reais:

"Nova imagem: Estou visualizando o que realmente aconteceu. Estou de pé, alerta. Tenho consciência de que ele é um morador de rua e de que está perturbado. Meus músculos estão tensos, e, portanto, estou pronto para me defender ou defender outras pessoas caso ele ataque e, ao mesmo tempo, eu me afasto sem atacá-lo."

Depois que Cliff anotou essa nova imagem e passou alguns minutos imaginando-a vividamente, relatou uma avaliação reduzida da vergonha de 65%. Como ainda experimentava vergonha significativa, o terapeuta trabalhou com ele para examinar seus pressupostos sobre o significado da imagem original.

TERAPEUTA: Mesmo que possamos ver que a imagem que circulou como seu pensamento "quente" não está intimamente relacionada ao que estava acontecendo naquele dia, você ainda sente uma vergonha considerável.

CLIFF: Sim, ela retorna até este outro pensamento "quente" (*apontando*): "Se posso ter uma imagem como esta, então eu posso ser o tipo de pessoa que bateria violentamente em um morador de rua".

TERAPEUTA: Vamos testar esse pensamento?

CLIFF: Sim, por favor. Não entendo como eu posso ter imaginado isso.

TERAPEUTA: Que evidências você tem que apoiam a ideia de que ter uma imagem como essa significa que é o tipo de pessoa que pode fazer isso?

CLIFF: A imagem era muito real e detalhada.

TERAPEUTA: Certo. Escreva isso na coluna 4, Evidências que apoiam o pensamento "quente". (*Faz uma pausa enquanto Cliff escreve*) Alguma outra evidência que apoie sua ideia?

CLIFF: Eu me senti muito agitado internamente. E disse a ele para me deixar em paz com uma voz muito forte e má. Posso ouvir meu tom de voz e acho que soava ameaçador.

TERAPEUTA: Certo. Escreva essas coisas.

CLIFF: (*Escreve*) Acho que chega de evidências que apoiam.

TERAPEUTA: Você consegue pensar em alguma evidência que não apoie esse pensamento "quente"?

CLIFF: Não tenho certeza.

TERAPEUTA: Bem, vamos começar com... você já bateu em alguém antes, conforme imaginou?

CLIFF: Não! Nunca.

TERAPEUTA: O que isso lhe sugere?

CLIFF: Que eu realmente não quero ser violento com ele ou com ninguém, mesmo.

TERAPEUTA: (*Anotando as palavras de Cliff em um bloco de notas*) Você já teve outras imagens que pareciam reais e intensas, mas que, na realidade, não se relacionavam ao que estava acontecendo ou provavelmente aconteceria na sua vida?

CLIFF: O que você quer dizer?

TERAPEUTA: Bem, algumas vezes vemos alguém atraente e imaginamos ter relações sexuais com essa pessoa, ou nos imaginamos gritando e xingando nosso chefe, muito embora saibamos que provavelmente nunca faríamos isso.

CLIFF: Oh, entendo o que você quer dizer. Sim, já imaginei esse tipo de coisa.

TERAPEUTA: Você acha que imaginar esse tipo de coisas torna mais provável que elas aconteçam?

CLIFF: Eu gostaria. (*Rindo*) Não, falando sério, entendo o que você quer dizer. Imaginar essas coisas não faz com que elas se tornem realidade.

TERAPEUTA: Então por que você acha que nosso cérebro imagina coisas como essas? Para quê?

CLIFF: Bem, talvez nosso cérebro esteja imaginando o que poderia ser. Ou fantasiando sobre o que gostaria que acontecesse, mesmo que não seja provável.

TERAPEUTA: Qual seria o benefício de ter um cérebro que pode fazer isso?

CLIFF: Bem, acho que a imaginação nos ajuda a ver coisas boas, também. E algumas vezes podemos tentar fazer essas coisas acontecerem. Isso seria bom. E outras vezes poderia nos ajudar a extravasar ou imaginar uma vingança para não nos sentirmos impotentes, como com um chefe malvado.

TERAPEUTA: Hmmm. Estas são ideias interessantes. Você acha que alguma delas poderia se aplicar a essa situação e à imagem que você teve de bater no morador de rua?

CLIFF: Eu estava me sentindo ameaçado. Não só eu, mas eu podia ver que uma senhora idosa que caminhava perto de mim estava muito assustada. Ele estava fazendo uma grande cena. Então talvez a minha imagem fosse como uma fantasia de vingança. Eu mudei da situação de ser ameaçado para passar a ameaçá-lo e gritar com ele. Que era o que eu queria fazer. Só que não de uma forma violenta.

TERAPEUTA: Isso não parece plausível para você? Como uma explicação para a sua imagem?

CLIFF: Sim, parece.

TERAPEUTA: Então, por que você não escreve isso no seu registro de pensamentos na coluna 5, Evidências que não apoiam o pensamento "quente"? (*Faz uma pausa enquanto Cliff escreve*) Você pode ler para mim o que escreveu?

CLIFF: (*Lendo*) "Minha imagem era uma fantasia de vingança para extravasar, porque o homem parecia estar me ameaçando. Isso não significa que eu realmente quisesse bater nele."

TERAPEUTA: Isso parece crível para você?

CLIFF: Sim, parece.

TERAPEUTA: Antes você disse algumas coisas. Deixe-me ler, e você poderá decidir se quer escrever alguma delas em seu registro de pensamentos: "Na verdade, eu não queria ser violento com ele nem com ninguém. Imaginar coisas não as torna realidade. A imaginação nos ajuda a extravasar ou a imaginar a vingança para não nos sentirmos impotentes".

CLIFF: Sim, você poderia ler para mim de novo? Eu quero anotar.

O terapeuta anotou em silêncio evidências relevantes que Cliff propôs e que não apoiavam seu pensamento "quente". O terapeuta não pediu que ele anotasse essas evidências até que várias ideias tivessem sido coletadas e ocorresse uma pausa natural na sua discussão. Isso permitiu que Cliff considerasse ativamente vários tipos de evidências, sem interromper o fluxo do seu pensamento ao ter que parar para escrever. Se um cliente pensa em uma única evidência e não consegue pensar em uma segunda depois de alguns minutos de discussão continuada, então pode ser útil anotar essa evidência. Algumas vezes, ver a evidência por escrito desperta outras ideias. A Figura 5.4 resume o trabalho que Cliff e seu terapeuta fizeram nas cinco primeiras colunas do seu Registro de Pensamentos de sete colunas.

Ao longo da discussão, o terapeuta lhe perguntou o quanto as várias ideias eram verossímeis para ele. Quanto mais as pessoas acreditam que as evidências *não apoiam* seus pensamentos "quentes", mais provável será que acreditem em pensamentos alternativos ou compensatórios baseados nessas evidências. Por sua vez, a confiança mais alta em pensamentos alternativos ou compensatórios está associada a maior redução nos estados de humor relacionados. Depois de registrar todas as evidências apresentadas na Figura 5.4, Cliff anotou esses pensamentos alternativos acerca da sua capacidade para violência na coluna 6 do seu Registro de Pensamentos de sete colunas:

"Ter uma imagem violenta não significa que provavelmente serei violento. É apenas uma forma que o meu cérebro encontra para me ajudar a me sentir seguro em uma situação em que me senti impotente. Jamais desejei ser violento, e essa imagem não vai me tornar violento."

Ele avaliou sua confiança nesses pensamentos em 90% e reavaliou sua vergonha em 20%. A seção a seguir ensina como gerar esses tipos de pensamentos alternativos ou compensatórios com base nas evidências e o que fazer se as evidências apoiam o pensamento "quente" do seu cliente.

CAPÍTULO 9 DE *A MENTE VENCENDO O HUMOR*: PENSAMENTO ALTERNATIVO OU COMPENSATÓRIO

Até aqui abordamos dois passos principais na reestruturação cognitiva: identificação de pensamentos "quentes" relacionados a um estado de humor (Capítulo 7 de *A mente vencendo o humor*) e a busca de evidências que apoiam e não apoiam os pensamentos "quentes" (Capítulo 8 de *A mente vencendo o humor*). O passo fi-

Registro de Pensamentos

1. Situação Quem? O quê? Quando? Onde?	2. Estados de humor a. O que você sentiu? b. Avalie cada estado de humor (0-100%). c. Circule ou marque o estado de humor que você deseja examinar.	3. Pensamentos automáticos (imagens) a. O que estava passando pela sua mente instantes antes de você começar a se sentir assim? Algum outro pensamento? Imagem? b. Circule ou marque o pensamento "quente".
Terça-feira à tarde. Eu estava caminhando e vi um morador de rua. Ele estava gritando comigo e com as outras pessoas que passavam, e eu gritei: "Deixe-me em paz!".	Vergonha 90%	Eu não deveria ter falado com uma voz tão má com ele. Qualquer um de nós pode ser morador de rua algum dia. Ele fez eu me sentir desconfortável, e eu queria fugir. Imagem: gritando e chutando o homem enquanto ele jazia indefeso no chão. Se posso ter uma imagem como essa, então posso ser o tipo de pessoa que bateria violentamente em um morador de rua.

FIGURA 5.4 Testando a imagem e o pressuposto de Cliff sobre a imagem em um Registro de Pensamentos de sete colunas. Adaptada de Padesky (1983). Copyright © 1983 Christine A. Padesky.

Registro de Pensamentos

4. Evidências que apoiam o pensamento "quente"	5. Evidências que não apoiam o pensamento "quente"	6. Pensamentos alternativos/ compensatórios a. Escreva um pensamento alternativo ou compensatório. b. Avalie o quanto você acredita em cada pensamento (0-100%).	7. Avalie os estados de humor agora Reavalie os estados de humor da coluna 2 e outros estados de humor novos (0-100%)
Eu gritei com o homem para me deixar em paz. Eu estava muito agitado internamente.	As roupas na minha imagem são bem diferentes das que eu estava vestindo. Na verdade eu não o chutei. Ele não estava encolhido no chão, ele estava agitando os braços para as pessoas e gritando. Na imagem, eu é que sou agressivo, e ele está silencioso e hesitante. Na realidade, ele estava sendo bem agressivo e arremetendo contra as pessoas. Eu me senti ameaçado.	Nova imagem: estou visualizando o que realmente aconteceu. Estou de pé e alerta. Tenho consciência de que ele é um morador de rua e está perturbado. Meus músculos estão tensos, e, portanto, estou pronto para me defender ou defender outras pessoas caso ele ataque e, ao mesmo tempo, eu me afasto sem atacá-lo. 100%	Vergonha 65%
Esta imagem era muito real e detalhada. Eu me senti muito agitado internamente. Eu disse para ele me deixar em paz em um tom de voz muito forte e mau. Meu tom de voz parecia ameaçador.	Minha imagem era uma fantasia de vingança para extravasar, porque o homem parecia ameaçador para mim. Isso não significa que eu quisesse realmente bater nele. Na verdade, não quero ser violento com ele nem com ninguém. Imaginar coisas não faz com que elas se tornem realidade. A imaginação nos ajuda a extravasar ou imaginar vingança para que não nos sintamos tão indefesos.	Ter uma imagem violenta não significa que é provável que eu venha a ser violento. É apenas uma maneira que meu cérebro encontrou para ajudar a me sentir mais seguro em uma situação em que eu me sentia indefeso. Jamais quis ser violento, e esta imagem não vai me tonar violento. 90%	Vergonha 20%

> **Resumo do Capítulo 9**
> (*A mente vencendo o humor*, p. 95-111)
>
> ▶ A coluna 6 do Registro de Pensamentos, "Pensamentos alternativos/compensatórios", resume as evidências importantes coletadas e registradas nas colunas 4 e 5.
>
> ▶ Se as evidências nas colunas 4 e 5 não apoiam o pensamento "quente" original, escreva na coluna 6 uma visão alternativa da situação que seja compatível com as evidências.
>
> ▶ Se as evidências nas colunas 4 e 5 apoiam apenas parcialmente seu pensamento "quente" original, escreva um pensamento compensatório na coluna 6 que resuma as evidências que tanto apoiam quanto contradizem o pensamento original.
>
> ▶ Faça a si mesmo as perguntas listadas nas Dicas Úteis (p. 99) para construir um pensamento alternativo ou compensatório.
>
> ▶ Pensamentos alternativos ou compensatórios não são meramente pensamento positivo. Na verdade, eles refletem novas maneiras de pensar sobre a situação com base em todas as evidências disponíveis escritas nas colunas 4 e 5.
>
> ▶ Na coluna 7 do Registro de Pensamentos, reavalie a intensidade do(s) estado(s) de humor que você identificou na coluna 2.
>
> ▶ A mudança na resposta emocional a uma situação frequentemente está relacionada à credibilidade de seus pensamentos alternativos ou compensatórios. É por isso que avaliamos o quanto acreditamos no pensamento alternativo ou compensatório.
>
> ▶ Se não houver mudança em seu estado de humor depois de preencher o Registro de Pensamentos, use as "Perguntas para determinar a razão de não haver mudança no estado de humor" (p. 104) para descobrir o que mais você precisa fazer para se sentir melhor.
>
> ▶ Quanto mais Registros de Pensamentos você completar, mais fácil será pensar com mais flexibilidade e considerar automaticamente explicações alternativas ou compensatórias para os eventos sem precisar escrever as evidências.

nal na reestruturação cognitiva é usar as evidências reunidas para gerar alternativas plausíveis ou pensamentos compensatórios (Capítulo 9 de *A mente vencendo o humor*). As ideias principais que queremos que os clientes aprendam durante a etapa final da reestruturação cognitiva são encontradas no Resumo do Capítulo 9. Nas seções a seguir abordamos as perguntas mais comuns que os terapeutas fazem acerca desse processo.

Quando os clientes escrevem um pensamento alternativo? Quando os clientes escrevem um pensamento compensatório?

As evidências nas colunas 4 e 5 do Registro de Pensamentos de sete colunas geralmente determinam se os seus clientes registram um pensamento alternativo ou compensatório na coluna 6, Pensamento alternativos/compensatórios. Algumas vezes as evidências reunidas naturalmente levam o cliente a uma conclusão diferente do pensamento "quente" original. Isso pode ocorrer porque há muito poucas evidências na situação que apoiam o pensamento "quente" ou porque, no processo de coleta das evidências, uma ideia completamente nova ocorre espontaneamente ao cliente. Por exemplo, quando Cliff reuniu evidências relacionadas à sua imagem sobre chutar violentamente o morador de rua, percebeu que não havia evidências de que se comportara ou de que se comportaria de forma violenta com alguém. Conforme mostra a Figura 5.4, Cliff escreveu os seguintes pensamentos *alternativos* na coluna 6 de seu Registro de Pensamentos de sete colunas:

> "Ter uma imagem violenta não significa que provavelmente serei violento. É apenas uma forma que o meu cérebro encontra para me ajudar a me sentir seguro em uma situação em que me senti impotente. Jamais desejei ser violento, e esta imagem não vai me tornar violento."

Outras vezes, existem algumas evidências factuais que apoiam o pensamento "quente" e outras evidências factuais que não apoiam o pensamento "quente". Nesses casos, você poderá auxiliar seu cliente a registrar um pensamento compensatório na coluna 6. Um pensamento compensatório deve resumir tanto as evidências que apoiam quanto as que não apoiam o pensamento "quente". Você e o cliente podem decidir se é mais conveniente unir essas declarações com "e" ou "no entanto", conforme demonstrado no seguinte diálogo entre José e seu terapeuta.

José: Então as duas declarações resumidas [para evidências escritas nas colunas 4 e 5 deste registro de pensamentos] seriam "Eu negligencio meus filhos de maneiras que dizem que não sou um bom pai" e "Há outras evidências de que sou um bom pai, especialmente nos fins de semana, quando tenho mais tempo".

Terapeuta: Certo. Agora você pode escrever as duas declarações juntas na coluna 6, porque elas formam um resumo compensatório das evidências.

José: Certo. (*Escreve o resumo das declarações na coluna 6 do Registro de Pensamentos*)

Terapeuta: Há mais duas coisas que precisamos fazer. Primeiro, você gostaria de relacionar as duas sentenças resumidas pela palavra "e" ou por "no entanto"?

José: (*Lendo as duas sentenças em silêncio*) Se eu escrever "e", as duas parecem iguais. Se eu escrever "no entanto", parece que a segunda se torna mais importante.

Terapeuta: Nessa situação, qual das duas formas parece mais exata para você?

José: Nesse caso, acho que quero usar "e". O motivo é que eu realmente quero mudar como sou como pai durante a semana. O "no entanto" parece tirar a pressão disso.

Terapeuta: Certo. Escreva "e" entre suas declarações resumidas. (*Faz uma pausa enquanto José escreve*) A segunda coisa que você precisa fazer é avaliar o quanto acredita nessas duas declarações resumidas.

JOSÉ: Elas estão corretas. Acho que acredito nelas 90%.

TERAPEUTA: Escreva, então, esse número abaixo das suas declarações.

José escolheu relacionar suas declarações resumidas das colunas de evidências com "e" e construir seu pensamento compensatório. Ele observou corretamente que relacionar os resumos com "no entanto" faria o pensamento compensatório pender para as evidências da coluna 5 que não apoiavam o pensamento "quente". Quando há mais evidências (ou estas são mais significativas) na coluna 5 do que na coluna 4, você pode encorajar seus clientes, se estiverem dispostos, a relacionar as declarações com "no entanto" para captar esse desequilíbrio.

Como alternativa, você também pode lhes pedir que abordem a tarefa por uma perspectiva diferente. Por exemplo, como um amigo ou outra pessoa que se importe com ele resumiria as evidências escritas nas colunas 4 e 5? Uma variedade de sugestões para ajudar a gerar pensamentos alternativos ou compensatórios é oferecida no quadro Dicas Úteis na página 99 de *A mente vencendo o humor*. Tenha em mente que não existe um pensamento alternativo ou compensatório "certo". Você deve encorajar seus clientes a escrever um resumo das evidências na coluna 6 que pareçam justas e razoáveis para eles.

É necessário avaliar a crença nos pensamentos alternativos/compensatórios?

Observe que o terapeuta de José pediu-lhe para avaliar a credibilidade do seu pensamento compensatório. O total de mudança no estado de humor que alguém experimenta no processo de utilização de um Registro de Pensamentos de sete colunas frequentemente depende do grau em que o pensamento alternativo ou compensatório é plausível para essa pessoa. José acreditava 90% em seu pensamento compensatório e achava que ele captava acuradamente todas as suas evidências, portanto seu terapeuta sabia que eles não precisavam trabalhar mais nisso. Idealmente nossa expectativa é a de que as pessoas acreditem em seus pensamentos alternativos/compensatórios mais do que 75% – preferencialmente, pelo menos mais de 50%. Quando as avaliações da crença são baixas, peça que seus clientes reescrevam seus pensamentos alternativos/compensatórios para que os considerem mais plausíveis. Trabalhe com eles para se certificar de que esses pensamentos alternativos/compensatórios reescritos não desconsiderem evidências relevantes.

Quando há evidências factuais sólidas que não apoiam os pensamentos "quentes", e, além disso, as avaliações das crenças dos clientes para os pensamentos alternativos/compensatórios são baixas, poderá ser necessário reunir mais evidências para examinar se esses pensamentos alternativos ou compensatórios são apoiados por outras experiências da vida. O Capítulo 10 de *A mente vencendo o humor* e o próximo capítulo deste guia discutem como reunir evidências para fortalecer pensamentos alternativos/compensatórios. Se as pessoas consistentemente rejeitam a credibilidade de pensamentos alternativos/compensatórios razoáveis, apesar das evidências que os apoiam, é possível que fiquem estagnadas em pensamentos extremos do tipo "tudo ou nada". O uso de um *continuum*, além de, ou em vez de, um Registro de Pensamentos de sete colunas pode ajudar a romper o bloqueio quando você trabalha com clientes que raramente acreditam em pensamentos compensatórios devido ao pensamento dicotômico rígido. O último exemplo de caso no Guia para a Resolução de Problemas no final deste capítulo mostra como fazer isso.

E se as evidências apoiarem o pensamento "quente"?

Embora as pessoas com frequência tirem conclusões errôneas apressadas quando os estados de humor são intensos, este nem sempre é o caso. O propósito de um Registro de Pensamentos de sete colunas é examinar todas as evidências e determinar se um pensamento "quente" é preponderantemente apoiado, ou se um pensamento alternativo/compensatório é uma forma mais justa de encarar uma situação. Algumas vezes as evidências reunidas nas colunas 4 e 5 apoiam totalmente o pensamento "quente". Registros de Pensamentos de sete colunas com esse resultado são tão úteis quanto aqueles que produzem uma mudança no estado de humor porque geram um pensamento alternativo/compensatório. Seja qual for o caminho para o qual as evidências apontem, um Registro de Pensamentos de sete colunas já fez o seu trabalho. Quando as evidências majoritariamente apoiam um pensamento "quente", considere tratar a questão com um plano de ação (conforme descrito no Capítulo 10 de *A mente vencendo o humor*). Um plano de ação descreve os passos que uma pessoa pode dar para melhorar as circunstâncias relacionadas a um pensamento "quente". Esse plano pode ser escrito na parte inferior da coluna 6 de um Registro de Pensamentos de sete colunas, abaixo dos pensamentos alternativos/compensatórios.

Considere José (do diálogo na seção anterior), cujo pensamento compensatório era: "Eu negligencio meus filhos de maneiras que dizem que não sou um bom pai, e há outras evidências de que sou um bom pai, especialmente nos fins de semana e férias, quando tenho mais tempo". O pensamento "quente" de José de que não era um bom pai era em grande parte apoiado por evidências retiradas dos dias de semana; ele relatou que negligenciava seus filhos porque tinha que trabalhar até tarde. Antes de terminar seu registro de pensamentos, seu terapeuta lhe pediu para construir um plano de ação para melhorar seu desempenho como pai nos dias de semana, uma vez que este era o objetivo de José.

TERAPEUTA: Parece que você realmente quer ser um pai melhor durante a semana.

JOSÉ: Sim, eu quero.

TERAPEUTA: Vamos traçar uma linha abaixo do seu pensamento compensatório e escrever "Plano de ação".

JOSÉ: Certo.

TERAPEUTA: Diga duas ou três coisas que você poderia fazer nas próximas semanas para ser um pai melhor para seus filhos durante a semana.

JOSÉ: Não estou muito certo.

TERAPEUTA: Uma das coisas que você disse que eram evidências de que você os negligencia é que algumas vezes nem fala com eles por dois ou três dias seguidos porque não está em casa quando eles acordam.

JOSÉ: É isso mesmo, mas o meu negócio está muito movimentado agora, não sei se consigo ir para casa.

TERAPEUTA: Há alguma outra forma de falar com eles?

JOSÉ: Oh... Acho que eu poderia conversar com eles por chamada de vídeo.

Terapeuta: Você seria um pai melhor se fizesse isso?

José: Sim, acho que sim, porque poderia lhes perguntar sobre a escola e lhes dar um beijo de boa noite.

Terapeuta: Como isso faria você se sentir?

José: Bem, eu acho. Quando estou viajando e conversamos por vídeo, eles parecem animados em falar comigo.

Terapeuta: Você quer anotar isso abaixo de "Plano de ação" e experimentar?

José e seu terapeuta desenvolveram três itens para seu Plano de ação e escreveram a lista na base da coluna 6 do Registro de Pensamentos de sete colunas. Além de criar um plano para telefonar para seus filhos todas as noites perto da hora de dormir, José decidiu que escreveria um bilhete para eles em um quadro branco na cozinha antes de sair para o trabalho todas as manhãs. Também decidiu que parte de ser um bom pai era demonstrar maior reconhecimento à sua esposa por tudo o que fazia para cuidar das crianças na sua ausência. Em vez de se mostrar irritado com ela quando chegava em casa cansado ao fim de um longo dia, decidiu que respiraria profundamente antes de entrar em casa e então lhe daria um abraço e expressaria valorização. Ele também ouviria as preocupações dela sobre os filhos e tentaria resolver alguns dos seus problemas parentais. A adição desse plano de ação na parte inferior da coluna 6 do seu registro de pensamentos levou a uma melhora significativa no estado de humor de José. Esses passos pareciam práticos e significativos para ele, impulsionando sua expectativa de que poderia se tornar um pai melhor.

O quanto de mudança no humor pode ser esperado?

O passo final no preenchimento de um Registro de Pensamentos de sete colunas é reavaliar o estado de humor alvo, tendo em mente as evidências que foram coletadas e o pensamento alternativo/compensatório. Essa nova avaliação do humor é registrada na coluna 7. Na maioria das vezes, o preenchimento do Registro de Pensamentos de sete colunas leva a mudanças positivas no estado de humor quando são seguidas as orientações contidas em *A mente vencendo o humor* e neste e nos capítulos anteriores deste guia. Provavelmente ocorrerá melhora no humor (conforme determinado na comparação das avaliações nas colunas 7 e 2) quando o pensamento alternativo ou compensatório for considerado de alto grau. Melhoras no estado de humor são esperadas somente para o(s) humor(es) mais intimamente associado(s) ao pensamento "quente" que é testado. Outros estados de humor podem não ser afetados.

O objetivo de um registro de pensamentos não é eliminar estados de humor, mas modular as reações de humor quando forem mais extremas do que a situação justifica e/ou identificar pensamentos "quentes" que requerem ação (p. ex., aqueles que são principalmente apoiados pelas evidências e, portanto, destacam uma preocupação que precisa receber atenção). Tipicamente, um estado de humor mudará de 10 a 50% quando um registro de pensamento for bem preenchido. Testar um único pensamento "quente" raramente reduzirá uma avaliação do humor a 0% porque em geral existem múltiplos pensamentos e fatores relacionados a respostas de humor situacionais.

Algumas vezes os terapeutas se questionam se os registros de pensamentos valem o esforço se o humor de uma pessoa apenas mudar de, por exemplo, 90 para 70%. Na verdade, essa mudança no humor é significativa. Quando as pessoas estão 90% deprimidas, elas podem ficar imobilizadas, porque percebem as coisas como muito opressoras e até mesmo sem esperança. Quando seu estado de humor melhora para 70% deprimidas, elas ainda estão muito deprimidas, mas sua desesperança pode diminuir. Se isso acontecer, podem experimentar um pouco mais de energia. Mesmo uma melhora no humor relativamente pequena pode encorajar alguém a dar passos que levam a mudanças maiores com o tempo. Além disso, o fato de o humor de alguém ter mudado, mesmo que muito pouco, em resposta a mudanças no pensamento oferece à pessoa a esperança de que aprender a avaliar os pensamentos é uma estratégia de mudança útil. As pessoas que aprendem a usar Registros de Pensamentos de sete colunas de forma efetiva (i.e., que experimentam melhora no humor quando os utilizam) começam a desenvolver a confiança de que podem mudar seu estado de humor praticando habilidades de registro dos pensamentos. Além do mais, há evidências de que aprender a usar registros de pensamentos (de vários tipos) reduz efetivamente o risco de recaída, sobretudo para depressão (Neimeyer & Freixas, 2016).

Quando um Registro de Pensamentos de sete colunas é preenchido bem e você tem grande expectativa de que um cliente experimente uma mudança no humor, mas isso não acontece, revise o registro de pensamentos com ele. Considere as Perguntas para determinar a razão de não haver mudança no estado de humor após o preenchimento de um Registro de Pensamentos, página 104 de *A mente vencendo o humor*. A maioria dessas questões pede que você examine o registro de pensamentos para se certificar de que abordou adequadamente o que é necessário a cada passo. Há três razões comuns para um Registro de Pensamentos de sete colunas que é completado bem não levar a uma mudança no estado de humor:

1. O pensamento "quente" é apoiado. Nesse caso, o humor pode não mudar até que um plano de ação seja feito e sejam dados os passos para resolver questões relacionadas a esse pensamento "quente".
2. Há outros pensamentos "quentes" que precisam ser testados antes que ocorra uma mudança de humor apreciável.
3. A pessoa não acredita nos pensamentos alternativos/compensatórios mesmo que eles combinem com as evidências. Veja exemplos do "uso da imaginação" e pensamentos do tipo "tudo ou nada" no Guia para a Resolução de Problemas a seguir, bem como nos Capítulos 6 e 7 deste guia e nos Capítulos 10 e 11 de *A mente vencendo o humor*.

GUIA PARA A RESOLUÇÃO DE PROBLEMAS: CAPÍTULOS 8-9 DE *A MENTE VENCENDO O HUMOR*

Se o pensamento "quente" for uma crença nuclear, trate-o como um pensamento automático

Os registros de pensamentos são concebidos para testar pensamentos automáticos que ocorrem em situações específicas. Os terapeutas com frequência se perguntam o que fazer quando os pensamentos "quentes" identificados nos registros de pensamentos são, na verdade, crenças nucleares. Lembre-se de que crenças nucleares são crenças absolutas sobre si mesmo, sobre os outros ou sobre o mundo, como "Eu não tenho valor" ou "Não se pode confiar nas pessoas". As crenças nucleares são comumente ativadas em situações que evocam estados de humor intensos. O segredo para trabalhar com as crenças nucleares circuladas como pensamentos "quentes" em um registro de pensamentos é tratar cada uma como um pensamento automático. Você pode tratar as crenças nucleares como pensamentos automáticos quando procura evidências *na situação descrita na coluna 1 do Registro de Pensamentos de sete colunas*, em vez de examinar as experiências ao longo de toda a vida da pessoa.

Por exemplo, se o pensamento "quente" de alguém é "Eu não tenho valor", procure na situação descrita na coluna 1 evidências que apoiam e que não apoiam essa conclusão. Faça o cliente registrar as evidências dessa situação específica no Registro de Pensamentos de sete colunas nas colunas das evidências (4 e 5). Então, construa um pensamento alternativo ou compensatório na coluna 6 que leve em conta todas as evidências da situação descrita. Se o mesmo pensamento "quente" surgir repetidamente em várias situações (como você esperaria se a crença for uma crença nuclear), essa pessoa tem uma oportunidade de descobrir que as evidências em situações particulares geralmente não apoiam essa conclusão. Dessa forma, os registros de pensamentos podem começar a montar o cenário para enfraquecer as crenças nucleares negativas e construir crenças nucleares alternativas, conforme discutido no Capítulo 8 deste guia.

Se houver pouco engajamento ou impacto dos registros de pensamentos: use a imaginação

Algumas pessoas não são muito engajadas no uso de registros de pensamentos, ou os preenchem, mas os consideram apenas modestamente úteis. Um comentário comum feito por clientes que acham que os Registros de Pensamentos de sete colunas oferecem benefícios limitados é "Eu vejo que essas evidências [combinam com esse pensamento compensatório], mas ainda acho que o pensamento 'quente' é verdadeiro". Essas questões frequentemente podem ser tratadas incorporando-se a imaginação ao Registro de Pensamentos de sete colunas (Josefowitz, 2017). Uma clara vantagem de incluir a imaginação em vez de identificar e testar os pensamentos usando palavras unicamente é que a imaginação tem maior probabilidade de despertar e envolver reações emocionais intensas (Holmes & Matthews, 2010), e isso pode tornar os registros de pensamentos mais atraentes.

O artigo de Josefowitz fornece orientação detalhada e útil para a incorporação da imaginação aos Registros de Pensamentos de sete colunas. Para começar, ela recomenda uma variedade de abordagens e perguntas que você pode formular para auxiliar os clientes a identificar imagens para a coluna 3, Pensamentos automáticos (Imagens). Por exemplo, você pode perguntar aos seus clientes sobre imagens gerais relacionadas à situação na coluna 1, imagens relacionadas a um pior cenário imaginado, imagens relacionadas aos estados de humor relatados na coluna e imagens associadas a pensamentos automáticos verbais identificados na coluna 3. Josefowitz recomenda, ainda, que você explore as imagens identificadas pedindo detalhes, investigando se a imagem é mais como um filme ou como uma foto imóvel, e ficando alerta à natureza multissensorial da imagem (imagens, cheiros, sensações, gostos e sons). Relacionar imagens e estados de humor é uma revelação para muitas pessoas. Esse exercício pode cultivar a sua consciência e encorajar a identificação de outras imagens no futuro.

Muito frequentemente, uma imagem identificada é escolhida como o pensamento "quente". Josefowitz recomenda a exploração do "significado encapsulado" das imagens antes de examinar as evidências. Uma imagem como "Estou dentro de um buraco negro" pode ser associada a significados relacionados a desesperança, a uma sensação de perda ou a confusão sobre quais passos dar na vida de um cliente. A exploração dos significados das imagens ajudará você e seus clientes a reconhecer os tipos de evidências que serão mais relevantes para testá-los. Algumas vezes o significado de uma imagem pode ser o pensamento que alguém precisa testar. Lembre-se de Cliff, descrito anteriormente neste capítulo, que identificou um pressuposto sobre sua imagem: "Se posso ter uma imagem como esta, então posso ser o tipo de pessoa que agrediria violentamente um morador de rua". A sua vergonha não diminuiu apreciavelmente até que ele testou esse significado associado à sua imagem.

Josefowitz também discute o papel que as lembranças podem desempenhar no teste das imagens e seus significados. As imagens estão algumas vezes associadas às lembranças. Quando há lembranças relevantes, peça que o cliente as recorde vividamente e considere como elas estão relacionadas à situação atual. Conforme discutido ao longo do Capítulo 4 e neste capítulo, os Registros de Pensamentos de sete colunas são planejados para procurar evidências específicas para uma situação. Portanto, você em geral explora apenas as lembranças que ocorreram espontaneamente na situação descrita na coluna 1 do registro de pensamentos. Evidências que apoiam e que não apoiam um pensamento "quente" podem ser extraídas dessas memórias se, de alguma forma, se relacionarem à situação em que o pensamento "quente" ocorreu.

Uma das integrações mais úteis da imaginação com os Registros de Pensamentos de sete colunas propostos por Josefowitz é o uso da imaginação para ajudar a coluna 6 (Pensamentos alternativos/compensatórios) a se tornar mais "real e atraente emocionalmente" (Josefowitz, 2017, p. 98-99). Os Registros de Pensamentos de sete colunas se tornam mais atraentes quando você pede a seus clientes para imaginarem vividamente e recordarem experiências da vida real que combinam com seu pensamento alternativo ou compensatório. Além do mais, propõe pedir que os clientes imaginem uma situação futura que normalmente desencadearia o pensamento "quente" negativo. Os clientes podem então praticar o enfrentamento desse pensamento negativo na imaginação aplicando seu novo pensamento alternativo ou compensatório a essa situação imaginada. Durante essa prática, os clientes são mais uma vez encorajados a imaginar a situação vividamente, usando todos os seus sentidos. Verifique o tom de voz conectado à expressão do cliente do pensamento alternativo ou compensatório nessa imagem, porque, como observa Gilbert (2009), os clientes frequentemente usam tom de voz áspero e crítico quando tentam mudar os pensamentos. Encapsular o pensamento compensatório ou alternativo em uma voz acolhedora e compassiva durante o ensaio da imaginação pode aumentar o engajamento em um novo pensamento (Josefowitz, 2017).

O ensaio de imaginação de pensamentos alternativos ou compensatórios pode começar no consultório de terapia, e os clientes podem praticar diariamente durante a semana para fortalecer a memorabilidade e credibilidade das imagens. Pensamentos compensatórios ou alternativos podem ser mais fáceis de lembrar e aplicar em situações futuras se forem capturados na forma de uma imagem, símbolo ou metáfora (Padesky & Mooney, 2012). Por exemplo, suponha que o pensamento alternativo à imagem "Estou dentro de um buraco negro" se transforme em "Quando me sinto perdido, dou um tempo e, depois, geralmente consigo planejar o próximo passo". Esse pensamento alternativo é complexo e pode ser difícil de ser lembrado em uma situação em que aparece a imagem do "buraco negro". Uma metáfora gerada pelo cliente, como um mapa ou uma luz (ou alguma coisa que possa ajudar a iluminar o caminho à frente), pode se revelar como uma alternativa mais efetiva e memorável em relação ao "buraco negro" do que uma sentença complexa. Uma imagem alternativa pode até mesmo desenvolver as possibilidades. Talvez a luz possa ser usada para encontrar uma escada que ajude o cliente a subir para sair do buraco. Além do mais, o ensaio dessa metáfora na imaginação pode levar a uma compreensão mais matizada de uma crença alternativa e a uma convicção nessa crença.

Se um pensamento do tipo tudo ou nada interferir: use um *continuum*

Quando os clientes têm crenças dicotômicas que interferem fortemente na sua aprendizagem de habilidades para registro de pensamentos, um *continuum* pode ser um instrumento para avaliar pensamentos "quentes" melhor do que um Registro de Pensamentos de sete colunas. Por exemplo, Pasha teve grande dificuldade em testar seus pensamentos automáticos em um registro de pensamentos porque cada pensamento "quente" parecia 100% verdadeiro para ela, e nenhuma quantidade de dados a convencia de que suas percepções das situações eram percepções, e não a verdade. Sua terapeuta sugeriu que ela parasse temporariamente de usar registros de pensamentos e, em vez deles, usasse um *continuum* para avaliar seus pensamentos "quentes" nas situações (conforme descrito no Capítulo 12 de *A mente vencendo o humor* e no Capítulo 8 deste

guia). O diálogo a seguir mostra como o uso de um *continuum* foi útil para Pasha.

TERAPEUTA: Então, quando Alisha ficou irritada com você, você "soube" que ela a detestava.

PASHA: Certo. E eu não preciso lidar com isso, então acabei com a nossa amizade. E é por isso que não tive nada para escrever na coluna "Evidências que não apoiam o pensamento 'quente'". Ele era verdadeiro.

TERAPEUTA: Vamos fazer uma abordagem um pouco diferente para ver se podemos entender isso melhor. Lembra-se de como você aprendeu a avaliar os sentimentos em uma escala de 0 a 100%?

PASHA: Sim, certamente.

TERAPEUTA: Vamos usar a escala de 0 a 100% para avaliar o pensamento "quente": "Alisha me detesta".

PASHA: Certo. É 100% verdadeiro.

TERAPEUTA: (*Desenhando uma escala*) Esta é uma linha para medir o quanto alguém odeia você. Agora você coloca um "x" onde acha que se localizam os sentimentos de Alisha. (*Pasha marca um "x" em 100%*) Vamos esclarecer: 100% significa o máximo que alguém pode detestar você?

PASHA: Sim.

TERAPEUTA: Então você não consegue imaginar ninguém a odiando tanto quanto tem certeza que Alisha a odeia?

PASHA: Não. É por isso que eu fiquei tão incomodada! Depois de tudo o que já passamos juntas, fiquei furiosa por ela ter agido assim comigo.

TERAPEUTA: E se alguém a odiasse tanto que a agredisse fisicamente ou a matasse? Onde você localizaria nesse *continuum*?

PASHA: Acho que seria em 100%.

TERAPEUTA: E Alisha reagiu a você assim tão violentamente?

PASHA: Não. É claro que não.

TERAPEUTA: Quero assegurar que essa escala inclua todas as experiências possíveis. Então, vamos colocar a violência na escala e classificá-la. Você já foi vítima desse tipo de ódio?

PASHA: Sim. Uma vez já me bateram e estupraram do lado de fora da escola.

TERAPEUTA: Sinto muito. (*Fazendo uma pausa*) Onde você colocaria esse tipo de experiência nessa escala de ódio?

PASHA: Isso seria 100%.

TERAPEUTA: Você teve alguma outra experiência de ódio que poderia entrar nessa escala?

PASHA: Meu tio me molestou. Isso na verdade não foi tão odioso quanto o ataque na escola, mas com certeza não foi carinhoso.

TERAPEUTA: Onde você colocaria isso nessa escala?

PASHA: Eu colocaria meu tio em 95%.

TERAPEUTA: Vamos ver que outras experiências poderiam entrar nessa escala. (*Juntas, Pasha e sua terapeuta definem e classificam uma variedade de experiências, desde um telefonema obsceno em 35% até a agressão e o estupro na escola em 100%.*)

TERAPEUTA: Agora que já preenchemos essa escala, onde você colocaria Alisha quando ficou irritada com você?

PASHA: Acho que cerca de 45%, mas eu me senti muito mal.

TERAPEUTA: Com certeza você se sentiu. Não é fácil ver alguém de que gostamos ficar tão irritado conosco. Porém, parece importante colocar a raiva dela em perspectiva em termos de se e o quanto ela detestava você. Que diferença faz para você o nível de ódio dela ser 45 em vez de 100%, como você pensou?

PASHA: Eu me sinto um pouco melhor. E acho que talvez eu não precisasse acabar a amizade com ela. Isso faz eu me sentir esquisita.

Nessa sessão, a terapeuta de Pasha substituiu o registro de pensamentos por um *continuum* para avaliar suas crenças. Quando os clientes têm fortes convicções referentes a crenças do tipo "tudo ou nada" e inflexivelmente rejeitam os dados reunidos em um Registro de Pensamentos de sete colunas, um *continuum* representa um instrumento mais flexível e fácil para o usuário para investigação dessas crenças. Um *continuum* permite fazer mudanças graduais na crença em resposta aos dados, em vez de procurar um pensamento alternativo ou compensatório em resposta às colunas das evidências em um Registro de Pensamentos de sete colunas. No fim, Pasha se beneficiaria do uso dos registros de pensamentos, mas primeiro precisava desenvolver alguma flexibilidade em seu pensamento. Ela precisava aprender que seus pensamentos eram percepções, não fatos.

6

Novos pensamentos, planos de ação e aceitação

(CAPÍTULO 10 DE *A MENTE VENCENDO O HUMOR*)

Posso ver que esta nova ideia combina com as evidências, mas ela não *parece* verdadeira para mim.

> – *Charley, reagindo ao seu pensamento compensatório em um Registro de Pensamentos de sete colunas*

Perdi meu emprego, e não há muitos outros empregos que eu possa conseguir. Como você espera que eu me sinta em relação a isso?

> – *Magda, respondendo a uma oferta do terapeuta de ajudá-la a se sentir melhor.*

Não é o meu pensamento. Minha dor nas costas é terrível. Não posso continuar assim.

> – *Roberta, rejeitando a sugestão do seu terapeuta de examinar as relações entre seus pensamentos e a dor.*

Assim como Charley, muitas pessoas identificam novos pensamentos na coluna dos Pensamentos alternativos/compensatórios de um Registro de Pensamentos de sete colunas e dizem: "Posso ver que isso combina com as evidências, mas não *parece* verdadeiro para mim". Outros, como Magda e Roberta, enfrentam circunstâncias na vida que não são fáceis de resolver ou suportar. Para muitas pessoas, testar seus pensamentos em um registro de pensamentos não parece ser uma intervenção suficiente quando estão lidando com desafios sérios na vida, como desemprego, dor crônica, discriminação ou morte de uma pessoa querida. Os registros de pensamentos são mais úteis quando as pessoas têm pensamentos automáticos que provavelmente são distorcidos ou ausentes no quadro mais amplo. O que fazemos quando as pessoas estão vendo com precisão um quadro muito negativo?

Abordagens adicionais e alternativas para esses tipos de questões são apresentadas no Capítulo 10 de *A mente vencendo o humor*. Conforme apresentado em seu Resumo, esse capítulo ensina os leitores do livro a (1) fortalecer novos pensamentos alternativos para que comecem a "parecer mais verdadeiros"; (2) desenvolver e seguir planos de ação para resolver problemas desafiadores; e (3) desenvolver maior aceitação para problemas que são difíceis de suportar, lentos de mudar ou impossíveis de resolver.

FORTALECENDO NOVOS PENSAMENTOS

Quando novos pensamentos alternativos ou compensatórios combinam com evi-

Resumo do Capítulo 10
(*A mente vencendo o humor*, p. 113-127)

- Inicialmente, você pode não acreditar por completo em seus pensamentos compensatórios ou alternativos.
- Você pode fortalecer novos pensamentos compensatórios ou alternativos reunindo evidências que os apoiam. E esse processo é contínuo.
- Conforme sua crença em seus pensamentos compensatórios ou alternativos aumenta, seu humor melhorado se estabiliza cada vez mais.
- Os planos de ação ajudam a solucionar problemas que você identificou.
- Os planos de ação são específicos e incluem as medidas a serem tomadas, uma data para começar, possíveis problemas com estratégias para solucioná-los e um registro por escrito do progresso.
- A aceitação dos pensamentos e estados de humor é, algumas vezes, uma alternativa valiosa para a identificação, a avaliação e a mudança de pensamentos.
- O desenvolvimento de uma atitude de aceitação é útil quando você está em meio a circunstâncias de vida que não podem ser mudadas ou que são difíceis de suportar.
- Três caminhos para a aceitação são: observar seus pensamentos e estados de humor em vez de julgá-los; ter em mente o quadro mais amplo; e agir de acordo com seus valores, mesmo quando você estiver angustiado.

dências das vidas das pessoas, mas não "parecem verdadeiros" para elas, geralmente é necessário um trabalho adicional para fortalecer esses pensamentos. A segunda seção do Guia para a Resolução de Problemas ao final do Capítulo 5 discute o uso da imaginação para aumentar a credibilidade dos pensamentos alternativos/compensatórios. Outra abordagem é guiar os clientes a prestarem atenção às evidências durante a semana que apoiem novos pensamentos alternativos ou compensatórios; a Folha de Exercícios 10.1, Fortalecendo novos pensamentos (*A mente vencendo o humor*, p. 115), é útil nesse aspecto. As informações registradas nessa folha de exercícios podem fornecer uma plataforma para discussão dos novos pensamentos na sessão.

Encoraje seus clientes a manter a mente aberta e a levar em consideração as evidências que reúnem. Esta é uma abordagem mais efetiva do que tentar "convencê-los" de uma nova crença. Observar as experiências de vida que apoiam uma nova crença é mais convincente do que o diálogo com um terapeuta. Esse processo é ilustrado no seguinte trecho da terapia, retirado de uma sessão com Charley. Duas semanas antes, ele havia gerado um pensamento alternativo em um Registro de Pensamentos de sete colunas: "Algumas pessoas gostam de estar comigo". No entanto, teve dificuldade para acreditar nisso, porque sempre havia pensado em si mesmo como esquisito e desagradável. Charley avaliou sua crença em seu novo pensamento em apenas 5%, e então seu terapeuta lhe pediu para começar a preencher a Folha de Exercícios 10.1, Fortalecendo novos pensamentos, como uma tarefa de aprendizagem.

TERAPEUTA: Você tem alguma experiência para escrever na sua folha de exercícios nesta semana?

CHARLEY: Duas ou três coisas. Eu me lembrei de alguma coisa do mês passado que pareceu se encaixar. Um sujeito no trabalho me convidou para entrar em uma equipe de um projeto mas não sei se deveria anotar isso, já que não aconteceu nesta semana.

TERAPEUTA: Você teria anotado se estivesse preenchendo esta folha de exercícios no mês passado?

CHARLEY: Sim.

TERAPEUTA: Por mim tudo bem, se parecer bom para você.

CHARLEY: Certo. Bem, essa foi a primeira coisa. Então o mesmo sujeito me convidou para almoçar com ele nesta semana. Não sei se isso prova alguma coisa sobre ele gostar de estar comigo, mas...

TERAPEUTA: E o que no seu almoço combina com a possibilidade de ele gostar de estar com você, e que partes não encaixam?

CHARLEY: Bem, havia dois outros sujeitos na sala quando ele me convidou para almoçar. Então não é como se eu fosse a única opção.

TERAPEUTA: Hum-hum.

CHARLEY: E o almoço foi muito bom. Acontece que ele também gosta de carros antigos, então conversamos sobre isso, e ele pareceu interessado em ver as fotos do carro que estou restaurando.

TERAPEUTA: E que partes do almoço não combinaram com a ideia de ele gostar de estar com você?

CHARLEY: Houve momentos um pouco constrangedores quando nos sentamos inicialmente. Acho que nenhum dos dois sabia como começar uma conversa que não fosse sobre trabalho.

TERAPEUTA: Mais alguma coisa?

CHARLEY: Não. Depois que engrenamos, o almoço foi muito bom.

TERAPEUTA: Então o quanto esse almoço encaixou na ideia de que algumas pessoas gostam de estar com você?

CHARLEY: Bastante. Pelo menos ele parecia estar gostando de conversar comigo.

TERAPEUTA: Certo. E qual foi a terceira coisa?

CHARLEY: Eu estava fazendo compras no mercado de sempre, e a funcionária que geralmente trabalha no caixa estava lá. Ela parecia muito cansada, e eu lhe perguntei sobre o seu dia. Ela disse que havia sido difícil, mas que seu ânimo melhorava um pouco quando clientes frequentes como eu entravam na sua fila e demonstravam interesse. Acho que eu nunca havia pensado nisso antes – como eu poderia fazê-la sentir-se melhor. Tentei fazer ela se sentir melhor dizendo que a loja iria fechar em breve e então ela poderia

TERAPEUTA: ir para casa. Ela sorriu para mim quando saí, e isso foi como um tipo de conexão.

TERAPEUTA: Então parece que ela gostou daquele tempo com você, durante aqueles poucos minutos.

CHARLEY: É.

TERAPEUTA: Então, você escreveu essas três experiências que combinam com essa ideia de que algumas pessoas gostam de você. Como reavaliou sua confiança em seu novo pensamento depois que as registrou?

CHARLEY: Mudou para aproximadamente 10%.

TERAPEUTA: Certo. Fale-me sobre isso.

CHARLEY: Bem, elas apoiavam essa nova ideia, mas acho que eu preciso de muito mais evidências antes que isso pareça solidamente verdadeiro para mim.

TERAPEUTA: Parece justo. Você quer continuar a preencher esta folha de exercícios por mais algumas semanas?

CHARLEY: Acho que sim, mas não tenho mais espaço para escrever nela.

TERAPEUTA: Como você quer resolver isso?

CHARLEY: Eu imprimi esta folha de exercícios. Acho que, por enquanto, apenas vou escrever mais ideias no verso da página. Dessa forma, tudo estará em um único lugar.

TERAPEUTA: Parece um bom plano.

O terapeuta não pressionou Charley a acreditar em sua nova crença mais de 10% – especialmente porque Charley havia notado experiências relevantes, porque sua confiança na nova crença estava aumentando (de 5 para 10%) e porque ele parecia interessado em continuar a reunir evidências. Se Charley tivesse desqualificado todas as suas experiências relevantes recentes, então o terapeuta teria interferido mais diretamente. Por exemplo, se Charley não tivesse considerado o convite para o almoço, dizendo: "Ele provavelmente só me convidou porque eu estava sentado ao lado dele na reunião", seu terapeuta poderia perguntar sobre as outras pessoas na sala naquela hora e questionar por que Charley achava que havia sido convidado em vez de outra pessoa. Além disso, o terapeuta poderia fazer perguntas sobre a conversa dos dois e o tom do seu almoço juntos, reunindo informações suficientes para posicionar a experiência em um *continuum* de 0 a 100% do quanto ela foi agradável. No final dessa discussão, perguntaria se a experiência de Charley no almoço combinava ou não com sua nova crença, avaliando o grau de adequação em um *continuum*, se necessário.

Os terapeutas, na medida do possível, expressam interesse e preocupação, não um compromisso para mudar a mente dos clientes. O terapeuta aceitaria qualquer avaliação que Charley fizesse da sua nova crença após essa discussão. Charley poderia ter que preencher a Folha de Exercícios 10.1, Fortalecendo novos pensamentos, durante várias semanas antes que seus pensamentos alternativos ou compensatórios se tornassem mais verossímeis para ele. E o terapeuta precisaria se manter aberto à possibilidade de as experiências de Charley não combinarem com sua nova crença. Nesse caso, poderia ser criada uma crença alternativa diferente que combinasse melhor com as experiências de Charley.

PLANOS DE AÇÃO PARA RESOLVER PROBLEMAS

Os pensamentos negativos são características primárias de muitos estados de humor. Entretanto, isso não quer dizer que todos os pensamentos negativos são distorcidos ou exagerados. Quando a maioria ou todas as evidências em um Registro de Pensamentos de sete colunas ou outras folhas de exercícios de *A mente vencendo o humor* apoiam crenças negativas, então um plano de ação é um instrumento útil. Os planos de ação podem ser usados para resolver problemas ou para planejar mudanças que provavelmente levarão a melhorias na vida. Se a maioria das experiências de Charley combinar com seu pensamento "quente" de que as pessoas não gostam de estar com ele, então seu terapeuta poderia ajudá-lo a descobrir se essa circunstância poderia ou não ser mudada. Caso o terapeuta achasse que havia coisas que Charley poderia aprender a fazer para aumentar a probabilidade de as pessoas gostarem de estar com ele, provavelmente construiria um plano de ação com ele.

Um plano de ação (Folha de Exercícios 10.2, *A mente vencendo o humor*, p. 121) requer que a pessoa defina um objetivo (p. ex., "Tornar-me uma pessoa mais agradável") e identifique os passos que podem ser dados para atingir esse objetivo. Planos de ação requerem resolução de problemas e esforços graduais e persistentes para implantá-los. Eles podem ser o foco de muitas semanas ou até meses de esforços de mudança. Os planos de ação são especialmente úteis quando as pessoas enfrentam circunstâncias de vida difíceis, que requerem resolução de problemas ativa. Lembre-se de Magda, descrita no começo deste capítulo, que havia perdido o emprego. A fábrica em que ela havia trabalhado nos últimos 15 anos acabara de substituir dezenas de vagas por uma nova linha de montagem informatizada. Ela agora era uma pessoa desempregada, em uma cidade pequena, com poucas oportunidades de trabalho para trabalhadores com baixo grau de instrução. Mais de 30 pessoas da sua antiga empresa também haviam sido demitidas recentemente, e, assim, a competição em relação a cada vaga disponível estava acirrada.

Magda era divorciada e vivia sozinha. Sua indenização cobria apenas seis meses de aluguel e despesas. Ela havia chegado à clínica de saúde mental comunitária local seguindo o conselho de uma vizinha que, no passado, havia se beneficiado dos serviços gratuitos da clínica. Observe como a terapeuta redirecionou Magda para que considerasse as medidas que poderia tomar. A terapeuta sabia que os problemas de Magda provavelmente cresceriam de forma exponencial caso se passasse muito tempo sem que ela tivesse um plano para resolvê-los.

TERAPEUTA: Obrigado por me contar o que aconteceu e como você está se sentindo atualmente. Vamos descobrir o que podemos fazer para ajudá-la a se sentir melhor.

MAGDA: Perdi meu emprego, e não há muitos outros empregos que eu possa conseguir. Como você espera que eu me sinta em relação a isso?

TERAPEUTA: Sinto muito. Eu não quis dizer que espero que você se sinta bem por ter perdido seu emprego. Isso realmente é muito difícil. E posso entender por que está desencorajada com a perspectiva de encontrar um novo emprego.

MAGDA: Meu antigo emprego me pagava um salário decente. Não

	existem muitos trabalhos como aquele na cidade... pelo menos não para alguém que nunca terminou os estudos. Como vou pagar meu aluguel? Como posso me sustentar para comer?
Terapeuta:	Existem problemas graves que precisam ser resolvidos. Você estaria disposta a trabalhar comigo hoje para começar a resolvê-los?
Magda:	Sim, mas não consigo pensar em nada em que possa ajudar.
Terapeuta:	As coisas geralmente são vistas assim quando estamos em uma situação muito difícil. Vamos começar descobrindo seus objetivos. Seu objetivo é encontrar outro emprego que pague tanto quanto o último, ou haveria algum outro objetivo que a ajudaria se pudéssemos descobrir uma forma de chegar lá?
Magda:	Mesmo que um novo emprego pague um pouco menos, eu poderia sobreviver, mas as vagas que vi até agora pagam quase a metade do que eu ganhava, e isso não é suficiente para pagar o aluguel ou comprar comida.
Terapeuta:	Parece que você sabe de quanto dinheiro precisa todos os meses para sobreviver.
Magda:	Sim.
Terapeuta:	Deveríamos fazer desse o nosso objetivo imediato? Ter dinheiro suficiente para pagar o aluguel, a alimentação e suas outras despesas?
Magda:	Certo, mas não sei como vou encontrar um emprego que pague tanto assim.
Terapeuta:	Vamos apenas escrever isso no alto desta página e marcar "objetivo nº 1".
Magda:	Certo.
Terapeuta:	Agora, depois que você pagou a alimentação, o aluguel e outras coisas que precisa, qual seria seu próximo objetivo em termos de tornar sua vida mais segura ou feliz?
Magda:	Ter um emprego de que eu goste e amigos com quem me divertir depois do trabalho.
Terapeuta:	Certo. Posso anotar essas coisas e marcá-las como "objetivos nº 2"?
Magda:	Sim.
Terapeuta:	Não vamos nos esquecer de que precisamos atingir esse primeiro objetivo o mais rápido possível, e vamos ter em mente seus segundos objetivos, porque estas são coisas que tornarão sua vida mais feliz.
Magda:	Concordo.
Terapeuta:	E, só para verificar, você gostava do seu último emprego e tem amigos de quem gosta?
Magda:	Eu gostava do meu último emprego porque pagava bem e as pessoas com quem eu trabalhava eram legais. Algumas delas são minhas amigas. Não tenho muitos outros amigos, mas minha prima mora na cidade ao lado. Eu convivo com ela e com sua família.

TERAPEUTA: E seus amigos do trabalho também estão com dificuldades no momento?

MAGDA: Não tenho me encontrado muito com eles desde o último dia lá. Acho que Susan está bem, porque é casada, e seu marido ainda está trabalhando. Não sei o que Evelyn está fazendo. Ela mora sozinha como eu. Eu a vi outro dia na agência de empregos, e ela parecia preocupada. Ela me disse que Karl conseguiu outro emprego em seguida na construção civil. E acho que algumas outras pessoas provavelmente vão encontrar trabalho, porque elas sabem fazer outras coisas.

A terapeuta não trouxe à baila imediatamente o plano de ação. Isso poderia parecer impessoal nos estágios iniciais da sessão, especialmente porque ela ainda estava construindo uma aliança terapêutica com Magda. Entretanto, a terapeuta tinha em mente essa folha de exercícios quando começou a ajudá-la a articular os objetivos. Nomear um objetivo é o primeiro passo no preenchimento de um plano de ação. À medida que eram coletadas as informações em relação aos seus objetivos, as medidas potenciais que Magda poderia tomar começavam a emergir da sua narrativa. Por exemplo, antes de prosseguir a leitura, você consegue identificar três opções que Magda teria para atingir seu objetivo de curto prazo de ter dinheiro suficiente para cobrir o aluguel, alimentação e outras despesas mensais? Releia o diálogo anterior e escreva aqui as opções que lhe ocorrerem:

1. _____
2. _____
3. _____

O motivo para que a terapeuta pedisse para Magda identificar os objetivos nº 1 e nº 2 era que ela parecia estar à beira de uma crise econômica. Ela poderia ter que escolher uma solução inicial que fosse insatisfatória a longo prazo. Por exemplo, poderia trabalhar em um emprego de que não gostasse para atingir seu primeiro objetivo, mas continuar procurando outro de que gostasse mais para atingir seu segundo objetivo. Como seu primeiro objetivo era atingir uma segurança financeira mínima, Magda provavelmente estaria mais aberta a uma variedade de soluções se elas fossem reformuladas como "soluções" temporárias no caminho para soluções mais permanentes que embasassem sua felicidade.

Quando a terapeuta entrevistou Magda sobre seu trabalho anterior e os amigos, obteve informações que começaram a sugerir opções de curto prazo que poderiam ajudá-la. Caso não conseguisse encontrar um emprego que atendesse plenamente suas necessidades econômicas, talvez Magda pudesse fazer um arranjo temporário para compartilhar moradia com sua amiga Evelyn. Ou, então, talvez pudesse morar com sua prima por algum tempo. Como a prima morava em outra cidade, poderia haver oportunidades de emprego das quais nem Magda, nem Evelyn tinham conhecimento. Caso não gostasse dessas opções, Magda poderia considerar colocar um anúncio para encontrar alguém para morar com ela e dividir as despesas ou procurar um lugar mais barato para morar. Você pensou em alguma dessas opções, ou em outras?

Independentemente de quantas opções sua terapeuta conseguisse imaginar, o melhor seria fazer perguntas a Magda que a ajudassem a chegar a soluções por conta própria do que fazer sugestões. Por exemplo, se a terapeuta sugerisse que considerasse dividir a moradia com Evelyn, ela poderia fazer objeção e dizer: "Prefiro morar sozinha". Em vez disso, a terapeuta poderia lhe perguntar: "É importante para você continuar a morar sozinha até encontrar um novo emprego ou consideraria morar com outra pessoa por um curto período para economizar dinheiro?". Se Magda estivesse disposta a considerar alguém para dividir o aluguel temporariamente, a terapeuta poderia dizer: "Vamos pensar em todas as possibilidades para que você possa ver se alguma delas é adequada para você". Isso poderia levar à produção de uma lista que incluísse Evelyn, sua prima e talvez outras pessoas que Magda ainda não havia mencionado.

Outros passos a considerar para o plano de ação de Magda incluem aprender a descrever suas habilidades profissionais para um possível empregador, avaliando se e como adquirir novas habilidades para ampliar suas opções de trabalho, e até mesmo considerar transferir-se para uma área com mais oportunidades de trabalho. Essas opções poderiam ser discutidas durante uma ou mais sessões, e Magda poderia escolher quais delas listar em seu plano de ação. Todas as opções precisariam ser pesadas à luz do seu desejo principal de encontrar um trabalho de que gostasse e amigos com quem aproveitar a vida. Sua terapeuta teria em mente esses objetivos e valores importantes e encorajaria Magda a escolher agora passos que poderiam eventualmente encaminhá-la para um bom trabalho e bons amigos, mesmo que os passos intermediários estivessem temporariamente aquém desses objetivos finais.

Depois que a terapeuta e Magda listassem as medidas que ela poderia tomar em seu plano de ação, precisariam combinar uma data para começar cada etapa. Às vezes pode ser uma data exata (p. ex., "segunda-feira, às 9h da manhã"), e algumas vezes pode ser um período de tempo mais amplo, como "terça-feira de manhã" ou "quando minha prima retornar meu telefonema".

A folha de exercícios também faz você se lembrar de pedir que seus clientes identifiquem possíveis problemas que possam interferir na realização dos passos do plano de ação. Seu cliente os escreve na terceira coluna do plano de ação, pensa nas possíveis formas de manejar esses problemas e registra essas estratégias na quarta coluna. Mais uma vez, é melhor quando os clientes criam suas próprias estratégias para manejar os problemas em vez de o terapeuta fornecer soluções. A coluna final de um plano de ação permite que a pessoa faça anotações sobre o progresso alcançado. Reconhecer o progresso provisório é crucial, sobretudo se os esforços de mudança têm a probabilidade de produzir resultados pequenos e graduais.

ACEITAÇÃO

Embora o Capítulo 10 de *A mente vencendo o humor* encoraje as pessoas a fazer planos de ação para resolver problemas grandes e pequenos, ele também introduz o conceito de desenvolvimento da aceitação para problemas que não podem ser resolvidos ou que provavelmente irão durar um longo tempo. A aceitação é uma postura útil quando circunstâncias na vida não podem ser mudadas. Ela também pode se revelar valiosa quando os desafios provavelmente mudarão tão lentamente que precisam ser suportados por um longo tempo. Magda estava perto de enfrentar a pobreza ou até mesmo virar sem-teto se não conseguisse obter estabilidade financeira logo. Outras pessoas padecem de problemas de saúde que impõem limitações reais às suas vidas. A morte de alguém que amamos pode levar a alterações na vida que precisamos aceitar.

No começo deste capítulo, Roberta é citada quando diz ao seu terapeuta: "Minha dor nas costas é terrível. Não posso continuar". Ela negou ter pensamentos suicidas, mas estava com muitas dificuldades para lidar com a dor que se seguiu a uma cirurgia que precisou fazer depois de um acidente de carro. Roberta colocou em prática um plano de ação que incluía trabalhar com seu médico para obter medicação analgésica apropriada e adotar um regime de exercícios que havia aprendido na fisioterapia. Embora sua dor tivesse diminuído com esses esforços, ela descobriu que era provável que tivesse que conviver com um grau moderado de dor crônica. Ela passou muito tempo na sessão seguinte focada no quanto era injusto que tivesse que lidar com essa dor quando o acidente de carro não era culpa sua. Seu terapeuta achou que era apropriado começar a conversar com Roberta sobre aceitação.

ROBERTA: Isso é tão injusto. Por que eu tenho que lidar com essa dor pelo resto da minha vida quando sempre fui uma boa motorista e não fiz nada de errado para causar o acidente?

TERAPEUTA: Sim, com certeza, isso parece injusto.

ROBERTA: Eu só quero não ter mais dor (*os olhos se enchendo de lágrimas*).

TERAPEUTA: Posso entender isso. Ao mesmo tempo, me preocupo que, quando se concentra no quanto isso é injusto, pode na verdade estar piorando as coisas para você mesma.

ROBERTA: O que você quer dizer?

TERAPEUTA: Como seu corpo reage quando você diz: "Isso é tão injusto. Eu não faço nada de errado. Não quero mais ter essa dor"?

ROBERTA: Acho que fica tenso, rígido.

TERAPEUTA: Como essa tensão afeta a sua dor?

ROBERTA: Suponho que ela a faça ficar um pouco pior.

TERAPEUTA: Hummm. O que você pensa sobre isso?

ROBERTA: Talvez não seja uma boa ideia ficar tão perturbada com isso. Mas o que eu posso fazer?

TERAPEUTA: Como você gostaria de se sentir?

ROBERTA: Livre da dor.

TERAPEUTA: E se você estivesse livre da dor, como o seu corpo reagiria a isso?

ROBERTA: Acho que ficaria mais relaxado.

TERAPEUTA: E como esse relaxamento afetaria a sua dor... apenas as dores normais da vida diária?

ROBERTA: Acho que se eu estivesse relaxada, a dor poderia não me incomodar tanto.

TERAPEUTA: Então, e se você pudesse aprender a se manter mais relaxada, mesmo que tivesse dor? Você acha que isso poderia ajudar?

ROBERTA: É possível, mas não sei bem como relaxar com essa dor que estou sentindo.

TERAPEUTA: Certamente. (*Pausa*) Estou pensando, e se um primeiro passo fosse aceitar a sua dor e não se concentrar no fato de ser injusta ou excessiva para suportar? Como será que isso afetaria sua experiência de dor se conseguisse fazer isso? O que você acha?

ROBERTA: Não estou bem certa. Poderia ajudar.

TERAPEUTA: Você estaria disposta a realizar um experimento com isso?

ROBERTA: Que tipo de experimento?

TERAPEUTA: O livro *A mente vencendo o humor* que estamos usando tem uma seção intitulada "Aceitação". Ela descreve três caminhos para a aceitação na página 124. Vamos conversar sobre esses três caminhos hoje, e você poderá decidir se está disposta a tentar um deles como um experimento nesta semana para ver se isso a ajuda a lidar com a sua dor.

ROBERTA: Certo.

O terapeuta de Roberta a apresentou brevemente à ideia de um benefício possível de aprender a aceitar sua dor – maior relaxamento, o que poderia ajudar a reduzir a dor. Ao mesmo tempo, sugeriu que ela considerasse três caminhos para a aceitação, assim Roberta poderia escolher aquele que mais fizesse sentido para ela e que estaria disposta a tentar como um experimento por uma semana. Os três caminhos para a aceitação descritos em *A mente vencendo o humor* são (1) uma abordagem de *mindfulness* (observação de pensamentos e sentimentos sem tentar mudá-los); (2) tomada de perspectiva do "quadro geral" (considerando os benefícios da aceitação, além de procurar partes boas dentro da situação); e (3) focar em valores pessoais e em como eles podem ajudar a seguir em frente apesar do sofrimento ou dos desafios.

Qualquer um desses caminhos pode ser útil para Roberta. Ela e seu terapeuta inicialmente discutiram uma abordagem de *mindfulness*, o que envolveria que notasse sua dor durante o dia e também outras sensações, pensamentos e estados de humor. Com essa abordagem, ela não tentaria mudar nada, apenas observar sua dor e as reações a ela, sem julgá-las. Roberta achou que essa abordagem era muito difícil para tentar inicialmente, e o terapeuta concordou. Ele lhe falou sobre uma aula de redução do estresse baseada em *mindfulness* na sua cidade que poderia ajudá-la a aprender essa abordagem caso decidisse mais tarde seguir esse método.

Em segundo lugar, eles consideraram a abordagem do quadro mais amplo. Roberta estava intrigada com a ideia de aprender a ser mais relaxada com sua dor e tentar encontrar bons motivos nela, em vez de apenas ter reações ao estresse. Ela comentou com seu terapeuta que a dor havia aumentado sua admiração por uma de suas colegas, que estava parcialmente paralisada e algumas vezes tinha dificuldades para circular pelo prédio do escritório. Certo dia, depois do acidente que sofreu, Roberta andou mais devagar para caminhar com essa mulher e teve uma conversa com ela pela primeira vez. Ela descobriu que a mulher não parecia incomodada com suas dificuldades de locomoção e tinha um senso de humor realmente muito bom. "Acho que uma coisa boa na minha dor é que estou mais sensível à dor e às dificuldades de outras pessoas. Talvez isso me torne uma pessoa melhor e aberta para entender mais os outros."

No final, Roberta decidiu que realmente desejava se concentrar em seus objetivos e valores na semana seguinte. O terceiro caminho para a aceitação lhe chamou a atenção porque ela percebeu que estava deixando que sua dor controlasse sua vida e suas atividades. Muito embora seu fisioterapeuta tivesse dito que seria bom para ela caminhar e ser mais ativa, Roberta havia se afastado de muitos dos seus amigos e de coisas de que gostava desde o acidente. Ela começou a fazer uma lista dos seus valores e objetivos na sessão e concordou em acrescentar isso à lista na próxima semana como parte do preenchimento da lista de exercícios de aceitação (Folha de Exercícios 10.3, *A mente vencendo o humor*, p. 125).

Durante as semanas seguintes, Roberta usou esse exercício como um ponto de partida para retomar suas atividades prévias e fazer contato com amigos que não via com tanta frequência desde seu acidente. Uma amiga a convidou para a abertura de uma mostra em uma galeria de arte, e Roberta ficou surpresa ao ver que sua dor retrocedeu um pouco enquanto estava envolvida na conversa com outras pessoas nesse evento. Então, convidou uma de suas amigas para ir com ela ao cinema para assistir a um filme que queria ver. As poltronas no cinema não eram confortáveis e agravaram um pouco a sua dor. Roberta tentou manter sua mente no prazer do filme e no valor que encontrou em passar algum tempo com a amiga. Ela sugeriu uma caminhada depois do cinema para alongar as costas e tentou ao máximo dar o melhor de si para continuar apreciando o tempo passado com a amiga, mesmo que estivesse experimentando agravamento da dor. Na semana seguinte, relatou ao terapeuta que a noite no cinema teria parecido desastrosa no passado devido ao aumento da sua dor. Em vez disso, Roberta estava muito satisfeita porque seu foco em seus objetivos e valores ao longo da noite, na verdade, havia permitido que experimentasse um prazer genuíno, mesmo quando sentiu mais dor. Esta foi uma experiência significativa para ela e realmente destacou o valor que a aceitação poderia ter na sua vida.

A Folha de Exercícios Aceitação, em *A mente vencendo o humor*, pode ser aplicada a circunstâncias na vida (saúde, trabalho, família) que angustiam as pessoas ou a pensamentos ou estados de humor recorrentes e que têm um impacto negativo nelas. Em vez de sugerir um caminho particular em direção à aceitação, a folha de exercícios requer que os leitores experimentem uma das três abordagens que achem que possa ser útil. Assim como ocorre com as folhas de exercícios em *A mente vencendo o humor*, a ênfase recai na aprendizagem de alguma coisa útil. Depois de um período praticando uma ou mais estratégias de aceitação, as pessoas são encorajadas a registrar o que aprenderam na parte inferior dessa folha de exercícios.

Na terapia, encoraje seus clientes a escolher que tipo (ou tipos) de aceitação eles desejam praticar. Então os auxilie a persistir nesse método por tempo suficiente para descobrir se ele é útil. Geralmente serão necessárias várias semanas de prática de aceitação antes que seja obtido um impacto significativo. Quando os clientes estão interessados em observar pensamentos e sentimentos sem julgamento, uma aula de *mindfulness* pode apoiar sua prática.

COMBINANDO PLANOS DE AÇÃO E ACEITAÇÃO

Problemas de saúde crônicos

Obviamente, muitas questões na vida requerem resolução de problemas e aceitação. Por exemplo, problemas de saúde crônicos como a dor constante de Roberta podem requerer resolução de problemas para fazer mudanças que manterão a saúde ideal, assim como a aceitação de circunstâncias de saúde que estão fora do controle da pessoa. Como outro exemplo, uma pessoa diagnosticada com diabetes pode usar planos de ação para apoiar boas práticas de saúde e, ao mesmo tempo, desenvolver aceitação das circunstâncias na vida relacionadas ao diabetes que não podem ser controladas.

Discriminação e injustiça social

Questões de discriminação e injustiça social também requerem frequentemente exercícios extensos de resolução de problemas e aceitação. Por exemplo, adolescentes transgênero provavelmente enfrentarão *bullying* e discriminação na maior parte do tempo durante suas vidas. Essas questões nem sempre são resolvidas com facilidade ou segurança por meio da resolução de problemas, e, no entanto, a aceitação do *bullying* ou da discriminação não parece ser o melhor caminho. Navegar em meio a discriminação e injustiça social em geral envolve planos de ação e aceitação, conforme explicados a seguir.

> **Dica clínica**
>
> As folhas de exercícios Plano de ação e Aceitação, em *A mente vencendo o humor*, podem ser usadas na terapia sempre que parecerem úteis. Por exemplo, se um Registro de Pensamentos de sete colunas revela um problema genuíno (p. ex., o pensamento negativo "Não sou um bom pai" é apoiado pelas evidências), pode ser usado um plano de ação para começar a resolver o problema (nesse caso, ajudar o cliente a se tornar um pai melhor) mesmo que o cliente ainda esteja praticando habilidades para registro de pensamentos. Igualmente, quando são identificadas na terapia dificuldades crônicas ou situações improváveis de mudar, as práticas de aceitação e a Folha de Exercícios Aceitação podem ser introduzidas juntamente com práticas de outras habilidades.

Planos de ação podem incluir comunicar-se com outras pessoas, buscar recursos judiciais, criar ou encontrar uma rede de apoio e até mesmo evitar ou ocultar a própria identidade em determinadas situações, caso isso seja possível. As escolhas feitas dependem dos objetivos de cada pessoa, das circunstâncias sociais e de vida e dos pontos fortes/habilidades atuais. Os objetivos e valores das pessoas atuam como uma bússola, guiando-as na direção geral que desejam prosseguir. Algumas circunstâncias específicas e pontos fortes pessoais afetam as estratégias escolhidas momento a momento, o ritmo da mudança e as decisões sobre os passos a serem dados ou não em determinado dia.

Aceitação pode incluir o reconhecimento de que muitas pessoas são ignorantes ou aprenderam a odiar pessoas que são diferentes. Permite reconhecer que tais vieses algumas vezes são demorados de mudar. Pessoas que pertencem a minorias raciais, étnicas ou religiosas; pessoas LGBTQ+; pessoas com deficiências; e outras pessoas socialmente desfavorecidas (p. ex., mulheres e meninas, em muitas sociedades) com frequência acham útil unir aceitação à ação. Por exemplo, você pode ajudar seus clientes a desenvolver a aceitação de existir injustiça e, ao mesmo tempo, encorajá-los a participar de ações pessoais e sociais para ajudar a mudar um *status quo* discriminatório. Aceitação inclui o reconhecimento por parte dos clientes e a expressão adequada de raiva, encontrando consolo na conexão com pessoas que compartilham ou entendem as suas circunstâncias e adotando uma visão de mudança social a longo prazo. Todos esses caminhos podem ser explorados e apoiados na terapia quando os clientes enfrentam discriminação ou injustiça social.

GUIA PARA A RESOLUÇÃO DE PROBLEMAS: CAPÍTULO 10 DE *A MENTE VENCENDO O HUMOR*

Quando as pessoas interpretam erroneamente aceitação como desistência

Algumas vezes as pessoas interpretam erroneamente "aceitação" como desistir ou não fazer nada. Se a terapia até o momento tem sido muito orientada para a ação, com muita resolução de problemas e um foco na mudança comportamental e cognitiva, o conceito de aceitação de uma dificuldade grave pode parecer muito discrepante para os clientes. Os exemplos neste capítulo ilustram formas de introduzir a aceitação como outra estratégia a ser considerada quando os clientes não têm controle sobre uma situação. Algumas vezes é útil introduzir a "Oração da Serenidade" (ou um dito popular similar que ecoe na cultura do cliente): "Concedei-me, Senhor, a serenidade necessária para aceitar as coisas que não posso mudar, coragem para mudar aquelas que posso e sabedoria para saber a diferença entre elas". Essa oração, frequentemente citada, capta a necessidade de ser suficientemente flexível para empreender esforços para mudar coisas que podem ser mudadas e aceitar coisas que não podem ser alteradas.

É claro, quando as pessoas estão altamente deprimidas, ansiosas ou sob o efeito de raiva, culpa ou vergonha, elas algumas vezes acham que não há esperança em tentar mudar as coisas, mesmo que isso provavelmente não seja verdade. Assim, elas podem assumir que devem simplesmente aceitar a baixa motivação, a preocupação, a vergonha ou algo semelhante. Em casos como esses, dependerá de você, como terapeuta, encorajar os esforços de mudança. Para pessoas com problemas de humor de longa data, a aceitação pode parecer o mesmo que desistir. É por isso que é importante relacionar os esforços de aceitação com a medida de algum tipo de melhora ou progresso em direção aos objetivos. Lembre-se de que, mais no início deste capítulo, Roberta relacionou sua prática da aceitação à redução do foco em sua dor. Quando ela percebeu que a aceitação reduzia a intensidade com que sua dor a incomodava, isso a ajudou a ver a aceitação como um método de terapia ativo.

Quando os terapeutas são treinados em terapias de *mindfulness* ou de aceitação

Os terapeutas que receberam treinamento em terapias de *mindfulness* ou de aceitação encontrarão muitas maneiras de aplicar essas abordagens. Os terapeutas que estão menos familiarizados com *mindfulness* ou aceitação podem experimentar incerteza sobre e/ou evitar a Folha de Exercícios Aceitação (Folha de Exercícios 10.3, *A mente vencendo o humor,* p. 125). Encorajamos você a usá-la quando for relevante. Antes de fazer isso com os clientes, use você mesmo a folha de exercícios para uma questão pessoal a fim de que isso o ajude a compreender as dimensões da sua prática. Descrições que apoiam seu uso da Folha de Exercícios Aceitação são encontradas em *A mente vencendo o humor* nas páginas 122-126. Se um dos três métodos de aceitação parecer confuso ou sem utilidade para você, tente outro. Conselho similar pode ser dado às pessoas que você atende em terapia.

A experiência pessoal proporciona um primeiro passo valioso para aprender mais sobre *mindfulness* e aceitação. As pessoas geralmente aprendem *mindfulness* estabelecendo uma prática diária de *mindfulness*/meditação – mesmo que sejam apenas cinco minutos por dia. Considere participar de uma aula de *mindfulness* ou associar-se a um grupo de prática de *mindfulness* na sua comunidade. Se possível, você aprenderá com alguém que já tem experiência com essa abordagem. Se experimentar os benefícios das outras duas abordagens de aceitação, poderá se interessar em saber mais sobre os métodos de aceitação em geral. Para aprender como incorporar à terapia as abordagens de *mindfulness* ou aceitação de forma efetiva, você pode participar de *workshops* e ler livros sobre terapia de aceitação e compromisso (Hayes, Follette, & Linehan, 2011; Hayes, Strosahl, & Wilson, 2016; Luona, Hayes, & Walser, 2007), terapia comportamental dialética (Linehan, 1993; Swenson, 2016) e/ou terapia cognitiva baseada em *mindfulness* (Segal, Williams, & Teasdale, 2018).

7

Pressupostos subjacentes e experimentos comportamentais

(CAPÍTULO 11 DE *A MENTE VENCENDO O HUMOR*)

> Por que eu tenho sempre os mesmos pensamentos?
> Eu quero mudar, mas sigo fazendo as mesmas coisas repetidamente.
>
> – *Comentários comuns entre os clientes*

A maioria das pessoas fica fascinada ao saber que (1) todos nós operamos de acordo com regras abaixo da superfície (pressupostos subjacentes); (2) podemos identificar e testar essas regras; e (3) podemos escrever novas regras a serem seguidas para tornar nossa vida melhor. Dado o atrativo dessas ideias, identificar pressupostos subjacentes e realizar experimentos comportamentais para testá-los são tarefas da terapia que a maioria dos clientes adota com grande interesse e curiosidade.

Pressupostos subjacentes são as crenças condicionais do tipo "Se... então..." que guiam nossos pensamentos automáticos, comportamentos, estados de humor e escolhas de vida. Eles ajudam a explicar por que os mesmos tipos de pensamentos automáticos aparecem repetidamente em discussões na terapia e nos registros de pensamentos. Por exemplo, alguém que com frequência tem pensamentos automáticos e imagens sobre rejeição provavelmente terá pressupostos subjacentes como "Se eu decepcionar as pessoas de alguma maneira, então elas irão me rejeitar" e "Se uma pessoa ficar incomodada ou me ignorar, então ela estará me rejeitando". No momento em que ocorre uma das circunstâncias na parte "Se..." desses pressupostos, são desencadeados pensamentos relacionados à parte "então...". A terapia visa identificar os pressupostos subjacentes que dão origem a pensamentos automáticos recorrentes, que mantêm estados de humor angustiantes e que desencadeiam recaída.

Além disso, sempre que seus clientes são malsucedidos ao tentar mudar seus comportamentos, você encontrará pressupostos subjacentes que mantêm esses comportamentos. Por exemplo, alguém que quer parar de atacar as pessoas verbalmente pode ter pressupostos subjacentes em ação que tornam essa mudança difícil, como "Se alguém me demonstrar desrespeito e eu não reagir com firmeza, então vou parecer fraco, e essa pessoa vai se aproveitar ainda mais de mim". Pessoas que enfrentam problemas com adições têm pressupostos subjacentes sobre fissura (p. ex., "Se eu tiver fissura, então vou ficar pior até que ceda a ela") e sobre controle (p. ex., "Se eu tiver fissura, não vou conseguir me controlar"). Os pressupostos subjacentes também influenciam

> **Dica clínica**
>
> Os pressupostos subjacentes originam pensamentos automáticos e comportamentos recorrentes. A presença de algum deles é uma pista de que pressupostos subjacentes estão presentes. Experimentos comportamentais geralmente são o melhor método para testar os pressupostos subjacentes existentes e desenvolver outros novos. Novos pressupostos subjacentes ajudam a apoiar mudanças nos comportamentos e pensamentos automáticos das pessoas, bem como em seus estados de humor.

o comportamento prevendo o futuro (p. ex., "Se eu tentar alguma coisa nova, então vou fracassar"). Os pressupostos subjacentes oferecem muitas regras como estas, que orientam o comportamento das pessoas entre as diferentes situações.

O Capítulo 2 deste guia descreveu três níveis de pensamento: pensamentos automáticos, pressupostos subjacentes e crenças nucleares. Lembre-se de que pensamentos automáticos e imagens são as cognições que surgem espontaneamente na mente das pessoas durante o dia. Os nove primeiros capítulos de *A mente vencendo o humor* abordam como identificar estados de humor, comportamentos e pensamentos automáticos/imagens e, então, como testar os pensamentos automáticos/imagens nos registros de pensamentos. No entanto, os registros de pensamentos não são o melhor método de avaliação de pressupostos subjacentes, pois são concebidos para testar pensamentos automáticos sobre o significado de situações particulares, conforme descrito nos Capítulos 4 e 5 deste guia.

Em vez disso, a melhor forma de testar um pressuposto subjacente é intensificar uma série de experimentos para ver se suas previsões combinam com o que realmente acontece na vida. Assim como os registros de pensamentos ajudam as pessoas a desenvolver pensamentos mais compensatórios e alternativos quando seus pensamentos automáticos não são apoiados pelas evidências, os experimentos comportamentais ajudam a desenvolver e fortalecer novos pressupostos subjacentes quando as previsões feitas pelos pressupostos subjacentes não se concretizam.

O Capítulo 11 de *A mente vencendo o humor* apresenta o conceito de pressupostos subjacentes e ensina os clientes a usar experimentos comportamentais para testá-los. Tenha em mente os pontos de aprendizagem do Resumo do Capítulo 11 que você quer que seus clientes entendam enquanto trabalham com seus pressupostos subjacentes.

QUANDO TRABALHAR COM PRESSUPOSTOS SUBJACENTES

Os pressupostos subjacentes podem ser abordados no começo ou no final da terapia, dependendo dos problemas discutidos. Quando os objetivos do paciente estão relacionados a comportamentos recorrentes (p. ex., perfeccionismo, adições, procrastinação) ou problemas interpessoais (p. ex., evitação de conflito, dependência), os pressupostos subjacentes são geralmente identificados e testados durante a terapia, começando pelas sessões iniciais. Quando a terapia está focada em estados de humor, os pressupostos subjacentes serão abordados no começo ou no fim, dependendo do estado de humor. As escolhas do momento

> **Resumo do Capítulo 11**
> (*A mente vencendo o humor*, p. 129-146)
>
> ▸ Pressupostos subjacentes são crenças do tipo "Se..., então..." que guiam nosso comportamento e nossas reações emocionais em um nível mais profundo do que os pensamentos automáticos.
>
> ▸ Os pressupostos subjacentes podem ser identificados e testados, da mesma forma que os pensamentos automáticos.
>
> ▸ Para identificar pressupostos subjacentes, coloque um comportamento ou uma situação que desencadeie uma emoção intensa em uma frase que comece com "Se..." seguido de "então..." e deixe sua mente completar essa frase.
>
> ▸ Os pressupostos subjacentes podem ser testados por meio do uso de experimentos comportamentais.
>
> ▸ Existem muitos tipos de experimentos comportamentais, incluindo fazer a parte "Se..." de seus pressupostos e ver se ocorre a parte "então...", observando outras pessoas para verificar se a regra se aplica a elas, e experimentando o comportamento oposto e observando o que acontece.
>
> ▸ Em geral, é necessário realizar inúmeros experimentos comportamentais para testar imparcialmente os pressupostos existentes e desenvolver pressupostos alternativos que se ajustem às suas experiências na vida.
>
> ▸ O desenvolvimento de novos pressupostos pode levar a uma mudança significativa e maior felicidade.

relacionadas ao estado de humor para trabalhar com pressupostos subjacentes são tratadas em detalhes nos Capítulos 9 a 12 deste guia. Esta é uma breve sinopse do que é abordado aqui.

Para depressão

Em geral, o tratamento para depressão começa com ativação comportamental e depois ensina habilidades para identificar e testar pensamentos automáticos. Os pressupostos subjacentes são abordados mais tarde na terapia para depressão. Essa ordem faz sentido porque a depressão é caracterizada pela inércia e por pensamentos automáticos negativos momento a momento que se intrometem durante o dia. Depois que o indivíduo aprende a manejar os pensamentos automáticos, a depressão geralmente melhora. Assim, os pressupostos subjacentes se tornam importantes para identificar as crenças que contribuem para a vulnerabilidade a futuros episódios depressivos. Veja o Capítulo 9 deste guia para mais detalhes.

Para ansiedade

Por sua vez, o tratamento para ansiedade geralmente começa com a identificação de pressupostos subjacentes e não precisa se concentrar muito em testar diretamente os pensamentos automáticos. Isso porque pensamentos ansiogênicos em geral ocorrem na forma de pressupostos subjacentes (p. ex., "Se o meu coração acelerar, então vou ter um ataque cardíaco", "Se alguma coisa der errado, então não vou ser capaz de lidar com isso" ou "Se eu parecer tolo, então os outros vão rir de mim e vou me sentir humilhado"). Como ilustram esses exemplos, os pensamentos nucleares na ansiedade em geral são pressupostos subjacentes preditivos, orientados para o futuro. Experimentos comportamentais são ideias para testar pressupostos de ansiedade porque você e seus clientes podem realizar uma série de experimentos para descobrir se as suas previsões se tornam realidade.

Como os pressupostos subjacentes constituem o nível de pensamento mais importante para entender a ansiedade, e como os experimentos comportamentais são as intervenções principais, a identificação dos pressupostos subjacentes e a utilização de experimentos comportamentais para testá-los estão entre as primeiras habilidades ensinadas no tratamento dos transtornos de ansiedade. Muitos dos exemplos de casos no Capítulo 11 de *A mente vencendo o humor* descrevem pessoas que experimentam ansiedade. Os Capítulos 10 e 11 deste guia oferecem mais detalhes sobre o tratamento desse transtorno.

Para raiva, culpa, vergonha e outros estados de humor

Para outros estados de humor, como raiva, culpa e vergonha, bons argumentos podem ser apresentados para trabalhar primeiro com os pensamentos automáticos ou com os pressupostos subjacentes. Os guias de leitura para raiva, culpa e vergonha (disponíveis no Apêndice A deste livro) direcionam os leitores que enfrentam esses estados de humor para trabalhar primeiro nos pensamentos automáticos, usando os registros de pensamentos, *antes* de se voltarem para os pressupostos subjacentes e os experimentos

comportamentais. Essa ordem faz sentido para pessoas que estão usando *A mente vencendo o humor* para autoajuda porque as conduz passo a passo em meio às formas de testar pensamentos "quentes" relacionados a seus estados de humor no momento. Depois disso, elas aprendem a identificar e a testar os pressupostos subjacentes que mantêm esses estados de humor. Essa ordem frequentemente fará sentido também na terapia. No entanto, algumas vezes fica mais claro no início da terapia que os estados de humor de uma pessoa estão diretamente relacionados a pressupostos subjacentes como estes:

"Se uma pessoa me magoar, então terei direito de magoá-la também."

"Se eu fiz alguma coisa errada, então não mereço coisas boas na vida."

Quando os pressupostos subjacentes já se encontram na superfície, e você consegue ver que esses pressupostos são centrais para as dificuldades dos seus clientes, faz sentido começar a trabalhar com eles logo no começo da terapia.

Para mudança de comportamento e relações interpessoais

Quando os clientes desejam ajuda para mudar o comportamento ou nas suas relações interpessoais, você com frequência trabalhará com os pressupostos subjacentes no começo da terapia. Isso porque hábitos comportamentais e padrões de interação interpessoal são preponderantemente guiados por pressupostos subjacentes, não por pensamentos automáticos. Aquele que deseja reduzir seu consumo de álcool ou drogas precisa abordar pressupostos subjacentes como estes:

"Se eu usar, então vou me sentir melhor e terei melhor desempenho."

"Se eu não usar, então vou ficar irritadiço, e isso vai continuar até que eu use novamente."

"Se eu quiser estar com meus amigos, então terei que usar drogas e/ou beber."

Pessoas que lutam contra problemas alimentares ou perda de peso com frequência têm pressupostos subjacentes como estes:

"Se eu sentir fome, então vou precisar comer, ou a sensação de fome vai se tornar intolerável."

"Se eu sair da minha dieta, então posso ter compulsão, porque a minha dieta estará arruinada por hoje."

Conflitos nos relacionamentos nascem e são mantidos por pressupostos subjacentes como estes:

"Se alguém me amar, então vai saber do que eu preciso e atender a essas necessidades."

"Se meu parceiro me magoar, então isso significa que ele não me ama."

"Se meu parceiro me amar, então ele vai fazer o que eu quero mesmo quando discordamos."

"Se meu parceiro romper um dos nossos acordos, então ele será completamente não confiável."

É improvável que pressupostos subjacentes como estes se modifiquem somente com terapia pela fala. As experiências diretas que apoiam ou contradizem expectativas oferecem a aprendizagem mais poderosa disponível para crenças profundamente arraigadas, como os pressupostos subjacentes. Portanto, é essencial identificar os pressupostos subjacentes e testá-los diretamente, com mais frequência por meio de experimentos comportamentais.

IDENTIFICANDO PRESSUPOSTOS SUBJACENTES

É muito fácil identificar pressupostos subjacentes se você aderir a um formato do tipo "Se... então...". Tudo o que precisa é identificar uma circunstância "Se..." relevante, e uma pessoa rapidamente irá deixar escapar o final "então...." para essa crença. A Folha de Exercícios 11.1, Identificando pressupostos subjacentes (*A mente vencendo o humor*, p. 137), pode ser usada para dar início a esse processo. Exemplos ilustrativos de como identificar pressupostos subjacentes estão incluídos nas seções a seguir.

Pressupostos subjacentes relacionados ao humor

Para estados de humor, coloque uma situação ou circunstância que desencadeia o humor na parte "Se...", acrescente a palavra "então..." e faça uma pausa, deixando que seu cliente preencha a lacuna. O breve diálogo a seguir ilustra essa abordagem.

TERAPEUTA 1: Kerry, notei que você tende a sentir vergonha sempre que alguém critica ou corrige alguma coisa que você está fazendo. É como se tivesse uma crença: "Se alguém me corrigir, então..." (*Para de falar e olha para Kerry, esperando*)

KERRY: "Isso prova que sou inadequada."

Pressuposto identificado:

"Se alguém me corrigir, então isso prova que sou inadequada."

Terapeuta 2: Raul, já discutimos como você se sente especialmente ansioso quando está dirigindo em trânsito intenso. Será que essa crença pode nos ajudar a entender isso? Talvez seja algo assim: "Se eu estiver dirigindo em trânsito intenso, então..." (*Para de falar e olha para Raul com curiosidade*)

Raul: "Então o risco de acidente vai aumentar."

Pressuposto identificado:

"Se eu estiver dirigindo em trânsito intenso, então o risco de acidente vai aumentar."

Pressupostos subjacentes relacionados ao comportamento

Para identificar pressupostos subjacentes que mantêm comportamentos, geralmente é útil colocar o comportamento frequente na primeira parte "Se..." e seguir com "então o que você espera que aconteça?". Então, você pode colocar o novo comportamento desejado que não está ocorrendo na parte "Se..." e continuar com "então o que você teme que aconteça?". Essas duas perguntas ajudam a identificar os pressupostos subjacentes que mantêm o comportamento atual e que dificultam dar início a um novo comportamento (Mooney & Padesky, 2000; Padesky & Mooney, 2006). O diálogo a seguir ilustra esse processo.

Terapeuta 3: Liu, você disse que queria sair mais e conhecer novas pessoas, e nós montamos um plano passo a passo. No entanto, parece que a cada semana há coisas que interferem para dar início ao seu plano. Isso me faz pensar que pode haver algumas crenças que o estejam impedindo de fazer essa mudança.

Liu: Eu realmente quero conhecer pessoas. Só que acontecem coisas que interferem.

Terapeuta 3: Acredito. Você estaria disposto a descobrir se as crenças também estão interferindo?

Liu: Certamente.

Terapeuta 3: Vamos começar com isto: "Se eu ficar em casa nesta semana e não sair para conhecer pessoas...", então o que você espera que aconteça?

Liu: "Então espero que um dia desses eu realmente me sinta pronto para sair, e vai ser mais fácil conhecer pessoas quando eu estiver com um estado de humor mais confiante."

Terapeuta 3: Certo, bom. E "Se eu sair para conhecer pessoas quando não me sentir pronto...", então o que você teme que aconteça?

Liu: "Tenho medo de estragar tudo e fazer alguma coisa esquisita e arruinar as minhas chances naquele lugar."

Terapeuta 3: Vamos anotar essas crenças. Elas me ajudam a entender por que você fica tão relutante em sair de casa.

Pressupostos identificados:

"Se eu ficar em casa e não sair para conhecer pessoas, então espero que um dia desses eu realmente me sinta pronto para sair, e vai ser mais fácil conhecer pessoas quando eu estiver com um estado de humor mais confiante."

"Se eu sair para conhecer pessoas quando não me sentir pronto, então eu vou estragar tudo e fazer alguma coisa esquisita e arruinar as minhas chances naquele lugar."

EXPERIMENTOS COMPORTAMENTAIS

Experimentos comportamentais são a intervenção principal em TCC usada para testar pressupostos subjacentes. Há muitos tipos de experimentos comportamentais, incluindo testes diretos das crenças (p. ex., fazer a parte "Se..." de um pressuposto subjacente e observar se acontece ou não a parte esperada "então..."), fazer observações de outras pessoas para ver se os pressupostos se aplicam corretamente a elas e fazer sondagens para ver se os pressupostos se ajustam às experiências ou crenças de outras pessoas (Bennett-Levy et al., 2004). Independentemente do tipo de experimento que é feito, os experimentos comportamentais requerem que as pessoas (1) registrem a crença que está sendo testada, (2) planejem experimentos que testem diretamente essa crença, (3) façam previsões por escrito antecipadamente, (4) repitam os experimentos um número de vezes suficiente, (5) registrem os resultados dos experimentos e (6) comparem os resultados reais com os resultados previstos. Dependendo do que as pessoas aprendem, elas concluem que suas experiências se ajustam à crença original ou constroem uma nova crença que se ajuste melhor aos resultados dos experimentos.

Elaborando experimentos comportamentais efetivos

A Folha de Exercícios 11.2, Experimentos para testar um pressuposto subjacente (*A mente vencendo o humor*, p. 144), apresenta uma estrutura que pode ajudar você e seus clientes a elaborar e examinar experimentos comportamentais usando os seis passos listados anteriormente. As próximas seções destacam princípios importantes a serem seguidos a cada etapa do processo. Tenha esses princípios em mente para assegurar que os experimentos comportamentais que você e seu cliente elaboram são efetivos. "Ser efetivo" significa seguir bons princípios de observação e empirismo para testar os pressupostos dos clientes adequadamente. Isso não significa elaborar experimentos que você espera que o encaminhem para um resultado particular. Por exemplo, você não planeja elaborar experimentos para provar a um cliente que "mais atividade ajuda você a se sentir menos deprimido". Em vez disso, você elabora experimentos para saber se há alguma relação entre atividade e estado de humor para testar a crença do cliente "Se eu fizer mais coisas, não vai adiantar nada porque vou me sentir deprimido do mesmo jeito".

Passo 1: anote o pressuposto que você e seu cliente estão testando

Comece identificando um pressuposto subjacente que você e o cliente desejam testar. Use as diretrizes apresentadas anteriormente neste capítulo para identificação dos pressupostos subjacentes. Tente expressar a crença do cliente como uma previsão do tipo "Se... então...", porque esse formato fornece uma hipótese facilmente testável. Muitos clientes inicialmente não declaram suas crenças desse modo. Por exemplo, durante a atividade de planejamento, as pessoas que experimentam depressão com frequência preveem que as atividades não serão "agradáveis" ou "não valem a pena" e usam essas previsões para apoiar a continuidade da inatividade. Como sugerem as instruções para a identificação de crenças subjacentes, você pode colocar o comportamento que não está ocorrendo na parte "Se..." dos pressupostos; acompanhe com "então o que você teme que aconteça?" e veja como seu cliente termina a frase. Uma pessoa se expressou desta maneira: "Mesmo que eu faça atividades, elas não vão ajudar a me sentir melhor". Esta é uma boa declaração de uma hipótese testável.

Todos nós temos centenas de pressupostos subjacentes. Pode ser necessária uma ou mais semanas para conduzir experimentos suficientes para testar um pressuposto adequadamente, portanto você e seu cliente devem se certificar de que escolheram pressupostos importantes para testar. Geralmente esses pressupostos serão os que mantêm as dificuldades ou bloqueiam o progresso do tratamento. O *Oxford Guide to Behavioural Experiments in Cognitive Therapy* (Bennett-Levy et al., 2004) traz exemplos excelentes dos tipos de pressupostos subjacentes que mantêm um amplo espectro de problemas de doença mental. Os exemplos clínicos neste capítulo e outros ao longo deste livro também demonstram como fazer isso. Apesar dos temas já esperados para os pressupostos subjacentes que comumente mantêm a depressão, a ansiedade, a culpa, etc., certifique-se de expressar as crenças nas próprias palavras do cliente, porque os pressupostos com frequência são expressos de forma idiossincrásica. Escreva (ou peça que o cliente escreva) o pressuposto subjacente que vocês estão testando atualmente na primeira linha da Folha de Exercícios 11.2, Experimentos para testar um pressuposto subjacente.

Passo 2: planejem colaborativamente um experimento para testar essa crença diretamente

Depois que um pressuposto subjacente foi identificado, colabore com seu cliente para descobrir uma boa maneira de testar essa crença. Algumas vezes o teste será tão simples quanto fazer a parte "Se..." de um pressuposto e ver se a parte "então..." vem a seguir (Experimento 1, *A mente vencendo o humor*, p. 138). Para a crença "Mesmo que eu faça atividades, elas não vão ajudar a me sentir melhor", o teste pode ser simplesmente planejar uma série de atividades e pedir que o cliente avalie o humor antes e depois de cada atividade para descobrir se alguma delas provoca melhora no estado de humor.

Outras vezes, os testes de uma crença são um pouco mais complicados de elaborar. Por exemplo, qual é um bom experimento para testar a crença "Se eu não me preocupar, então vou deixar passar alguma coisa, e coisas ruins vão acontecer"? Um teste direto parece ser pedir que o cliente não se preocupe e então esperar para verificar se coisas ruins acontecem, mas esse plano deixa muito a desejar. Primeiro, como o cliente pode "não se preocupar"? Segundo, quanto tempo você e o cliente têm que esperar para ver se "acontecem coisas ruins"? Terceiro, coisas ruins acontecem o tempo todo. Como você e seu cliente vão saber se essas coisas ruins são consequências de não se preocupar? Como ilustra esse exemplo de preocupação, você e seu cliente precisam chegar a um acordo quanto às definições para os experimentos e suas consequências previstas.

Essa crença sobre preocupação é uma boa ilustração de por que nem todas as crenças podem ser testadas fazendo a parte "Se..." da crença e ver se a parte "então..." vem a seguir. O Capítulo 11 de *A mente vencendo o humor* inclui dois tipos adicionais de experimentos. Um deles é pedir que os clientes observem e verifiquem se as suas regras se aplicam a outras pessoas (Experimento 2, *A mente vencendo o humor*, p. 139). Esse experimento se beneficia da tendência que todos nós temos de aplicar a nós mesmos pressupostos subjacentes ou regras que não aplicamos a outras pessoas. Assim, um experimento alternativo para a crença sobre preocupação seria o cliente identificar várias pessoas que não tendem a se preocupar e verificar se elas têm mais coisas ruins acontecendo em suas vidas do que várias pessoas que se preocupam. Obviamente, sempre é possível que pessoas que experimentam uma série de "eventos ruins" se preocupem mais do que pessoas que são relativamente livres de problemas.

Um terceiro tipo de experimento descrito no Capítulo 11 (Experimento 3, *A mente vencendo o humor*, p. 140) é o cliente fazer o oposto do comportamento usual e ver o que acontece. O exemplo desse tipo de experimento em *A mente vencendo o humor* ilustra uma mãe, Gabriela, que praticou não se preocupar em uma situação em que a "coisa ruim" que ela esperava acontecer ocorreria no período de uma noite. Gabriela e seu terapeuta praticaram a resolução de problemas para ver como reduzir sua preocupação, porque pode ser muito difícil "não se preocupar". Ao elaborar um plano específico, Gabriela conseguiu realizar um experimento e obter um resultado claro no espaço de algumas horas. Este era o ideal, pois, com um período de tempo mais longo, poderia ter sido difícil relacionar as consequências com o experimento. É claro que, diferentemente dos resultados do experimento de Gabriela (descrito na Figura 11.4, p. 142 de *A mente vencendo o humor*), sempre seria possível que pudesse ter acontecido alguma coisa de mal à sua filha durante a noite. Nesse caso, Gabriela e seu terapeuta precisariam discutir se o que aconteceu teria sido evitado se ela tivesse se preocupado mais.

Com frequência é necessário elaborar uma série de experimentos. Este é o caso quando uma crença é complexa ou amplamente aplicada e precisa ser testada em uma variedade de contextos. Por exemplo, se um cliente tem a crença "Se eu revelar meus verdadeiros sentimentos, então as pessoas não vão querer estar perto de mim", essa crença pode ser testada de formas apropriadas com a família, os amigos, os colegas de trabalho e com estranhos. Pode haver uma variedade de respostas com as pessoas em cada categoria. Além disso, o cliente pode escolher começar os experimentos fazendo revelações de importância relativamente pequena (p. ex., preferências alimentares) e gradualmente aumentar a importância do que ele expressa (p. ex., desde atitudes políticas até sentimentos em relação a uma pessoa).

Você pode esperar que uma série de experimentos origine sistemas de crenças mais variados. Por exemplo, depois de realizar uma série de experimentos durante vários meses, esse cliente pode desenvolver os seguintes novos pressupostos subjacentes: "Se eu revelar meus verdadeiros sentimentos a estranhos, então eles provavelmente se envolverão mais comigo se compartilharem meus sentimentos e menos se não compartilharem", "Se eu revelar preferências alimentares de menos importância, meus familiares não vão prestar atenção, mas os amigos e colegas de trabalho vão respeitar as minhas escolhas" e "Se eu revelar sentimentos mais importantes e íntimos, então minha família e amigos vão se envolver mais comigo, e alguns colegas de trabalho vão se distanciar".

Planeje também uma série de experimentos quando o melhor experimento for muito desafiador para alguém realizá-lo no momento. Uma sequência de experimentos pode ajudar os clientes a se aproximarem gradualmente do experimento final desejado. Realizar uma série de experimentos é uma abordagem comum no tratamento dos transtornos de ansiedade quando o objetivo final é a exposição aos medos que os clientes tanto temem abordar como seu primeiro passo. As pessoas com um medo fóbico frequentemente se aproximam de uma situação ou objeto temido de forma gradual, testando pressupostos subjacentes relevantes enquanto avançam. Por exemplo, alguém com medo de pontes pode ter a crença: "Se eu passar de carro sobre uma ponte, então a ponte vai cair, e eu vou afundar na água e me afogar". O primeiro experimento dessa pessoa poderia ser passar de carro sobre uma ponte na condição de passageiro; a pessoa pode, então, passar gradualmente para a posição de motorista, primeiro sobre pontes mais curtas e, então, mais longas, inicialmente com uma companhia e posteriormente sozinha.

Colabore com seus clientes para projetar esses experimentos, seja na elaboração de um único experimento ou de uma série de experimentos. Estas são algumas perguntas que você pode fazer aos seus clientes para encorajar a sua participação e também ajudá-los a executar os experimentos planejados.

1. "Que tipos de informações ou experiências teriam a maior credibilidade no teste da sua crença?" Idealmente, os clientes conduzem suas próprias observações e experimentos. Entretanto, em alguns casos, eles podem reivindicar que um amigo os ajude com o experimento. Um cliente estava testando a crença "Se eu não tiver muito dinheiro, nenhuma mulher vai querer sair comigo". Ele e seu terapeuta decidiram que o melhor teste inicial dessa crença seria conduzir uma sondagem e formular duas perguntas às mulheres: "Que qualidades determinam se você vai namorar alguém?" e "Você sairia com um homem que não tivesse muito dinheiro?". Ele achava que as mulheres seriam muito gentis para lhe dar repostas honestas, então decidiu convocar uma amiga para conduzir a pesquisa. Seu terapeuta perguntou que tipos de mulheres ela deveria pesquisar. Ele pediu que sua amiga entrevistasse mulheres entre 20 e 35 anos, porque essa era a faixa etária das mulheres que ele queria namorar. Ela concordou em gravar as respostas em áudio (com a permissão delas) para que ele pudesse ouvir o tom de suas vozes, o que ele achava que o ajudaria a julgar a sua honestidade. Ela realizou as entrevistas em um *shopping center* local.

2. "Que problemas você antecipa que poderia ter ao realizar este experimento?" Peça ao seu cliente para dramatizar o experimento com você ou reservar alguns minutos para se imaginar detalhadamente executando cada passo. Durante essas práticas ou ensaios imaginários, os clientes com frequência irão prever problemas, entraves, estados de humor e crenças que poderiam interferir no experimento. Peça que o cliente escreva cada um deles na terceira coluna da folha de exercícios do experimento comportamental (Folha de Exercícios 11.2, *A mente vencendo o humor*, p. 144) e, então, faça a próxima pergunta.

3. "Como você pode administrar esses problemas para dar continuidade ao experimento?" É muito melhor pedir que os clientes elaborem as próprias soluções para problemas potenciais do que você mesmo as propor. Quando você propõe soluções, os clientes provavelmente responderão: "Sim, mas..." e descreverão as limitações para a sua solução. Quando seus clientes pensam na sua própria maneira de lidar com as dificuldades, provavelmente se sentirão capazes e com maior possibilidade de colocar em prática essas estratégias caso ocorram problemas. Peça que o cliente anote cada solução na quarta coluna da Folha de Exercícios 11.2.

4. "Que resultados deste experimento poderiam ser particularmente difíceis para você administrar?" Ajude os clientes a imaginar os piores resultados possíveis, porque não existe garantia de que os experimentos tenham os resultados típicos ou desejáveis. Se você e seus clientes puderem antever resultados negativos, você pode ajudá-los a se preparar, de modo que não sejam surpreendidos por resultados adversos. Por exemplo, Gina tinha o pressuposto subjacente "Se as pessoas discordarem de você, então as discussões vão se tornar mais acaloradas com o tempo, portanto é melhor evitar conflito". Um dos seus últimos experimentos foi pedir ao seu pai que viesse ao seu casamento, muito embora ele expressasse desaprovação por ela estar em uma relação com uma pessoa do mesmo sexo. Ela imaginou o pior cenário possível, em que seu pai começava um discurso irado contra seu casamento com sua parceira Brigitta.

5. "Como você poderia lidar com esse resultado?" O terapeuta ajudou Gina a elaborar várias respostas que poderia dar ao seu pai caso ele realmente ficasse furioso, variando desde (a) declarar com firmeza seu amor por Brigitta, (b) convidar o pai a expressar seus temores sobre o que significaria o casamento de Gina, até (c) sair de casa caso seu pai intensificasse seu ataque. Depois de dramatizar essas opções, Gina e seu terapeuta discutiram o que significaria para ela a possível rejeição de seu pai e como ela poderia enfrentá-la caso ele não desenvolvesse maior aceitação do seu casamento com Brigitta com o tempo. Com essa preparação, ela decidiu colocar em prática esse experimento e verificar se seus esforços de comunicação poderiam fazer diferença.

Passo 3: faça previsões por escrito com antecedência

Antes de realizar um experimento, peça que seu cliente faça previsões por escrito do que vai acontecer se o pressuposto subjacente estiver correto. O cliente deve registrar essas previsões na coluna 2 da Folha de Exercícios 11.2 (*A mente vencendo o humor*, p. 144). As previsões devem ser anotadas; caso contrário, as pessoas podem mudar suas previsões depois dos experimentos para adequá-las ao que realmente aconteceu. Por exemplo, uma pessoa com alto grau de ansiedade relacionado a fobia a pontes provavelmente vai prever antes do experimento "Tenho certeza de que a ponte vai cair quando eu estiver sobre ela". Depois de dirigir sobre a ponte sem nenhum acidente, a pessoa pode recordar sua previsão como "Achei que fosse provável que a ponte caísse, mas não era uma certeza. Eu não caí desta vez, mas posso cair na próxima". Quando as previsões são escritas à mão pela própria pessoa, será mais fácil comparar os resultados com as expectativas.

As previsões por escrito devem ser específicas (p. ex., "quatro em dez vezes") e consistentes com a crença que está sendo testada. Se as previsões não parecerem estar "em sincronia" com a crença, esclareça essa discrepância, como fez o terapeuta de Gayle.

GAYLE: Então minha previsão é de que cinco de cada dez pessoas vão me lançar um olhar estranho se eu sorrir para elas.

TERAPEUTA: Certo. Isso me surpreende um pouco, porque a sua crença é: "Se eu sorrir para as pessoas, elas vão me lançar um olhar estranho, porque eu tenho um sorriso esquisito". No entanto, você acha que apenas 50% das pessoas vão lhe lançar um olhar estranho.

GAYLE: Isso porque eu acho que metade das pessoas tem habilidade para esconder seus sentimentos.

TERAPEUTA: E quanto aos 50% que não lhe lançam um olhar estranho?

GAYLE: Elas vão estar pensando que eu pareço esquisita, mas são muito hábeis socialmente para demonstrar.

TERAPEUTA: Então a sua previsão é de que 100% das pessoas vão achar que você parece esquisita, mas apenas 50% vão demonstrar isso em seus rostos.

GAYLE: Isso mesmo.

TERAPEUTA: Hummm. Isso é um pouco complicado. A sua previsão presume que todos com uma expressão neutra estão pensando a mesma coisa. Há alguma expressão facial que não se ajuste à sua crença de que as pessoas acham que você tem um sorriso esquisito?

GAYLE: Não sei. Talvez se elas respondessem ao sorriso rapidamente.

TERAPEUTA: O que você acha? Isso iria sugerir que elas não acharam o seu sorriso esquisito?

GAYLE: Sim, acho que sim.

TERAPEUTA: Certo. Então, quantas pessoas entre dez você acha que vão retribuir seu sorriso?

GAYLE: Zero.

TERAPEUTA: Vamos anotar isso. Ainda estou me questionando sobre essas pessoas que não demonstram nenhuma reação facial. Não estou certo se é justo presumir que todas elas acham que seu sorriso é esquisito. Você consegue pensar em alguma outra resposta que uma expressão neutra poderia significar?

GAYLE: Talvez não tenham notado o meu sorriso ou estão absortas em seus pensamentos.

TERAPEUTA: Sim, estas são possibilidades. Parece que as expressões neutras são um tanto incertas. Talvez você pudesse fazer previsões relacionadas a "olhares estranhos", "sorriso" e "reações desconhecidas".

GAYLE: Certo. A cada dez, eu prevejo cinco olhares estranhos, cinco desconhecidos e zero sorriso.

TERAPEUTA: Vamos registrar essas previsões e esclarecer como você pode aumentar as probabilidades de as pessoas verem que você está sorrindo para elas. Quanto menos desconhecidos tivermos, mais informações teremos para testar a sua crença.

O terapeuta fez um bom trabalho ao tentar esclarecer como Gayle poderia interpretar as reações de outras pessoas, considerando o experimento que eles estavam planejando. Durante essa discussão, ocorreu ao terapeuta que os julgamentos de Gayle acerca das reações das outras pessoas estavam baseados na interpretação subjetiva. Como Gayle já estava convencida de que as pessoas achavam seu sorriso esquisito, seria provável que ela interpretasse expressões ambíguas como lhe lançando um olhar estranho ou mascarando reações que refletiam a percepção de que seu sorriso era esquisito. Assim, o experimento planejado pareceu enviesado para a confirmação das crenças de Gayle. O terapeuta acertou quando perguntou sobre quais expressões faciais poderiam indicar que as pessoas não achavam que seu sorriso era esquisito. *As previsões para os experimentos precisam permitir que uma crença seja apoiada ou contrariada.*

Depois dessa discussão, seu terapeuta considerou que um melhor experimento começaria por tirar uma foto de Gayle sorrindo, colocando-a misturada com outras fotos de pessoas sorrindo. O experimento real seria entrevistar uma variedade de pessoas (sem que Gayle estivesse presente) e pedir-lhes para escolher alguma foto em que o sorriso das pessoas lhes parecesse esquisito. Esse experimento removia as interpretações subjetivas das respostas das pessoas. Também eliminava a preocupação de Gayle de que as pessoas estariam mascarando suas verdadeiras respostas quando estivessem diante dela. É claro que o terapeuta precisaria discutir com Gayle essa ideia para um experimento alternativo e descobrir se ela concordaria ou não que esse era um experimento mais crível e que os resultados seriam relevantes para ela.

Passo 4: repita os experimentos um número de vezes suficiente

Uma vez não basta. Uma forma de descrever a justificativa para repetir os experimentos é dizer: "Se você fizer alguma coisa apenas uma vez, não saberá se está obtendo o melhor resultado possível, o pior resultado possível ou um resultado típico. Se fizermos alguma coisa cinco vezes, temos uma ideia melhor do que é típico, e, se tentarmos dez vezes, poderemos estar mais confiantes dos nossos resultados". Este é um exemplo mais concreto:

> "Suponha que lhe deram uma moeda e lhe disseram que um dos lados tem uma efígie, mas você não sabe se o outro lado também tem uma efígie ou se tem uma imagem diferente. Se você lançar a moeda apenas uma vez, e a parte virada para cima der cara, você não saberá o que isso significa. Se você lançar a moeda duas vezes, e a parte virada para cima for cara ambas as vezes, você pode pensar que ambos os lados são cara. Mas isso poderia ser apenas a sorte da jogada. Para ter uma noção verdadeira de como são os dois lados da moeda, você precisa lançá-la de 5 a 10 vezes, porque apenas duas ou três jogadas podem ser enganosas. Se a mesma coisa acontecer dez vezes, então você pode estar bem seguro de que ambos os lados da moeda são caras".

Um cliente tem maior probabilidade de estar disposto a fazer o mesmo experimento muitas vezes depois de entender essa relação entre as observações repetidas e a confiança no significado dos resultados. Obviamente, se os resultados não forem o que o pressuposto subjacente prevê nas primeiras vezes, a confiança do cliente nesse pressuposto pode começar a enfraquecer. Ou, se os resultados das primeiras vezes combinarem com as previsões do cliente, ele pode ficar relutante em repetir o experimento. Em geral, assim como lançar uma moeda, os resultados dos experimentos não são unilaterais. Os experimentos podem se revelar quando um pressuposto subjacente prediz três vezes em dez ou seis vezes em dez. Você e seu cliente, então, discutirão esses resultados para encontrar sentido neles, conforme descrito nas seções a seguir.

Passo 5: registre os resultados dos experimentos

Você e o cliente podem preencher juntos na sessão as quatro primeiras colunas da Folha de Exercícios 11.2, Experimentos para testar um pressuposto subjacente (*A mente vencendo o humor*, p. 144). Depois que os clientes começam a realizar os experimentos planejados, eles podem registrar os resultados de cada experimento na quinta coluna dessa folha de exercícios. Lembre-os de revisar as perguntas relevantes na parte inferior dessa coluna, que sugerem os tipos de observações que são úteis para registrar aí:

> O que aconteceu (em comparação com suas previsões)?

Os resultados reais precisam ser comparados com os resultados previstos escritos na segunda coluna da Folha de Exercícios 11.2.

> Os resultados correspondem ao que você previu?

Essa pergunta é respondida somente depois de realizados inúmeros experimentos. Você não vai querer que alguém cometa o erro da moeda lançada e tire conclusões apressadas depois de um ou dois experimentos.

> Aconteceu algo inesperado?

Algumas vezes acontecem resultados completamente inesperados. Por exemplo, uma pessoa que espera críticas recebe, em vez disso, um elogio. Como os experimentos comportamentais com frequência envolvem novos comportamentos ou a prática de coisas que a pessoa tem evitado há muito tempo, frequentemente ocorrem resultados que a pessoa não previu. Esses resultados podem ser bem recebidos (p. ex., um elogio) ou ser indesejáveis (p. ex., um amigo reage com raiva). Se o seu cliente registra esses resultados na folha de exercícios, isso faz com que vocês dois lembrem-se de discutir esses resultados inesperados e seus significados na sessão seguinte.

> Se as coisas não aconteceram como você queria, como você lidou com isso?

Com frequência os pressupostos subjacentes preveem que resultados negativos darão origem a consequências terríveis. Por exemplo, pressupostos ansiosos geralmente são uma variação sobre o tema "Se X acontecer ou não acontecer, então coisas ruins vão acontecer". Um segundo pressuposto geralmente está implicado: "E se coisas ruins acontecerem, então será desastroso, e não vou ser capaz de lidar ou reparar de maneira nenhuma".

Pedir a alguém que reflita sobre os resultados indesejados em termos de quão bem os enfrentou aborda esse segundo pressuposto implícito. Quando ocorrem consequências negativas durante experimentos comportamentais, e as pessoas são capazes de lidar suficientemente bem com essas experiências, elas podem, na verdade, experimentar um reforço na autoeficácia. Essa pergunta é planejada para captar e registrar as forças de enfrentamento, para ajudar a mitigar os temores que podem bloquear a mudança comportamental.

Passo 6: compare os resultados reais com as previsões

Quando os experimentos têm início, é natural começar comparando os resultados com as previsões. Conforme mencionado na discussão do Passo 5, é melhor esperar até que inúmeros experimentos tenham sido completados antes de tirar alguma conclusão sólida sobre essa comparação.

QUANDO OS RESULTADOS DOS EXPERIMENTOS NÃO APOIAM INTEIRAMENTE A CRENÇA ORIGINAL

O resultado de cada experimento irá apoiar, não apoiar ou fornecer apoio misto para o pressuposto subjacente testado. Quando a maioria dos resultados dos experimentos não apoiar o pressuposto, então você e o cliente podem construir um novo pressuposto que seja consistente com os resultados.

Por exemplo, Gerry experimentava ansiedade social e previa que as pessoas iriam fazer comentários humilhantes se ele dissesse alguma coisa tola. Depois de realizar inúmeros experimentos em que intencionalmente disse coisas tolas (p. ex., dizer que estava certo de que um time perdedor iria vencer, perguntar onde poderia tomar uma xícara de café quando estava em frente a uma cafeteria), ele observou que seus melhores amigos na verdade não faziam comentários depreciativos quando ele dizia coisas tolas (p. ex., "Você é tão ridículo!", e membros dos seus grupos de trabalho não o ridicularizavam nessas circunstâncias).

Ao revisar esses resultados, Gerry comentou que seus amigos ridicularizavam todos os membros do seu grupo em momentos diferentes e que estas frequentemente pareciam ser gozações bem-humoradas em vez de expressões de ataque. De fato, ele não encontrou qualquer evidência de que seus amigos pensassem mal dele depois de dizer coisas tolas. Gerry relacionava seus temores da ansiedade social ao *bullying* que havia sofrido no ensino médio. Suas experiências atuais eram bem diferentes daquelas, e ele foi capaz de ver que, como um homem adulto com amigos e família que gostavam dele, as consequências de cometer erros ou de dizer coisas tolas provavelmente não seriam sérias. Seu novo pressuposto subjacente era: "Se eu disser coisas tolas ou cometer erros como adulto, qualquer provocação que eu receber será bem-humorada e não perigosa". Gerry continuou a praticar dizer e fazer coisas tolas até seus medos diminuírem e ele estar confiante em seu novo pressuposto.

QUANDO OS RESULTADOS DOS EXPERIMENTOS APOIAM A CRENÇA ORIGINAL

Quando o pressuposto subjacente que você e o cliente estão testando for apoiado pelos resultados dos experimentos, vocês dois precisam considerar as implicações desse achado. Por exemplo, Malik e sua terapeuta conduziram experimentos para testar sua crença: "Se eu disser aos outros que sou *gay*, eles vão me rejeitar". Malik não queria realizar experimentos com pessoas que o conheciam porque achava que os riscos eram muito altos. Assim, ele e sua terapeuta elaboraram uma série de experimentos que poderiam ser realizados com estranhos. Primeiro, ele criou uma nova conta de *e-mail* com um perfil falso. Então, entrou em diversos *websites* usando esse endereço de e-mail, que não estava associado a nenhuma das suas contas regulares. Fez postagens em cinco diferentes grupos de discussão sobre vários tópicos sem nenhum incidente e, então, postou um novo comentário em cada grupo em que mencionou que era *gay*. Cada uma dessas mensagens que incluíam que ele era *gay* recebeu inúmeras respostas hostis de outros membros desses grupos de discussão. Malik disse que teria se sentido muito ameaçado se essas interações tivessem ocorrido pessoalmente. Antes de dar seguimento a outros experimentos, ele e sua terapeuta discutiram esses resultados.

MALIK: Fiquei muito abalado com alguns dos comentários. As pessoas são ainda mais odiosas do que eu previ.

TERAPEUTA: Lamento que essa tenha sido a sua experiência.

MALIK: Obrigado. Agora você consegue entender por que eu não quero contar a ninguém que sou *gay*.

TERAPEUTA: Entendo por que isso parece ser tão arriscado.

MALIK: Então o que posso fazer?

TERAPEUTA: Primeiro, acho que deveríamos examinar atentamente esses primeiros experimentos. Você acha que todos os grupos de discussão no *website* teriam os mesmos resultados?

MALIK: O que você quer dizer? Todos os cinco tiveram o mesmo resultado.

TERAPEUTA: Bem... para considerar um tipo de experimento diferente, se você tivesse postado em um grupo de discussão *gay*, você acha que teria sido atacado?

MALIK: Não, é claro que não, mas estamos falando de contar aos meus amigos heterossexuais e à família que sou *gay*. E acho que é muito arriscado.

TERAPEUTA: Certo, mas eu me pergunto se há pessoas a meio caminho entre aquelas que vão atacar os *gays* e aquelas são *gays* e são receptivas.

MALIK: Tenho certeza de que elas existem. Mas como você vai saber o que alguém vai dizer ou pensar se você contar?

TERAPEUTA: Esta é uma questão importante – como você pode aprender a avaliar e supor quando será seguro contar a alguém que você é *gay*.

MALIK: Sim.

TERAPEUTA: Talvez nosso experimento não tenha sido elaborado da melhor maneira. Na realidade, é improvável que você simplesmente escolhesse um grupo aleatório e anunciasse que é *gay*, especialmente não nas mídias sociais, nas quais sabemos que as pessoas são atacadas por quase todos os motivos. Você conheceria algumas pessoas em um grupo e primeiro faria suposições sobre a segurança disso.

MALIK: Hum-hum.

TERAPEUTA: Você acha mais provável que se assuma primeiro para um grupo novo, para um grupo do qual conhece a maioria das pessoas ou para um indivíduo que você conhece muito bem?

MALIK: Provavelmente para um indivíduo, não um grupo. E alguém a quem eu conheça muito bem.

TERAPEUTA: Você notou algum indivíduo nos grupos de discussão em que estava participando na semana passada que parecia amável e amistoso?

MALIK: Você quer dizer com meu novo perfil e endereço de *e-mail*?

TERAPEUTA: Sim.

MALIK: Sim, havia algumas postagens de uma mulher chamada Deja. Ela parecia muito consistente e gentil.

TERAPEUTA: Você pode escrever uma mensagem para apenas um indivíduo nesse grupo de discussão?

MALIK: Sim, acho que sim.

TERAPEUTA: O que você prevê que aconteceria se escrevesse para Deja e lhe contasse o quanto se sente mal acerca de alguns *posts* com ataques homofóbicos que você recebeu?

MALIK: Não sei.

TERAPEUTA: O que a sua crença que estamos testando iria prever?

MALIK: Ela vai me rejeitar. Não vai responder ou vai responder alguma coisa negativa.

TERAPEUTA: Acho que, se ela não responder, não vamos saber se ela está fora da cidade, ou se saiu do grupo de discussão, ou se está rejeitando-o. Se ela escrever alguma coisa apoiadora, isso ficará claro?

MALIK: Sim.

TERAPEUTA: No mundo real, Deja é o tipo de pessoa em quem você confiaria para conversar sobre ser *gay*?

MALIK: Acho que sim. Até onde sei.

TERAPEUTA: Certo. É difícil identificar na internet. Não sabemos se outras pessoas naqueles grupos de discussão têm perfis falsos como você fez. Não sabemos se os *posts* que eles fazem são representativos de como eles são com pessoas reais em suas vidas.

MALIK: Não, não sabemos. Mas sei que algumas pessoas são muito desagradáveis quando sabem que você é *gay*. Seja este o cenário completo ou não, eles têm algum ódio em seus corações.

TERAPEUTA: Sim, certamente sabemos que isso é verdadeiro para algumas pessoas. O que não sabemos é se algumas pessoas heterossexuais o aceitariam se você lhes contasse que é *gay*.

MALIK: É.

TERAPEUTA: Você disse que se sentia ameaçado por alguns dos *posts* que as pessoas fizeram depois que você disse que era *gay*. Você acha possível que algumas pessoas que poderiam ser apoiadoras ficaram muito intimidadas para expressar seu apoio porque também se sentiram ameaçadas?

MALIK: Acho que é possível.

TERAPEUTA: Então talvez uma conversa individual possa ser um ponto de partida mais seguro na internet, assim como na vida real.

MALIK: Talvez.

Quando a terapeuta continuou a examinar os resultados dos experimentos iniciais de Malik, ela considerou as implicações do que havia acontecido em seus experimentos *on-line* e como isso pode se ajustar ou não a outros aspectos relevantes das suas preocupações sobre contar aos outros que ele era *gay*. Embora os experimentos tenham apresentado resultados que se ajustavam às previsões de Malik, ela o ajudou a considerar características desses experimentos que poderiam ser mudadas para explorar mais significativamente se outros resultados mais desejáveis eram possíveis em circunstâncias diferentes. À medida que a terapia prosseguiu, ela e Malik tiveram oportunidades de elaborar experimentos adicionais para testar seu pressuposto subjacente. Ao mesmo tempo, a terapeuta apoiou o desejo de Malik de estar seguro e aprender a avaliar quando e como poderia conversar com outras pessoas sobre ser *gay*.

Quando os resultados dos experimentos de Malik apoiaram seu pressuposto subjacente, isso originou discussões sobre que tipos de experimentos ele poderia conduzir para simular mais aproximadamente seu comportamento na vida real e quais eram as chances de esses experimentos também apoiarem seu pressuposto. A terapeuta apoiou o desejo de Malik de se manter seguro, e esses experimentos foram planejados com a segurança em mente.

Em outros casos em que os resultados dos experimentos apoiam as previsões, esses achados sugerem que o cliente precisa fazer algum tipo de mudança. Outro cliente, Deven, queria fazer amigos e, no entanto, mantinha este pressuposto: "Se eu pedir que alguém faça alguma coisa comigo, essa pessoa vai recusar, portanto não vale a pena tentar". Seu pressuposto dissuadiu Deven de tomar iniciativa em seus relacionamentos. Ele esperava que os outros o convidassem para fazer coisas. Em consequência, acabou ficando muito isolado. Ele e sua terapeuta elaboraram uma série de experimentos em que ele convidava colegas de trabalho e alguns vizinhos aparentemente amistosos para fazer coisas com ele (p. ex., caminhar ou andar de bicicleta, ir a uma cafeteria juntos). Na semana seguinte, Deven fez cinco convites a várias pessoas, e todas elas recusaram. Quando chegou para a sessão seguinte, estava muito desanimado. A próxima seção ilustra como sua terapeuta usou o diálogo socrático para examinar seus experimentos e ajudar Deven a encontrar um caminho para seguir em frente.

Exame dos experimentos comportamentais usando o diálogo socrático

Sejam quais forem os resultados dos experimentos comportamentais, é sua função como clínico auxiliar os clientes a aprenderem alguma coisa relevante com eles. O diálogo socrático é a abordagem preferida para comparação de resultados de previsões porque você deverá estimular os clientes a tirarem suas próprias conclusões, em vez de apontar primeiro o que você observa. A vantagem de usar o diálogo socrático é que ele pode aumentar a confiança do cliente nas suas conclusões e provocar maior mudança (Padesky, 1993a; Braun, Strunk, Sasso, & Cooper, 2015; Heiniger, Clark, & Egan, 2017). Observe o uso que a terapeuta de Deven fez do diálogo socrático quando o entrevistou sobre seus experimentos. As etapas do diálogo socrático estão resumidas no final desta interação.

DEVEN: Então agora você pode acreditar em mim. Mesmo quando eu convido as pessoas para fazer alguma coisa comigo, elas dizem não. Então não vale a pena tentar.

TERAPEUTA: Isso certamente se ajusta às suas experiências nesta semana. Poderíamos conversar um pouco mais sobre o que aconteceu?

DEVEN: Com certeza.

TERAPEUTA: Fale-me sobre as pessoas que você convidou, para que você as convidou e como elas responderam.

DEVEN: Convidei Jamal, um colega do trabalho, para assistir a um novo filme sobre o qual conversamos no almoço. Aquela parecia ser uma oportunidade natural, como você e eu conversamos na última vez.

TERAPEUTA: Sim, muito bem.

DEVEN: Bem, ele disse que já tinha planos com a namorada de ir assistir a esse filme. Então isso foi um não. Depois perguntei ao outro colega que estava por perto ouvindo a nossa discussão se ele queria ir ao cinema, mas ele disse que não gostava daquele tipo de filme. Outro não. No dia seguinte pergun-

DEVEN: tei à minha vizinha do lado se ela queria caminhar comigo todas as manhãs às 7h antes de eu ir para o trabalho, mas ela simplesmente riu e disse: "De jeito nenhum!". Aquele foi um não bem grande. Então a convidei para andar de bicicleta comigo no fim de semana. Ela disse que ia pensar, mas que estaria muito ocupada nas semanas seguintes. Então isso soou como um não, você não acha?

TERAPEUTA: É difícil ter certeza, mas parece que poderia ser um não.

DEVEN: Tudo bem. Então eu convidei meu primo para ir comigo ao México nas férias no mês que vem, mas ele disse que não podia pagar pela viagem. Ele gasta muito dinheiro com *videogames* e outras besteiras, então eu acho que ele poderia pagar a viagem, mas apenas não quis ir comigo.

TERAPEUTA: Quero lhe dar os parabéns por convidar as pessoas para fazer coisas com você cinco vezes nesta semana, conforme discutimos. Foi difícil fazer isso?

DEVEN: Não tão difícil quanto pensei, mas eu tinha começado a sentir esperança de que você pudesse estar certa e alguém faria alguma coisa comigo, então foi difícil para mim que todos tenham dito não.

TERAPEUTA: Lamento que tenha sido assim. (*Pausa*) Ao mesmo tempo, estou impressionada por você ter persistido.

DEVEN: Obrigado.

TERAPEUTA: Vejo que você escreveu cada um desses experimentos na sua cópia da Folha de Exercícios 11.2, e na última coluna, que pergunta o que você aprendeu em relação ao seu pressuposto, você escreveu: "Ninguém quer fazer nada comigo".

DEVEN: Hum-hum.

TERAPEUTA: Estou pensando se há outras coisas que possamos aprender com seus experimentos.

DEVEN: Como o quê?

TERAPEUTA: Bem, essa conclusão soa para mim como se todos lhe tivessem dito não por causa de alguma coisa com você. Se esse for o caso, então talvez precisemos conversar sobre as mudanças que você precisa fazer para que alguém queira fazer coisas com você.

DEVEN: O que você quer dizer?

TERAPEUTA: Não tenho certeza. Vamos ter que descobrir juntos. Talvez possamos aprender alguma coisa com essas experiências que vão nos ajudar a descobrir, mas primeiro devemos ter certeza de que cada uma das pessoas disse não por causa de alguma coisa com você.

DEVEN: O que mais poderia ser?

TERAPEUTA: Vamos anotar as razões por que as pessoas lhe disseram não.

Durante os minutos seguintes, eles discutiram cada rejeição, e Deven escreveu o seguinte resumo:

Jamal já tinha planos de assistir ao filme com sua namorada.

O outro rapaz não gosta desse tipo de filme, e na verdade nós não nos conhecemos.

Talvez 7h da manhã seja muito cedo para ela, ou talvez ela não goste de caminhar (na verdade, eu não sei, mas ela foi amigável quando a convidei, e um observador que nos visse provavelmente não acharia que parece uma rejeição).

Realmente muito ocupada ou talvez um redondo não, não posso ter certeza.

A viagem para o México pode não ser algo em que meu primo queira gastar seu dinheiro.

TERAPEUTA: Certo. Em quantas dessas vezes o fato de lhe terem dito não tem a ver com você, em quantas tem a ver com outras pessoas ou circunstâncias e em quantas você desconhece?

DEVEN: As do cinema não parecem ter alguma coisa a ver comigo. Não tenho muita certeza em relação à minha vizinha ou ao meu primo.

TERAPEUTA: Hummm. O que você conclui disso?

DEVEN: As pessoas podem dizer não por razões que não têm nada a ver comigo.

TERAPEUTA: (*Escrevendo o que Deven está dizendo*) Isso parece importante. Mais alguma coisa?

DEVEN: Bem, como já conversamos, algumas vezes o *timing* do convite pode fazer diferença. Algumas pessoas não gostam de caminhar às 7h da manhã. E algumas pessoas gostam de planejar as férias com mais do que algumas semanas de antecedência.

TERAPEUTA: (*Anota para que Deven possa ver: "O momento em que você convida pode fazer diferença."*)

DEVEN: (*Inclinando-se para ver no resumo o que sua terapeuta está escrevendo*) É isso mesmo.

TERAPEUTA: O quanto você acredita nessas duas ideias?

DEVEN: Acredito que as pessoas podem dizer não por razões que não têm nada a ver comigo aproximadamente 95%. E acredito que o tempo pode fazer diferença uns 80%.

TERAPEUTA: E isso afeta a sua certeza sobre a conclusão que você escreveu na sua folha de exercícios: "Ninguém quer fazer nada comigo"?

DEVEN: Acho que não posso saber isso com certeza neste momento porque havia outras razões para o cinema, e a hora pode ter sido errada para uma ou duas das outras coisas que eu tentei.

TERAPEUTA: Você consegue pensar em uma maneira para planejar alguns experimentos adicionais e levar em conta essas novas ideias que descobriu hoje?

DEVEN: Acho que eu precisaria ajustar o *timing*.

TERAPEUTA: Como você poderia fazer isso?

DEVEN: Bem, em vez de convidar uma pessoa para fazer alguma coisa em um dia específico, eu poderia perguntar se ela gostaria de fazer isso em algum momento. Então, se ela dissesse sim, eu poderia perguntar quando poderia fazer isso comigo.

TERAPEUTA: Parece uma boa ideia. Por que você não escreve isso nas suas anotações da terapia?

DEVEN: (*Depois de escrever sua primeira ideia*) Talvez se eles disserem não ou tiverem outros planos, eu possa lhes perguntar: "Você quer fazer alguma coisa comigo em outro momento ou não?". Só assim vou saber.

TERAPEUTA: Isso certamente ajudaria. No entanto, acho que, se você falasse de forma assim tão forte comigo, eu me sentiria um pouco contra a parede. Você consegue pensar em uma maneira de dizer isso que dê às pessoas mais chance de dizer sim ou não sem que seja de forma tão enfática?

DEVEN: Que tal: "Tudo bem se você tem outros planos para este fim de semana. Há algum outro momento em que possamos fazer alguma coisa, ou está muito ocupado para fazer coisas comigo o tempo todo?".

TERAPEUTA: (*Escrevendo o que Deven perguntou*) Quando você diz dessa forma, para mim seria mais fácil responder. E como você está se sentindo por dentro enquanto faz essa pergunta?

DEVEN: Nervoso. E com um pouco de raiva se eles disserem que nunca querem fazer nada comigo.

TERAPEUTA: Sim, você até pareceu um pouco irritado comigo quando fez a pergunta. Você consegue pensar em uma maneira de pensar nisso que faça você se sentir mais relaxado enquanto faz a pergunta?

DEVEN: Hummm... Acho que isso me informaria se devo continuar tentando com essa pessoa ou não. E isso me pouparia tempo.

TERAPEUTA: Isso parece ser uma coisa boa?

DEVEN: Sim.

TERAPEUTA: Eu escrevi aqui o que você me perguntou. Por que você não examina isso e tenta me perguntar novamente? E tenha em mente que, independentemente da forma como eu responder, isso terá utilidade para você.

DEVEN: Certo. (*Dando uma olhada no papel*) Certo, então você tem outros planos neste fim de semana. Em algum outro momento você gostaria de fazer alguma coisa, ou prefere não fazer?

TERAPEUTA: Como você se sentiu perguntando isso?

DEVEN: Assim foi melhor. Foi mais como se eu quisesse saber uma coisa ou a outra, mas ainda me sinto um pouco esquisito perguntando isso.

TERAPEUTA: Você consegue pensar em uma forma melhor de dizer isso?

DEVEN: Talvez "Certo, não neste fim de semana. Se você quiser me encontrar e fazer alguma coisa, me avise. Este é o meu número".

TERAPEUTA: Isso pareceu mais relaxado. Como você se sentiu?

DEVEN: Assim é melhor. Acho que eu pareço um pouco desesperado quando pergunto se a pessoa vai querer se encontrar comigo qualquer dia desses. Parece mais normal dizer "Me ligue se você quiser fazer alguma coisa".

TERAPEUTA: Por que você não escreve isso para que possa se lembrar? (*Espera enquanto Deven escreve.*) É isso que você gostaria de praticar nesta semana?

DEVEN: Sim.

TERAPEUTA: Então você apresentou duas ideias aqui (*apontando para as notas da terapia escritas à mão por Deven*). Primeiro, deixar o horário em aberto e perguntar algo como "Você gostaria de ir ao cinema qualquer dia desses?". Se a resposta for sim, você pode fazer um plano. Se a pessoa responder que não tem certeza se terá tempo, você pode dizer alguma coisa como "Caso você queira se encontrar comigo, me ligue. Este é o meu número". Está correto assim?

DEVEN: Exatamente.

TERAPEUTA: Certo. Vamos elaborar essa nova maneira como um experimento e fazer algumas previsões.

QUATRO ESTÁGIOS DO DIÁLOGO SOCRÁTICO

A terapeuta de Deven o ajudou sistematicamente a esclarecer os resultados de seus experimentos comportamentais para que ele pudesse aprender ideias úteis a partir deles. Em vez de apontar que ele poderia estar tirando conclusões apressadas ou sugerir formas alternativas de interpretar as respostas das pessoas aos seus convites, ela seguiu os quatro estágios do diálogo socrático descritos por Padesky (1993a). Esses quatro estágios oferecem um formato útil para examinar experimentos comportamentais e outras tarefas de aprendizagem para seus clientes realizarem entre as sessões. O diálogo socrático também fornece uma estrutura para o teste das crenças na sessão. Vamos recapitular como cada estágio ocorreu nessa entrevista com Deven.

> ## Quatro estágios do diálogo socrático
> (Padesky, 1993a)
>
> 1. Perguntas informacionais
> 2. Escuta empática
> 3. Resumo por escrito
> 4. Perguntas analíticas ou sintetizadoras

Estágio 1. Perguntas informacionais

A terapeuta de Deven começou fazendo perguntas informacionais sobre o que aconteceu em seus experimentos. As perguntas informacionais devem ser motivadas pela curiosidade geral, e não por uma intenção de encontrar falhas nos significados ou conclusões que alguém tirou. Pergunte: "Quem? Onde? Quando? Quanto tempo? O que você pensou/sentiu/experimentou? Como os outros reagiram/olharam? O que disseram?". Faça todas as perguntas que parecerem relevantes para que você possa entender o que aconteceu e como seu cliente experimentou esses eventos. Imagine ativamente o que seu cliente descreve para que possa indagar sobre as partes da experiência que o cliente pode não pensar em mencionar espontaneamente.

As seções da entrevista em que a terapeuta de Deven fez essas indagações não são apresentadas no trecho anterior. Ela fez perguntas como estas: "Como era o olhar no rosto da sua vizinha quando você a convidou para caminhar com você às 7h da manhã?" e "Se eu estivesse observando vocês dois a distância, me pareceria que vocês estavam tendo uma conversa relaxada ou era como se ela estivesse tentando sair dali o mais rápido possível?". Essas perguntas precisam ser feitas com curiosidade e expressões genuínas do seu desejo de entender plenamente as experiências do seu cliente.

Estágio 2. Escuta empática

Enquanto seus clientes lhe descrevem suas experiências, escute com empatia. A terapeuta de Deven fez declarações empáticas, como "Isso certamente se ajusta às suas experiências nesta semana" e "Lamento que tenha sido assim". Ela associou essas declarações a acenos de cabeça, expressões faciais atenciosas e sorrisos, quando sorrir pareceu apropriado. Ela também expressou atenção posteriormente na entrevista, dando a Deven um *feedback* honesto de que algumas das perguntas propostas a fizeram se sentir desconfortável: "Acho que você me disse isso de forma muito forte, eu me sentiria um pouco contra a parede". Isso lhe deu a chance de encontrar formas de se expressar que poderiam ter melhor sucesso social. Além da empatia, assegure que a sua escuta seja acurada. Pratique o uso das palavras exatas do cliente quando você tomar notas. Reproduza o que os clientes dizem em suas próprias palavras e imagens em vez de parafraseá-las, para certificar-se de que você as ouviu acuradamente, e também para comunicar que você está ouvindo de forma atenta.

Não é necessário expressar empatia ao extremo ou por longos períodos de tempo, a não ser que consciência emocional seja a tarefa do momento na terapia e/ou a pessoa com quem você está trabalhando esteja ativamente mantendo as emoções a distância. Expressões de empatia geralmente aumentam a emoção que alguém sente. Se um cliente já está sentindo uma emoção intensa, como depressão, ansiedade elevada ou vergonha, será mais terapêutico associar uma declaração genuinamente empática com um convite para ação. Por exemplo, se alguém diz "Estou tão desesperadamente com dor que quero me matar", expressar empatia (p. ex., "Posso ouvir seu desespero. Lamento que você se sinta assim") pode parecer útil no momento. No entanto, unicamente expressões repetidas de empatia podem com o tempo intensificar as respostas de uma pessoa desanimada. Acrescentar um componente de ação/aprendizagem à sua resposta muda tudo: "Posso ouvir seu desespero. Lamento que você se sinta assim. Vamos ver o que podemos elaborar juntos que possa ajudar a aliviar a sua dor". *Associar empatia a um compromisso com algum tipo de aprendizagem ou ação oferece esperança*, em vez de simplesmente sublinhar a resposta emocional do cliente.

Estágio 3. Resumo por escrito

Quando seus clientes respondem suas perguntas informacionais e você escuta com empatia, faça um resumo por escrito do que eles lhe dizem, especialmente informações que podem ajudá-los a encontrar um caminho para seguir em frente com suas dificuldades. Você pode resumir reações, pensamentos, observações, *insights* ou alguma outra informação dos clientes. Mais uma vez, para qualquer coisa que você registrar, certifique-se de usar as palavras e imagens exatas do cliente ao escrever o resumo. Se um cliente diz "Minha cabeça estava girando", e você escreve "Você se sentiu muito confuso", seu resumo poderá não ter ressonância para seu cliente quando o examinarem mais tarde. Quando os resumos são escritos nas palavras exatas dos clientes, eles podem revisá-los e processá-los imediatamente sem ter que comparar suas experiências com as palavras escritas.

A terapeuta de Deven, na verdade, pediu que *ele* escrevesse um resumo do que eles discutiram acerca dos seus vários experimentos. Ela tomou notas durante a discussão, escrevendo suas palavras exatas. Ela leu suas palavras para ele como estímulos quando chegou a hora de Deven escrever declarações sumárias. Esse processo resultou em um resumo de próprio punho de Deven. Ideias escritas de próprio punho pelo cliente podem parecer mais críveis. Isso também oferece um lembrete visual de que essas eram as "minhas ideias".

Mais tarde na entrevista, a terapeuta de Deven apresentou um resumo oral das suas notas do que Deven havia imaginado:

> "Então você apresentou duas ideias aqui *(apontando para o resumo escrito a mão por Deven)*. Primeiro, deixar o horário em aberto e perguntar algo como: 'Você gostaria de ir ao cinema algum dia desses?'. Caso a resposta seja sim, você pode fazer um plano. Se a resposta da pessoa for que não está certa se terá tempo, você vai dizer algo como: 'Se você quiser se encontrar comigo, me ligue. Este é o meu celular'. Está correto?". Depois que Deven concordou com esse resumo, seria importante que ele registrasse isso em suas notas da terapia (no próprio livro de exercícios de *A mente vencendo o humor* ou em um registro no papel ou eletrônico das suas sessões). Os resumos por escrito aumentam a probabilidade de que ideias importantes sejam lembradas e executadas nas semanas seguintes.

Estágio 4. Perguntas analíticas ou sintetizadoras

Os resumos por escrito também desempenham um papel importante durante o estágio final do processo do diálogo socrático. Em última análise, o propósito de um diálogo socrático é ajudar o cliente a elaborar novas ideias, desenvolver crenças alternativas ou aplicar o que foi discutido na sessão para ajudá-lo na(s) semana(s) seguinte(s). Isso pode ser difícil de fazer se os detalhes e as nuanças de uma discussão forem esquecidos. O resumo por escrito é algo que o cliente pode examinar quando refletir sobre as respostas às suas perguntas finais, o que Padesky (1993a) chama de perguntas "sintetizadoras" ou "analíticas".

Perguntas sintetizadoras guiam os clientes para combinar as informações reunidas

Dica clínica

Todos os quatro estágios do diálogo socrático são necessários. Sem a fundamentação fornecida pelas perguntas informacionais, escuta empática e resumos por escrito, a maioria dos clientes não achará fácil responder perguntas como: "Em que aspectos o que conversamos hoje se ajusta às suas crenças originais?" ou "Como você pode usar o que discutimos nesta semana para se ajudar?".

em seu resumo com as questões que estão sendo discutidas na terapia. Perguntas sintetizadoras comuns incluem: "O que você pensa deste resumo?" e "Em que aspectos o que resumimos aqui se ajusta à sua crença original?". Depois de terem examinado o sumário por escrito dos seus experimentos e as razões para cada pessoa ter dito não, a terapeuta de Deven fez esta pergunta sintetizadora:

"Isso afeta a sua certeza sobre a conclusão que você escreveu na sua folha de exercícios, 'Ninguém quer fazer nada comigo'?"

Perguntas analíticas pedem que as pessoas considerem como usar o que aprenderam e resumiram na sessão para desenvolver um plano útil para a(s) próxima(s) semana(s). Essas perguntas ajudam os clientes a elaborar os próximos passos ou novas formas de pensar. A pergunta analítica mais simples é: "Como você pode usar essas ideias e observações para se ajudar nesta semana?". A terapeuta de Deven formulou esta pergunta analítica:

"Você consegue pensar em uma maneira de planejar alguns experimentos adicionais e levar em conta essas novas ideias que descobriu hoje?"

A maioria dos terapeutas está familiarizada com a formulação de perguntas informacionais e com a escuta empática. Auxiliar seus clientes a fazer resumos por escrito do que eles observaram e aprenderam e formular perguntas analíticas ou sintetizadoras para ajudá-los a aplicar sua aprendizagem são os estágios típicos do diálogo socrático. Esses dois últimos estágios são planejados para garantir que seus clientes descubram e se lembrem das novas ideias e também para ajudá-los a descobrir como usar essas ideias para fazer progresso. Conforme observado anteriormente neste capítulo, quando dizemos aos nossos clientes o que fazer, eles frequentemente dizem: "Sim, esta é uma boa ideia, mas...". Quando os clientes elaboram novas ideias para ajudar a si mesmos, é maior a probabilidade de se sentirem capazes e dispostos a experimentar essas ideias.

Experimentos comportamentais, diálogo socrático e nossas "duas mentes"

O processo envolvido na elaboração e condução de experimentos comportamentais, e depois seu exame com o diálogo socrático, facilitam a comunicação entre as "duas mentes" dos clientes. "Duas mentes" é uma metáfora abreviada para a teoria do processo dual da cognição descrita por Epstein (1994), Kahneman (2013) e outros. Epstein demonstrou em inúmeros estudos que todos nós tomamos decisões em nossas vidas usando dois sistemas mentais: um sistema de pensamento experiencial rápido, que está sujeito ao processamento emocional e intuitivo ("sensação"), e um sistema de pensamento racional, mais deliberado e mais lento, que é capaz de considerar e pesar as evidências.

O primeiro sistema mental, mais rápido, provavelmente prevalecerá quando as duas mentes estiverem em conflito. Por exemplo, se conhecemos Barry e, no nosso primeiro encontro, temos a impressão de que ele é honesto e gentil (pensamento experiencial), e posteriormente alguém nos diz que Barry mentiu e se aproveitou de alguém, a maioria de nós irá ignorar a informação negativa em favor da nossa "sensação" de que Barry é um homem bom. Podemos pensar: "Provavelmente há uma boa explicação para o que Barry fez, porque ele é honesto e gentil".

É preciso um trabalho mental considerável para mudarmos de ideia sobre Barry, porque temos que superar nossa tendência a acreditar no que nossa mente experiencial nos diz.

Os pressupostos subjacentes apresentam características do pensamento experiencial rápido. Imagine que você tenha uma cliente chamada Emma, que tem o pressuposto subjacente: "Se eu cometer um erro, então as pessoas vão pensar mal de mim". Quando Emma está em uma situação social e comete um erro, imediatamente responde com embaraço e evita o contato visual com os outros. Ela não contempla os vários aspectos da situação ou olha para verificar como os outros estão reagindo realmente. Em vez disso, responde rapidamente e age como se seu pressuposto fosse verdadeiro. Há duas maneiras de abordar a crença de Emma na terapia. Uma delas é discutir a situação com ela e examinar as evidências para verificar se ela pode ter tirado conclusões apressadas. Isso poderia ser útil *a posteriori* para essa situação particular. No entanto, na próxima vez que cometer um erro, Emma provavelmente vai reagir de acordo com seu pressuposto original.

Uma segunda forma de abordar sua crença é elaborar uma série de experimentos comportamentais em que você e Emma predizem o que acontecerá caso seu pressuposto seja verdadeiro e o que acontecerá se não for verdadeiro. Depois que Emma realizar esses experimentos, vocês poderão examiná-los juntos – engajando sua mente analítica mais lenta e prestando particular atenção a resultados inesperados. Com o tempo, se a experiência de Emma não se ajustar ao que é previsto pelo seu pressuposto subjacente original, ela desenvolverá um novo pressuposto subjacente em que tanto a mente experiencial quanto a analítica acreditem. A mente experiencial deve ser convencida de que um novo pressuposto subjacente é "verdadeiro" como sensação antes que ele possa guiar suas reações. Isso só é possível se Emma "trilhou" e experimentou o pressuposto em ação tanto quanto "falou" sobre ele.

Assim, uma forma de entender a força dos experimentos comportamentais para modificar as crenças e apoiar a mudança de comportamento é que eles facilitam a comunicação entre as mentes experiencial e analítica do cliente. Os componentes ativos dos experimentos comportamentais são necessários para engajar e influenciar a mente experiencial do cliente; a mente analítica está envolvida quando você e o cliente examinam os experimentos, extraindo o máximo de aprendizagem possível a partir deles (Padesky, 2004a). Quando você conduzir experimentos comportamentais, desenvolva esforços para engajar as mentes experiencial e analítica do cliente. Tenha em mente que experimentos comportamentais têm maior impacto quando são elaborados colaborativamente, conduzidos com curiosidade genuína e examinados quando você e o cliente mantêm uma mente aberta. Embora muitos clientes iniciem esse processo com ceticismo, os clínicos aumentam a credibilidade dos experimentos comportamentais quando demonstram as qualidades da colaboração, da curiosidade e da mente aberta durante o processo.

DESENVOLVENDO E FORTALECENDO NOVOS PRESSUPOSTOS SUBJACENTES

Quando os experimentos comportamentais não apoiam os pressupostos subjacentes que você e o cliente testaram, ajude seu cliente a desenvolver novos pressupostos subjacentes. Novos pressupostos subjacentes geralmente emergem das declarações sumárias que descrevem o que foi aprendido a partir dos experimentos. Esses novos pressupostos geralmente têm mais nuanças do que os pressupostos antigos. Em vez de estabelecerem regras amplas indiferenciadas, os novos pressupostos algumas vezes apresentam uma variedade de regras que abrangem várias circunstâncias. Por exemplo, depois de algumas semanas de experimentos adicionais, Deven escreveu os seguintes pressupostos, que combinam com suas experiências:

> Se eu permitir flexibilidade no horário, então algumas pessoas que eu convidar para fazer coisas vão aceitar.
>
> Se as pessoas não concordarem em fazer coisas comigo, frequentemente será por causa de fatores que não têm nada a ver comigo.
>
> Se as pessoas concordarem em fazer coisas comigo uma vez, então esta é uma chance de ver se nos gostamos o suficiente para fazermos mais coisas juntos.
>
> Se eu fizer coisas com outras pessoas, nem sempre vou querer fazer novamente. Isso não quer dizer que haja algo de errado com elas. Nem todas as pessoas são compatíveis.
>
> Portanto, se outras pessoas não quiserem fazer mais coisas comigo depois da primeira vez, então isso não quer dizer que haja algo de errado comigo. É provável que simplesmente não sejamos compatíveis.

Esses novos pressupostos aumentaram a disposição de Deven para continuar convidando pessoas para fazerem coisas com ele. Mesmo depois que os clientes desenvolvem novos pressupostos subjacentes, é importante que continuem realizando experimentos até que tenham alto grau de confiança em seus novos pressupostos.

Benefícios dos novos pressupostos subjacentes

Muitos benefícios decorrem do desenvolvimento de novos pressupostos subjacentes porque essas crenças guiam o comportamento das pessoas, suas respostas emocionais e interações interpessoais. Considere os novos pressupostos subjacentes de Deven, resumidos anteriormente. Seus novos pressupostos possibilitaram que ele continuasse convidando pessoas, mesmo quando na maioria das vezes lhe diziam não. Também o ajudaram a modular suas reações de humor ao ouvir as pessoas dizerem não e à potencial perda da amizade quando as pessoas demonstravam pouco interesse em continuar suas interações com ele. Seus novos pressupostos o ajudaram a se aproximar de pessoas novas de uma forma mais exploratória, porque concebiam os encontros sociais como "uma chance de ver se nos gostamos o suficiente para fazermos mais coisas juntos". Quando você se concentra nos pressupostos subjacentes que mantêm os estados de humor angustiantes e os comportamentos dos clientes, os novos pressupostos também ajudam a construir uma plataforma robusta para o manejo de recaídas.

Uma abordagem alternativa: agir "como se" os novos pressupostos fossem verdadeiros

Algumas vezes uma abordagem alternativa pode ser seguida pelo desenvolvimento de novos pressupostos subjacentes. Mooney e Padesky (2000) desenvolveram um modelo para construir e testar diretamente novos pressupostos que se desvia do teste de antigos pressupostos. Sua abordagem é concebida para estimular a criatividade do cliente e focar nas possibilidades em vez de nos problemas existentes. Inclui métodos similares

> **Quadro de lembretes**
>
> Pressupostos subjacentes são regras e crenças que guiam as reações emocionais, os comportamentos e os padrões interpessoais das pessoas. Como tal, eles proporcionam um extenso rol de crenças a serem exploradas na terapia, especialmente quando seus clientes experimentam e desejam mudar reações ou comportamentos persistentes. Os experimentos comportamentais são a intervenção ideal para testar pressupostos subjacentes. Tais experimentos podem render achados inesperados e revelar novos caminhos para mudança, especialmente quando são elaborados colaborativamente e examinados com curiosidade e mente aberta para aprender com os resultados. Por fim, identificar novos pressupostos subjacentes e conduzir experimentos contínuos para refinar a sua aplicação pode dar origem a formas mais adaptativas de viver e a um bem-estar mais positivo.
>
> Encoraje seus clientes a continuarem realizando experimentos até que eles tenham alto grau de confiança em seus novos pressupostos subjacentes. Novos pressupostos ajudam a construir uma plataforma robusta para o manejo de recaídas quando você se concentra nos pressupostos que mantêm estados de humor e comportamentos estressantes.

aos propostos por George Kelly na década de 1950 como parte da teoria dos construtos pessoais (Kelly, 1955a/1991a, 1955b/1991b). Mooney e Padesky sugerem que quando os clientes estão motivados para mudar comportamentos ou respostas emocionais, mas têm dificuldade em fazê-lo, os terapeutas podem começar pela identificação dos pressupostos subjacentes existentes que mantêm suas reações atuais, seguindo as diretrizes apresentadas anteriormente neste capítulo.

Em seguida, eles propõem que os terapeutas ajudem os clientes a identificar novas possibilidades emocionais e comportamentais que gostariam de obter. Essas novas possibilidades são elaboradas em mais detalhes na sua abordagem. Por exemplo, Deven poderia imaginar que queria se aproximar das pessoas com um sorriso e mais leveza. Ele seria estimulado a observar a sensação que isso causaria em seu corpo. Sua imaginação poderia levá-lo a notar um sentimento de abertura no peito, relacionado a novas possibilidades, e um sentimento de calma no estômago, relacionado a sentir-se seguro na sua possibilidade de ser amado, independentemente das respostas que outras pessoas possam lhe dar. Sua terapeuta o estimularia a evocar alguma lembrança de sentir-se assim no passado e a gerar lembranças pessoalmente significativas que poderiam trazer esses sentimentos à tona rapidamente quando ele quisesse recapturá-los. Por exemplo, Deven poderia recordar que se sentiu assim quando jogava determinados *videogames* e comparar essa experiência com "Eu sou o personagem principal com muitas vidas acumuladas, portanto vou sobreviver independentemente do que acontecer".

Então, os terapeutas podem perguntar: "Em que novos pressupostos subjacentes você precisaria acreditar para tornar isso possível?". Se os clientes tiverem dificuldade para gerar esses pressupostos, Mooney e Padesky (2000) sugerem pedir-lhes que identifiquem alguém que conhecem (na vida real ou na ficção) que vive a sua vida de forma desejável. Um terapeuta pode perguntar: "Em que pressupostos subjacentes você imagina que essa pessoa deve acreditar para responder dessa forma?". Seguindo esses passos, Mooney e Padesky colaboram com os clientes para planejar experimentos comportamentais que avaliem diretamente os novos pressupostos subjacentes em vez de testar os antigos. Esses experimentos geralmente são planejados com a condição de que os clientes ajam "como se" os novos pressupostos fossem verdadeiros e vejam o que acontece (ver o Apêndice C). As previsões para esses experimentos são feitas segundo as perspectivas dos pressupostos antigos e novos para ver quais se ajustam melhor aos resultados desses experimentos. A folha de exercícios dos experimentos comportamentais (Folha de Exercícios 11.2, *A mente vencendo o humor*, p. 144) também pode ser usada para registrar os resultados dos experimentos dentro dessa abordagem.

GUIA PARA A RESOLUÇÃO DE PROBLEMAS: CAPÍTULO 11 DE *A MENTE VENCENDO O HUMOR*

Este Guia para a Resolução de Problemas começa com os entraves do terapeuta e termina com os pressupostos subjacentes comuns dos clientes e os experimentos comportamentais úteis para testá-los.

Entraves do terapeuta: pressupostos subjacentes e experimentos comportamentais

Em geral, as pessoas ficam muito interessadas em realizar experimentos comportamentais quando as diretrizes oferecidas neste capítulo são seguidas. Portanto, quando surgem entraves relacionados aos pressupostos subjacentes e experimentos comportamentais, isso algumas vezes se deve a alguma deficiência na forma como eles são apresentados e operacionalizados. As próximas seções descrevem algumas das dificuldades mais comuns, além das pistas dadas pelo cliente de que elas estão presentes.

Desinteresse do terapeuta: os clientes reagem com desinteresse

Qualquer tarefa na terapia que seja abordada de forma acadêmica ou intelectual, com pouco interesse expresso por parte do terapeuta, provavelmente vai cair por terra. A curiosidade do terapeuta e o interesse entusiasmado nos pressupostos subjacentes do cliente geralmente são necessários para despertar o interesse dos clientes. Imagine suas respostas como se você fosse o cliente do Terapeuta A ou do Terapeuta B:

TERAPEUTA A: (*Dá uma longa explicação do que são pressupostos subjacentes e como estão relacionados com os pensamentos automáticos. Depois:*) Leve para casa seu livro *A mente vencendo o humor* e tente descobrir seus pressupostos subjacentes nesta semana, usando a Folha de Exercícios 11.1.

TERAPEUTA B: É muito interessante que você tenha tentado mudar esse comportamento. Você quer mudar esse comportamento e, no entanto, não conseguiu fazê-lo. Eu tenho um palpite que pode nos ajudar. Geralmente quando ficamos fazendo a mesma coisa, isso se dá porque estamos operando de acordo com regras ocultas que nos guiam. Se pudermos descobrir quais são as suas regras ocultas, talvez possamos fazer uma diferença real na sua vida. Por exemplo, é quase como se você continuasse fazendo a mesma coisa porque você tem uma regra como esta: "Se eu continuar fazendo X, então...". O que você espera que aconteça? Qual é o melhor que consegue imaginar? E, "Se eu não fizer X, então...". O que você teme que aconteça?

Qual dos terapeutas atrai mais o seu interesse? A maioria das pessoas provavelmente responderá com maior interesse ao Terapeuta B, que parece energizado e curioso, relaciona a identificação dos pressupostos subjacentes à descoberta e à ajuda com um problema que tem sido uma dificuldade e que está pronto para trabalhar ativamente com eles para começar a identificação dos pressupostos subjacentes. Os terapeutas que demonstram curiosidade a cada sessão e elaboram experiências de aprendizagem dentro da sessão têm muito maior probabilidade de despertar interesse em seus clientes do que aqueles que empregam seu tempo ensinando ideias abstratas e depois mandam os clientes para casa para descobrirem os passos seguintes.

Desinteresse do cliente: os pressupostos subjacentes identificados são os mais importantes?

Se você expressou curiosidade e interesse, mas seus clientes parecem desinteressados nos pressupostos subjacentes que você identificou e/ou em realizar experimentos comportamentais para testá-los, então é possível que você esteja trabalhando em pressupostos que não são centrais para as preocupações dos seus clientes. Por exemplo, Catherine estava extremamente ansiosa e queria se sentir melhor. Também era perfeccionista, e seu terapeuta achou que ela sentiria menos ansiedade se relaxasse suas expectativas consigo mesma. Ele a ajudou a identificar este pressuposto subjacente: "Se não for perfeita, então não posso ficar feliz com meu desempenho". Catherine demonstrou pouco interesse em elaborar experimentos para testar esse pressuposto, dizendo: "Não quero fazer coisas com menos qualidade."

O erro do terapeuta foi não relacionar seu pressuposto subjacente à ansiedade de Catherine, que era a sua preocupação principal. Depois de perceber isso, ele ajudou Catherine a identificar este par de pressupostos: "Se eu focar na perfeição, então vou me sentir mais ansiosa e na verdade terei um desempenho aquém do que sou capaz" e "Se eu não focar na perfeição e, em vez disso, focar em fazer o melhor possível para uma qualidade suficientemente boa, então vou me sentir menos ansiosa e poderei, na verdade, ter melhor desempenho". Catherine estava muito intrigada com essas ideias e participou ativamente no planejamento de experimentos comportamentais para ver se esses pressupostos subjacentes se ajustavam à sua experiência.

Experimentos que não ajudam: incluem as partes "Se..." e "Então..."

Algumas vezes os experimentos comportamentais não conduzem a informações claras ou convincentes relacionadas ao pressuposto subjacente original. Isso geralmente ocorre porque os experimentos não são elaborados como um teste claro do pressuposto. Para reduzir a probabilidade de resultados confusos, é importante elaborar experimentos que incluam as partes da crença "Se..." e "Então...". Por exemplo, imagine que Gia tenha este pressuposto subjacente: "Se alguma coisa der errado, então não vou ser capaz de lidar com a situação". Quais dos experimentos comportamentais a seguir são adequados para testar essa crença?

1. Peça que Gia faça uma sondagem com outras pessoas e verifique com que frequência elas conseguem lidar bem com coisas que dão errado.
2. Peça que Gia faça cinco coisas erradas e verifique se coisas ruins acontecem.
3. Faça uma lista de coisas que deram errado na vida de Gia nas quais ela não pensa mais.
4. Faça uma lista de coisas que deram errado na vida de Gia e peça-lhe que avalie como lidou com cada uma.
5. Quando coisas derem errado na semana seguinte, peça que Gia avalie o quanto se sentiu confiante em seu enfrentamento.
6. Peça que Gia planeje coisas para dar errado (p. ex., deixar um ingrediente de fora de uma receita) e depois peça que avalie o quanto ela é capaz de lidar com isso.

Embora cada um desses experimentos tenha aspectos interessantes, apenas dois deles na verdade se qualificam como testes claros do pressuposto subjacente de Gia. Antes de continuar a leitura, veja se você consegue escolher os dois melhores experimentos.

Nossa análise desses experimentos é a seguinte: o Experimento 1 é irrelevante como um teste direto, porque não importa como as outras pessoas lidam com algo errado. Gia pode já acreditar que os outros lidam melhor do que ela. O Experimento 2 também é irrelevante, porque a crença de Gia não é se coisas ruins acontecem quando ela faz algo de errado; ela está preocupada é sobre como lidará com isso quando alguma coisa der errado. O Experimento 3 parece ser relevante, mas na realidade não testa diretamente o enfrentamento de Gia quando as coisas dão errado. O Experimento 4 é potencialmente útil porque inclui a parte "Se..." da crença de Gia (as coisas dando errado) e questiona se ocorreu a parte "então...". O exame das várias circunstâncias históricas poderia revelar uma variedade de informações úteis. Por exemplo, talvez Gia tenha lidado bem desde o início com certas circunstâncias desafiadoras, ou talvez ela tenha "desmoronado" diante de algumas dificuldades e tenha conseguido lidar melhor com o tempo. O Experimento 5 é menos útil, na medida em que poderia prever (dado o seu pressuposto subjacente) que sua confiança no enfrentamento seria baixa. Mais importante do que sua confiança no enfrentamento é o seu enfrentamento real. Assim, o Experimento 6 é um bom experimento, porque ela está planejando formas de fazer as coisas darem errado e avaliando o quanto é capaz de lidar bem com isso. Este é um teste direto da sua crença. Portanto, os Experimentos 4 e 6 parecem ser os melhores nessa lista.

Esse exemplo com Gia também enfatiza que podemos otimizar a utilidade dos experimentos definindo os termos com nossos clientes. Precisamos saber que tipo de coisas se qualificam como "dando errado" para Gia. Também é importante definir o que ela entende por "enfrentamento". Por exemplo, se Gia derruba um frasco de xarope, ele quebra, ela chora e depois limpa a sujeira, isso é um bom enfrentamento ou não? As pessoas variam enormemente em suas definições de desastres, resultados e enfrentamento. Algumas vezes, a modificação dessas definições conduz a novos pressupostos subjacentes. Se Gia acha que um bom enfrentamento é ausência de resposta emocional, ela pode fazer uma enquete com pessoas que considera bons "enfrentadores" e descobrir se alguma delas expressa emoção (p. ex., lágrimas, sudorese) quando as coisas dão errado em suas vidas. Caso isso aconteça, pode ser útil que ela descubra os pressupostos subjacentes dessas pessoas acerca de suas reações emocionais ou enfrentamento e os compare com os seus.

Pressupostos subjacentes comuns e experimentos comportamentais para testá-los

Crenças perfeccionistas

Crenças relacionadas ao perfeccionismo estão entre os pressupostos subjacentes mais comuns associados à ansiedade, além de recaída de depressão (Bieling & Antony, 2003). Muitos tipos de experimentos comportamentais podem testar pressupostos perfeccionistas. Você pode usar um dos três tipos básicos de experimentos ilustrados no Capítulo 11 de *A mente vencendo o humor*. Considere a crença perfeccionista "Se não for perfeito então não tem valor". Para o Experimento 1 (*A mente vencendo o humor*, p. 138), os clientes podem intencionalmente realizar algumas pequenas tarefas de forma imperfeita e avaliar se existe algum valor nos resultados. Como o perfeccionismo tende a ser do tipo "tudo ou nada", vale a pena classificar o valor em uma escala 0-10.

Também é conveniente pedir que outros classifiquem o valor, caso os clientes consigam identificar pessoas cuja opinião eles respeitam. O exemplo para o Experimento 2 descrito no Capítulo 11 de *A mente vencendo o humor* (p. 139) diz respeito a perfeccionismo e fornece um modelo para esse tipo de experimento.

Para clientes que se preocupam que caos ou desastre decorram da imperfeição, o Experimento 3 no Capítulo 11 de *A mente vencendo o humor* (p. 140) geralmente é útil. Para o Experimento 3, o cliente conduz experimentos para verificar se versões pequenas e depois maiores de imperfeição conduzem a desastre ou caos. Será mais fácil para pessoas que são perfeccionistas realizar experimentos em áreas "pequenas" de suas vidas, nas quais os desastres previstos são menos catastróficos. Por exemplo, uma mulher previu que se não retirasse imediatamente as roupas da secadora, as roupas de seus filhos ficariam amassadas, e então ela precisaria passar tudo a ferro. Ela ficou surpresa ao ver que seus filhos pequenos ficaram contentes quando a ajudaram a remover da secadora as roupas levemente amassadas. Eles insistiram em vesti-las "como estão" porque combinavam com os trajes dos seus amigos. Quando pequenos testes de imperfeição levam a nova aprendizagem, os clientes geralmente têm mais disposição para realizar experimentos que envolvam graus maiores de imperfeição.

Há outros tipos de experimentos que podem ser realizados para testar pressupostos perfeccionistas, tais como avaliá-los em termos das vantagens e desvantagens de manter padrões perfeccionistas *versus* não perfeccionistas. As pessoas podem pesquisar outras pessoas sobre suas crenças, valores e avaliações das situações ou até mesmo do próprio perfeccionismo. Você e seus clientes podem montar levantamentos para que outras pessoas de confiança os administrem a pessoas relevantes (p. ex., mulheres jovens solteiras, aposentados de meia-idade, crianças refugiadas) quando seus clientes estiverem muito envergonhados ou o risco pareça muito alto para que eles façam essa sondagem por conta própria. Para uma revisão excelente de experimentos comportamentais criativos, ver Bennett-Levy e colaboradores (2004).

Pressupostos subjacentes sobre relacionamentos

Para muitas pessoas, o estresse é desencadeado e mantido por pressupostos subjacentes sobre relacionamentos, como os seguintes:

"Se uma pessoa não gosta de mim ou não quer estar em um relacionamento comigo, então não mereço ser amada."

"Se eu não conseguir ficar com X, então estou condenada a toda uma vida de infelicidade."

"Se eu não for atraente de Y maneiras (p. ex., beleza, riqueza, habilidades), então ninguém vai querer ficar comigo."

Pessoas que têm esse tipo de pressupostos podem ficar deprimidas quando têm dificuldade para fazer amizades, para encontrar um parceiro romântico ou quando um relacionamento termina. Elas podem se tornar ansiosas em situações sociais. Algumas até sentem vergonha por seus déficits percebidos. Até mesmo a menor crítica ou não ser convidado para um evento pode exacerbar estados de humor estressantes quando tais pressupostos estão presentes. Pessoas que têm essas crenças algumas vezes experimentam remissão imediata do seu sofrimento se conhecem alguém e começam um novo relacionamento. Este pode ser um sinal de vulnerabilidade para recaída, porque enquanto esses pressupostos subjacentes estiverem em funcionamento, há alta probabilidade de recaída caso o novo relacionamento não seja duradouro.

Pressupostos subjacentes sobre relacionamentos podem ser testados com experimentos comportamentais. Algumas vezes esses experimentos podem parecer difíceis de realizar, já que a parte "Se..." desses pressupostos com frequência tem a ver com o comportamento das pessoas ou com as respostas emocionais ao cliente. Nesses casos, considere experimentos de mudança de perspectiva. Por exemplo, o pressuposto "Se uma pessoa não gosta de mim ou não quer ficar em um relacionamento comigo, então isso significa que não mereço ser amada" pode ser testado identificando pessoas com quem o cliente não quer estar em um relacionamento e verificando se ele julga que essas pessoas não merecem ser amadas. Discussões adicionais podem explorar por que as pessoas se sentem atraídas por algumas pessoas e não por outras. Peça que seu cliente pense em outras pessoas que ele conhece e que tiveram términos de relacionamentos e considere se elas não merecem ser amadas. Também pode ser proveitoso que o cliente (ou alguém em quem ele confie) conduza levantamentos perguntando às pessoas quais são as qualidades que elas procuram em um parceiro e se estariam dispostas a ser amigas ou parceiras de alguém que não tivesse alguma dessas qualidades. Se você estiver coletando os resultados do levantamento para seu cliente, é recomendável que registre em áudio as respostas das pessoas que você entrevistar. Provavelmente os clientes darão maior credibilidade a opiniões que possam ouvir sendo ditas em voz alta.

Para pressupostos sobre a impossibilidade de felicidade a não ser que certo relacionamento se desenvolva ou continue, estimule o cliente a lembrar de momentos em que ele se sentiu feliz antes do relacionamento que está terminando ou que está fora do seu alcance. É claro que se um relacionamento importante terminou recentemente, as pessoas precisam de tempo e apoio para lamentar sua perda. Depois de algum sofrimento, será importante que retomem atividades (individuais ou sociais) que provavelmente vão melhorar seu estado de humor. Este é um bom momento para retomar o foco em seus pressupostos subjacentes.

Evitação de experimentos comportamentais que parecem "perigosos"

Há muitas circunstâncias em que as pessoas evitam fazer experimentos comportamentais porque estes parecem "perigosos". Por exemplo, pessoas que sentem ansiedade podem acreditar sinceramente que é perigoso se aproximar em vez de evitar seus medos. Pessoas diagnosticadas com transtornos da personalidade têm pressupostos subjacentes que são concebidos para mantê-las seguras e que, ao mesmo tempo, mantêm estratégias interpessoais mal-adaptativas. Por exemplo, é adaptativo ou mal-adaptativo que alguém tenha suspeita de outras pessoas no contexto da convicção "Se eu não estiver sempre de prontidão, então outras pessoas vão me usar ou manipular"? Comportamentos dependentes parecem estratégias de enfrentamento sensatas quando alguém acredita "Sou fraco e vulnerável. Os outros são mais fortes e podem me proteger".

Mesmo que os experimentos comportamentais ofereçam métodos ideais para testar esses tipos de crenças, pressupostos subjacentes relacionados à segurança frequentemente interferem. Gary e sua terapeuta planejaram uma série de experimentos comportamentais para testar um novo pressuposto subjacente: "Estou seguro mesmo se expresso minhas opiniões honestas". Gary decidiu que seu primeiro experimento seria expressar irritação em relação à sua esposa, Lin. Inicialmente, ele evitou esse experimento comportamental porque se sentia ansioso quando começava a pensar em expressar alguma coisa que pudesse incomodar Lin. Ele acreditava ainda que "Se eu expressar minhas opiniões honestas, então isso vai ser perigoso [Lin vai ficar irritada, e não posso lidar com isso]". A terapeuta de Gary o ajudou a superar a relutância para realizar esse experimento comportamental.

GARY: Na verdade eu não falei o que sentia nesta semana, conforme conversamos na semana passada.

TERAPEUTA: Você se esqueceu de fazer isso ou decidiu não fazer?

GARY: Eu meio que decidi não fazer.

TERAPEUTA: Que pensamentos e sentimentos levaram a essa decisão?

GARY: Bem, eu fiquei apavorado. Achei que era muito arriscado.

TERAPEUTA: Dê um exemplo de um momento que pareceu muito arriscado nesta semana.

GARY: Eu fiquei irritado com Lin no sábado e pensei em lhe dizer para me deixar em paz e me deixar sozinho por algum tempo, mas tive medo que ela ficasse zangada, e isso seria ruim para mim.

TERAPEUTA: Então o que você fez?

GARY: Eu só trabalhei no meu carro e aumentei o volume do rádio para que ela não conseguisse falar comigo.

TERAPEUTA: E como isso funcionou para você?

GARY: Eu fiquei zangado o tempo todo e continuei gritando com ela na minha cabeça. Mais tarde ela veio falar comigo, e eu fui meio frio com ela, e ela ficou zangada.

TERAPEUTA: Então sua velha estratégia de comportamento na verdade não o protegeu da raiva de Lin?

GARY: Não.

TERAPEUTA: E, no entanto, o que você sentiu no começo poderia ter levado Lin a ficar zangada também.

GARY: Acho que sim.

TERAPEUTA: Então talvez precisemos planejar um passo além desse experimento.

GARY: O que você quer dizer?

TERAPEUTA: Você acha que ajudaria se você tivesse um plano para o que fazer se Lin ficar zangada quando você lhe diz como se sente?

GARY: Sim. Na verdade eu não faço nada quando ela fica zangada, exceto, talvez, me afastar ou algumas vezes xingá-la e depois me afastar.

TERAPEUTA: Há uma folha de exercícios em *A mente vencendo o humor* que poderia ajudar. Vamos encontrá-la e experimentar. (*Recorre à Folha de Exercícios 11.2, Experimentos para testar um pressuposto subjacente*, A mente vencendo o humor, *p. 144*)

GARY: Certo.

TERAPEUTA: Vamos escrever o pressuposto que estamos testando no alto da folha de exercícios.

GARY: (*Escreve: "Estou seguro mesmo que diga a Lin o que sinto."*)

TERAPEUTA: Nas colunas, você pode escrever seu experimento – isso é o que você vai fazer –, sua previsão do que vai acontecer e os possíveis problemas que podem surgir. Vamos fazer isso para sábado, apenas como um exemplo.

GARY: Então para "Experimento" eu poderia escrever: "Dizer a Lin para me deixar em paz".

TERAPEUTA: Certo. Podemos dramatizar mais tarde algumas formas diferentes que você poderia usar para dizer isso a ela. E qual foi a sua previsão do que aconteceria se você fizesse esse experimento?

GARY: Ela ficaria zangada.

TERAPEUTA: Mais alguma coisa?

GARY: Teríamos uma grande discussão.

TERAPEUTA: Mais alguma coisa?

GARY: Ela iria querer se separar.

TERAPEUTA: Mais alguma coisa?

GARY: Não, isso é suficiente!

TERAPEUTA: Certo, anote essas três previsões: "Lin vai ficar zangada, vamos ter uma grande discussão, e ela vai querer se separar".

GARY: (*Escrevendo*) É aí que eu fico travado. Não sei o que escrever onde diz "Estratégias para superar estes problemas".

TERAPEUTA: Vamos conversar sobre algumas estratégias. Aposto que você vai ter dificuldade para fazer esses experimentos até que tenha um plano de como lidar com os problemas que podem surgir como consequência.

GARY: Quando ela fica zangada, eu simplesmente congelo, ou então explodo.

TERAPEUTA: Você conhece alguma pessoa que lida bem quando alguém fica zangado com ela?

GARY: Na verdade, Lin se sai muito bem. Ela trabalha com telemarketing, e os clientes ficam furiosos com ela o tempo todo.

TERAPEUTA: O que Lin faz para lidar com isso quando as pessoas ficam zangadas com ela?

GARY: Ela ouve e diz: "Não era minha intenção deixá-lo zangado" e "Eu entendo" e diz coisas como: "Este não parece ser um bom momento para conversar". Eu não ouço o que eles estão dizendo porque ela está ao telefone, mas isso é o que a escuto dizer.

TERAPEUTA: Você acha que algum desses comentários o ajudaria se Lin ficar zangada com você?

GARY: Talvez. Eu poderia dizer: "Talvez devêssemos conversar mais tarde".

TERAPEUTA: Vamos escrever isso. (*Faz uma pausa enquanto Gary escreve*). Esta parece ser uma estratégia útil se a sua discussão parecer estar saindo do controle, mas não estou certo de que esse seja o melhor ponto por onde começar, porque parece estar evitando conversar com ela sobre seus sentimentos.

GARY: É por isso que parece tão bom! (*Ri*) Talvez eu pudesse dizer que não quero que ela fique zangada.

TERAPEUTA: Certo. E o que você quer dela?

GARY: Quero que ela escute e entenda por que estou incomodado.

TERAPEUTA: Você acha que isso seria uma boa coisa a ser dita a ela? (*Gary concorda, acenando com a cabeça*). Por que você não anota isso também?

Gary e sua terapeuta continuaram discutindo ideias de respostas que ele poderia dar se Lin expressasse raiva, depois estratégias para desativar uma grande discussão e, por fim, coisas que Gary poderia fazer para prevenir um rompimento. Gary escreveu várias estratégias para superar cada problema potencial. Depois de preencher as quatro primeiras colunas da Folha de Exercícios 11.2, Gary e sua terapeuta dramatizaram várias situações problema e suas respostas planejadas. Inicialmente Gary hesitou em responder a Lin (como dramatizado com a terapeuta). A terapeuta treinou Gary em inúmeras dramatizações até que ele se sentisse muito confiante de que poderia ser assertivo diante da raiva de Lin.

Como ilustra esse exemplo, as razões comuns para que os clientes não levem adiante experimentos comportamentais incluem previsões de emoções intensas, crenças de desesperança, previsões negativas sobre os resultados e conhecimento ou habilidades inadequadas para responder a problemas que possam surgir. Para apoiar seus clientes para que eles possam concluir com sucesso experimentos que abordem pressupostos mal-adaptativos e padrões comportamentais, (1) identifique bloqueios e possíveis problemas; (2) elabore estratégias para superá-los; e (3) pratique novas estratégias nas sessões até que seus clientes adquiram habilidades e a confiança necessária para usá-los.

8

Novas crenças nucleares, gratidão e atos de gentileza

(CAPÍTULO 12 DE *A MENTE VENCENDO O HUMOR*)

Precisamos revelar as crenças nucleares porque estas são as mais importantes.

– Terapeuta 1

Trabalhar com as crenças nucleares é opcional.

– Terapeuta 2

Qual desses terapeutas está correto? Este capítulo explica por que o Terapeuta 2 está correto ao dizer que a maioria das pessoas não precisa focar nas crenças nucleares para melhorar seu estado de humor e mudar seu comportamento. Essa ideia é enfatizada na página de abertura do Capítulo 12 em *A mente vencendo o humor*:

> Muitas pessoas notam grande melhora no humor depois que integram e aplicam as habilidades ensinadas nos capítulos sobre estados de humor (Caps. 13 a 15) e os capítulos anteriores deste livro (Caps. 1 a 11). [...] Você irá notar melhoras em seus estados de humor, relacionamentos e sentimento global de bem-estar. Se este for o caso, o presente capítulo é opcional. Mesmo que decida que não precisa concluir este capítulo, você ainda poderá achar interessante ler e completar as seções sobre gratidão e atos de gentileza [...] porque essas seções ensinam formas de estimular seus estados de humor positivos (p. 147).

Assim, a introdução do Capítulo 12 encoraja a maioria dos leitores a saltar as seções sobre crenças nucleares e seguir em frente para aprender mais sobre gratidão e gentileza no final do capítulo.

Enquanto estuda este guia para aprender as melhores práticas para o uso de *A mente vencendo o humor* na terapia, é recomendável que você siga as mesmas diretrizes. Se diários de gratidão e atos de gentileza lhe interessam mais do que crenças nucleares, sinta-se à vontade para avançar imediatamente para a respectiva seção deste capítulo. Caso deseje saber mais sobre crenças nucleares e quando/como abordá-las na terapia, continue a leitura das seções imediatamente a seguir. Em ambos os casos, primeiramente dê uma olhada no Resumo do Capítulo 12 como um rápido panorama de todos os pontos de aprendizagem incluídos nesse capítulo de *A mente vencendo o humor*.

POR QUE NEM TODOS PRECISAM TRABALHAR COM CRENÇAS NUCLEARES?

O Capítulo 12 é o único capítulo em *A mente vencendo o humor* que aborda as crenças nu-

> **Resumo do Capítulo 12**
> (*A mente vencendo o humor*, p. 147-182)
>
> ▸ Se você ainda está encontrando dificuldades com seus estados de humor depois da prática com os registros de pensamentos (Caps. 6 a 9), planos de ação (Cap. 10) e experimentos comportamentais (Cap. 11), então deve identificar e trabalhar as crenças nucleares.
>
> ▸ Crenças nucleares são afirmações do tipo "tudo ou nada" a respeito de nós mesmos, de outras pessoas ou do mundo.
>
> ▸ Crenças nucleares são as raízes de nossos pressupostos subjacentes e pensamentos automáticos.
>
> ▸ As crenças nucleares vêm em pares. Quando temos crenças nucleares negativas que estão ativas a maior parte do tempo, é útil identificar e fortalecer novas crenças nucleares positivas.
>
> ▸ As crenças nucleares podem ser identificadas por meio do uso da técnica da seta descendente ou completando as sentenças "Sou...", "Outras pessoas são..." e "O mundo é...".
>
> ▸ Novas crenças nucleares positivas podem ser fortalecidas por meio do registro de experiências que são compatíveis com a nova crença nuclear, avaliando sua confiança na nova crença nuclear, classificando comportamentos associados às novas crenças nucleares e conduzindo experimentos comportamentais para testar essa nova crença.
>
> ▸ As crenças nucleares modificam-se gradualmente, mas, com o passar do tempo, vão se tornando mais fortes e mais estáveis e exercem uma influência poderosa na forma como pensamos, sentimos e nos comportamos.
>
> ▸ Manter um diário de gratidão e expressar gratidão fortalece nossas crenças nucleares positivas e traz maior felicidade.
>
> ▸ Realizar atos de gentileza aumenta nossa felicidade e melhora nossos relacionamentos.

cleares e é o último capítulo sobre habilidades que a maioria das pessoas provavelmente vai ler antes de começar a trabalhar no manejo de recaída (Capítulo 16). Assim como o Terapeuta 1, apresentado anteriormente, os terapeutas que aprenderam que as crenças nucleares são importantes para nosso entendimento das dificuldades psicológicas podem se surpreender com essa ordem de leitura. Por que as crenças nucleares não são um alvo inicial para intervenção? Por que sua abordagem não é necessária para todos? Considere estas três justificativas.

1. Conforme descrito no Capítulo 2 deste guia, três níveis de pensamento são abordados em *A mente vencendo o humor*: pensamentos automáticos, pressupostos subjacentes e crenças nucleares. Esses três níveis de pensamento estão conectados entre si. Crenças nucleares são crenças absolutas e dicotômicas (p. ex., "As pessoas são cruéis" ou "As pessoas são gentis"). Pressupostos subjacentes são crenças condicionais relacionadas a essas crenças nucleares (p. ex., "Se eu revelar alguma fraqueza, então as pessoas vão [cruelmente] se aprovei-

tar de mim" ou "Se eu revelar fraquezas, então as pessoas vão [gentilmente] entender"). Pensamentos automáticos são pensamentos momento a momento que todos nós temos em várias situações que refletem essas crenças mais profundas (p. ex., "O serviço de atendimento ao cliente vai me rejeitar sem uma nota fiscal" ou "O serviço de atendimento ao cliente provavelmente vai me ajudar mesmo sem uma nota fiscal"). Devido à interligação entre esses três níveis, quando as pessoas aprendem a identificar, testar e modificar seus pensamentos automáticos e pressupostos subjacentes, suas crenças nucleares geralmente também começam a mudar.

2. As crenças nucleares vêm em pares. As pessoas não acreditam em "Eu mereço ser amado" ou "Não mereço ser amado". Elas têm a capacidade de acreditar tanto em "Não mereço ser amado" quanto em "Eu mereço ser amado". Podemos acreditar que "As pessoas são cruéis" e também que "As pessoas são gentis". Em geral, apenas uma crença nuclear desses pares é ativada em determinado momento. Quando experimentamos um estado de humor intenso, crenças nucleares congruentes com esse humor são ativadas. Assim, quando estamos deprimidos, crenças nucleares negativas sobre nós mesmos, sobre nossas vidas e sobre nosso futuro estão ativas, e crenças nucleares mais positivas permanecem inativas. Quando estamos ansiosos, crenças nucleares ligadas a perigo e vulnerabilidade pessoal estão ativas (p. ex., "Coisas ruins vão acontecer", "Sou fraco; não consigo lidar com isso"). Quando estamos com raiva, são ativadas crenças nucleares sobre injustiça e ameaça (p. ex., "As pessoas se aproveitam de mim", "O mundo é ameaçador").

Igualmente, quando os estados de humor melhoram e são obtidas melhoras comportamentais, crenças nucleares mais positivas passam para o primeiro plano, e as negativas retrocedem. Por exemplo, pessoas que, quando deprimidas, acreditam "Sou um completo fracasso" naturalmente vão mudar para uma crença nuclear como "Tenho tanto sucesso quanto outras pessoas" quando sua depressão tiver remissão e se sentirem mais felizes de novo. Assim, mesmo sem um foco direto nas crenças nucleares, estas naturalmente mudam para a crença mais positiva do par quando as pessoas melhoram na terapia.

3. Um estudo mostrou que, quando clientes deprimidos realizavam tarefas focadas em crenças nucleares fora das sessões de terapia, sua depressão na verdade piorava (Hawley et al., 2017). Por sua vez, quando praticavam habilidades relacionadas à ativação comportamental (Capítulo 13 de *A mente vencendo o humor*) ou preenchiam registros de pensamentos (Capítulos 6 a 9 de *A mente vencendo o humor*), seus escores de depressão melhoravam significativamente. Esse estudo oferece uma nota de alerta de que pode ser perigoso focar nas crenças nucleares quando os estados de humor ainda estão altamente ativos; a ênfase precoce nessas crenças na terapia pode fazer os sintomas piorarem em vez de melhorarem.

Por essas razões, o Capítulo 12 de *A mente vencendo o humor* começa com duas páginas de encorajamento para as pessoas usarem o tempo que for preciso para desenvolver plenamente as habilidades que aprenderam em outras partes do livro de exercícios antes de dedicarem algum tempo às crenças nucleares. Experimentos comportamentais, registros de pensamentos, planos de ação, aceitação e outros instrumentos para manejo do humor e habilidades ensinadas em *A mente vencendo o humor* provavelmente vão fornecer o caminho mais rápido para a melhora da maioria das pessoas. Depois de terem experimentado alguma melhora e se sentirem melhor, algumas pessoas acharão útil ou interessante aprender sobre crenças nucleares, especialmente se algumas de suas dificuldades são de longa duração e se as crenças nucleares negativas continuam em primeiro plano mesmo quando seu humor melhorou.

QUEM PROVAVELMENTE VAI SE BENEFICIAR COM O TRABALHO COM AS CRENÇAS NUCLEARES?

Todo aquele cujas crenças nucleares mal-adaptativas persistem mesmo depois que seus problemas presentes foram resolvidos é um bom candidato para trabalhar as crenças nucleares. Crenças nucleares mal-adaptativas persistentes têm mais probabilidade de ser experimentadas por pessoas que tiveram problemas crônicos de humor ou comportamento, bem como por aquelas que satisfazem os critérios para diagnósticos de transtorno da personalidade.

Problemas de humor crônicos ou de longa duração

Pessoas com história crônica de depressão, ansiedade, raiva, culpa e vergonha frequentemente desenvolveram crenças nucleares que mantêm níveis leves a moderados desses estados de humor, mesmo quando seus estados de humor mais intensos melhoram. Quando estados de humor angustiantes são crônicos, os momentos na vida da pessoa em que crenças nucleares mais positivas estão ativas são limitados. Com o tempo, as crenças nucleares negativas são mais praticadas e se tornam mais familiares, e as crenças nucleares mais positivas não são ativadas com frequência suficiente para que pareçam "verdadeiras" para a pessoa. Marisa e Víctor são os principais personagens nos exemplos de casos em *A mente vencendo o humor* que mais se encaixam nesse padrão. Algumas das suas crenças nucleares são descritas nas páginas 151 e 152 de *A mente vencendo o humor*.

Problemas comportamentais crônicos ou de longa duração

Pessoas que têm problemas comportamentais de longa duração, como abuso de substância, transtornos alimentares ou evitação de conflitos, podem algumas vezes se beneficiar de um foco nas crenças nucleares depois que suas questões primárias melhoram. Tenha em mente que padrões comportamentais mal-adaptativos são diretamente mantidos por pressupostos subjacentes (p. ex., "Se eu tiver fissura de usar uma droga, então preciso usá-la ou a fissura vai piorar e me devastar" ou "Se alguém me maltratar, então eu preciso revidar duramente ou vou parecer fraco"), e, portanto, o uso de experimentos comportamentais conforme descrito no Capítulo 7 deste guia é a primeira linha de intervenção para essas questões. Contudo, algumas pessoas se beneficiam da abordagem de crenças nucleares negativas mesmo após desenvolverem novos pressupostos subjacentes e comportamentos. Por exemplo, uma mulher que superou dez anos de compulsão bulímica e purga descobriu que não podia celebrar seu sucesso porque crenças nucleares sobre ela mesma ("Estou mal") e sobre os outros ("Irão me magoar") ainda pesavam sobre ela todos os dias.

Diagnósticos concomitantes de transtorno da personalidade

Quase metade das pessoas que chegam à terapia para o tratamento de depressão e ansiedade tem diagnósticos concomitantes de transtorno da personalidade (Morrison, Bradley, & Westen, 2003; Shafran et al., 2009). Apesar das expectativas dos pesquisadores, inúmeros estudos mostraram que pessoas com diagnósticos concomitantes de transtorno da personalidade apresentam melhoras com TCC para problemas de humor presentes e objetivos de mudança comportamental similares aos obtidos por clientes sem diagnósticos desses transtornos (DeRubeis et al., 2005; Dreessen & Arntz, 1998; Dreessen, Hoekstra, & Arntz, 1997; Grilo et al., 2007; Rowe et al., 2008; Weertman, Arntz, Schouten, & Dreessen, 2005). Portanto, é razoável seguir as abordagens de tratamento descritas ao longo do guia mesmo quando os clientes satisfazem os critérios para transtornos da personalidade. Quando está presente comorbidade com esses transtornos, as principais diferenças na terapia são que o progresso é algumas vezes mais lento e que pode ser necessário dar atenção extra à relação terapêutica. Com esses clientes, a terapia tem mais probabilidade de ser bem-sucedida quando os terapeutas notam e dão atenção a rupturas na terapia o mais rápido possível. Como ocorre com todos os clientes, os terapeutas também precisam passar o tempo que for necessário em habilidades para desenvolver proficiência. O Guia para a Resolução de Problemas no final deste capítulo inclui informações mais específicas sobre modificações na terapia que algumas vezes são necessárias com clientes diagnosticados com transtornos da personalidade.

Tratamento primário de transtornos da personalidade

Alguns terapeutas usam *A mente vencendo o humor* como parte do tratamento para um diagnóstico de transtorno da personalidade. Nesse caso, é provável que a terapia inclua o trabalho com crenças nucleares. As dificuldades interpessoais que caracterizam esses transtornos são frequentemente mantidas por algumas crenças nucleares negativas (Padesky, 1994; Beck, Davis, & Freeman, 2015), juntamente com pressupostos subjacentes associados. A teoria cognitiva levanta a hipótese de que crenças nucleares (também conhecidas como esquemas) são formadas em resposta a circunstâncias desenvolvimentais (p. ex., crescer experienciando outras pessoas como manipuladoras ou nocivas) e/ou por influências biológicas, em vez de por distorções grosseiras da experiência. A maioria das pessoas desenvolve crenças nucleares positivas e negativas referentes a si mesmas (p. ex., "Sou competente", "Sou incompetente"), aos outros (p. ex., "Podemos confiar nas pessoas", "Não podemos confiar nas pessoas") e ao mundo (p. ex., "O mundo é opressor", "O mundo é manejável"). Conforme já descrito, essas crenças nucleares são diferencialmente ativadas de acordo com o estado de humor. Vários fatores, além do humor, podem desencadear a emergência de crenças nucleares particulares, incluindo circunstâncias situacionais (p. ex., em um ambiente perigoso, emergem crenças nucleares referentes à vulnerabilidade), eventos recentes na vida (p. ex., depois de trauma, podem emergir crenças nucleares relacionadas a vulnerabilidade e desconfiança) e mesmo a biologia (p. ex., ativação fisiológica, fadiga e doença podem influenciar a ativação de crenças nucleares).

Segundo a teoria cognitiva, as pessoas que satisfazem os critérios para transtornos da personalidade têm crenças nucleares negativas em domínios relevantes sem processar as crenças nucleares positivas pareadas bem desenvolvidas (Padesky, 1994; Beck et al., 2015). Quando uma crença nuclear em um par está ausente ou é fraca, as pessoas mantêm visões fixas independentemente de estado de humor, circunstâncias, eventos da vida ou estado biológico. Por exemplo, um homem diagnosticado com transtorno da personalidade dependente via a si mesmo como fraco mesmo depois de uma experiência pessoal de domínio da situação. Uma mulher diagnosticada com transtorno da personalidade evitativa via a si mesma como inadequada, mesmo quando era valorizada como mãe por seus filhos, amada por seu marido e promovida em seu emprego. Embora as crenças nucleares negativas não sejam necessariamente uma causa de transtornos da personalidade, elas servem a uma função de manutenção poderosa (Padesky, 1994).

As crenças nucleares negativas podem afetar a relação terapêutica e originar dificuldades no relacionamento (p. ex., "Não posso confiar em ninguém. Você vai me magoar também"). Crenças nucleares negativas podem interferir na habilidade da pessoa de reconhecer o progresso (p. ex., "Oh, com certeza, fui promovida no trabalho, mas isso foi porque meu chefe não vê o quanto realmente sou incompetente"), aceitar *feedback* positivo (p. ex., "Você tem que dizer isso porque é meu terapeuta") ou aprender com os contratempos (p. ex., "É claro que eu não resolvi. Não sou bom. Não há razão para resolver problemas e tentar novamente").

Beck e colaboradores (2015) especificam as crenças nucleares que parecem manter cada transtorno da personalidade e articulam planos de tratamento para cada um. A terapia cognitiva dos transtornos da personalidade envolve o uso da relação terapêutica como um "laboratório de esquemas" em que um cliente pode avaliar com segurança crenças nucleares mal-adaptativas. As origens desenvolvimentais das crenças nucleares são exploradas de modo que o cliente possa entender as circunstâncias nas quais crenças nucleares negativas podem ser adaptativas e aprender a reconhecer quando circunstâncias da vida permitem que crenças nucleares alternativas sejam mantidas com segurança. Sua terapia se articula no enfraquecimento da convicção dos clientes de que as crenças nucleares negativas são sempre verdadeiras e na construção/fortalecimento de crenças nucleares alternativas para que os clientes possam perceber e aceitar tanto os dados positivos como os negativos (Padesky, 1994).

Os terapeutas que usam a abordagem da TCC para transtornos da personalidade vão considerar *A mente vencendo o humor* um livro de exercícios adequado e útil para o cliente. No começo dessa terapia, *A mente vencendo o humor* pode ajudar a construir habilidades relevantes para o estado de humor e problemas comportamentais presentes (p. ex., depressão, dificuldades de relacionamento), conforme descrito ao longo deste guia. A identificação e o teste dos pressupostos subjacentes relacionados a crenças nucleares antigas e novas podem ajudar pessoas diagnosticadas com transtornos da personalidade a aprender e a praticar padrões de comportamento interpessoal mais adaptativos por meio de experimentos comportamentais. Quando chegar a hora de identificar crenças nucleares negativas e identificar/fortalecer crenças nucleares mais positivas, os métodos descritos no Capítulo 12 de *A mente vencendo o humor* podem guiar e estruturar esses processos. Em geral, construir e/ou fortalecer novas crenças nucleares requer pelo menos de 3 a 6 meses e, algumas vezes, um ano ou mais. Assim, o trabalho com crenças nucleares é geralmente tratado como parte de terapia de mais longo prazo.

IDENTIFICANDO CRENÇAS NUCLEARES

Todos nós temos muitas crenças nucleares. Na terapia, você só precisa abordar aquelas que contribuem para as dificuldades ou que deixam os clientes vulneráveis à recaída. Portanto, depois que decidir que é necessário e que há tempo suficiente para trabalhar com as crenças nucleares de um cliente, o primeiro passo é identificar aquelas que mantêm as dificuldades dele. A Folha de Exercícios 12.1, Identificando crenças nucleares (*A mente vencendo o humor*, p. 154), oferece a forma mais fácil e mais direta de identificar essas crenças. Para muitos clientes, essa folha de exercícios é suficiente e leva à identificação das crenças nucleares centrais que estão mantendo suas dificuldades. Ela requer que as pessoas imaginem vividamente uma situação em que está presente um estado de humor intenso. Os clientes então completam estas frases, referentes a como veem as coisas quando esse humor intenso é ativado: "Sou _____", "Os outros são _____" e "O mundo é _____".

O segredo para o uso efetivo dessa folha de exercícios é escolher uma situação e um estado de humor central para os problemas do cliente. Por exemplo, peça a um cliente que está tendo dificuldades com problemas de humor crônicos que imagine uma situação típica em que esse estado de humor é fortemente ativado. Peça a quem luta contra a bulimia que imagine uma situação recente em que quer comer excessivamente ou purgar. Peça que uma pessoa diagnosticada com um transtorno da personalidade imagine uma situação interpessoal em que um comportamento mal-adaptativo é desencadeado (p. ex., pode ser solicitado a uma pessoa com diagnóstico de transtorno da personalidade *borderline* que imagine uma situação em que tem um impulso de atacar outra pessoa ou terminar um relacionamento; pode ser solicitado a um cliente diagnosticado com transtorno da personalidade evitativa que preencha a folha de exercícios enquanto reflete sobre uma situação que deseja afastar ou evitar).

Se essa folha de exercícios simples não identificar com sucesso as crenças nucleares, as três próximas folhas de exercícios empregam a técnica da "seta descendente" para identificar crenças nucleares sobre si mesmo, sobre outras pessoas e sobre o mundo (ou "minha vida") (Folhas de Exercícios 12.2, 12.3 e 12.4, *A mente vencendo o humor*, p. 155-157). A técnica da seta descendente consiste em perguntar a alguém, ou fazer a pessoa perguntar a si mesma, o que uma situação emocionalmente evocativa significa para ela. Para cada declaração sobre o que significa a situação em cada um desses três domínios, a pessoa pergunta: "Se for verdade, o que isso diz ou significa em relação a [mim/outras pessoas/o mundo (ou minha vida)]?". O questionamento da seta descendente continua até que a pessoa chegue a uma crença nuclear, a qual será uma declaração absoluta (p. ex., "Não mereço ser amado") ou imagem (p. ex., "Estou parado à beira do abismo").

Crenças nucleares sobre si mesmo, sobre os outros e sobre o mundo

Essas folhas de exercícios requerem que as pessoas identifiquem crenças nucleares sobre si mesmas, sobre os outros e sobre o mundo. É importante ajudar os clientes a identificar todos os três tipos de crenças nucleares, porque esses domínios cognitivos interagem. Como grupo, esses três tipos de crenças nucleares ajudam a explicar as respostas emocionais, comportamentais e motivacionais melhor do que qualquer crença nuclear é capaz individualmente. Por exemplo, imagine que três pessoas tenham a crença nuclear: "Sou fraco". A primeira pessoa tem uma crença nuclear sobre os outros:

"Os outros vão me magoar se tiverem oportunidade" e, portanto, tenta ocultar a fraqueza pessoal e adota um estilo evitativo como autoproteção. As crenças nucleares da segunda pessoa sobre os outros são: "Os outros sempre são mais fracos do que eu. Eles merecem que eu me aproveite deles". Essa pessoa está sempre em alerta para pessoas mais fracas e tira vantagem delas, adotando um padrão antissocial de enfrentamento. A crença nuclear da terceira pessoa sobre os outros é: "Os outros vão cuidar de mim". Essa pessoa prontamente revela aos outros suas fraquezas, prevendo que com isso obterá ajuda e apoio.

Conforme ilustram essas três pessoas, sempre será necessário identificar as crenças nucleares sobre a própria pessoa e outras pessoas para que seja possível entender plenamente suas reações comportamentais, de humor e motivacionais. As crenças nucleares sobre o mundo nem sempre fazem diferença na mudança do jogo. Mesmo assim, você pode imaginar a diferença que faz para as três pessoas no parágrafo anterior se acreditam que "O mundo é manejável" *versus* "O mundo é opressor". É melhor identificar todos os três tipos de crenças nucleares sempre que possível.

Quando é escolhida uma situação típica daquelas que desencadeiam as dificuldades de um cliente, a identificação da crença nuclear geralmente é fácil, conforme ilustrado a seguir em relação a Gary – um cliente descrito no final do Capítulo 7 deste guia. Como referência, Gary havia alcançado bom progresso na terapia para transtorno de ansiedade generalizada. No entanto, a evitação de situações desafiadoras era um padrão crônico para ele, portanto, sua terapeuta dedicou um tempo considerável ajudando-o a usar experimentos comportamentais para testar seus pressupostos subjacentes relacionados à evitação. Dada a cronicidade da evitação e ansiedade de Gary, o terapeuta achou que também seria recomendável identificar e testar suas crenças nucleares relacionadas à evitação.

TERAPEUTA: Gary, você fez um enorme progresso na terapia até agora.

GARY: Sim, sou muito grato a você.

TERAPEUTA: Na verdade, foi seu trabalho árduo que o ajudou a ter sucesso. Você está quase no final da aprendizagem das habilidades de *A mente vencendo o humor* que vão ajudá-lo a seguir em frente. O próximo capítulo se concentra nas crenças nucleares. (*Fala brevemente sobre crenças nucleares*) Vamos reservar um pouco de tempo hoje para identificar suas crenças nucleares, ou pelo menos aquelas que podem lhe causar problemas no futuro se não as abordarmos.

GARY: Certo.

TERAPEUTA: Pense em uma situação que ainda desencadeia em você um forte desejo de evitá-la, mesmo que agora seja capaz de abordá-la por tudo o que já aprendeu.

GARY: O pior de tudo é que ainda quero evitar tomar decisões até que tenha pesquisado todas as coisas que podem dar errado e como repará-las. Estou ficando melhor em tomar decisões mais rapidamente, mas tenho que trabalhar mais isso.

TERAPEUTA: Essa parece ser uma boa ideia. Neste momento há alguma coisa em que você esteja em

GARY: processo de decisão e que se encaixe nesse padrão?

Sim. Estou tentando decidir se coloco painéis solares na minha casa e com qual empresa trabalho para a instalação.

TERAPEUTA: Certo. Vamos examinar esta folha de exercícios em *A mente vencendo o humor*. (*Volta-se para a Folha de Exercícios 12.1, Identificando crenças nucleares, p. 154*) Pense em tomar a decisão sobre essa instalação solar. Permita-se sentir-se ansioso sobre a decisão que irá tomar. E me informe quando começar a se sentir muito ansioso.

GARY: (*Depois de uns 45 segundos*) Certo, agora estou ansioso por pensar nisso.

TERAPEUTA: Como você avaliaria a sua ansiedade em uma escala de 10 pontos, com 10 sendo o mais ansioso que você já se sentiu?

GARY: Eu diria uns 8.

Para assegurar que as crenças nucleares sejam ativadas, um exercício desse tipo não deve prosseguir se a intensidade do estado de humor do cliente for 6 ou superior.

TERAPEUTA: Enquanto você se imagina tomando essa decisão, complete esta frase sobre como você está se vendo neste momento de ansiedade: "Estou..."

GARY: "Nada bem."

TERAPEUTA: E o que você diria sobre os outros? "Os outros são..."

GARY: "Críticos."

TERAPEUTA: E quanto ao mundo? "O mundo é..."

GARY: "Imprevisível."

TERAPEUTA: Vamos examinar estas frases: "Não estou nada bem. As pessoas são críticas. O mundo é imprevisível". Essas ideias nos ajudam a entender sua ansiedade e a relutância em tomar uma decisão?

GARY: Sim. Na verdade acho que não tenho o conhecimento necessário para tomar essa decisão. Tenho medo de tomar a decisão errada, e então Lin [esposa de Gary] vai ficar zangada comigo. Tantas coisas podem mudar nos próximos dez anos que eu posso estar tomando a decisão errada e me arrepender mais tarde.

Usando as folhas de exercícios simples ou da seta descendente para identificar crenças nucleares

Caso Gary não conseguisse identificar suas crenças nucleares usando a Folha de Exercícios 12.1, sua terapeuta poderia usar as folhas de exercícios da seta descendente (Folhas de Exercícios 12.2 a 12.4, *A mente vencendo o humor*, p. 155-157) para realizar a mesma tarefa. Para cada uma dessas folhas de exercícios, a situação seria colocada na linha superior: "Estou ansioso por tomar uma decisão sobre a instalação de painéis solares na minha casa". O uso das folhas de exercícios simples ou de seta descendente levaria às mesmas crenças nucleares ou a crenças similares. Por exemplo, Gary poderia declarar a crença nuclear "Não estou nada bem" nessas palavras ou em palavras similares (p. ex., "Me sinto inadequado") ou com uma imagem (p. ex., uma imagem de si mesmo caído como uma boneca de pano). Seja qual for a forma assumida pelas crenças nucleares de um cliente, depois de identificadas é recomendável perguntar-lhe: "Você acha que essas crenças nucleares se ajustam à sua experiência emocional? E acha que elas ajudam a explicar o que está acontecendo quando você enfrenta seu problema central?".

IDENTIFICANDO NOVAS CRENÇAS NUCLEARES

Lembre-se de que as crenças nucleares idealmente vêm em pares (p. ex., "As pessoas são confiáveis", "As pessoas não merecem confiança"). As crenças nucleares pareadas nos permitem interpretar flexivelmente uma variedade de experiências na vida (p. ex., "Esta pessoa é confiável, e aquela pessoa não é") e adaptar nossas reações a cada situação. As seções sobre crenças nucleares no Capítulo 12 de *A mente vencendo o humor* são planejadas sobretudo para ajudar pessoas que têm crenças nucleares rígidas. Essas pessoas com frequência reagem de forma inflexível nas situações porque suas crenças nucleares excessivamente desenvolvidas estão quase sempre ativas. Mais provavelmente, essas pessoas não têm crenças nucleares alternativas ou são muito fracas. Assim, pedimos a elas que identifiquem novas crenças nucleares que gostariam de ter. Conforme descrito sucintamente nas páginas 158 e 159 de *A mente vencendo o humor*, a construção de novas crenças nucleares aumenta a flexibilidade cognitiva e também pode facilitar a recordação de experiências positivas.

A Folha de Exercícios 12.5, Identificando uma nova crença nuclear (*A mente vencendo o humor*, p. 160), solicita que as pessoas escolham uma crença nuclear nomeada em alguma das folhas de exercícios preenchidas para identificação das crenças nucleares (Folhas de Exercícios 12.1 a 12.4). Então, elas devem escrever uma nova crença que descreva como gostariam de pensar sobre si mesmas, sobre os outros ou sobre o mundo. Essas folhas de exercícios podem ser usadas para identificar crenças nucleares alternativas para cada crença nuclear previamente nomeada.

Assegure-se de que seus clientes declarem as novas crenças nucleares em suas próprias palavras, usando uma linguagem que tenha ressonância emocional para eles. Conforme enfatizado em diferentes contextos em capítulos anteriores, não tente reformular ou modificar a linguagem do cliente. Suas palavras e metáforas podem falar com eloquência para você, mas não fazem o mesmo sentido para eles. As novas crenças nucleares devem ser altamente desejáveis para as pessoas e evocar emoções da mesma forma que suas antigas crenças nucleares geram reações emocionais intensas. Quando os clientes são multilíngues, em geral é melhor identificar as crenças nucleares na primeira língua que aprenderam a falar ou na língua que se conecta mais intimamente ao problema que estão tratando na terapia, para maximizar o significado emocional da nova crença nuclear. Por exemplo, um homem sírio que imigrou para a Inglaterra estava formulando sua nova crença nuclear para como gostaria de pensar sobre si mesmo. Ele usou uma palavra em um dialeto sírio que evocava muitas lembranças e emoções da infância. Explicou o significado dessa palavra e ensinou seu terapeuta a pronunciá-la corretamente para que ela pudesse ser usada nas sessões de terapia. Sua nova crença nuclear sobre outras pessoas era uma palavra em inglês porque sua crença nuclear negativa sobre outras pessoas começou durante experiências de trabalho na Inglaterra quando estava falando inglês.

Serão necessários vários meses para fortalecer uma nova crença nuclear, portanto é importante assegurar que as novas crenças nucleares sejam expressas de forma que se ajustem às aspirações e aos objetivos dos clientes. Algumas vezes as palavras ou imagens que eles querem usar mudam com o tempo, conforme ilustrado no diálogo a seguir, entre Gary e sua terapeuta.

Terapeuta: Na semana passada conversamos sobre sua crença nuclear negativa "Não sou bom" e chegamos à crença alternativa "Sou suficientemente bom". Pedi que nesta semana você pensasse sobre a frase "Sou suficientemente bom" para ver se ela capta como gostaria de se ver. Você fez isso?

Gary: Sim. Seria ótimo me ver dessa forma, mas acho que não está muito certo.

Terapeuta: O que não está certo?

Gary: Bem, acho que "Não sou bom" não é apenas o que eu estou pensando. É como as outras pessoas me veem.

Terapeuta: Então é mais como "Os outros veem que não sou bom"?

Gary: Não. Também não é isso. Acho que é "Vou ser punido pelos meus erros".

Terapeuta: Entendo. Esse é um significado diferente. Qual seria a alternativa a isso? Como você gostaria de ser?

Gary: "Seguro." (*Pausa*) "Sinto-me seguro mesmo que os outros vejam meus erros." (*Os ombros relaxam, os olhos ficam úmidos*)

Terapeuta: Como você se sente ao dizer isso?

Gary: Bem. Assustado. Eu sentiria alívio se conseguisse acreditar nisso.

Terapeuta: Vamos escrever tudo isso nas suas notas: "Sinto-me seguro mesmo que os outros vejam meus erros". Reflita sobre essa ideia nesta semana e veja se ela parece captar como você gostaria que as coisas fossem na sua vida.

Nessa interação, o terapeuta ouviu atentamente e fez perguntas para ajudar Gary a articular uma versão diversificada da sua crença nuclear negativa – uma versão que estava fora da sua consciência antes de tentar construir uma nova crença nuclear. Observe que Gary tinha um afeto moderadamente forte quando declarou sua nova crença nuclear alternativa. As crenças nucleares estão intimamente associadas ao afeto, e os clientes geralmente demonstram alguma emoção quando uma crença nuclear antiga ou nova é nomeada pela primeira vez. A descrença de Gary de que sua nova crença pudesse ser verdadeira também é uma resposta característica a uma crença nuclear alternativa mais adaptativa.

A crença nuclear de Gary "Estou seguro quando os outros veem minhas falhas" foi expressa em um formato um pouco diferente das declarações da crença nuclear apresentadas no Capítulo 12 de *A mente vencendo o humor*: "Sou _____", "Os outros são _____" e "O mundo é _____". Sua nova crença nuclear respondia a aspectos das suas antigas crenças nucleares sobre si mesmo ("Não sou bom") e sobre os outros ("Os outros vão me punir"). Você pode observar que isso foi declarado de uma forma que parecia quase um pressuposto subjacente (p. ex., "Se os outros virem meus erros, então ainda estarei seguro"). Entretanto, a frase principal

"Sinto-me seguro" combinava com a natureza absoluta de uma crença nuclear. "Mesmo que os outros vejam meus erros" não era uma condição para segurança (como seria em um pressuposto subjacente), mas um contexto relevante para a ansiedade de Gary que reafirmasse a natureza absoluta da sua segurança.

Incentive os clientes a declararem novas crenças nuclears na forma mais significativa para eles. Não os force a se adequarem ao modelo de *A mente vencendo o humor* ou a algum outro modelo. As crenças nucleares podem assumir muitas formas, incluindo imagens. Por exemplo, uma mulher tinha uma crença nuclear negativa que assumiu a forma de uma imagem de um pequeno gnomo crítico sentado no seu ombro. Ela trabalhou para desenvolver uma imagem alternativa mais adaptativa. Sua nova crença nuclear era uma mulher alegre que dava encorajamento e fazia comentários bem-humorados sobre seus esforços durante o dia. Depois que forem identificadas as antigas e novas crenças nucleares, seus clientes estarão prontos para usar os demais exercícios no Capítulo 12 de *A mente vencendo o humor* para trabalhar ativamente no fortalecimento da sua confiança na(s) nova(s) crença(s) nuclear(es) que construíram.

FORTALECENDO NOVAS CRENÇAS NUCLEARES

Por que recomendamos a identificação e o fortalecimento de novas crenças nucleares em vez de testar as crenças nucleares existentes? De acordo com a teoria do esquema, as pessoas só conseguem perceber o que seus esquemas (ou crenças nucleares) as preparam para ver. Se a terapia focar no teste das crenças nucleares existentes na ausência de crenças nucleares alternativas, ela será prejudicada pelo fato de que os clientes irão perceber todas as suas experiências na vida através das lentes dessas crenças. Durante os testes de crenças nucleares, as experiências na vida que as contradizem serão desvalorizadas, distorcidas, não percebidas ou vistas como exceções para uma "realidade" mais ampla (Padesky, 1994).

Por exemplo, uma mulher que acredita "Não mereço ser amada" sem a crença nuclear complementar "Mereço ser amada" pode perceber cada interação humana como prova de que não merece ser amada. As respostas negativas de outras pessoas se ajustam perfeitamente à sua crença nuclear. Quando ela recebe reações positivas de outras pessoas, ela não as percebe ou as distorce (p. ex., "É tão gentil da parte dela ser agradável comigo, embora provavelmente não goste de mim"), as desvaloriza (p. ex., "Ele provavelmente diz isso para todas") ou vê essas experiências como exceções (p. ex., "Oh, com certeza ela gosta de mim agora, mas, quando conhecer meu verdadeiro eu, verá o quanto não mereço ser amada"). Depois que o terapeuta ajuda essa mulher a construir a crença nuclear pareada "Mereço ser amada", com o tempo ela se torna mais capaz de perceber e recordar as respostas positivas e negativas das outras pessoas.

As novas crenças nucleares precisam ser suficientemente fortes em relação às crenças nucleares originais superdesenvolvidas para que possam ser ativadas nas situações em que são necessárias. Este provavelmente só será o caso depois de a pessoa desenvolver alto grau de confiança na validade de suas novas crenças nucleares. Preencher os registros de crenças nucleares, avaliar a confiança em uma nova crença nuclear, avaliar as experiências em um *continuum* (em vez de em termos de tudo ou nada) e conduzir experimentos comportamentais são quatro intervenções que ajudam a fortalecer novas crenças nucleares.

Preenchendo registros de crenças nucleares

As crenças nucleares moldam o que notamos, observamos e recordamos de nossas experiências. Conforme descrito anteriormente, é difícil perceber e recordar informações inconsistentes com as crenças nucleares ativadas (Padesky, 1994). Portanto, é improvável que as pessoas vejam e recordem experiências que apoiam novas crenças alternativas, a não ser que prestem particular atenção e procurem ativamente essas informações. A Folha de Exercícios 12.6, Registro de crença nuclear: registrando evidências que apoiam uma nova crença nuclear (*A mente vencendo o humor*, p. 161), é planejada para ajudar os clientes a notar e registrar experiências que apoiam novas crenças nucleares.

Os registros de crença nuclear são concebidos para registrar pequenas experiências diárias que apoiam novas crenças nucleares. Dicas Úteis para guiar as pessoas em sua procura por experiências a serem registradas podem ser encontradas na página 162 de *A mente vencendo o humor*. Idealmente, os clientes encontrarão no mínimo dois ou três exemplos por dia para escrever em seus registros de crença nuclear. No entanto, como as pessoas não conseguem perceber facilmente dados que contradizem suas crenças nucleares ativas, a princípio a maioria terá dificuldades para realizar essa tarefa aparentemente simples. Até que novas crenças nucleares estejam fortalecidas, as pessoas não terão uma lente para detectar tais dados. Ao mesmo tempo, esses dados são necessários para fortalecer novas crenças nucleares. Como terapeutas, podemos ajudar nossos clientes a desenvolver essa lente mais rapidamente quando nos mantemos alertas na sessão para detectar pequenas experiências nos seus relatos da semana que apoiam novas crenças nucleares. Quando trazemos esses eventos para a consciência dos nossos clientes, eles podem começar a notá-los e registrá-los. Observe como a terapeuta de Gary o ajudou a fazer isso. A Figura 8.1 mostra a cópia da Folha de Exercícios 12.6 que Gary preencheu durante e depois dessa sessão.

TERAPEUTA: Você acrescentou algum item ao seu registro de crença nuclear nesta semana?

GARY: Não. Não aconteceu nada para escrever.

TERAPEUTA: Então você não cometeu nenhum erro ou demonstrou alguma falha nesta semana? Esta deve ter sido uma semana muito boa!

GARY: Na verdade não. Minha caminhonete estragou, e cheguei atrasado ao trabalho. E eu estava muito deprimido no fim de semana passado.

TERAPEUTA: Quando essas coisas aconteceram, você foi punido por seu chefe ou por outras pessoas à sua volta?

GARY: Não, na verdade não.

TERAPEUTA: O que aconteceu?

GARY: Bem, eu não pude ligar para o trabalho porque acabou a bateria do meu celular, mas, quando soube o que aconteceu, meu chefe foi muito compreensivo. E Lin foi muito gentil comigo no fim de semana. Ela tentou me animar e arranjou uma desculpa para que eu não tivesse que ir à casa da mãe dela.

TERAPEUTA: Então, se olhar para a sua nova crença nuclear, "Sinto-

> **FOLHA DE EXERCÍCIOS 12.6** **Registro de crença nuclear: registrando evidências que apoiam uma nova crença nuclear**

Nova crença nuclear: Sinto-me seguro mesmo que os outros vejam minhas falhas.

Evidências ou experiências que apoiam a nova crença:

1. Meu chefe foi compreensivo quando cheguei atrasado porque minha caminhonete estragou.

2. Lin foi gentil quando lhe contei sobre meu dia ruim.

3. Meu terapeuta não ficou zangado comigo por eu ter me esquecido da minha folha de exercícios.

4. Jim me ajudou quando eu não consegui remover o parafuso.

5. Eu me atrapalhei enquanto lia uma história, e meu filho pareceu não se importar.

6. Lin e eu fizemos as pazes depois que eu fiquei zangado e tivemos uma briga.

7. _____

8. _____

9. _____

FIGURA 8.1 Parte superior do registro de crença nuclear de Gary (Folha de Exercícios 12.6). De Greenberger e Padesky (2016). Copyright ©2016 Dennis Greenberger e Christine A. Padesky. Adaptada com permissão.

-me seguro mesmo que os outros vejam minhas falhas", você acha que uma das experiências ou ambas podem ser pequenos exemplos que poderia escrever na sua folha de exercícios para mostrar que essa crença algumas vezes é verdadeira?

GARY: Acho que sim, mas não achei que elas estivessem realmente relacionadas a me sentir seguro.

TERAPEUTA: Mas se você sempre fosse punido pelas suas faltas, o que teria acontecido nessas duas situações?

GARY: Meu chefe teria me dado uma advertência, e Lin teria ficado zangada comigo, eu acho.

TERAPEUTA: Sim, isso seria um tipo de punição. E, no entanto, não aconteceu.

GARY: Não. Os dois foram muito bons em relação aos meus problemas.

TERAPEUTA: Você acha que poderia escrever esses exemplos na sua folha de exercícios para esta semana?

GARY: Sim. (*Escreve em sua folha de exercícios*)

TERAPEUTA: Talvez nesta semana você possa refletir todos os dias so-

GARY: Certo.

TERAPEUTA: Vamos anotar esse plano no alto da folha de exercícios, como um lembrete de quais tipos de experiência registrar.

A terapeuta ajudou Gary a procurar dados que podem ter sido registrados em seu registro de crença nuclear perguntando sobre os tipos de experiências que ele temia (cometer um erro ou ter algum tipo de problema). Ela presumiu que Gary notaria experiências que apoiam sua nova crença nuclear. E o ajudou a ver que não havia sido punido em duas situações importantes durante a semana quando as coisas não deram muito certo. Ela pediu que Gary escrevesse esses exemplos em sua folha de exercícios e depois escrevesse lembretes na mesma folha de exercícios para ajudá-lo a observar esses tipos de experiências no futuro. Pediu que Gary anotasse ideias para observar os dados que apoiavam sua nova crença nuclear, porque sabia que ele, como a maioria das pessoas, se esqueceria de informações relacionadas a uma nova crença nuclear caso não as registrasse. Quando Gary conseguisse acrescentar itens à Folha de Exercícios 12.6 diariamente com facilidade, seria um sinal de que sua nova crença nuclear estava ganhando força. Logo depois disso, ele começaria a perceber facilmente dados favoráveis durante a semana. A maioria das pessoas precisa manter um registro de crença nuclear por cerca de seis meses antes que uma nova crença esteja firmemente estabelecida e tenha alta credibilidade.

Classificando a confiança em uma nova crença nuclear em uma escala (*continuum*)

Os registros de crença nuclear podem ser combinados com avaliações em um *continuum* para classificar o progresso. Por exemplo, Gary fazia avaliações semanais da sua confiança em sua crença "Sinto-me seguro mesmo que os outros vejam minhas falhas", na Folha de Exercícios 12.7, Avaliando a confiança em minha crença nuclear (*A mente vencendo o humor*, p. 163). Quando, inicialmente, identificou essa nova crença nuclear, ele acreditava 0% nela. Depois de um mês de registro de evidências em seu registro de crença nuclear que apoiava essa crença, acreditava 10% nela. Após três meses, Gary avaliou sua confiança de que se sentia seguro quando suas falhas eram reveladas na faixa de 30 a 40% semanalmente. Depois de seis meses de registro das evidências favoráveis em seu registro de crença nuclear, sua confiança em sua nova crença nuclear aumentou para 70% para a maioria dos seus relacionamentos.

Para fazer essas classificações da confiança, uma pessoa deve definir uma nova crença nuclear em termos práticos. O diálogo a seguir mostra como a terapeuta de Gary usou perguntas orientadoras para ajudá-lo a gerar suas próprias definições de "falhas" e "segurança", de modo que ele pudesse definir pontos de referência em suas avaliações no *continuum*.

TERAPEUTA: A formulação que propôs na sessão passada para sua nova crença alternativa "Estou seguro mesmo que os outros vejam minhas falhas" está adequada para você nesta semana?

GARY: Parece estar como eu gostaria, mas, quanto mais penso a res-

TERAPEUTA: O que faz parecer impossível para você?

GARY: Eu nunca me senti seguro. No trabalho, em casa... as pessoas me massacram se eu faço besteira.

TERAPEUTA: Vamos fazer uma escala de segurança em uma destas linhas na sua folha de exercícios. (*Risca "Data" e escreve "Segurança" acima, no alto do continuum na Folha de Exercícios 12.7, A mente vencendo o humor, p. 163*) Esta é uma escala de segurança de 0 a 100%. Na linha "Nova crença nuclear", escreva "O quanto estou seguro quando os outros veem minhas falhas". (*Entrega a Gary a caneta para que ele possa escrever isso na folha de exercícios*) Onde você em geral acha que se vê nessa escala?

GARY: Em 0%.

TERAPEUTA: Coloque um x em 0%, Gary, e anote que é ali que você se vê.

GARY: (*Coloca um x em 0% e escreve "Eu"*)

TERAPEUTA: Agora vamos fazer uma lista de momentos recentes em que outras pessoas viram as suas falhas.

GARY: Semana passada, no trabalho, quando minha calculadora estragou e eu não consegui calcular o imposto sobre as vendas. Vamos ver... Prometi ao meu filho que ia consertar seu brinquedo, mas estava muito cansado e não fiz isso. Isso é tudo o que consigo me lembrar agora.

TERAPEUTA: Você consegue pensar em algum momento em que eu vi suas falhas?

GARY: Quando estive pela primeira vez aqui, combinei fazer um trabalho no livro e depois não fiz.

TERAPEUTA: Então parece que, quando você diz "minhas falhas", está se referindo a erros que comete ou momentos em que não cumpre o que promete, ou coisas que você não sabe fazer.

GARY: Sim, certo.

TERAPEUTA: O que você entende por "seguro"?

GARY: A salvo de ser machucado.

TERAPEUTA: Fisicamente machucado? Ou emocionalmente machucado?

GARY: Ambos. Quando eu era criança, meu pai me batia muito quando eu fazia besteira, mas me sinto igualmente mal se alguém zomba de mim ou me chama de burro.

TERAPEUTA: Isso já lhe aconteceu também?

GARY: Sim, na escola. E algumas vezes no trabalho meu chefe fica zangado e me chama de "seu*** burro".

TERAPEUTA: Então vamos escrever nesta escala o significado de segurança para você. Em 0%, vamos escrever o que significaria segurança. Por exemplo, você pode ser espancado até que esteja quase morto.

GARY: Sim. Apanhar muito ou ser ridicularizado na frente do grupo. (*Escreve essas ideias abaixo do 0% na escala*)

TERAPEUTA: Como seria 100% de segurança?

GARY: Não tenho certeza.

TERAPEUTA: Bem, se 0% é ser espancado até quase perder a vida, acho que 100% de segurança seria sentir-se protegido de dano físico.

GARY: Como se tivesse um guarda-costas.

TERAPEUTA: Sim. Qual seria o maior nível de segurança que você poderia imaginar?

GARY: Protegido por um escudo de segurança, para que ninguém conseguisse tocar em mim.

TERAPEUTA: Certo. Escreva isso abaixo de 100%. (*Faz uma pausa enquanto Gary anota essa imagem*) Agora, e quanto a 100% seguro contra vergonha ou crítica pública? Como seria isso?

GARY: Se as pessoas fossem pacientes e me encorajassem, em vez de zombarem de mim.

TERAPEUTA: Escreva isso abaixo de 100% também. (*Faz uma passa enquanto Gary escreve*) Nesta escala que estamos fazendo, como seria 50% de segurança? Alguma coisa na metade do caminho entre esses extremos.

GARY: Fisicamente, acho que ser empurrado, mas não machucado. (*Pausa*) E acho que alguém ser crítico ou se zangar comigo em particular, não na frente de um grupo.

TERAPEUTA: Escreva isso abaixo do ponto médio no *continuum*, onde está escrito 50%. Agora vamos marcar nesta escala essas três experiências que você me apresentou, quando outras pessoas viram as suas falhas. Primeiro, você não conseguiu calcular os impostos sobre as vendas no trabalho quando sua calculadora estragou. Onde você colocaria sua segurança?

GARY: Hummm. Acho que uns 25%. Meu gerente zombou de mim, mas apenas uma pessoa estava lá, e ele não me bateu nem nada.

TERAPEUTA: Coloque um x em 25% e nomeie como "impostos sobre as vendas" ou algo parecido para que você saiba o que o x significa. (*Pausa*) E quando você não consertou o brinquedo do seu filho?

GARY: Acho que cerca de 80%. Ele ficou desapontado, mas não estava zangado comigo.

TERAPEUTA: Coloque um x em 80% e nomeie. (*Pausa*) E aqui dentro da sessão, quando você não fez o que disse que faria no livro?

GARY: Bem, você não me bateu. (*Rindo*)

TERAPEUTA: Você esperava que eu fizesse isso?

GARY: De certa forma.

TERAPEUTA: E o que aconteceu?

GARY: Você me fez perguntas e foi gentil a respeito. E me ajudou a não ter tanto medo de fazer bobagens.

TERAPEUTA: Então onde você colocaria isso nesta escala?

GARY: Acho que 90% seguro.

Terapeuta: Anote isso. (*Pausa*) Agora temos quatro x nesta escala – um para onde você em geral se vê (0%) quando os outros veem suas falhas e três para eventos recentes (25, 80, 90%). O que você nota quando olha para esta escala e estas marcações?

Gary: Onde eu me vejo é diferente do que aconteceu recentemente.

Terapeuta: Boa observação. Que tal se colocássemos aqui alguns dos eventos da sua infância, como aquela vez em que seu pai lhe bateu por cometer um erro?

Gary: Isso seria 0%.

Terapeuta: Então você acha que quando criança viveu 0% em segurança com maior frequência?

Gary: Não o tempo todo, mas eu nunca sabia quando meu pai ia explodir.

Terapeuta: Então ver a si mesmo como 0% seguro pode ter sido uma boa coisa a fazer quando criança. Quero dizer, seria melhor assumir que nunca estava seguro e ser cuidadoso, já que nunca sabia quando seu pai ia explodir.

Gary: Sim, acho que é isso.

Terapeuta: E quanto a hoje? Você ainda acha que é melhor assumir que nunca está seguro?

Gary: (*Pausa*) Não, acho que não. Parece que a partir desta linha aqui eu posso estar mais seguro do que penso.

Terapeuta: E qual seria a vantagem para você de pensar em si mesmo como mais seguro? Por que não pensar mais em si mesmo como apenas 0% seguro?

Gary: Bem... eu poderia ficar mais relaxado se me sentisse mais seguro. E talvez enfrentasse mais as pessoas.

Terapeuta: E como acha que isso ajudaria?

Gary: Se eu me mostrasse mais forte, talvez meu chefe me deixasse em paz. Ele não dificulta tanto as coisas com Pete quanto comigo.

Terapeuta: Essa é uma ideia interessante. Pode ser bom descobrir se o seu chefe o deixaria em paz se você se mostrasse mais forte. Poderíamos praticar aqui como você faria isso. Primeiramente, no entanto, talvez fosse indicado monitorar nesta escala o quanto se sente seguro nesta semana quando os outros veem suas falhas. Pode ajudar descobrirmos mais sobre quando você se sente seguro ou não. O que acha?

Gary: Faz sentido.

Embora a Folha de Exercícios 12.7 peça que as pessoas classifiquem seu nível de confiança nas novas crenças nucleares com o passar do tempo, a terapeuta de Gary pegou a parte superior do *continuum* nesta folha de exercícios e a usou para ajudá-lo a definir critérios de segurança no contexto das pessoas vendo as suas falhas. Um passo inicial na construção de novas crenças nucleares é esclarecer e definir critérios para conceitos de crença nuclear. A terapeuta pediu que ele especificasse o que entendia por "falhas" e "segurança" e então usou o *continuum* para fornecer um resumo visual das experiências recentes de Gary para avaliar se apoiavam ou contradiziam sua nova crença nuclear (ver Figura 8.2).

A terapeuta ajudou Gary a definir qualitativamente os pontos extremos e o ponto médio de um *continuum* de segurança. É importante ajudar alguém a rotular os pontos extremos *em termos extremos* para que a experiência humana na sua totalidade seja contabilizada na escala. Se fazem por conta própria, os clientes algumas vezes definem os pontos extremos no *continuum* em termos mais moderados, reduzindo o valor de uma escala para medir a mudança. Por exemplo, se Gary definisse 0% de segurança como "Alguém está descontente comigo", então haveria pouco espaço para variabilidade ao longo da escala, e as agressões do seu pai acabariam sendo equivalentes às reprimendas do seu chefe e ao despontamento do seu filho.

Uma escala ou *continuum* terá maior probabilidade de ser terapêutica quando

---

FOLHA DE EXERCÍCIOS 12.7 Avaliando a confiança em minha nova crença nuclear

Nova crença nuclear: O quanto me sinto seguro quando os outros veem minhas falhas.

Avaliando a confiança em minha crença nuclear

Critérios de segurança:

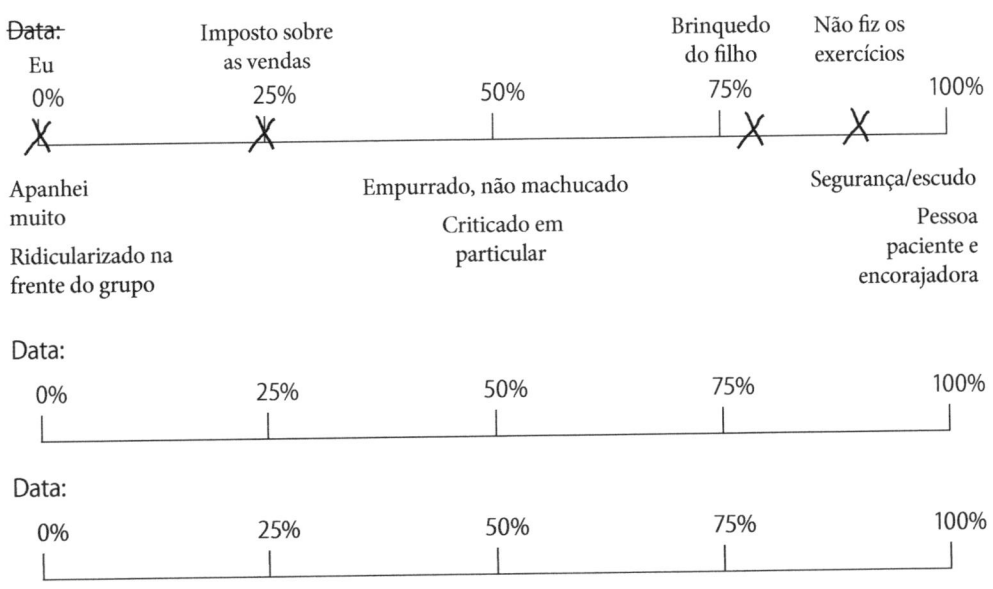

~~Data:~~
Eu / Imposto sobre as vendas / / Brinquedo do filho / Não fiz os exercícios

0% 25% 50% 75% 100%
X   X   X   X

Apanhei muito
Ridicularizado na frente do grupo

Empurrado, não machucado
Criticado em particular

Segurança/escudo
Pessoa paciente e encorajadora

Data:
0% 25% 50% 75% 100%

Data:
0% 25% 50% 75% 100%

FIGURA 8.2 Parte superior de Avaliando a confiança em minha nova crença nuclear de Gary (Folha de Exercícios 12.7), com a "Data" renomeada como "Critérios de Segurança", definição dos critérios de segurança apresentados abaixo no *continuum* e avaliações de experiências recentes apresentadas acima do *continuum*. De Greenberger e Padesky (2016). Copyright © 2016 Dennis Greenberger e Christine A. Padesky. Adaptada com permissão.

for construída para avaliar somente a *nova* crença nuclear de 0 a 100%, em vez de usar uma escala mais ampla, que varie de 100% desde a crença na antiga crença nuclear até 100% de crença na nova crença nuclear. A razão para isso é que as crenças nucleares mudam progressivamente. Uma pequena mudança na direção positiva de uma nova crença nuclear geralmente oferece mais esperança ao cliente do que uma pequena mudança afastando-se da antiga crença nuclear. Considere a diferença para Gary se uma mudança gradual de 10% em sua crença fosse expressa como "Sinto-me 10% seguro quando os outros veem minhas falhas" (avaliada em um *continuum* que apenas incluía a nova crença nuclear) *versus* "É apenas 90% verdadeiro que serei punido pelos meus erros" (avaliada em um *continuum* variando de 100% de confiança de que a antiga crença nuclear era verdadeira até 100% de confiança em sua nova crença nuclear). Um pequeno ganho de confiança em uma ideia positiva oferece mais esperança do que um pequeno decréscimo na confiança em uma ideia negativa.

Depois que foram definidos os pontos extremos no *continuum*, a terapeuta pediu que Gary colocasse experiências recentes na escala. Depois de avaliar vários eventos, pediu que Gary comparasse a percepção (orientada pela sua crença nuclear) de que ele estava 0% seguro quando suas falhas eram reveladas com as suas experiências reais. Note que a terapeuta não focou determinadamente na contestação da crença nuclear, o que poderia colocá-lo na defensiva. Em vez disso, relacionou a crença nuclear de Gary a experiências desenvolvimentais precoces e empaticamente observou o valor adaptativo da sua crença nuclear enquanto ele crescia ao lado de um pai fisicamente abusivo. Depois que as origens e a adaptabilidade histórica da sua antiga crença nuclear foram validadas, a terapeuta pediu que Gary ponderasse se essa crença nuclear era adaptativa para ele em suas circunstâncias atuais.

Avaliando comportamentos em uma escala (*continuum*) em vez de em termos de "tudo ou nada"

O trabalho no *continuum* é importante para mudar uma crença nuclear porque as crenças nucleares são dicotômicas (p. ex., seguro *versus* não seguro). O uso de um *continuum* ou uma escala ajuda as pessoas a aprender a avaliar as experiências em termos mais escalonados. Pequenas mudanças na crença que podem ser omitidas em um registro de pensamentos podem ser captadas em um *continuum*. Uma folha de exercícios intitulada Classificando comportamentos em uma escala (Folha de Exercícios 12.8, *A mente vencendo o humor*, p. 166) capitaliza as fraquezas do pensamento dicotômico, incentivando as pessoas a avaliar o próprio comportamento e o de outras pessoas em um *continuum*, em vez de em termos de "tudo ou nada". Dizemos "as fraquezas do pensamento dicotômico" porque a maior parte do comportamento humano não pode ser descrita como 0 ou 100%. O uso de uma escala para classificar o comportamento enfraquece a tendência humana a ignorar comportamentos positivos quando crenças nucleares negativas estão ativadas.

Por exemplo, Lily estava trabalhando em uma nova crença nuclear de que era competente. No entanto, quando revisava seu dia, sua tendência era focar em seus erros e falhas. Sua terapeuta a incentivou a classificar alguns dos seus comportamentos nas escalas na Folha de Exercícios 12.8.

LILY: Eu estava usando o novo *software* de contabilidade no tra-

TERAPEUTA: balho e me perdi em algumas das entradas.

TERAPEUTA: Vamos sair da folha de exercícios que está usando neste mês e ver como você classificaria essa experiência.

LILY: Certo. (*Abre* A mente vencendo o humor *na Folha de Exercícios 12.8, p. 166*)

TERAPEUTA: O que você pode escrever na linha da situação?

LILY: "Usando o novo *software* de contabilidade para fazer meu registro das despesas."

TERAPEUTA: Certo. (*Espera que Lily escreva*) E nós estamos trabalhando na sua nova crença nuclear da competência, então que comportamento você deseja avaliar?

LILY: Acho que "Usar o programa corretamente".

TERAPEUTA: Anote isso para o comportamento que você está avaliando.

LILY: Certo.

TERAPEUTA: Por quanto tempo você trabalhou em seu registro das despesas?

LILY: Provavelmente uns 10 minutos.

TERAPEUTA: Para que possa avaliar a sua competência de forma justa, quantas entradas você fez e aproximadamente quantos erros cometeu?

LILY: Oh, só fiz cerca de dez entradas e me atrapalhei na metade delas.

TERAPEUTA: Quando você diz que "se atrapalhou", você as inseriu, e então depois outra pessoa descobriu seus erros?

LILY: Não. Eu consegui ver que me confundi porque os números ficaram posicionados nos lugares errados no relatório.

TERAPEUTA: Então o que você fez?

LILY: Conferi o meu trabalho e então voltei e corrigi meus erros.

TERAPEUTA: Então você acha que o relatório final estava bem preciso?

LILY: Sim. Acho que sim.

TERAPEUTA: Então como você classificaria "Usar o programa corretamente" no fim das contas?

LILY: Bem, no fim o relatório estava correto, mas cometi alguns erros no caminho.

TERAPEUTA: Então, se você estivesse avaliando uma colega aprendendo a usar esse *software*, e ela cometesse alguns erros durante o processo, os notasse e os corrigisse de modo que seu registro das despesas estivesse preenchido corretamente em 10 minutos, como você a avaliaria em "Usar o programa corretamente"?

LILY: Hummm. Entendo o que você quer dizer. Acho que eu a avaliaria em uns 90%. Não é perfeito porque cometeu alguns erros, mas os descobriu e corrigiu imediatamente.

TERAPEUTA: Então você a avaliaria em 90%. Como você se avaliaria?

LILY: Quando nós começamos, eu teria me avaliado em menos de 50%, mas, agora que estamos conversando sobre isso, talvez 90% pareça adequado.

A terapeuta reuniu informações sobre a experiência de Lily antes de lhe pedir para avaliar seu comportamento. Isso foi importante porque Lily estava propensa a focar nos erros, e não nos resultados positivos ou nas coisas que fez corretamente. Depois de resumir o que Lily lhe contou, sua terapeuta pediu que ela imaginasse e avaliasse uma colega que mostrasse o mesmo comportamento. Essa estratégia reduziu a probabilidade de Lily avaliar seus erros de forma severa. Pessoas que costumam impor a si mesmas padrões perfeccionistas geralmente são muito mais tolerantes com os outros.

Já que as crenças nucleares se modificam gradualmente em resposta a um acúmulo de experiências, as pessoas geralmente precisam usar registros de crença nuclear, escalas *continuum* e outros métodos de mudança de crenças nucleares por seis meses ou mais antes que uma nova crença nuclear esteja plenamente desenvolvida. Depois que os clientes avaliam sua confiança em uma crença nuclear como 70% ou mais, você pode estar seguro de que essa nova crença nuclear é suficientemente forte para persistir. O tempo necessário para construir e fortalecer novas crenças nucleares é uma das razões pelas quais o trabalho com crenças nucleares não é recomendado no início da terapia ou como foco principal da terapia breve. No entanto, pessoas que lutam contra crenças nucleares negativas crônicas podem se beneficiar com o uso de *A mente vencendo o humor* a fim de fortalecer novas crenças nucleares, mesmo depois do encerramento da terapia.

Conduzindo experimentos comportamentais para fortalecer novas crenças nucleares

Registros de crença nuclear e classificações em um *continuum* (escala) são boas maneiras de capturar experiências que ocorrem naturalmente durante a semana e usá-las para fortalecer novas crenças nucleares. Os experimentos comportamentais podem acelerar o processo de obtenção de confiança nas novas crenças nucleares porque podem ser planejados de modo a garantir que aconteçam com frequência. Os experimentos comportamentais que são particularmente prováveis de fortalecer novas crenças nucleares incluem:

- Experimentos diários planejados em que as pessoas agem "como se" uma nova crença nuclear fosse verdadeira.
- "Atividades de flexibilidade" em que as pessoas experimentam alguma coisa nova, compatível com suas novas crenças.
- Aproximar-se em vez de evitar situações que as pessoas acham desafiadoras devido a antigas crenças nucleares.

Todos os princípios relativos aos experimentos comportamentais descritos no Capítulo 7 deste guia podem ser aplicados igualmente bem em experimentos comportamentais concebidos para fortalecer novas crenças nucleares. Esses princípios são resumidos no quadro a seguir.

Experimentos diários planejados: agindo "como se" uma nova crença nuclear fosse verdadeira

Um caminho rápido para fortalecer novas crenças nucleares é que os clientes ajam como se já acreditassem que elas são verdadeiras. Por exemplo, Anaya queria acreditar que "merecia ser amada". Ela criou uma variedade de experimentos a serem realizados durante a semana em que agiria como se merecesse ser amada. Ela elaborou ideias para esses experimentos refletindo sobre coisas que faria com mais frequência

> ## Experimentos comportamentais para fortalecer novas crenças nucleares
>
> - Passo 1. Escreva a nova crença nuclear que você deseja fortalecer.
> - Passo 2. Planeje colaborativamente um experimento para testar essa crença diretamente. Pergunte ao seu cliente: "O que você poderia fazer ou provavelmente faria se essa crença nuclear fosse forte?"; "Que tipos de experiências teriam a maior credibilidade?"; "Que problemas você prevê na realização deste experimento?"; "Como você pode lidar com esses problemas para continuar o experimento?"; "Que resultados poderiam ser particularmente difíceis de lidar?"; "Como você poderia lidar com esses resultados?".
> - Passo 3. Faça previsões por escrito antecipadamente (para as antigas e as novas crenças nucleares).
> - Passo 4. Repita os experimentos por um número de vezes suficiente.
> - Passo 5. Registre os resultados dos experimentos. Pergunte ao seu cliente: "O que aconteceu (em comparação com suas previsões)?"; "Os resultados combinam com o que você previu"?"; "Aconteceu alguma coisa inesperada?"; "Se as coisas não acabaram como você queria, você lidou bem com isso?".
> - Passo 6. Compare os resultados reais com as previsões. Pergunte ao seu cliente: "Esses resultados apoiam suas novas crenças nucleares (mesmo que parcialmente)?".

se achasse que merecia ser amada. Sua antiga crença, "Não mereço ser amada", previa uma variedade de respostas negativas. Sua nova crença nuclear previa respostas positivas. Ela e sua terapeuta discutiram antecipadamente como poderia avaliar as respostas de outras pessoas e dela mesma. Eis um exemplo dos experimentos que concordou em testar; ela combinou de realizar cada experimento mais de uma vez:

> Sorrir para os balconistas nas lojas e dizer "olá".
>
> Tratar a mim mesma como merecedora de amor – por exemplo, planejar uma noite relaxante com minha música favorita, comida e entretenimento.
>
> Pedir ajuda a um amigo para um pequeno problema.
>
> Cumprimentar os amigos com um sorriso e dizer: "Olá, estou feliz por estar aqui".
>
> Convidar alguém para almoçar comigo.

Anaya e sua terapeuta monitoraram os resultados desses experimentos na Folha de Exercícios 12.9, Experimentos comportamentais para fortalecer novas crenças nucleares (*A mente vencendo o humor*, p. 169). A maioria das pessoas respondeu positivamente a Anaya quando ela se comportou dessas novas maneiras. Isso a encorajou a continuar os experimentos em que agia "como se" merecesse ser amada. Mesmo quando recebeu reações neutras ou negativas de outras pessoas, sua terapeuta pôde ajudá-la a ver que as reações das pessoas nem sempre estavam relacionadas diretamente a ela (p. ex., os amigos poderiam ter suas próprias pressões e não ser capazes de ajudá-la). Esses experimentos reforçaram a confiança de Anaya em sua capacidade de ser amada.

"Estender" atividades para tentar alguma coisa nova

Inicialmente, as pessoas acham mais fácil planejar experimentos comportamentais que envolvam fazer atividades familiares com leves mudanças a fim de refletir uma nova crença nuclear. No entanto, tentar construir e fortalecer crenças nucleares que são de fato "novas" provavelmente exigirá experimentos em que as pessoas tentam comportamentos ou atividades inteiramente novos. À medida que Anaya foi realizando os experimentos para aumentar sua confiança de que merecia ser amada, sua terapeuta percebeu que todos os experimentos de Anaya eram breves, e a maioria envolvia comportamentos positivos que ela havia iniciado.

Anaya tinha uma história de relacionamentos que terminavam depois que surgiam desentendimentos ou conflitos. Alguns desses relacionamentos tinham problemas que os tornavam insustentáveis. Por exemplo, uma das ex-amigas com frequência mentia para ela e até mesmo lhe roubava algum dinheiro. Ainda outros relacionamentos pareciam muito bons até que desentendimentos vinham à tona. Anaya se afastava e ficava silenciosa diante de conflitos. Ela contou a sua terapeuta que sempre achou que, se discordasse de alguém, a pessoa acharia que ela não merecia ser amada. Por nunca expressar seus sentimentos e preferências, Anaya frequentemente acabava pensando em si mesma como não merecedora de amor, mesmo quando as amizades continuavam. Pensava: "Se eles soubessem que não compartilho dos seus interesses, não gostariam mais de mim".

A terapeuta indicou que Anaya precisaria fazer alguns experimentos "de flexibilidade" que envolviam discordância e conflito. Inicialmente, esses novos experimentos implicavam que Anaya expressasse suas opiniões aos outros. Por exemplo, expressou suas preferências por comer em determinado restaurante ou por assistir a um programa de televisão em particular. A seguir, experimentou expressar opiniões divergentes das de seus amigos sobre filmes ou notícias. Depois de cada experimento, devia identificar sinais de que as pessoas ainda achavam que ela "merecia ser amada" apesar de ter expressado diferenças de preferência ou opinião. Os sinais de seu merecimento incluíam convites para fazer coisas juntos no futuro, expressões verbais e não verbais de cordialidade e atenção e até mesmo atenção suficiente para ter uma discussão prolongada com ela. A terapeuta assinalou que indiferença era um melhor marcador de não amar alguém do que uma discussão acalorada. Com o tempo, Anaya experimentou participar de discussões prolongadas com amigos próximos e praticou a reconciliação com eles quando as discussões não podiam ser resolvidas.

APROXIMAR-SE EM VEZ DE EVITAR SITUAÇÕES DESAFIADORAS

Faz parte da natureza humana evitar desafios que nossas crenças nucleares nos dizem que podem ameaçar nossa segurança ou nosso bem-estar. Por exemplo, quem tem uma crença nuclear de que os outros são duramente críticos frequentemente evita situações. Pessoas que acreditam que são incompetentes frequentemente evitam novas tarefas ou promoções no trabalho. O enfrentamento desses desafios pode ajudar a construir e fortalecer novas crenças nucleares porque existe a oportunidade de aprender que os riscos apresentados por esses desafios não são tão grandes quanto temidos ou que as pessoas que têm mais habilidade para enfrentar e manejar os desafios do que imaginavam. Assim, quando você identificar situações ou circunstâncias relevantes para uma nova crença nuclear que seus clientes vêm evitando, você pode discutir os benefícios de enfrentar esses desafios.

Dominic queria construir e fortalecer uma nova crença nuclear de que outras pessoas eram confiáveis. Ele reconheceu que sua desconfiança das pessoas o havia impedido de se tornar íntimo de todos. Antes de chegar a esse ponto em sua terapia, Dominic havia mantido distância de colegas de trabalho, vizinhos e mesmo familiares, não revelando muitas informações sobre si mesmo e sobre seus interesses. Por exemplo, ninguém na sua vida sabia que ele havia sido preso por dirigir alcoolizado e que estava se mantendo sóbrio participando de grupos de apoio e terapia individual.

A terapeuta incentivou Dominic a classificar várias pessoas que conhecia em uma escala de confiabilidade. Depois de ter identificado três pessoas que eram "provavelmente confiáveis" (70% ou mais de probabilidade nessa escala de classificação), fez uma dramatização com Dominic de como ele poderia lhes pedir que não revelassem a outras pessoas certas informações particulares a seu respeito. Se elas concordassem em manter confidenciais essas informações, Dominic estava disposto a conduzir experimentos em que contaria a essas pessoas selecionadas suas dificuldades com o álcool. Ele observou se elas honraram sua confiança mantendo a confidencialidade dessa informação. Esse experimento exigiu que se aproximasse e atravessasse as fronteiras que haviam limitado suas relações nos últimos cinco anos. Mesmo assim, seria difícil para ele construir confiança na confiabilidade dos outros até que de fato agisse de forma que expandisse seus níveis anteriores de confiança nos demais.

Não há limite para o número e a variedade de experimentos comportamentais que as pessoas podem realizar para fortalecer novas crenças nucleares. Use repetidamente a Folha de Exercícios 12.9, Experimentos comportamentais para fortalecer novas crenças nucleares (*A mente vencendo o humor*, p. 169), quando novos tipos de experimentos forem planejados. Para a maioria das pessoas, o fortalecimento de crenças nucleares envolve meses de condução de experimentos comportamentais que implicam agir "como se" as novas crenças nucleares fossem verdadeiras, estendendo sua zona de conforto, e se aproximar, em vez de evitar situações e circunstâncias relevantes para as novas crenças nucleares. Os resultados desses experimentos que apoiam novas crenças nucleares podem ser adicio-

Quadro de lembretes

Um primeiro passo na construção de novas crenças nucleares é esclarecer e definir critérios para conceitos de crenças nucleares. Preencher registros de crença nuclear, avaliar a confiança em uma nova crença nuclear, classificar as experiências em um *continuum* (em vez de em termos de "tudo ou nada") e conduzir experimentos comportamentais são quatro intervenções que ajudam a fortalecer novas crenças nucleares. Foque no fortalecimento de novas crenças nucleares em vez de testar as antigas, porque um pequeno ganho na confiança em uma ideia positiva oferece mais esperança do que uma pequena diminuição na confiança em uma ideia negativa.

nados ao Registro de crença nuclear (Folha de Exercícios 12.6, *A mente vencendo o humor*, p. 161). Os resultados dos experimentos que não apoiam novas crenças nucleares podem ser examinados para avaliar como os clientes lidaram com os resultados, bem como para ajudá-los a refletir sobre o que pode ser aprendido com essas experiências.

O QUE ACONTECE DEPOIS QUE UMA CRENÇA NUCLEAR FUNCIONA?

No final do Capítulo 12 de *A mente vencendo o humor* (p. 181), os leitores são lembrados de preencher medidas de humor relevantes para os estados de humor nos quais estão trabalhando. Há um lembrete para continuar praticando as habilidades aprendidas até o momento e revisar os exercícios escritos quando estados de humor ou pensamentos angustiantes retornarem. Para a maioria das pessoas que usam *A mente vencendo o humor*, o Capítulo 12 é seu passo final no desenvolvimento de habilidades. Os clientes que estão concluindo a terapia agora se voltarão para o Capítulo 16, Mantendo seus ganhos e experimentando mais felicidade, a fim de colocar em ação um plano para usar as habilidades que aprenderam para manejar as recaídas e continuar seu desenvolvimento positivo depois do encerramento da terapia.

Aqueles que concluíram seu trabalho em um estado de humor e agora querem ajuda com outros estados de humor podem se dedicar a outro capítulo sobre estados de humor em *A mente vencendo o humor* para saber como aplicar as habilidades que aprenderam, além de novas habilidades específicas para esse estado de humor (Compreendendo sua depressão, Capítulo 13; Compreendendo sua ansiedade, Capítulo 14; ou Compreendendo a raiva, a culpa e a vergonha, Capítulo 15). Aqueles que estão avançando para um novo estado de humor podem seguir o Guia de Leitura para esse humor, reproduzido no Apêndice A. Os clientes que, depois de concluírem o trabalho com o humor, desejam tratar na terapia problemas não relacionados ao estado de humor podem aprender a aplicar as habilidades ensinadas em *A mente vencendo o humor* a esses outros problemas (p. ex., identificando e testando os pressupostos subjacentes que mantêm o comportamento e as dificuldades de relacionamento). Quando seus clientes estiverem se aproximando do fim da terapia e prontos para trabalhar nessas habilidades para manejar a recaída, então se voltarão para o Capítulo 16 de *A mente vencendo o humor*. Antes disso, considere a introdução de exercícios de gratidão e gentileza, caso você ainda não tenha feito isso.

GRATIDÃO E GENTILEZA

Gratidão e atos de gentileza são práticas baseadas em evidências derivadas de pesquisas da psicologia positiva que demonstram aumentar o bem-estar. "Bem-estar" é um termo usado para abranger uma variedade de experiências humanas, incluindo afeto positivo, felicidade e satisfação na vida. Exercícios de gratidão e gentileza estão incluídos em *A mente vencendo o humor* para promover bem-estar e felicidade, em vez de estar relacionados ao alívio de estados de humor angustiantes em particular. Colocamos gratidão e gentileza no Capítulo 12 de *A mente vencendo o humor* porque acreditamos que essas abordagens podem ajudar a estimular novas crenças nucleares. No entanto, você pode direcionar seu cliente para ler e usar apenas as seções do Capítulo 12 sobre gratidão e gentileza (*A mente vencendo o humor*, p. 170-181) sempre que vocês dois acharem que esses métodos se mostram benéficos. As seções a seguir destacam achados baseados em evidências referentes aos diários de gratidão e atos de gentileza que muitos terapeutas não conhecem e que são importantes para maximizar a eficácia desses instrumentos na terapia.

Gratidão

"Gratidão" em geral é definida como valorização e/ou agradecimento. Nas últimas décadas, inúmeros estudos sugeriram que atentar para e expressar gratidão pode aumentar o bem-estar, embora seus mecanismos de mudança ainda não sejam entendidos (Wood, Froh, & Geraghty, 2010; Krejtz, Nezlek, Michnicka, Holas, & Rusanowska, 2016). Cinco folhas de exercícios sobre gratidão estão incluídas em *A mente vencendo o humor* (p. 171-178). As três primeiras folhas de exercícios (Folhas de Exercícios 12.10, 12.11 e 12.12) são os diários de gratidão. A quarta (Folha de Exercícios 12.13) resume a aprendizagem das três primeiras e deve ser preenchida depois de seis semanas de uso dos diários de gratidão. A folha de exercícios final sobre gratidão (Folha de Exercícios 12.14) incentiva expressões de gratidão a outras pessoas. As três primeiras folhas de exercícios sobre gratidão são formuladas de forma a se relacionarem com o desenvolvimento de novas crenças nucleares nas quais algumas pessoas estarão trabalhando no Capítulo 12. Mesmo assim, todas as cinco folhas de exercícios podem ser usadas com benefícios por qualquer pessoa que deseje cultivar uma atitude de gratidão; não é necessário um trabalho específico em novas crenças nucleares.

Gratidão sobre o mundo, sobre os outros e sobre mim mesmo (Folhas de Exercícios 12.10-12.12)

As folhas de exercícios intituladas Gratidão sobre o mundo e minha vida, Gratidão sobre os outros e Gratidão sobre mim mesmo (Folhas de Exercícios 12.10-12.12, *A mente vencendo o humor*, p. 172-174) são planejadas para serem preenchidas simultaneamente. Assim, essas três folhas de exercícios têm um único conjunto de instruções na página 171 de *A mente vencendo o humor*. Ao examinarem essas instruções, alguns terapeutas podem ficar surpresos com o fato de esse exercício de confecção de um diário de gratidão ser planejado para ser preenchido somente *uma vez por semana*, e não diariamente. A maioria das pesquisas sobre gratidão envolve a escrita do diário de gratidão todos os dias por um período de duas ou três semanas. Contudo, Lyubomirsky e Layous (2013) descobriram que a dosagem e a longevidade da prática de gratidão podem ser muito importantes. Achados da sua pesquisa sugerem que a confecção semanal do diário pode ser mais eficaz do que preencher diários de gratidão muitas vezes durante a semana.

Assim, decidimos direcionar os leitores de *A mente vencendo o humor* para o preenchimento das folhas de exercícios de grati-

---

Dica clínica

Os exercícios de gratidão e gentileza não precisam estar relacionados ao fortalecimento de novas crenças nucleares. Os terapeutas podem introduzi-los em qualquer momento da terapia em que considerem que sejam úteis.

dão uma vez por semana em vez de diariamente. A expectativa é a de que as pessoas completem essas folhas de exercícios por vários meses e, se acharem essa prática útil, desenvolvam o hábito prolongado de manter um diário de gratidão semanalmente. É possível que o preenchimento semanal de um diário de gratidão proporcione mais aumento no bem-estar do que se for feito diariamente, pois sua eficácia pode diminuir com seu uso excessivo (Lyubomirsky, Sheldon, & Schkade, 2005).

Escrever detalhadamente sobre uma ou duas coisas pelas quais as pessoas são gratas provavelmente promoverá seu bem-estar mais do que uma longa lista de itens descritos de forma superficial. Pensar sobre alguma coisa profundamente tem maior probabilidade de estimular as emoções e a experiência plena de gratidão. Como as pessoas são incentivadas nas folhas de exercícios de gratidão de *A mente vencendo o humor* a escrever em detalhes sobre uma ou duas coisas a cada semana, elas provavelmente não irão escrever em cada uma dessas folhas de exercícios todas as semanas. Aquilo que escolherem escrever em determinada semana poderá ser escrito na folha de exercícios apropriada, dependendo de a gratidão estar relacionada à vida e ao mundo, a outras pessoas ou a si mesmo.

Note que as linhas nessas três folhas de exercícios são muito próximas. Isso pode levar as pessoas a concluir que devem escrever apenas algumas palavras em vez de muitos detalhes sobre um alvo de gratidão. Incentive seus clientes a escrever nessas linhas descrições no estilo de uma manchete acerca dos tópicos da sua gratidão e a fazer anotações mais detalhadas sobre as razões da sua gratidão em seus livros de exercícios da terapia, em folhas soltas de papel inseridas nessa seção de *A mente vencendo o humor* ou em suas notas eletrônicas da terapia. No futuro, quando quiserem alimentar sua gratidão, eles poderão revisar essas notas detalhadas juntamente com suas listas no estilo de manchete nessas folhas de exercícios.

Se você notar que, com o tempo, um cliente expressa gratidão somente em áreas referentes a uma ou duas das três folhas de exercícios, considere se isso é apropriado ou se merece discussão na terapia. Por exemplo, Anna expressava com facilidade gratidão sobre os outros e o mundo, mas, durante as primeiras semanas de registro no seu diário de gratidão, nunca escreveu nada na Folha de Exercícios 12.12, Gratidão sobre mim mesmo. Ela tendia a ter baixa autoestima, então sua terapeuta a encorajou a passar o tempo de gratidão da semana pensando e escrevendo sobre qualidades, pontos fortes, valores e boas ações que conseguisse registrar em sua folha de exercícios Gratidão sobre mim mesmo. Outra cliente, Jéssica, também não registrou itens de gratidão sobre si mesma. Como tinha autoestima positiva e estava mais focada na terapia em desenvolver maior compaixão e empatia pelos outros, visando reduzir sua raiva, sua terapeuta não lhe deu nenhuma sugestão em particular para aumentar seu uso da Folha de Exercícios Gratidão sobre mim mesmo.

Quando os clientes estão trabalhando no fortalecimento de crenças nucleares particulares, uma folha de exercícios de gratidão relevante pode apoiar esses esforços. Por exemplo, Jamal estava trabalhando em uma nova crença nuclear de que as pessoas são bondosas. Sua terapeuta sugeriu que ele encontrasse pelo menos uma pessoa ou incidente por semana para escrever a respeito na Folha de Exercícios 12.11, Gratidão sobre os outros, especialmente aqueles relacionados a pessoas serem bondosas. Esse exercício frequentemente se ajustava aos experimentos comportamentais que Jamal estava fazendo, nos quais pedia ajuda a outras pessoas. Os resultados desses experimentos de "pedido de ajuda" foram registrados na Folha de Exercícios 12.9, Experimentos comportamentais para fortalecer novas crenças nucleares (*A mente vencendo o humor*, p. 169). Quando outras pessoas estavam dispostas a ajudá-lo, Jamal algumas vezes escrevia em mais detalhes sobre essas experiências em seu diário de gratidão. Escrever em detalhes sobre experiências nas quais os outros o ajudavam tornou esses eventos mais memoráveis e significativos para Jamal, conforme apresentado na Figura 8.3.

Aprendendo com meu diário de gratidão (Folha de Exercícios 12.13)

As três primeiras folhas de exercícios formam coletivamente um diário de gratidão, separando os itens para gratidão nas categorias de mundo/vida, outros e eu mesmo. A Folha de Exercícios 12.13, Aprendendo com meu diário de gratidão (*A mente vencendo o humor*, p. 175), reúne observações pessoais sobre o impacto e os benefícios de focar na gratidão. O impacto da gratidão frequentemente se desenvolve com o tempo, portanto as instruções na parte inferior da página 171 de *A mente vencendo o humor* sugerem que as pessoas preencham suas três folhas de exercícios de gratidão por pelo menos seis semanas antes de completarem a Folha de Exercícios 12.13, Aprendendo com meu diário de gratidão. As perguntas nessa folha de exercícios são autoexplicativas e podem ser preenchidas como parte de uma discussão na terapia e/ou como uma tarefa de autorreflexão em casa. Note que a pergunta 7 ("Fazer este diário de gratidão informa meu trabalho no fortalecimento de minhas novas crenças nucleares? Em caso afirmativo, como?") não se aplicará se a pessoa não estiver trabalhando no fortalecimento de novas crenças nucleares. No entanto, pessoas que estão trabalhando em novas crenças nucleares frequentemente acham que suas novas crenças são compatíveis com as experiências registradas em seus diários de gratidão.

"É ÚTIL EU CONTINUAR PRATICANDO A GRATIDÃO?"

A pergunta 8 na Folha de Exercícios Aprendendo com meu diário de gratidão inclui

---

FOLHA DE EXERCÍCIOS 12.11 Gratidão sobre os outros

Coisas sobre os outros (família, amigos, colegas, animais de estimação, etc.) que reconheço e pelas quais sou grato:

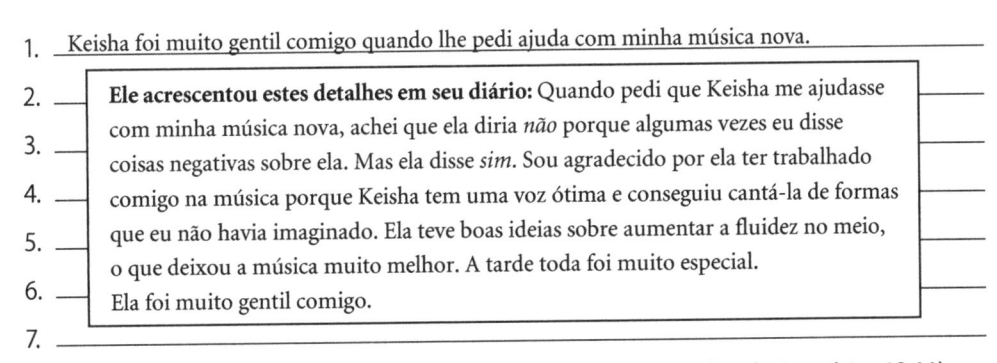

1. Keisha foi muito gentil comigo quando lhe pedi ajuda com minha música nova.

2.
3.
4.
5.
6.
7.

> **Ele acrescentou estes detalhes em seu diário:** Quando pedi que Keisha me ajudasse com minha música nova, achei que ela diria *não* porque algumas vezes eu disse coisas negativas sobre ela. Mas ela disse *sim*. Sou agradecido por ela ter trabalhado comigo na música porque Keisha tem uma voz ótima e conseguiu cantá-la de formas que eu não havia imaginado. Ela teve boas ideias sobre aumentar a fluidez no meio, o que deixou a música muito melhor. A tarde toda foi muito especial. Ela foi muito gentil comigo.

FIGURA 8.3 Registro de Jamal em Gratidão sobre os outros (Folha de Exercícios 12.11) depois de seu experimento de "pedir ajuda".

duas questões significativas: "É útil eu continuar praticando a gratidão? Em caso afirmativo, como e por quê?". O objetivo dessas perguntas não é incentivar todas as pessoas a se comprometerem com uma prática contínua de gratidão. *A mente vencendo o humor* ensina uma variedade de habilidades com a expectativa de que todos os leitores encontrem algumas habilidades que realmente os ajudem e que queiram incorporar às suas vidas. Os métodos que são úteis para melhorar o bem-estar e a felicidade variam grandemente de pessoa para pessoa. A decisão de um indivíduo de continuar ou não um diário de gratidão dependerá de esse diário ter provado ser uma atividade compensadora ou não. Lyubomirsky e colaboradores (2005) sugerem que as pessoas têm maior probabilidade de desenvolver hábitos permanentes quando as atividades se ajustam aos seus valores e interesses. Incentivamos você a aceitar os julgamentos de seus clientes sobre continuar ou não a manutenção de um diário de gratidão. Depois de seis semanas, a maioria das pessoas já dedicou grande esforço a diários de gratidão, devendo ser capazes de determinar se um foco constante na gratidão é algo que desejam perseguir ou não.

"EM CASO AFIRMATIVO, COMO E POR QUÊ?"

Quando as pessoas decidirem continuar uma prática de manter diários de gratidão, ajude-as a refletir sobre frequência e formas de fazer isso. Algumas pessoas podem simplesmente decidir continuar o uso semanal das folhas de exercícios de gratidão. Outras podem decidir trabalhar nelas por algumas semanas e, então, trocar por outra. Algumas podem decidir que um diário de gratidão mensal é agora mais útil do que um semanal. Outras, ainda, podem decidir transformá-lo em um esforço familiar

e incluir discussões de gratidão na mesa de jantar, uma vez por semana. Não há uma melhor maneira de construir e manter o bem-estar. No entanto, sabemos que, quando as pessoas se engajam ativamente na criação de um plano pessoal para esforços continuados, é maior sua probabilidade de colocá-lo em prática do que quando estão seguindo as instruções de outras pessoas (Lyutbomirsky & Layous, 2013). Portanto, incentive os clientes a tomar suas próprias decisões sobre essas questões.

EXPRESSANDO GRATIDÃO

Depois que as pessoas tomam mais consciência da gratidão, com frequência um passo natural é começar a expressá-la aos outros. Reconhecer e prestar atenção a coisas pelas quais as pessoas são gratas é uma intervenção cognitiva; a expressão de gratidão é comportamental. A Folha de Exercícios 12.14, Expressando gratidão (*A mente vencendo o humor*, p. 178), fornece às pessoas um lugar onde registrar o que acontece quando expressam gratidão aos outros. Gratidão pode ser expressa a estranhos, tanto quanto a pessoas próximas. Algumas pessoas optam por expressar gratidão escrevendo uma carta ou *e-mail* agradecido; elas podem posteriormente decidir se de fato os enviam ou não. Ou podem escrever uma carta de gratidão a alguém que não está mais vivo ou que até mesmo nem conhecem. Expressões de gratidão podem ter benefícios, independentemente de serem entregues ou de receberem uma resposta.

Pesquisas sugerem que esse tipo de exercício provavelmente só irá melhorar o bem-estar e a felicidade se as pessoas voluntariamente escolherem realizá-lo porque desejam ser mais felizes (Lyubomirsky, Dickerhoof, Boehm, & Sheldon, 2011). Pode haver pouco benefício em pedir que alguém expresse gratidão se não estiver interessado em fazê-lo ou se já estiver satisfeito com seu nível de felicidade. Portanto, antes de sugerir aos seus clientes a Folha de Exercícios 12.14, Expressando gratidão, pergunte-lhes se aumentar ou não sua felicidade é um objetivo atual e se estão interessados ou não em expressar gratidão.

Esses exercícios de gratidão precedem a seção sobre atos de gentileza no Capítulo 12 de *A mente vencendo o humor*. Recomendamos a introdução de exercícios de gratidão *antes* dos exercícios de gentileza. Os participantes em uma intervenção de felicidade que praticaram gratidão antes de começarem os exercícios com atos de gentileza experimentaram maiores aumentos no bem-estar do que aqueles que começaram com atos de gentileza (Layous, Lee, Choi, & Lyubormirsky, 2013).

DIFERENÇAS CULTURAIS NA PRÁTICA DA GRATIDÃO

A gratidão não é uma panaceia. Seus significados e propósitos afetam seu impacto. Layous, Lee, Choi e Lyubomirsky (2013) encontraram diferenças culturais nos resultados da expressão de gratidão: as pessoas dos Estados Unidos se beneficiaram mais das expressões de gratidão do que as da Coreia do Sul, enquanto os participantes de ambas as culturas experimentaram aumentos similares no bem-estar quando realizaram atos de gentileza. Os autores desse estudo especulam que os participantes sul-coreanos podem ter se sentido em dívida, além de gratos, quando escreveram uma carta de gratidão. Sua percepção de estarem em dívida pode, assim, ter diminuído os efeitos positivos da gratidão. Portanto, tenha em mente as potenciais influências culturais no significado dos exercícios de gratidão.

Atos de gentileza

Atos intencionais de gentileza também podem aumentar o bem-estar e a felicidade. A palavra "intencional" implica que alguém toma uma decisão de realizar um ato particular de gentileza, em vez de simplesmente praticar atos habituais de gentileza que podem não envolver esforço, pensamento ou atenção ao próprio comportamento. A Folha de Exercícios 12.15, Atos de gentileza (*A mente vencendo o humor*, p. 180), convida as pessoas a praticar gentileza e a registrar o tipo de coisas que fazem. Geralmente as pessoas registram atos de gentileza que requerem pelo menos uma pequena quantidade de esforço. Depois de várias semanas, elas são estimuladas a revisar sua lista e refletir sobre como esses tipos de atos afetaram seus estados de humor e relacionamentos. Além disso, aquelas que estão trabalhando no desenvolvimento de novas crenças nucleares devem refletir sobre quais de suas novas crenças nucleares estavam ativas durante atos de gentileza.

Pesquisas sugerem que realizar cinco atos de gentileza em um único dia na verdade reforça o bem-estar mais do que realizar cinco atos de gentileza espalhados por uma semana (Lyubomirsky et al., 2005). Assim, você pode recomendar a seus clientes que querem começar essa prática que experimentem escolher um dia da semana para práticas extras de gentileza. Os clientes podem planejar a "Terça-feira da gentileza" (ou outro dia que seja bom para eles), marcar isso em seus calendários e tentar realizar o máximo de coisas gentis nesse dia. Como muitos atos de gentileza são comportamentos muito pequenos, pode ser mais fácil notar o impacto no humor e nos relacionamentos quando eles forem praticados ao longo de um dia em vez de espalhados em uma semana. É claro que as pessoas podem ser gentis todos os dias além de realizarem os exercícios especiais de gentileza. De fato, práticas diárias de gentileza são norma na vida da maioria das pessoas. A ideia desse exercício é realizar atos extras de gentileza que vão além do que as pessoas geralmente fazem.

Aplicações de gratidão e gentileza a problemas clínicos

A maioria das pesquisas sobre o uso de gratidão e gentileza com populações clínicas tem sido feita com pessoas com depressão. Essas pesquisas têm sido conduzidas com maior frequência com pessoas com sintomas leves de depressão. Para pessoas com depressão leve, mesmo uma semana de participação em práticas de gratidão e gentileza pode levar a melhoras no humor que podem perdurar por meses (Seligman, Steen, Park, & Peterson, 2005). Um estudo com indivíduos gravemente deprimidos que foram solicitados a realizar atividades positivas de gratidão e gentileza demonstrou benefícios em cerca de duas semanas (Seligman, 2002). Assim, mesmo que essa pesquisa ainda esteja em fase muito inicial, atividades positivas como gratidão e atos de gentileza mostram-se promissoras no auxílio à melhora da depressão (Layous, Chancellor, Lyubomirsky, Wang, & Doraiswamy, 2011).

Uma metanálise de 25 estudos de pesquisa que usaram intervenções de psicologia positiva com indivíduos deprimidos (Sin & Lyubomirsky, 2009) encontrou que aqueles com diagnósticos de depressão se beneficiaram com uma ampla variedade de intervenções de psicologia positiva. Além disso, suas análises revelam que aqueles que *escolheram* participar desse tipo de atividades tiveram maior melhora do que aqueles *designados* para participar; que os clientes mais velhos melhoraram mais do que os mais jovens; e que essas práticas eram mais efetivas quando usadas na terapia individual quando comparadas com terapia de grupo.

Suas escolhas como terapeuta sobre se e quando apresentar aos clientes essa seção de A mente vencendo o humor devem estar baseadas em julgamentos clínicos do quanto eles têm energia e disposição, bem como em relação ao contexto social para essas práticas. Para alguns clientes, manter um diário de gratidão pode fazer parte de um cronograma de atividades no começo da terapia para depressão (ver o Capítulo 13 de A mente vencendo o humor e também o Capítulo 19 deste guia). Para outros, a introdução a essas práticas pode ser feita mais tarde na terapia, como um preâmbulo para o manejo da recaída. Sempre que decidir introduzir esses tipos de exercícios, dê aos seus clientes a *escolha* de praticar ou não gratidão e gentileza.

Kerr, O'Donovan e Pepping (2014) conduziram um estudo intrigante em que examinaram a eficácia de intervenções de gratidão e gentileza por duas semanas com pessoas de todos os diagnósticos em uma lista de espera para psicoterapia ambulatorial. Lamentavelmente, metade das pessoas que entraram nesse estudo o abandonou e teve escores mais altos em medidas de angústia do que o grupo que concluiu o estudo. Aquelas que permaneceram no estudo e que conseguiram preencher o diário de gratidão obtiveram benefícios em termos de maior otimismo, ansiedade mais baixa e maior conectividade com outras pessoas comparadas com um grupo-controle. Aquelas que concluíram a intervenção de gentileza também tiveram aumento significativo no otimismo e na conectividade com os outros.

No entanto, os resultados de intervenções de gentileza foram, de modo geral, heterogêneos, pois muitos dos participantes não conduziram os atos de gentileza conforme prescrito. Os pesquisadores especularam que, quando as pessoas estão em um alto grau de angústia, pode ser mais difícil oferecer ajuda aos outros. Assim, é possível que gratidão seja aceitável como intervenção no início da terapia para uma grande variedade de clientes e que atos de gentileza possam ser mais adequados para uso com indivíduos menos angustiados.

Por fim, exceto pela redução da ansiedade, os exercícios de gratidão e gentileza não tiveram impacto no afeto positivo ou negativo (p. ex., tristeza) para pessoas no estudo de Kerr e colaboradores (2014). Assim, embora exercícios de gratidão e gentileza possam aumentar bem-estar, otimismo e senso de conexão com os outros, eles não são substitutos para as habilidades primárias de manejo do humor ensinadas em *A mente vencendo o humor*. Igualmente, é possível que exercícios de gratidão e gentileza ajudem a fortalecer algumas crenças nucleares positivas. Entretanto, esses exercícios visam *complementar*, e não *substituir*, as principais intervenções nas crenças nucleares descritas nas seções anteriores deste capítulo.

GUIA PARA A RESOLUÇÃO DE PROBLEMAS: CAPÍTULO 12 DE *A MENTE VENCENDO O HUMOR*

Terapia quando estão presentes transtornos da personalidade concomitantes

Conforme descrito anteriormente neste capítulo, pesquisas sugerem que pessoas com diagnósticos concomitantes de transtornos da personalidade geralmente conseguem bons resultados em TCC para problemas de humor e comportamentais tanto quanto clientes sem diagnósticos desses transtornos. Algumas vezes, no entanto, são necessárias modificações na terapia para aumentar as chances de melhora. As sugestões a seguir podem ser implementadas quando clientes com transtornos da personalidade não estão progredindo tão bem quanto é esperado na terapia.

Ritmo da terapia

Alguns clientes precisam de ajustes no ritmo do avanço em *A mente vencendo o humor*. Pessoas diagnosticadas com transtorno da personalidade evitativa preferem não refletir sobre pensamentos e emoções dolorosos; portanto, para elas, *A mente vencendo o humor* pode se tornar um símbolo do que é "desagradável" na terapia. Quando esse for o caso, considere sugerir tarefas com duração específica no livro de exercícios, seguidas por atividades agradáveis ou de distração. Por exemplo, você pode recomendar que seus clientes se concentrem na leitura e na conclusão dos exercícios em *A mente vencendo o humor* 15 minutos antes de seus filhos chegarem da escola. À medida que os clientes com diagnósticos evitativos se familiarizam mais com habilidades relacionadas a experimentar e manejar emoções, ficarão mais dispostos a usar *A mente vencendo o humor* por maiores períodos de tempo.

No entanto, alguns clientes com transtorno da personalidade *borderline* se beneficiam mais se usarem o manual várias vezes por dia. Clientes que experimentam frequentes alterações de humor podem usar o Capítulo 4 de *A mente vencendo o humor* para identificar e avaliar seus estados de humor e capítulos posteriores do livro para ajudar a modulá-los. Alguns clientes com diagnóstico de transtorno da personalidade *borderline* precisam seguir um ritmo mais lento durante o uso do livro de exercícios, passando várias semanas em capítulos que ensinam habilidades de que precisem em particular. Incentive esses clientes a usar o tempo que for necessário para dominar as habilidades constituintes.

Necessidade de repetição

Muitos clientes podem ler *A mente vencendo o humor* e aumentar seu repertório de habilidades capítulo a capítulo, com pouca necessidade de consultar as folhas de exercícios ou os resumos anteriores. Outros podem necessitar repetir as habilidades com frequência a fim de dominá--las. Todos os clientes com transtornos da personalidade (além daqueles com outros problemas crônicos) precisam de repetição depois de começar o trabalho com as crenças nucleares descrito no Capítulo 12 de *A mente vencendo o humor*. A repetição é necessária para promover o desenvolvimento de novas crenças nucleares, porque estas em geral se desenvolvem e se fortalecem muito lentamente. Além disso, como as crenças nucleares estão conectadas a pensamentos automáticos e pressupostos subjacentes, pessoas com diagnósticos de transtornos da personalidade também podem precisar de mais repetição com os capítulos anteriores de *A mente vencendo o humor*. Por exemplo, uma pessoa que foi diagnosticada com depressão maior e nenhum transtorno da personalidade pode se recuperar completamente depois de aprender estratégias de ativação comportamental, preenchendo 15 a 20 registros de pensamentos e conduzindo 5 ou 6 experimentos comportamentais. Para essa pessoa, a prática das habilidades em *A mente vencendo o humor* recupera o estilo de pensamento mais compensatório característico de seu funcionamento antes de se tornar deprimida. Em comparação, alguém diagnosticado com depressão maior e transtorno da personalidade *borderline* pode aprender as habilidades no manual em um período de tempo comparável e experimentar melhora da depressão maior. Ainda, pode não experimentar recuperação estável do pensamento compensatório porque, em muitos domínios da vida, crenças nucleares negativas são ativadas independentemente da presença de depressão. Esse cliente se beneficiará com a repetição contínua do preenchimento das folhas de exercícios de *A mente vencendo o humor*, juntamente com esforços constantes ligados às crenças nucleares, conforme descrito anteriormente neste capítulo.

Transtornos da personalidade, relação terapêutica e reações a *A mente vencendo o humor*

As crenças nucleares centrais para diagnósticos de transtorno da personalidade são com frequência interpessoais, e é esperado que sejam expressas claramente na relação terapêutica. Pessoas diagnosticadas com transtorno da personalidade evitativa acreditam que seus terapeutas as veem como inferiores e inadequadas; pessoas diagnosticadas com transtorno da personalidade obsessivo-compulsiva tentam realizar com perfeição cada tarefa da terapia e relutam em depender da ajuda de seus terapeutas; clientes diagnosticados com transtorno da personalidade narcisista constantemente procuram indicações para saber se seus terapeutas acham que eles são especiais ou apenas clientes de "rotina", demandando atenção especial quando se sentem vulneráveis.

Clientes com esses estilos de personalidade diferenciados respondem de formas diferentes ao uso de um livro de exercícios na terapia. E também de formas diferentes a relação terapêutica pode ser usada para estimular o uso de *A mente vencendo o humor* com cada um. Por exemplo, tranquilização extra, apoio do terapeuta e experimentos comportamentais de autorrevelação ajudarão aqueles com estilo evitativo a se engajarem na terapia e no uso de *A mente vencendo o humor*. Clientes diagnosticados com transtorno da personalidade obsessivo-compulsiva comumente são ávidos por usar um livro de exercícios, embora venham a criticar as limitações ou erros que encontrem nele. Com esses clientes, as folhas de exercícios em *A mente vencendo o humor* oferecem um fórum para testar crenças, como "A menos que eu faça as coisas com perfeição, elas não terão nenhum valor" e "Sou totalmente responsável por tudo". Por exemplo, um terapeuta pediu que um cliente com esse diagnóstico preenchesse algumas folhas de exercícios parcial ou imperfeitamente para ver se elas ainda tinham valor de aprendizagem.

A combinação de uma aliança terapêutica positiva e colaborativa nas sessões com o uso de *A mente vencendo o humor* fora das sessões fornece apoio substancial para os clientes enquanto aprendem habilidades para se ajudarem. Para clientes com transtorno da personalidade obsessivo-compulsiva, e também para aqueles com transtorno da personalidade dependente, o uso de *A mente vencendo o humor* proporciona uma experiência no ponto intermediário de um *continuum* que varia desde a autoconfiança completa até a completa dependência dos outros. Esse equilíbrio entre ajuda e independência atrai a maioria dos clientes com diagnósticos de personalidade obsessivo-compulsiva e pode ajudá-los a começar a abrir mão da necessidade de estar no controle completo da terapia. Para clientes com diagnósticos de dependência, o uso de *A mente vencendo o humor* oferece a oportunidade de experimentar maior independência e aprender que conseguem lidar com alguns desafios da vida sem a assistência de outros.

Clientes diagnosticados com transtorno da personalidade narcisista podem relutar em usar um livro de exercícios padronizado como *A mente vencendo o humor*. Uma crença nuclear para esses clientes é "Não tenho valor", com um pressuposto subjacente acompanhando: "Se eu for tratado de forma especial, então não sou sem valor". A introdução de um livro de exercícios na terapia pode desencadear pressupostos subjacentes relacionados a sua crença nuclear na falta de valor (isto é, "Se este for um livro de exercícios padronizado, então não estou sendo tratado como especial"). O sentimento de desvalorização comumente gera humor deprimido e desencadeia comportamentos de enfrentamento narcisista clássicos: (1) fazer declarações desrespeitosas sobre o terapeuta ("Você deve ser novo nisso se precisa usar um livro"); (2) asserções de caráter especial ("Sempre recebo serviços especiais, e, se você espera que eu siga um programa como uma foca treinada, vou tratar dos meus assuntos em outro lugar"); e (3) apelando para o próprio narcisismo do terapeuta ("Tenho certeza de que posso aprender isso melhor e mais rápido com você do que com um livro. Por que simplesmente não conversamos sobre isso como duas pessoas inteligentes?").

Respostas como estas oferecem oportunidades de identificar emoções relacionadas a crenças nucleares sobre desvalorização. Como terapeuta, você pode fazer isso desviando do ataque e procurando empaticamente emoções conectadas a essas respostas. Possíveis respostas que podem ajudar a identificar as emoções subjacentes desses clientes relacionadas ao tema cognitivo da falta de valor incluem: (1) "Estou me perguntando se a ideia de usar um livro como este desencadeia alguns sentimentos em você" ou "Você deve se sentir um pouco desapontado por eu achar que um livro como este o ajudaria, devido à profundidade dos seus sentimentos"; (2) "A introdução deste livro parece fazer você sentir como se eu não o visse como muito especial. Isso faz você sentir alguma coisa além de raiva?"; e (3) "Como seria para você ler e aprender com um livro, sem a atenção que recebe de mim quando nos encontramos frente a frente?". Note que cada uma dessas respostas pede que a pessoa foque nas emoções, especialmente nos tipos de emoção que alguém diagnosticado com transtorno da personalidade narcisista deseja evitar, como depressão e solidão.

Esses exemplos ilustram como o uso de *A mente vencendo o humor* pode desencadear problemas de relacionamento na terapia. Pessoas diagnosticadas com transtornos da personalidade algumas vezes produzem essas respostas típicas ao livro, previstas pelas crenças nucleares centrais para cada transtorno. Por exemplo, em relação a outros clientes, aqueles com transtorno da personalidade dependente solicitam muito mais ajuda para realizar os exercícios de *A mente vencendo o humor* e buscam a reafirmação de que seu livro de exercícios não é uma substituição da assistência do terapeuta. Essas respostas a *A mente vencendo o humor* destacam problemas de relacionamento no começo da terapia, portanto você pode começar a abordar terapeuticamente essas respostas desde o início. Para diretrizes mais específicas sobre como usar a relação terapêutica para ajudar clientes com transtornos da personalidade, ver Beck e colaboradores (2015).

9

Depressão e ativação comportamental

(CAPÍTULO 13 DE *A MENTE VENCENDO O HUMOR*)

Makayla vinha lutando contra um estado de humor depressivo durante os últimos cinco anos, desde que perdera um emprego de que gostava muito. Desde então, esteve empregada ocasionalmente, mas cada emprego parecia ser apenas um meio de receber seu contracheque. Durante os últimos cinco meses, ela vinha apresentando insônia crescente, além de piora no seu estado de humor; também havia começado a negligenciar as tarefas cotidianas, e por isso seu apartamento estava se tornando cada vez mais atulhado e sujo. Quando voltava para casa à noite, olhava para seu apartamento e tinha imagens de que estava vivendo dentro de uma caverna suja. Sua autoconfiança estava sendo minada, e ela estava começando a achar que sua vida jamais iria melhorar.

A história de Makayla não é incomum. Depressão é a principal causa de incapacidade no mundo todo, e, no entanto, menos da metade de todas as pessoas que são deprimidas recebe uma das terapias efetivas conhecidas que podem ajudá-las (WHO, 2018). *A mente vencendo o humor* ajuda a preencher essa lacuna, seja com seu uso para autoajuda, seja na terapia, porque ensina habilidades comprovadamente efetivas para redução da depressão e da recaída. O Capítulo 13 de *A mente vencendo o humor*, Compreendendo sua depressão, mostra aos leitores como medir e monitorar os sintomas de depressão, traz exercícios planejados para ajudá-los a aprender que tipos de atividades podem reduzir o humor deprimido e ilustra os tipos de pensamentos associados à depressão. Conforme apresentado no Resumo do Capítulo 13, esse capítulo de *A mente vencendo o humor* também ajuda as pessoas a compreenderem a depressão, seus sintomas comuns e tratamentos.

Seguindo as diretrizes apresentadas neste capítulo, você aprenderá formas mais eficazes de ajudar seus clientes deprimidos a adquirirem habilidades antidepressivas essenciais. O Guia para a Resolução de Problemas no final deste capítulo destaca estratégias para manejar as dificuldades comuns encontradas durante a terapia para depressão.

GUIA DA DEPRESSÃO PARA CLÍNICOS: O CURSO DA TERAPIA

Quando as pessoas que chegam à terapia estão deprimidas, geralmente têm energia muito baixa e são pessimistas quanto à terapia poder ajudá-las. Portanto, nossas intervenções iniciais devem ser suficientemente simples para que mesmo uma pessoa muito deprimida possa realizá-las e ter boa chance

Resumo do Capítulo 13
(*A mente vencendo o humor*, p. 183-209)

▶ Depressão não descreve apenas um estado de humor; ela também envolve mudanças no pensamento, no comportamento e no funcionamento físico.

▶ O Inventário de Depressão de *A mente vencendo o humor* (Folha de Exercícios 13.1, *A mente vencendo o humor*, p. 186) pode ser usado para avaliar os sintomas de depressão. Os escores semanais do Inventário podem ser registrados na Folha de Exercícios 13.2 (*A mente vencendo o humor*, p. 187) para acompanhar as alterações em sua depressão enquanto você aprende a dominar as habilidades de *A mente vencendo o humor*.

▶ Existem muitos tratamentos eficazes para a depressão, incluindo fazer TCC, melhorar suas relações interpessoais e usar medicamentos.

▶ As pessoas que aprendem as habilidades ensinadas em *A mente vencendo o humor* têm índices mais baixos de recaída para depressão do que aquelas tratadas somente com medicamentos.

▶ Quando estamos deprimidos, apresentamos a tendência a ter pensamentos negativos a respeito de nós mesmos, de nossas experiências e do futuro.

▶ A TCC para depressão ajuda você a aprender novas formas de pensamento e comportamentos para melhorar seus estados de humor de forma duradoura.

▶ Acompanhar e analisar suas atividades e estados de humor em um Registro de Atividades ajuda a descobrir as relações entre comportamento e depressão (Folha de Exercícios 13.4, *A mente vencendo o humor*, p. 199, e Folha de Exercícios 13.5, *A mente vencendo o humor*, p. 200).

▶ Um Cronograma de Atividades (Folha de Exercícios 13.6, *A mente vencendo o humor*, p. 206) pode ser usado para planejar atividades que são prazerosas, realizar alguma coisa, ajudar na superação da esquiva e/ou ir ao encontro de seus valores. Usar um Cronograma de Atividades dessa maneira durante várias semanas estimula o humor.

Quadro de lembretes

As pessoas em geral leem os quatro primeiros capítulos de *A mente vencendo o humor* e depois escolhem um estado de humor relevante no qual trabalhar em profundidade. Esses quatro primeiros capítulos ensinam ideias centrais sobre as relações entre pensamentos, estados de humor, comportamentos, reações físicas e fatores da vida/ambientais. Aquelas que escolhem trabalhar a depressão são, então, direcionadas para a leitura do Capítulo 13, Compreendendo sua depressão (*A mente vencendo o humor*, p. 183-209).

de melhorar o humor nas primeiras semanas de terapia. Esta é a razão por que comumente iniciamos o tratamento para depressão focando em pequenas mudanças no comportamento das pessoas que estimulam o humor. Essas intervenções fazem parte de uma abordagem de tratamento denominada "ativação comportamental", que é a principal habilidade abordada no Capítulo 13 de *A mente vencendo o humor*.

Depois que experimentam melhora no humor pelo uso de ativação comportamental, seus clientes estão prontos para aprender habilidades adicionais. Recomendamos que eles consultem o Guia de Leitura para Depressão (disponível na página 472, no Apêndice A), que os direciona para a leitura dos demais capítulos de *A mente vencendo o humor* em uma ordem que esteja de acordo com as diretrizes práticas baseadas em evidências para depressão. O próximo capítulo recomendado é o Capítulo 5, Definindo objetivos pessoais e observando as melhoras. Muitos terapeutas já terão recomendado esse capítulo no início da terapia. Caso seus clientes já tenham definido os objetivos, este é um bom momento para ver que melhoras eles observam depois de seus esforços de ativação comportamental, examinando suas respostas na Folha de Exercícios 5.4, Sinais de melhora (*A mente vencendo o humor*, p. 39). Além disso, examine sua folha de escores para o Inventário de Depressão de *A mente vencendo o humor* (Folha de Exercícios 13.2, *A mente vencendo o humor*, p. 187), para ver o quanto seus escores nesse inventário (discutidos em detalhes na próxima seção) mudaram desde o começo da terapia. Observar e avaliar os sinais de melhora reforçará os esforços dos clientes e estimulará a confiança na eficácia de seu plano de tratamento.

A Tabela 9.1, Guia da Depressão para Clínicos, relaciona capítulos de *A mente vencendo o humor* conforme listados no Guia de Leitura para Depressão (ver p. 472) com capítulos deste guia. Como você pode ver, depois que os objetivos são definidos e/ou os sinais de melhora são revisados, é possível começar a ensinar seus clientes a usar registros de pensamento para testar os pensamentos negativos que caracterizam a depressão. Enquanto eles estão lendo os capítulos sobre registro de pensamento em *A mente vencendo o humor*, você pode ler os Capítulos 4 e 5 deste guia para ilustrações de como melhor ajudá-los a adquirir as habilidades ensinadas nesses capítulos. Se o tempo de terapia for limitado, ativação comportamental e registros de pensamento são as principais habilidades para ensinar pessoas que se sentem deprimidas. Se houver mais tempo disponível depois de aprendidas essas habilidades, considere ajudar seus clientes a identificar e testar pressupostos subjacentes que os tornam vulneráveis à recaída. Estes frequentemente incluem crenças perfeccionistas ou crenças sobre relacionamentos.

Se houver tempo adicional na terapia, os clientes podem aprender outras habilidades de *A mente vencendo o humor* que pareçam ser mais úteis para eles: resolução de problemas, aceitação, *mindfulness* e construção de novas crenças nucleares, além das práticas de gratidão e gentileza. Sejam quais forem os capítulos sobre habilidades que decidir usar com seus clientes, você poderá ler os capítulos complementares deste guia, usando a Tabela 9.1 como sua referência. Antes de terminar a terapia, reserve um tempo para trabalhar com seus clientes no desenvolvimento de um plano para manejo da recaída que incorpore as habilidades antidepressivas que aprenderam à sua vida depois do encerramento da terapia. Isso com frequência inclui um plano pós-terapia a fim de promover sua felicidade e a sensação de bem-estar.

MEDINDO A DEPRESSÃO E ACOMPANHANDO A MELHORA

No começo do Capítulo 13 de *A mente vencendo o humor*, como parte da compreensão da depressão, os leitores preenchem o Inventário de Depressão de *A mente vencendo o humor* (Folha de Exercícios 13.1, *A mente vencendo o humor*, p. 186). Esse inventário as ajuda a identificar os sintomas que atualmente experimentam e estabelece um escore básico para depressão. Para acompanhar o impacto das habilidades aprendidas e praticadas no seu estado de humor, os leitores são aconselhados a preencher o Inventário semanalmente e registrar seus escores na Folha de Exercícios 13.2 (*A mente vencendo o humor*, p 187). Nossa expectativa é a de que os escores no Inventário caiam à medida que os clientes aprendam e pratiquem as habilidades relevantes.

Encorajamos você a solicitar que *todos* os clientes (independentemente de diagnóstico) preencham a Folha de Exercícios 13.1 ou alguma outra medida de depressão

TABELA 9.1 Guia da Depressão para Clínicos: capítulos de *A mente vencendo o humor* (na ordem recomendada pelo Guia de Leitura para Depressão)

Capítulos de *A mente vencendo o humor*	Objetivo	Capítulos deste guia
1-4	Introdução a *A mente vencendo o humor* e modelo de cinco partes.	2
13	Aprender mais sobre depressão. Aumentar os tipos de atividades para melhorar o humor.	9
5	Definir objetivos. Identificar sinais pessoais de melhora.	3
6-9	Usar Registros de Pensamento para identificar e testar pensamentos negativos. Gerar alternativas.	4-5
10	Fortalecer pensamentos alternativos. Usar Planos de Ação para resolver problemas. Para problemas que não podem ser resolvidos, desenvolver aceitação.	6
11	Usar experimentos comportamentais para testar pressupostos subjacentes negativos, abordar o perfeccionismo. Desenvolver novos pressupostos.	7
12	Desenvolver novas crenças nucleares. Praticar gratidão e atos de gentileza.	8
14	Aprender mais sobre ansiedade, se relevante.	10-11
15	Aprender mais sobre raiva, culpa ou vergonha, se relevante.	12
16	Fazer um plano para continuar a se sentir melhor com o tempo (manejo de recaída).	13

no ingresso, a fim de rastrear sintomas de depressão e também estabelecer um escore básico para ela. No começo do tratamento, recomendamos que os clientes que experimentam depressão preencham o Inventário semanalmente. Depois da remissão da depressão, são recomendadas avaliações mensais para servir como alerta inicial de algum retorno dos sintomas de depressão. Um aumento nos escores da doença pode indicar a necessidade de implementar um plano para manejo de recaídas (ver Capítulo 16 de *A mente vencendo o humor* e Capítulo 13 deste guia).

O Inventário de Depressão de *A mente vencendo o humor* pode ser preenchido em uma cópia em papel da Folha de Exercícios 13.1 ou em uma versão de arquivo em PDF, que pode ser baixada em um *smartphone* ou outro dispositivo eletrônico (ver o quadro no final do sumário de *A mente vencendo o humor*). A versão em PDF é de autopontuação; um escore total é gerado na parte inferior do formulário quando os sintomas são avaliados. Para acompanhar as mudanças nos escores de depressão ao longo do tempo, você ou seu cliente podem registrá-los na Folha de Exercícios 13.2. Um gráfico dos escores de depressão fornece a vocês dois evidências visíveis da melhora ou da ausência de melhora, indicando se a terapia está ajudando ou se precisa ser modificada de alguma maneira. Se o seu cliente tem dificuldade em registrar os escores de depressão, você pode ajudá-lo preenchendo o gráfico quando se encontrarem.

Algumas vezes os clientes ficam desencorajados depois de cerca de seis semanas de prática das habilidades. Eles ainda se sentem deprimidos, mesmo que estejam praticando novas habilidades. Quando isso ocorre, examine os escores registrados no gráfico do Inventário a fim de ver se melhoraram um pouco. A maioria das pessoas que experimenta depressão se identifica com Marisa ou Paulo, os principais personagens descritos ao longo de *A mente vencendo o humor* que relataram depressão. As pessoas podem ver no Epílogo de *A mente vencendo o humor* que os escores de depressão de Marisa e Paulo não melhoraram de forma constante (Figuras E.1 e E.2, *A mente vencendo o humor*, p. 284-285) e que ambos ainda estavam bastante deprimidos na sexta semana de terapia. Considere a possibilidade de mostrar esses gráficos aos clientes que se sentem desanimados por seus escores persistentes de depressão. Eles foram incluídos em *A mente vencendo o humor* para ajudar a normalizar os padrões de flutuação do escore que as pessoas experimentam. Você pode ler um pouco mais sobre as origens desses gráficos na discussão sobre o Epílogo de *A mente vencendo o humor* no Capítulo 13 deste guia. Obviamente, escores altos permanentes no Inventário de Depressão de *A mente vencendo o humor* indicam que você deve considerar se o tratamento está focando ou não em problemas centrais ou se precisa de modificação.

Além de no escore total, preste atenção nos escores em cada item do Inventário. Considere Manya, que avaliou o item 18 ("Alteração no padrão de sono – dificuldade para dormir ou dormindo mais ou menos do que de costume") como 3 e classificou a maioria dos demais itens entre 0 e 2. A discussão sobre o sono de Manya revelou que ela já vinha apresentando insônia havia algum tempo. Quando insônia está presente, pesquisas mostram que uma forma especializada de TCC para insônia também pode ter um impacto rápido e positivo na depressão (Manber et al., 2011). Como a insônia pode ser um precursor de depressão e pode persistir após a recuperação, concentre-se nela no início do tratamento quando ela for um sintoma primário da depressão (Baglioni et al., 2011).

A procura de padrões entre os itens com escores mais altos no Inventário pode ser esclarecedora. Observações desses padrões podem fornecer uma justificativa aos clientes de por que várias abordagens de tratamento estão sendo sugeridas. Por exemplo, você pode chamar atenção para os escores nos itens do Inventário que refletem sintomas frequentemente relacionados a decréscimos nas atividades durante a depressão (itens 4, 5, 6, 8, 9 e 16). Quando for implementada a ativação comportamental, acompanhe alterações nos escores nesses itens. Quando é iniciada a reestruturação cognitiva, preste particular atenção ao impacto dessas habilidades nos escores para os itens que capturam o pensamento negativo (itens 7, 13, 14 e 15). À medida que a terapia progride, se os escores em algum item não estiverem melhorando, considere acrescentar intervenções direcionadas a esses sintomas especificamente.

ATIVAÇÃO COMPORTAMENTAL

Ao mesmo tempo que seus clientes começam a medir e acompanhar seus sintomas de depressão, você pode pedir para preencherem um registro de atividades (Folha de Exercícios 13.4, *A mente vencendo o humor*, p. 199). As pessoas têm mais probabilidade de completar um registro de atividades se você começar preenchendo-o com elas colaborativamente na sessão e transformar isso em uma tarefa fácil. Por exemplo, ajude seus clientes a preencher os dados sobre as últimas quatro horas. Incentive-os a escrever apenas duas ou três palavras que descrevam o que estavam fazendo e a avaliar sua depressão a cada hora. Depois de fazer isso, um diálogo como o que apresentamos a seguir entre Pat e sua terapeuta pode encorajá-los a preencher o registro durante a semana.

TERAPEUTA: O preenchimento foi fácil ou difícil?

PAT: Nada mal.

TERAPEUTA: Quanto tempo você acha que foi necessário para preencher essas quatro horas?

PAT: Uns três minutos, talvez.

TERAPEUTA: Como você conseguia se lembrar das últimas horas, na verdade não precisou preencher o formulário a cada hora do dia. Talvez na hora do almoço você pudesse preencher para o turno da manhã; na hora do jantar, poderia preencher para o turno da tarde; e, antes de dormir, poderia preencher para a noite. Isso seria mais fácil para você?

PAT: Sim. Então eu só preciso preencher três vezes por dia?

TERAPEUTA: Parece que isso funcionaria bem para você. Isso pode levar uns dez minutos por dia. Sei que pode parecer muito tempo, mas, se conseguir fazer isso, então na próxima vez que nos encontrarmos poderemos descobrir que tipos de passos devemos dar para ajudar a melhorar sua depressão o mais rápido possível. O tempo que você dedicar a isso nesta semana nos ajudará a ganhar tempo na próxima, e você vai melhorar mais rapidamente. Estaria disposta a fazer isso?

PAT: Acho que sim.

TERAPEUTA: O que você acha que poderia atrapalhar?

Perguntar sobre o que poderia interferir no preenchimento de um registro de atividades permite que você antecipe e resolva problemas previamente. Para algum entrave mencionado, pergunte: "Como você gostaria de lidar com isso?". Pedir aos clientes que resolvam as dificuldades (em vez de sugerir soluções) encoraja o engajamento e aumenta seu compromisso com a realização da tarefa. Relacionar o registro de atividades com as informações que podem acelerar a melhora provavelmente será uma justificativa motivadora, já que a maioria das pessoas deprimidas quer se sentir melhor o mais rápido possível. Também é útil configurar todas as tarefas de aprendizagem em casa como "sem falhas", conforme visto na seguinte declaração da terapeuta:

> "É possível que você se esqueça de preencher este registro de atividades em algum dia desta semana. Caso isso aconteça, não invente informações. É importante que você registre somente as horas de que conseguir se lembrar para que possamos obter boas informações sobre suas atividades e estados de humor. Na próxima vez em que se lembrar de fazê-lo, preencha apenas as últimas horas de que conseguir se recordar. E não se preocupe; podemos aprender muito mesmo que você só complete parcialmente o registro de atividades. É claro que, quanto mais preencher, mais fácil será aprendermos coisas que a ajudarão a se sentir melhor. Porém, mesmo que preencha apenas um dia ou dois, aprenderemos algumas coisas úteis".

Antecipar as dificuldades ou as tarefas de aprendizagem incompletas e dizer aos seus clientes que isso não vai atrapalhar a terapia são mensagens importantes. Sem essas mensagens, algumas pessoas vão faltar às sessões de terapia ou abandonar o tratamento quando não completarem as tarefas (achando que decepcionaram você ou que são um "fracasso" como clientes).

Depois que completarem todo ou parte de um registro de atividades, é importante garantir que os clientes aprendam alguma coisa valiosa com seus esforços. Esta é geralmente uma das primeiras tarefas de aprendizagem que clientes deprimidos completam na terapia. Caso seus esforços levem a uma aprendizagem positiva, será muito maior a probabilidade de realizarem tarefas de aprendizagem futuras. Para guiar a aprendizagem, faça as perguntas da Folha de Exercícios 13.5, Aprendendo com meu registro de atividades (*A mente vencendo o humor*, p. 200). Uma pessoa pode aprender que certos tipos de atividades melhoram seu humor, e outras não. Outra pessoa pode aprender quais atividades estimulam seu estado de humor mais do que ela previa. Outra pessoa, ainda, pode não experimentar melhora no humor com as atividades.

Na sua maioria, no entanto, as pessoas descobrem que se sentem menos deprimidas quando estão mais ativas, sobretudo quando fazem atividades prazerosas ou realizam alguma coisa. Também identifique atividades ou tarefas que uma pessoa está evitando. Coisas que evitamos criam entraves no nosso estado de humor ("Estou gostando de assistir a este jogo de futebol, mas eu deveria estar consertando a cerca da minha casa"). Segundo pesquisas, os três melhores tipos de atividades que estimulam o humor são atividades prazerosas, conquistas e a realização de tarefas evitadas (ver Martell, Dimidjian, & Herman-Dunn, 2010). Dentro dessas categorias, atividades relacionadas aos valores pessoais têm mais probabilidade de melhorar o humor do que atividades feitas apenas para ocupar o tempo. Por exemplo, Willem valorizava os relacionamentos e descobriu que fazer caminhadas com outra pessoa era mais animador do que sozinho. Sempre que possível, planejava caminhadas com outras pessoas em vez de passear sozinho. E, quando caminhava sozinho, cumprimentava com um sorriso outras pessoas que encontrava pelo caminho. Algumas vezes essas interações resultavam em breves conversas, o que frequentemente alavancava seu humor.

Quando os clientes não obtêm melhora no estado de humor com as atividades, você pode explorar o que acontece durante elas que "estraga" uma possível melhora no humor. A pessoa está ruminando durante as atividades? Em caso afirmativo, os experimentos podem ser planejados para comparar atividades conscientes atentas ao momento com atividades acompanhadas por ruminação. Algumas pessoas não experimentam melhoras no estado de humor quando realizam atividades prazerosas porque são incapazes de experimentar prazer mesmo durante atividades altamente agradáveis. Uma resposta potencial a essa circunstância é descrita no Guia para a Resolução de Problemas no final deste capítulo (ver a seção "Incapacidade de sentir prazer").

Use o que aprender com as folhas de exercícios Registro de atividades e Aprendendo com meu registro de atividades (*A mente vencendo o humor*, p. 199-200) para ajudar os clientes a planejar atividades que possam realizar na semana seguinte a fim de tentar estimular seu humor. Em vez de simplesmente indicar atividades para um cliente, é mais motivador (depois que o registro de atividades foi preenchido) perguntar: "Como você poderia usar o que aprendeu para se ajudar nesta semana?" e "Que ideias você tem para aumentar esses tipos de atividades que o ajudaram a se sentir um pouco melhor?".

O exercício Cronograma de atividades, na página 206 de *A mente vencendo o humor*, ajuda a organizar as ideias dos seus clientes. Esse exercício pede que identifiquem atividades que poderiam fazer em cada uma das quatro categorias. As três primeiras categorias são aquelas que os pesquisadores da ativação comportamental descobriram ter probabilidade de melhorar o humor: prazer, realizações e realização de atividades que foram evitadas (Martell et al., 2010). Acrescentamos uma quarta categoria, "Atividades que se ajustam aos meus valores", para assegurar que as pessoas incluam atividades de dimensões altamente valorizadas, como relações com outras pessoas, conquistas profissionais, ajuda a sua comunidade e desenvolvimento espiritual. A identificação de diversas atividades em cada uma dessas categorias amplia o pensamento das pessoas e as encoraja a começar uma gama diversificada de atividades para que tenham maior probabilidade de se beneficiar com algumas delas.

Inicialmente, muitas pessoas que estão deprimidas precisarão da ajuda do seu terapeuta para planejar as atividades. Um cronograma de atividades semanal (Folha de Exercícios 13.6, *A mente vencendo o humor*, p. 206) pode ser usado para escrever um plano para a semana seguinte. Quando você e seu cliente estiverem escrevendo no cronograma de atividades, trabalhe para que ele seja específico. Tente pensar em como tornar as atividades mais atraentes. Por exemplo, em vez de simplesmente escrever "Passear com o cachorro", o cliente pode escrever "Passear com o cachorro no parque", se esse local for mais agradável. Faça perguntas sobre a vizinhança e a comunidade do cliente a fim de avaliar a segurança e conhecer melhor as oportunidades sociais. Frequentemente diferentes atividades estarão mais disponíveis durante o dia do que à noite, ou somente com tempo bom. Pode ser importante discutir e anotar atividades alternativas quando as atividades planejadas forem vulneráveis a fatores fora do controle do cliente. Cada um desses passos pode ser dado colaborativamente, mas deixe que seus clientes assumam a liderança quando escolherem as atividades e decidirem onde colocá-las no cronograma. As pessoas têm maior probabilidade de seguir planos que elas mesmas elaboram. Além disso, seus clientes conhecem suas circunstâncias de vida melhor do que você e podem ter ideias que nunca lhe ocorreriam. Por exemplo, Willem conhecia uma cafeteria perto da sua casa que tinha um bom sinal de *wi-fi* e sugeriu fazer lá algum trabalho em seu computador para que pudesse estar perto das pessoas em vez de trabalhar sozinho.

Sempre que pessoas deprimidas ficam tentadas a simplesmente "não fazer nada" por longos períodos de tempo, o cronograma de atividades fornece um plano para suas atividades. Os clientes são encorajados a seguir seu cronograma como um experimento para verificar se certos tipos de atividades melhoram seu estado de humor. Lembre-os de que podem substituir atividades por outras mais preferíveis que venham a surgir. Por exemplo, o cronograma diz: "Dar uma caminhada", mas a pessoa nota um vizinho lá fora e decide que seria mais agradável conversar com ele. Isso é ótimo, contanto que as atividades alternativas não constituam evitação.

Revise os resultados da ativação comportamental de um cliente em cada sessão. Observe quais atividades levaram a melhora no humor e pergunte: "Como você pode usar essas informações para ajudá-lo nesta semana?". Quando as atividades não melhorarem o humor, use a curiosidade para ajudar seu cliente a descobrir se isso é uma anomalia ou se essas atividades devem ser modificadas de alguma forma ou até mesmo retiradas do cronograma. Algumas vezes, atividades que não são por si só agradáveis (p. ex., lavar os pratos) podem se tornar mais agradáveis acrescentando-se música ou a participação de familiares ou amigos.

Quando se aproximam do final do Capítulo 13 de *A mente vencendo o humor*, os leitores são aconselhados a continuar a focar no cronograma de atividades por várias semanas até que seus escores no Inventário de Depressão de *A mente vencendo o humor* comecem a cair. Sugerimos que você incentive a ativação comportamental até que ocorram mudanças significativas no humor. Para pessoas cujos escores iniciais no Inventário estão por volta de 30, por exemplo, será melhor manterem-se focadas no aumento de atividades significativas até que esses escores caiam pelo menos até aproximadamente 20. Uma diminuição significativa no humor após a ativação comportamental provavelmente aumentará a confiança dos clientes de que a aquisição de outras de habilidades será benéfica.

O foco nas habilidades de ativação comportamental por algumas semanas antes de seguir para habilidades cognitivas apresenta três vantagens:

1. Um foco sustentado no cronograma de atividades e na aprendizagem de quais alterações no humor provêm de diferentes tipos de atividades aumenta a probabilidade de que os clientes sejam capazes de realmente entender e incorporar os princípios da ativação comportamental às suas vidas.
2. As habilidades cognitivas são mais fáceis de aprender e dominar quando os escores da depressão estão mais baixos, pois a flexibilidade cognitiva aumenta quando a depressão diminui.
3. Quando uma intervenção inicial de tratamento é bem-sucedida na redução de humor depressivo, isso traz esperança para o cliente.

Depois que seu cliente começar a experimentar melhora no humor por meio da ativação comportamental, você pode considerar o ensino de habilidades cognitivas antidepressivas, que começam com os capítulos sobre registro de pensamentos em *A mente vencendo o humor* (Capítulos 6-9).

PENSAMENTOS E DEPRESSÃO

Embora a maioria das pessoas pense na depressão como um problema de humor, ela é igualmente um problema do pensamento. Beck (1967) cunhou a expressão "tríade cognitiva negativa" como uma descrição sucinta do estilo do pensamento que caracteriza a depressão. Quando deprimidas, as pessoas têm pensamentos negativos sobre si mesmas (autocrítica), sobre suas experiências (pessimismo) e sobre seu futuro (desesperança). Essa tríade cognitiva negativa não precede nem causa depressão necessariamente, mas, depois que a depressão está presente, esses tipos de pensamentos ocorrem e a mantêm. Por exemplo, pessoas que se sentem deprimidas podem pensar: "Minha vida é uma confusão" (pensamento negativo sobre uma experiência na vida), "É tudo minha culpa" (pensamento negativo sobre si mesmo) e "Isso nunca vai melhorar" (pensamento negativo sobre o futuro). Tais pensamentos inibem as pessoas de fazer exatamente as coisas que poderiam ajudá-las a se sentirem melhor.

Embora o Capítulo 13 de *A mente vencendo o humor* ensine primordialmente habilidades relacionadas à ativação comportamental, ele também apresenta as três categorias de pensamentos negativos de Beck e pede que os leitores escrevam alguns dos pensamentos que tiveram em cada área. A Folha de Exercícios 13.3, Identificando aspectos cognitivos da depressão (*A mente vencendo o humor*, p. 191), pede que as pessoas façam uma marca ao lado de pensamentos negativos comuns que tiveram e identifiquem se são pensamentos negativos sobre elas mesmas, sobre suas experiências na vida ou sobre seu futuro. A chave de respostas para essa folha de exercícios encontra-se na página seguinte (*A mente vencendo o humor*, p. 192). Você pode esperar que esses tipos de pensamentos permeiem a terapia, especialmente nas primeiras semanas, quando a depressão é pior. As próximas seções ilustram algumas das formas como as abordagens cognitivas são usadas para tratar esses tipos de pensamentos no início da terapia, antes que os registros de pensamentos sejam introduzidos.

"Não consigo fazer isso" (pensamentos negativos sobre si mesmo)

Uma das consequências dos pensamentos negativos sobre si mesmo é que as tarefas podem parecer difíceis e opressoras. Se as pessoas não se percebem como capazes, mesmo pequenas tarefas parecem fadadas ao fracasso. Algumas pessoas deprimidas olham para *A mente vencendo o humor* e querem deixá-lo de lado porque parece ser muito para ler e entender. Elas podem achar que as folhas de exercícios e os exercícios são muito complicados, ou que são muito burras ou incapazes de concluí-los. Quando esses pensamentos são expressos, agradeça aos seus clientes por lhe contarem suas reações.

TERAPEUTA: Quando você viu o registro de atividades, seus ombros caíram. O que passou pela sua mente?

CLAIRE: Eu simplesmente não consigo fazer isso. É demais.

TERAPEUTA: Obrigada por me contar isso. Vamos ver se é demais. Caso seja, podemos dividi-lo em partes menores.

CLAIRE: Talvez eu consiga fazer um pouquinho. A página inteira parece muito difícil.

TERAPEUTA: Bem, vamos tentar um pouco juntas e ver como funciona.

CLAIRE: Certo.

TERAPEUTA: Vamos tomar esta manhã como exemplo. Neste momento são 10h40min. O que você poderia escrever como uma breve descrição do que está fazendo entre 10h e 11h na quarta-feira?

CLAIRE: "Estou na terapia com Christine"?

TERAPEUTA: Bom. Pegue esta caneta e escreva isso no espaço para quarta-feira 10h-11h. (*Faz uma pausa enquanto Claire escreve: "terapia com Christine"*) Agora, o quanto você está se sentindo deprimida de 0 a 100, onde 0 é nem um pouco deprimida e 100 é o máximo que você já sentiu?

CLAIRE: Uns 80, eu acho.

TERAPEUTA: Certo. Escreva 80 no quadro abaixo de "terapia com Christine".

CLAIRE: Certo.

TERAPEUTA: Agora, o que você estava fazendo das 9h às 10h nesta manhã?

CLAIRE: Dirigindo até aqui e tomando um café.

TERAPEUTA: Certo. Escreva isso no espaço de quarta-feira 9h-10h e depois avalie o quanto você se sentiu deprimida fazendo isso. (*Faz uma pausa enquanto Claire escreve*) Que avaliação você daria?

CLAIRE: Uns 90. (*A terapeuta e Claire trabalham juntas para preencher as horas restantes da manhã*)

TERAPEUTA: Agora que você experimentou, o quanto acha que será fácil ou difícil preencher esse registro de atividades nesta semana?

CLAIRE: Parece um pouco mais fácil do que achei que seria.

TERAPEUTA: Se você estiver disposta a experimentar, vamos conversar sobre como lidar com isso, caso se esqueça de fazer, ou o que fazer se ficar emperrada em algum ponto durante a semana.

Como mostra esse exemplo, clientes deprimidos com frequência se sentem mais capazes e menos sobrecarregados quando realmente fazem alguma coisa do que quando pensam em fazer alguma coisa. Para testar crenças de que uma tarefa será muito difícil, inicie todas as tarefas em suas sessões de terapia. Os clientes que estão tão deprimidos que acham que ler é muito difícil podem até mesmo praticar lendo um parágrafo em seu consultório.

Um benefício adicional de iniciar as tarefas da terapia no consultório é que você pode avaliar se uma tarefa é verdadeiramente muito grande ou difícil para um cliente. Caso seja, divida-a em partes menores ou planeje uma tarefa diferente. Por exemplo, se o seu cliente tem dificuldades para completar um registro de atividades, sugira o preenchimento de apenas um ou dois dias. Você pode obter uma amostra da atividade, mesmo que o cliente consiga completar o registro de atividades para uma manhã, uma tarde e uma noite de um dia da semana e algumas horas no fim de semana.

Pessimismo (pensamentos negativos sobre experiências na vida)

Devido à probabilidade de pessimismo, você pode esperar que as pessoas que estejam trabalhando a depressão sejam céticas de que *A mente vencendo o humor* ou algum outro procedimento de tratamento seja útil. Você perde credibilidade com uma pessoa deprimida se garante que a terapia vai ajudar. O diálogo a seguir, de uma sessão anterior com Claire, ilustra uma forma de discutir o pessimismo em relação à terapia.

TERAPEUTA: (*Depois de apresentar* A mente vencendo o humor *e descrever seu uso proposto na terapia*) Como isso lhe parece? Você estaria disposta a experimentar este livro?

CLAIRE: Eu não sei. Parece muito trabalho.

TERAPEUTA: Isso vai envolver algum trabalho de sua parte. É claro que, se eu pudesse garantir que o seu trabalho vai ajudá-la a se sentir melhor, estou certa de que você experimentaria, mas não posso ter certeza de que vai ajudá-la. O que você acha, quais são as chances de que isso a ajude?

CLAIRE: Eu duvido que ajude. Estou deprimida há muito tempo, e nada me ajuda.

TERAPEUTA: Então de que adianta empregar energia para fazer isso se não vai ajudar, certo?

CLAIRE: Certo.

TERAPEUTA: Fico feliz que você tenha me contado que não está muito otimista. Felizmente, se esse livro puder ajudá-la, ele vai ajudar mesmo que você não acredite nele. E, se não ajudar, poderemos descobrir isso em poucas semanas de uso. O que você acha de experimentar esse livro por algumas semanas? Depois, com base na sua experiência, poderemos decidir se ele é útil para você ou não. Se não for útil, podemos parar de usá-lo.

CLAIRE: Só por duas semanas?

TERAPEUTA: Que tal por três semanas? Assim você pode experimentar bem.

CLAIRE: Certo. Posso fazer isso.

Observe que a terapeuta não tentou convencer Claire de que *A mente vencendo o humor* ajudaria. Em vez disso, concordou que não valeria a pena gastar energia em algo que não a ajudaria. Ao mesmo tempo, manteve um senso de otimismo, propondo que Claire experimentasse o livro de exercícios por três semanas para avaliar se conseguiria usá-lo e encontrar benefícios. Ela garantiu a Claire que não continuariam a usar o livro se não fosse útil. Em geral, é melhor proporcionar experiências para as pessoas avaliarem do que entrar em discussões prolongadas sobre os benefícios de cada passo do tratamento. Pessoas que estão deprimidas frequentemente não conseguem se imaginar sentindo-se melhor, e, assim, as discussões voltadas para convencê-las estão condenadas ao fracasso e podem até prejudicar a aliança terapêutica. Em vez disso, iniciem os exercícios e os passos da terapia no consultório e anotem quais atividades ou leituras foram combinadas de fazer entre as consultas para que os clientes possam facilmente lembrar quais fazer e como fazê-los.

Desesperança (pensamentos negativos sobre o futuro)

Uma terceira característica cognitiva comum da depressão é a desesperança. É importante monitorá-la durante o tratamento para depressão, não só porque pode entravar a prática de habilidades, mas também porque é um bom preditor de suicídio. Reduza a desesperança sempre que possível. Como você faz isso quando a desesperança pode interferir na adesão ao tratamento? Uma abordagem é perguntar regularmente aos seus clientes sobre desesperança e reconhecer sua credibilidade para eles. Ao mesmo tempo, diga-lhes que você não acha que seus problemas não tenham esperança. Além disso, procure fornecer evidências concretas de que as expectativas de catástrofe não significam que uma catástrofe é certa. Uma forma de fazer isso é criar esperança mesmo em face de reações negativas a *A mente vencendo o humor* ou a outros aspectos do tratamento. Observe como a terapeuta de Claire fez isso em sua segunda sessão de terapia.

TERAPEUTA: Notei que você preencheu a Folha de Exercícios Compreendendo meus problemas (*A mente vencendo o humor*, p. 13). O que você aprendeu fazendo isso?

CLAIRE: Que eu tenho muitos problemas. Pode ser que eu desista.

TERAPEUTA: Vamos ver. Sim, você realmente tem muito problemas. Resolver ao menos um desses problemas ajudaria?

CLAIRE: Não. Eu teria que resolver todos eles.

TERAPEUTA: Essa é uma ordem muito rígida.

CLAIRE: Então você concorda. Não há esperança.

TERAPEUTA: Bem, se eu tivesse que resolver todos eles de uma vez, me sentiria muito sobrecarregada, mas aposto que se eu conseguisse resolver metade deles, seria mais fácil lidar com a outra metade.

CLAIRE: Talvez, mas como eu poderia resolver ao menos metade deles?

TERAPEUTA: Bem, você tem a mim aqui. Isso é difícil. Sempre que eu olho para mais de um problema por vez, eles parecem muito difíceis de resolver.

CLAIRE: Então você está dizendo que eu tenho que olhar para um de cada vez.

TERAPEUTA: Bem, se olharmos para um desses problemas isoladamente, aposto que poderemos resolvê-lo. Se os derrotarmos, um de cada vez, dentro de algum tempo sua vida estaria melhor.

CLAIRE: Como você pode consertar o fato de eu ter sido demitida do meu emprego?

TERAPEUTA: Oh, estou achando que poderemos de alguma forma consertar os problemas relacionados a isso se trabalharmos juntas. Porém, antes de entrarmos em detalhes, vamos decidir se esse é o melhor ponto por onde começar. Primeiramente, você está disposta a experimentar a minha ideia – resolver um problema de cada vez?

CLAIRE: Sim. Um pouco.

TERAPEUTA: Certo. Vamos examinar a sua lista aqui. Por que você não escolhe o problema que deveríamos resolver primeiro? Qual deles poderíamos resolver para ajudá-la imediatamente?

A terapeuta simultaneamente reconheceu a desesperança de Claire e ofereceu uma perspectiva alternativa. Usando a descoberta guiada (descrita em mais detalhes no Capítulo 13 deste guia), a terapeuta ajudou Claire a ver as vantagens de atacar um problema por vez. Fazer progressos na solução de um problema daria a ela mais esperança do que horas de discussão sobre esperança. Você pode contra-atacar a desesperança com resolução de problemas positiva e ação. Existe a possibilidade de que os clientes que percebem seu futuro sem esperança tenham um vislumbre de esperança caso experimentem algum progresso e alívio do sofrimento. Se a desesperança não for abordada de forma significativa, as pessoas podem se tornar suicidas. Para uma discussão detalhada da avaliação e tratamento de clientes suicidas, recomendamos os livros de Wenzel, Brown e Beck (2009)* e Jobes (2016).

A BASE DE EVIDÊNCIAS PARA A ABORDAGEM DA DEPRESSÃO DE *A MENTE VENCENDO O HUMOR*

O Capítulo 13 inclui um breve resumo de tratamentos baseados em evidências para depressão, escritos de uma forma facilmente compreendida pelos leitores em geral (p. 192-195). A mensagem mais importante para os leitores é que existem muitos tratamentos eficazes para depressão, e, se um deles não funcionar, é possível tentar outro. Essa mensagem de esperança é o que você pode oferecer aos seus clientes. Há evidências crescentes de que uma ampla variedade de abordagens de tratamento é útil para depressão. Como clínicos, devemos ter conhecimento dessa literatura, bem como reconhecer que os melhores tratamentos para depressão são aqueles que também oferecem proteção contra recaída. Um resumo sucinto das pesquisas referentes à psicoterapia eficaz para depressão é apresentado aqui.

Muitas terapias eficazes para depressão

As três terapias baseadas em evidências para depressão com a maior quantidade de apoio de pesquisa foram desenvolvidas nas décadas de 1960 e 1970. Aaron Beck articulou uma nova teoria da depressão na década de 1960 que relacionava aspectos emocionais, comportamentais, neurobiológicos e motivacionais da depressão à cognição (Beck, 1967). Na década seguinte, Beck e colaboradores desenvolveram a terapia cognitiva (TC) para depressão (Beck et al., 1979). Nesse meio tempo, Peter Lewinsohn e colaboradores, na University of Oregon, estavam desenvolvendo a primeira versão da terapia de ativação comportamental (AC) para depressão (Lewinsohn, 1974), que mais tarde foi elaborada por Martell, Addis e Jacobson (2001) e Martell e colaboradores (2010). A terapia interpessoal (TIP) para depressão também foi desenvolvida na década de 1970, e muitos estudos demonstraram sua eficácia (DiMascio et al., 1979; Weissman et al., 1979). A TIP foca nos sintomas agudos de depressão, tratando as relações interpessoais: luto, disputas de papéis, transições de papéis ou défi-

---

* Publicado no Brasil, pela Artmed, sob o título *Terapia cognitivo-comportamental para pacientes suicidas*.

cits interpessoais que estão associados a um episódio atual de depressão (Weissman & Klerman, 1990).

Todas essas três formas de psicoterapia foram derivadas empiricamente. Ou seja, AC, TC e TIP têm suas origens em observações e teorias sobre o que mantém a depressão (redução de comportamentos de recompensa no caso da AC, pensamentos negativos e processos de pensamento distorcidos para TC e estresse interpessoal e eventos na vida para a TIP). Talvez por não haver programas estabelecidos e difundidos para treinamento na TIP, ela nunca foi tão amplamente praticada quanto as outras duas terapias, apesar dos bons resultados demonstrados pelas pesquisas. AC e TC se tornaram as formas de terapia para depressão mais amplamente pesquisadas nas últimas décadas do século XX e primeiras décadas do século XXI. Cada uma dessas terapias tem extenso apoio de pesquisa e aborda diretamente os fatores de manutenção comportamentais, cognitivos e frequentemente até mesmo interpessoais considerados importantes para a depressão (Hofmann & Asmundson, 2017). As principais habilidades antidepressivas ensinadas em *A mente vencendo o humor* são extraídas preponderantemente dessas três terapias.

Em décadas recentes, muitos outros tipos de terapia forneceram evidências da sua eficácia no tratamento da depressão. Psicoterapia psicodinâmica de curta duração, terapia para resolução de problemas, tratamento de apoio não diretivo e treinamento de habilidades sociais foram examinados em pelo menos cinco ensaios de pesquisa controlados randomizados. Metanálises de estudos dos resultados para essas terapias, além de AC e TC, sugerem que não há grandes diferenças em eficácia entre as principais psicoterapias para depressão leve a moderada (Cuijpers, van Sraten, Andersson, & van Oppen, 2008). Terapias mais recentes, como a terapia de aceitação e compromisso, também têm evidências da sua eficácia no tratamento de depressão segundo um número de estudos pequeno, porém crescente. O sistema de análise cognitivo-comportamental da psicoterapia, que enfatiza a resolução de problemas interpessoais, foi desenvolvido para depressão crônica e comprovou sua eficácia em inúmeros estudos (ver Wiersma et al., 2014). Para o tratamento de depressões mais graves, alguns estudos controlados randomizados mostram maior benefício de uma terapia em relação a outra – geralmente TIP, AC ou TC (Dimidjian et al., 2006; Luty et al., 2007).

Escolhendo tratamentos que reduzem a recaída

Com tantos tipos diferentes de terapia com eficácia já demonstrada, os terapeutas podem simplesmente escolher alguma delas com a confiança de que estão fazendo tratamento para depressão baseado em evidências? A resposta a essa pergunta será um "sim" qualificado se o terapeuta estiver apenas tentando ajudar um cliente a se recuperar de um episódio atual de depressão e for escolhida uma terapia que se ajuste às preferências desse cliente. No entanto, depressão é um diagnóstico com índices muito altos de recaída. Estima-se que 50 a 60% das pessoas que se recuperam de depressão terão outros episódios. Para aquelas que experimentaram dois episódios de depressão, o risco de recorrência sobe para 80%. "Em média, indivíduos com história de depressão terão de 5 a 9 episódios depressivos separados ao longo da vida" (Burcusa & Iacono, 2007, p. 959).

Os terapeutas são aconselhados a assumir uma perspectiva de longo prazo no tratamento da depressão. A prevenção de futuros episódios é tão importante quanto o tratamento de um episódio depressivo atual.

Até o momento, AC e TC têm as pesquisas mais extensas demonstrando sua vantagem na recaída em relação a tratamentos medicamentosos para depressão (Hollon et al., 2006; Dobson et al., 2008). Juntas, AC e TC formam a abordagem da TCC para depressão apresentada em *A mente vencendo o humor*. Embora pesquisas apoiem AC e TC em relação à medicação, não houve estudos suficientemente longos comparando TCC a outros tratamentos psicoterapêuticos para saber com certeza se ela tem vantagem na recaída em relação a eles.

Bockting, Hollon, Jarrett, Kuyken e Dobson (2015) apresentaram uma revisão abrangente de abordagens baseadas em evidências para transtorno depressivo maior durante a vida, usando uma estrutura conceitual baseada no tratamento agudo, continuação do tratamento e estratégias de prevenção para clientes em remissão. Principalmente, eles destacam as melhores intervenções para pessoas com maior risco de recaída. O risco de recaída é mais alto para aquelas pessoas com remissão instável, mais episódios prévios de depressão e idade precoce da primeira crise. Suas diretrizes podem ser usadas para ajudar a adaptar o uso efetivo de *A mente vencendo o humor* para clientes deprimidos em diferentes estágios do tratamento.

Apresentamos a seguir um resumo das conclusões de Bockting e colaboradores (2015), derivadas da sua revisão de ensaios controlados randomizados e metanálises:

1. O uso de TCC durante um tratamento agudo para depressão apresentou maior probabilidade de ter efeitos duradouros (menor probabilidade de recaída) do que tratamento com medicamentos antidepressivos em uma metanálise; as respectivas porcentagens de recaída foram 39 *versus* 61% durante 68 semanas (Vittengl, Clark, & Jarrett, 2007). Em outra metanálise, clientes que responderam à TCC não tinham maior probabilidade de recair do que aqueles mantidos em prosseguimento com medicamentos antidepressivos (Cuijpers et al., 2013).

2. Mesmo que a TCC possa prevenir recaída para alguns clientes, o índice global de recaídas para TCC permanece inaceitavelmente alto; era de 29% dentro do primeiro ano e de 54% dentro de dois anos na metanálise de Vittengl e colaboradores (2007). Esse índice de recaídas foi significativamente reduzido (10% no primeiro ano e 36% por dois anos) pela TC na fase de continuação (Jarrett et al., 1998, 2001; Jarrett, Vittengl, & Clarck, 2008). A TC em fase de continuação geralmente consiste em dez sessões de terapia durante os oito meses seguintes ao término da TCC para depressão aguda. Seu foco é ajudar os clientes a manter sua prática das habilidades da TCC para focar nos sintomas residuais da depressão.

3. Depois que um cliente está em remissão (dois meses ou mais sem sintomas significativos), há algumas evidências de que intervenções de prevenção como terapia cognitiva baseada em *mindfulness* (MBCT; Teasdale et al., 2000), terapia de bem-estar cognitivo (Fava et al., 2004) e terapia cognitiva preventiva (Bockting et al., 2005) são benéficas. A MBCT tem demonstrado reduzir o risco de recaída *somente* para clientes com três ou mais episódios anteriores de transtorno depressivo maior. Entretanto, há evidências encorajadoras de que essas intervenções podem ser alternativas viáveis à manutenção com medicamentos antidepressivos para clientes que experimentaram múltiplos episódios prévios de depressão. Os índices de recaída para um grupo em MBCT que reduziu gradualmente o uso de medicação foram de 47% por 15 meses, comparados com um índice de recaída de 60% para os que continuaram com medicação (Segal et al., 2010).

4. Aqueles em risco mais elevado de recaída e recorrência de depressão são clientes com mais sintomas residuais no final da terapia, escores de depressão altamente flutuantes nas medidas de autorrelato perto do final da terapia, idade precoce de início (18 anos ou menos) e/ou múltiplos episódios prévios de depressão. Assim, intervenções concebidas para reduzir recaída e recorrência, como a fase de continuação de TC e MBCT, são mais úteis quando aplicadas a esses clientes com risco mais alto. Medicamentos antidepressivos não são muito efetivos como terapia de continuação para indivíduos que experimentaram depressões recorrentes (Kaymaz, van Os, Loonen & Nolen, 2008).

A influência dessas pesquisas em *A mente vencendo o humor*

Quando escrevemos *A mente vencendo o humor*, queríamos que o livro refletisse as melhores práticas em tratamentos baseados em evidências para depressão e outros estados de humor abordados. Dada a preponderância das evidências resumidas anteriormente, escolhemos enfatizar a ativação comportamental e habilidades para registro de pensamentos em *A mente vencendo o humor*. Essas duas abordagens oferecem as vantagens da eficácia em curto prazo e do manejo de recaída para o tratamento da depressão. Também incluímos habilidades como aceitação e *mindfulness* derivadas de terapias que atualmente demonstram evidências de eficácia tanto no tratamento para depressão quanto na prevenção de recaída. Por fim, antecipando que indivíduos deprimidos também iriam querer aumentar a felicidade, incluímos habilidades derivadas da psicologia positiva, especificamente exercícios de gratidão e gentileza.

Assim, para amenizar a depressão, *A mente vencendo o humor* coloca a ênfase principal na ativação comportamental e no uso efetivo de registros de pensamentos para reestruturação cognitiva. Habilidades como aceitação, *mindfulness*, gratidão e afins são tipicamente introduzidas depois que esses dois conjuntos de habilidades foram praticados por algum tempo. A primeira das duas habilidades antidepressivas centrais, a ativação comportamental, é introduzida e ensinada no Capítulo 13 de *A mente vencendo o humor*.

GUIA PARA A RESOLUÇÃO DE PROBLEMAS: CAPÍTULO 13 DE *A MENTE VENCENDO O HUMOR*

Relutância em realizar as atividades

Algumas pessoas são relutantes em realizar atividades planejadas, especialmente durante os primeiros estágios da ativação comportamental. Quando as pessoas relatam que não realizaram as atividades, um espírito de curiosidade amistosa é a melhor postura terapêutica. Pergunte se estão dispostas a realizar as atividades quando concordarem com elas. Algumas pessoas são tão condescendentes que podem concordar verbalmente em realizar coisas que, na verdade, não pretendem fazer. Nesses casos, agradeça-lhes pela sua honestidade e peça que lhe digam no futuro caso achem que não querem ou não conseguem fazer os exercícios de aprendizagem que vocês discutiram: "Esta é a sua terapia, e não quero que você concorde em fazer coisas que não está disposto a experimentar. Sempre podemos descobrir uma alternativa se alguma coisa não for adequada para você".

Mais comumente, as pessoas não experimentam as atividades por uma destas razões: estão experimentando inércia; as atividades parecem muito pesadas; ou são pessimistas em relação às atividades planejadas poderem melhorar seu humor. Em vez de tentar convencer alguém a aumentar as atividades, identifique quais dessas três razões é o empecilho e elabore um experimento comportamental para ajudar a superar esse obstáculo. Diga: "Imagino que tenha havido boas razões para você não ter realizado as atividades nesta semana. Quando pensou em realizá-las, o que atrapalhou?". Estes são três tipos de experimentos comportamentais que podem ajudar os clientes a superar cada um desses entraves para a atividade.

A inércia interfere

Há muitos anos, Padesky (1986) introduziu uma "regra dos cinco minutos" para ajudar as pessoas que estão deprimidas a superar a inércia. É dito a elas que somente precisam realizar as atividades por cinco minutos para receber o crédito por realizá-las. Ao final de cinco minutos, elas podem interromper a atividade ou continuar, como quiserem. Este é um exemplo: "Se você tiver programado lavar os pratos, programe um *timer* por cinco minutos. Encha a pia com água e sabão e comece a lavar. Quando o *timer* disparar, você pode simplesmente parar se quiser e deixar o resto dos pratos ali. Então registre no seu cronograma de atividades que lavou os pratos". As pessoas que estão deprimidas acham muito mais fácil começar uma tarefa se precisarem realizá-la por apenas cinco minutos. Como a inércia frequentemente as faz avançar, mesmo quando o *timer* dispara, elas acabam realizando uma atividade por mais de cinco minutos. Isso leva a um estímulo redobrado no estado de humor, pois "realizaram a atividade por cinco minutos" e depois fizeram um "crédito extra". É importante estabelecer a regra dos cinco minutos de boa-fé. Isso não é um "truque" para que os clientes façam mais. Ela é concebida para estimular *alguma* atividade em vez de nenhuma. Se depois de começarem as atividades os clientes percebem que elas são mais fáceis de continuar do que esperavam, isso é um bônus.

As tarefas parecem pesadas

Quando as pessoas se sentem sobrecarregadas por uma atividade, o melhor antídoto é simplificá-la. Se uma caminhada até o parque é muito longa, a pessoa pode andar até o fim da quadra e voltar. Caminhar com outra pessoa ou com um animal de estimação pode tornar a atividade mais fácil. Colocar as atividades em uma ordem, desde a mais fácil até a mais difícil, também pode ajudar. Por exemplo, descubra quais das seguintes atividades matinais são mais fáceis ou mais gratificantes para alguém: tomar banho, vestir-se, fazer café ou telefonar para um amigo. Se fazer e tomar café e conversar com um amigo são atividades mais prazerosas do que tomar banho e vestir-se, pode ser mais fácil fazer um café e ligar para o amigo antes de se aprontar para o resto do dia. É claro que outra pessoa pode preferir tomar banho e se vestir primeiro, a fim de usar fazer o café e conversar com um amigo como recompensas. Peça que seus clientes experimentem e verifiquem o que funciona melhor para eles. Para tarefas mais complexas, pode ser necessário trabalhar em conjunto na sessão a fim de descobrir como dividi-las em pequenos passos que levarão a um progresso significativo. A ideia é planejar passos que pareçam menos pesados para ajudar a superar a evitação.

Os clientes são pessimistas

É difícil convencer alguém que é pessimista de que as coisas podem melhorar usando apenas a discussão. Experiências positivas e significativas têm muito mais probabilidade de aumentar a esperança. Portanto, com frequência a melhor resposta ao pessimismo sobre mudança é montar pequenos experimentos para testar previsões pessimistas. O registro em tempo real dos resultados de uma série de experimentos é importante porque, caso contrário, a pessoa pode rejeitar experiências positivas como simplesmente "um acaso" ou pode distorcer o que aconteceu.

Por exemplo, Elias achava que não adiantava sair do apartamento e interagir com outras pessoas: "Se eu sair, não vou me sentir melhor; só vou me sentir pior". Para testar esse pressuposto subjacente, ele e seu terapeuta usaram a Folha de Exercícios 11.2 (Experimentos para testar um pressuposto subjacente, *A mente vencendo o humor*, p. 144). Na coluna "Resultado do experimento", eles acrescentaram a instrução de avaliar seu estado de humor antes de sair do apartamento e logo depois de conversar com alguém. Elaboraram três experimentos para a primeira semana, escrevendo os nomes de pessoas específicas na vizinhança com quem Elias iria falar. Conforme orientados pela folha de exercícios, eles previram problemas que poderiam interferir e estratégias para superá-los. Estas eram interações planejadas breves com a vendedora de uma loja de conveniências de que Elias gostava, com crianças que brincavam na rua depois da escola e com um vizinho que fazia caminhadas em horário regular. Para sua surpresa, o humor de Elias melhorou levemente depois de cada encontro. Ele continuou esse experimento por outra semana antes de concordar em sair do apartamento todos os dias por períodos de tempo cada vez mais longos.

Incapacidade de sentir prazer

Algumas pessoas diagnosticadas com depressão relatam ausência quase total de prazer ou de reação a atividades que esperam que sejam prazerosas. Essas pessoas frequentemente descrevem uma experiência emocional vazia para a maioria das suas experiências na vida, incluindo a terapia. A incapacidade de sentir prazer é tratada brevemente nas páginas 207 e 208 de *A mente vencendo o humor*. Conforme recomendado aqui, poderão ser necessárias algumas semanas de prática intencional para que as pessoas comecem a sentir pequenas quantidades de prazer. É melhor começar essas atividades na sessão de terapia, como ilustra o trecho a seguir:

TERAPEUTA: Então você nunca sente prazer?

CARL: Não.

TERAPEUTA: Vamos fazer um experimento juntos. Levante-se e caminhe por aqui comigo. Vamos olhar este pôster na minha parede.

CARL: Não sinto nenhum prazer em olhar para ele.

TERAPEUTA: Tudo bem. Você pode me dizer uma cor neste pôster que você prefira em relação às outras cores?

CARL: Não tenho certeza.

TERAPEUTA: Apenas olhe um pouco e me diga uma cor que lhe chame atenção, mesmo um pouco.

CARL: Acho que é este verde aqui.

TERAPEUTA: Certo. Olhe para esse verde e apenas se permita apreciar essa cor por algum tempo.

CARL: Ainda não sinto prazer.

TERAPEUTA: Não estou esperando isso. Entretanto, o primeiro passo pa-

	ra ser capaz de sentir prazer é começar a descobrir do que você gosta e prestar atenção a essas coisas. Vamos abrir a janela por um momento e ouvir os sons fora do meu consultório. Gostaria que você ouvisse por algum tempo e depois me dissesse um som que você prefere entre os outros.
Carl:	(*Depois de mais ou menos um minuto*) Eu ouço uma bola quicando no parque.
Terapeuta:	Oh! Sim, eu também estou ouvindo. Vamos apenas ouvir essa bola quicar por um momento. (*Um momento de silêncio se passa*) Agora vamos andar pelo consultório e tocar diferentes texturas. Por exemplo, o sofá e as almofadas são feitos com diferentes tecidos. Toque os diferentes objetos em meu consultório e encontre um de que você goste.
Carl:	(*Depois de tocar cinco ou seis objetos*) Gosto deste vaso. É legal tocar nele.
Terapeuta:	Bom. Esse é um bom sinal de que você é capaz de encontrar coisas de que gosta. Cores, sons, coisas que você toca. Esse pode ser o começo da aprendizagem de sentir prazer. Nesta semana, proponho que você faça uma caminhada uma vez por dia. Durante essa caminhada, eu gostaria que encontrasse uma cena, um som, um cheiro e um toque que prefira ou até mesmo goste. O toque pode ser alguma coisa que você toca com as mãos ou pode ser a sensação do vento ou do sol no seu rosto. Você entende o que estou lhe pedindo para fazer?
Carl:	Sim. E você acha que eu vou sentir prazer fazendo isso?
Terapeuta:	Não tenho certeza. Vamos descobrir juntos. Não quero que você foque no prazer nesse momento. Apenas entre em sintonia e observe as experiências sensoriais que prefere. Depois que aprender isso, você será capaz de dar outros passos que podem levar a experiências de prazer. Você estaria disposto a fazer isso?
Carl:	Sim.
Terapeuta:	Vamos anotar um resumo do que você vai fazer nesta semana, e podemos escrever o que preferiu no meu escritório, assim terá uma amostra do que vai escrever. Talvez você possa escrever isso no seu caderno da terapia, e eu também vou escrever nas minhas anotações.

Depois que os clientes tomam consciência das preferências sensoriais, o próximo passo é passarem algum tempo extra focando nessas experiências. Mesmo 30 segundos de foco podem começar a semear as sementes do prazer. Além de cenas, sons, toques e cheiros, as pessoas podem focar nos sabores que preferem quando se alimentam. Quando passam a fazer isso, suas atividades diárias podem começar a incorporar a ideia de saborear pequenas experiências. Isso pode incluir focar nessas experiências ou mesmo intensificá-las, aproximando-se ou fazendo outros ajustes para aumentar a consciência e a potência da experiência. Por exemplo, Carl fez uma caminhada até o parque e gostou dos sons de uma partida de futebol próxima. Isso poderia eventualmente levar a maior engajamento, como, por exemplo, falar com algumas das pessoas que estavam assistindo ou jogando futebol.

Em geral, várias semanas desses tipos de exercícios começarão a dar origem a pequenas experiências de prazer ou diversão. Isso pode acontecer porque os clientes agora estão procurando ativamente e saboreando experiências positivas. Além disso, o foco atento na experiência sensorial pode ajudar a reduzir as ruminações negativas que com frequência interferem nas experiências positivas. Nas primeiras semanas, não concentre o foco nas avaliações do prazer, pois procurar o prazer pode, na verdade, enfraquecer os aspectos positivos dessas experiências. Pessoas que experimentam depressão provavelmente ignoram pequenas experiências positivas se não atingirem o limiar do prazer, e isso pode convencê-las de forma prematura de que são incapazes de experimentar prazer.

Níveis de atividade extremamente baixos

Algumas pessoas têm níveis de atividade muito baixos quando estão deprimidas. Isso é especialmente verdadeiro para aquelas com níveis graves de depressão. Esses indivíduos podem ficar deitados na cama ou sentados em frente à TV por horas, com pouca energia ou motivação para fazer mais do que isso. Quando as pessoas estão em um nível de funcionamento como este, recomendamos que sua terapia seja mais comportamental do que cognitiva. Foque nos exercícios de ativação comportamental discutidos no Capítulo 13 de *A mente vencendo o humor*. Você pode ajudar a energizar clientes gravemente deprimidos construindo experimentos comportamentais muito pequenos seguindo os princípios descritos no Capítulo 11 de *A mente vencendo o humor*, Pressupostos subjacentes e experimentos comportamentais, e conforme descrito no Capítulo 7 deste guia.

Por exemplo, Petra declarou: "Quando me sinto muito deprimida, não consigo dar uma caminhada ou fazer nada além de ficar sentada em uma cadeira". Sua terapeuta decidiu ajudar a testar essa crença em uma série de experimentos em pequenas etapas no consultório. Primeiro, ajudou Petra a ficar de pé e andar alguns passos além da sua cadeira. Após esse experimento, Petra e sua terapeuta discutiram seu significado.

TERAPEUTA: Você me disse que achava que não conseguiria caminhar até a escrivaninha. Está surpresa por ter feito isso?

PETRA: Sim.

TERAPEUTA: O que você está sentindo neste momento?

PETRA: Nada.

TERAPEUTA: Você acha que poderia fazer isso de novo?

PETRA: Suponho que sim.

TERAPEUTA: Estou pensando, o que mais você poderia fazer se tentasse?

PETRA: Não sei.

Como você pode ver, Petra permaneceu praticamente sem reação. Note que sua terapeuta fez perguntas e afirmações breves e simples para aumentar a probabilidade de Petra entender o que era dito. As perguntas da terapeuta introduziram possibilidades que poderiam se tornar significativas para Petra em algum momento. É importante usar uma abordagem gentil, porém firme, para ajudar aquele que está deprimido a aumentar as atividades em etapas pequenas, porém significativas. A descoberta de interesses positivos do seu passado pode ser um guia para os tipos de atividades que serão mais significativos e motivadores para o cliente. Por exemplo, Petra gostava de música. Ela poderia ser motivada a sair da sua cadeira para tocar uma música. Se fizesse isso, poderia ser capaz de usar a energia da música para estimular outras atividades. Quando a depressão diminui, os clientes com baixos níveis de atividade estão prontos para se beneficiar de intervenções cognitivas além da ativação comportamental.

Discriminando entre tristeza, pesar e depressão

Pessoas que experimentaram depressão recorrente ou que experimentam um misto de pesar e depressão com frequência têm dificuldade para discriminar entre depressão, pesar e tristeza. Algumas pessoas falsamente acreditam que precisam se livrar de toda a tristeza, caso contrário estarão suscetíveis ao retorno de uma crise de depressão. Ajude seus clientes a entender que tristeza e pesar são emoções normais e sadias, que fazem parte da experiência humana. Essas emoções refletem o que valorizamos na vida e validam nosso amor pelas pessoas que perdemos.

Uma forma de ensinar a discriminação entre depressão e tristeza ou pesar é examinar as características cognitivas da depressão descritas nas páginas 184 a 188, Capítulo 13 de *A mente vencendo o humor*. Pensamentos como "Sinto falta dele", "Minha vida está vazia agora que ela se foi" e "Eu queria que isso nunca tivesse acontecido" sinalizam tristeza ou pesar, porque focam no que foi perdido. Por sua vez, pensamentos depressivos são autocríticos ("Foi minha culpa; não sou bom"), pessimistas ("Ninguém se importa comigo") e sem esperança quanto ao futuro ("As coisas jamais vão melhorar; nada vai dar certo para mim"). O conteúdo dos pensamentos é geralmente a melhor maneira de determinar se as reações emocionais fazem parte do luto sadio, da tristeza cotidiana ou de depressão potencialmente devastadora. Tristeza e depressão com frequência parecem semelhantes psicológica e emocionalmente. Você pode considerar a duração de tempo desses sentimentos, a profundidade com que os clientes os sentem e se estas são ou não respostas a um evento ou perda recente. Geralmente a tristeza se resolve em algumas horas ou dias, enquanto a depressão só é diagnosticada depois de duas semanas ou mais de humor depressivo persistente. Embora as pessoas experimentem e expressem pesar de várias maneiras, a maioria retorna a níveis sadios de funcionamento no segundo ano de luto (Bonanno & Kaltman, 2001).

10

Compreendendo a ansiedade e princípios do tratamento

(CAPÍTULO 14 DE *A MENTE VENCENDO O HUMOR*)

Terapeuta: Obrigado por me contar um pouco sobre a sua história e suas dificuldades atuais, Lucas. Pelo que estou entendendo, você tem se sentido muito estressado e ansioso desde que perdeu o emprego, três meses atrás. Isso foi piorando com o tempo porque você teve dificuldade para encontrar um novo emprego que pague o mesmo que o antigo. Para que eu possa me assegurar de que estamos no caminho certo, o que você diria que são seus objetivos para a terapia neste momento?

Lucas: Eu quero me livrar dessa ansiedade. E quero saber que ideias você tem para como posso conseguir um bom emprego de novo.

Assim como Lucas, pessoas que experimentam ansiedade comumente procuram terapia com o objetivo primário de eliminá-la. Algumas vezes, clientes ansiosos parecem impacientes, como se estivessem pensando: "Já estou aqui há 30 minutos e ainda me sinto ansioso. Você não pode me ajudar?". Assim, os profissionais da saúde podem se sentir pressionados a oferecer alívio rápido na primeira sessão. Talvez esse seja um dos motivos pelos quais medicações ansiolíticas e treinamento em métodos de relaxamento são duas das intervenções mais comuns que os clínicos oferecem a pessoas que procuram tratamento para ansiedade. Isso é lamentável. Mesmo que essas abordagens ofereçam alívio a curto prazo, cada uma pode interferir nos resultados positivos do tratamento a longo prazo para transtornos de ansiedade (ver Foa, Franklin, & Moser, 2002).

O Capítulo 14 de *A mente vencendo o humor*, Compreendendo sua ansiedade, estabelece as bases para que você e seus clientes sigam um caminho diferente e mais efetivo no tratamento. Conforme mostrado no Resumo do Capítulo 14, é importante que seus clientes reconheçam os sintomas comuns de ansiedade, entendam o papel que a evitação e comportamentos de segurança desempenham na manutenção da ansiedade, reconheçam a importância da identificação de pensamentos e imagens ansiogênicos e pratiquem habilidades que podem ajudá-los a enfrentar seus medos.

Resumo do Capítulo 14
(A mente vencendo o humor, p. 211-243)

▶ Os tipos comuns de ansiedade incluem: fobias, ansiedade social, transtorno de pânico, transtorno de estresse pós-traumático, preocupações com a saúde e transtorno de ansiedade generalizada.

▶ Os sintomas de ansiedade incluem uma ampla gama de reações físicas; estados de humor que variam desde nervosismo até pânico; evitação de situações ou sentimentos; e preocupações com o perigo, bem como pensamentos sobre não ser capaz de enfrentar as situações.

▶ Os comportamentos comuns quando estamos ansiosos são evitação e comportamentos de segurança. Esses tipos de comportamentos reduzem a ansiedade em curto prazo, mas tornam o transtorno ainda pior com o passar do tempo.

▶ Os pensamentos ansiogênicos incluem superestimação do perigo e subestimação de nossa capacidade para enfrentar as ameaças que antecipamos.

▶ Os pensamentos que acompanham a ansiedade frequentemente começam com "E se...?" e contêm o tema de que "Algo terrível vai acontecer, e não vou ser capaz de enfrentar".

▶ Nossos pensamentos ansiogênicos frequentemente ocorrem como imagens. É importante identificar essas imagens para que possamos responder a elas de forma conveniente.

▶ Tipos distintos de ansiedade são caracterizados por diferentes pensamentos, dependendo do perigo antecipado.

▶ Uma das melhores formas de superar a ansiedade é enfrentar nossos medos por meio da exposição ao que nos assusta. Uma escada de medos é frequentemente usada para o enfrentamento de nossos medos de forma gradual, um degrau por vez, em um ritmo que conseguimos tolerar.

▶ Muitas habilidades podem nos ajudar a manejar a ansiedade quando enfrentamos nossos medos, incluindo atenção plena e aceitação, respiração, relaxamento muscular progressivo, criação de imagens e mudança de nossos pensamentos ansiogênicos.

▶ O uso de medicamentos pode ser útil para algumas pessoas em curto prazo, mas não produz melhora duradoura na ansiedade para a maioria das pessoas.

▶ Mudar nossos pensamentos é uma forma importante de atingir melhora duradoura da ansiedade.

▶ Os capítulos de *A mente vencendo o humor* podem ser lidos em várias ordens para você aprender as habilidades descritas no livro para diversos propósitos. A Figura 14.6 descreve a ordem de leitura dos capítulos para ansiedade.

GUIA DA ANSIEDADE PARA CLÍNICOS: O FLUXO DA TERAPIA

Clientes que são ansiosos querem alívio rápido, e queremos ajudá-los o mais rápido possível. Contudo, a compaixão por clientes com transtornos de ansiedade requer resistir aos nossos impulsos naturais como terapeutas de ajudar as pessoas a se sentirem confortáveis durante a terapia. Muitos métodos de terapia que comprovaram eficácia para redução da ansiedade a longo prazo na verdade provocam aumentos na ansiedade em curto prazo. Em vez de conforto estável, visamos oferecer a clientes como Lucas a confiança de que podemos entender sua ansiedade, de que temos um plano para ajudá-los, que estaremos com eles a cada passo do caminho. Os passos mais efetivos na terapia são aqueles que provavelmente aumentarão sua ansiedade de forma temporária, e só a longo prazo pediremos aos clientes para dar esses passos que têm um histórico comprovado de redução da ansiedade.

Para proporcionar ajuda duradoura aos nossos clientes, precisamos auxiliá-los a descobrir o que está desencadeando sua ansiedade. Nas primeiras sessões, os ajudamos a identificar os pensamentos e as imagens que evocam ansiedade em situações particulares. Também identificamos as formas como nossos clientes evitam os desencadeantes para sua ansiedade e praticam comportamentos de segurança, pois comportamentos de evitação e de segurança reduzem a eficácia das intervenções na ansiedade.

A ansiedade é mantida por pressupostos subjacentes, portanto ajudamos os clientes a desvendar as regras condicionais do tipo "Se... então..." que estão operando atualmente (p. ex., "Se acontecer alguma coisa ruim, então não vou conseguir lidar com isso"). Esses pressupostos são testados com experimentos comportamentais. Algumas vezes os experimentos comportamentais são baseados na exposição: os clientes permanecem em situações prolongadas tempo suficiente para descobrir se ocorrem as consequências temidas. Outros experimentos comportamentais testam diretamente os pressupostos ansiogênicos. Por exemplo, um cliente que acredita que "Se eu cometer um erro, então os outros vão pensar mal de mim" pode cometer erros intencionalmente e então entrevistar pessoas confiáveis para descobrir o impacto que isso teve na impressão que elas têm sobre ele. Incentivamos os clientes a realizar um número suficiente de experimentos comportamentais até que desenvolvam novos pressupostos que lhes permitam abordar situações com menos medo e aceitar a ansiedade que sentem. Durante o curso da terapia, encorajamos a curiosidade em vez da autocrítica. Nós os guiamos para se aproximarem em vez de evitarem o que temem.

Este capítulo apresenta inúmeros diálogos entre terapeuta e cliente que ilustram os princípios do tratamento da ansiedade, a fim de orientar a implementação dessas etapas na terapia. O capítulo sobre ansiedade que os clientes leem em *A mente vencendo o humor* (Capítulo 14) descreve muitos desses mesmos princípios do tratamento, para que eles entendam por que você os está ajudando a se aproximar em vez evitar o que temem, identificar pensamentos e imagens ansiogênicos e participar de exercícios de exposição e experimentos comportamentais para testar seus medos.

No final do Capítulo 14 de *A mente vencendo o humor*, é apresentada aos leitores uma figura que lhes diz quais capítulos ler a seguir para aprender as habilidades mais importantes no tratamento da ansiedade (Figura 14.6, *A mente vencendo o humor*,

p. 242). Essa figura é a mesma que o Guia de Leitura para Ansiedade (reproduzido na p. 473 do Apêndice A deste livro), que os direciona a ler os capítulos restantes de *A mente vencendo o humor* em uma ordem adequada às diretrizes para a prática baseada em evidências para ansiedade. O Guia da Ansiedade para Clínicos (ver Tabela 10.1) relaciona os capítulos de *A mente vencendo o humor* conforme listados no Guia de Leitura para Ansiedade aos capítulos deste livro. Nas próximas seções apresentamos algumas observações sobre as formas particulares como a ansiedade pode afetar o uso que seu cliente faz desses capítulos de *A mente vencendo o humor*.

1. Depois que as pessoas concluem o Capítulo 14 de *A mente vencendo o humor*, o Guia de Leitura para Ansiedade direciona os clientes a prosseguir com Definindo objetivos pessoais e observando as melhoras (Capítulo 5 de *A mente vencendo o humor*). Você já deve ter indicado esse capítulo sobre definição de objetivos no começo da terapia; caso seus clientes já tenham definido os objetivos, este é um bom momento para revisá-los. Assegure-se de que os objetivos de seus clientes enfatizem o manejo e a abordagem da ansiedade, em vez de eliminá-la ou levá-los a evitar situações que a evocam. Periodicamente, no curso da terapia, revise suas respostas na Folha de Exercícios 5.4, Sinais de melhora (*A mente vencendo o humor*, p. 39). Além disso, examine a folha de escores para o Inventário de Ansiedade de *A mente vencendo o humor* (Folha de Exercícios 14.2, *A mente vencendo o humor*, p. 214) para verificar o quanto seus escores de ansiedade nesse inventário (discutidos em detalhes em uma seção posterior) mudaram desde o começo da terapia. Notar e reconhecer os sinais de melhora vai reforçar os esforços dos clientes e fortalecer sua confiança de que seu plano de tratamento é eficaz. Depois que os objetivos forem definidos e/ou os sinais de melhora forem examinados, você e seus clientes começarão a identificar seus pressupostos subjacentes e testá-los com experimentos comportamentais (Capítulo 11 de *A mente vencendo o humor*). Use o Capítulo 7 deste guia para saber mais sobre a identificação de pressupostos subjacentes e a construção de experimentos comportamentais, *que juntos constituem o foco primário do tratamento para ansiedade*. Informações adicionais sobre os pressupostos subjacentes comuns relacionados a tipos particulares de transtornos de ansiedade e sugestões sobre como adequar experimentos comportamentais para cada transtorno são apresentadas no Capítulo 11 deste guia.

2. Tratamentos para ansiedade também incluem planos de ação para resolver problemas e exercícios de aceitação, conforme descrito no Capítulo 10 de *A mente vencendo o humor*. A Tabela 10.1 indica que essas habilidades são elaboradas no Capítulo 6 deste guia. Quando necessário, durante o tratamento de ansiedade os terapeutas podem avançar e recuar entre os Capítulos 10 e 11 de *A mente vencendo o humor*, desde que os experimentos comportamentais continuem sendo a intervenção principal.

Se houver tempo adicional na terapia, as pessoas podem aprender quais habilidades adicionais em *A mente vencendo o humor* provavelmente serão úteis. Por exemplo, se houver depressão comórbida, elas podem ler Compreendendo minha depressão (Capítulo 13 de *A mente vencendo o humor*) para classificar esse estado de humor e começar a praticar atividade comportamental e, então, continuar a aprender o uso eficaz dos registros de pensamento (Capítulos 6-9 de *A mente vencendo o humor*). Antes do término da terapia, reserve um tempo para

TABELA 10.1 Guia da Ansiedade para Clínicos: capítulos de *A mente vencendo o humor* (na ordem recomendada pelo Guia de Leitura para Ansiedade) e capítulos correspondentes neste livro

Capítulos de *A mente vencendo o humor*	Propósito	Capítulos deste guia
1-4	Fazer a introdução a *A mente vencendo o humor* e ao modelo de cinco partes.	2
14	Aprender mais sobre ansiedade e princípios de tratamento. Fazer uma Escada de Medos.	10-11
5	Definir objetivos. Identificar sinais pessoais de melhora.	3
11	Usar experimentos comportamentais para testar pressupostos subjacentes enquanto você sobe sua Escada de Medos.	7
10	Fortalecer pensamentos alternativos. Usar planos de ação para resolver problemas. Para problemas que não podem ser resolvidos, desenvolver aceitação.	6
13	Aprender mais sobre depressão, se relevante.	9
15	Aprender mais sobre raiva, culpa ou vergonha, se relevante.	12
6-9 e 12	Ajudar-se com outros problemas de humor e na vida depois que a ansiedade melhorar.	4-5 e 8
16	Fazer um plano para continuar a se sentir melhor com o tempo (manejo de recaída).	13

ajudar os clientes a construir um plano de manejo de recaídas e um plano pós-terapia para aumentar sua felicidade e um senso positivo de bem-estar. O Capítulo 16 de *A mente vencendo o humor* guia esses esforços, os quais são descritos em mais detalhes no Capítulo 13 deste guia.

CONFIANÇA DO TERAPEUTA NO TRATAMENTO DA ANSIEDADE

Como você pode desenvolver a confiança para transmitir uma mensagem contrastante de compaixão aos clientes que experimentam ansiedade: "Quero que você se sinta melhor rapidamente, e, para fazer isso, você vai precisar sentir mais ansiedade agora"? Conhecimento e experiência são necessários. Seu *conhecimento* pode ser estimulado pelas informações e diretrizes oferecidas neste capítulo e no próximo (Capítulo 11), conforme citado na Tabela 10.2. Sua *experiência* na terapia é aprimorada quando você aplica esses princípios de tratamento para ansiedade e protocolos sob a orientação de supervisores ou terapeutas consultores que são hábeis na aplicação desses tratamentos eficazes para ansiedade.

TABELA 10.2 Conteúdo e propósito dos capítulos sobre ansiedade neste guia (Capítulos 10 e 11)

Capítulos sobre ansiedade neste guia	Propósito
Compreendendo a ansiedade (10)	• Ilustrar princípios para tratamento da ansiedade a fim de guiar decisões do tratamento. • Destacar o uso de informações ensinadas no Capítulo 14 de *A mente vencendo o humor* (Compreendendo sua ansiedade) compatíveis com esses princípios de tratamento.
Transtornos de ansiedade comuns (11)	• Oferecer contexto para o plano de tratamento. • Destacar a aplicação diferencial dos princípios para o tratamento de ansiedade e métodos de *A mente vencendo o humor* com diagnósticos de ansiedade particulares. • Fazer alertas referentes ao uso com transtornos relacionados (TOC e TEPT).

Recomendamos que você leia este capítulo juntamente com o seguinte a fim de aprender as melhores práticas para o uso efetivo de *A mente vencendo o humor* no tratamento da ansiedade. O presente capítulo destaca informações ensinadas no Capítulo 14 de *A mente vencendo o humor*, juntamente com princípios para o tratamento de ansiedade, para guiar seu melhor uso. Você vai aprender como despertar a curiosidade em seus clientes que, assim como Lucas, querem eliminar a ansiedade. Curiosidade é com frequência o ponto fundamental que encoraja os clientes a se aproximarem em vez de evitarem sua ansiedade. Exemplos de casos ilustrativos demonstram o papel central que a criação de imagens e os pressupostos subjacentes desempenham no desencadeamento e na manutenção de respostas à ansiedade. E você vai aprender a discernir se ensinar aos seus clientes métodos de manejo da ansiedade, como respiração controlada, tem probabilidade de auxiliar ou interferir nos resultados positivos da terapia.

O próximo capítulo deste livro insere essas ideias no contexto de um plano de tratamento enfatizando como aplicar diferencialmente *A mente vencendo o humor* a diagnósticos particulares de ansiedade, como também alertas quanto a transtornos relacionados, como transtorno obsessivo-compulsivo (TOC) e transtorno de estresse pós-traumático (TEPT). Lá você vai aprender como e por que as mesmas intervenções na ansiedade que fornecem ajuda eficaz para um cliente podem na verdade interferir no sucesso dos resultados de outro cliente. Por essa razão, antes de iniciar um plano de tratamento, é crucial primeiramente identificar os desencadeantes, os fatores de manutenção e o(s) tipo(s) de ansiedade que o cliente experimenta (p. ex., transtorno de ansiedade generalizada [TAG], transtorno de pânico, ansiedade social). O Capítulo 11 ilustra como cumprir cada uma dessas tarefas.

TRATAMENTO DA ANSIEDADE: PRINCÍPIOS NORTEADORES

Muitas pessoas experimentam múltiplos tipos de ansiedade. Elas podem ter pressupostos ansiogênicos que não se ajustam facilmente a um único diagnóstico ou combinam com um tipo de ansiedade. Algumas vezes os protocolos padronizados para o tratamento da ansiedade não funcionam conforme pretendido. Estas são algumas das razões por que se faz necessário um entendimento pleno dos princípios transdiagnósticos no tratamento da ansiedade. Tais princípios o ajudarão a tomar decisões sobre quais intervenções de tratamento experimentar primeiro, discernir se as respostas dos clientes à ansiedade são bons comportamentos de enfrentamento ou segurança e orientar modificações dos protocolos padronizados para tratamento da ansiedade quando encontrarmos entraves à recuperação.

Cinco princípios importantes do tratamento da ansiedade para guiar a sua tomada de decisão são ilustrados ao longo deste capítulo:

1. Aceite a ansiedade: desperte curiosidade em vez de autocrítica.
2. Avalie a ansiedade e acompanhe a melhora.
3. Aproxime-se da ansiedade em vez de permitir evitação e comportamentos de segurança.
4. Tenha em mente que o objetivo da terapia é controlar a ansiedade, e não a eliminar.
5. Identifique e teste as crenças nucleares na ansiedade.

1. Aceite a ansiedade: desperte curiosidade em vez de autocrítica

Diferentemente da depressão, que geralmente as pessoas experimentam 24 horas por dia, sete dias por semana, durante muitas semanas ou meses, a ansiedade é um estado de humor que pode ser experimentado intermitentemente. Algumas pessoas experimentam ansiedade somente em situações particulares; outras experimentam baixos níveis de ansiedade a maior parte do tempo, com períodos de ansiedade aumentada durante a semana. Os terapeutas não podem se basear na experiência de ansiedade dos pacientes no consultório de terapia. Alguns clientes que lutam contra a ansiedade se sentem bastante calmos quando estão com seus terapeutas.

Para trabalhar efetivamente com a ansiedade, nós, terapeutas, precisamos trazê-la para dentro da sala durante as sessões de terapia a fim de que possamos conhecer seus desencadeantes, identificar e testar pensamentos e comportamentos de manutenção e avaliar os benefícios das intervenções de tratamento. Para realizar essas tarefas, precisamos aceitar a ansiedade, mesmo quando nossos clientes não o fazem. Aceitamos a ansiedade quando nos aproximamos dela em vez de evitá-la, quando usamos métodos

Dica clínica

- Quando as pessoas são autocríticas, elas perguntam: "O que há de errado comigo?". Autocrítica é julgadora e geralmente acompanhada por evitação.
- Os esforços terapêuticos são planejados para evocar observação não julgadora associada a curiosidade: "O que está acontecendo: o que pode estar causando isso?". A curiosidade frequentemente está associada à aproximação e a uma atitude de investigação.

experienciais (p. ex., criação de imagens, dramatizações, experimentos comportamentais) para evocar ansiedade na sessão e quando expressamos curiosidade sobre as experiências de ansiedade de nossos clientes em vez de tentarmos amenizá-las. Usando uma abordagem de "aceitação de ansiedade", demonstramos entusiasmo por saber mais sobre a ansiedade de nossos clientes e oferecemos o incentivo de que eles, por fim, também saberão aceitá-la

As páginas de abertura do Capítulo 14 de *A mente vencendo o humor* iniciam descrevendo uma variedade de coisas que podem despertar ansiedade (parte inferior da p. 211) e então propõem que os leitores reflitam sobre suas próprias experiências com a ansiedade e escrevam se sua ansiedade é relativamente constante ou desencadeada por situações particulares (topo da p. 212). Essa introdução simples à ansiedade estimula as pessoas a começarem a observar sua ansiedade e, ao mesmo tempo, a se indagarem sobre quais poderiam ser seus desencadeantes pessoais. Desse modo, esse exercício de reflexão é um convite para os leitores aceitarem a ansiedade, fazendo observações e sendo mais curiosos sobre ela. Curiosidade é um antídoto importante para a autocrítica, que é uma característica comum da ansiedade. Em vez de observar "Estou ansioso" e perguntar "O que há de errado comigo?", podemos guiar nossos clientes para começarem a observar "Estou ansioso" – e então perguntar com curiosidade genuína "O que pode estar desencadeando isso?" ou "O que passou pela minha mente? Tive alguma imagem ou lembrança?".

2. Avalie a ansiedade e acompanhe a melhora

Outra forma de despertar a curiosidade dos clientes é pedir-lhes para medir e acompanhar seus sintomas de ansiedade. Isso os ajuda a descobrir quando e por que a ansiedade aumenta ou diminui e também a acompanhar o impacto das habilidades que eles aprendem e praticam. Quando as pessoas experimentam ansiedade, geralmente estão mais conscientes dos sintomas físicos do que de algum outro componente (p. ex., pensamentos, comportamentos). Assim, muitos sintomas físicos são avaliados na Folha de Exercícios 14.1, Inventário de Ansiedade de *A mente vencendo o humor* (*A mente vencendo o humor*, p. 213). Os leitores são aconselhados a preenchê-lo semanalmente e registrar seus escores na Folha de Exercícios 14.2 (*A mente vencendo o humor*, p. 214).

Alguns clientes podem preferir uma versão em PDF do Inventário, que pode ser baixada em um *smartphone* ou outro dispositivo eletrônico, estando disponível no *link* de *A mente vencendo o humor*, no *site* da editora. A versão em PDF é de autopontuação; um escore total é gerado na parte inferior do formulário quando os itens são avaliados. Os clientes podem registrar seu escore total a cada semana na Folha de Exercícios 14.2 (também em uma cópia em papel de *A mente vencendo o humor*, p. 214, ou em uma versão em PDF disponível no *site* da editora) para acompanhar as mudanças nos sintomas de ansiedade ao longo do tempo. Um gráfico dos escores de ansiedade fornece evidências visíveis para você e seus clientes da melhora ou ausência de melhora, indicando se a terapia está ajudando ou se precisa ser modificada de alguma maneira. Quando os clientes têm dificuldade ou expressam incerteza sobre o registro dos escores de ansiedade, colabore com eles e complete seus gráficos na sessão. Manter a curiosidade sobre como é essa experiência para seus clientes o ajudará a identificar e tratar questões que contribuem para a evitação ou confusão sobre essas folhas de exercícios.

Você é encorajado a solicitar que *todos* os clientes (independentemente do diagnóstico) preencham o Inventário ou alguma outra medida de ansiedade no início da terapia, investiguem os sintomas de ansiedade e também estabeleçam um escore básico desses sintomas. No começo do tratamento, recomendamos que o Inventário seja usado semanalmente por pessoas que experimentam ansiedade. Depois que houver melhora significativa, as avaliações mensais ou trimestrais ainda são úteis para assegurar que as melhoras sejam mantidas ou para alertar se os sintomas de ansiedade estiverem retornando. A recorrência de escores mais altos de ansiedade depois do término da terapia pode sinalizar a necessidade de implementar um plano para manejo de recaída (ver Capítulo 16 de *A mente vencendo o humor* e o Capítulo 13 deste guia).

Os escores de ansiedade frequentemente *aumentam* no início do tratamento, ao contrário dos escores de depressão, que em geral começam a cair logo após as primeiras sessões. Por que os escores de ansiedade aumentariam durante as primeiras semanas de terapia? Antes de começarem o tratamento, a maioria das pessoas evita circunstâncias em que se sentem ansiosas. As abordagens eficazes para ansiedade pedem que as pessoas pensem mais sobre sua ansiedade, façam observações sobre pensamentos e imagens ansiogênicos e se aproximem (em vez de evitar) de situações em que se sentem ansiosas. Quando o tratamento começa, e as pessoas param de evitar situações que a provocam, a ansiedade aumenta temporariamente. Esses aumentos podem ser discutidos com os clientes como sinais positivos de que estão enfrentando sua ansiedade com mais frequência – um primeiro passo para aprender mais sobre ela. Felizmente, a maioria dos tipos de ansiedade responde ao tratamento dentro de um curto período. Assim, pode-se esperar que os escores de ansiedade caiam logo que os clientes comecem a testar os pressupostos que a mantêm e desenvolvam confiança em crenças alternativas que provocam menos ansiedade.

Registrando semanalmente os escores de ansiedade na Folha de Exercícios 14.2 de *A mente vencendo o humor*, os clientes podem observar aumentos e reduções na ansiedade à medida que a terapia prossegue. A observação de padrões de mudança nos escores de ansiedade ajuda a determinar quando continuar ou quando mudar os planos de tratamento. É claro que muitas etapas do tratamento levarão a aumento temporário na ansiedade; as flutuações semanais nos escores não são tão significativas quanto as tendências sustentadas durante várias semanas ou mais. Se uma pessoa tem altos escores persistentes no Inventário de Ansiedade de *A mente vencendo o humor* quando a terapia prossegue, considere se a sua terapia está focando adequadamente problemas centrais da ansiedade ou se precisa ser modificada.

3. Aproxime-se da ansiedade em vez de permitir evitação e comportamentos de segurança

"Aproxime-se da ansiedade" poderia ser o mantra da terapia eficaz. Convencer os clientes a se aproximarem de seus medos requer a superação das respostas comportamentais mais comuns à ansiedade: evitação e comportamentos de segurança. Faz muito sentido que as pessoas evitem circunstâncias que desencadeiam ansiedade, pois ela é desconfortável. E, quando for impossível evitá-la, as pessoas praticam comportamentos de segurança em um esforço de reduzir os perigos ou ameaças percebidos. Algumas vezes os comportamentos de segurança são claramente observáveis (p. ex.,

> **Dica clínica**
>
> Para identificar comportamentos de segurança sutis, sempre pergunte: "Há alguma coisa na forma como realizou esse experimento que você acha que ajudou a mantê-lo seguro em relação ao que temia que pudesse acontecer?".

sair de casa somente se estiver acompanhado de um amigo); outros podem ser muito sutis (p. ex., carregar um comprimido antidepressivo no bolso). Eles também podem ser cognitivos (p. ex., planejar uma resposta antecipada para cada resultado possível para evitar o "perigo" da incerteza).

Depois de aprenderem sobre os sintomas comuns de ansiedade e classificá-los, os leitores de *A mente vencendo o humor* são convidados a identificar situações em suas vidas que costumam evitar, juntamente com alguns dos seus comportamentos de segurança pessoais. Alguns comportamentos de evitação e de segurança são fáceis de identificar. Outros podem estar fora da consciência ou podem ser de alguma maneira constrangedores; se forem constrangedores, as pessoas podem relutar em revelá-los. Esteja alerta às formas sutis de evitação e aos comportamentos de segurança que seus clientes ainda não mostraram. Isso é importante porque a continuidade dos comportamentos de evitação e de segurança vai enfraquecer os resultados positivos da terapia. A terapia eficaz para transtornos de ansiedade envolve exposição aos medos sem o uso de comportamentos de segurança.

Manter-se alerta a fatores que podem reduzir a eficácia da exposição é uma tarefa importante do terapeuta (ver Craske, Treanor, Conway, Zbozinek, & Vervliet, 2014). Por exemplo, Kyra tinha medo de passar mal e morrer quando ficava tonta. Ela contou a seu terapeuta que evitava elevadores e altura porque no passado havia sentido tontura nessas situações. Também identificou um comportamento de segurança: fazia refeições leves durante todo o dia para não ficar tonta por causa da fome. O terapeuta e Kyra realizaram experimentos na sessão, nos quais ela hiperventilou, produzindo sensações de tontura, para que pudesse testar seu pressuposto de que a tontura levaria a colapso e morte. O terapeuta de Kyra não percebeu que no final de cada experimento ela pensava: "Fico feliz por estar sentada. Se estivesse de pé agora, poderia passar mal e morrer". Ficar sentada durante esses experimentos na sessão servia como um comportamento de segurança sutil e não identificado. Quando chegou a hora de pedir que Kyra praticasse hiperventilação em casa entre as sessões, ela fez isso deitada sobre um tapete. Quando praticou hiperventilação em um elevador, apoiou-se contra a parede para garantir estabilidade. Enquanto Kyra continuasse se engajando nesses comportamentos de segurança durante seus experimentos, estaria mantendo sua crença de que era potencialmente perigoso sentir tontura.

O terapeuta poderia ter evitado a falha em identificar esses comportamentos de segurança perguntando-lhe regularmente, depois de cada experimento: "Você fez alguma coisa para evitar passar mal ou fez alguma coisa nesse experimento para evitar passar mal?". Essa pergunta teria estimulado Kyra a falar sobre suas crenças a respeito dos benefícios de ficar sentada enquanto realizava os experimentos. Igualmente, o terapeuta poderia ter feito essa pergunta relacionada aos experimentos em casa.

Esteja alerta a uma variedade de comportamentos de segurança sutis, como realizar experimentos apenas por um breve período de tempo para que a ansiedade não seja muito grande, somente realizar experimentos quando sozinho ou com outra pessoa, ou evitar experimentos em determinados locais ou em certas horas do dia ou da noite. Obtenha o máximo possível de detalhes sobre como, quando, onde, com quem e por qual período de tempo as pessoas realizam os experimentos. E sempre pergunte: "Há alguma coisa na forma como realizou esse experimento que você acha que ajudou a mantê-lo seguro em relação ao que temia que pudesse acontecer?".

Os comportamentos de segurança são concebidos para ajudar a prevenir a ocorrência de um ou mais resultados temidos. Frequentemente eles podem até parecer aos terapeutas que são aspectos do bom enfrentamento. Por exemplo, pode parecer uma boa ideia para alguém que experimenta ansiedade social levar um amigo a uma reunião social. A Tabela 10.3 resume as diferenças entre comportamentos de segurança e de enfrentamento, além das consequências de evitação *versus* aproximação. Julgar se o comportamento de um cliente é um comportamento de segurança ou uma boa prática de enfrentamento geralmente requer a descoberta do seu propósito, que é eliminar o perigo ou aumentar a habilidade do cliente de permanecer em situações que provocam ansiedade. Além disso, é importante entender o impacto a longo prazo da estratégia na ansiedade: ela mantém ou diminui a ansiedade com o tempo?

Aconselhamos a exploração ativa desses aspectos dos comportamentos de enfrentamento dos clientes para determinar se eles na verdade são ou não comportamentos de segurança disfarçados. No exemplo anterior, se a pessoa que está experimentando ansiedade social não iria ao evento social sem o amigo, talvez levar o amigo com ela seja um bom enfrentamento a curto prazo até que a pessoa se sinta suficientemente confiante para ir sozinha. No entanto, se a pessoa depende do amigo para criar interações sociais positivas durante o evento, e fica atrás agindo meramente como um observador, então levar o amigo consigo mais provavelmente estará cumprindo o papel de um comportamento de segurança.

TABELA 10.3 Comportamentos de segurança *versus* comportamentos de enfrentamento; evitação *versus* aproximação

Comportamentos de segurança	Comportamentos de enfrentamento
Concebidos para eliminar o perigo.	Concebidos para ajudar a nos aproximarmos, permanecermos e lidarmos com situações que nos amedrontam.
Mantêm ou aumentam a ansiedade.	Levam a decréscimo na ansiedade com o tempo.
Evitação.	Exposição.
Curto prazo: decréscimo na ansiedade. Longo prazo: aumento na ansiedade.	Curto prazo: aumento na ansiedade. Longo prazo: decréscimo na ansiedade.

4. Tenha em mente que o objetivo da terapia é controlar a ansiedade, e não a eliminar

Comportamentos de evitação e segurança visam eliminar a ansiedade. A terapia eficaz se baseia em um objetivo diferente: aproximar-se e aprender a lidar com a ansiedade. Como é do melhor interesse de nossos clientes interromper os comportamentos de evitação e segurança, queremos demonstrar que eles na verdade interferem na sua habilidade para controlar a ansiedade. Introduza esse tema no começo da terapia. Discussões sobre a necessidade de experimentar ansiedade para entendê-la melhor são um bom ponto de partida. Considere o fragmento do diálogo entre Lucas e sua terapeuta que abriu este capítulo. Repetimos aqui aquelas afirmações, juntamente com a discussão a seguir, que o ajudou a entender uma desvantagem de se livrar da ansiedade.

TERAPEUTA: Obrigado por me contar um pouco sobre a sua história e suas dificuldades atuais, Lucas. Pelo que estou entendendo, você tem se sentido muito estressado e ansioso desde que perdeu o emprego, três meses atrás. Isso foi piorando com o tempo porque você teve dificuldade para encontrar um novo emprego que pague o mesmo que o antigo. Para que eu possa me assegurar de que estamos no caminho certo, o que você diria que são seus objetivos para a terapia neste momento?

LUCAS: Eu quero me livrar dessa ansiedade. E quero saber que ideias você tem para como posso conseguir um bom emprego de novo.

TERAPEUTA: (*Escrevendo o que Lucas disse*) Certo. Tenho um pouco de preocupação com esse objetivo de se livrar da ansiedade. Você quer dizer jamais se sentir ansioso de novo?

LUCAS: Isso seria ótimo!

TERAPEUTA: (*Sorrindo*) Posso imaginar por que você pensaria isso. Sentir-se ansioso não é nem um pouco divertido. No entanto, a ansiedade nos sinaliza que podemos estar em perigo. (*Pausa*) Você tem um alarme de fumaça no seu apartamento?

LUCAS: Sim.

TERAPEUTA: Alguma vez ele dispara quando não tem incêndio?

LUCAS: Com certeza. Quando eu faço churrasco e deixo a porta aberta, a fumaça faz o alarme disparar.

TERAPEUTA: Isso é desagradável. Você acha que faria sentido desligar o alarme de fumaça para nunca mais ter essa experiência de novo?

LUCAS: Sim, acho, mas, se desligo, não estou protegido em caso de incêndio. Então se ele dispara enquanto estou fazendo churrasco, eu apenas ligo os ventiladores para retirar a fumaça do apartamento até que o alarme pare de tocar.

TERAPEUTA: Então você não o desliga, pois sabe que é um alarme falso. Se pudéssemos providenciar que você jamais se sentisse ansioso novamente, isso seria como desligar completamente seu alarme de fumaça. Isso significaria que você não saberia caso houvesse algum perigo a enfrentar. Em vez de fazer isso, creio que seria melhor se definíssemos o objetivo de, quando seu alarme da ansiedade disparar, você descobrir rapidamente o que está fazendo com que isso aconteça e, então, aprenda a lidar com a situação para que o alarme desligue o mais rápido possível. É mais ou menos como saber que é um alarme falso, para que você ligue os ventiladores e expulse a fumaça. O que você acha dessa ideia?

LUCAS: Posso ver como isso faz sentido... contanto que eu consiga desligar a ansiedade mais rápido.

Clientes ansiosos como Lucas frequentemente desejam definir na terapia o objetivo de eliminar a ansiedade. Porém, esse objetivo não é terapêutico, pois implica que é desejável (e possível) evitar a ansiedade completamente. Além disso, um cliente que quer eliminar a ansiedade com frequência reluta diante das intervenções terapêuticas necessárias que inevitavelmente levam a aumentos temporários na ansiedade. Já que é impossível eliminar a ansiedade, o cliente que mantém esse objetivo vai considerar a terapia um fracasso quando a ansiedade reaparecer. A crença de que a ansiedade é "ruim" deve, portanto, ser identificada e avaliada no começo da terapia. Igualmente, quando os clientes se apegam a comportamentos de evitação e de segurança, incentivamos a exploração direta das vantagens e desvantagens dessas estratégias. Observe como a terapeuta de Lucas fez isso algumas sessões mais tarde.

TERAPEUTA: Você conseguiu fazer aquela lista de qualificações profissionais nesta semana, Lucas?

LUCAS: Hum... Na verdade não a terminei.

TERAPEUTA: Você trouxe um resumo das ideias que tem até agora?

LUCAS: Não. Na verdade, não anotei nada, porque fico muito perturbado quando penso em fazer um tipo de trabalho diferente do que fazia antes.

TERAPEUTA: Quando você se sentiu "perturbado", quais foram seus estados de humor?

LUCAS: Sobretudo ansioso. Não acho realmente que vou ter sucesso fazendo outro tipo de trabalho.

TERAPEUTA: Quanto tempo você passou pensando em trabalho nesta semana?

LUCAS: Estava sempre no segundo plano na minha mente, mas, sempre que eu me sentava para fazer o que combinamos, eu me sentia muito agitado, então jogava *videogame* para me manter focado.

TERAPEUTA: Por quanto tempo você acha que jogou *videogame*?

LUCAS: Provavelmente algumas horas por dia. Talvez mais.

TERAPEUTA: Então os *videogames* o ajudaram a evitar pensar no trabalho, e você fez isso para não se sentir ansioso e para sua mente ficar mais focada?

LUCAS: Sim, isso mesmo. Sei que provavelmente não deveria ter feito isso, mas eu ficava tão agitado que precisava limpar a minha mente.

TERAPEUTA: Isso ajudou?

LUCAS: Um pouco. Eu me senti mais relaxado enquanto estava jogando.

TERAPEUTA: Posso entender por que você quis fazer isso, então. Enquanto jogava os *videogames* durante a semana, percebeu sua ansiedade diminuindo? Estou me referindo a quando você não estava jogando.

LUCAS: Não. Na verdade não.

TERAPEUTA: Você se sentiu menos agitado e mais focado quando pensou no trabalho?

LUCAS: Não.

TERAPEUTA: Então os *videogames* lhe proporcionaram alívio da ansiedade enquanto você jogava, mas, quando parava de jogar, a mesma ansiedade de quando começou a jogar estava de volta.

LUCAS: Acho que sim. Para ser honesto, acho que a minha ansiedade está pior agora do que na última vez em que me encontrei com você.

TERAPEUTA: Por que você acha que é assim?

LUCAS: O tempo está passando. E a cada semana que estou sem trabalho, minha situação financeira piora.

TERAPEUTA: Então jogar *videogame* o ajuda a evitar a ansiedade a curto prazo, mas, a longo prazo, fazer isso em vez de trabalhar na procura de emprego faz com que se sinta pior?

LUCAS: Sim, eu entendo isso.

TERAPEUTA: O que você acha que reduziria a sua ansiedade a longo prazo?

LUCAS: Conseguir um emprego, mas me sinto muito ansioso para trabalhar nisso.

TERAPEUTA: Este parece ser um desafio que devemos tentar enfrentar hoje. Talvez você e eu possamos realizar alguns experimentos e descobrir estratégias que possam ajudá-lo a se manter pensando em coisas que levariam a possibilidades de emprego, mesmo quando está ansioso.

LUCAS: Certo, mas eu preferia não me sentir ansioso.

TERAPEUTA: É claro. Você consegue pensar em uma forma de trabalhar a busca de emprego sem sentir alguma ansiedade?

LUCAS: Na verdade, não. Fico ansioso só de pensar nisso, por pouco que seja.

TERAPEUTA: Então você aprendeu nesta semana que fazer coisas para se distrair da sua ansiedade não ajuda a longo prazo porque está evitando pensar no seu emprego. Vamos experimentar a abordagem de conviver com sua ansiedade enquanto trabalhamos em um plano e vemos como isso afeta sua ansiedade a longo prazo, mesmo que possamos prever que isso vai deixá-lo desconfortável a curto prazo.

LUCAS: Certo.

TERAPEUTA: Primeiro, vamos anotar o que discutimos. Onde você quer colocar isso?

LUCAS: Nas minhas anotações no celular.

TERAPEUTA: Certo. (*Espera enquanto Lucas pega seu celular*) Há duas

LUCAS: ideias que discutimos. Primeiro, se você faz coisas para se distrair da sua ansiedade, elas o ajudam a se sentir melhor a curto prazo, mas... (*Pausa*)

LUCAS: ...elas na verdade não ajudam a me sentir menos ansioso posteriormente. Algumas vezes minha ansiedade até piora.

TERAPEUTA: Certo. Escreva isso nas suas notas. (*Faz uma pausa enquanto Lucas digita*) E a segunda ideia é sobre ficar com sua ansiedade e o que isso pode fazer – a curto e a longo prazos.

LUCAS: Se eu continuar trabalhando na busca de emprego, mesmo quando estiver ansioso, posso me sentir pior no momento, mas talvez isso me ajude mais com o tempo?

TERAPEUTA: Certo. Escreva isso. (*Pausa*) O quanto você acredita nessas duas afirmações?

LUCAS: Acho que na primeira 95%. Na segunda, talvez 10%.

TERAPEUTA: Estas parecem ser avaliações razoáveis. Você já teve muita experiência com a primeira ideia, então acredita muito nela. Você precisa de mais experiência com a segunda ideia – de trabalhar mesmo quando se sente ansioso – antes de conseguir descobrir se ela também vale para você.

LUCAS: Sim.

TERAPEUTA: Certo. Vamos fazer um experimento agora saindo desta folha de exercícios sobre habilidades profissionais que começamos na semana passada. Vamos avaliar a sua ansiedade enquanto você trabalha nela, e vou lhe pedir que, na semana que vem, me conte quais foram os efeitos a longo prazo. É claro que você vai precisar praticar o trabalho de procurar emprego mesmo quando se sentir ansioso inúmeras vezes nesta semana, para que possamos reunir informações para sabermos se isso ajuda a longo prazo.

Observe que a terapeuta de Lucas pacientemente reuniu informações sobre o impacto da sua evitação a curto e a longo prazos. Ela propôs uma estratégia alternativa de persistir com as tarefas mesmo quando ele se sentisse ansioso e informou que essa abordagem mais provavelmente pareceria pior a curto prazo. Ela pediu que Lucas avaliasse seu grau de confiança de que essa nova abordagem teria melhor resultado a longo prazo. Como esperado, ele não teve alto grau de expectativa positiva em relação aos benefícios de se manter nas tarefas mesmo quando estivesse ansioso. Contudo, expressou forte convicção (95%) de que a evitação, apesar de proporcionar alívio a curto prazo, não traria benefícios a longo prazo. Essa discussão criou condições para que Lucas e sua terapeuta acompanhassem o impacto de persistir nas tarefas para busca de emprego mesmo quando ele estivesse se sentindo ansioso. A esperança dela era a de que Lucas agora tivesse maior consciência das armadilhas de jogar *videogames* e de se engajar em outras tarefas de evitação. Embora não esperasse ou não tenha insistido para que ele parasse com essas atividades de evitação, ela previa que essa discussão o levaria a persistir por mais tempo em atividades de busca de emprego em períodos da semana seguinte.

5. Identifique e teste as crenças nucleares na ansiedade

Superar a evitação, eliminar comportamentos de segurança e facilitar a exposição relevante aos medos são as principais tarefas comportamentais em TCC para transtornos de ansiedade. As principais tarefas cognitivas são identificar e testar as crenças nucleares que mantêm a ansiedade. Como você pode saber se uma crença é nuclear? Conforme apresentado a seguir, no quadro Características das crenças nucleares na ansiedade, os medos nucleares na ansiedade incorporam temas de perigo/ameaça e enfrentamento/recursos; eles frequentemente assumem a forma de imagens e têm maior probabilidade de ser pressupostos subjacentes do que pensamentos automáticos. Além do mais, cada um dos transtornos de ansiedade comuns é mantido por crenças características.

Quando estão ansiosas, as pessoas tendem a superestimar o perigo e a ameaça. Ao mesmo tempo, subestimam sua capacidade de lidar com a situação e os recursos que podem ajudá-las quando se depararem com perigos e ameaças. Superestimação do perigo/ameaça e subestimação da capacidade de enfrentamento/recursos são os dois temas cognitivos que caracterizam a ansiedade. Os pensamentos associados à ansiedade costumam incorporar esses temas. Além disso, os pensamentos ansiogênicos mais "quentes" geralmente assumem a forma de imagens:

> "Na minha mente eu vi um carro capotado, e minha filha estava pendurada de cabeça para baixo e coberta de sangue. Eu podia até sentir o cheiro da gasolina e ouvir as sirenes." (Relatado por um pai que se preocupava com a filha dirigindo, mesmo ela sendo uma boa motorista e nunca tendo se acidentado.)

> "Estou dentro de um caixão na cova e posso ouvir a terra sendo jogada com a pá em cima dele. Sinto o caixão balançar a cada torrão de terra que cai, mas não consigo abrir a boca e gritar." (Relatado por uma mulher com medo de ser enterrada viva.)

Quando expressas em palavras, as crenças relacionadas à ansiedade nuclear têm mais chance de ser apresentadas como pressupostos subjacentes do que como pensamentos automáticos. Isso porque pressupostos preditivos do tipo "Se... então..." evocam ansiedade em inúmeras situações e a mantêm com o passar do tempo:

> "Se x acontecer, então a catástrofe y vai se seguir."
>
> "Se x acontecer, então não vou conseguir lidar com isso."

Transtornos de ansiedade específicos são caracterizados por versões características dos pressupostos subjacentes mencionados anteriormente. Por exemplo, a ansiedade social é mantida por pressupostos subjacentes como "Se alguém me criticar, então vou me sentir humilhado e não vou conseguir lidar com isso". As próximas seções revelam em mais detalhes essas características das crenças relacionadas à ansiedade.

Superestimação do perigo/ameaça e subestimação do enfrentamento/recursos

Quando as pessoas estão ansiosas, seus pensamentos tendem a estar focados em perigos e ameaças percebidos. No entanto, apenas o perigo não é suficiente para evocar ansie-

> ### Características das crenças nucleares na ansiedade
> - Dois temas predominam nas crenças ansiogênicas: superestimação do perigo/ameaça e subestimação do enfrentamento/recursos.
> - Os pensamentos ansiogênicos mais "quentes" frequentemente ocorrem como imagens (visuais, auditivas ou envolvendo outros sentidos).
> - Os pressupostos subjacentes (crenças preditivas transituacionais) são mais importantes para a manutenção da ansiedade do que os pensamentos automáticos (pensamentos específicos para a situação).
> - Os transtornos de ansiedade comuns são mantidos por pressupostos subjacentes característicos.

dade. As pessoas só se sentem ansiosas se duvidam da sua capacidade de enfrentar o perigo e as ameaças que estão presentes. De fato, muitas pessoas procuram situações que parecem perigosas e, no entanto, se acreditam que têm a habilidade ou resistência para lidar com elas, podem experimentar empolgação em vez de ansiedade. Pessoas que buscam esportes de aventura, como escalada, paraquedismo ou *bungee jumping*, se encaixam nessa categoria das que experimentam emoção em vez de ansiedade diante desses perigos potenciais. Isso também vale para aquelas que se levantam para falar diante de um grupo quando existe o risco de críticas ou rejeição. Se as pessoas estão confiantes de que conseguem lidar com a crítica ou a rejeição, geralmente se sentem energizadas em vez de ansiosas quando se levantam para falar. Em contraste, mesmo um pequeno perigo ou ameaça pode provocar ansiedade se a pessoa não tiver confiança em sua capacidade de enfrentamento. Alguém que acha que não consegue lidar com nenhum nível de rejeição ou crítica pode se sentir ansioso até mesmo ao pensar em expressar uma preferência por um restaurante em vez de outro aos seus colegas de trabalho.

Essa interação entre perigo e habilidade de enfrentamento percebidos sugere que o tratamento para ansiedade pode se concentrar em um desses tipos de crenças. Prevemos que a ansiedade vai diminuir à medida que o perigo diminuir. Da mesma forma, prevemos que a ansiedade vai diminuir quando a pessoa aumentar sua confiança na crença de que é capaz de lidar com qualquer nível de perigo que possa surgir ou quando tomar conhecimento dos recursos que podem ajudá-la a enfrentá-lo. Considere uma pessoa que está ansiosa antes de falar em um evento público em que irá revelar que é transgênero ("Ela" é usado nesse exemplo para refletir as preferências pelo pronome para essa pessoa). Ela sabe que é esperado que tenha que responder a perguntas da plateia sobre suas experiências transgênero. Esperaríamos que cada uma das seguintes ocorrências reduzisse a sua ansiedade:

1. Ela fica sabendo que apenas um punhado de pessoas estará presente e que os participantes também são da comunidade LGBTQ+ (diminuindo, assim, o perigo percebido).
2. Ela pratica seu discurso inúmeras vezes e planeja algumas respostas aos possíveis comentários negativos. A cada sessão de prática, sua confiança cresce

(aumentando, assim, a habilidade percebida de enfrentamento).
3. Ela fica sabendo que haverá outras três pessoas no palco para responder a perguntas e que não precisam responder a todas as perguntas feitas (desse modo, aumentando os recursos de ajuda percebidos).

EXPOSIÇÃO E CRENÇAS DE PERIGO/ENFRENTAMENTO

A maioria dos tratamentos baseados em evidências para ansiedade inclui exposição ao que é temido. É fácil verificar que a exposição aos medos oferece oportunidades de abordar as crenças sobre perigo e enfrentamento. Quando as pessoas que têm medo de cachorros passam mais tempo na presença deles, têm oportunidade de aprender que, na maior parte do tempo, os perigos temidos não ocorrem. Elas também têm a oportunidade de aprender e praticar formas de enfrentar e lidar com cachorros. Além disso, quando praticam estar perto desses animais (exposição) com outras pessoas presentes, têm a oportunidade de observar como outras pessoas lidam com eles e podem aprender que algumas pessoas são bons recursos para ajudar a lidar com encontros com cachorros. Por exemplo, andar pela rua e passar por cachorros em coleiras com seus donos é uma oportunidade de aprender que alguns são amistosos (não perigosos naquele momento), que cachorros hostis podem ser mantidos mais a distância (bom enfrentamento) e que os donos geralmente impedem que seus cães machuquem os outros (bons recursos).

É MELHOR FOCAR NO PERIGO OU NO ENFRENTAMENTO?

Embora seja verdade que diminuir as crenças no perigo ou aumentar a confiança no enfrentamento pode reduzir a ansiedade, algumas vezes uma abordagem é mais eficaz do que a outra. Para tipos particulares de ansiedade e transtornos relacionados, destacamos, no Capítulo 11 deste guia, quais tipos de crenças são mais indicados para focar. Por exemplo, o tratamento baseado em evidências para transtorno de pânico usa experimentos comportamentais principalmente para testar crenças de "perigo", pois são centrais para a manutenção desse tipo de ansiedade. Em contraste, o TAG é tratado com mais eficácia com ênfase no aumento da confiança da pessoa em sua habilidade para lidar com o perigo, além do seu conhecimento dos recursos que podem ajudar. As prováveis razões para essas diferenças no foco do tratamento são discutidas no Capítulo 11.

Procure a criação de imagens

Quando as pessoas estão ansiosas, elas quase sempre têm imagens que podem ajudar a entender sua ansiedade. Em geral, essas imagens capturam os temas de perigo e de enfrentamento descritos anteriormente. Se as imagens não forem identificadas, tanto você quanto seus clientes poderão ter dificuldades para entender a intensidade da ansiedade que eles experimentam. A criação de imagens costuma estar relacionada à cultura, reflete crenças profundamente arraigadas e pode estar relacionada a experiências na vida altamente emocionais. Por exemplo, Jin-qua relatou frequentes ataques de pânico. Quando tinha taquicardia, ele achava que ia morrer de infarto. Jin-qua e sua terapeuta conduziram experimentos para testar sua crença de que uma taquicardia significava que teria um infarto, mas ele não apresentou a mesma velocidade de melhora que tiveram outros clientes da sua terapeuta que também tinham transtorno de pânico.

Durante uma sessão, a terapeuta perguntou a Jin-qua se ele tinha alguma imagem conectada à sua taquicardia além da sua imagem de infarto. Ele começou a tremer antes de responder lentamente: "Quando eu era mais moço, incentivei minha esposa a fazer um aborto porque não podíamos ter um filho naquela época. Quando meu coração acelera, eu sei que é a minha garotinha morta. Eu sinto seu espírito rodopiando à minha volta e sei que ela está me fazendo morrer como punição". Sua imagem de sua filha morta e sua crença de que espíritos poderiam fazer alguém morrer eram as causas primárias do seu pânico. Não era simplesmente que Jin-qua achasse que ia ter um infarto; ele temia que o infarto estivesse sendo causado pela sua filha morta e que era impossível lutar contra um espírito que queria lhe fazer mal.

Como ilustra a imagem potente de Jin-qua, nem sempre as imagens são experimentadas visualmente. Elas podem incluir cheiros, sons, imagens visuais, gostos, sensações sinestésicas ou o que puder ser estruturado por uma pessoa como uma "sensação". A "realidade" física das imagens pode fazer com que elas pareçam mais reais do que os pensamentos expressos verbalmente. É sempre importante ensinar os clientes acerca das imagens e pedir que se mantenham curiosos e tentem estar atentos a elas quando a ansiedade estiver presente. Os clientes algumas vezes evitam relatar imagens, especialmente porque imagens ansiogênicas podem ser perturbadoras ou violentas ou podem parecer "loucura". É importante normalizar as imagens no começo da sessão quando você estiver incentivando os clientes a observar seus pensamentos conectados à ansiedade, como fez a terapeuta de Jin-qua.

TERAPEUTA: Nesta semana eu gostaria que você observasse quais pensamentos vêm à sua mente quando está ansioso, assim como fizemos na sessão de hoje. Você pode registrá-los nesta folha de exercícios. (*Indica a Folha de Exercícios 14.3, Identificando pensamentos associados à ansiedade, A mente vencendo o humor, p. 224*)

JIN-QUA: Certo.

TERAPEUTA: Seus pensamentos provavelmente incluirão imagens, e é importante que elas sejam observadas e anotadas para que não se esqueça delas. Assim como temos sonhos quando estamos dormindo e frequentemente os esquecemos depois que nos acordamos, temos imagens quando estamos acordados e, ainda assim, podemos esquecê-las se não nos preocuparmos em anotá-las.

JIN-QUA: Então as imagens são devaneios?

TERAPEUTA: De certa forma. Elas podem ser um *flash* rápido ou mais prolongado, como uma parte de um filme com som e figuras. As imagens podem ser coisas que você vê ou escuta ou saboreia ou cheira. Elas também podem ser um "sentimento esquisito" ou uma temperatura ou sensação corporal, como alguma coisa rastejando pelo seu pescoço. Procure alguma coisa que faz você se sentir nervoso ou ansioso.

JIN-QUA: Como o espírito da minha filha?

TERAPEUTA: Sim. Isso é mais como um *flash* rápido ou como um filme?

JIN-QUA: Ela está à flor da pele no meu corpo. Pode durar muito tempo, mas não a vejo exatamente. Sinto a sua presença, e é como se estivesse iluminando a sala.

Terapeuta: Boa observação. Quando sentir a presença dela, veja se consegue se lembrar da sua experiência. Por exemplo, escreva nas suas notas: "Ela parece como uma luz na sala". Isso pode ser importante. (*Faz uma pausa enquanto Jin-qua escreve*)

Jin-qua: Você acha que isso significa que eu estou louco?

Terapeuta: Ter experiências como a que você está tendo é muito comum quando estamos ansiosos. Podemos até mesmo ter imagens que são violentas ou que de alguma maneira nos desagradam e podemos hesitar em mencioná-las. Porém, é importante que você me conte. Por exemplo, algumas vezes as pessoas têm imagens de estar sendo atacadas ou atacando alguém. Outras imagens podem parecer realmente loucas, porque as coisas podem flutuar no ar ou desaparecer ou parecer bizarras ou assustadoras. Ou podemos ouvir vozes quando não há ninguém por perto. Todas essas experiências podem acontecer quando estamos ansiosos. Por favor, conte-me sobre elas, pois nos fornecem pistas importantes de como ajudá-lo.

Jin-qua: E isso não significa que estou louco?

Terapeuta: Não, não significa isso. Na verdade, se soubermos a respeito das imagens que você tem, poderemos trabalhar juntos para entendê-las. Quanto mais aprendermos sobre as suas imagens, mais iremos aprender como manejar a sua ansiedade.

A terapeuta de Jin-qua o encorajou a observar e registrar as imagens durante a semana, fornecendo muitos exemplos de diferentes tipos de imagens e normalizando sua coocorrência com a ansiedade. Como muitas pessoas, Jin-qua tinha a preocupação de que suas imagens pudessem sinalizar que estava "louco". Os terapeutas algumas vezes fazem um diagnóstico diferencial entre um transtorno de ansiedade e psicose, mas apenas a presença de imagens perturbadoras não é um indicador diagnóstico de psicose. Na verdade, é mais comum a presença do que a ausência de imagens perturbadoras em transtornos de ansiedade e transtornos relacionados, como TEPT (Ji, Heyes, MacLeod, & Holmes, 2016).

É interessante observar que a ansiedade pode desencadear alucinações verbais (isto é, ouvir vozes) em populações clínicas e não clínicas (Ratcliffe & Wilkinson, 2016). Assim, a menos que haja outras indicações de que eles estão experienciando psicose, você pode assegurar aos clientes ansiosos que suas imagens não são um sinal de estarem "loucos". A maioria dos clínicos que trabalham com psicoses não está inclinada a rotular imagens, alucinações e delírios experimentados durante psicoses como "loucura". Em vez disso, fornecem informações úteis sobre o estado mental, o estado emocional e o sistema de crenças desses clientes. É claro que se o diagnóstico de Jin-qua fosse TOC e seu pensamento "Estou louco" fosse uma ruminação obsessiva, então sua terapeuta evitaria garantir que ele não estava "louco", porque, nesse caso, a garantia na verdade pode funcionar como um fator de manutenção para o transtorno (Kobori & Salkovskis, 2013).

USO DA CRIAÇÃO DE IMAGENS QUANDO HOUVER DIFICULDADE PARA IDENTIFICAR PENSAMENTOS ANSIOGÊNICOS

Os clientes ansiosos algumas vezes não conseguem identificar o conteúdo de seus pensamentos quando estão em meio à experiência de ansiedade. Por exemplo, quando você pergunta "O que estava passando na sua mente um pouco antes de sair rapidamente do *shopping center*?", um cliente ansioso poderia responder: "Não sei. Só me senti muito mal e tive que sair da lá". Há várias maneiras de ajudar clientes ansiosos a identificar os pensamentos quando parecerem inacessíveis. Trabalhar com a criação de imagens geralmente demonstra ser uma via direta para esses pensamentos.

Como já foi dito, quando as pessoas estão ansiosas, elas evitam. A evitação pode ser cognitiva e também comportamental; muitos pensamentos ansiogênicos são empurrados para fora da mente assim que ocorrem. Portanto, os clientes podem literalmente ter problemas para acessar pensamentos que podem fornecer a chave para entender sua ansiedade. Uma forma de lidar com a evitação cognitiva é trazer a ansiedade para dentro da sessão de terapia e ficar alerta aos pensamentos fugazes e momentâneos que a acompanham ou a precedem. Usando a criação de imagens, a maioria dos clientes consegue reexperimentar o evento relacionado à ansiedade, conforme ilustrado aqui.

TERAPEUTA: O que estava passando na sua mente um pouco antes de você sair rapidamente do *shopping center*?

MARIANA: Não sei. Só me senti muito mal e tive que sair de lá.

TERAPEUTA: Vamos ver se conseguimos recapturar seus pensamentos voltando agora até o *shopping center*. Eu gostaria que você se imaginasse lá exatamente como foi ontem. Tire alguns minutos e veja se consegue relembrar vividamente a cena – ambiente, sons, cheiros e o que estava sentindo por dentro.

MARIANA: (*Fecha os olhos por um minuto*) Certo.

TERAPEUTA: Descreva para mim o que está acontecendo.

MARIANA: Estou carregando uma sacola pesada do *shopping*, e minha filha está puxando o meu braço. Há pessoas apressadas por todo lado, e não consigo decidir aonde preciso ir a seguir.

TERAPEUTA: O que você está sentindo?

MARIANA: Estou com calor, e minha mente parece muito confusa. Não consigo nem saber onde estou. Todas as lojas parecem estranhas para mim.

TERAPEUTA: O que está passando pela sua mente?

MARIANA: Não sei. Minha mente parece estranha. Acho que estou perdendo a cabeça.

TERAPEUTA: Você acha que está louca?

MARIANA: Sim. Sinto como se estivesse ficando louca. Quem vai cuidar da minha filha?

TERAPEUTA: Você tem alguma imagem mental disso?

MARIANA: Vejo a minha mãe com seu cabelo todo emaranhado e os olhos arregalados, como ela tinha quando estava bêbada quando eu era criança. Acho que me pareço assim para a minha filha.

TERAPEUTA: Como essa imagem faz você se sentir?

MARIANA: (*Respirando rapidamente*) Muito ansiosa. Tenho que parar agora. (*Abre os olhos com medo*)

TERAPEUTA: O quanto a sua experiência de hoje foi semelhante ao que você sentiu ontem?

MARIANA: É exatamente assim que eu me senti. Tinha me esquecido daquela imagem da minha mãe. Fico muito assustada de parecer assim para a minha filha quando fico ansiosa.

Esse trecho da sessão ilustra como as imagens podem ajudar um cliente a recapturar sentimentos ansiogênicos e os pensamentos que os acompanham. Também proporciona outra demonstração de por que é importante ajudar os clientes a experimentar ansiedade dentro da sessão de terapia para identificar e testar pensamentos ansiogênicos. Além disso, destaca a importância de perguntar sobre as imagens quando alguém está ansioso. Mariana tinha um pensamento ("Estou ficando louca") que ajudou a explicar sua ansiedade. No entanto, a imagem que tinha da sua mãe com olhos arregalados e cabelo emaranhado, bem como os significados associados a essa imagem, provaram ser um desencadeante muito mais vívido para sua ansiedade.

IDENTIFICANDO E TESTANDO IMAGENS

A Folha de Exercícios 14.3, Identificando pensamentos associados à ansiedade (*A mente vencendo o humor*, p. 224), estimula as pessoas a procurar imagens para que seja possível listá-las na coluna dos Pensamentos automáticos (imagens) quando estiverem tentando entender suas reações de ansiedade. Assim como Mariana experimentou, as imagens algumas vezes capturam lembranças. *A identificação de imagens e lembranças deve ser enfatizada para clientes ansiosos, a maioria dos quais terá imagens durante o pico de seus sentimentos de ansiedade.* As imagens podem ser testadas da mesma forma que os pensamentos com palavras. Por exemplo, Mariana poderia receber um espelho na sessão quando ficou intensamente ansiosa e teve uma imagem de si mesma se parecendo com sua mãe. Ou ela poderia tirar uma *selfie* com seu celular quando a imagem viesse à sua mente durante a semana. A terapeuta de Mariana poderia ajudá-la a comparar sua aparência real com a imagem de si mesma em sua mente e a lembrança que tinha de sua mãe. Por fim, suas reações emocionais e cognitivas da infância referentes à mãe quando estava bêbada poderiam ser exploradas e relacionadas com os medos atuais de Mariana referentes ao impacto da sua ansiedade em sua filha.

Os pensamentos nucleares provavelmente são pressupostos subjacentes

Lamentavelmente, o trabalho com pensamentos automáticos traz apenas alívio temporário para a ansiedade. Embora seja necessário identificá-los, simplesmente examinar os pensamentos automáticos (imagens) não é o foco principal do nosso tratamento. Isso porque pensamentos automáticos não constituem o nível nuclear da crença que mantém os transtornos de ansiedade. Se nosso foco permanecer apenas no teste dos pensamentos automáticos, o tratamento da ansiedade poderá acabar como uma tarefa interminável.

Considere Talika, que foi diagnosticada com TAG. Durante o dia, seus pensamentos automáticos associados ao TAG tipicamente assumiam a forma de preocupações ruminativas, com frequência expressas como perguntas. Estes são dois exemplos:

Pergunta: "E se eu disser a coisa errada para a minha filha?"

Resposta que mais contribuía para sua ansiedade: "Vou magoá-la ou estragar nossa relação para sempre."

Pergunta: "Qual é a coisa certa a dizer para ela?"

Resposta que mais contribuía para sua ansiedade: "Não sei a coisa certa a ser dita."

Além disso, Talika tinha imagens que se relacionavam a resultados catastróficos:

"Eu vejo minha filha daqui a 20 anos com os braços cruzados. Ela está fazendo cara feia e bloqueando meu acesso para visitar meus netos."

Ao trabalharem com TAG, muitos terapeutas identificam e testam pensamentos automáticos e imagens como estes. Por que isso não seria suficiente no caso de Talika? Eles contribuíam claramente para a ansiedade diária dela, mas o trabalho com pensamentos automáticos só lhe traria alívio temporário. Por exemplo, suponha que a terapeuta quisesse ajudá-la a desenvolver um pensamento alternativo ou mais compensatório para suas preocupações, como "Dizer uma coisa errada provavelmente não vai estragar a nossa relação para sempre" e desenvolver uma nova imagem de uma visita amigável à sua filha no futuro. Talika provavelmente sentiria menos ansiedade em relação a essa situação particular. E, no entanto, no dia seguinte, começaria uma nova série de preocupações: "E se o médico achar alguma coisa errada comigo quando eu for consultá-lo na semana que vem?"; "E se meu carro estragar quando estivermos de férias?"; "E se meu salário atrasar, e eu não conseguir pagar a conta de luz?".

O foco da terapia em casos como o de Talika precisa mudar para a identificação das crenças nucleares que mantêm a ansiedade. As crenças nucleares de ansiedade ocorrem na forma de pressupostos subjacentes, os quais, mais uma vez, geralmente são expressos como crenças do tipo "Se... então...":

"Se x acontecer, então a catástrofe y se seguirá."

"Se x acontecer, então não vou conseguir lidar com isso."

Assim, as abordagens eficazes da TCC para transtornos de ansiedade identificam pressupostos subjacentes centrais e os testam com experimentos comportamentais (ver Capítulo 7 deste guia para uma revisão dos pressupostos subjacentes e experimentos comportamentais). Para identificar os pressupostos subjacentes nucleares para um transtorno de ansiedade em particular, os terapeutas precisam identificar pressupostos subjacentes gerais, transituacionais, não pressupostos sobre uma situação particular. Qual poderia ser o pressuposto subjacente nuclear de Talika? Poderia ser algo como:

"Se eu disser a coisa errada, então isso vai arruinar para sempre minha relação com a minha filha."

Mas esse pressuposto é sobre uma situação particular. Para identificar pressupostos subjacentes nucleares, os terapeutas precisam procurar regras *gerais* que se apliquem entre as muitas situações de ansiedade, como a terapeuta de Talika fez aqui.

TERAPEUTA: Já discutimos muitas das suas preocupações hoje e na semana passada. Parece, para mim, que essas preocupações podem estar relacionadas de alguma maneira. É quase como se você tivesse uma regra: "Se alguma coisa pode dar errado..."

TALIKA: "Então vai dar!"

TERAPEUTA: Sim. A Lei de Murphy. E, no entanto, a Lei de Murphy não explica sua ansiedade. Você pode ter a expectativa de que as coisas deem errado e se sentir calma e pronta. Mas você se sente ansiosa. Ajude-me a entender isso. O que alimenta sua ansiedade? "Se alguma coisa der errado..."

TALIKA: "Então isso será um desastre." As coisas irão de mal a pior, e eu não lido bem com problemas!

Os pressupostos subjacentes centrais de Talika pareciam ser: "Se alguma coisa der errado, então isso será um desastre" e "Se coisas ruins acontecerem, então não vou conseguir lidar com isso". Se ela e sua terapeuta pudessem testar esses pressupostos e desenvolver pressupostos alternativos – que construiriam a confiança de Talika de que nem todos os seus problemas se tornariam desastres e que ela conseguiria lidar com os problemas (e até mesmo desastres) quando ocorressem –, suas preocupações diárias não provocariam ansiedade grave.

EXPERIMENTOS COMPORTAMENTAIS, NÃO REGISTROS DE PENSAMENTO

Alguns clínicos ficam surpresos ao saber que registros de pensamento não são recomendados como uma intervenção necessária em TCC para ansiedade. Pessoas que experimentam ansiedade podem certamente aprender a usar registros de pensamento e obter algum benefício com eles, mas um registro de pensamento não é a "melhor ferramenta na caixa" para ansiedade (Padesky, 2013). Eles são planejados para testar pensamentos automáticos. Conforme descrito, embora pessoas que experimentam ansiedade certamente tenham pensamentos automáticos e imagens ("Pareço tolo", "uma imagem do meu rosto vermelho como uma beterraba"), as crenças que mantêm esse transtorno são pressupostos subjacentes ("Se eu parecer diferente de alguma maneira, então as pessoas vão pensar mal de mim e me rejeitar"). Esse nível de crença é mais bem testado com experimentos comportamentais.

É por isso que o Guia de Leitura para Ansiedade (ver p. 473 no Apêndice A) sugere que os leitores passem para o capítulo de *A mente vencendo o humor* sobre pressupostos subjacentes e experimentos comportamentais (Capítulo 11) assim que tiverem lido o capítulo sobre ansiedade (Capítulo 14) e o capítulo sobre definição de objetivos (Capítulo 5). Mais uma vez, os terapeutas que não estão familiarizados com pressupostos subjacentes e experimentos comportamentais podem revisar o Capítulo 7 deste guia. Os leitores de *A mente vencendo o humor* que estão trabalhando com ansiedade podem pular os capítulos sobre registros de pensamento (Capítulos 6 a 9) inteiramente, a não ser que depois foquem em um estado de humor adicional, como depressão.

CRIAÇÃO DE IMAGENS E PRESSUPOSTOS SUBJACENTES

Como conciliamos a afirmação de que pressupostos subjacentes são o nível mais importante de pensamento para entender a ansiedade com a observação de que os pensamentos mais "quentes" relacionados à ansiedade frequentemente assumem a forma de imagens? Imagens ansiogênicas podem ser assustadoras por si sós. Mesmo assim, os pressupostos subjacentes conectados a elas podem aumentar seu potencial para provocar a ansiedade. Lembre-se do exemplo anterior apresentado neste capítulo, em que Mariana relatou altos níveis de ansiedade em resposta a uma lembrança e imagem de sua mãe bêbada. Essa imagem provavelmente por si só evocava ansiedade, pois a fazia lembrar-se de uma situação que era assustadora para ela quando criança. No entanto, tornou-se ainda mais provocadora de ansiedade no contexto de dois pressupostos subjacentes: "Quando [se] me sinto muito ansiosa, então me pareço com minha mãe para a minha filha" e "Se eu a amedrontar como minha mãe fazia comigo, então vou prejudicá-la como minha mãe fez comigo". Também pode haver pressupostos sobre imagens que alimentam reações ansiosas, como "Se minha imagem é assim tão vívida, então isso significa que ela é real [ou vai acontecer]".

PRESSUPOSTOS SUBJACENTES PARA TRANSTORNOS DE ANSIEDADE COMUNS

Cada transtorno de ansiedade tem pressupostos subjacentes característicos associados, conforme resumido na Tabela 10.4. Observe que cada um deles se refere a algum perigo/ameaça percebido na parte "Se...". do pressuposto e a um resultado catastrófico ou incapacidade de enfrentar na parte "então...". Como demonstram esses pressupostos, a ansiedade é geralmente um estado de humor focado no futuro. Assim, as pessoas que são ansiosas parecem não se beneficiar com o exame de experiências passadas e presentes, em que suas previsões ansiogênicas não se realizaram, tanto quanto fazer previsões futuras e realizar experimentos para verificar se elas se tornam realidade. Pessoas que são ansiosas acreditam nisto: "Mesmo que eu experimente hoje meu evento temido e nada dê errado, amanhã alguma coisa ruim pode acontecer, e, então, não serei capaz de lidar com isso ou sobreviver".

Levando em conta os tipos de pressupostos subjacentes que mantêm os transtornos de ansiedade, geralmente é suficiente avaliar a probabilidade de ocorrência dos perigos temidos. Comumente é necessário abordar as crenças dos clientes tanto sobre os perigos/ameaças quanto sobre sua habilidade para lidar com esses perigos/ameaças. Na TCC para ansiedade, o perigo e as crenças sobre enfrentamento são testadas simultaneamente no contexto de experimentos comportamentais que requerem que as pessoas enfrentem seus medos e pratiquem com eles o enfrentamento. O objetivo cognitivo é aumentar a confiança das pessoas em um novo pressuposto subjacente, como: "Se e quando coisas ruins acontecerem, então vou descobrir uma forma de lidar com isso".

ENTENDENDO A ANSIEDADE: HABILIDADES E FOLHAS DE EXERCÍCIOS DO CAPÍTULO 14 DE *A MENTE VENCENDO O HUMOR*

A exposição aos medos, imaginária ou ao vivo, é necessária para o sucesso do tratamento para ansiedade. No entanto, quando estão ansiosas, as pessoas desejam fortemente evitar sentimentos de ansiedade. O Capítulo 14 de *A mente vencendo o humor* introduz uma variedade de instrumentos e habilidades planejados para ajudar as

TABELA 10.4 Pressupostos subjacentes comuns em transtornos de ansiedade

Transtornos de ansiedade comuns em adultos	Pressuposto subjacente comum
Transtorno de ansiedade generalizada (TAG)	"Se alguma coisa ruim acontecer, então isso será um desastre, e não vou ser capaz de lidar com isso."
Transtorno de pânico	"Se eu experimentar a sensação x, então vou morrer ou ficar louco [se for catastrófica]."
Fobia específica	"Se eu estiver na situação x, uma coisa específica que temo vai acontecer, e não vou ser capaz de lidar com isso."
Transtorno de ansiedade social	"Se alguém me criticar ou me rejeitar, então vou me sentir humilhado, vou desmoronar e não vou conseguir lidar com isso."
Agorafobia	"Se eu estiver afastado do meu lugar seguro/pessoa segura e alguma coisa ruim acontecer, então não vou conseguir lidar com isso."

pessoas a enfrentar situações temidas e a tolerar a ansiedade, para que assim consigam se manter nessas situações por tempo suficiente para aprender a lidar com os perigos que podem existir. Tenha em mente que todas essas intervenções também podem ser usadas para evitação; assim, é importante assegurar que cada uma esteja sendo usada para se aproximar e manejar a ansiedade, em vez de servir como um comportamento de segurança ou uma estratégia de evitação.

Escada de medos: aproximar-se ou evitar?

Quando as pessoas exibem alto grau de evitação, uma escada de medos – isto é, uma hierarquia de situações que progridem desde aquelas que desencadeiam baixa ansiedade até as que desencadeiam alta ansiedade – pode fazer a aproximação dos medos parecer mais administrável. As Folhas de Exercícios 14.4, Fazendo uma escada de medos (*A mente vencendo o humor*, p. 230), e 14.5, Minha escada de medos (*A mente vencendo o humor*, p. 231), ajudam os leitores a construir uma hierarquia das situações temidas listando as situações que evitam, classificando a ansiedade despertada por elas e, por fim, ordenando-as em uma escada de medos em representação gráfica. A ideia é que as pessoas se aproximem dessas situações começando pelo degrau que parecer mais possível de ser atingido e que sigam subindo a escada o mais rápido possível. O primeiro passo que irá provocar uma sensação de sucesso ou domínio pode estar no degrau do meio da escada de medos; não é preciso que seja o degrau mais baixo. Escadas de medos são particularmente úteis quando existe alto grau de evitação observável. Elas são menos úteis se a ansiedade for em grande parte caracterizada por preocupação, como é comum no TAG.

A mente vencendo o humor enfatiza que uma pessoa deve permanecer em cada degrau de uma escada de medos por tempo suficiente para experimentar ansiedade e desenvolver tolerância a ela. Depois que a ansiedade em um degrau puder ser tolerada, então a pessoa deve subir para o degrau seguinte. Se a ansiedade for mais alta do que a pessoa acha que consegue manejar, então os degraus podem ser divididos em incrementos menores. Além disso, quando necessário, cada degrau da escada de medos pode ser abordado na imaginação antes da prática ao vivo. Uma escada de medos é um instrumento útil para autoajuda com ansiedade, pois auxilia as pessoas a se sentirem no controle da exposição e fornece um plano claro para dar os passos necessários para enfrentar a ansiedade.

No entanto, encorajamos os terapeutas a apoiar os clientes em uma exposição mais rápida aos seus medos comparado ao que as pessoas selecionam por conta própria. Alguém que esteja enfrentando fobia de aranhas por meio de autoajuda, por exemplo, pode fazer um grande número de degraus espaçados em uma escada de medos (olhar para uma foto estática de uma aranha pequena, olhar para uma foto estática de uma aranha de tamanho médio, olhar uma foto estática de uma aranha grande, assistir a um vídeo de uma aranha na internet a uma grande distância por alguns momentos, etc.) e programar a exposição uma vez por semana, de modo que essa pessoa levaria meses para superar esse medo. Se essa mesma pessoa estiver em terapia, seu terapeuta pode fornecer incentivos por meio de uma série de exposições por fotos e vídeos em uma única sessão. Ou então o terapeuta pode trazer uma aranha viva para a terapia dentro de um vidro e encorajar o cliente com fobia de aranhas a olhar para ela durante a sessão (inicialmente a uma distância e depois mais perto), tocá-la e, por fim, permitir que ela suba pelo braço do terapeuta e depois pelo seu próprio braço. Assim, o tratamento de fobias direcionado pelo terapeuta geralmente pode ser concluído em algumas sessões ou mesmo em uma única sessão, em vez dos meses que podem ser necessários no caso da autoajuda.

Uma nota de alerta sobre escadas de medos

Com esse exemplo em mente, os terapeutas que optam por usar escadas de medos como parte da terapia são alertados de que esse instrumento pode, na verdade, desacelerar a terapia se estabelecer um ritmo de exposição tão lento que terapeuta e cliente estejam compactuando em evitação sutil. Na verdade, algumas das abordagens mais bem-sucedidas de TCC não incluem exposição hierárquica. Em vez disso, pesquisas apoiam a eficácia de terapias que enfatizam testes diretos das crenças nucleares que mantêm um transtorno de ansiedade, iniciando nas primeiras sessões da terapia. Exemplos de tratamentos bem-sucedidos que não empregam exposição hierárquica incluem aqueles para transtorno de pânico (Clark et al., 1994), ansiedade social (Clark et al., 2006) e TEPT (Ehlers et al., 2013, 2014). E, conforme referido anteriormente, escadas de medos frequentemente não ser-

Dica clínica

Teste diretamente as crenças nucleares que mantêm os transtornos de ansiedade o mais cedo possível na terapia. Nem sempre é necessário fazer exposição hierárquica. Use sua aliança terapêutica positiva para encorajar seus clientes a se engajarem em exercícios de exposição o mais plena, rápida e intensamente que conseguirem manejar.

vem a uma função útil no tratamento para TAG. Portanto, embora os terapeutas possam optar por usar escadas de medos na terapia, elas não constituem uma parte necessária do tratamento para a maioria dos clientes ansiosos.

Aumentando a tolerância à ansiedade

Independentemente de a terapia envolver exposição gradativa às situações temidas ou de os experimentos serem planejados como testes diretos das crenças nucleares que mantêm a ansiedade, as pessoas precisam desenvolver tolerância à ansiedade para participar ativamente no tratamento. Com frequência, as pessoas vão tolerar a ansiedade apenas no contexto de lembretes de que é útil manter-se ansioso em situações suficientemente longas para fazer observações e testar nossas crenças. Já que as observações e os experimentos iniciais para a ansiedade do cliente geralmente são feitos durante a sessão de terapia, o terapeuta está presente para encorajar a tolerância à ansiedade. Essa prática pode servir como um modelo para experiências que vão ocorrer fora do consultório.

Para as muitas pessoas que usam *A mente vencendo o humor* que estão trabalhando com sua ansiedade em um contexto de autoajuda, o Capítulo 14, Compreendendo minha ansiedade, traz informações sobre uma variedade de abordagens que podem ajudá-las a manejar e tolerar suas respostas à ansiedade: abordagens de atenção plena e aceitação, técnicas respiratórias, relaxamento muscular progressivo e produção de imagens. Esses métodos podem ser usados para ajudar as pessoas a se manterem por mais tempo em situações relacionadas à ansiedade, para que possam testar suas crenças ansiogênicas e desenvolver maior confiança em suas habilidades de enfrentamento. Atenção plena e aceitação ajudam a aumentar a consciência que a pessoa tem da sua ansiedade sem tentar mudar a experiência. Técnicas respiratórias, relaxamento muscular progressivo e produção de imagens são frequentemente usados para reduzir os níveis de ansiedade experimentados e, portanto, correm o risco de funcionar como comportamento de segurança, o que pode retardar a resposta positiva ao tratamento. As próximas seções apresentam diretrizes que os terapeutas podem seguir para determinar se esses tipos de intervenções estão servindo a um propósito terapêutico ou funcionando primariamente como comportamentos de segurança, sendo, portanto, contraindicados.

Atenção plena e aceitação

"Atenção plena" e "aceitação" são termos que podem descrever métodos para manter alguém consciente do que está experimentando quando ansioso. Em vez de focar na redução da ansiedade, essas abordagens focam na auto-observação, em viver plenamente no momento presente, em comportar-se de acordo com os próprios valores e na aceitação de emoções, pensamentos e experiências. Embora as duas terapias que enfatizam essas práticas (terapia cognitiva baseada em *mindfulness*, ou MBCT; terapia de aceitação e compromisso, ou ACT) sejam algumas vezes consideradas muito diferentes de outras abordagens da TCC, Arch e Craske (2008) escreveram de forma útil sobre as muitas semelhanças entre essas terapias e as variantes comportamentais e cognitivas mais clássicas da TCC para ansiedade. Na prática, os terapeutas frequentemente combinam práticas de atenção plena e aceitação com outras abordagens da TCC para ansiedade que requerem que as pessoas observem seus pensamentos e imagens ansiogênicos, se aproximem de situações que eram anteriormente evitadas e testem as crenças que despertam ansiedade.

Há evidências de que a MBCT e a ACT podem ser tratamentos primários eficazes para clientes com TAG (Roemer, Orsillo, & Salters-Pedneault, 2008), ansiedade social (Kocovski, Fleming, Hawley, Huta, & Antony, 2013), transtornos de ansiedade mistos (Arch et al., 2012, 2013) e preocupações com a saúde (McManus, Surawy, Muse, Vazquez-Montes, & Williams, 2012). Embora demonstrando que podem ser tratamentos eficazes, muitos desses estudos compararam grupos que receberam MBCT e ACT com grupos-controle sem tratamento. Assim, os pontos fortes relativos de MBCT, ACT e TCC clássica quando aplicadas a transtornos de ansiedade não são completamente conhecidos no momento. Dependendo de seus clientes e de suas próprias conceituações, os terapeutas que usam *A mente vencendo o humor* no tratamento podem escolher a quantidade de ênfase colocada em cada conjunto de habilidades. *A mente vencendo o humor* com frequência dá maior ênfase ao uso de exposição e experimentos comportamentais para testar pressupostos subjacentes ansiogênicos, e esse é o foco principal de terapeutas cuja base de evidências é mais forte em termos da eficácia do tratamento.

Respiração

Muitos terapeutas estão familiarizados com métodos de respiração controlada (também denominada respiração diafragmática) na forma em que são ensinados na página 235 de *A mente vencendo o humor*. Quando é inicialmente praticada várias vezes por dia, a maioria das pessoas aprende a reduzir seu estresse e excitação usando esse método de respiração. No tratamento da ansiedade, a respiração controlada, após dominada, pode evoluir para uma intervenção terapêutica útil ou acabar funcionando principalmente como um comportamento de segurança. A seção do Capítulo 14 de *A mente vencendo o humor* que apresenta a respiração controlada é intitulada "Manejando sua ansiedade". Se uma pessoa a usar cada vez que começar a se sentir ansiosa, a respiração controlada não estará sendo empregada para manejar a ansiedade. Ao contrário, estará sendo usada para evitá-la. Os terapeutas que rotineiramente ensinam clientes ansiosos a usar métodos de respiração estão inadvertidamente ensinando um comportamento de segurança a muitos deles. A seção de abertura no Guia para a Resolução de Problemas deste capítulo ("Medos do terapeuta") examina algumas das pesquisas que investigam os impactos negativos das crenças comuns dos terapeutas sobre ansiedade e relaxamento no tratamento desta e seus resultados.

O uso da respiração para reduzir a ansiedade está incluído em *A mente vencendo o humor* para auxiliar as pessoas que adotam um programa de autoajuda que, de outra forma, poderiam não se aproximar de situações em que se sentiriam ansiosas. Ao oferecermos esse método de manejo da ansiedade, esperamos que mais pessoas que usam *A mente vencendo o humor* como uma ferramenta de autoajuda pratiquem a exposição e os experimentos necessários para testar seus medos ansiogênicos. Desse modo, esperamos que a respiração seja usada para aumentar a tolerância à ansiedade e a duração dos experimentos de exposição, e não para evitá-la.

Pessoas que trabalham com um terapeuta não precisam necessariamente aprender respiração controlada. Quando a exposição a situações que evocam ansiedade começa no consultório de terapia e o terapeuta guia a atenção do cliente para informações relevantes, este com frequência será capaz de testar crenças mal-adaptativas de ansiedade em apenas algumas sessões. Em geral, a ansiedade diminui rapidamente na terapia eficaz. Por essas razões, a respiração controlada só é recomendada como parte da terapia quando seu uso de fato vai aumentar a habilidade do cliente de permanecer por mais tempo em situações que despertam ansiedade para que a pessoa consiga aprender a tolerá-la e a testar as crenças que a mantêm.

Relaxamento muscular progressivo

Relaxamento muscular progressivo é uma habilidade central da terapia de relaxamento aplicado, que foi desenvolvida por Öst (1987). Essa abordagem é um tratamento baseado em evidências para TAG, fobias específicas, transtorno de ansiedade social e transtorno de pânico (Montero-Marin, Garcia-Compayo, López-Montoyo, & Zabaleta-del-Olmo, 2018). O relaxamento muscular progressivo é usado para ajudar as pessoas a aprender a reconhecer a tensão física e praticar o relaxamento, inicialmente dentro de um ciclo de tensão (contraindo grupos musculares) e relaxamento (relaxando esses mesmos grupos musculares). Após uma semana ou mais de prática diária, as pessoas aprendem a relaxar grupos musculares sem tensioná-los primeiro. Depois que um estado de relaxamento é atingido com facilidade, é importante associá-lo a uma palavra-chave como "relaxe", repetindo-a a cada expiração. Isso cria uma resposta condicionada em que a palavra-chave sozinha poderá posteriormente ser usada para induzir relaxamento.

A ideia por trás da abordagem de Öst é que um estado de relaxamento muscular é incompatível com ansiedade e tensão. Quando as pessoas praticam relaxamento muscular progressivo regularmente, torna-se cada vez mais fácil para elas relaxar em situações na vida real. Os terapeutas podem apoiar a generalização dessa habilidade solicitando que os clientes pratiquem o relaxamento de grupos musculares particulares enquanto realizam atividades cotidianas (de pé, andando, trabalhando em uma mesa, cozinhando, etc.). O objetivo desejado do relaxamento aplicado é que as pessoas atinjam o relaxamento rápido como uma habilidade portátil. "Os terapeutas pedem que os clientes inspirem profundamente e pensem na palavra 'relaxe' enquanto expiram (relaxamento controlado por estímulo), ao mesmo tempo que rastreiam seu corpo na procura de pontos de tensão e liberam essa tensão (relaxamento diferencial) enquanto realizam as atividades diárias" (Hayes-Selton, Roemer, Orsillo, & Borkovec, 2014, p. 294-295). Depois que os clientes conseguem empregar o relaxamento rápido durante atividades não estressantes, é solicitado que o pratiquem durante situações que despertam ansiedade.

Como fica evidente a partir da descrição anterior, o sucesso no uso do relaxamento aplicado requer semanas de prática gradativa; entretanto, o trabalho árduo geralmente vale a pena e pode se revelar uma intervenção poderosa. Em particular, este é o tratamento ideal para pessoas que têm alto grau de tensão física associada à ansiedade e também para aquelas que têm dificuldade com intervenções mais cognitivas. Tenha em mente que o objetivo do relaxamento aplicado é que as pessoas se aproximem intencionalmente de situações que provocam ansiedade e então permaneçam nelas por um longo tempo. O domínio das habilidades de relaxamento as ajuda a superar a evitação e a tolerar a ansiedade porque adquiriram confiança de que podem se recompor e experimentar relaxamento. Passar intervalos de tempo mais longos em situações que costumavam ser evitadas (seja na imaginação ou ao vivo) permite nova aprendizagem. As pessoas algumas vezes aprendem que essas situações são mais temidas do que perigosas, que são capazes de lidar com os desafios inerentes a essas situações e que é possível permanecer nelas mesmo enquanto estão sentindo ansiedade (Arch & Craske, 2008). Os benefícios do relaxamento aplicado podem ser aumentados se houver, durante a sessão, a prática repetida da detecção precoce de pistas para a ansiedade (Hayes-Skelton et al., 2013), conforme ilustrado no diálogo a seguir.

TERAPEUTA: Certo, Julie, quero que você imagine novamente que está sentada na sala de aula, esperando sua vez de falar. Na última vez, você notou que sua ansiedade começava a aumentar quando a pessoa que falava antes de você estava chegando ao fim de sua fala. Veja as coisas mais lentamente desta vez e verifique se consegue notar antes os sinais de ansiedade.

JULIE: Certo. (*Olhos fechados, imaginando*) Quando ele vai até a frente, olha para todos e sorri. Ele parece tão relaxado, e eu penso: "Não vou parecer tão relaxada. Vou parecer nervosa". Então meu estômago começa a ficar apertado. Meu Minha USD [unidade subjetiva de desconforto] é de 5 em 10.

TERAPEUTA: Bom. Concentre-se neste momento e faça seu relaxamento. Informe quando seu estômago relaxar e sua USD cair para 2 ou menos.

JULIE: (*Depois de uns 45 segundos*) Minha USD é mais ou menos 1 ou 2 agora. Meu estômago está relaxado.

TERAPEUTA: Bom. Vamos imaginar a cena de novo e ver se você consegue notar alguma pista prévia de ansiedade.

Observe que o terapeuta de Julie a instruiu a procurar ativamente por pistas precoces de ansiedade e a praticar suas habilidades de relaxamento para cada pista identificada. Ele a encorajou a retornar à cena repetidamente e procurar pistas ainda mais precoces. Sua resposta nesse trecho particular foi compatível com os aspectos cognitivos da ansiedade social; "Não vou parecer tão relaxada. Vou parecer nervosa" é típico da atenção autofocada na ansiedade social que pode ser testada efetivamente por experimentos comportamentais e *feedback* em vídeo (McManus et al., 2009). No entanto, o terapeuta de Julie manteve o foco no relaxamento, pois essa foi a habilidade definida que ela atualmente estava tentando dominar. Futuras sessões poderiam focar no teste dos pressupostos nucleares que mantêm a ansiedade social com experimentos comportamentais, conforme descrito na seção sobre ansiedade social no Capítulo 11 deste guia.

Conforme enfatizado aqui, o relaxamento aplicado pode ser uma ferramenta poderosa para manejar a ansiedade e para aumentar a tolerância a ela. Depois que as habilidades de relaxamento são obtidas, deverão ser usadas nas situações que despertam ansiedade e que previamente foram evitadas. O relaxamento aplicado não tem o objetivo de ser usado como um comportamento de segurança para evitar sentimentos de ansiedade. Em vez disso, inclui o reconhecimento de pistas e experiências de ansiedade, a tolerância à ansiedade quando ela ocorrer e o emprego de habilidades para se manter em situações que despertam ansiedade sempre que necessário a fim de aprender mais sobre elas e percorrê-las até concluí-las plenamente. Assim, o objetivo para Julie foi usar o relaxamento para se empenhar plenamente em apresentar sua fala em aula e manejar sua ansiedade durante esse tempo.

Criação de imagens

A criação de imagens é outra habilidade portátil que pode ajudar as pessoas a se manterem em situações que despertam ansiedade e a tolerarem a ansiedade por períodos de tempo mais longos. Muitas pessoas pensam em imagens calmantes como as ideais para o enfrentamento da ansiedade: deitado em uma praia tropical ou relaxando em seu local favorito. No entanto, nas situações em que é provável que uma pessoa tenha grande excitação fisiológica (p. ex., enfrentar uma situação desafiadora, como uma entrevista de emprego, ou o temor de um cachorro latindo), é mais útil evocar imagens relacionadas a sentimentos e recordações de situações em que se conseguiu ter domínio. Observe como Gizem e sua terapeuta desenvolveram uma imagem de domínio da situação em que ela conseguia praticar e levar adiante uma conversa difícil com seu supervisor no trabalho.

GIZEM: Ainda acho que vou ficar muito ansiosa para ter essa conversa com meu supervisor. Se ele ficar mesmo que um pouco incomodado comigo, acho que vou cair em prantos.

TERAPEUTA: Vamos ver se podemos desenvolver outra habilidade para ajudá-la nessa situação. Você sabe como usamos a imaginação aqui para ajudar a identificar os desencadeantes da sua ansiedade e pensamentos?

GIZEM: Hum-hum. (*Concorda com um aceno de cabeça*)

TERAPEUTA: Vamos ver como você consegue usar sua imaginação para ajudar a controlar a ansiedade com seu supervisor.

GIZEM: Certo.

TERAPEUTA: Pense em algum momento na sua vida em que você, de modo geral, se sentiu bastante confiante e capaz de lidar com os desafios. Talvez haja coisas que você faz e nas quais enfrenta as dificuldades com confiança. Ou talvez possa pensar em uma situação em que as pessoas à sua volta estão infelizes, e, no entanto, você é capaz de se controlar.

GIZEM: (*Pensando por um minuto*) O melhor exemplo pode ser quando minha família está fazendo uma longa viagem e as crianças estão agitadas, meu marido está irritado e todos estão com fome.

TERAPEUTA: Isso parece ser um desafio! Como você lida com isso?

GIZEM: Eu falo muito calmamente e converso sobre como vai ser bom o jantar quando chegarmos e lhes digo que eu realmente reconheço que todos estão dando o melhor de si para tornar esse tempo que temos antes de chegar lá mais fácil. Então peço que todos falem sobre a coisa que mais gostaram na nossa viagem. Isso muda muito o estado de humor.

TERAPEUTA: Você parece ser muito habilidosa no controle dessa situa-

	ção. O que torna possível você ficar calma e redirecionar o estado de humor quando os outros estão tão agitados?
GIZEM:	Eu conheço minha família. Todos são boas pessoas. Eles só ficam agitados quando estão desconfortáveis ou infelizes. Então eu tento tornar a situação mais confortável para todos.
TERAPEUTA:	Se fosse descrever para uma amiga o que fez nessa cena que acabou de me contar, o que você acha que foram as coisas mais importantes? Por exemplo, você disse que falou "calmamente". Você acha que uma voz calma é útil?
GIZEM:	Sim. Em uma situação barulhenta e problemática, algumas vezes é a voz calma que ganha respeito. E também fiz todos lembrarem de que existe algo de bom à frente e algo de bom que já aconteceu. Pensar em coisas boas deixa as pessoas com o humor melhor.
TERAPEUTA:	(*Mostrando a Gizem o que ela escreveu*) Estou fazendo uma lista das suas ideias. "Voz calma ganha respeito. Lembrá-los de coisas boas à frente e no passado." Mais alguma coisa?
GIZEM:	Sim. Lembrá-los de que são bons e de que eu os valorizo.
TERAPEUTA:	(*Entregando a Gizem caneta e papel*) Por que você não acrescenta isso à lista? (*Faz uma pausa enquanto ela escreve*) Você parece tão calma na sua imagem. Você sente calma?
GIZEM:	Sim, eu sinto.
TERAPEUTA:	O que a ajuda a se sentir calma?
GIZEM:	Eu sou mãe e esposa. Eles me respeitam. Sei que consigo lidar com essa situação. Sei que eles querem se sentir melhor e que eu posso ajudá-los a fazer isso.
TERAPEUTA:	Esse "saber" que você é capaz de ajudá-los, como você sente isso no seu corpo?
GIZEM:	Meu coração fica tranquilo. Eu vejo o que está realmente acontecendo no meu olhar interior. E escuto suas dificuldades em vez das suas queixas. Tudo está dentro do meu peito e cabeça com uma plenitude de conhecimento.
TERAPEUTA:	Você consegue fechar os olhos agora e sentir essa plenitude de conhecimento?
GIZEM:	(*Fechando os olhos e falando mais calmamente agora*) Sim.
TERAPEUTA:	Fique com essa imagem e conhecimento por um momento. (*Gizem fica sentada em silêncio*) Quando estiver pronta, abra os olhos. (*Gizem abre os olhos*) O que poderia ser diferente se você entrasse na sala do seu supervisor sentindo o que está sentindo neste momento, imaginando sua plenitude de conhecimento? Você consegue ver o que está realmente acontecendo no seu olhar interior e ouvir as dificuldades do seu supervisor em vez das suas queixas?
GIZEM:	Eu me sentiria mais no controle. Mais calma.
TERAPEUTA:	Imagine isso por um momento. (*Faz uma pausa de 30 se-

gundos) Que diferença isso faria?

GIZEM: Eu poderia ouvi-lo e não chorar. Poderia expressar meu pensamento de igual para igual.

TERAPEUTA: Imagine-se fazendo isso. (*Faz uma pausa por um minuto enquanto Gizem imagina essa cena*) Você consegue imaginar isso?

GIZEM: Sim, consigo. Assim é melhor.

TERAPEUTA: Vamos examinar a lista de coisas que você fez com sua família. Alguma dessas ideias ajudaria com seu supervisor?

GIZEM: Eu poderia lembrá-lo das coisas boas que conseguimos até aqui e expressar a minha confiança de que há coisas boas à frente. E agradecer a ele por me apoiar.

TERAPEUTA: E se ele ficar incomodado com você em algum momento? Como você ouviria suas dificuldades além das suas queixas?

GIZEM: Eu poderia pensar na pressão que ele sofre do seu gerente. Ele é um homem bom, mas sei que fica muito preocupado em ser criticado ou em não atingir os objetivos estabelecidos para ele pelo seu gerente.

TERAPEUTA: Que diferença faria ter isso em mente?

GIZEM: Oh, ajudaria a me sentir menos sensível à sua crítica. Eu ouviria suas preocupações em vez das suas queixas.

TERAPEUTA: Fico surpresa pela beleza com que você consegue fazer isso. Vamos falar sobre como você pode praticar entrar nesse estado de "imaginar sua plenitude de conhecimento... você consegue ver o que está realmente acontecendo no seu olhar interior e escuta as dificuldades do seu supervisor em vez das suas queixas". Que imagem a ajudaria a atingir esse estado de sentimento? Seria melhor começar imaginando sua família na viagem, ou alguma outra coisa?

GIZEM: Sim. Acho que começar com a minha família ajudaria. Talvez depois que tiver esse sentimento eu possa começar a pensar no meu supervisor dessa maneira.

TERAPEUTA: Parece ser um bom plano. Vamos anotar o que vai ajudá-la a recordar das partes importantes para a sua prática nesta semana. Então poderemos imaginar o que iria interferir ao realizar essa prática e como você gostaria de lidar com os obstáculos que podem surgir.

A terapeuta de Gizem começou pedindo que ela recordasse de um momento em que se sentiu mais competente para lidar com os obstáculos. Observe que a terapeuta incluiu em seus estímulos a ideia de que esta poderia ser uma situação em que "as pessoas à volta... estão infelizes e você é capaz de controlá-las e fazer as coisas correrem bem". Embora não seja estritamente necessário que os clientes recordem situações passadas com paralelos diretos com o que estão enfrentando na terapia, Gizem teve uma lembrança dessas que se revelou especialmente útil. Se tivesse escolhido algo um pouco diferente, como consertar um relógio que estragava com frequência, a terapeuta ainda teria percorrido as mesmas etapas e aplicaria as ideias coletadas de uma forma metafórica para a situação com seu supervisor. Por exemplo, se Gizem descrevesse que se apoiava em experiências passadas de consertar um relógio, isso poderia metaforicamente se relacionar a sentir-se confiante de que poderia ouvir seu supervisor e basear-se na sua experiência passada com ele para responder de forma útil.

Depois que Gizem escolheu uma situação em que se sentiu confiante, sua terapeuta perguntou sobre os desafios nessa situação e como ela lidou com eles. Ela envolveu Gizem pedindo-lhe que fizesse uma lista das estratégias que usou. A seguir, perguntou como ela se sentiu em seu corpo quando usou essas estratégias. Isso levou a uma descrição da "sensação" de Gizem de saber, ver e ouvir de uma forma diferente. Outros clientes podem apresentar descritores mais físicos (ombros relaxados, etc.). É importante dar um formato à imagem de um cliente e obter as sensações corporais, cenas, sons, cheiros e algum outro descritor sensorial que ajudem a tornar a imagem mais vívida e real para a pessoa. Quanto mais multidimensional for uma imagem de enfrentamento, mais facilmente a pessoa será capaz de praticar a imagem na(s) semana(s) seguinte(s) e usá-la para evocar sentimentos de confiança quando entrar e se mantiver em situações que desencadeiam ansiedade.

Por fim, a terapeuta de Gizem perguntou como ela poderia usar essa imagem para ajudá-la na situação atual em que estivesse falando com seu supervisor. Gizem tinha inúmeras ideias sobre isso, as quais mais tarde foram incorporadas à sua prática de criação de imagens durante a semana. Nesse caso, a criação de imagens que ela praticou no manejo da sua família estava diretamente relacionada a estratégias que poderia usar para enfrentar a discussão com seu supervisor. No entanto, tenha em mente que o objetivo é que os clientes usem suas imagens para ajudar a evocar sentimentos de confiança diante de adversidade interpessoal, não para prevenir a adversidade. A terapeuta perguntou a Gizem como, caso seu supervisor ficasse incomodado com ela, suas imagens poderiam ajudar. Manter-se nessa situação e lidar com a crítica potencial do seu supervisor eram os objetivos principais para Gizem enquanto praticava o uso da criação de imagens para ajudá-la a tolerar a ansiedade e as circunstâncias desafiadoras. Esse modelo de criação de imagens ilustrado com Gizem está focado no modelo da TCC baseado em pontos fortes de Padesky e Mooney (2012) para construir resiliência pessoal, o que pode ser um adjuvante útil no tratamento da ansiedade.

Comportamento de segurança ou bom enfrentamento?

A folha de exercícios final no Capítulo 14 de *A mente vencendo o humor* é planejada para ajudar a avaliar se a prática regular de um ou mais dos métodos de "Manejando sua ansiedade" reduz ansiedade e tensão. A Folha de Exercícios 14.6, Avaliação de meus métodos de relaxamento (*A mente vencendo o humor*, p. 238), convida os leitores a avaliarem sua ansiedade/tensão antes e depois de praticarem algum desses métodos (atenção plena e aceitação, respiração, relaxamento muscular progressivo ou criação de imagens). Embora o título da folha de exercícios chame todos eles de "métodos de relaxamento", você pode esclarecer para os clientes que estão usando métodos de atenção plena e/ou aceitação que, na verdade, são métodos de consciência, não de relaxamento. Essa folha de exercícios pode ser usada para avaliar ansiedade ou tensão antes e depois das práticas de atenção plena e aceitação; certifique-se de que o cliente as nomeie como métodos de consciência. A menos que você e o cliente tenham uma justificativa que favoreça a prática de um método e não do outro, encoraje seus clientes a praticarem métodos que eles achem atraentes para ver quais deles funcionam em seu caso. O uso de um desses métodos será mais eficaz com a prática ao longo do tempo. Lembre os clientes de que uma única sessão de prática provavelmente não dará uma boa indicação da sua utilidade principal.

Conforme discutido no próximo capítulo (Capítulo 11) deste guia, muitos dos protocolos de tratamento para transtornos de ansiedade particulares não requerem prática de relaxamento. Assim, essa seção do capítulo sobre ansiedade de *A mente vencendo o humor* (Capítulo 14) pode ser considerada opcional, a menos que você ache que os clientes se beneficiarão da redução global da tensão, ou a não ser que seu plano inclua métodos de atenção plena e aceitação na terapia. Se você decidir incluir algum dos três métodos de relaxamento (respiração, relaxamento muscular progressivo ou criação de imagens) como parte do tratamento para ansiedade, mantenha-se alerta à tendência dos métodos de relaxamento efetivos de evoluírem para comportamentos de segurança prejudiciais, particularmente quando as pessoas têm crenças de que a própria ansiedade ou seus sintomas são perigosos. Por exemplo, no tratamento de transtorno de pânico (conforme explorado no próximo capítulo), os métodos de relaxamento podem interferir na resposta ao tratamento se efetivamente reduzirem a frequência das sensações desencadeantes (p. ex., taquicardia, tontura), ajudando, assim, os clientes a evitar essas sensações.

Lembre-se do princípio oferecido aos leitores em *A mente vencendo o humor* (p. 219): "Comportamentos de segurança são concebidos para eliminar o perigo; comportamentos de enfrentamento são concebidos para ajudar a nos aproximarmos, permanecermos e manejarmos as situações que nos amedrontam". Quando alguém considera perigosos a ansiedade e seus sintomas, então os métodos de relaxamento geralmente são praticados como comportamentos de segurança em uma tentativa de reduzir a ansiedade e ficar confortável. Por sua vez, os métodos de relaxamento ensinados em *A mente vencendo o humor* também podem fazer parte do bom enfrentamento, mas apenas na medida em que ajudam as pessoas a se aproximarem e se manterem em situações que despertam ansiedade. Seja a prática de relaxamento um comportamento de segurança ou um bom enfrentamento, isso só poderá ser determinado pela discussão do seu significado e propósito com seu cliente, conforme ilustrado a seguir. Charlotte estava em terapia para tratamento da sua ansiedade social.

CHARLOTTE: Estou tão feliz por ter conseguido ir à festa nesta semana e não me sentir tão ansiosa.

TERAPEUTA: Isso parece ser um progresso. O que você acha que a ajudou a se sentir menos ansiosa?

CHARLOTTE: Bem, eu pratiquei meus exercícios de relaxamento antes de ir para a festa e depois continuei usando-os sempre que minha ansiedade começava a piorar. Funcionou muito bem.

TERAPEUTA: Ajude-me a entender com um pouco mais de detalhes. Então, antes de ir para a festa, o que você fez?

CHARLOTTE: Fiquei sentada no carro por uns 10 minutos e pratiquei minha respiração e também fiz uma verificação do rela-

TERAPEUTA: xamento muscular. Fiz isso até me sentir bem relaxada.

TERAPEUTA: O que aconteceu depois?

CHARLOTTE: Entrei na festa e comecei a me sentir ansiosa imediatamente, então encontrei uma sala silenciosa e fiz o exercício de respiração de novo até me sentir mais calma. A minha ansiedade foi de uns 8 em 10 para uns 3. Então voltei para a sala da festa e fiquei circulando e observando as pessoas. Fiquei muito orgulhosa porque me senti bem relaxada. Continuei com a respiração mesmo enquanto estava ali.

TERAPEUTA: Você interagiu com as pessoas na festa?

CHARLOTTE: Não muito. Fiquei mais observando as pessoas e pratiquei minha respiração.

TERAPEUTA: O que você acha que teria acontecido se tivesse falado um pouco com as pessoas, mesmo que ficasse ansiosa?

CHARLOTTE: Acho que elas teriam visto que eu estava ansiosa e, então, teria ficado mais ansiosa e provavelmente teria que ir embora da festa.

TERAPEUTA: Humm. Parece que respirar bem a ajudou a ficar menos ansiosa na festa, mas não parece ter ajudado a interagir com outras pessoas.

CHARLOTTE: Sim, mas eu fiquei na festa por mais de uma hora. É um grande progresso!

TERAPEUTA: Entendo que parece ser. É bom que você tenha ido à festa e permanecido lá. Ao mesmo tempo, parece que você só ficou lá porque sua ansiedade estava baixa e que você não se arriscou a falar muito com outras pessoas porque, caso sua ansiedade aumentasse, elas veriam que estava ansiosa. Se o seu medo fosse apenas estar em uma festa, então isso seria um sucesso. Mas você lembra qual era o medo que identificamos na semana passada?

CHARLOTTE: Sim. Meu medo é que, se eu parecer ansiosa, então as outras pessoas vão pensar mal de mim e me rejeitar.

TERAPEUTA: Então você acha que realizar sua prática de respiração e ficar à margem da festa a ajudou a testar esse medo, ou funcionou mais como um comportamento de segurança, mantendo-a afastada do que a assusta?

CHARLOTTE: Entendo o que você quer dizer. Acho que foi mais um comportamento de segurança. E aqui eu acho que tive um verdadeiro avanço.

TERAPEUTA: Bem, ficar em uma festa durante uma hora é um recorde para você neste ano (*sorrindo*). Como você poderia se basear nessa experiência para ter um avanço ainda maior?

CHARLOTTE: Suponho que preciso ir a uma festa e falar mais com as pessoas.

TERAPEUTA: Sim. E se você estiver ansiosa e parecer ansiosa quando falar com elas, isso será ainda melhor. Você consegue imaginar por que eu digo isso?

CHARLOTTE: Pois então estarei testando meu maior medo?

TERAPEUTA: Sim, exatamente. Talvez possamos praticar essa situação hoje em algumas dramatizações e elaborar mais alguns experimentos que você pode fazer nesta semana.

Nessa sessão, quando a terapeuta reuniu mais informações, rapidamente ficou evidente que Charlotte havia usado os métodos de relaxamento como um comportamento de segurança para se sentir mais calma e impedir que os outros vissem que estava ansiosa. Se, em vez disso, Charlotte descrevesse o uso do relaxamento para aumentar sua coragem para entrar na festa e, já que estava lá, participar de conversas e se manter nelas mesmo depois de se sentir ansiosa, então a prática de relaxamento teria sido mais um bom enfrentamento. Os terapeutas precisam fazer muitas perguntas para entender a função e o significado dos métodos de relaxamento antes que seja possível saber se eles estão apoiando o progresso da terapia (bom enfrentamento) ou interferindo no sucesso do tratamento (servindo como comportamentos de segurança).

Modificando pensamentos e imagens ansiogênicos

Uma seção do Capítulo 14 de *A mente vencendo o humor* apresenta aos leitores o conceito de que a modificação dos pensamentos e imagens pode ser uma parte importante das melhoras duradouras na ansiedade (Hollon et al., 2006). Esse breve resumo (*A mente vencendo o humor*, p. 239-240) alerta os leitores e também os terapeutas sobre o fato de que experimentos comportamentais são as intervenções de escolha para testar crenças relacionadas à ansiedade. Como um lembrete, isso se dá porque as crenças nucleares nos transtornos de ansiedade tendem a assumir a forma de pressupostos subjacentes preditivos. Essas páginas de *A mente vencendo o humor* também reiteram que pensamentos ansiogênicos frequentemente surgem na forma de imagens, enquanto a observação dessa criação de imagens também pode ser testada com experimentos comportamentais. No próximo capítulo deste guia, descrevemos abordagens de tratamento para cada um dos vários transtornos de ansiedade comuns e ilustramos o uso de experimentos comportamentais para testar os pressupostos subjacentes e imagens.

Medicação

Muitas pessoas se voltam para os medicamentos para enfrentar a ansiedade. Aproveitamos a oportunidade em *A mente vencendo o humor* para aumentar a consciência dos leitores da associação entre a dependência de medicamentos para ansiedade e altos índices de recaída, além dos vários riscos de desenvolvimento de tolerância e adição. Caso sejam usados medicamentos, isso só deve ser considerado como uma abordagem de curta duração para o manejo da ansiedade. Os riscos mais graves surgem com o uso prolongado de tranquilizantes, os quais podem levar a adição, efeitos de tolerância e ansiedade de rebote quando são por fim retirados. Além disso, a dependência de um tipo de medicação que atenua a resposta de ansiedade pode interferir na prática de habilidades e reduzir os resultados positivos da TCC (Foa et al., 2002). Portanto, em geral é desejável trabalhar com médicos prescritores para ajudar os clientes a reduzir gradualmente os medicamentos para ansiedade o quanto antes depois que a terapia começar. A exceção a essa recomendação está no tratamento de clientes que apresentam ansiedade tão debilitante que é difícil para eles participar da terapia. Esses clientes podem se beneficiar do uso de medicamentos por pouco tempo, até que aprendam várias habilidades que possam usar para manejar a ansiedade não assistida.

Algumas pessoas relutam diante da ideia de redução da medicação, mesmo quando seus médicos prescritores e terapeutas concordam que é seguro e desejável fazê-lo. Outras não se importam em reduzir a medicação, mas não estão dispostas a parar completamente, apegando-se a uma minúscula dose parcial como garantia contra o retorno da ansiedade total. Em tais casos, investigue ativamente crenças relativas à necessidade de medicação. Essas crenças geralmente estão enraizadas em uma convicção de que a ansiedade por si só é perigosa e incontrolável e de que é necessária medicação para bloqueá-la, pois outros tratamentos serão ineficazes. Essas crenças, se não testadas, podem enfraquecer a motivação desses clientes para praticarem e se apoiarem nas habilidades aprendidas na terapia.

Para modificar crenças sobre medicação, geralmente é necessário combinar informações psicoeducativas com experimentos comportamentais. Idealmente, os médicos prescritores corroboram as informações dadas pelos terapeutas relacionadas à segurança de manejar a ansiedade sem medicação. Quando um médico prescritor acredita que o tratamento farmacológico é necessário para a ansiedade, o terapeuta pode oferecer cópias de pesquisas referentes à interferência da medicação nos resultados positivos do tratamento (ver Foa et al., 2002), informações sobre procedimentos da TCC e estudos de resultados da TCC (incluindo índices mais baixos de recaída comparados com medicação; Hollon et al., 2006). Os médicos podem ser convidados a realizar um experimento comportamental em que combinam reduzir gradualmente a medicação para verificar se a TCC pode ser eficaz por si só.

O trecho a seguir ilustra como um terapeuta usou a descoberta guiada combinada com psicoeducação para transmitir informações sobre o uso de medicação. O emprego da descoberta guiada reduz a probabilidade de que um cliente responda "Sim, mas..." às informações relacionadas à redução da medicação, como demonstrado nesta interação entre Kai e seu terapeuta.

TERAPEUTA: Você não tem se mostrado disposto a experimentar ir a uma reunião sem tomar uma pequena dose de Xanax. Eu gostaria de discutir essa decisão hoje.

KAI: Sei que você não quer que eu tome a medicação, mas acho que isso não vai estragar nada e me ajuda a não evitar as reuniões, como eu costumava fazer.

TERAPEUTA: Essa é a vantagem da medicação. Você consegue pensar em alguma desvantagem?

KAI: Não.

TERAPEUTA: O que você acha que aconteceria se não tomasse a medicação?

KAI: Provavelmente eu entraria em pânico e deixaria a reunião.

TERAPEUTA: Qual seria uma alternativa a sair se você entrasse em pânico?

KAI: Bem, suponho que eu poderia experimentar esses exercícios de respiração e também poderia identificar e testar meus pensamentos.

TERAPEUTA: O quanto você está confiante de que essas estratégias funcionariam tão bem quanto a medicação?

KAI: Se eu for honesto com você, não muito confiante.

TERAPEUTA: Foi o que pensei. O que seria preciso para você ficar confiante?

KAI: Acho que eu teria que experimentá-los sem medicação e ver se funcionam, mas é muito arriscado tentar isso em uma reunião em que eu poderia fazer papel de boba em frente aos clientes.

TERAPEUTA: Suponha que você tivesse uma amiga a quem quisesse encorajar a parar de tomar medicação. Que conselho você lhe daria nessa situação?

KAI: (*Sorrindo*) Você está me enganando.

TERAPEUTA: Não é minha intenção enganá-la. Apenas me parece que você pensa unicamente em uma maneira de lidar com isso sozinha. Achei que talvez pudesse ter mais ideias se afastássemos o foco de você.

KAI: Bem, eu poderia dizer à minha amiga para tentar não tomar a medicação antes de uma reunião que tivesse menos pressão. Em algumas reuniões eu não tenho que falar muito. Ou poderia levar a medicação comigo e só tomar se a minha ansiedade piorasse e as outras técnicas não funcionassem.

TERAPEUTA: Estas são boas ideias que você poderia experimentar. Quanto tempo a medicação levaria para fazer efeito se você a tomasse como um recurso de última hora?

KAI: Geralmente me sinto melhor depois de alguns minutos.

TERAPEUTA: Mesmo?

KAI: Você parece surpreso.

TERAPEUTA: E estou. Xanax geralmente leva no mínimo 15 ou 20 minutos para fazer efeito. Você realmente se sente melhor alguns minutos após tomá-lo?

KAI: Sim, me sinto melhor.

TERAPEUTA: Então como você explicaria isso? Por que acha que se sente mais calma em poucos minutos se a medicação demora 15 a 20 minutos para ter um efeito fisiológico?

KAI: Talvez porque eu me sinta segura de que a ajuda está a caminho.

TERAPEUTA: Então sua confiança no Xanax pode ajudá-la mesmo antes da medicação?

KAI: Sim, isso faz sentido.

TERAPEUTA: Então também faz sentido a ideia de que aumentar a sua confiança nos métodos que está aprendendo em *A mente vencendo o humor* pode ajudá-la a tornar esses métodos mais úteis?

KAI: Sim, suponho que sim.

TERAPEUTA: Talvez esteja na hora de realizar alguns experimentos para descobrir se você consegue confiar tanto nesses outros métodos quanto na medicação. Qual dos experimentos você estaria disposta a tentar primeiro?

KAI: Talvez não tomar a medicação antes de uma reunião com menos pressão, mas ainda assim levá-la comigo, caso minha ansiedade fique muito ruim.

TERAPEUTA: Esse parece ser um bom começo. Vamos revisar e praticar o que você vai fazer em vez de tomar a medicação. Além disso, devemos fazer planos de apoio para que você não tome a medicação ao menor sinal de ansiedade.

KAI: (*Rindo*) Sim, eu posso querer fazer isso!

Com frequência são necessárias várias semanas para alguém que acredita firmemente na medicação acreditar que outros métodos podem ser igualmente eficazes. Portanto, é uma boa ideia identificar as crenças sobre medicação no começo da terapia, assim você pode criar experimentos para testá-las tão logo seu cliente aprenda outras estratégias para controlar a ansiedade. Pessoas que estão usando medicação por tempo suficiente para experimentar os efeitos da abstinência quando ela for reduzida devem ser alertadas da probabilidade de a ansiedade temporariamente aumentar. A ansiedade da abstinência pode ser reenquadrada como uma oportunidade de praticar tolerância à ansiedade quando a sua causa (nesse caso, abstinência fisiológica) não pode ser mudada. É claro que qualquer redução na medicação somente deve ocorrer com a supervisão de um médico que possa prescrever um protocolo seguro de redução gradual e monitorar eventuais efeitos adversos.

GUIA PARA A RESOLUÇÃO DE PROBLEMAS: CAPÍTULO 14 DE *A MENTE VENCENDO O HUMOR*

Medos do terapeuta

Conforme descrito ao longo deste capítulo, evitação é uma característica da ansiedade. Os medos do terapeuta também estimulam a evitação e formam um dos entraves principais ao sucesso do tratamento da ansiedade. Como fica evidente neste capítulo e no próximo, o tratamento baseado em evidências para ansiedade envolve encorajar os clientes a enfrentarem seus medos. Durante o processo, eles algumas vezes experimentam ansiedade significativa nas sessões e fora delas. Muitos terapeutas têm dificuldade de encorajar a exposição quando seus clientes começam a se sentir ansiosos devido às suas próprias crenças, as quais podem incluir:

- "Meus clientes não conseguem tolerar exposição. Será muito angustiante para eles."
- "E se eu pedir a um cliente para fazer isso e alguma coisa ruim acontecer? Vou ser responsável e posso enfrentar ações punitivas legais ou profissionais."
- "Se eu encorajar meus clientes a experimentar ansiedade, isso será intolerável para eles. Eles podem desmoronar, descompensar, abandonar a terapia ou dizer aos outros que eu sou um terapeuta horrível."
- "Se eu pedir que meus clientes façam isso, talvez seus medos se tornem realidade, e eles estarão em perigo."
- "Se eu tiver que expor meus clientes aos seus medos na sessão, não poderei fazer isso, porque tenho os mesmos medos."

"Não é sensato, ou talvez seja até mesmo antiético, deixar os clientes desconfortáveis na terapia. Minha função é mantê-los confortáveis e se sentindo seguros."

A relutância dos terapeutas em focar na exposição aos medos pode ser prejudicial para seus clientes, pois a exposição é um princípio orientador, empiricamente apoiado, do tratamento eficaz para ansiedade (Lohr, Lilienfeld, & Rosen, 2012). Os medos do terapeuta em relação à exposição criam uma barreira para o acesso ao tratamento por clientes que querem receber TCC para ansiedade (Gunter & Whittal, 2010). Lamentavelmente, crenças negativas dos terapeutas sobre exposição são comuns e levam à oferta cautelosa de terapias de exposição (Deacon et al., 2013). A implementação cautelosa da exposição pode reduzir seus efeitos e até transmitir não verbalmente aos clientes a mensagem de que existe um risco significativo envolvido no enfrentamento dos seus medos. Em nossa experiência nos nossos centros de tratamento, os terapeutas que têm maior sucesso no tratamento de transtornos de ansiedade fazem o seguinte:

1. Acolhem a ansiedade, transmitindo calma destemida e curiosidade sobre a ansiedade e sobre o que será aprendido nos exercícios de exposição.
2. Participam colaborativamente desses exercícios.
3. Encorajam os clientes a continuar em vez de interromper a exposição quando a ansiedade se torna mais intensa (p. ex., "Você está se saindo muito bem. Vamos persistir nisso por um pouco mais de tempo e ver o que podemos aprender").
4. Exploram cada aspecto das experiências de exposição durante e depois que elas ocorrem, visando assegurar que os clientes aprendam alguma coisa útil e valiosa sobre sua ansiedade a partir de cada exercício de exposição.

Nossas observações são compatíveis com os achados empíricos de um estudo em que universitários receberam informações sobre terapia de exposição que apoiavam crenças positivas ou negativas e, então, deveriam conduzir uma sessão de exposição com um colega (Farrell, Deacon, Kemp, Dixon, & Sy, 2013). Aqueles que tinham crenças mais negativas sobre terapia de exposição experimentaram maior ansiedade quando a realizaram, criaram hierarquias de exposição menos ambiciosas, selecionaram tarefas que despertavam menos ansiedade em cada nível de exposição e tentaram minimizar a ansiedade durante a exposição por meio da garantia de segurança e o uso de respiração controlada. Por sua vez, aqueles a quem foram apresentadas crenças positivas sobre os benefícios da exposição ficaram menos ansiosos durante as tarefas de exposição, selecionaram tarefas de exposição que despertavam ansiedade mais alta e tinham mais probabilidade de encorajar um foco na exposição aos desencadeantes da ansiedade.

É interessante observar que esse mesmo estudo mostrou que os terapeutas com maior empatia pelos clientes demonstravam maior cautela quando empregavam terapia de exposição, independentemente de as crenças gerais sobre exposição serem positivas ou negativas. Já que é desejável que os terapeutas tenham empatia por seus clientes ansiosos, e muitos de nós, terapeutas, temos medo de que a terapia de exposição seja muito arriscada, como lidamos com nossos próprios temores que podem atrapalhar a terapia efetiva para transtorno de ansiedade? Uma solução é usar exercícios de *A mente vencendo o humor* para testar crenças que possam interferir no cumprimento das orientações de tratamento para ansiedade oferecidos neste capítulo e no próximo:

1. Identifique suas próprias crenças e imagens relacionadas a tratamentos para ansiedade. Faça a si mesmo estas perguntas: "Qual é a pior coisa que poderia acontecer? Que imagem ou lembranças eu tenho? Este é realmente o pior, ou também tenho outros medos?". Anote todos os seus pensamentos ansiogênicos e imagens. Tente escrever seus pensamentos na forma de pressupostos subjacentes (p. ex., "Se eu não ensinar respiração controlada, então meus clientes vão sofrer desnecessariamente"). Para cada crença, escreva um pressuposto alternativo não ansiogênico que você possa usar para fins de comparação e que reflita as informações fornecidas neste capítulo (p. ex., "Se eu não ensinar respiração controlada, então meus clientes serão capazes de testar suas crenças sobre os perigos e sua habilidade de enfrentamento mais rapidamente. Na verdade, seu sofrimento devido à ansiedade pode diminuir mais rapidamente pela exposição do que por meio de exercícios de respiração controlada").

2. Planeje experimentos comportamentais com você mesmo e/ou seus clientes para testar e comparar sua experiência real com essas crenças. Realize inúmeros experimentos e anote seus resultados em cada um na Folha de Exercícios 11.2, Experimentos para testar um pressuposto subjacente (*A mente vencendo o humor*, p. 144). Certifique-se de não incorporar evitação e comportamentos de segurança aos seus experimentos. Poderá ser útil revisar os resultados com um supervisor, um consultor ou um colega experiente e bem-sucedido em tratamentos para ansiedade a fim de receber contribuições e verificar se você está conduzindo seus experimentos da forma ideal. Essa pessoa também pode ajudá-lo a examinar suas experiências para maximizar a aprendizagem a partir delas.

3. Se os resultados dos seus experimentos forem compatíveis com suas crenças ansiogênicas, poderá ser útil examinar suas experiências com um especialista em ansiedade para ajudá-lo a verificar se há alguma coisa em seus experimentos ou sua clientela que possa justificar esse achado. Igualmente, seja cético se os resultados de seus experimentos contradizem suas crenças ansiogênicas. Conduza mais experimentos até que tenha dados suficientes para sentir-se confiante de que você não precisa se sentir ansioso ao usar esses métodos de terapia.

A consciência constante das próprias crenças e de como elas afetam as práticas na terapia é uma parte importante da melhoria da nossa eficácia global como terapeutas. O exercício anterior pode ser usado para avaliar qualquer crença que você tenha que possa estar reduzindo a qualidade da sua terapia. Por exemplo, se sistematicamente encerra as sessões com atraso, você pode usar essa abordagem para identificar pressupostos subjacentes que mantêm esse problema (p. ex., "Se uma pessoa está angustiada, então é perigoso encerrar a sessão, mesmo que o tempo tenha acabado") e testar essas crenças com experimentos comportamentais. Os experimentos comportamentais são especialmente úteis quando você está aprendendo novas abordagens terapêuticas, incluindo métodos ou filosofias que possam contradizer suas práticas terapêuticas existentes. É aconselhável testar essas novas abordagens sistematicamente e avaliar seu benefício na sua própria prática. Também é benéfico aplicar os métodos terapêuticos a si mesmo para que você possa aprender mais sobre o que está envolvido quando usa essas abordagens com os clientes.

Ajudando os clientes a abordar seu medo da morte

Algumas vezes o pior medo das pessoas é que possam morrer (como consequência da ansiedade ou por circunstâncias que as amedrontam). Os terapeutas podem se sentir imobilizados para testar uma previsão como esta e também para ajudar um cliente a abordar e controlar a ansiedade referente à morte. Como ocorre com todos os outros medos ansiogênicos, o primeiro passo é ajudar a pessoa a identificar do que realmente se trata o medo. Temer a própria morte pode não ser realmente tão específico quanto parece. Os terapeutas devem investigar para obter mais detalhes sobre esse medo e sobre as imagens associadas. Pode parecer um tanto rude simplesmente perguntar: "E qual seria a pior coisa em morrer?", mesmo que esta seja uma pergunta importante a ser feita. Observe como o terapeuta de Brian fez essa pergunta em um contexto que a fez parecer natural.

BRIAN: Tenho medo de que um avião caia, porque minha esposa e eu vamos morrer!

TERAPEUTA: Certo, se um avião em que vocês estiverem cair, certamente existe a chance de vocês morrerem. Há muitas razões por que as pessoas têm medo de morrer. Quero me assegurar de não fazer nenhuma suposição e entender mal o seu medo. Qual seria a pior coisa em morrer para você?

BRIAN: Acho que o pior é que, se morrermos, não vamos poder sustentar nossos filhos e garantir uma boa vida para eles.

TERAPEUTA: Então não é tanto o momento da morte que você teme, mas o que vem depois para seus filhos?

BRIAN: Sim.

TERAPEUTA: Você tem alguma imagem para o cenário da pior das hipóteses sobre como seria o futuro dos seus filhos se vocês morressem?

BRIAN: Hummm. Na verdade eu tenho dois cenários para a pior das hipóteses. Um é que eles serão mandados para um orfanato e serão negligenciados lá. O outro é que minha irmã Gwen, que é muito controladora, vai se precipitar e levá-los para morar com ela. Ela é tão maldosa que eles estariam melhor naquele orfanato ruim.

TERAPEUTA: Obrigado por esses detalhes. Agora entendo muito melhor o seu medo da morte. Conte-me mais alguns detalhes sobre essas duas imagens, e então veremos o que podemos fazer para tratar os seus medos.

As respostas de Brian guiaram seu terapeuta para explorarem juntos o que poderia fazer no aqui e agora para reduzir os perigos percebidos que acompanhariam sua morte e a de sua esposa. Ele e sua esposa poderiam fazer um plano para os cuidados dos seus filhos no caso da sua morte e tomar as atitudes legais e financeiras que estivessem disponíveis para assegurar que o futuro de seus filhos fosse o melhor possível. Eles poderiam precisar perguntar aos amigos ou a outros parentes em quem confiassem (em vez de Gwen, a irmã de Brian) se concordavam em ser nomeados como guardiães legais dos seus filhos no caso de suas mortes enquanto as crianças ainda fossem jovens.

Como fica evidente, abordar um medo de morte não significa na verdade precisar se aproximar dela. As pessoas precisam abordar e aprender a lidar com aspectos da morte que são mais assustadores para elas.

Os medos de Brian estavam relacionados aos seus filhos. Outros clientes temem a morte porque imaginam que será muito dolorosa. Tais medos podem ser abordados explorando quais recursos estarão disponíveis para o manejo da dor e que habilidades para controle da dor eles podem desenvolver a fim de aumentar sua confiança de que conseguem lidar com a dor envolvida (p. ex., atenção plena, aceitação, auto-hipnose, estratégias de criação de imagens). Note que o foco está no enfrentamento da morte e dos medos associados a ela, não na redução do medo da ocorrência da morte. A realidade é que a morte virá para todos nós, portanto precisamos aprender a enfrentar nossos medos a respeito.

Algumas pessoas a temem porque têm crenças e imagens sobre o que acontece após a morte. Uma mulher temia ainda estar viva e presa sozinha dentro do seu caixão debaixo da terra. Por isso, seu terapeuta a encorajou a investigar métodos de sepultamento em seu país até que se sentisse segura de que esse perigo não existia onde ela vivia, devido a práticas de embalsamamento legalmente reguladas. Um homem tinha medo de ir para o inferno. Sua imagem do inferno não era de fogo e enxofre, mas de uma eternidade sozinho. Seu terapeuta o direcionou para usar a criação de imagens e imaginar como poderia lidar com a eternidade no inferno que imaginava. Embora essa intervenção parecesse desafiadora, depois de muita contemplação o homem desenvolveu várias estratégias que achava que o ajudariam a lidar com o inferno (p. ex., ouvir sua música favorita mentalmente, criar roteiros de cinema). Depois que a confiança em seu plano de enfrentamento atingiu 80%, seu medo da morte se dissipou.

Evitação dos procedimentos da terapia

As pessoas que apresentam ansiedade frequentemente querem evitar os procedimentos da terapia, sobretudo porque esses procedimentos costumam levar a aumento temporário na ansiedade. Os clientes podem não querer recordar imagens, aproximar-se das situações temidas ou anotar seus pensamentos ansiogênicos e imagens. É nosso papel como terapeutas guiá-los nessas experiências sem criar uma luta antagonista. Se dermos pequenos passos, ensinarmos habilidades de enfrentamento durante o processo e testarmos habilmente as crenças relacionadas à ansiedade, mesmo aqueles que experimentam altos níveis de ansiedade poderão superar a evitação. A terapeuta de Lupe atingiu um bom equilíbrio dessas estratégias em uma sessão decisiva.

TERAPEUTA: Como você teve dificuldade em descobrir o que estava se passando na sua mente quando estava ansiosa nesta semana, vamos usar a criação de imagens para capturar essa ansiedade na nossa sessão de hoje, e talvez possamos descobrir os pensamentos juntas.

LUPE: Não, não quero fazer isso hoje.

TERAPEUTA: Por que não?

LUPE: Não estou em um bom dia. Acho que não lidaria muito bem se ficasse ansiosa.

TERAPEUTA: O que você acha que aconteceria?

LUPE: Provavelmente eu começaria a tremer toda e não conseguiria parar.

TERAPEUTA: Você tem uma imagem mental em que está fazendo isso?

LUPE: Sim. (*Balança a cabeça*) Não quero pensar nisso.

TERAPEUTA: Bem, temos um dilema, então. Veja bem, para que possamos entender e ajudá-la a aprender a lidar com sua ansiedade, precisamos que você a experimente.

LUPE: Eu sei, mas vamos fazer isso outro dia.

TERAPEUTA: Esta seria uma abordagem, mas, se você já está se sentindo mal hoje, então poderia ser um bom dia para começarmos.

LUPE: Talvez, mas sei que não consigo lidar com isso.

TERAPEUTA: Você estaria disposta a dar um passo bem pequeno para testar essa ideia?

LUPE: O que você quer dizer?

TERAPEUTA: Bem, por exemplo, você acha que conseguiria pensar sobre o que a deixa ansiosa por uns 30 segundos? Depois de 30 segundos vou ajudá-la a reduzir sua ansiedade. Podemos falar sobre outras coisas, fazer um exercício de relaxamento ou o que for necessário para ajudá-la a se sentir melhor. Você acha que começaria a tremer descontroladamente depois de 30 segundos?

LUPE: É possível. Não tenho certeza.

TERAPEUTA: Você estaria disposta a tentar? Prometo definitivamente ajudá-la a se sentir menos ansiosa depois desse período de tempo.

LUPE: Certo.

TERAPEUTA: Apenas pense sobre o que aconteceu na sexta-feira quando se sentiu ansiosa. Deixe sua mente recordar muito claramente por 30 segundos. (*Lupe fecha os olhos e imagina por 30 segundos*) Pare! Certo, vamos falar um pouco sobre televisão. Você tem um programa favorito? Fale-me sobre ele. (*Lupe fala com sua terapeuta por alguns minutos sobre um episódio de televisão favorito*) Agora vamos interromper nossa conversa sobre esse programa para que eu possa fazer uma verificação com você. Como está se sentindo agora?

LUPE: Muito bem. Não ansiosa.

TERAPEUTA: Se fosse avaliar a sua ansiedade de 0, absolutamente nada, a 10, a pior possível, quão ansiosa você diria que se sente neste momento?

LUPE: Talvez 3.

TERAPEUTA: Como você se sentiu depois de 30 segundos pensando sobre a sexta-feira?

LUPE: Eu estava começando a ficar ansiosa. Talvez 5.

TERAPEUTA: O quanto você estava próxima de tremer descontroladamente?

LUPE: Acho que não muito próxima.

TERAPEUTA: Então você acha que nosso plano funcionou bem? Você conseguiu ficar ansiosa e depois se sentiu melhor de novo?

LUPE: Sim, foi melhor do que eu esperava.

TERAPEUTA: Talvez possamos ajudá-la com sua ansiedade em pequenos

LUPE: passos como este. Por exemplo, poderíamos tentar 60 segundos pensando sobre o que a deixa ansiosa e, então, ajudá-la a relaxar. Se tudo correr bem, podemos tentar dois minutos. Em dois minutos, provavelmente conseguiríamos algumas informações importantes sobre a sua ansiedade sem que você corresse um grande risco. O que acha?

LUPE: Eu poderia tentar isso. Contanto que possa parar se ficar demais.

TERAPEUTA: Combinado. Podemos fazer muitos experimentos pequenos com uma breve ansiedade até que você fique mais confiante. É claro que por fim vamos querer testar a ideia de que você vai tremer descontroladamente se de fato deixar sua ansiedade livre, mas podemos aumentar a sua confiança para lidar com pequenas e médias quantidades de ansiedade antes de atacar isso.

LUPE: Você acha mesmo que isso é necessário para que eu me sinta melhor?

TERAPEUTA: Realmente acho. Pronta para tentar um minuto?

LUPE: Acho que sim, se você acha que isso vai ajudar.

Observe como a terapeuta de Lupe gentilmente a estimulou a testar a crença de que tremeria descontroladamente se fosse exposta a pensamentos ansiogênicos. Foi importante que sua terapeuta equilibrasse respeito pelo medo de Lupe com o conhecimento de que a evitação continuada só aumentaria sua ansiedade. É muito melhor avançar com pequenos passos no tratamento da ansiedade do que impedir o progresso porque um cliente não está disposto a dar um passo maior. Ao mesmo tempo, foi importante que a terapeuta avançasse o mais rápido possível para criar uma oportunidade de Lupe mergulhar profundamente na sua ansiedade e "realmente deixar sua ansiedade livre". Caso contrário, ela acabaria inadvertidamente em conluio com Lupe para evitar os níveis de ansiedade que mais a amedrontavam, e isso poderia impedir um resultado positivo e duradouro no tratamento.

11

Adaptando *A mente vencendo o humor* a transtornos de ansiedade comuns e relacionados

Tenho medo de voar. Tento evitar sempre que posso.

– Bianca

Tenho medo de voar. Algumas vezes tenho que voar a negócios.

– Ji-ho

Tenho medo de voar. Sempre vou de carro, mesmo que leve alguns dias a mais.

– DeShawn

Essas três pessoas desenvolveram medo de voar, e seus comportamentos observáveis eram parecidos: elas tentavam evitar andar de avião. No entanto, o melhor tratamento para cada uma delas seria diferente. Como isso é possível? E como os terapeutas podem decidir quais serão as melhores estratégias de tratamento para determinados clientes? Este capítulo apresenta um breve esboço de ideias importantes para conhecer os tipos mais comuns de transtornos de ansiedade, juntamente com os protocolos de tratamento planejados para cada um.

Um tratamento eficaz para ansiedade requer o conhecimento das semelhanças e diferenças entre os vários diagnósticos de ansiedade. O planejamento do tratamento será muito mais fácil se você for capaz de diagnosticar que tipo de ansiedade alguém está experimentando. Para fazer isso, conhecer os desencadeantes para os medos geralmente não é suficiente. Você também precisa entender o que é esse desencadeante que assusta alguém. Por exemplo, Bianca, Ji-ho e DeShawn tinham ansiedade desencadeada por andar de avião. Entretanto, em suas entrevistas iniciais, seus terapeutas descobriram que eles tinham crenças e imagens consideravelmente diferentes, conforme veremos a seguir:

- Bianca temia que o avião não conseguisse se manter no ar durante uma turbulência e caísse. Ela tinha uma imagem vívida de como seria durante a queda do avião. Seu terapeuta diagnosticou uma fobia específica de voar.
- Ji-ho ficava desconfortável quando estava perto de estranhos e geralmente saía de situações depois que sua ansiedade atingia níveis moderados. Quando afivelado em seu assento em um avião, ele começava a ficar ansioso. Como não conseguia esconder dos outros sua ansiedade usando a estratégia de saída, começava a temer que

os passageiros próximos a notassem e pensassem mal dele. Sua ansiedade subsequente atingia o clímax no meio do voo. A imagem vívida centrava-se nas distorções da sua aparência física quando estava ansioso e nos sons que ele presumia que indicassem desaprovação dos outros. O terapeuta de Ji-ho diagnosticou ansiedade social.

- DeShawn havia lido na internet que o oxigênio era reduzido nos aviões durante o voo. Quando embarcava em um avião, ele monitorava sua respiração. Sempre que sentia falta de ar durante o voo, começava a pensar que não havia oxigênio suficiente e que estava prestes a sufocar e morrer. Sua criação de imagens incluía uma cena em que arfava e morria, caindo ao chão. Seu terapeuta decidiu que DeShawn satisfazia os critérios para transtorno de pânico.

Ainda que essas três pessoas experimentassem a mesma emoção (ansiedade) e apresentassem o mesmo comportamento (evitação de voar), o tratamento seria bem diferente para cada uma delas, pois cada uma satisfazia os critérios para um transtorno de ansiedade diferente, com base nos pensamentos e imagens que tinham quando voavam.

Concentrar-se nas crenças nucleares que mantêm o transtorno de ansiedade de uma pessoa pode acelerar a resposta ao tratamento e melhorar as chances de um resultado de sucesso na terapia. Por exemplo:

- Bianca se beneficiaria de aprender sobre a dinâmica dos voos, e sua terapia envolveria a exposição frequente a voar (seja na imaginação ou ao vivo), juntamente com a prática de tolerância à ansiedade e habilidades de enfrentamento.
- Ji-ho provavelmente se beneficiaria mais com o teste de suas crenças de que a ansiedade era visível para os outros e que estes desaprovavam suas respostas de ansiedade. Ele também poderia aprender a se defender assertivamente se alguém de fato expressasse desaprovação.
- DeShawn provavelmente se beneficiaria com a indução de falta de ar dentro e fora das sessões. Experimentos respiratórios possibilitariam que ele testasse seus pressupostos catastróficos sobre as sensações relacionadas à falta de ar e desenvolvesse explicações alternativas não perigosas para as alterações na sua respiração.

Sobretudo, cada uma dessas três abordagens de tratamento era improvável de se revelar útil para as outras duas pessoas. Assim, é imperativo que os terapeutas adquiram habilidade no diagnóstico dife-

Dica clínica

Avaliação e diagnóstico são importantes, pois há diferentes abordagens de tratamento para cada tipo de transtorno de ansiedade, associadas aos tipos de crenças que o mantêm. Identificar e focar nas crenças nucleares que mantêm um transtorno de ansiedade particular pode acelerar a resposta ao tratamento e melhorar as chances de um resultado de sucesso na terapia.

rencial e no conhecimento dos protocolos de tratamento concebidos para cada tipo de ansiedade. Como seus terapeutas tinham esse conhecimento, Bianca, Ji-ho e DeShawn atingiriam seu objetivo de viajar em aviões.

ELEMENTOS COMUNS EM PROTOCOLOS DE TCC PARA TRANSTORNOS DE ANSIEDADE

Nas próximas seções, oferecemos diretrizes breves para usar *A mente vencendo o humor* no tratamento dos transtornos de ansiedade mais comuns vistos pela maioria dos terapeutas: transtorno de ansiedade generalizada (TAG), transtorno de pânico, fobia específica, agorafobia e ansiedade social. Protocolos de TCC especializados foram desenvolvidos para cada um desses transtornos. Esses protocolos de tratamento têm vários elementos em comum: (1) identificação das crenças mantenedoras (geralmente pressupostos subjacentes e imaginação), (2) experimentos comportamentais concebidos para testar essas crenças nucleares e (3) exposição a situações e estímulos temidos. Para uma visão geral dos fundamentos teóricos e evidências empíricas que apoiam abordagens de TCC para ansiedade, ver Clark e Beck (2011).

Concluímos este capítulo com menções a dois transtornos anteriormente classificados como transtornos de ansiedade, mas agora estabelecidos em suas próprias categorias diagnósticas: transtorno obsessivo-compulsivo (TOC) e transtorno de estresse pós-traumático (TEPT). Embora tenham sido desenvolvidos protocolos de tratamento especializados para TOC e TEPT, não recomendamos *A mente vencendo o humor* como o manual de tratamento principal para esses transtornos. No entanto, as habilidades e folhas de exercícios selecionadas em *A mente vencendo o humor* podem ser úteis para ambos, especialmente em casos em que os clientes têm diagnósticos comórbidos.

USANDO *A MENTE VENCENDO O HUMOR* NO TRATAMENTO DO TAG: O TRANSTORNO DA PREOCUPAÇÃO

O TAG é caracterizado por preocupações. Embora quase todos se preocupem algumas vezes, pessoas diagnosticadas com TAG se preocupam todos os dias com uma ampla variedade de questões. Como é característico de toda ansiedade, dois tipos de pensamentos predominam no TAG: superestimação de perigos/ameaças e subestimação da habilidade de enfrentamento/recursos de ajuda. As preocupações são variadas e frequentemente assumem a forma de perguntas do tipo "E se...?": "E se meu filho tiver dificuldades? E se eu cometer um erro? E se nosso dinheiro acabar? E se eu não conseguir fazer alguma coisa [que é exigida de mim]?". A natureza dessas preocupações no TAG é que essas pessoas pensam nas "coisas ruins" que podem acontecer, imaginam vividamente possibilidades catastróficas e raramente consideram tudo o que podem fazer para enfrentar a situação ou ter acesso a alguma ajuda disponível caso de fato aconteça o pior.

Por sua vez, pessoas que não apresentam TAG com frequência terão preocupações com uma variedade de coisas que podem dar errado, vão avaliar a probabilidade de cada uma e empreender esforços no planejamento de como manejar e lidar com o que for mais provável. A diferença entre essas duas mentalidades está frequentemente no grau de confiança na própria habilidade de lidar com os perigos e as dificuldades na vida. Assim, recomendamos que a terapia para TAG foque no aumento da confiança no enfrentamento, em vez de na minimização do perigo. As duas estratégias podem reduzir a ansiedade; entretanto, o foco no enfrentamento tem a vantagem adicional de reduzir o perigo percebido das consequências quando as coisas dão errado. "Se alguma coisa ruim acontecer, então serei capaz de lidar com ela" é uma postura mais resiliente do que "Se eu achar que alguma coisa ruim vai acontecer, então posso estar superestimando-a".

Há muitas abordagens diferentes de TCC baseadas em evidências para TAG, tais como o modelo cognitivo geral de Beck para ansiedade, que enfatiza a correção das distorções cognitivas relacionadas a superestimação do perigo e subestimação do enfrentamento e dos recursos (Clark & Beck, 2011); o modelo de tratamento de Dugas, que atua na melhoria da habilidade de tolerar a incerteza (Dugas & Ladouceur, 2000; Hebert & Dugas, 2019); o foco de Wells no teste de metacognições sobre preocupação (Wells, 2009); e o tratamento de Riskind e colaboradores, que foca nas reduções de avaliações disfuncionais da "vulnerabilidade iminente" (Katz, Rector, & Riskind, 2017). Essa variedade de tratamentos baseados em evidências pode ser um pouco confusa para os terapeutas: é melhor focar nas distorções cognitivas, nas metacognições sobre preocupação ou na tolerância à incerteza? Não há estudos suficientes de resultados comparativos para recomendar uma abordagem mais do que a outra. Felizmente, as habilidades ensinadas em *A mente vencendo o humor* são compatíveis com cada uma dessas abordagens.

Seja qual for o tratamento baseado em evidências para TAG a ser seguido, um erro comum que os terapeutas cometem é focar nas especificidades das preocupações dos clientes e tentar convencê-los de que o perigo particular que eles temem provavelmente não se tornará realidade ou que são capazes de lidar com esse perigo. Por exemplo, um cliente se preocupa: "E se eu não conseguir fazer este novo trabalho?", e o terapeuta começa uma série de investigações e perguntas nos moldes de "Vamos examinar as evidências. Quando foi que você pensou nisso no passado e isso se tornou realidade? O que o novo trabalho requer? Que habilidades você já tem que poderiam ajudar? Que treinamento está disponível? O que você diria a um amigo?". O problema com essa abordagem terapêutica é que, mesmo que o cliente, ao final da sessão, esteja menos preocupado em ser capaz de fazer o novo trabalho, ele ainda não aprendeu nada para ajudar com preocupações futuras. E dúzias, se não centenas, de preocupações adicionais provavelmente irão surgir nas próximas semanas.

Uma melhor abordagem terapêutica é fazer o seguinte:

1. Demonstrar como a ansiedade opera e como as preocupações são alimentadas por ela.
2. Identificar os pressupostos subjacentes que estão por trás das preocupações.
3. Planejar experimentos comportamentais para testar esses pressupostos subjacentes.
4. Identificar pressupostos alternativos que promovam menos preocupação e ansiedade.
5. Planejar experimentos comportamentais para testar a utilidade dos pressupostos alternativos.

Conforme descrito no Capítulo 10, concentrar-se nos pressupostos subjacentes é um foco de tratamento mais proveitoso, pois este é o nível de pensamento que mantém a ansiedade no TAG. Ter maior consciência dos pressupostos subjacentes e desenvolver novos pressupostos pode ajudar a lidar com mais eficiência com a preocupação e a ansiedade sempre que forem ativadas. *A mente vencendo o humor* pode ajudar com cada um desses cinco passos do tratamento, conforme descrito mais detalhadamente aqui.

1. Demonstrar como a ansiedade opera e como as preocupações são alimentadas por ela

O Capítulo 12 de *A mente vencendo o humor*, Compreendendo minha ansiedade, educa as pessoas efetivamente sobre a ansiedade e como ela opera. Conforme descrito no Capítulo 10 deste guia, a Folha de Exercícios 14.1, Inventário de Ansiedade de *A mente vencendo o humor*, é usada para medir a linha básica da ansiedade. As mudanças na ansiedade com o passar do tempo podem ser acompanhadas na Folha de Exercícios 14.2, Escores do Inventário de Ansiedade de *A mente vencendo o humor* (p. 214). O preenchimento do Inventário sensibiliza as pessoas para indícios físicos e outros sinais de ansiedade. Ao preenchê-lo, elas estão se aproximando e pensando na sua ansiedade em vez de evitá-la.

Você pode esperar que pessoas com TAG registrem muitas preocupações na coluna 3, a coluna dos Pensamentos automáticos (imagens), quando identificam seus pensamentos associados à ansiedade (Folha de Exercícios 14.3, *A mente vencendo o humor*, p. 224). Os pensamentos automáticos provavelmente serão escritos como perguntas de preocupação – por exemplo, "E se x acontecer?" ou "Como lidar com y?". Quando as pessoas escrevem esses tipos de perguntas na coluna 3, ensine-as a se perguntarem: "Qual é a resposta que me deixa mais ansioso?". Incentive-as a identificar medos ansiogênicos específicos em imagens e também em palavras, como neste diálogo entre Reuben e seu terapeuta.

TERAPEUTA: Observei que na coluna 3 você identificou algumas perguntas em seus pensamentos. Como esta: "E se alguma coisa ruim acontecer?".

REUBEN: Hum-hum.

TERAPEUTA: É melhor que você possa parar um momento para entender exatamente com o que está se preocupando. Por exemplo, que coisas ruins você estava imaginando, o que o deixou ansioso a respeito disso?

REUBEN: Acho que há muitas coisas ruins que posso imaginar. Eu poderia estragar tudo e então ter problemas por isso e perder meu emprego. Coisas assim.

TERAPEUTA: Vamos listar essas preocupações. (*Escreve:* "Estragar tudo. Ter problemas. Perder meu trabalho.") Mais alguma coisa?

REUBEN: Isso é suficiente!

TERAPEUTA: Só estou verificando. Quando você pensou: "E se alguma coisa ruim acontecer?", havia alguma outra coisa na sua mente? O que você estava imaginando como a pior coisa?

REUBEN: A pior coisa?

TERAPEUTA: Sim.

REUBEN: Acho que enfrentar meu pai.

TERAPEUTA: O que você quer dizer?

REUBEN: Se eu perder meu trabalho, vou ter que contar para ele, e ele vai ficar muito decepcionado comigo.

TERAPEUTA: Você se imaginou falando com ele quando estava se preocupando com isso?

REUBEN: Sim.

TERAPEUTA: O que você imaginou?

REUBEN: Ele estava na cozinha, e eu entrei e lhe contei que perdi o emprego. Ele ficou triste, e seus olhos pareciam desapontados. Então ele abanou a cabeça e se afastou de mim.

TERAPEUTA: Ele lhe disse alguma coisa?

REUBEN: Não. Ele ficou em silêncio. E eu sabia que ele estava pensando mal de mim e nunca mais iria me respeitar.

TERAPEUTA: Uau! E isso é uma coisa perturbadora para você.

REUBEN: Sim. Trabalhei com tanto afinco para me redimir aos olhos dele. Jamais quero perder o respeito dele de novo.

TERAPEUTA: E nessa longa sequência de eventos desde estragar tudo até perder o emprego e o respeito do seu pai, você teve algum pensamento ou imagem sobre fazer alguma coisa para enfrentar ou lidar com essas coisas?

REUBEN: Na verdade, não. Apenas parecia que uma coisa ruim iria vir depois da outra.

TERAPEUTA: Então nós desvendamos a sua preocupação "E se alguma coisa ruim acontecer?". O que ocorre é que a ansiedade coloca muitas coisas assustadoras na sua mente sobre coisas ruins que vão acontecer. (*Lendo da lista escrita*) Você estragaria tudo no trabalho, teria problemas, perderia seu emprego, depois teria que contar ao seu pai, e, então, ele ficaria decepcionado, se afastaria de você, pensaria mal de você, e você nunca mais teria o respeito dele de novo. E você na verdade não pensou em fazer alguma coisa durante esse processo para se ajudar ou para reverter as coisas. Isso capta o que estava passando na sua mente?

REUBEN: Sim, capta muito bem.

TERAPEUTA: Você acha que esses detalhes são mais úteis na compreensão da sua ansiedade do que a preocupação geral "E se alguma coisa ruim acontecer?"?

REUBEN: Sim, com certeza.

TERAPEUTA: Então vamos anotar algumas perguntas que você pode fazer a si mesmo na próxima vez que pensar "E se alguma coisa ruim acontecer?" que o ajudarão a chegar a esses detalhes.

Depois de anotar as perguntas que Reuben poderia fazer a si mesmo para identificar preocupações específicas (p. ex., "Qual é o pior que poderia acontecer?", "Eu me vejo lidando com isso de alguma maneira?" e "Estou tendo imagens sobre isso?"), seu terapeuta relacionou os pensamentos e imagens ansiogênicos de Reuben ao modelo de ansiedade descrito no Capítulo 14 de *A mente vencendo o humor*.

TERAPEUTA: Lembra de como o capítulo sobre ansiedade que você leu em *A mente vencendo o humor* falava que temos muitos pensamentos sobre perigo quando estamos ansiosos e também tendemos a acreditar que não conseguiremos lidar com os perigos que podem acontecer?

REUBEN: Sim. Falamos sobre isso na semana passada, também.

TERAPEUTA: Depois do seu pensamento "E se alguma coisa ruim acontecer?", você teve muitos pensamentos e imagens. Eles tiveram alguma coisa a ver com perigo e enfrentamento?

REUBEN: Sim. Todos esses pensamentos são sobre perigo de certa forma.

TERAPEUTA: Como é isso?

REUBEN: Bem, se eu estragasse tudo no meu trabalho novo, então isso seria um perigo e poderia me levar a ter problemas, que é como um perigo, e perder meu emprego definitivamente seria um perigo, e então perderia o respeito do meu pai.

TERAPEUTA: E o que você pensou sobre o enfrentamento desses perigos?

REUBEN: Na verdade não pensei nada sobre isso.

TERAPEUTA: Isso combina com o que conversamos sobre ansiedade?

REUBEN: Sim. Eu nem mesmo pensei que poderia fazer alguma coisa para lidar com essas situações.

TERAPEUTA: Então, quando fica ansioso e se preocupa, você pensa em muitos perigos, mas não pensa muito sobre como enfrentá-los.

REUBEN: É isso mesmo.

TERAPEUTA: Como acha que as coisas correriam se você pensasse no enfrentamento em vez de apenas no perigo? Por exemplo, se pensasse em como poderia lidar com isso no início... quando estragou as coisas.

REUBEN: Se eu pensar em enfrentar a minha confusão consertando-a ou falando com meu supervisor, então pode ser que eu me sinta menos ansioso de perder meu emprego.

TERAPEUTA: Então parece que a ansiedade realmente alimenta as suas preocupações, focando nos perigos e mantendo o enfrentamento fora da sua mente.

REUBEN: Você tem razão.

Essa entrevista forneceu uma boa base para o terapeuta de Reuben lhe pedir que capturasse os pensamentos mais ansiogênicos e as imagens associadas a preocupações para apresentar na sessão seguinte. Além disso, ele pediu que Reuben identificasse cada pensamento e imagem como um pensamento de "perigo" ou de "enfrentamento".

Depois que Reuben viu que estava preponderantemente focando no perigo quando se preocupava, seu terapeuta propôs que ele começasse a acompanhar suas preocupações do tipo "E se...?" pela pergunta de resolução dos problemas "Então, o que posso fazer?" para voltar seu pensamento para o enfrentamento. Como um primeiro passo no seu manejo da preocupação, seu terapeuta pediu que ele anotasse uma preocupação específica sobre perigo quando Reuben estivesse se preocupando com alguma coisa. A seguir, Reuben deveria se perguntar "Então, o que posso fazer?" e classificar (em uma escala de 0 a 100%) o quanto achava provável que aquelas ações resolveriam o problema caso ele realmente acontecesse. O terapeuta pediu que ele continuasse considerando atitudes adicionais que poderia tomar ou que ajuda poderia obter de outras pessoas até que estivesse consideravelmente confiante de que seu plano de enfrentamento o ajudaria a controlar com sucesso o perigo que o preocupava. Ao fazê-lo aumentar seu foco e a confiança em sua habilidade de lidar com perigos potenciais, o terapeuta esperava reduzir a ansiedade de Reuben.

Como Reuben, muitas pessoas com TAG se preocupam com determinadas atividades, mas nem sempre as evitam. Assim, pessoas com TAG podem não precisar ler a respeito ou completar uma escada de medos (Folhas de Exercícios 14.4 e 14.5, *A mente vencendo o humor*, p. 230-231) na terapia. Igualmente, se pessoas com TAG ficam apenas ocasionalmente ansiosas durante cada semana, então elas não precisam praticar métodos particulares de relaxamento, conforme descrito nas seções finais do Capítulo 14 de *A mente vencendo o humor*. No entanto, quando pessoas diagnosticadas com TAG experimentam altos níveis de ansiedade na maior parte do tempo durante a semana, algum tipo de prática de relaxamento pode ser útil até que aprendam outras habilidades de manejo da preocupação e da ansiedade.

2. Identificar os pressupostos subjacentes que estão por trás das preocupações

Que tipos de pressupostos subjacentes mantêm as preocupações? O pressuposto subjacente mais genérico para TAG pode ser expresso como "Se alguma coisa ruim acontecer, então não vou conseguir lidar com isso". A maioria das pessoas com TAG tem esse pressuposto. Há muitos outros pressupostos comuns que mantêm a preocupação, como "Se eu me preocupar, então vou poder impedir que coisas ruins aconteçam" e "Se eu não me preocupar, então serei surpreendido e será pior". Perfeccionismo é uma característica comum do TAG, mantido por pressupostos como "Se não for perfeito, então coisas ruins vão acontecer [e então não vou conseguir lidar com isso]" e "Se eu fizer as coisas perfeitas, então vou poder impedir que coisas ruins aconteçam". Pressupostos relacionados a incerteza também são comuns: "Se as coisas forem incertas, então eu devo descobrir todas as possibilidades do que pode acontecer para estar preparado", "Se eu pensar por um tempo suficiente (preocupação) sobre as coisas que são incertas, então vou conseguir imaginar o que provavelmente vai acontecer" e "Se alguma coisa inesperada acontecer, então não vou estar preparado, e as consequências serão ainda piores".

É claro que cada pessoa terá versões individualizadas desses tipos de pressupostos subjacentes. Reuben e seu terapeuta identificaram alguns dos seus pressupostos subjacentes na sua sessão seguinte.

TERAPEUTA: Fiquei pensando sobre as suas preocupações nesta semana.

REUBEN: Espero que elas não sejam contagiosas!

TERAPEUTA: (*Rindo*) Não, de jeito nenhum. Contudo, acho que pode haver alguns pressupostos subjacentes por trás delas.

REUBEN: Pressupostos? O que você quer dizer?

TERAPEUTA: Geralmente temos boas razões para nos preocuparmos, e aposto que você e eu poderíamos descobrir suas boas razões. Por exemplo, você poderia pressupor: "Se eu me preocupar em cometer erros, então..." (*Pausa*)

REUBEN: Então vou ser mais cuidadoso e não irei cometê-los.

TERAPEUTA: Certo. Isso é o que entendo por pressuposto. Vamos anotar isso. (*Pede que Reuben escreva: "Se eu me preocupar em cometer erros, então vou ser mais cuidadoso e não irei cometê-los"*)

Usando os métodos descritos no Capítulo 7 deste guia, o terapeuta de Reuben o ajudou a identificar os seguintes pressupostos subjacentes:

"Se eu me preocupar em cometer erros, então vou ser mais cuidadoso e não irei cometê-los."

"Se eu cometer um erro ou alguma coisa der errado, isso resultará em uma série de acontecimentos negativos."

"Se uma cadeia de eventos tiver início, então não vou saber o que fazer e apenas vou assistir à minha vida desmoronar."

"Se minha vida desmoronar, então não haverá como me recuperar."

Esses pressupostos subjacentes ajudaram Reuben a entender por que ele se sentia tão ansioso sobre cometer erros ou imaginar coisas que poderiam dar "errado."

3. Planejar experimentos comportamentais para testar esses pressupostos subjacentes

Depois que identificaram os pressupostos subjacentes, você e seu cliente podem planejar experimentos comportamentais para testá-los, conforme descrito no Capítulo 7 deste guia. Reuben e seu terapeuta usaram uma variedade de métodos para testar seus pressupostos. Eles realizaram um experimento na sessão de terapia que envolvia jogar um jogo em que era preciso muita atenção para remover as varetas de uma estrutura feita de peças de madeira. Se fosse puxada a peça de madeira errada, toda a estrutura cairia. Eles jogaram esse jogo em duas condições: uma em que Reuben, antes de cada ação, se preocupava por um minuto ou mais com qual vareta puxar, e a outra em que ele olhava para a estrutura e fazia a "melhor estimativa", fazendo uma escolha dentro de 15 segundos. Reuben previu que teria melhores resultados quando se preocupasse mais, pois isso o ajudaria a tomar melhores decisões. Na verdade, seu desempenho nas duas condições foi semelhante, e algumas vezes ele conseguiu remover mais varetas na condição da "melhor estimativa". Ao examinar esse experimento, seu terapeuta também pediu que Reuben refletisse sobre sua ansiedade e diversão em cada condição. Reuben notou que sua ansiedade foi mais baixa e a diversão mais alta nas circunstâncias da "melhor estimativa" do que na condição de "preocupação". Esse experimento foi um dos vários que levaram Reuben a concluir que a preocupação não o ajudava necessariamente a evitar erros.

Para testar seu segundo pressuposto, "Se eu cometer um erro ou alguma coisa der errado, isso resultará em uma série de acontecimentos negativos", o terapeuta e Reuben examinaram erros passados de Reuben no trabalho e na sua vida pessoal, erros grandes e pequenos. Alguns desses erros realmente provocaram uma série de eventos negativos, mas somente quando Reuben cometia o mesmo erro repetidamente (p. ex., quando tirava algum dinheiro da carteira de seu pai quando menino e continuava fazendo isso até ser pego). Reuben mantinha um registro dos erros que cometia durante a semana, para verificar se eles em geral davam início a uma cascata de eventos negativos, como seu pressuposto previa que fariam. Isso não aconteceu. Ele observou que, em geral, tomava uma atitude para corrigir seus erros desde que havia se tornado adulto e reconheceu que essas respostas realmente o estavam ajudando a fazer progresso positivo na sua vida.

4. Identificar pressupostos alternativos que promovam menos preocupação e ansiedade

Depois de inúmeros experimentos realizados, Reuben começou a considerar pressupostos subjacentes alternativos. Baseado em suas experiências, os seguintes pressupostos pareceram mais acurados para ele:

> "Se eu me preocupar, isso não vai necessariamente ajudar e quase sempre fará com que eu me sinta ansioso."
>
> "Se eu cometer um erro ou alguma coisa der errado, então geralmente eu poderei pensar em alguma coisa para fazer para consertar."
>
> "Se uma cadeia de eventos negativos tiver início, então poderei fazer alguma coisa a respeito; não tenho que observar minha vida desmoronar."
>
> "Mesmo que minha vida desmorone, sempre haverá como me recuperar."

Embora esses pressupostos representassem melhora em relação a seus pressupostos iniciais, o terapeuta queria ajudá-lo a desenvolver pressupostos mais assertivos sobre sua habilidade de enfrentamento, e não tão focados em "não se preocupar" ou "cometer erros e consertá-los".

Foco no enfrentamento

O terapeuta de Reuben direcionou o foco para o enfrentamento na sessão seguinte.

TERAPEUTA: Na semana passada escrevemos alguns pressupostos sobre preocupação e erros que se ajustam melhor às suas experiências do que os pressupostos com os quais você começou. Nesta semana você teve tempo para revisar e refletir sobre esses novos pressupostos?

REUBEN: Sim, tive. Esses pressupostos ajudam a me sentir melhor.

TERAPEUTA: E você ainda acha que eles se ajustam bem às suas experiências?

REUBEN: Acho.

TERAPEUTA: Eu estava pensando que hoje poderíamos encontrar alguns pressupostos adicionais sobre enfrentamento e tolerância da incerteza e testá-los nas próximas semanas, para que você se sinta ainda melhor. Está bom para você?

REUBEN: Com certeza.

TERAPEUTA: O que você diria que é um bom pressuposto para você, no momento, em relação ao risco de que coisas ruins aconteçam e às suas habilidades para lidar com essas coisas? Coloque isso em uma declaração do tipo "Se... então...", como temos feito.

REUBEN: Eu diria que "Se coisas ruins acontecerem, então provavelmente vou ser capaz de lidar com elas".

TERAPEUTA: Como você se sente ao dizer isso?

REUBEN: Verdadeiro, mas também um pouco assustado.

TERAPEUTA: Tente dizer isso novamente, mas, desta vez, retire a palavra "provavelmente" e veja como soa.

REUBEN: Se coisas ruins acontecerem, então vou lidar com elas de alguma forma.

TERAPEUTA: Como isso lhe parece?

REUBEN: Não estou completamente seguro de que seja verdadeiro, mas parece melhor.

TERAPEUTA: Bom. Vamos tentar outra mudança. Como sabemos que coisas ruins realmente acontecem a todos na vida, tente dizer: "Quando coisas ruins acontecerem, vou lidar com elas de alguma forma."
[Observe que o terapeuta modifica a linguagem de "Se" para "Quando" para tornar a afirmação mais forte.]

REUBEN: Quando coisas ruins acontecerem, vou lidar com elas de alguma forma. (*Pausa*) Na verdade, eu gostaria de dizer: "Quando coisas ruins acontecerem, vou encontrar uma forma de lidar com elas." Isso faz com que eu me sinta muito melhor e mais forte.

TERAPEUTA: Bom. Vamos anotar isso. (*Faz uma pausa enquanto Reuben escreve sua declaração*) O quanto você acredita nisso?

REUBEN: Não inteiramente, mas estou chegando lá.

TERAPEUTA: Acho que precisamos fazer mais experimentos para testar isso.

REUBEN: Certo.

Depois de uma discussão adicional, Reuben saiu da sessão com uma lista de novos pressupostos subjacentes que afirmavam suas habilidades de enfrentamento mais diretamente:

"Quando coisas ruins acontecerem, vou encontrar uma forma de lidar com elas."

"Quando o futuro for incerto, tudo bem, porque, não importa o que acontecer, vou continuar trabalhando em direção aos meus objetivos."

"Quando eu tiver confiança de que consigo lidar com as coisas, então não vou precisar me preocupar tanto. Posso aceitar a vida como ela se apresenta."

Esses pressupostos subjacentes finais demonstram que Reuben deixou de se preocu-

Dica clínica

O foco no enfrentamento tem a vantagem adicional de reduzir o perigo percebido das consequências quando as coisas dão errado. "Se alguma coisa ruim acontecer, então vou ser capaz de lidar com ela" é uma postura mais resiliente do que "Se eu achar que alguma coisa ruim vai acontecer, então posso estar superestimando-a."

par com o que aconteceria "se" coisas ruins acontecessem para afirmar que "quando" coisas ruins acontecessem, ele lidaria com elas. Quando as pessoas têm confiança em suas habilidades de enfrentamento, elas não precisam se preocupar tanto com perigos potenciais e contratempos.

5. Planejar experimentos comportamentais para testar a utilidade dos pressupostos alternativos

O estágio final da terapia de Reuben envolveu a condução de experimentos comportamentais para testar seus novos pressupostos subjacentes. Muitos dos experimentos que ele usou para testar seus pressupostos iniciais do TAG eram semelhantes ao Experimento 1 do Capítulo 11 de *A mente vencendo o humor*: "Então..." sempre acompanha "se..."? (p. 138). No entanto, testar seus novos pressupostos requeria que ele usasse o Experimento 3 desse mesmo capítulo, Faça o oposto e veja o que acontece (*A mente vencendo o humor*, p. 140). Nesse caso, Reuben fez o oposto do que era sugerido por seus pressupostos originais do TAG. Por exemplo, em vez de tentar evitar que coisas ruins acontecessem, ele esperava que coisas ruins acontecessem como oportunidades para testar suas habilidades de enfrentamento.

Em vez de usar a preocupação para imaginar resultados potenciais e prevenir a incerteza, Reuben e seu terapeuta elaboraram uma série de experimentos para procurar a incerteza. Esses experimentos que abraçam a incerteza começaram na sessão com seu terapeuta. Em vez de planejar cuidadosamente o que discutiria e trazer uma lista escrita para cada sessão, Reuben concordou em reagir mais espontaneamente. Seu pressuposto original, "Se eu cometer um erro ou alguma coisa ruim acontecer, uma série de eventos negativos virá depois", previa que essa abordagem mais aberta das suas sessões levaria a resultados piores. Seus novos pressupostos – "Quando o futuro for incerto, tudo bem, porque, não importa o que acontecer, vou continuar trabalhando em direção aos meus objetivos" e "Quando eu tiver confiança de que consigo lidar com as coisas, então não vou precisar me preocupar tanto; posso aceitar a vida como ela se apresenta" – previam que as sessões ainda poderiam ser produtivas mesmo sem um extenso planejamento por parte dele, e, se não fossem produtivas, Reuben seria capaz de tomar as atitudes corretivas quando necessário. Reuben descobriu que, quando fazia menos planejamento do conteúdo da sessão, maior era a probabilidade de acontecerem descobertas inesperadas. Algumas sessões pareciam menos produtivas para ele, o que não lhe parecia um problema, já que continuava a fazer progresso.

Os experimentos com a incerteza fora da sessão foram ainda mais convincentes para Reuben. Ele e seu terapeuta elaboraram uma série de experimentos que aumentariam a incerteza e lhe dariam a oportunidade de enfrentar o desconhecido. Por exemplo, certo dia ele concordou em ir até uma nova parte da cidade para almoçar e passar algumas horas. Normalmente, Reuben procuraria uma aventura como esta com antecedência, para se assegurar de que havia planejado atividades de que provavelmente gostaria, usaria o GPS de seu celular para guiar seu percurso e verificaria as avaliações em um aplicativo antes de escolher um lugar para comer. Para esse experimento, ele concordou em renunciar a todos esses recursos digitais e foi sem um plano; até concordou em desligar seu celular durante o experimento para que não fosse tentado a usá-lo para comportamentos de segurança.

O dia inteiro foi repleto de incertezas. Inicialmente, Reuben se sentiu um pouco ansioso e inquieto. Ele anotava observações sobre suas reações e medos. Durante a primeira hora, descobriu que estava prestando mais atenção ao seu entorno do que normalmente faria. Inicialmente, estava fazendo isso em busca de perigos. Depois de algum tempo, no entanto, notou que estava olhando as redondezas com curiosidade e interesse. Conversou rapidamente com pessoas em algumas lojas e começou a se divertir. Ao voltar para casa, no final da tarde, Reuben estava satisfeito por se sentir muito mais confiante na sua habilidade de lidar com as incertezas.

Quando examinou esse experimento, o terapeuta de Reuben foi cuidadoso para não observar simplesmente que ele tinha se saído bem (referindo-se à superestimação do perigo). Em vez disso, concentrou-se principalmente na discussão das experiências que ele havia considerado como desafios ou perigos no momento, para que Reuben pudesse avaliar o quanto havia se saído bem nessas situações. Reuben se deu conta de que havia lidado com sucesso com inúmeras "coisas ruins" que aconteceram, como embarcar no ônibus errado e seguir mais de um quilômetro antes de perceber que estava indo na direção errada, escolher um restaurante que era um pouco mais caro do que queria e cruzar com um morador de rua que o seguiu por alguns passos pedindo dinheiro. Reuben concluiu que sua nova crença, "Quando eu tiver confiança de que consigo lidar com as coisas, então não vou precisar me preocupar tanto; posso aceitar a vida como ela se apresenta", abria possibilidades totalmente novas para sua vida. Mesmo que houvesse riscos envolvidos em enfrentar a incerteza, Reuben achava que esses riscos eram amplamente superados pela maior liberdade em sua vida que esse pressuposto permitia. Reuben gradualmente desenvolveu aceitação das incertezas da vida, apoiado por seu novo pressuposto subjacente.

Esse resumo da terapia de Reuben ilustra uma das formas como um terapeuta pode usar *A mente vencendo o humor* no tratamento de TAG. Embora o terapeuta de Reuben não tenha usado explicitamente a Folha de Exercícios 10.3, Aceitação, de *A mente vencendo o humor* (p. 125), muitos outros terapeutas podem optar por fazê-lo quando trabalham com clientes com TAG. Os terapeutas são encorajados a adaptar *A mente vencendo o humor* às necessidades particulares de seus clientes e a introduzir habilidades na ordem que fizer mais sentido para cada cliente. As principais habilidades ensinadas em *A mente vencendo o humor* que os terapeutas frequentemente enfatizarão no tratamento de TAG estão resumidas na Tabela 11.1, relacionadas às folhas de exercícios e leituras específicas em *A mente vencendo o humor*.

USANDO *A MENTE VENCENDO O HUMOR* NO TRATAMENTO DO TRANSTORNO DE PÂNICO

Centenas de estudos de pesquisa (Clark et al., 1997; Ohst & Tuschen-Caffier, 2018; Teachman, Marker, & Clerkin, 2010) apoiam a terapia cognitiva do transtorno de pânico, que postula que os ataques de pânico nesse transtorno resultam de interpretações equivocadas catastróficas de sensações internas (físicas ou mentais). Essas interpretações são "catastróficas" no sentido de que as pessoas com transtorno de pânico acreditam que suas sensações significam que naquele momento estão morrendo, física ou mentalmente (p. ex., tendo um infarto, permanentemente "enlouquecendo"). Pessoas com transtorno de pânico entram em um círculo vicioso em que as

TABELA 11.1 Tarefas para tratamento de TAG relacionadas às folhas de exercícios e leituras em *A mente vencendo o humor*

TAG: tarefa da terapia	Folhas de exercícios e leituras em *A mente vencendo o humor*
Acompanhar os escores de humor da ansiedade a cada semana no Inventário de Ansiedade de *A mente vencendo o humor*.	Folha de Exercícios 14.1, p. 213; registrar escores na Folha de Exercícios 14.2, p. 214
Demonstrar como a ansiedade opera e alimenta preocupações.	p. 211-223
Identificar pensamentos/imagens ansiogênicos.	Folha de Exercícios 14.3, p. 224
Praticar estratégias de manejo da ansiedade (somente se necessário, devido aos altos níveis de ansiedade durante o dia).	p. 235-237 Folha de Exercícios 14.6, p. 238
Identificar pressupostos subjacentes mantenedores (usando a própria linguagem do cliente, incluir pressupostos como "Se coisas ruins acontecerem, então não vou conseguir lidar com elas").	Folha de Exercícios 11.1, p. 137
Elaborar experimentos comportamentais para testar pressupostos subjacentes; construir pressupostos subjacentes alternativos enfatizando o enfrentamento; elaborar experimentos comportamentais adicionais para testar novos pressupostos.	Folha de Exercícios 11.2, p. 144
Abordar preocupações do tipo "E se...?" respondendo com planos de enfrentamento do tipo "Então o que...".	p. 221-222
Considerar transformar a Folha de Exercícios Plano de ação em um plano de enfrentamento para um perigo específico.	Folha de Exercícios 10.2, p. 121
Desenvolver aceitação das incertezas na vida.	Folha de Exercícios 10.3, p. 125

sensações são seguidas por pensamentos ansiogênicos sobre as sensações que provocam ansiedade, então por mais sensações e, finalmente, por interpretações equivocadas catastróficas sobre as sensações, que levam ao pânico (conforme mostra a Figura 11.1). Além disso, pessoas com transtorno de pânico geralmente evitam atividades ou experiências associadas às sensações temidas e desenvolvem comportamentos de segurança que, lamentavelmente, as impedem de aprender que suas sensações não são de fato perigosas. Por exemplo, um homem que acreditava que taquicardia sinalizava infarto iminente evitava subir escadas, pois esse exercício fazia aumentar seus batimentos cardíacos.

Um protocolo de tratamento muito específico e altamente bem-sucedido para transtorno de pânico foi desenvolvido por Barlow (2002) e Clark (1986; Clark et al., 1999), baseado nesse modelo cognitivo. Essa abordagem de tratamento pode ser eficaz com 75 a 90% dos clientes dentro de 5

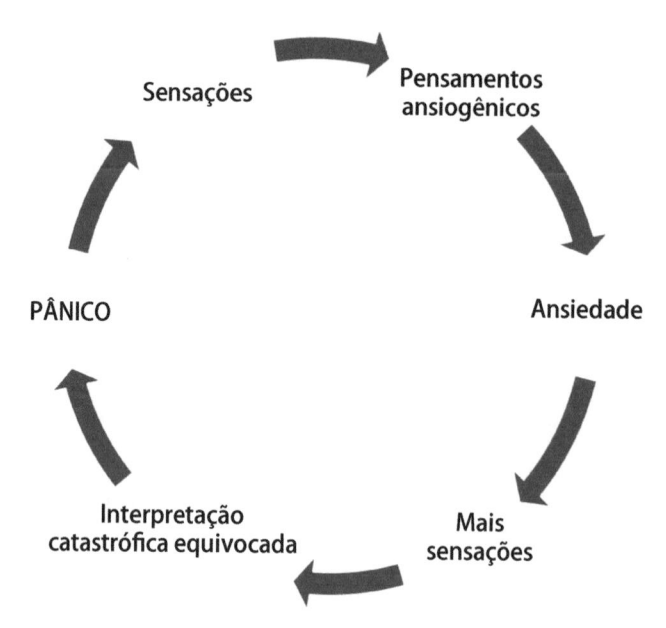

FIGURA 11.1 Círculo vicioso no transtorno de pânico.

a 20 sessões, com menos de 10% de recaída depois de um ano de seguimento (Clark et al., 1994).

Resumidamente, a TCC para transtorno de pânico envolve:

1. Identificar as interpretações catastróficas equivocadas relacionadas às sensações que influenciam as experiências de medo.
2. Induzir sensações para demonstrar o círculo vicioso, testando crenças de perigo catastrófico e identificando explicações alternativas para as sensações.
3. Elaborar experimentos comportamentais para reduzir a evitação e os comportamentos de segurança durante as induções de sensações, de modo que os clientes possam descobrir que as catástrofes temidas não vão acontecer, mesmo quando as sensações forem muito intensas.
4. Elaborar mais experimentos comportamentais para verificar se explicações catastróficas ou não catastróficas oferecem melhor compreensão das sensações experimentadas.

Padesky (1993b; ver também Apêndice C, p. 479) fornece uma demonstração em vídeo dos três primeiros passos desse protocolo, mostrando como eles podem começar em uma única sessão.

Por exemplo, Manuel evitava sentir muito calor porque tinha este pressuposto subjacente catastrófico: "Se eu transpirar, significa que vou sufocar, ter um colapso e morrer". Essa crença começou depois que ele soube que um membro da família havia começado a transpirar alguns minutos antes de ter um colapso fatal. Para testar essa interpretação catastrófica equivocada da transpiração, ele e seu terapeuta vestiram casacos de inverno dentro de uma sala quente e rapidamente induziram a transpiração. Seu temor catastrófico se dissipou quando ele descobriu que mesmo a transpiração intensa não o levou a sufocar ou ter um colapso. O terapeuta ajudou Manuel a desenvolver uma explicação alternativa de que ocorria transpiração quando ele estava superaquecido, como uma forma de o seu corpo resfriar, mas isso não significava que ele estivesse sufocando ou morrendo.

Clientes com qualquer tipo de ansiedade grave podem experimentar ataques de pânico. Um erro comum do terapeuta é usar TCC para transtorno de pânico com clientes que têm ataques de pânico, mas não têm transtorno de pânico. O tratamento descrito aqui deve ser aplicado somente quando os ataques de pânico não forem sintomáticos de outro diagnóstico de ansiedade – ou seja, quando pelo menos alguns ataques de pânico ocorrem "do nada" em resposta a temores relacionados a sensações físicas ou mentais, em vez de em resposta a uma situação temida. Como o tratamento de transtorno de pânico é muito específico, frequentemente apenas um ou dois pressupostos subjacentes sobre uma ou mais sensações precisam ser testados. Por essa razão, clientes que estão em tratamento para transtorno de pânico podem precisar ler apenas alguns capítulos ou seções de *A mente vencendo o humor*. A descrição do caso a seguir ilustra esse modelo de tratamento abreviado.

Durante a sessão de admissão, o terapeuta avaliou Roger, um soldado de 46 anos, e determinou que ele satisfazia os critérios para transtorno de pânico. O terapeuta pediu-lhe que lesse o Capítulo 1 e as páginas 211-227 do Capítulo 14 de *A mente vencendo o humor* e preenchesse o Inventario de Ansiedade de *A mente vencendo o humor* (Folha de Exercícios 14.1, p. 213) antes da sessão seguinte.

1. Identificar interpretações catastróficas equivocadas

Na segunda sessão, o terapeuta entrevistou Roger a respeito de um ataque de pânico grave que ele teve na semana anterior, usando perguntas sugeridas por Clark (1988), rapidamente identificando as sensações e interpretações catastróficas equivocadas de Roger sobre essas sensações que desencadearam seu ataque de pânico.

TERAPEUTA: Quando seu ataque de pânico estava no auge, que sensações você experimentou?

ROGER: Eu não conseguia respirar. Meu coração estava acelerado.

TERAPEUTA: Mais alguma coisa?

ROGER: Eu estava com calor e transpirando. Minha sensação era de que eu ia morrer.

TERAPEUTA: Mais alguma coisa?

ROGER: Não.

TERAPEUTA: E quando você não conseguiu respirar, seu coração estava acelerado, você sentiu calor e transpirava, e sentiu como se fosse morrer, o que passou pela sua cabeça?

ROGER: Não sei. Minha cabeça estava girando.

TERAPEUTA: Qual foi a pior coisa que você imaginou que poderia acontecer?

ROGER: Achei que eu estava tendo um ataque cardíaco.

TERAPEUTA: Você teve alguma imagem de si mesmo tendo um ataque cardíaco?

ROGER: Sim, tive. Eu me vi no chão, e estava branco e meus olhos estavam fechados, e os paramédicos estavam chegando.

TERAPEUTA: Nessa imagem, o que aconteceu?

ROGER: Eu tive um ataque cardíaco. E achei que estava morto.

TERAPEUTA: E quando você teve essa imagem, como isso fez você se sentir?

ROGER: Apavorado.

TERAPEUTA: Como você acha que esse sentimento de pavor afetou sua respiração, sua frequência cardíaca e sua transpiração?

ROGER: (*Fazendo uma pausa*) Bem, quando estou assustado, acho que meu coração bate mais rápido, e algumas vezes eu transpiro mais. Não tenho certeza em relação à minha respiração.

TERAPEUTA: Estas são observações interessantes. Teremos que prestar atenção à sua respiração quando você ficar assustado e ver o que podemos aprender com isso. Por enquanto, vamos fazer um desenho do que descobrimos sobre seu pânico até agora. (*Faz um diagrama, conforme mostra a Figura 11.2, usando as próprias palavras de Roger e as experiências relatadas*)

ROGER: Sim. Isso é o que aconteceu.

TERAPEUTA: E o que você faz para impedir que morra quando não consegue respirar e seu coração está acelerado e você sente calor e transpira como se fosse morrer?

ROGER: Geralmente encontro um lugar para me sentar. E tento respirar lentamente e afrouxar a camisa, tirar os sapatos, para me refrescar mais rapidamente.

Perto do final dessa segunda sessão, Roger e seu terapeuta tinham uma ideia mais clara das ligações entre suas sensações físi-

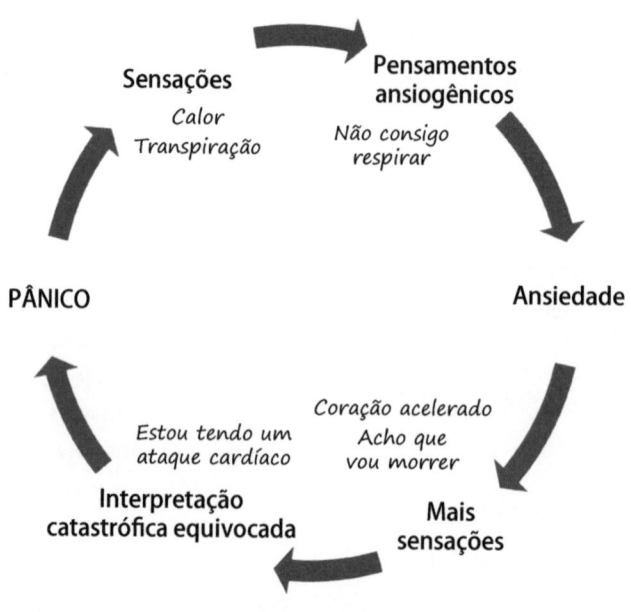

FIGURA 11.2 Círculo vicioso de Roger que leva ao pânico.

cas, seus pensamentos catastróficos sobre essas sensações ("Estou tendo um ataque cardíaco", uma imagem de estar caído no chão morto) e seus ataques de pânico. Eles também discutiram como seus comportamentos de segurança (sentar-se, respirar lentamente, afrouxar a camisa e tirar os sapatos) o impediam de descobrir se suas sensações eram realmente tão perigosas quanto imaginava. Ou seja, cada vez que isso acontecia e ele não morria de ataque cardíaco, Roger dizia a si mesmo: "Se eu não tivesse me sentado e me refrescado rapidamente, então provavelmente teria tido um ataque cardíaco". O terapeuta sugeriu que Roger preenchesse a Folha de Exercícios 14.3, Identificando pensamentos associados à ansiedade (*A mente vencendo o humor*, p. 224), cada vez que tivesse um ataque de pânico na semana seguinte e também que registrasse os comportamentos de segurança que tinha usado para impedir que acontecessem ataques de pânico ou o ataque cardíaco que temia.

2. Induzir e identificar explicações não catastróficas para as sensações

Na sessão 3, Roger e seu terapeuta induziram as sensações que o assustavam e, então, começaram a procurar explicações alternativas para elas. (Nota: todos os clientes que apresentam sintomas de ansiedade devem passar por um exame médico para excluir uma causa física para seus sintomas. Roger foi examinado por seu clínico geral e por um cardiologista, nenhum dos quais encontrou evidências de que ele tivesse um problema cardíaco.) Idealmente, o terapeuta deve escolher induções que sejam compatíveis com as circunstâncias que provocam as sensações em um cliente na sua vida diária. Os ataques de pânico recentes de Roger ocorreram quando ele estava se exercitando ou se movimentando rapidamente, quando estava ansioso e sempre que começava a pensar sobre ter ataques de pânico. Assim, seu terapeuta optou por usar com ele três métodos de indução nessa sessão: correr no lugar (para estimular o exercício), hiperventilação (porque notou que Roger respirava muito superficialmente na sessão quando ficava ansioso) e imaginar seu ataque de pânico mais recente, bem como sua imagem caído ao chão morto.

Esses três experimentos de indução permitiram que Roger observasse que exercícios, alterações na respiração e imagens mentais ansiogênicas podiam originar as sensações que ele presumia serem indicadoras de um ataque cardíaco. Estas se tornaram explicações não catastróficas para suas sensações "espontâneas" durante a semana, como o terapeuta resumiu com Roger na parte intermediária dessa sessão.

TERAPEUTA: Vou escrever essas duas ideias aqui no quadro, e você anota no seu caderno da terapia. Vamos chamar a sua crença original de Teoria 1, e esta segunda crença que estamos desenvolvendo hoje, de Teoria 2.

ROGER: Certo.

TERAPEUTA: (*Escrevendo*) A Teoria 1 é "Quando tenho estes sintomas, é um sinal de que estou tendo um ataque cardíaco e morrendo". A Teoria 2 é "Estes sintomas não são perigosos e podem ser causados por inúmeras coisas, como exercícios, ansiedade e até mesmo imagens na minha cabeça relacionadas a outros ataques de pânico".

ROGER: (*Escrevendo*) Certo.

TERAPEUTA: Baseado nas experiências que você teve aqui hoje, o quanto agora você acredita na Teoria 1 e na Teoria 2?

ROGER: Preciso admitir que ainda acredito que a Teoria 1 pode ser verdadeira... talvez uns 50%. Acredito que a Teoria 2 também pode ser verdadeira. Na verdade, 100% para esta, porque a experimentei hoje.

No final dessa primeira sessão de indução de sensações (a terceira sessão da terapia), Roger estava apenas 50% certo de que falta de ar, taquicardia, transpiração e tontura eram perigosas e reconheceu que as explicações não catastróficas para esses sintomas eram altamente críveis. Em *A mente vencendo o humor*, Márcia é a cliente principal que experimentava transtorno de pânico. O terapeuta de Roger pediu que ele lesse a seção que descreve os experimentos comportamentais que Márcia conduziu na sua terapia para testar seus medos catastróficos e reduzir seus comportamentos de evitação e segurança (*A mente vencendo o humor*, p. 131-135). Nessa terceira sessão, ele pediu que Roger comparasse suas experiências com as experiências de Márcia. Roger também concordou em levar em consideração e anotar possíveis explicações não catastróficas para alguma sensação relacionada ao pânico que experimentou durante a semana seguinte.

Na sessão 4, Roger e seu terapeuta discutiram explicações não catastróficas para sensações que ocorreram "espontaneamente" durante a semana e continuaram a induzir sensações para comparar a credibilidade da Teoria 1 e da Teoria 2. Roger relatou declínio constante em seus escores no Inventário de Ansiedade de *A mente vencendo o humor* e decréscimo nos ataques de pânico, que eram diários, para apenas duas vezes na semana anterior. Ele ainda achava sua Teoria 1 (de que os sintomas eram perigosos e significavam que ele estava tendo um ataque cardíaco) aproximadamente 30% crível, sobretudo quando não estava com seu terapeuta fazendo induções e experimentava esses sintomas na vida diária. Eles descobriram que Roger sempre se sentava quando experimentava sensações durante a semana (um comportamento de segurança).

3. Elaborar experimentos comportamentais para reduzir a evitação e os comportamentos de segurança

Durante a quarta sessão, eles conduziram um experimento em que Roger permanecia de pé depois que eles induziam sensações intensas. O terapeuta o ajudou a elaborar um experimento para fazer na semana seguinte e interromper seu comportamento de segurança (de sentar-se durante as sensações) para que ele pudesse continuar a avaliar a Teoria 1 mais de perto. Eles descreveram esse experimento na Folha de Exercícios 11.2, Experimentos para testar um pressuposto subjacente (*A mente vencendo o humor*, p. 144), conforme mostra a Figura 11.3. Roger concordou em realizar esse experimento pelo menos duas vezes na semana seguinte e preencher as duas últimas colunas da folha de exercícios depois de cada experimento.

Roger conduziu esse experimento duas vezes durante a semana. Sua crença na Teoria 1 caiu para aproximadamente 15%, e ele relatou sólida alta confiança (cerca de 80%) na Teoria 2, mesmo quando estava experimentando sintomas de ansiedade.

FOLHA DE EXERCÍCIOS 11.2 Experimentos para testar um pressuposto subjacente

PRESSUPOSTO TESTADO	Teoria 1. Se eu experimentar falta de ar, taquicardia, sudorese ou tontura, então isso significa que estou tendo um ataque cardíaco.				
Experimento	Previsões	Possíveis problemas	Estratégias para superar esses problemas	Resultado do experimento	O que aprendi com o experimento sobre esse pressuposto?
Sentar em uma cadeira e me imaginar tendo um ataque cardíaco. Focar nos sintomas físicos que começo a experimentar e imaginar vividamente um ataque cardíaco. Depois do começo dos sintomas, levantar e não me apoiar em nada. Olhar para meu relógio e cronometrar por quanto tempo persistem. Ficar de pé enquanto tiver os sintomas, especialmente se sentir que vou desmaiar ou sentir tontura.	A Teoria 1 prevê que, se eu começar a ter sintomas e não ficar sentado, então eles vão continuar a piorar e vou ter um ataque cardíaco. A Teoria 2 prevê que a minha imaginação vai causar os sintomas, mas eles não são perigosos, e caminhar ou ficar de pé não vai ser perigoso.	Não vou ter sintomas por imaginar um ataque cardíaco. Se meus sintomas ficarem muito ruins, vou ficar com medo e querer me sentar antes do fim do experimento.	Vou hiperventilar por dois minutos ou mais enquanto continuar a imaginar que estou tendo um ataque cardíaco. Pegarei a ficha com os lembretes: (1) O médico diz que meu coração está bem. (2) Já fiz isso na terapia, e os sintomas aumentaram e depois diminuíram. (3) A única maneira de testar é resistir e ficar de pé. (4) A Teoria 2 diz que esses sintomas não são perigosos e se mostrou verdadeira até agora. Vou persistir nela!	O que aconteceu (comparado com suas previsões)? Os resultados correspondem ao que você previu? Aconteceu algo inesperado? Se as coisas não aconteceram como você queria, como lidou com isso?	

FIGURA 11.3 Experimentos comportamentais de Roger testando a Teoria 1 sem comportamentos de segurança, conforme descrito em *A mente vencendo o humor*, Folha de Exercícios 11.2, Experimentos para testar um pressuposto subjacente.

4. Elaborar mais experimentos comportamentais

Nas três sessões seguintes, Roger e seu terapeuta examinaram e avaliaram seus experimentos dentro e fora das sessões. Identificaram alguns comportamentos de segurança adicionais que Roger estava usando para "prevenção de ataque cardíaco", como redução na sua rotina de exercícios na academia. Roger conduziu experimentos adicionais em que abandonava esses comportamentos de segurança para testar ativamente se poderia provocar um ataque cardíaco por meio de exercícios.

No final da terapia, Roger relatou 100% de certeza de que suas sensações não eram perigosas e podiam ser explicadas por alterações na respiração, por ansiedade ou pela imaginação e também, algumas vezes, pela ingestão de cafeína. Ele não tinha ataques de pânico havia duas semanas e não estava mais usando seus comportamentos de segurança ou evitando exercícios. O terapeuta de Roger o aconselhou a provocar as sensações que o haviam preocupado (por meio da imaginação, exercícios ou hiperventilação) pelo menos uma vez por semana nos meses seguintes, para estimular e manter sua confiança de que absolutamente não eram perigosas. Ele também concordou em examinar suas folhas de exercícios de *A mente vencendo o humor* periodicamente.

Diferentemente do protocolo de tratamento para TAG, que foca no aumento da confiança no enfrentamento, o protocolo de tratamento para transtorno de pânico é fortemente focado no teste das crenças de "perigo catastrófico" por meio da exposição a sensações. Devido às crenças altamente específicas e às crenças muito restritas que mantêm o pânico, frequentemente é necessário que os clientes leiam extensas seções de *A mente vencendo o humor*. A Tabela 11.2 resume as principais habilidades ensinadas em *A mente vencendo o humor* que os terapeutas frequentemente enfatizam no tratamento de transtorno de pânico, com *links* para folhas de exercícios específicas e leituras em *A mente vencendo o humor*.

USANDO *A MENTE VENCENDO O HUMOR* NO TRATAMENTO DA FOBIA ESPECÍFICA

As pessoas podem ter fobias específicas de dezenas de coisas diferentes, desde criaturas (cobras ou aranhas), ambientes (alturas ou espaços fechados), situações (viajar de avião, andar de ônibus) até sangue ou ferimentos. Tratamentos baseados em evidências para fobias específicas envolvem uma variedade de abordagens da TCC, que geralmente incluem exposição (ao vivo/ou imaginária) e algumas vezes reestruturação cognitiva. O tratamento de fobias tende a ser simples, tem bons resultados e frequentemente requer apenas algumas sessões. Algumas vezes uma única sessão de tratamento individual ou em grupo mais extensa (de duas a três horas) é suficiente (Öst, Salkovskis, & Hellstrom, 1991; Öst, 1996; Zlomke & Davis, 2008).

O tratamento mais eficaz para uma fobia específica (p. ex., fobia de cobras) em geral envolve a identificação dos temores nucleares que a motiva (p. ex., "A imagem de uma cobra saltando no ar e me mordendo; então eu caio ao chão e não respiro mais") e depois a exposição gradual da pessoa à situação ou coisa temida (nesse caso, cobras) até que a ansiedade diminua e a pessoa esteja confiante de ser capaz de lidar com seus medos (p. ex., ficar muito próximo à cobra se ela não for venenosa; afastar-se lentamente se ela for venenosa) (Choy, Fyer, & Lipsitz, 2007). A exceção a essa regra é a fobia de sangue-injeção--ferimentos, que é caracterizada por rápida

TABELA 11.2 Tarefas para tratamento de transtorno de pânico relacionadas às folhas de exercícios e leituras de *A mente vencendo o humor*

Transtorno de pânico: tarefa da terapia	Folhas de exercícios de *A mente vencendo o humor* e *links* para leitura
Acompanhar os escores de humor da ansiedade a cada semana no Inventário de Ansiedade de *A mente vencendo o humor*.	Folha de Exercícios 14.1, p. 213; registrar escores na Folha de Exercícios 14.2, p. 214
Identificar sensações que desencadeiam pânico e os pensamentos catastróficos e imagens associados[a].	Folha de Exercícios 14.3, p. 224
Identificar comportamentos de segurança usados para prevenir ataques de pânico e resultados catastróficos temidos.	Exercício, Inventário de Ansiedade de *A mente vencendo o humor*, p. 220
Induzir sensações no consultório e desenvolver uma Teoria 2 não catastrófica para explicar os sintomas.	Embora não seja necessário, você pode usar a parte inferior da Folha de Exercícios 11.2, *A mente vencendo o humor*, p. 144
Elaborar experimentos comportamentais para testar os pressupostos subjacentes da Teoria 1 sobre o perigo das sensações temidas e comparar com os pressupostos subjacentes da Teoria 2 (p. ex., que as sensações não são perigosas).	Folha de Exercícios 11.2, p. 144
Realizar experimentos comportamentais adicionais dentro e fora das sessões, desde que necessário, até que todos os comportamentos de segurança tenham sido abandonados e a Teoria 2 seja crível para a pessoa, mesmo na presença de sensações intensas.	Folha de Exercícios 11.2, p. 144

[a] Use o protocolo de tratamento de transtorno de pânico somente se os pensamentos e imagens identificados estiverem relacionados a morrer, física ou mentalmente. Se os pensamentos durante os ataques de pânico se relacionarem a alguma outra coisa, use o protocolo para esse tipo de ansiedade (p. ex., se os pensamentos forem relacionados a medo de crítica ou de julgamento social, considere um diagnóstico de ansiedade social em vez de transtorno de pânico).

queda na pressão arterial na presença de sangue ou ferimentos ou quando é aplicada injeção. O tratamento mais eficaz para fobia de sangue-injeção-ferimentos é a tensão aplicada (ensinar a pessoa a elevar a pressão arterial temporariamente), um tratamento muito breve e eficaz desenvolvido por Öst e Sterner (1987).

A etapa mais desafiadora no tratamento de uma fobia específica pode ser a descoberta dos medos nucleares relacionados à fobia. Esses medos frequentemente estão na forma de imagens. Assim como vale para outros transtornos de ansiedade, uma das melhores perguntas para identificar os temores nucleares relacionados a uma fobia específica é "Qual é a pior coisa que poderia acontecer?". Você pode fazer essa pergunta repetidamente (p. ex., "E se isso acontecer, qual é a pior coisa que poderia acontecer a seguir?") para descobrir os aspectos mais temidos de um estímulo fóbico. Depois que é revelado um medo nuclear, para identificar imagens relacionadas, pergunte: "Você tem alguma imagem de como seria a cena, a sensação ou o som disso?". Com frequência essas imagens revelam aspectos adicionais que a pessoa teme, como mostra esta entrevista com Bianca (uma das três pessoas com medo de voar descritas no começo deste capítulo).

TERAPEUTA: Então, quando você voa, começa a se preocupar que o avião pode cair. Se houver alguma turbulência, isso faz você começar a pensar sobre como o avião pode se partir e mergulhar até o solo. Você tem imagens de como seria a cena, a sensação ou o som disso?

BIANCA: Sim. Eu imagino a janela na minha fileira sendo arrancada do avião, como o que aconteceu naquele acidente aéreo alguns anos atrás. Posso ouvir o vento correndo e senti-lo me puxando em direção à janela. E o avião todo está começando a chacoalhar muito, e sinto um frio no estômago porque estamos começando a mergulhar em direção ao solo. Vejo o chão se aproximando de nós muito rapidamente! É totalmente assustador.

TERAPEUTA: Essas imagens são *muito* assustadoras. Elas me ajudam a entender o quanto isso é assustador para você.

Bianca e seu terapeuta registraram todos os seus pensamentos e imagens identificados da Folha de Exercícios 14.3, Identificando pensamentos associados à ansiedade (*A mente vencendo o humor*, p. 224). Depois disso, é muito importante que os clientes com fobias específicas se aproximem dos seus medos, seja na realidade ou (se necessário) na imaginação. Como o medo de Bianca de um acidente de avião não era algo que provavelmente ela experimentaria na realidade, a criação de imagens foi usada para expô-la aos seus medos. Felizmente, exposição imaginária e reestruturação cognitiva podem ser tão eficazes quanto a exposição ao vivo (Hunt et al., 2006). Antes da exposição, as pessoas que experimentam níveis de ansiedade debilitantes podem se beneficiar da aprendizagem de habilidades de relaxamento para reduzir sua ansiedade a níveis toleráveis durante a exposição (*A mente vencendo o humor*, p. 233-237).

Lembre-se de que a ansiedade pode ser reduzida pela correção das superestimações do perigo ou das subestimações dos recursos para enfrentamento e ajuda. Como Bianca parecia estar superestimando muito as chances de um avião cair, parece que a melhor abordagem para sua terapia seria explorar e examinar seus pressupostos de que (1) aviões caem frequentemente e (2) turbulência significa que uma queda é iminente. Ajudá-la a reunir informações corretivas sobre os riscos de voar e de turbulências certamente poderia ser uma parte importante da terapia. No entanto, como muitas pessoas, Bianca disse ao terapeuta: "Mesmo que minhas chances de morrer sejam de uma em um milhão, se eu for o um, isso é 100% morte para mim".

Quando um resultado temido é possível (p. ex., "Meu avião pode cair", "A cobra pode me picar"), é útil que, antes ou durante a exposição, os clientes tenham que imaginar e praticar como podem lidar com os resultados temidos, além de ajudá-los a focar nos resultados mais prováveis. Quando os medos fóbicos são muito improváveis ou até mesmo impossíveis (p. ex., "Esta pequena cobra de jardim vai me engolir inteira"), então geralmente é suficiente testar a realidade da situação por meio de exposição gradual prolongada.

Embora não seja necessário, você pode pedir para o cliente preencher uma Escada de medos (Folhas de Exercícios 14.4 e 14.5, *A mente vencendo o humor*, p. 230-231) para acompanhar o progresso da exposição. Os degraus em uma Escada de medos para fobia seriam marcados por crescente proximidade ou intensidade da exposição ao medo em questão. Por exemplo, uma pequena cobra de jardim pode ser trazida para a sessão, e uma pessoa com fobia de cobras pode observá-la dentro de um recipiente, primeiramente a distância e depois mais de perto. A seguir, a cobra poderia ser solta na sala e observada deslizando pelo chão, primeiramente a distância e depois mais de perto. Você pode demonstrar, colocando a mão perto da cobra, para que vocês dois possam observar o comportamento natural do animal quando se depara com um humano. Com o tempo, seu cliente também será encorajado a se aproximar da cobra e até tocá-la e permitir que ela rasteje sobre o pé ou braço. As sessões posteriores podem incluir exposição a cobras maiores (em um zoológico, por vídeos na internet ou por criação de imagens, caso cobras maiores não estejam disponíveis na prática para uso no seu consultório). Essa exposição deve acontecer gradualmente e a um ritmo determinado pelo seu cliente (embora você possa encorajar o avanço para o degrau seguinte na escada de medos sempre que parecer que a pessoa está lidando muito bem com o nível atual de exposição e o índice de ansiedade estiver entre 20 e 30 em uma escala de 100 pontos).

Em geral, os tratamentos para fobia encorajam a "exposição além do objetivo", o que significa expor as pessoas a uma experiência mais forte da sua situação temida (p. ex., mais intensa, mais longa ou mais próxima) do que seu objetivo na terapia exigiria. Se o cliente com fobia de cobra, por exemplo, tem um objetivo de simplesmente entrar no jardim quando uma cobra estiver presente, então a "exposição além do objetivo" sugeriria um objetivo-alvo da terapia de tocar ou segurar uma cobra semelhante ou maior do que as que são encontradas no jardim. A justificativa para a exposição além do objetivo é que as pessoas geralmente experimentam declínio na sua tolerância à exposição depois que a terapia termina. Uma pessoa que fica confortável em tocar ou segurar uma cobra sempre tem mais probabilidade de se sentir confortável ao ver uma cobra no jardim do que a pessoa que meramente atingiu conforto em ver uma cobra a distância. É claro que pedir que o cliente continue a exposição a cobras depois que a terapia terminou também pode ajudar a manter os resultados positivos do tratamento.

Quando os medos fóbicos das pessoas têm alguma probabilidade de ocorrer (como fobia de cobras em locais onde elas podem ser perigosas ou mesmo letais), é importante combinar exposição com treinamento do enfrentamento. Bianca temia um acidente aéreo. Embora isso não fosse provável, certamente poderia ocorrer. Portanto, seu terapeuta a encorajou a desenvolver um plano de ação (Folha de Exercícios 10.2, *A mente vencendo o humor*, p. 121) para aumentar suas chances de sobrevivência caso ela se encontrasse em um avião que estivesse caindo (p. ex., usar o cinto de segurança durante o voo, usar sapatos baixos ou de salto baixo e contar o número de fileiras entre sua poltrona e a saída, caso precisasse sair do avião no escuro). Bianca ficou surpresa ao saber que as chances de sobreviver a um acidente de avião eram de 95% e que, mesmo nos acidentes mais graves, as chances de sobrevivência eram de 55% (BBC News, 2018). Essas informações a motivaram a aprender mais sobre o que fazer em várias situações de queda, tais como o que fazer para sair de um avião que caiu na água ou no meio do fogo.

Bianca e seu terapeuta também exploraram seus maiores medos em relação à morte caso estivesse em um acidente aéreo e não sobrevivesse. O que ela mais temia era que seus filhos pequenos ficassem abandonados. Uma de suas tarefas na terapia foi escolher guardiões que estivessem dispostos a cuidar dos seus filhos no caso de sua morte e preparar os documentos legais apropriados para se certificar de que essa questão seria tratada se ela morresse. Os vários planos de enfrentamento reduziram sua ansiedade.

Ela ensaiou esses planos durante a exposição imaginária repetida de turbulência e quedas de avião até conseguir imaginar esses eventos com ansiedade mínima. Por fim, o terapeuta de Bianca pediu que ela lesse sobre aceitação e preenchesse a folha de exercícios Aceitação (Folha de Exercícios 10.3, *A mente vencendo o humor*, p. 125) antes de um voo planejado. Isso a ajudou a praticar formas de atingir maior aceitação dos riscos de voar e a colocar esses riscos em perspectiva com seus objetivos e valores na vida.

A Tabela 11.3 resume inúmeras folhas de exercícios de *A mente vencendo o humor* e as leituras que podem ajudar a organizar o tratamento efetivo para fobia específica.

TABELA 11.3 Tarefas para tratamento de fobia específica relacionadas às folhas de exercícios e leituras de *A mente vencendo o humor*

Fobia específica: tarefa da terapia	Folhas de exercícios e leituras de *A mente vencendo o humor*
Acompanhar os escores de humor da ansiedade a cada semana no Inventário de Ansiedade de *A mente vencendo o humor*.	Folha de Exercícios 14.1, p. 213; registrar escores na Folha de Exercícios 14.2, p. 214
Identificar pensamentos/imagens ansiogênicos.	Folha de Exercícios 14.3, p. 224
Usar estratégias para controlar a ansiedade (somente se necessário, devido a altos níveis de ansiedade que possam impedir a participação em exercícios de exposição).	p. 233-237 Folha de Exercícios 14.6, p. 238
Caso seja útil, usar uma escada de medos por escrito para apoiar e acompanhar o progresso da exposição.	Folhas de Exercícios 14.4 e 14.5, p. 230-231
Elaborar experimentos comportamentais centrados na exposição (ao vivo e imaginária) aos medos e anotar a nova aprendizagem que ocorrer; realizar experimentos adicionais de exposição quando necessário para testar algum pressuposto residual.	Folha de Exercícios 11.2, p. 144
Usar planos de ação para elaborar planos de enfrentamento dos resultados temidos que possam ocorrer.	Folha de Exercícios 10.2, p. 121
Desenvolver aceitação das incertezas e dos riscos da vida.	Folha de Exercícios 10.3, p. 125

USANDO *A MENTE VENCENDO O HUMOR* NO TRATAMENTO DA AGORAFOBIA

Pessoas diagnosticadas com agorafobia evitam lugares ou situações que podem lhes causar pânico ou fazer com que se sintam presas, impotentes ou constrangidas. Tipicamente, elas identificam uma ou mais "pessoas de segurança" que sabem da sua ansiedade. Elas só podem se aventurar para fora de suas casas ou outras redondezas familiares quando acompanhadas por uma "pessoa de segurança". Elas também algumas vezes circulam pelo mundo de formas que mantêm proximidade da segurança e ajuda. Por exemplo, uma antiga cliente conseguia dirigir sozinha, mas fazia rotas sinuosas para que nunca estivesse a mais de cinco minutos de distância de um hospital, caso precisasse de ajuda de emergência relacionada aos ataques de pânico. Quando alguém experimenta transtorno de pânico e também agorafobia, o transtorno de pânico geralmente é abordado primeiro, e a evitação agorafóbica em segundo lugar.

A agorafobia pode ser tratada com as mesmas diretrizes usadas para fobias específicas, conforme resumido na Tabela 11.3. Fobias mais específicas, exceto certas fobias situacionais (p. ex., medo de voar), têm início na infância. A agorafobia tem idade média de início na metade da década dos 20 anos (de Lijster et al., 2016). Quando a "pessoa de segurança" do seu cliente é um membro da família, terapia de família ou de casal pode ser útil para identificar crenças no sistema familiar que apoiam a agorafobia (Barlow, O'Brien, & Last, 1984; Daiuto, Baucom, Epstei, & Dutton, 1998). Os familiares podem usar Registros de Pensamento (folhas de exercícios dos Capítulos 6-9 em *A mente vencendo o humor*) e experimentos comportamentais (Folha de Exercícios 11.2, *A mente vencendo o humor*, p. 144) para ajudar a avaliar suas próprias crenças que interferem no progresso do membro agorafóbico da família. Os planos de ação da família ou casal (Folha e Exercícios 10.2, *A mente vencendo o humor*, p. 121) podem ser elaborados de forma que todos tenham um papel a ser desempenhado para ajudar a pessoa com agorafobia a superá-la. Por exemplo, em vez de realizarem tarefas para a pessoa com agorafobia ou acompanhá-la em viagens, os familiares podem expressar incentivo e confiança de que a pessoa é capaz de completar as etapas necessárias sozinha.

USANDO *A MENTE VENCENDO O HUMOR* NO TRATAMENTO DA ANSIEDADE SOCIAL

Ansiedade social é um tipo de fobia (de fato, costumava ser chamada de "fobia social") em que as pessoas temem críticas e rejeição dos outros. Em um resumo das várias terapias cognitivas da ansiedade social, Hofmann (2007) identificou três tipos de crença que podem mantê-la: (1) crenças sobre situações sociais (p. ex., expectativas irrealistas de desempenho social e os custos sociais de um desempenho inferior); (2) crenças sobre si mesmo (p. ex., autopercepções negativas, fracas habilidades sociais percebidas); e (3) crenças sobre emoções (p. ex., crença de que a pessoa tem pouco controle sobre as próprias emoções).

As crenças da ansiedade social geralmente não mudam sozinhas em resposta a situações sociais benignas. Em vez disso, são fortalecidas com o tempo como consequência de quatro processos identificados por Clark e Wells (1995):

1. Em situações sociais, as pessoas com ansiedade social focam em si mesmas em vez de nos outros. Esse automoni-

toramento é intenso e foca nos sintomas físicos, na excitação interna e nas imagens de como elas aparecem para os outros – imagens que com frequência são distorcidas e extremamente negativas.

2. Pessoas que experimentam ansiedade social usam comportamentos de segurança para reduzir o risco de críticas e rejeição (p. ex., evitar contato visual, desviar a atenção de si mesmas fazendo perguntas). Esses comportamentos as impedem de aprender se os resultados temidos ocorreriam caso participassem plenamente de interações sociais.

3. Devido a seus níveis de ansiedade, pessoas com ansiedade social exibem algumas vezes comportamentos estranhos (p. ex., fixar o olhar nos sapatos da outra pessoa durante uma conversa) ou têm um desempenho em um nível de habilidade inferior ao que são capazes. Quando essas coisas acontecem, elas superestimam seu impacto negativo em suas relações sociais.

4. Antes e depois de eventos sociais, as pessoas com ansiedade social focam em detalhes nos aspectos negativos da situação, em imagens negativas de si mesmas e em previsões de consequências negativas para seu baixo desempenho percebido.

As duas abordagens de TCC desenvolvidas para ansiedade social que têm as maiores evidências empíricas para apoiá-las são aquelas desenvolvidas por Clark e colaboradores (2003) e um modelo de terapia em grupo desenvolvido por Heimberg e Becker (2002), que está baseado na teoria da ansiedade de Beck e colaboradores (1985), conforme aplicado à ansiedade social (Rapee & Heimberg, 1997). Como poderia ser esperado, existe sobreposição considerável entre esses modelos de tratamento (Wong & Rapee, 2016). No entanto, o grupo de Clark acrescentou inúmeras inovações, na forma de experimentos comportamentais criativos, que acrescentam *feedback* em vídeo (e em fotografia) para comparar com autopercepções negativas (Warnock-Parkes et al., 2017); exercícios experienciais para demonstrar os efeitos adversos da atenção autofocada e comportamentos de segurança; e levantamentos e observações das reações de outras pessoas a erros sociais, desconforto ou situações constrangedoras. O grupo de Clark especificamente não usa escadas de medos, registros de pensamento de qualquer tipo, ensaio do que dizer em situações sociais ou o treinamento de outras habilidades sociais, uma vez que seus achados empíricos demonstram que não são necessários com ansiedade social (Leigh & Clark, 2018).

Testando crenças de "perigo" na ansiedade social

Um aspecto principal dessas abordagens de TCC para ansiedade social é o teste das crenças de "perigo" sobre as consequências negativas de erros sociais e nervosismo. Conforme descrito anteriormente, quando ansiosas socialmente, as pessoas tendem a focar sua atenção em si mesmas em vez de nos outros. Assim, um perigo que elas preveem é que sua experiência interna de ansiedade aproxima-se muito do que os outros observam, mesmo que isso frequentemente esteja errado. Essa observação originou intervenções clínicas focadas em ensinar as pessoas a focar sua atenção externamente nas situações sociais, o que parece ser efetivo para reduzir a ansiedade social (Mörtberg, Hoffart, Boecking, & Clark, 2015). Uma disparidade entre a experiência interna e o que é observável pelos outros também pode ser avaliada gravando em vídeo uma entrevista e comparando a imagem interna que a pessoa tem da situação com a aparência real da pessoa no vídeo. Um estudo dessa abordagem encontrou que 98% dos clientes com ansiedade social que assistiam aos vídeos de suas interações sociais relatavam que o resultado foi mais favorável do que haviam previsto (Warnock-Parkes et al., 2017).

Outra crença de "perigo" comum é que o comportamento estranho ou constrangedor será julgado de forma extremamente negativa pelos outros e resultará em rejeição. Tais crenças podem ser testadas entrando em situações sociais com a pessoa e demonstrando o comportamento estranho e constrangedor para que a pessoa consiga focar nos outros e ver como eles reagem. Por exemplo, um terapeuta ajudou seu cliente a testar crenças negativas sobre transpirar borrifando água por toda a sua camisa perto das axilas e nas costas, para que parecesse que estava transpirando profusamente. Então, eles entraram em uma loja, e o terapeuta começou a conversar com o vendedor enquanto seu cliente observava a reação do vendedor e das outras pessoas. O terapeuta até comentou sobre o quanto estava suado, e o cliente observou o vendedor sorrir e comentar: "Sim, estou feliz por não ter que sair à rua hoje".

Um experimento observacional ao vivo como este requer que o terapeuta antecipadamente investigue as previsões do que a pessoa espera que sejam as respostas (com base em suas crenças de ansiedade social). Esta não só é uma parte importante da realização de todos os experimentos comportamentais como também fornece pistas ao terapeuta das crenças que podem precisar ser testadas durante o experimento. Por exemplo, se o cliente nesse exemplo previu que o vendedor seria educado quando o terapeuta "suado" estivesse presente, mas faria troça dele depois que deixassem a situação, então o cliente poderia ser instruído a permanecer na situação por mais alguns minutos para observar o que aconteceria depois que o terapeuta saísse da loja.

Os pressupostos subjacentes que mantêm uma ansiedade social constituem as previsões ideais para esses tipos de experimentos comportamentais. Eles podem ser identificados pelo uso da Folha de Exercícios 11.1, Identificando pressupostos subjacentes (*A mente vencendo o humor*, p. 137). Coloque cada preocupação na parte "Se..." do pressuposto e peça que o cliente preencha a consequência "então...". Estas são algumas preocupações típicas dos clientes sobre os aspectos constrangedores da aparência pessoal ou do seu comportamento.

"Se eu ruborizar, então as pessoas vão saber que estou ansioso e achar que sou fraco."

"Se eu tiver dificuldades quanto ao que dizer, então as pessoas vão achar que eu sou burro."

Os pressupostos subjacentes que mantêm comportamentos de evitação e segurança podem ser identificados nessa mesma folha de exercícios, colocando-se o comportamento de evitação ou de segurança na seção "Se..." do pressuposto e pedindo que a pessoa complete a parte "então..." da frase. Estes são alguns exemplos de cada um:

"Se eu ficar em casa e não for à festa, então não vou passar por ridículo."

"Se eu evitar o contato visual, então as pessoas não vão falar comigo nem descobrir que eu sou um derrotado."

Depois que esses pressupostos forem identificados, eles podem ser testados com o uso da Folha de Exercícios 11.2, Experimentos para testar um pressuposto subjacente (*A mente vencendo o humor*, p. 144).

As folhas de exercícios para o pressuposto subjacente e os experimentos comportamentais serão as principais folhas de exercícios de *A mente vencendo o humor* usadas no tratamento de ansiedade social, juntamente com o Inventário de Ansiedade de *A mente vencendo o humor* (Folha de Exercícios 14.1, *A mente vencendo o humor*, p. 213) e sua folha de escores (Folha de Exercícios 14.2, *A mente vencendo o humor*, p. 214).

Aumentando a confiança no enfrentamento

Embora muitas das crenças na ansiedade social sejam superestimações do perigo inerente às interações sociais, é importante não ignorar a possibilidade de algumas pessoas realmente serem críticas ou rejeitarem alguém que é ansioso socialmente. A maioria das pessoas que são socialmente ansiosas relata uma história de receber críticas ou *bullying* (Fung & Alden, 2017). Mesmo que na maior parte do tempo as pessoas se comportem de forma mais benigna do que alguém com ansiedade social espera, sempre existe a possibilidade de uma pessoa responder de maneira crítica, cruel ou mesmo violenta. Na vida moderna, todos nós podemos observar as crescentes críticas, gozações e *bullying* que ocorrem na internet em resposta a aparência, crenças e comportamentos das pessoas. Essas mesmas reações podem acontecer no discurso diário. Pessoas de grupos marginalizados (p. ex., imigrantes, minorias raciais ou religiosas, pessoas que se identificam como ou são percebidas como LGBTQ+, moradores de rua e outras pessoas economicamente desfavorecidas, pessoas com limitações intelectuais e físicas) são alvos frequentes de rejeição social, censura de estranhos, bem como das pessoas com quem precisam interagir na vida cotidiana.

Defesa assertiva de si mesmo

O fato de que algumas pessoas podem ser críticas ou rejeitadoras é uma razão por que Padesky defende ensinar clientes com ansiedade social a lidar com crítica e rejeição em sua abordagem do tratamento da ansiedade social, ao que se refere como defesa assertiva de si mesmo (Padesky, 1997, 2008a, 2008b; ver também Padesky [2008] no Apêndice C na p. 479). Sua abordagem é extrapolada do protocolo da TCC para fobia específica, descrita anteriormente neste capítulo. Ela cogita que, uma vez que o tratamento bem-sucedido para fobia sempre envolve exposição ao vivo ou imaginária ao que é temido, então o tratamento de ansiedade social deve estar centrado na exposição a crítica e rejeição, já que isso é o que temem as pessoas com ansiedade social. Assim, os clientes com ansiedade social que temem rejeição e crítica devem ser expostos a elas e ser ensinados a lidar com elas. Sua ideia é a de que, se as pessoas se sentirem confiantes de que conseguem lidar com críticas e rejeição, então não irão temer tanto essas coisas, e sua ansiedade social vai diminuir.

São três os principais estágios do protocolo de tratamento da defesa assertiva de si mesmo de Padesky:

1. Identificar as previsões dos clientes de todas as críticas que eles antecipam e/ou as razões para que sejam rejeitados e ajudá-los a desenvolver respostas assertivas a cada uma.
2. Conduzir a prática da dramatização da defesa assertiva em cada sessão. Essa prática envolve breves dramatizações seguidas pelo exame e treinamento feito pelo terapeuta (com aumentos nos níveis de críticas e rejeição praticados com o passar do tempo).
3. Fazer os clientes praticarem entre as sessões imaginando o que os outros es-

tão criticando neles, para que possam ensaiar respostas imaginárias de defesa assertiva. Se as pessoas "tiverem sorte" e realmente se depararem com críticas ou rejeição, então poderão praticar defesa assertiva ao vivo, caso seja seguro fazê-lo. Segurança é uma consideração importante na prática no mundo real da defesa assertiva de si mesmo, porque algumas situações (p. ex., violência doméstica, confrontos sociais envolvendo armas ou pessoas agressivas, algumas situações profissionais ou habitacionais, alguns confrontos com a aplicação da lei) podem escalar e se tornar verdadeiramente perigosas se alguém for assertivo. Felizmente, uma prática de dramatização na terapia e a defesa assertiva de si mesmo imaginária são suficientes para a maioria das pessoas desenvolverem e fortalecerem sua confiança de que são capazes de lidar com críticas e rejeição a ponto de serem capazes de se recuperarem da ansiedade social.

1. Identificar críticas previstas e desenvolver respostas assertivas

Trechos das sessões de Ted com sua terapeuta, combinadas com resumos da sua terapia ao longo do tempo, ilustram esses três componentes da defesa assertiva de si mesmo.

TED: Não posso ir àquela reunião. Vou ficar muito ansioso.

TERAPEUTA: Qual é a pior coisa que pode acontecer se você for?

TED: Eles vão ver o trabalho ruim que eu estou fazendo.

TERAPEUTA: Vamos fazer uma lista de todas as coisas negativas que eles podem pensar de você e depois podemos praticar como você poderia lidar com essas críticas, caso elas ocorram.

TED: (*Lista seis críticas temidas diferentes durante os cinco minutos seguintes da discussão*)

TERAPEUTA: Agora vamos pegar cada uma dessas críticas e ver como você poderia responder se alguém na reunião realmente dissesse ou pensasse isso de você. Por qual delas você gostaria de começar?

TED: "Você é burro porque não usou os gráficos."

TERAPEUTA: Certo. Vamos elaborar o que eu chamo de defesa assertiva de si mesmo. Quando alguém diz que você é burro, você pode dar três respostas diferentes. Por um lado, você pode ser agressivo e atacar a outra pessoa, dizendo algo como: "Você é mais burro do que eu! Seus gráficos não fazem sentido!". (*Sorri depois de dizer isso, e Ted ri*) No outro extremo do espectro (*estendendo os braços para indicar um* continuum *e marcando um ponto extremo no ar movendo a mão*), você pode simplesmente levar a sério quando alguém o chamar de burro. Você pode abaixar a cabeça e dizer: "Você está certo. Sou realmente burro e estraguei tudo" e se sentir muito mal. (*Ted concorda, acenando com a cabeça*) Bem aqui no meio entre atacar a outra pessoa e atacar a si mesmo está o que chamamos de "compor-

TED: Sim. Acho que estou entendendo.

TERAPEUTA: tamento assertivo". Uma resposta assertiva aceita alguma verdade na crítica, mas ao mesmo tempo defende você. Por exemplo, você poderia dizer algo assim: "Entendo como isso pareceu burrice para você, mas, na verdade, eu tenho algumas ideias boas. Acho que você não percebeu isso". Você não está atacando a outra pessoa, mas também não está atacando a si mesmo... de fato, você está se defendendo. Isso faz sentido?

TERAPEUTA: Então, se você apresentar seu relatório na reunião, e alguém disser "Você é burro porque não usou os gráficos", o que você poderia responder? O que seria uma resposta assertiva?

TED: Não tenho certeza.

TERAPEUTA: É verdade que você não usou gráficos?

TED: Sim. Eu não sabia como usar esse programa para fazer gráficos.

TERAPEUTA: Certo. Então comece aceitando o que é verdade; então diga "mas..." e se defenda. "Sim, é verdade que não usei gráficos, mas..." – o que você poderia dizer?

TED: "É verdade que não usei gráficos, mas, se você tivesse ouvido o que eu disse, saberia que incluí todas as mesmas informações."

TERAPEUTA: Parece bom. Isso é verdade?

TED: Sim. Eu incluí as mesmas informações nos meus relatórios.

TERAPEUTA: Como você se sente quando diz isso?

TED: Menos burro, com certeza.

TERAPEUTA: Ótimo. Vamos anotar isso neste papel ao lado da crítica "Você é burro porque não usou os gráficos".

Ted e sua terapeuta então desenvolveram respostas assertivas para cada uma das seis críticas que ele temia, usando as palavras e ideias de Ted para cada uma. Elas foram escritas em uma folha de papel em duas colunas: a primeira denominada "Críticas", e a segunda denominada "Respostas de defesa assertiva". Sua terapeuta fez duas cópias dessa página para que cada um tivesse uma à sua frente, que poderia servir como um roteiro para suas dramatizações, conforme mostra a Tabela 11.4.

2. Dramatizar a prática da defesa assertiva com treinamento

Depois que criaram respostas de defesa assertiva a cada crítica que ele temia, Ted e sua terapeuta começaram a dramatizar diálogos usando esse roteiro. Primeiramente, a terapeuta fez uma crítica em um tom relativamente neutro. Ted praticou sua resposta de defesa assertiva. Depois de cada interação, a terapeuta o treinou para adotar um tom de voz forte, usar linguagem corporal assertiva e falar como se realmente acreditasse naquela resposta. Quando Ted ficou mais confiante, sua terapeuta usou um tom e linguagem corporal mais críticos, para aumentar o desafio. Sua terapeuta verificou em cada uma das vezes para constatar como Ted se sentiu enquanto se defendia assertivamente e para identificar alguma outra reação que parecesse importante.

TED: (*Dramatizando*) Não sou burro. Apenas fico atrapalhado

TABELA 11.4 Roteiro da defesa assertiva de Ted para ansiedade social

Críticas	Respostas de defesa assertiva
Você é burro porque não usou gráficos.	É verdade que não usei gráficos, mas, se você tivesse ouvido o que eu disse, saberia que incluí todas as mesmas informações.
Você é burro – você tropeça nas suas palavras.	Não sou burro. Apenas fico atrapalhado em grupos. Individualmente, consigo explicar melhor as minhas ideias.
Seus números não são suficientemente bons.	Os números da nossa equipe não são os melhores, mas estão melhorando. Os números não contam toda a história. Tenho muitas qualidades que fazem de mim um bom líder de equipe.
Você parece ansioso. Isso mostra que você está no seu limite.	Realmente fico ansioso quando falo em grupos. Muitas pessoas têm ansiedade ao falar na frente de grupos, mas isso não quer dizer que estou no meu limite.
Suas mãos estão tremendo. Você é fraco.	Minhas mãos estão tremendo um pouco. Eu sou nervoso, não fraco.
Você não tem formação em administração.	É verdade, mas tenho 10 anos de experiência e devo estar me saindo bem, já que me tornaram líder da equipe.

TERAPEUTA: em grupos. Individualmente, consigo expressar melhor as minhas ideias.

TERAPEUTA: Como você se sentiu dizendo isso desta vez?

TED: Um pouco melhor. Parece mais crível. Ao mesmo tempo, quando digo "Eu fico atrapalhado em grupos", parece um pouco como se eu estivesse me depreciando.

TERAPEUTA: O que seria melhor para você?

TED: Talvez se eu dissesse algo como "Não tenho muita experiência em falar em grupos".

TERAPEUTA: Vamos experimentar isso. Pronto? (*Ted concorda com a cabeça; a terapeuta muda para o modo de dramatização*) Você é burro – você tropeça nas suas palavras.

TED: O fato de eu não ter muita experiência em falar em grupo não faz de mim burro. Individualmente, eu me expresso muito bem.

TERAPEUTA: (*Fazendo uma pausa por um momento para deixar Ted sentir o impacto da sua defesa revisada*) Como foi isso para você?

TED: Melhor. Desta vez me senti mais forte e mais confiante.

TERAPEUTA: Você pareceu muito mais confiante e assertivo. (*Ted sorri*) Vamos escrever isso no roteiro, já que você gosta mais. (*Faz uma pausa enquanto Ted escreve*) Pronto para tentar isso de novo e talvez misturar com alguma das outras críticas?

Na primeira sessão de dramatização, Ted e sua terapeuta praticaram as críticas individualmente e as respostas de defesa assertiva. Quando Ted se tornou mais especializado em dar respostas de defesa assertiva usando um tom de voz confiante e bom contato visual, a terapeuta começou a emendar várias críticas em uma sequência para ampliar o tempo e a intensidade da exposição à crítica. Ou seja, cada vez que Ted se defendia assertivamente contra uma crítica, a terapeuta continuava com outra. Quando as respostas de defesa assertiva de Ted se tornaram mais fluidas, a terapeuta introduziu novos tipos de críticas como um desafio para que ele desenvolvesse a confiança de que poderia se defender espontaneamente contra críticas inesperadas. Essas dramatizações ampliadas algumas vezes duraram de 1 a 3 minutos, e cada exame tipicamente durava de de 2 a 5 minutos. Assim, foi possível realizar de 5 a 8 práticas de dramatização de defesa assertiva estendidas em uma única sessão. Depois de cada uma, a terapeuta examinava as reações de Ted e (quando necessário) o treinava ou questionava que mudanças ele poderia fazer para aumentar a confiança em sua resposta de defesa assertiva.

Com o tempo, Ted relatou que se sentia menos magoado pelas críticas e que até começou a se sentir incomodado nas dramatizações com alguém que fosse tão crítico. Essa transição de uma posição de humilhação e derrota diante de críticas para uma postura de defesa assertiva e avaliação das críticas como "um problema no crítico, não em mim", é típica e geralmente ocorre durante várias semanas de prática de defesa assertiva. *Este é um exemplo de um processo terapêutico em que as mudanças comportamentais levam a mudanças cognitivas.* A prática da defesa assertiva promoveu mudanças positivas úteis nas crenças de "perigo" de Ted ("Críticas podem ser duras, mas isso não tem que ser catastrófico") e nas suas crenças de "enfrentamento" ("Eu consigo me defender diante de críticas. Se fico ansioso, isso não é uma falha de caráter. Aquele que fica repetidamente me criticando sobre a minha ansiedade tem seus próprios problemas, e eu não preciso levá-los em conta").

3. Praticar defesa assertiva entre as sessões

Para prática entre as sessões, a terapeuta de Ted o incentivou a imaginar outras pessoas sendo críticas para que ele pudesse praticar defesa assertiva imaginária de si mesmo. Eles discutiram como Ted seria "sortudo" se realmente fosse criticado, porque ele já pôde ver na sessão que a prática massiva de defesa assertiva o ajudou a se sentir melhor muito rapidamente. Eles discutiram que na verdade era um problema o fato de algumas pessoas não expressarem críticas em voz alta, porque isso não dava a Ted a oportunidade de praticar e se defender. Depois de algumas semanas de prática imaginária combinada com prática de dramatização na sessão, Ted se sentiu pronto para conduzir experimentos comportamentais em que ativamente estimulava comentários críticos para poder praticar defesa assertiva em voz alta.

Alguns desses experimentos foram feitos com seu irmão, porque Ted previa que podia contar com ele para fazer comentários críticos. Outros foram realizados com estranhos em ambientes relativamente seguros, como uma loja de utilidades domésticas e uma livraria. Ted realizou um experimento várias vezes em que pagava pelos itens contando lentamente muitas moedas de baixo valor. Ele se virava para a pessoa atrás dele e dizia: "Espero que você não esteja com pressa". Se a pessoa parecesse incomodada ou fizesse um comentário irritado, então Ted sorria e dizia: "Sei que está demorando muito aqui, mas é importante eu me certificar de que a conta esteja certa e poder gastar esse dinheiro". Diferentemente dos experimentos comportamentais planejados para testar superestimações de perigo, as previsões de Ted para esses experimentos não estavam relacionadas à possibilidade de os outros ficarem incomodados e expressarem críticas, mas ao quanto ele era capaz de lidar bem com as críticas com que se defrontasse.

Ansiedade social: é melhor testar crenças sobre perigo, desenvolver habilidades de enfrentamento ou ambos?

A abordagem de defesa assertiva de si mesmo de Padesky é baseada em evidências, na medida em que é derivada de princípios estabelecidos para tratamento de fobia para aplicação de habilidades de enfrentamento no contexto da exposição aos medos ao vivo e imaginária. No entanto, a maioria das pesquisas sobre ansiedade social tem enfatizado protocolos que testam crenças e comportamentos (p. ex., autofoco) relacionados à superestimação do perigo. Esperamos que pesquisas futuras testem a eficácia comparativa dessas duas abordagens de tratamento para ansiedade social. Ainda resta ser verificado se uma abordagem é mais efetiva ou duradoura do que a outra, ou se a combinação do teste das superestimações do perigo e a prática de enfrentamento com defesa assertiva é melhor do que cada uma em separado. Enquanto isso, os terapeutas podem se familiarizar com as duas abordagens e experimentar a outra quando uma abordagem não for efetiva. Em ambos os casos, *A mente vencendo o humor* pode ser usado para avaliar e acompanhar mudanças nos níveis da ansiedade à medida que a terapia avança

(o Inventário de Ansiedade de *A mente vencendo o humor* e sua folha de escores, Folhas de Exercícios 14.1 e 14.2, *A mente vencendo o humor*, p. 213-214); para identificar pressupostos subjacentes nucleares (Folha de Exercícios 11.1, *A mente vencendo o humor*, p. 137); e, por fim, para elaborar experimentos comportamentais bem trabalhados e capturar *insights* obtidos desses experimentos (Folha de Exercícios 11.2, *A mente vencendo o humor*, p. 144). Todos esses usos potenciais de *A mente vencendo o humor* para ansiedade social estão resumidos na Tabela 11.5.

TRANSTORNOS RELACIONADOS: TOC E TEPT

Embora já tenham sido considerados transtornos de ansiedade, o transtorno obsessivo-compulsivo (TOC) e o transtorno de estresse pós-traumático (TEPT) agora foram classificados separadamente: TOC é agora um dos transtornos obsessivo-compulsivos e transtornos relacionados, e TEPT é considerado um transtorno relacionado ao trauma e ao estressor (American Psychiatric Association, 2013). Embora não sejam mais classificados como transtornos de ansiedade, tanto TOC quanto TEPT frequentemente têm a ansiedade como um estado de humor associado. Existem tratamentos especializados bem desenvolvidos para esses transtornos, mas estão centrados em procedimentos não enfatizados em *A mente vencendo o humor*. Por essa razão, *A mente vencendo o humor* não é recomendado como um manual de tratamento principal para esses problemas.

No entanto, terapeutas que frequentemente usam *A mente vencendo o humor* podem optar por copiar folhas de exercícios particulares para usar com esses clientes ou pedir que pessoas que enfrentam essas dificuldades leiam páginas ou capítulos em

TABELA 11.5 Tarefas para tratamento de ansiedade social relacionadas às folhas de exercícios e leituras de *A mente vencendo o humor*

Ansiedade social: tarefa da terapia	Folhas de exercícios e leituras de *A mente vencendo o humor*
Acompanhar os escores do estado de humor de ansiedade uma vez por semana no Inventário de Ansiedade de *A mente vencendo o humor*.	Folha de Exercícios 14.1, p. 213; registrar escores na Folha de Exercícios 14.2, p. 214
Identificar pensamentos/imagens ansiogênicos.	Folha de Exercícios 14.3, p. 224
Usar estratégias para manejo da ansiedade (somente se necessário, devido a altos níveis de ansiedade que possam impedir a participação nos exercícios de exposição).	p. 233-237 Folha de Exercícios 14.6, p. 238
Elaborar experimentos comportamentais centrados na exposição (ao vivo e imaginária) aos medos e anotar novas aprendizagens e *insights* que ocorrerem; realizar experimentos adicionais de exposição quando necessário para testar algum pressuposto residual.	Folha de Exercícios 11.2, p. 144
Usar planos de ação para elaborar planos de enfrentamento para resultados temidos que possam ocorrer.	Folha de Exercícios 10.2, p. 121
Desenvolver aceitação das incertezas e dos riscos da vida.	Folha de Exercícios 10.3, p. 125

particular. Além do mais, muitas pessoas que experimentam TOC ou TEPT têm diagnósticos comórbidos como depressão, o que pode tornar *A mente vencendo o humor* relevante para a sua terapia. Alguns exemplos dessas aplicações potenciais de *A mente vencendo o humor* ao TOC e ao TEPT são brevemente abordados aqui.

Transtorno obsessivo-compulsivo

Existem vários livros muito informativos sobre o tratamento de TOC para terapeutas (ver Sookman, 2016; Wilhem & Steketee, 2006) e clientes (ver Veale & Willson, 2009; Winston & Seif, 2017). Tratamentos mais eficazes para TOC se baseiam na exposição (a pensamentos obsessivos, medos de contaminação e outros desencadeantes) e prevenção de resposta (p. ex., interromper rituais comportamentais, como lavar as mãos, e compulsões mentais, como "rituais para desfazer pensamentos", até que a ansiedade diminua). Porém, alguns casos de TOC podem ser tratados basicamente com métodos cognitivos (Wilhem & Steketee, 2006). Como o tratamento de TOC pode ser muito complexo, sugerimos que você leia esses textos ou similares antes de tentar tratar TOC pela primeira vez. Depois que estiver familiarizado com TCC para o transtorno, você pode considerar se e como *A mente vencendo o humor* pode ser um adjuvante útil para seu plano terapêutico. Por exemplo, o preenchimento de um Registro de Atividades (Folha de Exercícios 13.4, *A mente vencendo o humor*, p. 199) pode ajudar você e o cliente a identificar os precipitantes e a frequência e duração de pensamento obsessivo ou comportamento compulsivo.

Não há dados empíricos para sugerir que o uso de registros de pensamento para testar os pensamentos no TOC (p. ex., "Tocar uma maçaneta me dará câncer") melhore o resultado do tratamento. Em vez disso, como é o caso para transtornos de ansiedade, os pressupostos subjacentes são o nível de pensamento mais importante para identificar e abordar no tratamento de TOC. A Folha de Exercícios 11.1 (*A mente vencendo o humor*, p. 137) pode ser usada para identificar e registrar pressupostos subjacentes. Alguns pressupostos subjacentes comuns no TOC se referem a uma superestimação da responsabilidade (p. ex., "Se minha mãe ficar doente, será minha culpa"). Alguns terapeutas podem achar que seria útil usar uma torta de responsabilidades (ver Folha de Exercícios 15.7, *A mente vencendo o humor*, p. 265) para testar crenças sobre responsabilidade no TOC. Em vez disso, a abordagem empiricamente testada mais típica envolveria puramente a exposição a pensamentos de responsabilidade (p. ex., "Se minha mãe ficar doente, será minha culpa") acompanhada por prevenção de resposta.

Transtorno de estresse pós-traumático

Duas das terapias para TEPT com o maior apoio empírico que também são compatíveis com as ideias ensinadas em *A mente vencendo o humor* são a terapia cognitiva para TEPT, desenvolvida por Ehlers e Clark (Ehlers et al., 2005, 2013), e a terapia de processamento cognitivo, desenvolvida por Resick e colaboradores (Resik & Schnicke, 1992; Resick, Nishith, Weaver, Astin, & Feuer, 2002; Resick, Monson, & Chard, 2017). Ambas são terapias intensivas com foco direto em lembranças do trauma e na reestruturação de avaliações cognitivas dos eventos traumáticos. Existe apoio empírico para o pressuposto incorporado em cada terapia de que a mudança cognitiva precede a mudança do sintoma na TCC focada no trauma (Kleim et al., 2013).

Recomendamos a leitura do material da fonte primária citada aqui, para desenvolver uma compreensão clara dos fundamentos conceituais e dos processos de tratamento envolvidos, antes de tratar pessoas que apresentam TEPT. Além desses materiais adequados para educação do terapeuta sobre o tratamento de TEPT, um programa de tratamento pela internet foi desenvolvido com base em princípios de tratamento baseados em evidências (Wild et al., 2016), e um programa de autoajuda está sendo avaliado pelo grupo de Ehlers e Clark (Nollerr et al., 2018). Pesquisas recentes também exploraram os benefícios potenciais do tratamento intensivo para TEPT em que a frequência das sessões é aumentada. Ehlers e colaboradores (2014) constataram que um programa completo de TCC para TEPT realizado por 7 a 10 dias era tão eficaz quanto o mesmo tratamento feito em um formato semanal por vários meses. Há evidências de que menos dias entre as sessões promove maior melhora dos sintomas (Gutner, Suvak, Sloan, & Resick, 2016). É importante ressaltar que o tratamento mais breve envolve menos estresse geral para pessoas que apresentam TEPT, especialmente quando o tratamento está focado nos tipos de intervenções eficazes empregados pelos autores aqui citados.

Independentemente do tipo ou do número de traumas a que uma pessoa sobreviveu, uma parte importante da recuperação é aprender a criar significados pessoais construtivos das experiências traumáticas e aplicá-las à visão de si mesmo, dos outros e do mundo. *A mente vencendo o humor* ensina habilidades que podem facilitar esse processo para muitas pessoas. Entretanto, o tratamento de TEPT envolve muito mais do que aprender as habilidades para manejo do humor ensinadas em *A mente vencendo o humor*. É importante que os terapeutas conheçam plenamente o *timing* do tratamento do TEPT (McNally, Bryant, & Ehlers, 2005) e os métodos especializados usados para assegurar os melhores resultados do tratamento. Assim, recomendamos o uso de *A mente vencendo o humor* somente como um adjuvante para os tratamentos mais abrangentes referenciados aqui.

GUIA PARA A RESOLUÇÃO DE PROBLEMAS: TRANSTORNOS DE ANSIEDADE COMUNS

Problemas de ansiedade múltipla

Muitas pessoas chegam à terapia com múltiplos problemas de ansiedade. Uma pessoa pode experimentar transtorno de pânico e também ansiedade social. Outra pode ter uma longa história de TAG, mas chega à terapia buscando ajuda para uma fobia específica. Como você sabe que protocolo de tratamento seguir? Uma estratégia é definir os diferentes problemas e perguntar aos seus clientes qual deles gostariam de resolver primeiro. Quando a resposta não for clara, use os métodos concebidos para ajudar a priorizar os objetivos da terapia, conforme descritos no Capítulo 3 deste guia. Embora você possa ter de se voltar para as preocupações ansiogênicas para algumas pessoas, as habilidades adquiridas e a aprendizagem desenvolvida durante o tratamento de um problema de ansiedade frequentemente irão informar e acelerar o progresso no tratamento de diagnósticos de ansiedade posteriores. Outra estratégia é verificar se existe um tema central que relacione os transtornos de ansiedade comórbidos. A identificação de temas que se sobrepõem ou de habilidades subdesenvolvidas pode algumas vezes levar a um plano de tratamento individualizado que atenda às necessidades de tratamento da maioria ou de todas as pessoas, conforme ilustrado no caso de Monique.

Monique foi diagnosticada com TAG, que era composto por ansiedade social e um início recente de ataques de pânico. Em sua primeira sessão de terapia, ela se descreveu como perfeccionista. Seu pai tinha sido muito punitivo quando ela era criança, e ela se esforçava para fazer as coisas com perfeição para evitar críticas e punição dele. Monique se preocupava muito em não cometer erros. Durante toda a sua vida, sentiu ansiedade intensa sempre que estava em uma situação social e não podia se certificar de que todos na sala a aprovavam.

A ansiedade de Monique se intensificou depois que se mudou para uma nova cidade. Ela temia que seus novos vizinhos e outras pessoas notassem sua ansiedade e achassem que ela era louca. Esses pensamentos foram seguidos por aumento nos níveis de ansiedade e por experiências de despersonalização, as quais Monique interpretava como evidências de que de fato estava ficando louca. Cada vez que pensava que estava ficando louca, ela experimentava um ataque de pânico. Monique se descreveu como "presa em uma tempestade" de ansiedade.

Embora Monique estivesse experimentando três problemas – TAG, transtorno de pânico e ansiedade social –, todos os três estavam ligados ao seu medo de críticas. Assim, o terapeuta decidiu ajudá-la a aprender a lidar melhor com a crítica para que isso não a amedrontasse tanto. Na primeira semana, seu terapeuta sugeriu que Monique lesse os Capítulos 1, Como *A mente vencendo o humor* pode ajudá-lo, e 14, Compreendendo sua ansiedade, em *A mente vencendo o humor*. Além disso, pediu que ela preenchesse a Folha de Exercícios 14.3, Identificando pensamentos associados à ansiedade (*A mente vencendo o humor*, p. 224), para duas situações em que experimentasse níveis mais altos de ansiedade durante a semana. Ele queria testar sua hipótese de que o medo de críticas fazia parte da maioria das experiências de ansiedade de Monique.

Ela voltou na sessão seguinte com dois exemplos na folha de exercícios. Ambas as situações envolviam outras pessoas, e seus pensamentos focavam nas preocupações ou na certeza de que os outros seriam críticos e a rejeitariam de alguma maneira. Como o manejo das preocupações sobre crítica e rejeição é essencial para o tratamento de ansiedade social, seu terapeuta se baseou fortemente nesse modelo de tratamento. Por exemplo, Monique praticou defesa assertiva de si mesma, em que dramatizou defender sua ansiedade diante de um estranho que agia de acordo com o pior cenário que ela imaginava. Depois de inúmeras dramatizações por duas sessões, ela finalmente conseguiu se defender contra o tipo de críticas do estranho com as quais se preocupava, conforme demonstrado na interação a seguir.

TERAPEUTA: (*Representando um estranho crítico*) Você parece estar ficando louca.

MONIQUE: Na verdade, só estou me sentindo ansiosa.

TERAPEUTA: Bem, parece muita loucura ficar ansiosa só por andar pela rua.

MONIQUE: Talvez você não se sinta ansioso aqui. Diferentes pessoas se sentem ansiosas em diferentes situações.

TERAPEUTA: Você está estranha. Acho que talvez eu deva chamar uma ambulância.

MONIQUE: Apenas me deixe sozinha. Eu estou bem. Vou me sentir melhor se você for embora.

TERAPEUTA: Não estou gostando da sua aparência. Fique aqui, e vou chamar a emergência.

MONIQUE: Você não tem direito de se intrometer na vida de outra pessoa. Apenas vá embora!

Em exercícios de dramatização como este, Monique aprendeu a falar por si mesma, a defender sua ansiedade e outros aspectos do seu comportamento que outros poderiam criticar. Ela ficou surpresa porque depois de dramatizações repetidas acabou ficando zangada com seus críticos imaginários. Ela agora percebia as reações dessas pessoas como de um modo geral injustificadas, se elas realmente dissessem as coisas com as quais se preocupava. Ao desenvolver confiança de que poderia lidar com as críticas potenciais, ela diminuiu sua ansiedade. Tornou-se menos temerosa de estranhos e experimentava despersonalização com menos frequência. Defender sua ansiedade levou Monique a ficar confiante de que não estava ficando louca, e seus ataques de pânico também diminuíram. Ao identificarem o tema central que conectava todos os seus problemas de ansiedade, Monique e seu terapeuta conseguiram, usando as habilidades ensinadas em *A mente vencendo o humor*, ajudá-la a entender e a tratar com sucesso a maior parte da sua ansiedade em poucos meses.

12

Raiva, culpa e vergonha

(CAPÍTULO 15 DE *A MENTE VENCENDO O HUMOR*)

Rosa: Quando você vai consertar as calhas no telhado? Você disse que faria hoje, e já estamos no meio da tarde.

Gabriel: Por que você está sempre reclamando? Eu não garanto um teto sobre a sua cabeça?

Rosa: Sim, mas eu quero ter certeza de que o telhado não vai vazar durante a chuva nesta semana.

Gabriel: Não fale comigo assim! Olhe para essa bagunça na casa! Parece um chiqueiro!

Rosa: E de quem é essa bagunça? Eu sou sua empregada ou sua esposa?

Mais tarde naquela noite:

Rosa: Obrigada por consertar as calhas. Fico muito grata.

Gabriel: Obrigado. Sinto muito por ter gritado com você. Estou me sentindo muito mal, especialmente porque prometi que não faria mais isso.

Rosa: Tudo bem. Eu também gritei.

Gabriel: Sim, mas a culpa é minha por termos brigado. Eu sou um marido terrível.

Todos os casais brigam às vezes. Gabriel e Rosa expressaram raiva um do outro naquela tarde. Embora Rosa parecesse se sentir mais feliz mais tarde, Gabriel sentiu culpa pela sua raiva ("Estou me sentindo muito mal... prometi que não faria mais isso") e, mais tarde, vergonha ("Sim, mas a culpa é minha... sou um marido terrível"). Raiva, culpa e vergonha algumas vezes estão relacionadas, como mostra esse diálogo. Há três estados de humor que frequentemente pesam na balança quando as pessoas consideram seus valores referentes a quais comportamentos, pensamentos ou sentimentos são "corretos" e bons. De fato, a experiência e a expressão desses estados de humor são aspectos da experiência humana normal e podem ser construtivos. Quando outras pessoas nos prejudicam, a raiva pode nos motivar a tomar medidas de autoproteção e também a expressar nossa contrariedade para alertar os demais de que direitos ou acordos foram violados. Quando prejudicamos outras pessoas, a culpa pode nos motivar a fazer reparações e mudar nosso comportamento. Quando violamos nossos códigos morais mais importantes, a vergonha pode ser apropriada. Cada uma dessas emoções tem seu lugar em nossa paleta emocional.

Culpa e vergonha geralmente estão em evidência em idade muito precoce. Um estudo com crianças com menos de 2 anos que foram levadas a acreditar que quebraram o brinquedo de um adulto constatou que todas elas mostraram sinais de culpa ou vergonha (Drummond, Hammond, Satlof-Bedrick, Waugh, & Brownell, 2017). Sua experiência de culpa deu vez a comportamentos pró-sociais, como contar ao adulto que quebram o brinquedo e tentar consertá-lo. Posteriormente, nesse estudo, as crianças que experimentaram culpa tiveram maior probabilidade de ajudar um adulto em sofrimento emocional do que aquelas que experimentaram vergonha. A vergonha era marcada mais frequentemente por afastamento social e, assim, parecia ter menos benefícios do que a culpa.

QUANDO ESSES ESTADOS DE HUMOR SE TORNAM PROBLEMAS?

Quando a raiva, a culpa e a vergonha se tornam problemas? Cada uma dessas emoções pode ser uma causa de preocupação ou se tornar problemática se (1) estiver ausente, (2) ocorrer tão frequentemente (frequência) que seja contraproducente ou incapacitante, (3) for desproporcional às circunstâncias (em intensidade e/ou duração) ou (4) for expressa de forma que prejudique as relações.

A ideia de que um estado de humor ausente pode ser um problema é nova nas nossas discussões. Seria raro que alguém sentisse preocupação por alguém que nunca experimentou depressão. No entanto, um indivíduo que nunca sente ou expressa raiva ou é extremamente feliz, ou é possivelmente vulnerável a abusos, porque não reconhece quando as pessoas o estão prejudicando ou se aproveitando dele. Em tradições que se empenham em atingir a tolerância e a aceitação das dificuldades ou decepções na vida, como a filosofia budista, mesmo os líderes espirituais sentem raiva. Uma citação atribuída a Dalai Lama diz: "Você nunca deixa de ficar com raiva por coisas pequenas. No meu caso, é quando minha equipe faz alguma coisa de forma descuidada, então eu levanto a voz, mas, depois de alguns minutos, isso passa" (Elefthriou-Smith, 2015). É mais provável que uma vida sem culpa ou vergonha indique alguém que não tenha autoconsciência ou senso de empatia pelos outros do que alguém que esteja levando uma existência santificada. De fato, a ausência completa de culpa é tão incomum que é um dos critérios diagnósticos para transtorno da personalidade antissocial (American Psychiatric Association, 2013).

Os pontos de aprendizagem enfatizados no Capítulo 15 de *A mente vencendo o humor*, Compreendendo a raiva, a culpa e a vergonha, são apresentados no quadro Resumo do Capítulo 15. Esse capítulo de *A mente vencendo o humor* ajuda as pessoas a entenderem as causas e características dessas emoções, juntamente com os métodos concebidos para manejar cada uma. Este capítulo oferece um perfil cognitivo-comportamental para cada uma das três emoções e mostra como usar o Capítulo 15 de *A mente vencendo o humor* para ajudar seus clientes que experimentam essas emoções para mais ou para menos.

AVALIANDO E ACOMPANHANDO OS ESTADOS DE HUMOR EM TRÊS DIMENSÕES

Raiva, culpa e vergonha não apresentam medidas bem definidas como a depressão e a ansiedade. No entanto, ao longo deste livro, enfatizamos o quanto é importante avaliar regularmente e acompanhar as mudanças nos estados de humor. As mu-

> **Resumo do Capítulo 15**
> (*A mente vencendo o humor*, p. 252-279)
>
> ▸ Enquanto você pratica as habilidades de *A mente vencendo o humor*, as Folhas de Exercícios 15.1 (*A mente vencendo o humor*, p. 246) e 15.2 (*A mente vencendo o humor*, p. 247) irão ajudá-lo a avaliar e acompanhar seu progresso na frequência, na intensidade e na duração de seus estados de humor.
>
> ▸ A raiva é caracterizada por tensão muscular, aumento na frequência cardíaca, aumento na pressão arterial e atitude defensiva ou ataque.
>
> ▸ Quando estamos com raiva, nossos pensamentos focam nossas percepções de que as outras pessoas estão nos prejudicando e/ou ameaçando, quebrando as regras ou sendo injustas.
>
> ▸ A raiva pode variar desde irritação leve até fúria. A intensidade de nossa raiva é influenciada por nossa interpretação do significado dos acontecimentos, nossas expectativas em relação às outras pessoas e pelo que achamos do comportamento dos outros: se foi intencional ou não.
>
> ▸ Os métodos eficazes no controle da raiva incluem testar os pensamentos de raiva, utilizar a imaginação para antecipar e preparar-se para os acontecimentos nos quais você está em alto risco de ter raiva, reconhecer os primeiros sinais de alerta de raiva, dar um tempo, ser assertivo, perdoar e fazer terapia de casal ou de família.
>
> ▸ Sentimo-nos culpados quando achamos que fizemos algo de errado ou não correspondemos aos padrões que estabelecemos para nós mesmos.
>
> ▸ A culpa é frequentemente acompanhada por pensamentos contendo as palavras "deveria" ou "tem de".
>
> ▸ A vergonha envolve a percepção de que fizemos algo de errado, de que precisamos manter isso em segredo e de que o que fizemos significa algo terrível sobre nós.
>
> ▸ A culpa e a vergonha podem ser diminuídas ou eliminadas por meio da avaliação de suas ações, pesando a responsabilidade pessoal, fazendo reparos por algum dano que você causou, quebrando o silêncio em torno da vergonha e exercitando o autoperdão.

danças nas medidas do humor fornecem *feedback* significativo aos clientes e aos seus terapeutas sobre se as intervenções estão ajudando ou não. Quando escrevemos *A mente vencendo o humor*, decidimos criar uma medida que pudesse acompanhar as mudanças na raiva, na culpa e na vergonha. Nossa própria experiência com os clientes sugeriu que as melhoras nesses três estados de humor podem ocorrer em uma das três dimensões: frequência, força (isto é, intensidade) e duração. Construímos uma nova medida do humor, Avaliando e acompanhando meus estados de humor (Folha de Exercícios 15.1, *A mente vencendo o humor*, p. 246), que requer que a pessoa reflita sobre a semana anterior e avalie seu humor-alvo nessas três dimensões.

Para aprofundar nossa compreensão da utilidade desse processo, reserve um momento agora e preencha essa folha de exercícios para algum estado de humor que você experimentou nesta semana. Quando terminar, continue a leitura.

Nossa nova medida do humor, devido à sua flexibilidade, tem inúmeros benefícios clínicos:

1. Pode ser usada para avaliar uma variedade de alvos da terapia. Isso inclui não apenas estados de humor angustiantes, como raiva, culpa e vergonha, mas também estados de humor mais desejáveis, como felicidade. Essa folha de exercícios também pode ser usada para avaliar outros alvos de mudança na terapia, como dor, estresse, compulsão por álcool/drogas ou resiliência.

2. Terapeutas e clientes podem estabelecer objetivos para uma ou todas as três dimensões. Por exemplo, Shannon não se sentia culpada muito frequentemente (frequência), mas, quando isso ocorria, sentia culpa de forma intensa (força = 80 ou mais na escala de 0-100 na Folha de Exercícios 15.1) por uma semana ou mais (duração) e tinha muita dificuldade para sair do seu "estupor de culpa". Seu objetivo na terapia não era mudar a frequência da sua culpa; ela queria reduzir sua força e duração. Mick não sentia culpa intensamente, mas sentia culpa por muitas pequenas coisas no dia a dia. Ele estabeleceu, na terapia, o objetivo de reduzir a frequência da sua culpa.

3. A melhora com frequência é notada mais rapidamente quando cada dimensão é avaliada. As pessoas que estão trabalhando para reduzir a raiva são sensibilizadas para notar quantas vezes (frequência) sentem raiva durante a semana. O progresso pode parecer ilusório se estiverem observando apenas a frequência. No entanto, a força ou a duração experimentadas algumas vezes mudam nas primeiras semanas de manejo da raiva. Portanto, avaliar os alvos da terapia nas três dimensões aumenta a probabilidade de que pequenas mudanças sejam notadas e registradas.

Encorajamos os terapeutas a colaborarem com os clientes e explorarem uma variedade de formas de usar as escalas genéricas em Avaliando e acompanhando meus estados de humor (Folha de Exercícios 15.1, *A mente vencendo o humor*, p. 246). Algumas pessoas acham mais útil avaliar e acompanhar apenas uma ou duas dimensões. Outras usam essa folha de exercícios para avaliar comportamentos, compulsões, dor física ou outros alvos não relacionados ao estado de humor. Muitas pessoas estão interessadas no uso dessa folha de exercícios para medir e acompanhar felicidade, bem-estar, gratidão, resiliência ou outras qualidades positivas. Há uma recomendação no final de vários capítulos de *A mente vencendo o humor* para avaliar felicidade, por exemplo, e a Folha de Exercícios 15.1 é ideal para isso. Muitas pessoas acham interessante observar que a felicidade é um estado de humor que raramente tem longa duração; sua frequência e força costumam ser as dimensões que elas podem mudar mais facilmente.

Mesmo que seus clientes decidam usar a Folha de Exercícios 15.1, as alterações nos escores semana a semana podem ser registradas no Quadro de escores do humor (Folha de Exercícios 15.2, *A mente vencendo o humor*, p. 247). As instruções para essa folha de exercícios aconselham que as pessoas preencham diferentes cópias desse quadro para cada alvo da terapia (p. ex., um quadro para acompanhar a felicidade e outro para acompanhar a culpa). Algumas pessoas preferem usar diferentes escores na Folha de Exercícios 15.2 para acompanhar a frequência, a força e a duração do seu alvo para que seja fácil verificar como aumentam e diminuem separadamente ou em uníssono. Versões em PDF das Folhas de Exercícios 15.1 e 15.2 podem ser baixadas clicando no *link* de material complementar de *A mente vencendo o humor*, no *site* da Artmed (loja.grupoa.com.br). Se os clientes precisarem de ajuda para registrar seus dados, vocês podem completar o gráfico nas sessões. Depois de aprender a avaliar e acompanhar a raiva, a culpa ou a vergonha nessas folhas de exercícios, as pessoas podem saltar para as seções no Capítulo 15 que se aplicam aos estados de humor que desejam focar na terapia.

RAIVA

Guia da Raiva para Clínicos: o fluxo da terapia

Com frequência a raiva não é identificada como um problema presente que traga os clientes à terapia. Ela pode emergir como um problema durante a terapia de casal ou no processo de trabalho em outros objetivos da terapia. Quando questões relacionadas à raiva são identificadas, você e seu cliente precisam decidir a prioridade que ela deve assumir e quando trabalhá-la na terapia. Se o seu cliente já aprendeu outras habilidades, considere se alguma delas pode agora ser aplicada à compreensão e ao manejo da raiva.

A melhor maneira de ajudar os clientes a entenderem a raiva é identificar situações que a desencadeiam, juntamente com os pensamentos automáticos, as imagens e as lembranças que a acompanham. Os exemplos de casos nesta seção mostram como fazer isso. Um impedimento possível é que as respostas de raiva podem acontecer tão rapidamente que os clientes com frequência precisam aprender habilidades para abrandá-la a fim de entendê-la melhor.

O Capítulo 15 de *A mente vencendo o humor* ensina diversas habilidades para fazer isso: usar imagens antecipatórias, reconhecer os primeiros sinais de alerta de raiva, dar um tempo e ser assertivo.

Como terapeuta, você vai precisar manter uma aliança de proximidade com seus clientes que estão explorando a raiva. Isso algumas vezes significa encontrar o equilíbrio entre validar sua perspectiva que dá origem à raiva e gradualmente os ajudar a considerar perspectivas alternativas que outras pessoas podem ter dessas mesmas situações. Esse equilíbrio é necessário para encontrar as evidências que apoiam e as que não apoiam pensamentos relacionados à raiva. Quando a raiva não é apoiada pelas evidências, pode ser essencial desvendar os pressupostos subjacentes que a desencadeiam e testá-los com experimentos comportamentais. Quando a raiva é apoiada por evidências, comunicação assertiva e planos de ação podem ajudar seus clientes a tentar resolver a injustiça ou o prejuízo que experimentaram. Com o tempo, alguns podem escolher perdoar aqueles que os prejudicaram. O perdão pode ser um processo terapêutico complexo; ele é descrito em mais detalhes posteriormente neste capítulo.

Muitas dessas intervenções na raiva são destacadas, juntamente com as folhas de exercícios para praticá-las, no Capítulo 15 de *A mente vencendo o humor*. Na página 474, no Apêndice A deste guia, também há um guia de leitura para raiva que diz às pessoas quais capítulos ler a seguir para aprender várias habilidades que podem ajudar na expressão e no manejo da raiva. O Guia da Raiva para Clínicos (ver Tabela 12.1) relaciona os capítulos de *A mente vencendo o humor* do guia de leitura com os capítulos neste guia do clínico. A maioria desses capítulos já é familiar para você. No entanto, quando a raiva é o foco da terapia, existem algumas variações na sua utilização:

TABELA 12.1 Guia da Raiva para Clínicos: capítulos de *A mente vencendo o humor* (na ordem recomendada pelo Guia de Leitura para Raiva) e capítulos correspondentes deste guia

Capítulos de *A mente vencendo o humor*	Objetivo	Capítulos deste guia
1-4	Introdução a *A mente vencendo o humor*.	2
15	Aprender mais sobre a raiva e os métodos eficazes para compreendê-la, expressá-la ou manejá-la.	12
5	Definir objetivos. Identificar sinais pessoais de melhora.	3
6-9	Usar registros de pensamentos para identificar e testar pensamentos relacionados à raiva.	4-5
10	Fortalecer pensamentos alternativos. Usar planos de ação para resolver problemas. Para problemas que não podem ser resolvidos, desenvolver aceitação.	6
11	Usar experimentos comportamentais para testar pressupostos associados à raiva e desenvolver novos pressupostos.	7
12	Desenvolver novas crenças nucleares. Praticar gratidão e atos de gentileza.	8
13	Aprender mais sobre depressão, se relevante.	9
14	Aprender mais sobre ansiedade, se relevante.	10-11
16	Ajudar a fazer um plano para continuar a se sentir melhor com o tempo (manejo de recaída).	13

1. Depois que os clientes preencheram os exercícios sobre raiva no Capítulo 15 de *A mente vencendo o humor*, o Guia de Leitura para Raiva os direciona para a leitura de Definindo objetivos pessoais e observando as melhoras (Capítulo 5). Esse capítulo pode já ter sido concluído para outros problemas apresentados. Ajude os clientes a definir objetivos relacionados à raiva. Certifique-se de que seus objetivos sejam para mudanças que *eles mesmos* possam fazer e que não sejam simplesmente focados em como gostariam que os *outros* mudassem.

2. Seus clientes provavelmente irão usar os capítulos sobre registro de pensamento em *A mente vencendo o humor* (Capítulos 6-9) para aprender como identificar, testar e reestruturar os pensamentos e imagens associados à raiva. Você pode introduzir a consideração das perspectivas de outras pessoas quando essas evidências não apoiarem seus pensamentos "quentes" associados à raiva.

3. Identifique as regras pessoais que despertam raiva recorrente ajudando seus clientes a procurar evidências para seus

pressupostos subjacentes em situações que a evocam (Capítulo 11 de *A mente vencendo o humor*). Os experimentos comportamentais planejados para testar antigos e novos pressupostos subjacentes podem ser elaborados conforme descrito no Capítulo 7 deste guia.

4. Existem muitas razões para a raiva, variando desde abuso, injustiça social, mal-entendidos até percepções equivocadas das boas intenções dos outros. Dependendo das circunstâncias que se ajustam à raiva dos seus clientes, alguma ou todas as habilidades seguintes de *A mente vencendo o humor* podem ser úteis: resolução de problemas, aceitação, construção de novas crenças nucleares e prática de gratidão e gentileza. Quando a raiva é comórbida a outros estados de humor, empregue os capítulos relevantes para cada humor. Assim como ocorre para todos os estados de humor, reserve um tempo antes do término da terapia para ajudar seus clientes a construir um plano para manejo de recaída. Esse plano pode ajudar a incorporar às suas vidas a prática de habilidades de manejo da raiva. Este também pode ser um momento para fazer um plano pós-terapia para estimular a felicidade e um senso positivo de bem-estar.

Formando uma aliança e avaliando a raiva

Brendon era um estudante universitário que vivia com seus pais e irmãos; ele satisfazia os critérios para transtorno da personalidade *borderline*. Um dos seus principais sintomas era raiva intensa e frequente. Quando sua raiva era desencadeada, ficava furioso e gritava com seus familiares (alta frequência, alta força e duração de 0 a 4 horas). Quando, no início da terapia, começou a avaliar e acompanhar sua raiva na Folha de Exercícios 15.1, a terapeuta de Brendon lhe perguntou qual dimensão ele achava que seria mais fácil de mudar primeiro.

TERAPEUTA: Quando olho para sua folha de exercícios, vejo que você marcou a frequência em 70, a força em 100 e a duração em 30. Qual dessas três coisas você acha que seria mais fácil de mudar um pouco?

BRENDON: Acho que a força, porque é a maior.

TERAPEUTA: Hummm. É uma ideia, mas fico pensando: quanto tempo você leva para ir de 0 a 100 na força da sua raiva? Qual foi a sua experiência nesta semana?

BRENDON: Quando entrei no meu quarto e encontrei minha irmã olhando as minhas coisas, imediatamente fiquei 100% com raiva. Ela não tem direito de fazer isso! (*Elevando seu tom de voz*)

TERAPEUTA: Posso ver como você fica só de pensar nisso agora.

BRENDON: É claro! Isso não deixaria você furiosa?

TERAPEUTA: Posso entender como isso não pareceu certo. Parece que, quando as coisas não estão certas, a sua raiva dispara de 0 a 100 muito rapidamente.

BRENDON: Hum-hum.

TERAPEUTA: Acho que pode ser difícil mudar nossas reações rápidas no começo. Imagino que a frequência ou a duração da sua raiva poderiam ser mais fáceis de mudar no começo.

BRENDON: Bem, cada vez que fico com raiva, é muito rápido. Então a frequência pode ser outra coisa rápida. Talvez eu pudesse encurtar a duração.

TERAPEUTA: Isso pode funcionar. Nesta semana, quando sua raiva estava no seu nível mais alto, depois que você encontrou sua irmã no seu quarto, quanto tempo ela durou?

BRENDON: Durou cerca de quatro horas – até que ela se desculpou, e meu pai disse que eu podia colocar uma tranca na porta.

TERAPEUTA: Teria havido algum benefício para você se a sua raiva não tivesse durado tanto?

BRENDON: Sim. Eu fiquei tão tenso que não consegui estudar. Eu tinha um trabalho para entregar com prazo para o dia seguinte e estraguei tudo, e o professor disse que eu não poderia mais entregar trabalhos atrasados ou então iria ser reprovado.

TERAPEUTA: Então a longa duração da sua raiva realmente o impede de fazer coisas que são importantes para você.

BRENDON: Sim.

TERAPEUTA: Este parece ser um bom ponto por onde começar, então. Vamos iniciar trabalhando para descobrir formas de reduzir o tempo em que você se sente com raiva para que isso não perturbe tanto a sua vida.

BRENDON: Isso seria bom.

Note que a terapeuta de Brendon não o estimulou a olhar para os benefícios para sua família ou outras pessoas caso ele conseguisse reduzir a duração da sua raiva, muito embora este provavelmente fosse um benefício adicional. Esta era a segunda sessão, e ela ainda estava construindo uma aliança com Brendon. Conforme descrito anteriormente, a raiva é um estado de humor estimulado por pensamentos de estar sendo prejudicado, ameaçado ou explorado por outra pessoa. Além disso, as pessoas que satisfazem os critérios para transtorno da personalidade *borderline* comumente têm a crença de que os outros vão prejudicá-las. Assim, a terapeuta enfatizou a preocupação com o impacto que a raiva tinha em Brendon para comunicar que era sua aliada. O impacto da raiva de Brendon nos outros será tratado posteriormente na terapia, após uma boa aliança tiver sido formada e quando ele for capaz de levar isso em consideração.

A raiva é uma das poucas emoções cujos pensamentos que a acompanham são mais sobre outra pessoa do que sobre si mesmo. Assim, pensamentos de raiva com frequência começam com a palavra "você" quando uma pessoa está falando com alguém, e "ele" ou "ela" ou "eles" quando a pessoa está pensando em outras pessoas ou circunstâncias relacionadas à raiva:

"Você está sendo irracional."

"Você está se aproveitando de mim."

"Ele/ela/eles são maus/ofensivos/decepcionantes porque..."

"Isso não é justo porque..."

Quando pressupostos de equidade ou justiça são violados, provavelmente qualquer pessoa sente raiva. Conforme descrito aos leitores no Capítulo 15 de *A mente vencendo o humor*, a raiva está associada a pensamentos de que os outros os estão ameaçando, causando danos ou prejudicando, ou aos seus direitos. Como os pensamentos de raiva têm a ver com outra pessoa, algumas vezes os clientes não pensam que deveriam investigar seus pensamentos ou tentar modificar as suas reações. Pode haver uma percepção de que a outra pessoa é que é o problema e de que a(s) pessoa(s) que está(ão) causando o dano deve(m) fazer mudanças. Algumas vezes, esse é o caso. Portanto, quando abordamos a raiva, ajudamos nossos clientes a identificar as situações (desencadeantes) e também os pensamentos e as imagens relacionados aos sentimentos de raiva.

Identificando pensamentos, imagens e lembranças relacionados à raiva

A Folha de Exercícios 15.3, Compreendendo a raiva, a culpa e a vergonha (*A mente vencendo o humor*, p. 250), pode ser usada para identificar a situação (desencadeante), os pensamentos e as imagens relacionados à raiva. As orientações para essa folha de exercícios lembram os leitores de que as lembranças são outro tipo de pensamento ou imagem que podem ser registrados. Alguns aspectos de um evento evocam lembranças de outros incidentes, e então a raiva escala rapidamente até um grau que parece desproporcional à situação atual. Por exemplo, um morador de rua ficou furioso quando um transeunte disse "arranje um emprego" porque isso já havia sido dito a ele centenas de vezes naquele mês. Ele estava magoado e com raiva porque ninguém reconhecia que estava trabalhando em tempo parcial e procurando um segundo emprego, mas ainda não conseguia pagar um aluguel. Uma mulher que estava sendo assediada sexualmente no trabalho esbofeteou um homem que se inclinou sobre ela em um ônibus porque sua percepção era de que ele estava tentando ter contato sexual. Ele pareceu surpreso e gritou com ela: "Por que você fez isso?". Nessas duas situações, o dano causado provavelmente não foi tão grande quanto a raiva sentida e expressada. No entanto, o conhecimento das experiências prévias e as lembranças da pessoa nos ajudam a entender e empatizar com suas reações. Quando lembranças são evocadas, elas devem ser registradas na coluna dos pensamentos automáticos (imagens) da Folha de Exercícios 15.3.

Peça que seus clientes identifiquem seus pensamentos, imagens e lembranças associados à raiva para várias situações. Depois disso, eles podem ler as páginas em *A mente vencendo o humor* (p. 250-251) que descrevem a natureza dos pensamentos das pessoas quando elas sentem raiva. Essas páginas podem ser usadas como um guia para as maneiras de falar com os clientes sobre os papéis que os seguintes fatores desempenham na determinação de quando e em que grau eles sentem raiva em uma situação: (1) crenças sobre justiça, (2) interpretação da intenção e racionalidade dos comportamentos dos outros e (3) as próprias expectativas dos clientes. De fato, solicitar que as pessoas leiam esses poucos parágrafos e os associem a determinados pensamentos que registraram na Folha de Exercícios 15.3 pode ser um exercício útil na sessão.

Considerando primeiro a perspectiva do seu cliente

Ajudar os clientes a reconhecerem que seus pensamentos, interpretações, expectativas e intenções em uma situação podem ser diferentes dos de outra pessoa costuma ser necessário antes que estejam dispostos a aprender a testar seus pensamentos associados à raiva. Com o tempo, eles vão precisar reconhecer que outra pessoa pode ter perspectivas diferentes das suas e que elas podem ser válidas para essa outra pessoa, mesmo quando estão em conflito com as crenças e valores mais caros para eles. No entanto, a princípio não é necessariamente útil, quando os clientes ainda estão com raiva, pedir-lhes que olhem para a situação pela perspectiva da(s) outra(s) pessoa(s) de quem sentem raiva. Considere as diferenças entre estas duas versões de um diálogo com Brendon, o estudante universitário sobre o qual você leu anteriormente e que ficou com raiva de sua irmã que entrou no seu quarto e olhou suas coisas. No primeiro diálogo (hipotético) a seguir, a terapeuta notou que havia uma explicação alternativa para o comportamento da irmã de Brendon e escolheu perguntar sobre isso como um passo inicial para o teste dos seus pensamentos.

BRENDON: Então, meus pensamentos, quando descobri que minha irmã tinha estado no meu quarto, foram de que ela estava bisbilhotando ou procurando dinheiro. Eu me lembrei de uma vez em que ela contou aos meus pais que eu havia convidado meus amigos para irmos a uma festa a que eu não deveria ir. Ela ouviu pelo lado de fora da minha porta e foi fazer fofoca, e eu tive muitos problemas por isso. Ela é uma intrometida e está sempre buscando formas de deixar meus pais zangados comigo. Ela até disse para eles que só estava no meu quarto porque precisava de uma borracha e sabia que eu tinha uma na minha mesa, mas eu sei que não era isso.

TERAPEUTA: E se ela estivesse procurando uma borracha, isso afetaria como você se sentiu?

BRENDON: Você é igual aos meus pais! Ficando do lado dela!

Nessa versão, quando a terapeuta começou com a perspectiva da outra pessoa, Brendon ficou com mais raiva ainda, e sua aliança terapêutica, que estava em estágio inicial, foi prejudicada. Na segunda versão dessa entrevista (a que realmente aconteceu), a terapeuta atentou à perspectiva de Brendon e teve empatia pela sua raiva antes de abordar explicações alternativas para o comportamento de sua irmã.

BRENDON: Então, meus pensamentos, quando descobri que minha irmã tinha estado no meu quarto, foram de que ela estava bisbilhotando ou procurando dinheiro. Eu me lembrei de uma vez em que ela contou aos meus pais que eu havia convidado meus amigos para irmos a uma festa a que eu não deveria ir. Ela ouviu pelo lado de fora da minha porta e foi fazer fofoca, e eu tive muitos problemas por isso. Ela é uma intrometida e está sempre buscando formas de deixar meus pais zangados comigo. Ela até disse para eles que só estava no meu quarto porque precisava de uma borracha e sabia que eu tinha uma na minha mesa, mas eu sei que não era isso.

TERAPEUTA: Então você tem uma história de sua irmã contando os seus segredos aos seus pais?

BRENDON: Sim.

TERAPEUTA: Quando aconteceu essa situação que você lembrou?

BRENDON: Acho que há uns três anos. Antes de eu começar a ir à faculdade.

TERAPEUTA: E ela continuou com esse comportamento de espionar você e contar aos seus pais?

BRENDON: Não tenho certeza. Não notei nada neste ano até ela ter entrado no meu quarto.

TERAPEUTA: Posso entender agora o quanto aquilo pareceu ser uma verdadeira violação da sua privacidade.

BRENDON: Sim, foi.

TERAPEUTA: Então sua irmã disse que estava apenas procurando uma borracha na sua mesa. O que parecia que ela estava fazendo quando você entrou?

BRENDON: Bem, ela realmente estava com a gaveta da mesa aberta e estava olhando para as coisas ali.

TERAPEUTA: É lá que você guarda seu dinheiro ou os segredos que não quer que seus pais saibam?

BRENDON: Por sorte, não.

TERAPEUTA: O que há na sua gaveta que poderia ter interessado a ela?

BRENDON: Apenas algumas canetas e papel e meu talão de cheques. Acho que ela poderia estar olhando isso.

TERAPEUTA: É isso o que você viu?

BRENDON: Não. Ela só estava olhando para dentro da gaveta.

TERAPEUTA: Então uma possibilidade é que ela estivesse procurando na gaveta segredos de algum tipo, e felizmente você não tinha nada ali que ela pudesse encontrar para colocá-lo em encrenca. A outra possibilidade é que estivesse procurando uma borracha, conforme disse. É difícil saber o que é verdade.

BRENDON: É, acho que sim.

TERAPEUTA: Posso entender como, naquele momento, o comportamento dela parecia muito suspeito e você pensou o pior... que estava procurando dinheiro ou alguma coisa para colocá-lo em encrenca. Agora, quando examina a situação retrospectivamente, que probabilidade você daria a essa ideia ou à explicação dela de que estava procurando uma borracha?

BRENDON: Não estou certo. Talvez meio a meio.

TERAPEUTA: Certo. Então, se ela estivesse bisbilhotando ou procurando dinheiro, estaria violando a sua privacidade. Como isso foi o que você achou que estava acontecendo, ficou com raiva. Se acontecesse de você pensar que ela só estava procurando uma borracha, teria se sentido de forma diferente?

BRENDON: Ainda assim eu não gostaria disso, pois ela deveria me pedir antes de entrar no meu quarto, mas eu não teria sentido tanta raiva.

Nessa segunda versão da entrevista, a terapeuta primeiramente explorou as razões para a raiva de Brendon e procurou evidências que as corroborassem. Só depois disso é que pediu a ele que avaliasse a probabilidade das duas perspectivas, a sua e a da sua irmã. Como sua terapeuta expressou empatia e compreensão com a raiva de Brendon, ele não precisou continuar assertivo. Conseguiu levar em consideração uma perspectiva alternativa, pelo menos parcialmente.

Pedir a pessoas que experimentam raiva frequente e intensa, como Brendon, para examinarem e testarem seus pensamentos de raiva provavelmente terá mais sucesso se a razão para isso for estruturada na empatia pelo impacto da raiva nelas, em vez de inicialmente focar no impacto que causa aos demais. Isso ocorre porque, quando estão em plena raiva, as pessoas veem os outros como perpetradores de coisas erradas e a si mesmas como vítimas. Como você pode imaginar, Brendon se sentiria mais compreendido se sua terapeuta dissesse:

> "Estou preocupada, Brendon, que essa raiva frequente que você experimenta esteja realmente prejudicando a sua vida. Você me disse que ela perturba a sua capacidade de focar na escola, envenena seus estados de humor quando vai para casa e, algumas vezes, até mesmo torna difícil dormir. Eu gostaria de ajudá-lo a descobrir formas de reduzir a força da sua raiva e a sua duração para que você pudesse se sentir melhor com mais frequência durante a semana"

do que se ela dissesse:

> "Estou preocupada, Brendon, que essa raiva frequente que você experimenta esteja realmente prejudicando a sua vida. Você me disse que geralmente está com raiva em casa. Imagino que isso esteja prejudicando suas relações com a sua família. E, se você ficar com raiva de seus amigos, isso vai prejudicar suas amizades também. Eu gostaria de ajudá-lo a descobrir formas de reduzir a força da sua raiva e a sua duração para que você pudesse se sentir melhor com mais frequência e se relacionar melhor".

Registros de pensamentos, planos de ação e experimentos comportamentais

Quando as pessoas estão dispostas a considerar outras perspectivas e a testar seus pensamentos em situações de raiva, os registros de pensamentos são instrumentos excelentes para essa tarefa. Os registros de pensamentos são ideais para testar pensamentos para situações específicas, como aqueles para a situação de Brendon (Capítulos 6-9 de *A mente vencendo o humor*). Eles ajudam as pessoas a aprender a procurar nas situações evidências que apoiam e que não apoiam suas conclusões relacionadas à raiva de outras pessoas.

Quando a raiva é apoiada pelas evidências: planos de ação

Quando a raiva dos clientes é apoiada pelas evidências nos registros de pensamentos, faça um plano de ação para descobrir como melhor abordar as preocupações que dão origem a ela (Capítulo 10 de *A mente vencendo o humor*, p. 115-121). Os planos de ação incluem comunicar o que é doloroso, trabalhar concessões para diferenças no relacionamento e os passos necessários para fazer mudanças nos comportamentos dos seus clientes ou apoiar mudanças nos comportamentos de outras pessoas. Quando pessoas nas vidas dos seus clientes regularmente se comportam de formas que despertam raiva, ajude-os a decidir se é melhor tentar mudar seus comportamentos, terminar os relacionamentos ou desenvolver maior aceitação dos comportamentos ofensivos. Se aceitação for o objetivo, use a seção do Capítulo 10 de *A mente vencendo o humor* que trata disso (p. 122-126).

Quando a raiva não é completamente apoiada por evidências: experimentos comportamentais

Quando seus clientes frequentemente experimentam raiva que não é apoiada por evidências nas situações, identificar e testar seus pressupostos subjacentes relacionados a ela é uma abordagem melhor do que se basear nos registros de pensamentos para testar cada pensamento automático específico. Os pressupostos comuns nos relacionamentos românticos que despertam raiva recorrente são explorados em profundidade no livro clássico de Aaron T. Beck, *Love is never enough* (Beck, 1988). Esses pressupostos incluem crenças como: "Se alguém me ama, então nunca vai me magoar", "Se alguém me ama, então vai me dar o que eu quero" e "Se discordarmos sobre as coisas, então isso significa que não somos compatíveis". O Capítulo 11 de *A mente vencendo o humor*, Pressupostos subjacentes e experimentos comportamentais (p. 129-146), é ideal para ajudar as pessoas a identificar os pressupostos subjacentes por trás da sua raiva. Esse mesmo capítulo mostra como criar experimentos comportamentais para testar pressupostos subjacentes, conforme descrito no Capítulo 7 deste guia.

Abrandando uma resposta de raiva

A raiva é frequentemente uma resposta rápida, conforme descrito por Brendon no começo deste capítulo. Isso pode dificultar que as pessoas usem registros de pensamentos ou experimentos comportamentais (sobretudo no início da terapia), pois a raiva é desencadeada muito rapidamente, antes que elas tenham tempo para identificar seus pensamentos, imagens ou lembranças. Assim, o Capítulo 15 de *A mente vencendo o humor* recomenda quatro estratégias que as pessoas podem usar para retardar as respostas de raiva: usar imaginação antecipatória, reconhecer os primeiros sinais de alerta de raiva, dar um tempo e ser assertivo. As pessoas que aprendem e praticam essas estratégias têm maiores oportunidades de detectar os desencadeantes da sua raiva e escolher respostas adaptativas. A prática desses métodos para retardar as respostas de raiva pode facilitar que os clientes se beneficiem de intervenções cognitivas como os registros de pensamentos (para examinar evidências referentes a seus pensamentos automáticos) e os experimentos comportamentais (para testar pressupostos subjacentes).

Imaginação antecipatória

Quando as pessoas estão conscientes de situações futuras que provavelmente vão desencadear raiva, a imaginação antecipatória as ajuda a praticar respostas a essas situações antecipadamente. Por exemplo, o ex-marido de Melanie, Mark, tinha a guarda dos seus filhos em fins de semana alternados. Ele com frequência mandava mensagens de texto na hora em que deveria buscar as crianças dizendo que iria se atrasar, às vezes por várias horas. Além disso, era comum ele lhe devolver as crianças em um horário diferente do combinado. Essas alterações no horário das suas visitas às crianças eram extremamente frustrantes para Melanie, pois ela tinha que mudar seus planos para ficar com os filhos por mais tempo ou recebê-los antes do que havia sido combinado. Além disso, ela sabia que a incerteza quanto aos horários para buscá-los e entregá-los estava deixando seus filhos pequenos agitados, sobretudo porque Melanie e Mark com frequência discutiam raivosamente quando ele chegava atrasado ou entregava as crianças mais cedo. Melanie disse a Mark durante as reuniões de mediação da custódia dos filhos que achava que era uma necessidade manter os horários combinados. No entanto, Mark era displicente com os horários na maioria das áreas da sua vida. Algumas vezes ela suspeitava de que ele mudava os horários em parte para irritá-la ou prejudicá-la, pois ele ainda estava bravo com seu divórcio.

Melanie estava comprometida a lidar com essa questão sem explodir de raiva ou, pelo menos, limitar suas reações de raiva a momentos em que os filhos não estivessem presentes. Portanto, imaginou como poderia lidar com isso quando Mark chegasse tarde para buscar as crianças. Ela e seu terapeuta dramatizaram o que ela imaginava dizer na próxima vez em que Mark estivesse atrasado. Ela queria um *feedback* para saber se suas palavras ou tom de voz soavam muito conflituosos.

TERAPEUTA: Certo. Então eu sou Mark e estou chegando com 1 hora de atraso no sábado.

MELANIE: Oi, Mark.

TERAPEUTA: (*Como Mark*) Oi. Vim buscar as crianças.

MELANIE: Elas já estão prontas. Na verdade, estão prontas há uma hora, já que você está atrasado.

TERAPEUTA: Vamos parar por um momento. Como você se sentiu dizendo isso?

MELANIE: Um pouquinho irritada. Eu pareci ter raiva?

TERAPEUTA: Sim, um pouco. Vamos voltar a como você imaginou isso. Você consegue se lembrar das palavras que descreveu para capturar como queria se ver?

MELANIE: Calma e forte. De bom coração.

TERAPEUTA: O que sua imagem de mãe calma, forte e de bom coração quer dizer?

MELANIE: Apenas que as crianças estão prontas. Eu posso deixar a questão do horário para falar com ele mais tarde, quando estivermos só nós dois ao telefone.

TERAPEUTA: Certo. Vamos tentar de novo. Eu sou Mark e estou chegando com 1 hora de atraso no sábado.

MELANIE: Oi, Mark. Que bom que você conseguiu. (*Sorrindo*) Você ficou preso no trânsito?

TERAPEUTA: (*Como Mark*) Na verdade, não. Só fiquei envolvido lavando o carro e perdi a noção do tempo.

MELANIE: Bem, as crianças estão prontas. Espero que vocês tenham um bom fim de semana juntos.

TERAPEUTA: Vamos parar aqui. Como você se sentiu dizendo isso?

MELANIE: Na verdade, muito bem. Saber que posso conversar com Mark mais tarde e que neste momento quero mostrar às crianças que estou sendo calma e forte e de bom coração tornou mais fácil pegar leve com ele.

TERAPEUTA: Você pareceu realmente calma e forte e de bom coração. Gostaria que ficasse em silêncio por um momento. Procure captar como se sente internamente para que possa recapturar esse sentimento interno se Mark chegar atrasado no sábado.

Usar a imaginação para antecipar e planejar eventos que despertam raiva tem maior probabilidade de ser eficaz quando as pessoas reservam um tempo para imaginar toda a cena e praticar as respostas que desejam dar. Quanto mais desafiadora a situação, mais frequentemente será preciso ensaiar a dramatização ou a criação de imagens. Como profissionais, queremos seguir as pegadas do terapeuta de Melanie, que lhe perguntou que tipo de pessoa ela queria ser nas interações com Mark e o quanto isso combinava com seus objetivos e valores. Melanie não estaria tão disposta a mudar seu comportamento em relação a Mark se não tivesse o objetivo de tornar esses encontros menos estressantes para seus filhos. Ela disse ao seu terapeuta que valorizava ser calma, forte e de bom coração como mãe.

Melanie queria resolver os problemas de horário com Mark quando as crianças não estivessem presentes. No passado, ela e Mark haviam começado a atacar um ao outro quando "discutiam" as mudanças que ele fazia no horário combinado para buscar e entregar os filhos na casa dela. Suas interações sobre esse problema eram parecidas com os tipos de discussões que tinham no seu último ano de casamento, e Melanie conseguia ver que brigas raivosas provavelmente não levariam a uma boa resolução. Ela e seu terapeuta exploraram formas de comunicar a Mark mais efetivamente como os horários erráticos estavam afetando o relacionamento dele com os filhos e o relacionamento dos dois como pais. Depois que montou uma estratégia para as discussões com Mark, Melanie as praticou em dramatizações com seu terapeuta e também na imaginação, até que estivesse mais confiante de que poderia se comunicar como desejava. Antes da sua discussão com Mark, Melanie e seu terapeuta também praticaram os outros três métodos para abrandar a raiva, para que ela estivesse mais preparada para lidar com a raiva eventualmente provocada.

Reconhecendo os primeiros sinais de alerta de raiva

Depois que Melanie começou a imaginar as próximas discussões com Mark, tomou consciência dos seus "primeiros sinais de alerta" de que iria "se perder" (isto é, começar a gritar com ele). Ela e seu terapeuta discutiram que não havia nada de errado em sentir raiva de algumas coisas que Mark dizia e fazia. No entanto, Melanie reconheceu que, depois que começava a gritar com ele, nenhum dos dois realmente ouvia nada do que o outro dizia. Ela queria aprender a lidar com essa situação sem gritar. Melanie reconheceu quatro sinais iniciais de alerta: quando se pegava elaborando mentalmente coisas ruins para dizer, quando estufava o peito, quando começava a prender a respiração e quando tinha uma imagem mental de esbofeteá-lo. Ela concordou com seu terapeuta que, quando ocorressem esses sinais, o melhor a fazer seria dar um tempo até que soubesse que conseguiria falar mais calmamente e se manter focada no seu objetivo de chegar a um acordo que ambos pudessem endossar.

Dar um tempo

Conforme descrito em *A mente vencendo o humor*, as pausas oferecem oportunidades para se recompor, montar estratégias, relaxar ou simplesmente descansar (p. 254). Elas não têm a ver com evitar a situação que provoca raiva, e sim com ajudar alguém a enfrentar uma situação da melhor forma possível. Dar um tempo envolve literalmente sair de uma situação em que a pessoa sente raiva. Quando a situação é interpessoal, é importante dizer à outra pessoa: "Preciso dar um tempo", juntamente com a justificativa e as boas intenções ao fazer isso. Foi assim que Melanie alertou Mark em uma conversa por telefone de que poderia fazer algumas pausas durante suas discussões.

MELANIE: Eu gostaria de conversar com você sobre manter os horários que combinamos para quando busca ou entrega as crianças.

MARK: De novo, não! Você não consegue relaxar?

MELANIE: Concordo que não quero continuar discutindo e gritando sobre isso. De fato, quero ter uma conversa diferente com você a respeito e estou comprometida a me manter calma na nossa discussão.

MARK: (*Um pouco sarcástico*) Mesmo? Você acha que consegue fazer isso?

MELANIE: Na verdade, acho que consigo fazer isso se eu der um tempo quando começar a ficar muito agitada.

MARK: Dar um tempo? Como damos a Justin?

MELANIE: Mais ou menos. Sim. Se eu notar que estou começando a ficar muito tensa, eu gostaria de lhe dizer que preciso de uma pausa de alguns minutos. Vou lhe dizer se preciso de uma pausa e quanto tempo vai durar. Então vou lhe pedir para concordar em desligar o celular por algum tempo até que eu me recomponha e vou lhe telefonar de volta.

MARK: Vou ter que esperar que você me ligue de volta?

MELANIE: Sim, mas vou tentar lhe informar se acho que vai ser apenas alguns minutos ou uma hora ou se eu quero interromper a nossa conversa até o dia seguinte. Como isso vai ser para você?

MARK: Tudo bem, eu acho.

MELANIE: E se você começar a ficar com muita raiva, também pode pedir um tempo. Apenas me diga de quanto tempo de pausa você acha que vai precisar, para que eu saiba se espero perto do telefone ou se vou fazer outra coisa.

Melanie e Mark combinaram experimentar essa abordagem para suas discussões. Os dois descobriram que as pausas eram bem-vindas, mesmo sendo um pouco difícil interromper suas conversas quando a discussão ficava acalorada. Cada um sentia uma urgência de falar mais quando sua raiva se intensificava. Contudo, com o tempo, foram tendo conversas mais suaves após essas pausas, pois cada um era capaz de ouvir melhor depois que faziam uma pausa para se acalmar. Melanie explicou a Mark que usava suas pausas para se acalmar, para lembrar-se de que os dois queriam ser bons pais e para pensar em como dizer as coisas para ele de modo que não o atacasse. Ouvir sua explicação de como ela passava suas pausas deixou Mark mais receptivo a também usá-las. Ele lhe disse que tentaria usar as pausas para pensar em formas de resolver as coisas, em vez de ruminar sobre o que o deixou com tanta raiva.

Não há necessidade de anunciar explicitamente que a pessoa vai fazer uma pausa se isso não parecer útil ou apropriado à situação e ao relacionamento. Em vez disso, sempre é possível dizer que é preciso fazer uma pausa por alguns minutos (p. ex., para atender uma chamada telefônica ou por algum outro motivo pessoal). Ou a pessoa pode dizer: "Eu gostaria de pensar sobre o que você me disse. Vamos conversar de novo em alguns minutos/amanhã para avaliar qual será a melhor solução". Quando as pessoas ficam com raiva fora de uma situação interpessoal (p. ex., sozinhas em um carro no trânsito, em casa pensando sobre uma situação que desperta raiva), dar um tempo pode envolver fazer uma variedade de atividades a fim de reduzir a intensidade da raiva, como tocar uma música, fazer exercícios ou até mesmo preencher um registro de pensamentos sobre a situação. Lembre-se: as pausas são concebidas para reduzir a excitação a fim de que as pessoas possam retornar com uma perspectiva nova do que as deixou com raiva inicialmente. As pausas servem para ajudar os clientes a resolver efetivamente questões importantes, e não para evitá-las.

Assertividade

Resolver questões que despertam raiva costuma requerer habilidades assertivas. Muitas pessoas entendem equivocadamente o manejo da raiva; elas acham que tem tudo a ver com ficar quieto e deixar a outra pessoa seguir seu caminho. Quando o terapeuta sugeriu inicialmente que Melanie poderia trabalhar em não ficar com raiva durante as discussões parentais com Mark, ela na verdade achou que isso significava que teria que concordar com tudo o que ele dissesse. Aqueles que têm esse entendimento equivocado podem se mostrar relutantes em manejar sua raiva. Melanie aprendeu que superar sua raiva requeria expressar seus pensamentos e valores de forma que respeitasse tanto a Mark quanto a ela, e não aceitar inquestionavelmente as ações e decisões dele. Os terapeutas que ainda não estão familiarizados com os princípios da assertividade são encorajados a revisar agora as páginas 254 a 256 de *A mente vencendo o humor*. Melanie usou as quatro estratégias de respostas assertivas (descritas na p. 255 de *A mente vencendo o humor*) para estruturar sua mensagem para Mark, como segue:

1. Use afirmações do tipo "Eu".

"Eu sei que pode ser difícil, Mark, mas gostaria que você pensasse nisso pela minha perspectiva por apenas alguns minutos. Depois vou ouvir a sua perspectiva e realmente tentar escutar o que você quer dizer."

2. Reconheça o que há de verdade nas queixas que alguém tem de você e, ao mesmo tempo, defenda seus direitos.

"Eu sei que fui dura com você no passado por chegar atrasado ou trazer as crianças para casa mais cedo. Aquela não foi a melhor maneira de abordar essa questão. Ao mesmo tempo, quero que saiba que realmente as coisas na minha vida ficam atrapalhadas quando seu horário de cuidar das crianças é alterado na última hora."

3. Faça declarações claras e simples sobre seus desejos e necessidades, em vez de esperar que as outras pessoas leiam sua mente ou prevejam o que você quer.

"Eu gostaria que você me ligasse pelo menos duas horas antes se quiser mudar os horários em que virá buscar ou deixar as crianças. E se o novo horário que você propuser não combinar com os meus planos, ou se não conseguir me encontrar, quero que busque uma alternativa na sua vida em vez de depender que eu mude a minha programação."

4. Foque no processo de assertividade em vez de nos resultados. Melanie achou libertador falar com Mark dessa maneira. Ela sabia que ele se atrasava constantemente para a maioria das coisas na sua vida. No entanto, falar assertivamente e explicar a situação pela sua perspectiva a ajudou a se sentir menos impotente diante da desatenção dele aos horários. Mark lhe disse que achava que ela não podia contar com ele para prestar atenção ao horário de forma consistente. Ela calmamente respondeu que entendia que prestar atenção ao horário não era o estilo dele, mas ele precisava encontrar uma solução, porque ela estava falando muito sério que o sistema atual não era justo para ela nem para os filhos. Pediu que ele pensasse sobre isso por uma semana e tentasse encontrar uma forma mais justa de lidar com as coisas.

Assertividade não garante que a outra pessoa vá responder da forma esperada ou que duas pessoas em conflito chegarão a uma resolução rápida. No entanto, quando aprendem a ser assertivas, as pessoas aumentam enormemente as chances de atingir uma solução aceitável para um conflito interpessoal. As quatro estratégias de assertividade listadas anteriormente guiam as pessoas para expressar de forma clara as soluções que atenderiam às suas necessidades e as ajudam a dizer menos coisas que provavelmente desencadeariam raiva nos outros.

Você pode ajudar seus clientes na construção de declarações com comunicação assertiva e então dramatizá-las no contexto de várias respostas que a outra pessoa poderia dar. Essas dramatizações oferecem um ambiente seguro para seus clientes prepararem suas respostas às reações da outra pessoa às suas declarações de mágoa e raiva. Além disso, podem detectar se alguém está propenso a conceder "perdão barato" em resposta a um "pedido de desculpas barato", conforme demonstrado nesta sessão que ocorreu algumas semanas depois na terapia de Melanie.

MELANIE: (*Dramatizando o uso das declarações que preparou*) Mark, eu me sinto explorada quando você continua a chegar atrasado para buscar as crianças ou me liga para deixá-las mais cedo. Estou com muita raiva por isso.

TERAPEUTA: (*Interpretando o papel de Mark*) Eu queria que você não ficasse com tanta raiva. Você sabe que isso não é pessoal. Eu simplesmente nunca consigo estar dentro do horário para nada. E hoje realmente o trânsito estava muito mais intenso do que normalmente, então é por isso que estou atrasado. Eu tentei chegar na hora. Sinto muito.

MELANIE: Fico feliz em saber que você lamenta. Sim, eu sei que não é pessoal. Acho que posso perdoá-lo desta vez, mas não quero que isso aconteça de novo.

TERAPEUTA: Vamos interromper a dramatização aqui. Como você está se sentindo, Melanie?

MELANIE: Um pouco confusa. Ele normalmente não se desculpa; só dá desculpas. Acho que se ele se desculpar eu devo aceitar as desculpas e perdoá-lo, mas realmente não me sinto feliz por isso.

TERAPEUTA: Então você acha que "Se alguém pede desculpas, então eu preciso aceitá-las". Correto?

MELANIE: Mais ou menos. Parece um pouco de maldade ficar com raiva se ele parecer que está se desculpando genuinamente.

TERAPEUTA: Sua raiva é somente por ele chegar atrasado hoje?

MELANIE: Não. Estou com raiva porque é a centésima vez ou mais que ele se atrasa.

TERAPEUTA: É possível, então, que um pedido de desculpas para uma vez não compense as outras 99 vezes?

MELANIE: Isso é verdade. Mesmo que se desculpasse cem vezes, ainda parece injusto que continue fazendo isso.

TERAPEUTA: Então o que é que Mark precisaria fazer ou dizer que a ajudaria a perdoá-lo genuinamente e a sentir menos raiva?

MELANIE: Ele precisaria parar de chegar atrasado. Fazer algumas mudanças que mostrem que está realmente mudando. Até mesmo chegar mais cedo e ficar sentado dentro do carro na frente da casa até que esteja na hora.

TERAPEUTA: Vamos fazer a dramatização novamente, e você tenta expressar isso para Mark, e vamos ver como isso afeta seus sentimentos.

MELANIE: Certo. (*Dramatizando e lendo sua declaração inicial*) Mark, eu me sinto explorada quando você continua a chegar atrasado para buscar as crianças ou me liga para deixá-las mais cedo. Estou com muita raiva por isso.

TERAPEUTA: (*Interpretando o papel de Mark*) Oh, não fique com raiva. Você sabe que não é pessoal. Eu simplesmente nunca consigo estar dentro do horário para nada. E hoje realmente o trânsito estava muito mais intenso do que normalmente, então é por isso que estou atrasado. Eu tentei chegar na hora. Sinto muito. Por favor, me perdoe.

MELANIE: Eu gostaria de acreditar em você, perdoá-lo e não sentir mais raiva, mas, para fazer isso, eu precisaria ver alguns sinais reais de mudança. Por exemplo, se você saísse do escritório mais cedo, chegasse aqui cedo e ficasse no carro na frente de casa até que estivesse na hora, então eu saberia que você está realmente tentando.

TERAPEUTA: (*Interpretando o papel de Mark*) Mas você sabe que eu não posso sair cedo do trabalho às sextas. E o trânsito estava demais. Não tenho como prever quanto tempo vai demorar.

MELANIE: Então talvez você devesse mudar a sua hora combinada de chegar aqui. Que horário precisaríamos combinar para que você possa garantir que estará aqui na hora?

MARK: (*Interpretando o papel de Mark*) Hum... talvez precisasse ser meia hora mais tarde?

MELANIE: Podemos experimentar isso por um mês. Se você chegar na hora todas as semanas, então esse novo horário será aceitável para mim.

MARK: (*Interpretando o papel de Mark*) Você vai parar de ficar com raiva de mim e me perdoar então?

MELANIE: Não sei quanto tempo será necessário para que eu pare de ficar com raiva e o perdoe por isso, mas sei que, se você começar a chegar na hora e mantiver isso por algum tempo, então vou começar a confiar que a mudança é real da sua parte, vou me sentir muito melhor e provavelmente vou conseguir deixar o passado no passado.

TERAPEUTA: Vamos encerrar a dramatização por aqui. Como você se sentiu desta vez?

MELANIE: Muito melhor. Eu estava sendo mais verdadeira com os meus sentimentos, e não apenas reagindo aos dele.

TERAPEUTA: Bom. Vamos falar mais sobre o que fez a diferença positiva para você e também dramatizar algumas outras reações possíveis que Mark poderia ter, para que você possa imaginar como pode lidar com essas reações de forma que seja fiel aos seus sentimentos.

Como demonstrado nesse diálogo, dramatizações são valiosas para esclarecer as nuances das expressões assertivas de raiva. Elas podem preparar as pessoas emocional, cognitiva e comportamentalmente para expressar mágoa e raiva em relação a outra pessoa de forma a se manterem próximas dos seus valores e melhores intenções. As crenças e pressupostos comuns que podem interferir na assertividade estão listados na página 255 de *A mente vencendo o humor*.

Os clientes podem ser convidados a avaliar a intensidade com que acreditam em alguns desses pressupostos subjacentes relacionados. Quando eles sustentam alguma dessas crenças intensamente, pode ser necessário testá-las usando experimentos comportamentais, conforme descrito no Capítulo 7 deste guia.

Perdoando os outros

Pessoas que magoam outras frequentemente se desculpam ou pedem perdão. Se uma desculpa parece sincera e apropriada ao nível do dano, a pessoa prejudicada em geral tem pouca dificuldade em perdoar. A raiva que as pessoas sentem é comumente reduzida quando elas perdoam a outra pessoa que as prejudicou. Isso faz o perdão parecer um passo valioso no manejo da raiva. No entanto, em *A mente vencendo o humor*, assumimos a perspectiva de que o perdão é um caminho para ajudar a deixar de lado a raiva e o ressentimento, mas não é um caminho necessário para todos. Por que não? Nesta seção, discutimos por que o perdão é uma escolha e não é adequado para todas as pessoas ou circunstâncias da terapia.

Discussões sobre perdão são mais fáceis no contexto de um relacionamento seguro e de confiança. Como terapeuta, você pode ajudar a criar tal ambiente não pressionando os clientes a perdoar e apenas explorando o perdão quando um cliente parecer pronto e disposto a concedê-lo. A confiança é aprofundada quando você inicialmente disponibiliza um tempo para explorar, ouvir, testemunhar e entender a dor que alguém experimentou. Depois de fazer isso na terapia, você pode discutir se a pessoa deseja considerar o perdão e, em caso afirmativo, os benefícios que ela pode experimentar se conseguir perdoar.

Há seis aspectos do perdão a discutir com seus clientes:

1. Perdoar é uma escolha. Uma pessoa pode superar a raiva sem optar por perdoar.
2. Pergunte o que significa perdão para seus clientes e esclareça qualquer mal-entendido.
3. Perdoar não requer esquecer ou desculpar o que foi feito, nem se reconciliar com quem lhe causou danos.
4. Esclareça os propósitos do perdão. Um propósito positivo do perdão é reduzir a raiva e o ressentimento que estão interferindo na vida ou nos valores de um cliente.
5. O tempo é importante. É terapêutico trabalhar o perdão somente depois que os clientes tiveram tempo para experimentar e processar suas reações às mágoas profundas que alimentam sua raiva.
6. Perdoar requer tempo; só inicie esse trabalho na terapia se você tiver tempo suficiente.

Uma descrição mais detalhada dessas e de outras diretrizes para trabalhar com perdão na terapia é oferecida por Freedman e Zarifkar (2016). Estes são alguns destaques.

Perdoar é uma escolha

Quando os clientes escolhem trabalhar o perdão, é importante esclarecer seus propósitos em relação a isso. Alguns clientes escolhem trabalhar o perdão porque acreditam no mito popular de que ele é um passo necessário para superar a raiva. Um propósito primário do perdão na psicoterapia é ser capaz de reduzir a raiva e/ou os ressentimentos que foram sentidos e processados e que, *ainda assim*, interferem na vida e/ou nos valores de alguém. Você pode explicar aos clientes que, quando mágoas passadas ou presentes os incomodam cada vez menos com o passar do tempo, e a vida continua, perdoar as pessoas que os prejudicaram no passado não é uma tarefa de vida necessária. Por exemplo, uma mulher pode escolher não perdoar um parente que abusou sexualmente dela quando criança, mas ainda assim ser capaz de deixar de lado o ressentimento com o passar do tempo e seguir em frente na sua vida, pensando: "Aquilo não estava certo, mas não define quem eu sou e quem eu quero ser". É perfeitamente possível que uma pessoa abra mão da raiva e do ressentimento sem perdoar as pessoas que a prejudicaram.

Pergunte o que significa perdão e esclareça qualquer mal-entendido

Quando o perdão for discutido na terapia, pergunte aos clientes o que acham que ele significa. As crenças de muitas pessoas sobre perdão são alimentadas por muitas crenças religiosas porque muitas religiões ensinam sobre perdão. Na medida em que as tradições religiosas fornecem modelos de como perdoar, os ensinamentos religiosos podem facilitar uma disposição para tentar perdoar. Ao mesmo tempo, se as pessoas sentem um imperativo religioso de perdoar, algumas vezes acabam concedendo um perdão prematuro ou "perdão barato". Ou seja, expressam o sentimento "Eu perdoo você" sem fazer o trabalho árduo necessário para conceder um perdão profundamente considerado.

Perdoar não requer esquecer, desculpar ou reconciliar-se

Muitas pessoas acreditam erroneamente que perdoar envolve esquecer ou desculpar o dano que foi feito ou reconciliar-se com a pessoa que o causou (Freedman & Chang, 2010). Na verdade, perdoar não requer esquecer ou desculpar o que foi feito, nem mesmo reconciliar-se com a outra pessoa.

Esclareça os propósitos do perdão

O perdão pode ser um caminho a ser forjado para as pessoas se livrarem dos ressentimentos e da raiva constante. Enright (2001) foi um dos primeiros psicólogos a propor que o perdão pode ser uma escolha moral em que as pessoas decidem perdoar como uma dádiva, independentemente de a outra pessoa merecer ou não ser perdoada. Elas podem fazer esse trabalho individualmente sem jamais se comunicar com a pessoa que causou o dano.

O tempo é importante

Considere o momento do trabalho com o perdão. Trabalhar o perdão antes que os clientes tenham realmente sentido e processado a dor pelo que aconteceu é prematuro. Assim, conceder perdão raramente é benéfico logo após o dano causado. Igualmente, em geral é prematuro ajudar os clientes a considerarem perdoar alguém que segue abusando deles. De fato, uma pessoa que perdoa um parceiro que é fisicamente abusivo tem mais probabilidade de retornar ou permanecer nessa relação abusiva (Katz, Street, & Arias, 1997). O autoperdão pode ser mais importante do que perdoar os outros para pessoas que experimentaram violência doméstica, pelo menos em termos de redução do risco de suicídio (Chang, Kahle, Yu, & Hirsch, 2014). O autoperdão será abordado posteriormente neste capítulo.

Perdoar requer tempo

O perdão é uma questão complexa que envolve consciência emocional, cognitiva e comportamental e mudança. Como já deixamos claro ao longo deste guia, mudanças em cada um desses domínios podem levar tempo, sobretudo quando os problemas são antigos. O trabalho visando ao perdão pode requerer uma quantidade significativa de tempo – frequentemente meses em vez de semanas. Um estudo de Luskin (1999) relatou que, depois de seis sessões de 90 minutos de treinamento de perdão, apenas 34% dos participantes sentiram maior perdão em relação a seus agressores, apenas 27% tiveram decréscimo no estresse físico, apenas 15% experimentaram menos estresse emocional, e apenas 13% experimentaram redução na raiva a longo prazo.

Os programas de perdão que apresentam os melhores resultados geralmente requerem 12 semanas ou mais (Baskin & Enright, 2004). Assim, quando a raiva é o alvo principal, o perdão raramente seria uma tarefa inicial na terapia. Em geral, é mais benéfico trabalhar com as pessoas no início da terapia para entenderem e manejarem a sua raiva no aqui e agora. Quando veem que suas reações a danos atuais podem ser aumentadas por danos passados, pode ser benéfico ajudá-las a aprender a avaliar as transgressões cotidianas por seu próprio mérito. Se somente estiver planejada terapia breve, o trabalho visando ao perdão de mágoas passadas geralmente não é um objetivo prático da terapia.

Escrevendo uma carta de perdão

Conversas diretas e assertivas frequentemente levam ao perdão dentro de relacionamentos atuais. Uma carta de perdão pode estruturar esse processo para danos passados. Diferentemente da maioria dos exercícios em *A mente vencendo o humor*, a carta de perdão é opcional. Ressalte isso para seus clientes e não os pressione a trabalhar em uma carta de perdão, a não ser que esse processo seja compatível com seus objetivos e o momento seja apropriado, de acordo com os critérios listados anteriormente. A menos que o cliente queira e escolha tentar perdoar, não comece a trabalhar em uma carta de perdão; caso contrário, suas ações poderão representar falta de compreensão e de compaixão.

Apesar do seu nome, uma carta de perdão *não* é concebida para ser dada a outra pessoa. Ela é um lugar privado para reunir os pensamentos sobre outra pessoa em particular (ou pessoas ou grupo) que causou danos e para descrever o impacto desses danos. Uma carta de perdão pode ser um método ideal para processar a mágoa e a raiva quando não é possível ou recomendável expressar reações pessoalmente. Por exemplo, o agressor pode estar morto, pode ainda ser perigoso ou violento, pode estar em um papel de poder (p. ex., chefe) em que uma discussão direta pode ser muito difícil ou arriscada ou pode simplesmente ser alguém com quem seu cliente não queira falar. A Folha de Exercícios 15.4, Escrevendo uma carta de perdão (*A mente vencendo o humor*, p. 257), traz um modelo balanceado para abordar muitas das questões descritas na seção anterior como importantes para o desenvolvimento do perdão. Assim, você pode usar essa folha de exercícios para guiar o trabalho de perdão na terapia com seus clientes. Cada item da folha de exercícios pode ser um tema em uma ou mais sessões da terapia.

Diferentemente da maioria das outras folhas de exercícios em *A mente vencendo o humor*, Escrevendo uma carta de perdão provavelmente será preenchida durante várias semanas, pois cada item requer muita reflexão e processamento emocional. Algumas vezes essa folha de exercícios é preenchida como o ponto culminante do tempo e energia dedicados ao exame dos danos experimentados em um relacionamento particular. A Folha de Exercidos 15.4 requer que a pessoa especifique o que foi feito a ela e o impacto que isso teve na sua vida, tanto no passado quanto no presente. Depois disso, ela deve considerar os benefícios que ocorreriam em sua vida se fosse capaz de perdoar a(s) pessoa(s) que a prejudicou(aram). A próxima parte da folha de exercícios pede que a pessoa tente desenvolver uma compreensão compassiva da(s) pessoa(s) que a prejudicou(aram). Este é um ponto de virada da folha de exercícios e um passo que pode ser desafiador para muitos clientes, particularmente se o dano foi extremamente nocivo (p. ex., assassinato, agressão sexual, tortura, traição levando a perdas graves). O diálogo a seguir mostra o esforço de Marie para desenvolver uma visão compassiva do homem que havia atirado e matado seu irmão dez anos antes.

MARIE: Não sei se consigo ter compaixão pelo que ele fez.

TERAPEUTA: Eu entendo. Este é um grande passo – e um passo que você pode não conseguir dar –, mas compaixão não é o primeiro passo. Vamos começar conversando sobre o homem que atirou no seu irmão. Tudo bem para você? (*Marie concorda com a cabeça*) O que você ficou sabendo sobre ele? A partir do julgamento, por exemplo.

MARIE: Ele estava dirigindo para cima e para baixo na nossa rua com uma arma. E estava drogado. Ele contou ao juiz que sua namorada havia terminado com ele naquela noite.

TERAPEUTA: Então, como você acha que estavam o humor dele e seu estado físico?

MARIE: Ele estava perturbado e com raiva, mas meu irmão não tinha nada a ver com os problemas dele.

TERAPEUTA: É claro que não. Não faz sentido para nós que ele tenha ati-

MARIE: rado no seu irmão. Você acha que aquilo fazia sentido para ele naquela noite? Levando em conta seu estado mental, o fato de estar perturbado, com raiva e sob o efeito de drogas?

MARIE: Talvez ele só quisesse machucar alguém, assim como tinha sido machucado.

TERAPEUTA: Talvez. Tem mais alguma coisa que você saiba sobre ele que se encaixaria nessa ideia?

Obviamente, essa discussão era muito delicada. O terapeuta de Marie estava sendo cuidadoso para apoiá-la emocionalmente e não pressioná-la tão rapidamente quando ela começou a pensar sobre o assassino do seu irmão, seu provável estado mental e suas emoções naquela noite. Esta não era uma busca pela verdade, pois seria impossível saber a verdade em torno do assassinato. Em vez disso, Marie estava tentando descobrir alguma maneira de entender como aquele homem poderia ter matado seu irmão. A partir desse entendimento, poderia emergir alguma compaixão por ele.

Compreensão e compaixão não implicam necessariamente o desenvolvimento de uma nova visão sobre a(s) pessoa(s) que causou(aram) danos. Algumas vezes, compreender pode significar reconhecer que uma pessoa foi cruel e insensível e sentiu pouca empatia pelos outros. Compreender poderia significar reconhecer que uma pessoa viciada em drogas ou álcool seria incapaz de pensar em mais alguém quando estivesse desesperada por uma tragada ou um gole. Por sua vez, a compaixão pode estar baseada unicamente no fato de que um agressor é um ser humano, e a pessoa que está trabalhando o perdão valoriza a vida humana. Compaixão pode incluir lamentar que alguém foi tão egoísta e cruel a ponto de não ser capaz de experimentar uma verdadeira conexão ou amor por outro ser humano. E algumas vezes pensar sobre um agressor pode levar a uma compreensão de seu comportamento que pode se desenvolver para uma compaixão mais abrangente e profundamente sentida em relação a essa pessoa.

Refletir sobre a outra pessoa é parte fundamental do processo, pois o perdão é interpessoal, mesmo quando é desenvolvido em uma carta que jamais será enviada. Após desenvolver algum nível de compaixão por alguém, um cliente pode ser capaz de contemplar como pode perdoar a outra pessoa pelo que foi feito. Entender as circunstâncias da outra pessoa é geralmente um pré-requisito para a verdadeira compaixão. Marie precisava passar algumas semanas pensando sobre o assassino do seu irmão e tentando entender suas ações antes de ser capaz de vê-lo como uma pessoa tridimensional, em vez de apenas como uma mão por trás de uma arma.

Ela se lembrou de mais detalhes do julgamento e recordou que ele havia sido criado por um pai abusivo e saíra de casa aos 15 anos. Marie considerou que ele deve ter sofrido muito durante sua criação e estar desesperado por amor. Isso a levou a considerar que o rompimento do namoro deve ter sido ainda mais devastador para ele do que seria para a maioria das pessoas. Também reconheceu que drogas e álcool podem afetar o julgamento das pessoas e levá-las a agir impulsivamente. Ela recordou que o homem que matou seu irmão falava em voz baixa no seu julgamento e não olhou para o lado no tribunal. Ela especulou que ele pode não ter saído intencionalmente para matar alguém naquela noite, como ela havia pensado. Juntamente com a consideração dessas possibilidades, Marie começou a desenvolver alguma compaixão pelo assassino do seu irmão. Por fim, escreveu o seguinte em sua Folha de Exercícios Escrevendo uma carta de perdão (*A mente vencendo o humor*, p. 257) em resposta ao item 6, referente a como queria ser vista por alguém que a havia prejudicado:

> Espero que este homem consiga reconhecer o dano irreparável que causou e que, com o tempo, encontre uma forma de se redimir, tornando-se alguém melhor, mesmo que passe o resto da sua vida na prisão.

Os itens finais dessa Folha de Exercícios solicitam que a pessoa descreva como poderá perdoar alguém pelo que fez e que qualidades ela tem que a ajudarão a dar esse passo. Marie escreveu:

> Posso perdoá-lo pensando em todas as pressões e dor que você sentiu e que afetaram seu julgamento e suas escolhas naquela noite. Depois que você sentir a dor pelo que fez a mim e a todos que amavam Jim, então eu verdadeiramente espero que se dedique a viver uma vida melhor, para que possa se sentir liberto e obtenha alívio da sua dor.

As qualidades que ela descreveu em si mesma que lhe permitiriam seguir em frente foram:

> Quando eu desejar isso para você, então também poderei desejar para mim que eu me erga da minha dor, abraçando e vivendo a minha vida plenamente. Tenho bom senso de humor e disposição para ajudar os outros. Essas qualidades me ajudaram a construir relações íntimas com muitas pessoas. Vou desfrutar dessas relações e sei que Jim iria querer que eu fosse feliz. Vou guardar no meu coração a lembrança dele rindo de mim ao telefone com minhas amigas, porque dizia que eu seria eleita como "a pessoa com maior probabilidade de fazer uma conversa durar eternamente". Minhas conversas e relações deram um propósito à minha vida e vão me ajudar a seguir em frente.

Avaliando as estratégias de manejo da raiva

Inúmeras estratégias de manejo da raiva já foram propostas: identificar e testar pensamentos de raiva e imagens, utilizar a imaginação para antecipar acontecimentos, reconhecer os primeiros sinais de alerta de raiva, dar um tempo, ser assertivo e perdoar. Para medir e comparar sua eficácia pessoal, encorajamos as pessoas a avaliar sua raiva antes e depois de usarem alguma dessas estratégias. Isso é feito na Folha de Exercícios 15.5, Avaliação de minhas estratégias de manejo da raiva (*A mente vencendo o humor*, p. 258). Com exceção do perdão, que é um processo mais longo, a maioria desses métodos pode ser usada inúmeras vezes por um período de tempo bem curto. Incentive seus clientes a praticar cada uma dessas estratégias mais breves inúmeras vezes antes de tirar conclusões sobre a sua utilidade. Eles podem manter um registro dos resultados na Folha de Exercícios 15.5. Qualquer observação de que métodos particulares são auxílios eficazes no manejo da raiva pode aumentar a motivação para usá-los no futuro.

Raiva como uma questão na terapia de casal ou de família

As mesmas estratégias descritas neste capítulo para terapia individual da raiva também podem ser incorporadas à terapia de casal ou de família quando a raiva é uma questão importante. Conforme descrevemos no Capítulo 14 deste guia, a terapia de casal ou de família pode ser ideal para resolver dificuldades interpessoais quando ocorrem principalmente nas relações familiares. A terapia de casal ou de família pode oferecer um ambiente rico para praticar a maior parte das habilidades ensinadas até agora neste capítulo, especialmente o teste de pensamentos que alimentam a raiva, métodos para retardar respostas de raiva e até mesmo perdão. Além disso, essas terapias com frequência incluem treinamento da comunicação; foco no aumento dos comportamentos positivos nas relações; e exploração dos seus pressupostos subjacentes sobre relacionamentos íntimos que estimulam mágoa, raiva e conflito.

CULPA E VERGONHA

Culpa e vergonha são respostas emocionais que todos nós podemos experimentar quando "fizemos algo de errado". Não importa se o que fizemos viola as normas sociais de certo e errado. O critério é se violamos nossos valores pessoais de certo e errado. Por exemplo, ativistas políticos podem se sentir culpados se obedecerem a uma lei que acreditam que promove injustiça. A diferença entre essas duas emoções é que a vergonha impõe o peso extra de acreditar que o que fizemos significa que somos "más pessoas" de alguma maneira. Frequentemente, a vergonha é acompanhada por crenças de que os outros pensariam mal de nós se soubessem o que fizemos. Portanto, por meio da ação ou da inação, com frequência escondemos dos outros as informações sobre o que fizemos quando sentimos vergonha.

Avaliando e acompanhando culpa e vergonha

Quando os clientes registram alta frequência de culpa ou vergonha na Folha de Exercícios 15.1, Avaliando e acompanhando meus estados de humor (*A mente vencendo o humor*, p. 246), investigue a natureza das experiências que as evocam. Para as avaliações de raiva, escores com alta frequência provavelmente indicam múltiplas situações que a evocam. No entanto, experiências recorrentes de culpa e vergonha podem refletir múltiplas situações que desencadeiam essas emoções ou ruminação frequente sobre um ou mais eventos prévios. Quando culpa e vergonha são experimentadas sobretudo sobre eventos passados, elas serão o foco principal da terapia. Como ocorre com a raiva, os clientes podem definir objetivos de reduzir a frequência, a força ou a duração da culpa e da vergonha.

Guia da Culpa ou Vergonha para Clínicos: o fluxo da terapia

Os clientes comumente chegam à terapia por outras razões; os sentimentos de culpa e vergonha são exibidos depois que a terapia já está em andamento. O sigilo que em geral acompanha a vergonha praticamente garante que essa emoção não será revelada até que uma aliança terapêutica positiva tenha sido desenvolvida e testada com o passar do tempo. Assim, os métodos usados em terapia para abordar a culpa e a vergonha dependem em parte do que seus clientes já aprenderam. Quando os clientes chegam à terapia especificamente para trabalhar a culpa ou a vergonha, você pode usar as habilidades específicas ensinadas no Capítulo 15 de *A mente vencendo o humor* no início da terapia. Quando culpa e vergonha são secundárias a outros problemas na terapia, converse com seus clientes sobre seus objetivos e prioridades e colaborativamente decidam quando abordar esses estados de humor.

Felizmente, as folhas de exercícios apresentadas no Capítulo 15 para abordar culpa e vergonha podem ser usadas em qualquer ponto da terapia. Especificamente, as seções seguintes mostram como ajudar os clientes a avaliar a gravidade das suas ações, pesar sua responsabilidade pessoal, fazer reparações quando prejudicaram alguém, quebrar o silêncio em relação ao que fizeram e, quando necessário, encontrar um caminho para o autoperdão.

Os exercícios em *A mente vencendo o humor* que abordam culpa e vergonha podem ser usados para qualquer emoção. Pessoas que são hipersensíveis a sentir culpa ou vergonha por transgressões menores podem se beneficiar especialmente do uso das Folhas de Exercícios 15.6 e 15.7, Avaliando a gravidade de minhas ações e Usando uma torta de responsabilidades para culpa ou vergonha (*A mente vencendo o humor*, p. 262, 265). Quando as pessoas de fato prejudicaram outras, a Folha de Exercícios 15.8, Fazendo reparações por ter prejudicado alguém (*A mente vencendo o humor*, p. 266), pode desempenhar papel importante na resolução dessas emoções. Pessoas que experimentam vergonha podem ter muita dificuldade com o autoperdão, e a Folha de Exercícios 15.9, Perdoando a mim mesmo (*A mente vencendo o humor*, p. 269), pode estar entre as mais importantes para elas. "Quebrar o silêncio" e contar a outras pessoas confiáveis o que fizeram que causa vergonha pode facilitar esse autoperdão (*A mente vencendo o humor*, p. 260-261). A seguir, exploramos em mais detalhes cada um desses processos e as folhas de exercícios designadas para abordar a culpa e a vergonha.

Além dos exercícios sobre culpa e vergonha apresentados no Capítulo 15, o Guia de Leitura para Culpa ou Vergonha na página 475 do Apêndice A direciona os leitores para outros capítulos de *A mente vencendo o humor* que são úteis para trabalhar com esses estados de humor. A Tabela 12.2, Guia da Culpa ou Vergonha para Clínicos, relaciona os capítulos deste guia com os capítulos de *A mente vencendo o humor*. Depois que os clientes completam os exercícios para culpa e vergonha no Capítulo 15 de *A mente vencendo o humor*, o guia de leitura sugere que passem para o Capítulo 5, Definindo objetivos pessoais e observando as melhoras. Embora outros objetivos da terapia provavelmente já tenham sido definidos, este pode ser o momento para definir objetivos relacionados a culpa ou vergonha. Seus clientes provavelmente irão usar os capítulos sobre registro de pensamentos de *A mente vencendo o humor* (Capítulos 6 a 9; ver Capítulos 4 e 5 deste guia) para aprender a identificar, testar e reestruturar pensamentos e imagens associados a culpa ou vergonha. Conforme apresentado na Tabela 12.2, muitas das habilidades ensinadas ao longo de *A mente vencendo o humor* podem ser aplicadas a culpa e vergonha: resolução de problemas, aceitação, identificação e teste de pressupostos subjacentes, construção de novas crenças nucleares e práticas de gratidão e gentileza. Quando a culpa ou a vergonha é comórbida a outros estados de humor, empregue os capítulos relevantes para cada humor. Como ocorre com todos os estados de humor, ajude seus clientes na construção de um plano para manejo de recaídas antes que a terapia termine, para que eles incorporem habilidades de manejo da culpa e vergonha às suas vidas. Este também pode ser o momento de fazer um plano pós-terapia para promover felicidade e um senso positivo de bem-estar.

Entendendo a culpa e a vergonha

A Folha de Exercícios 15.3, Compreendendo a raiva, a culpa e a vergonha (*A mente vencendo o humor*, p. 250), é usada para identificar os pensamentos automáticos e

TABELA 12.2 Guia da Culpa ou Vergonha para Clínicos: capítulos de *A mente vencendo o humor* (na ordem recomendada pelo guia de culpa ou vergonha) e capítulos correspondentes neste guia

Capítulos de *A mente vencendo o humor*	Objetivo	Capítulos deste guia
1-4	Introdução a *A mente vencendo o humor*.	2
15	Aprender mais sobre culpa/vergonha e métodos eficazes para expressá-las e/ou reduzi-las.	12
5	Definir objetivos. Identificar sinais pessoais de melhora.	3
6-9	Usar registros de pensamentos para identificar e testar pensamentos relacionados a culpa ou vergonha.	4-5
10	Fortalecer pensamentos alternativos. Usar planos de ação para resolver problemas. Para problemas que não podem ser resolvidos, desenvolver aceitação.	6
11	Usar experimentos comportamentais para testar pressupostos associados a culpa ou vergonha e desenvolver novos pressupostos.	7
12	Desenvolver novas crenças nucleares. Praticar gratidão e atos de gentileza.	8
13	Aprender sobre depressão, se relevante.	9
14	Aprender sobre ansiedade, se relevante.	10-11
16	Ajudar a manter um plano para continuar a se sentir melhor com o tempo (manejo de recaída).	13

as imagens que acompanham a culpa e a vergonha. Os temas cognitivos esperados incluem pensamentos e imagens relacionados a ter feito alguma coisa que está errada ou que prejudicou outras pessoas. Quando a vergonha é um humor primário, é provável que os pensamentos "quentes" incluam julgamentos sobre si mesmo e expectativas de desaprovação ou rejeição se outras pessoas souberem o que aconteceu. Você pode identificar o tema que é central para cada pessoa em particular pedindo que os clientes circulem o pensamento ou imagem mais "quente" entre todos aqueles identificados.

Se a pessoa com quem você está trabalhando já aprendeu a usar registros de pensamentos, as perguntas no quadro Dicas Úteis, na página 261 do Capítulo 15 de *A mente vencendo o humor*, são adequadas para ajudar a procurar evidências que não apoiam os pensamentos "quentes" que alimentam a culpa ou vergonha. Essas perguntas mudam ou ampliam a perspectiva usada para avaliar ações ou eventos que originam culpa ou vergonha. Por exemplo, como as pessoas que têm tendência a sentir culpa frequentemente impõem a si mesmas padrões mais altos do que exigem das outras, as perguntas incluem: "O quanto eu consideraria séria a experiência se meu melhor amigo fosse o responsável, e não eu?". Outras perguntas incluem os conceitos de reparação (p. ex., "Ocorreu algum dano? Em caso afirmativo, ele pode ser corrigido? Em caso afirmativo, quanto tempo isso levará?"). Quando sentem culpa ou vergonha, as pessoas frequentemente assumem a responsabilidade pelas consequências imprevistas ou aplicam o conhecimento adulto a eventos da infância. Nessas circunstâncias, perguntas adequadas são: "Eu sabia de antemão o significado ou as consequências de minhas ações (ou pensamentos)? Com base no que eu sabia na época, meus julgamentos atuais são pertinentes?".

A maioria das pessoas que enfrentam culpa ou vergonha acha os exercícios do Capítulo 15 de *A mente vencendo o humor* mais úteis do que os registros de pensamentos como intervenções iniciais. Depois que essas habilidades para mudança de perspectiva forem praticadas por várias semanas, os registros de pensamentos podem ser um próximo passo proveitoso, especialmente para testar pensamentos e imagens evocados em situações atuais que estão relacionados a culpa e vergonha.

Avaliando a gravidade das ações

Quando seus clientes sentirem culpa ou vergonha em situações que a maioria das pessoas considera de menor importância, peça-lhes que coloquem suas transgressões em um *continuum* do comportamento humano possível. A Folha de Exercícios 15.6, Avaliando a gravidade de minhas ações (*A mente vencendo o humor*, p. 262), é planejada para esse propósito. Preencha o *continuum* no alto dessa folha de exercícios com seu cliente na sessão. A parte superior do *continuum* é usada para avaliar todas as transgressões futuras. Assim, é importante assegurar que a classificação em 100 ("Ação errada mais séria") seja atribuída a um comportamento verdadeiramente odioso e que marcos de referência apropriados sejam atribuídos a ações menores, médias e sérias. Esse processo é ilustrado no diálogo a seguir.

TERAPEUTA: (*Apontando para o alto da Folha de Exercícios 15.6*) Esta é uma escala que vamos usar para avaliar a gravidade das ações. Precisamos descobrir algumas diretrizes para essa escala. Então vamos começar definindo a ação errada mais séria que um ser humano pode realizar. Há muitas coisas ruins que aconteceram no mundo. O que você diria que é a pior?

CAL: Você quer dizer algo como assassinato?

TERAPEUTA: Poderia ser. Ou você acha que assassinato em massa seria pior do que um único assassinato?

CAL: Acho que genocídio seria ainda pior do que assassinato.

TERAPEUTA: Sim. Vamos colocar isso em 100?

CAL: Sim.

TERAPEUTA: Por que você não escreve isso na sua folha de exercícios? (*Faz uma pausa enquanto Cal escreve "Genocídio" acima de 100 na escala*) Agora precisamos encontrar alguns marcadores para ações de menor

	importância, médias e sérias. Onde você colocaria assassinato?
Cal:	Acho que acima de 90.
Terapeuta:	Então que ação você colocaria em torno de 75, que é grave, mas não tão grave?
Cal:	Ferir os sentimentos de um amigo.
Terapeuta:	Tenho uma ideia. Vamos fazer uma lista de várias ações e depois podemos decidir onde elas se localizam na escala. Vamos começar escrevendo: "Ferir os sentimentos de um amigo".
Cal:	Devo escrever isso? (*O terapeuta concorda com a cabeça e entrega um bloco de notas a Cal; Cal começa a fazer uma lista*) E quebrar uma promessa.
Terapeuta:	Certo, anote isso na lista. (*Faz uma pausa enquanto Cal escreve*) Precisamos garantir que temos algumas coisas graves para a parte de cima da escala. Quais são outras coisas muito sérias, além de assassinato, que algumas pessoas fazem?
Cal:	Assaltar, estuprar, roubar um carro, vender pornografia, molestar crianças. Oh, e invadir *websites* e roubar a identidade das pessoas.
Terapeuta:	Boas ideias. Vamos anotá-las na lista.

Observe que Cal sugeriu avaliar "ferir os sentimentos de um amigo" em 75, como uma ação séria entre todas as ações humanas possíveis. É importante que o *continuum* no alto da Folha de Exercícios 15.6 não fique limitado a ações que pessoas como Cal provavelmente teriam. Em vez de contradizê-lo, seu terapeuta acolheu sua ideia e sugeriu que ele a colocasse em uma lista antes de posicioná-la no *continuum* na folha de exercícios. Quando Cal começou a adicionar itens à lista, o terapeuta notou que ele estava listando principalmente os tipos de transgressões sobre os quais ele mesmo tendia a se sentir culpado (ferir os sentimentos de um amigo, mentir, quebrar uma promessa). Isso é muito comum. Mesmo assim, é necessário ter uma gama mais ampla de transgressões no *continuum* para que ações pessoais relativamente menores não acabem avaliadas como quase tão sérias quanto assassinato. Foi por isso que o terapeuta estimulou Cal a listar uma ampla variedade de "ações más" e a refletir sobre "coisas muito sérias, além de assassinato, que algumas pessoas fazem".

Terapeuta:	Temos algumas coisas na nossa lista agora, Cal. Olhando para elas, qual você acha a mais séria na sua lista?
Cal:	Molestar crianças.
Terapeuta:	Onde você acha que deveríamos colocar isso na escala da folha de exercícios?
Cal:	Acho que está próximo de assassinato. Talvez 90.
Terapeuta:	Certo. Há algo na sua lista que é seriamente ruim, mas que talvez esteja abaixo de 90? O que devemos colocar como uma avaliação de 75 de gravidade?
Cal:	Hummm, estupro seria muito alto também. Talvez vender pornografia fosse uns 75.
Terapeuta:	Você se sentiria bem escrevendo isso na sua folha de exercícios?

CAL: Não estou certo. Meus filhos poderiam ver e imaginar que estou vendendo pornografia.

TERAPEUTA: Bem pensado. Como você quer lidar com isso?

CAL: Talvez eu pudesse escrever "Vender P".

TERAPEUTA: Tudo bem. Nós dois sabemos o que significa, mas outras pessoas que possam ver a sua folha de exercícios não vão saber. (*Faz uma pausa enquanto Cal escreve na folha de exercícios*) E quais das ações na sua lista poderiam então ser menos sérias do que vender pornografia, mas ainda em nível médio de gravidade e merecendo um escore de 50?

CAL: Acho que assalto ou roubar um carro.

TERAPEUTA: Escreva isso acima de 50 na escala. (*Pausa*) E o que você diria que, na sua lista, é menor na sua escala? Alguma coisa que seja errada, mas talvez apenas uns 25?

CAL: Mentir seria uns 25 nessa escala.

TERAPEUTA: Certo, escreva isso. (*Pausa*) Deixe-me esclarecer por um momento. Você acha que todas as mentiras são iguais? Por exemplo, mentir e dizer que não está com fome quando alguém lhe oferece uma comida de que não gosta seria igual a mentir dizendo a um amigo que você estava sozinho quando na realidade estava em um encontro com a ex-namorada dele?

CAL: Não, não seria a mesma coisa. Mentir sobre o encontro seria muito pior do que mentir sobre não estar com fome.

TERAPEUTA: O que torna pior mentir sobre o encontro?

CAL: É mentir para um amigo, e a mentira poderia realmente ferir os sentimentos dele.

TERAPEUTA: Então talvez em vez de colocar apenas "Mentir" acima de 25, você devesse escrever "Mentir para um amigo sobre o que poderia magoá-lo". Ou talvez, para resumir, "Mentir/magoar um amigo". O que acha?

CAL: Sim, isso seria melhor.

Como fica claro nesse exemplo, as percepções dos clientes da gravidade de suas próprias ações podem começar a mudar quando você os ajuda a encontrar exemplos relevantes para diferentes pontos na escala. Trabalhando sozinho, Cal tenderia a colocar suas ações entre a faixa média e a superior da escala. Seu terapeuta o ajudou a usar a Folha de Exercícios 15.6 para colocar essas ações no contexto de toda a gama do comportamento humano (ver Figura 12.1). Isso não significa minimizar a importância de ser honesto com os amigos ou dar o melhor de si para evitar ferir os sentimentos das pessoas. No entanto, avaliações mais baixas na gravidade podem reduzir a excitação emocional, facilitando que as pessoas encontrem respostas apropriadas e reparações para esses tipos de ações.

O passo seguinte foi Cal listar um exemplo pessoal menor e sua pior ação pessoal e depois avaliar sua gravidade na escala que tinham acabado de construir. Seu terapeuta guiou esses passos da seguinte maneira:

FOLHA DE EXERCÍCIOS 15.6 — Avaliando a gravidade de minhas ações

```
         Mentir/magoar amigo        Roubar         Vender P        Genocídio
  0   10    20      30      40     50     60     70     80    90    100
  |   |     |       |       |      |      |      |      |     |     |
 Nada      Menor                 Média                Séria        Ação
 séria                                                             errada
                                                                mais séria
```

Meus exemplos pessoais:

Exemplo pessoal menor: __mentiras inofensivas_____ Minha classificação: __5__

Pior ação pessoal: _____trair minha esposa_____ Minha classificação: __65__

Ação que estou avaliando: _____

Minha classificação:

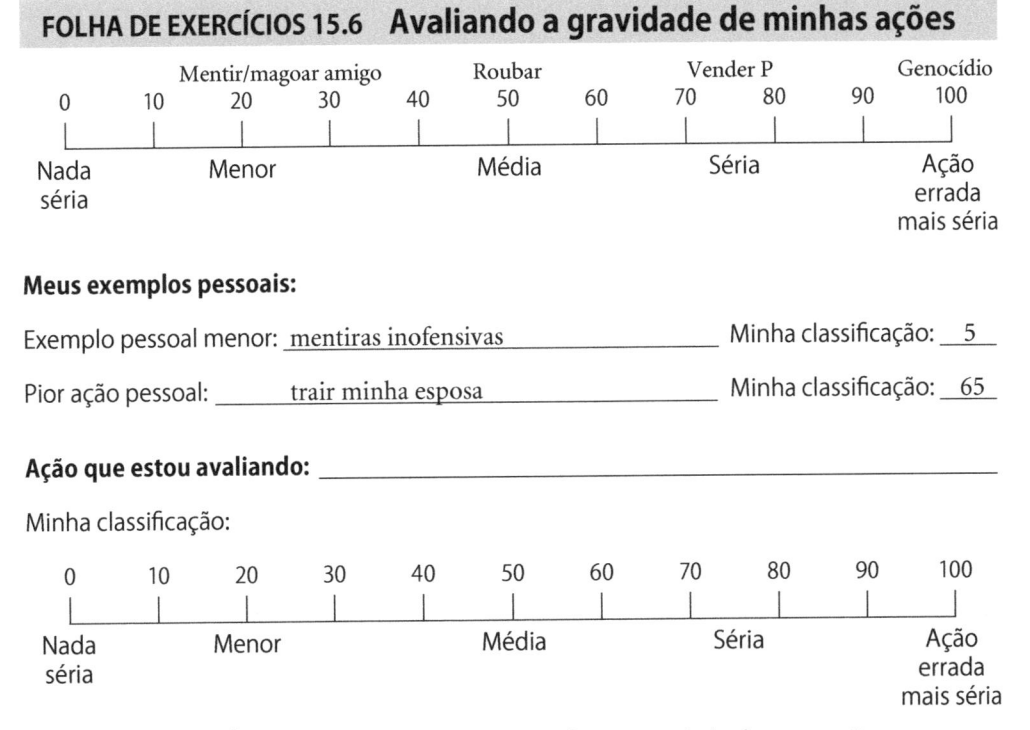

```
  0   10    20      30      40     50     60     70     80    90    100
  |   |     |       |       |      |      |      |      |     |     |
 Nada      Menor                 Média                Séria        Ação
 séria                                                             errada
                                                                mais séria
```

FIGURA 12.1 Âncoras pessoais de Cal para avaliar a gravidade das suas ações, como mostrado na parte superior da Folha de Exercícios 15.6, de Greenberger e Padesky (2016). Copyright © 2016 Dennis Greenberger e Christine A. Padesky. Adaptada com permissão.

TERAPEUTA: Certo. Agora que já marcamos diferentes pontos nessa escala, vamos ver como ela pode nos ajudar a avaliar a gravidade das suas ações. Aqui abaixo, onde diz "Meus exemplos pessoais", vamos escrever um exemplo de uma coisa menor que você fez e que o faz se sentir um pouco culpado.

CAL: Acho que seria contar aquelas mentiras que acabamos de mencionar. Como quando eu digo a um amigo que ele parece bem, mesmo quando aquela não é a sua melhor aparência, mas não quero ferir seus sentimentos.

TERAPEUTA: Então escreva aqui: "Mentiras inofensivas" (*apontando para o lugar correto na Folha de Exercícios 15.6*) Como você avaliaria a gravidade disso nessa escala?

CAL: Talvez uns 5 em 100. (*Ele escreve "5" ao lado de "Minha classificação" na folha de exercícios*)

TERAPEUTA: E qual seria a pior ação que você já cometeu na sua vida?

CAL: Trair a minha esposa.

TERAPEUTA: Onde você colocaria isso nessa escala?

CAL: Aproximadamente 65.

TERAPEUTA: Pior do que assaltar ou roubar um carro?

Cal: Sim, porque isso não foi um crime contra um estranho. Eu magoei a quem eu mais amava e roubei sua confiança.

Terapeuta: Certo. Faz sentido. Por que você não escreve a sua avaliação de 65 ao lado de "Trair minha esposa"?

O terapeuta pôde entender como trair sua esposa violava os valores de Cal a tal ponto que isso podia ser avaliado como mais sério do que um assalto ou um roubo de carro, porque "isso não foi um crime contra um estranho". O escore de 65 de Cal também fornecia um marcador altamente memorável e relevante em relação ao qual ele poderia calibrar suas outras ações nas semanas seguintes. Cal tipicamente se sentia culpado por coisas menores. Sua traição à esposa era muito mais séria do que essas coisas e as colocava em perspectiva. Depois que Cal completou essas tarefas no alto da Folha de Exercícios 15.6, pôde usar as escalas inferiores na folha de exercícios (e nas cópias adicionais ou versões em PDF) para avaliar ações posteriores que evocassem culpa ou vergonha. Com o tempo, ele provavelmente veria que muitas das suas ações que provocavam altos níveis de culpa na verdade eram menores. E, como demonstra o próximo exercício, algumas vezes os resultados de nossas ações nem mesmo são inteiramente de nossa responsabilidade.

Usando uma torta de responsabilidades para pesar a responsabilidade pessoal

As pessoas que sentem alto grau de culpa ou vergonha algumas vezes superestimam sua responsabilidade pessoal por acontecimentos ou resultados indesejáveis. Quando este parece ser o caso, os terapeutas podem usar a Folha de Exercícios 15.7, Usando uma torta de responsabilidades para culpa ou vergonha (*A mente vencendo o humor*, p. 265), para ajudar a estimar o quanto de responsabilidade alguém tem por um resultado particular. Igualmente, essa folha de exercícios pode ser usada quando alguém subestima e minimiza sua responsabilidade por alguma coisa. Os passos a serem dados na utilização de uma torta de responsabilidades com os clientes são descritos a seguir. Seu uso mais comum é com pessoas que superestimam sua responsabilidade por resultados indesejados. Para pessoas que não aceitam responsabilidade suficiente pelas suas ações, veja o exemplo no Guia para a Resolução de Problemas no final deste capítulo.

Pessoas propensas à culpa tendem a assumir alto grau de responsabilidade por muitas coisas que são multideterminadas, mesmo por alguns resultados que possam estar inteiramente fora do seu controle. Por exemplo, com que frequência você já ouviu pessoas dizerem: "Se eu tivesse saído de casa dez minutos antes, poderia ter evitado x" ou "É minha culpa que minha filha use drogas; eu deveria ter sido mais vigilante". Ajudar as pessoas a reequilibrar o grau de responsabilidade que assumem pelos acontecimentos pode desempenhar papel importante na redução de culpa e vergonha. Se elas ajustarem sua responsabilidade de 80 para 50%, por exemplo, terão menos probabilidade de sentir o peso integral de um resultado indesejado. Se decidirem que foram menos de 50% responsáveis, ocorre um alívio adicional ao reconhecerem que podem não ter tido o poder de mudar o resultado.

A mente vencendo o humor dá dois exemplos de preenchimento de uma torta de responsabilidades. Primeiramente, Marisa preencheu uma torta de responsabilidades para avaliar sua responsabilidade por ter sido molestada sexualmente por seu pai

(*A mente vencendo o humor*, Figura 15.3, p. 263). Como é o caso de muitos sobreviventes de abuso sexual, físico ou emocional, Marisa começou atribuindo a maior parte da responsabilidade pelo abuso a si mesma. Durante o uso de uma torta de responsabilidades, ela conseguiu reduzir sua responsabilidade em aproximadamente 10%. O texto que acompanha essa figura informa que seu terapeuta por fim a ajudou a ver que ela não tinha nenhuma responsabilidade por ter sido molestada. Um segundo exemplo da utilização de uma torta de responsabilidades é dado por Vítor (*A mente vencendo o humor*, Figura 15.4, p. 264). Nesse exemplo, Vítor acabou assumindo mais de 50% da responsabilidade por sua explosão de raiva com sua esposa. O exemplo de Vítor pode assegurar aos leitores que o propósito de usar uma torta de responsabilidades não é minimizar a culpa quando ela é justificada. No caso de Vítor, ele realmente tinha a maior parte da responsabilidade pelas suas ações; depois que conseguiu reconhecer isso, a culpa que sentiu o motivou a fazer mudanças em como manejava a sua raiva.

Siga cuidadosamente as orientações apresentadas no quadro Exercício, acima da Folha de Exercícios 15.7 (*A mente vencendo o humor*, p. 265), quando estiver trabalhando com clientes que tendem a superestimar sua responsabilidade. Depois de escolherem situações nas quais eles assumem alto grau de responsabilidade, identifique pelo menos de 4 a 5 pessoas ou circunstâncias que podem ter contribuído para o desfecho (mais, se possível). Os clientes com frequência precisam de ajuda para identificar outras pessoas e circunstâncias que possivelmente compartilham uma parte da responsabilidade. Pergunte-lhes sobre outras pessoas envolvidas; aspectos do evento (p. ex., hora do dia, contexto local, temperatura, ruídos, número de demandas simultâneas); fatores internos que poderiam afetar as reações de cada pessoa (fadiga, álcool/drogas, hábitos de rotina, expectativas); e outros fatores que poderiam ter alguma responsabilidade pelo que ocorreu (p. ex., história pessoal; pessoas que não estavam fisicamente presentes, mas que podem ter desempenhado um papel; normas culturais; vieses sociais/discriminação).

É extremamente importante que as pessoas se coloquem em último lugar da lista, porque o passo seguinte será atribuir fatias da torta a cada pessoa ou fator identificado que possa ter contribuído para o resultado. Se as pessoas se avaliam primeiro, frequentemente dão a si mesmas a fatia grande da responsabilidade e, então, dividem a porção restante da torta entre os outros fatores. Pedir que avaliem os outros fatores primeiro deixa toda a torta disponível para distribuição. Com frequência, quando chegam ao final do processo, resta apenas uma pequena fatia para a sua responsabilidade. Isso pode ter um impacto surpreendentemente positivo. É claro que às vezes, nesse estágio, as pessoas decidem reduzir o tamanho das outras fatias para atribuírem a si mesmas uma fatia maior. Isso é bom – especialmente porque, na maioria dos casos, sua fatia será menos de 50% da torta, a não ser que assumam mais responsabilidade. O diálogo a seguir mostra como o terapeuta de Tanya trabalhou com ela no ajuste das fatias da torta referentes à sua responsabilidade por uma discussão que ela teve na noite do sábado anterior com seu marido, Aaron.

TERAPEUTA: Parece que apenas cerca de 10% da torta ainda resta para a sua responsabilidade.

TANYA: Não está certo. Meu pedaço deveria ser maior.

TERAPEUTA: Certo. Então que outros pedaços você acha que deveriam ser menores?

TANYA: Talvez o fato de Aaron estar cansado. Talvez ele tivesse direito de gritar comigo e teria feito isso mesmo que não estivesse cansado.

TERAPEUTA: Então o que você quer fazer? Você tem Aaron gritando em 40% e ele cansado em 20%.

TANYA: Talvez eu reduza sua responsabilidade por gritar para 30% e estar cansado para 5%. E vou deixar nossos problemas financeiros em 30%.

TERAPEUTA: Isso daria a ele cerca de 30% da responsabilidade pela briga de vocês, quando você adicionou o fato de ele estar cansado a gritar logo depois que vocês começaram a conversar. Anteriormente, você disse que achava que o fato de ele gritar era a maior parte do que tornou a briga tão ruim para vocês dois.

TANYA: É verdade. Certo. Talvez eu mantenha isso em 40%, mas coloque ele estar cansado em 5%. Muitas vezes ele está cansado e não grita comigo.

TERAPEUTA: Certo. Então, por que você não apaga as linhas em torno de "cansado" para deixar o pedaço menor? O que resta para você?

TANYA: Uns 25% da responsabilidade.

TERAPEUTA: Isso lhe parece correto? Deixar 40% para Aaron, mais 5% para ele estar cansado e cerca de 25% para você?

TANYA: Sim. Acho que está certo.

TERAPEUTA: O item 4 na parte inferior da folha de exercícios lhe pergunta sobre como essa torta de responsabilidades afeta seus sentimentos de culpa.

TANYA: Ela me ajuda a ver que não foi totalmente minha culpa, mesmo que seja isso o que Aaron me disse quando estava gritando comigo. Então me sinto menos culpada.

TERAPEUTA: O item 4 pergunta se existe alguma atitude que você pode tomar para reparar a parte pela qual é responsável.

TANYA: Poderia pedir desculpas a Aaron pelo que fiz que o deixou zangado.

TERAPEUTA: E que diferença faz para você pedir desculpas se se sente 25% responsável pela briga, e não 100% responsável?

TANYA: Acho que não vou me humilhar tanto quando me desculpar. Em vez de dizer "Eu sei, sou uma pessoa terrível", posso dizer algo como "Lamento ter dito aquelas coisas que feriram seus sentimentos. Não era minha intenção magoá-lo. Vamos resolver isso juntos".

TERAPEUTA: Que diferença isso faz em como você se sente e como acha que Aaron vai reagir?

TANYA: Eu me sinto mais em pé de igualdade com ele, e isso vai me ajudar a não aceitar toda a culpa e encontrar uma solução que exija que nós dois lidemos com as coisas de modo diferente.

TERAPEUTA: Como você prevê que Aaron vai reagir a essa nova abordagem?

TANYA: Na verdade, acho que vai gostar. Algumas vezes ele fica chateado comigo quando eu digo "Oh, eu sou um ser humano patético", porque diz que fica mais difícil falar comigo sobre as coisas que o incomodam.

O terapeuta de Tanya se manteve neutro em relação à sua redistribuição das fatias da torta de responsabilidades. No entanto, quando ela tentou reduzir o tamanho da fatia da torta atribuída aos gritos de Aaron, ele a fez lembrar-se do que havia dito anteriormente – que os gritos de Aaron mereciam a maior fatia da torta. O lembrete a ajudou a ajustar as fatias da torta a tamanhos que se adequassem à sua avaliação atual dos fatores que contribuíram para a sua briga. O item final (4) na Folha de Exercícios 15.7 pede que as pessoas escrevam sobre o impacto da torta de responsabilidades nos seus sentimentos de culpa e vergonha. Além disso, pergunta como elas podem reparar a sua parte da responsabilidade. Esses impactos da torta de responsabilidades em Tanya foram clarificados quando seu terapeuta lhe perguntou que diferença faria assumir 25% da responsabilidade, em comparação com 100% da responsabilidade (como ela fez no princípio), quando se aproximasse do marido para pedir desculpas pelo seu papel na briga. A resposta de Tanya revelou um benefício adicional de compartilhar apropriadamente a responsabilidade por eventos interpessoais. Quando as pessoas aceitam apenas parte da responsabilidade, elas são capazes de procurar soluções mais equilibradas para os problemas.

Fazendo reparações por prejudicar alguém

Culpa e vergonha com frequência giram em torno de prejudicar alguém. Com danos menores, as pessoas podem simplesmente ter de pedir desculpas e aprender a confiar que os outros vão aceitá-las. Algumas vezes, mesmo quando os outros não guardam mais rancor, as pessoas precisam perdoar a si mesmas pelos danos que causaram (conforme discutido mais adiante neste capítulo). Entretanto, apenas desculpar-se pode não ser suficiente quando outros foram seriamente prejudicados ou quando danos menores foram repetidos inúmeras vezes. Nessas circunstâncias, fazer reparações pode ser um passo importante para corrigir relacionamentos ou resolver a culpa ou vergonha.

Existem muitos estágios envolvidos no esforço honesto para fazer reparações. A Folha de Exercícios 15.8, Fazendo reparações por ter prejudicado alguém (*A mente vencendo o humor*, p. 266), oferece um guia passo a passo durante esse processo. Essa folha de exercícios para reparações pode ser preenchida na(s) sessão(ões) de terapia ou em casa. Os primeiros itens em geral são relativamente fáceis de preencher: listar a quem prejudicaram, o que fizeram que foi prejudicial e por que aquilo foi errado (em relação aos seus próprios valores). As pessoas podem ter mais dificuldade em descobrir como fazer reparações para a(s) pessoa(s) que foi(ram) prejudicada(s).

Lembre-se de um exemplo no começo do capítulo: Melanie pediu que seu ex-marido, Mark (que frequentemente chegava atrasado para buscar seus filhos), chegasse mais cedo para garantir que não se atrasasse. Este é um exemplo de "correções diretas", em que alguém toma alguma atitude que está diretamente relacionada ao dano. Algumas vezes, no entanto, correções diretas são impossíveis, porque o acontecimento foi algo pontual que não pode ser desfeito (p. ex., faltar ao casamento de alguém) ou a pessoa que foi prejudicada morreu ou não está mais disposta a falar com quem causou o dano. Como as reparações podem ser feitas nessas circunstâncias? Examinar o significado do dano e considerar pessoas substitutas a quem podem ser feitas correções algumas vezes é uma boa estratégia, conforme ilustrado no exemplo a seguir.

Reparações indiretas

Constantine era um oficial que atendia chamados de emergência no departamento de polícia. Certo dia, dois chamados chegaram ao mesmo tempo, e as equipes de emergência já estavam sobrecarregadas para responder a outros chamados. Constantine foi treinado para tomar decisões rápidas a fim de determinar quais respostas adiar em momentos de necessidade. Seguindo o protocolo, ele marcou um chamado que recebeu como "urgente" e o outro como "assim que possível". Lamentavelmente, o chamado marcado como "assim que possível" acabou se transformando em um incidente de violência doméstica exacerbada que levou à morte de uma mulher e de seus dois filhos antes que os socorristas chegassem à cena. Esse caso recebeu ampla cobertura na mídia. Parentes da mulher e das crianças mortas expressaram raiva pela demora na resposta da emergência. Muito embora Constantine não tenha sido identificado na imprensa, e uma avaliação administrativa tenha concluído que ele havia feito tudo de acordo com os procedimentos do departamento, ele se sentiu extremamente culpado e responsável por aquelas três mortes.

Como Constantine poderia fazer reparações para a mulher morta e seus filhos ou seus parentes? A equipe jurídica do seu departamento o proibiu de ter qualquer contato com os membros da família; de qualquer maneira, não havia nada que ele pudesse realmente dizer a eles que aliviasse seu luto. Depois de vários meses, Constantine buscou terapia. Sua terapeuta o encorajou a falar sobre seu pesar por essas pessoas mortas. Durante esse processo, eles começaram a explorar a sua culpa. Constantine concordou que havia "feito as coisas certas" de acordo com os procedimentos. Ele também preencheu uma torta de responsabilidades. Embora conseguisse entender que ao assassino era atribuída toda a responsabilidade pelas mortes, a culpa de Constantine permanecia agudamente alta.

A terapeuta achou que ele se beneficiaria de fazer reparações. Constantine gostou da ideia de fazer alguma coisa para se redimir do seu papel nas mortes, mas não conseguia pensar em algo significativo para fazer isso. Foi assim que sua terapeuta explorou as possibilidades com ele:

TERAPEUTA: Vamos resumir qual foi o seu papel nessas mortes, como você o vê.

CONSTANTINE: Eu não ouvi o quanto a situação era grave.

TERAPEUTA: Com que frequência você acha que isso acontece com violência doméstica?

CONSTANTINE: Não sei. Imagino que aconteça muito.

TERAPEUTA: Sim, acho que sim. Talvez isso nos dê alguns caminhos para que você possa fazer reparações.

CONSTANTINE: O que você quer dizer?

TERAPEUTA: Não tenho uma ideia específica, mas sabemos que essa família era uma das muitas na cidade que sofrem de violência doméstica. Seria significativo para você fazer a diferença para outra família, já que não pode desfazer o que aconteceu a essa família?

CONSTANTINE: Talvez. O que você tem em mente?

TERAPEUTA: Não estou certa. Algo a ver com ouvir agora o quanto era grave a situação deles. Não sei exatamente como poderia honrar a memória deles de uma forma que parecesse reparadora para você.

CONSTANTINE: (*Pensando em silêncio*) Acho que se eu conseguisse ajudar outra família – outra mulher com filhos – seria significativo para mim, mas não sei como fazer isso.

TERAPEUTA: Se pudéssemos identificar uma família, quais são seus pensamentos sobre como poderia ajudá-los?

CONSTANTINE: O jornal disse que a principal razão para as mulheres não abandonarem seus maridos abusivos é porque elas não têm dinheiro suficiente para sobreviver – pagar um aluguel e coisas assim. Talvez eu pudesse dar dinheiro a uma mulher para que ela pudesse pagar um lugar mais seguro.

TERAPEUTA: Se você fizesse isso, o que significaria para você em termos da sua culpa?

CONSTANTINE: Isso ajudaria, porque eu estaria levando a sério a situação de alguém e a ajudaria.

Durante essa discussão, a terapeuta de Constantine pesou a viabilidade e os riscos da sua ideia. Ela tinha consciência de que havia muitas complicações envolvidas em dar apoio a uma família em particular. E também sabia que muitas mulheres voltam para um relacionamento abusivo depois de algum tempo afastadas, e imaginava que isso poderia causar dificuldades para Constantine caso acontecesse com uma família que ele estivesse apoiando. Ao mesmo tempo, respeitou o desejo dele de ajudar outra família e acreditava que isso faria uma diferença significativa para sua recuperação.

Tendo essas questões em mente, ela informou Constantine sobre os sistemas já em funcionamento na sua comunidade (abrigos para mulheres que foram abusadas, serviços sociais disponíveis, etc.). Perguntou se ele se sentiria confortável em se informar com um abrigo ou assistente social o quanto de apoio econômico uma mãe com dois filhos precisaria para escapar de uma situação doméstica violenta. Então, sugeriu que se comprometesse com o financiamento que fosse viável para ele de um programa que pudesse colocar esse dinheiro para ajudar uma família em seu nome. Esse plano fazia sentido para Constantine, e ele começou a sentir alguma esperança de que esta se revelasse uma forma significativa de reparar o desfecho inesperado de suas ações.

Alguns terapeutas podem achar que não é razoável Constantine sentir a necessidade de fazer reparações. Ele não teria como saber que a família seria morta. Mesmo que tivesse priorizado a chamada, não havia garantia de que a equipe de emergência teria chegado a tempo. E, mesmo que a mulher e os filhos tivessem sobrevivido naquele dia, não haveria garantia de que não fossem mortos em outro dia. Se concordasse com essas ideias, então Constantine poderia fazer reparações simplesmente apresentando desculpas sinceras em uma conversa imaginária com a mulher morta e seus filhos. Nesse caso particular, ele estava abalado por essas mortes mais profundamente do que um pedido de desculpas sincero poderia aplacar. Todos os aspectos pontuados foram discutidos com ele, sem impacto significativo na sua culpa. Fazer reparações indiretas, mas concretas, ao apoiar outra família pareceu muito mais apropriado para ele. Por fim, fez uma doação para um abrigo local para mulheres e crianças abusadas. E continuou fazendo isso por muitos anos, mesmo depois de ter pagado o custo integral de uma "fuga" de um lar violento.

Pedindo perdão

A seção final de Fazendo reparações por ter prejudicado alguém (Folha de Exercícios 15.8, *A mente vencendo o humor*, p. 266) é preenchida depois que as pessoas listaram a quem prejudicaram, o que fizeram que foi prejudicial, por que aquilo foi errado (de acordo com seus próprios valores) e o que planejam para fazer reparações. Essa seção é escrita na forma de um roteiro que uma pessoa pode dizer, ler ou imaginar comunicando à(s) pessoa(s) envolvida(s). Ela resume todas as informações escritas no resto da folha de exercícios e associa as reparações feitas a um desejo de comunicar "o quanto realmente lamento e espero que com o tempo possa me perdoar". A sentença final, "espero que com o tempo possa me perdoar", pretende comunicar à pessoa que está fazendo reparações que o perdão não é garantido, mesmo quando ela lamenta verdadeiramente. Mesmo quando o perdão é concedido, isso algumas vezes ocorre depois que as reparações são realizadas e a sinceridade de um pedido de desculpas (por meio de ações e também de palavras) é observada pela pessoa prejudicada com o passar do tempo. Considerando sua estrutura e conteúdo, a Folha de Exercícios 15.8 também é ideal para uso em terapia de casal, quando um ou os dois parceiros estão fazendo reparações para danos passados ou presentes, mesmo quando culpa e vergonha não são os estados de humor principais.

Culpa ou vergonha do sobrevivente como uma exceção

Embora fazer algumas reparações pareça ser uma boa ideia sempre que uma pessoa sinta culpa ou vergonha, isso pode não valer no caso de culpa ou vergonha do sobrevivente. Murray (2018, 2019) propôs um modelo para entender a culpa e a vergonha do sobrevivente depois de um acontecimento traumático em que outros morrem e uma pessoa sobrevive. Seu modelo sugere que a culpa e a vergonha do sobrevivente geralmente se seguem a uma avaliação de que ocorreu uma "desigualdade injusta". Nessa circunstância, Murray (2019) sugere que tentativas de fazer reparações na verdade irão manter a culpa e a vergonha, pois é impossível reequilibrar uma desigualdade como essa. Em vez disso, sugere que pode ser melhor focar em testar crenças de que a sobrevivência é determinada pela justiça e equidade. Depois que um cliente aceita a ideia de que a sobrevivência frequentemente não é justa ou equitativa, Murray sugere que um foco valioso na terapia é explorar como viver uma boa vida pós-trauma.

Rompendo o silêncio em torno de vergonha ou culpa

Manter segredos é prejudicial para nossa saúde mental e física (Larson, Chastain, Hoyt, & Ayzenberg, 2015). Quando um segredo é fonte de vergonha ou culpa, a maioria dos profissionais da saúde acredita que é benéfico que a pessoa rompa o silêncio e compartilhe esse segredo com uma ou mais pessoas em quem confia (Brown, 2006; Baumann & Hill, 2016). Há algumas evidências empíricas que apoiam isso (ver Slepian, Masicampo, & Ambady, 2013). É mais provável que alguém confie segredos a pessoas que são percebidas como compassivas e assertivas, e menos provável que revele seus segredos a pessoas percebidas como entusiásticas e polidas (Slepian & Kirby, 2018). Quando as pessoas são confiantes em suas habilidades de comunicação, é mais provável que confiem diretamente um segredo; quando menos confiantes, é mais provável que usem métodos indiretos para revelar o segredo (como fazer revelações graduais via mensagem de texto ou *e-mail*) ou que revelem somente se tiverem sido apanhadas (p. ex., durante uma discussão) (Afifi & Steuber, 2009).

Como seria esperado, muitas pessoas revelam segredos aos seus terapeutas. Ao mesmo tempo, mais da metade dos clientes em um estudo relatou guardar segredos dos seus terapeutas (Baumann & Hill, 2016). Vergonha ou constrangimento foi a razão mais comum dada para isso. As pessoas temem que contar seu segredo levará a críticas ou rejeição; esse medo existe na terapia tanto quanto no mundo externo. Os clientes, nesse mesmo estudo, relataram que revelavam segredos quando confiavam em seus terapeutas e quando achavam que se beneficiariam por compartilhá-los. Por exemplo, a maioria disse que seria mais provável revelar um segredo se acha que escondê-lo impediria um progresso na terapia. Também disse que seria mais provável revelar um segredo se o terapeuta perguntasse diretamente a respeito. Independentemente de quando os segredos são contados, no começo ou no final da terapia, as sessões em que as revelações são feitas são caracterizadas por experiências emocionais aumentadas – variando de vergonha a vulnerabilidade, ansiedade, algumas vezes alívio e um sentimento de maior autenticidade e intimidade com o terapeuta.

Ajudando as pessoas a revelar segredos nas sessões de terapia

Esses achados empíricos fornecem orientação para as formas de ajudar os clientes a romperem o silêncio e revelarem segredos associados a vergonha ou culpa. Primeiro, não é suficiente perguntar somente no ingresso sobre acontecimentos secretos graves, como abuso na infância, estupro, infidelidade, uso de álcool/drogas e tentativas de suicídio. Muitas pessoas irão falsamente negar esses tipos de experiências para alguém que ainda não conhecem ou em quem não confiam. Depois que algum grau de confiança foi atingido, mais uma vez perguntar diretamente sobre essas questões pode facilitar que os clientes revelem esses tipos de experiências. Ser compassivo e diretamente assertivo nas comunicações com os clientes durante a terapia aumentará a disposição deles para revelar um segredo quando isso for relevante.

Você também pode criar as bases para que os clientes reconheçam os benefícios de revelar um segredo associado às emoções de vergonha ou culpa. *A mente vencendo o humor* (p. 267) apresenta uma breve descrição dos benefícios que podem resultar de romper o silêncio em torno dos segredos. Considere solicitar aos clientes que estão pensando em revelar alguma coisa sobre si mesmos que leiam essa seção do livro de exercícios para que vocês possam discutir essas ideias na terapia. Para clientes que sentem vergonha, pergunte quanto tempo passam pensando sobre o segredo e que emoções sentem quando fazem isso. Pesquisas recentes sugerem que, quando os segredos são acompanhados por vergonha, as mentes das pessoas tendem a se dispersar muito pensando sobre eles (Sleian, Kirby, & Kalokerinos, 2019). O terapeuta de Jeff na verdade o ajudou a notar esse efeito examinando as experiências dele antes de mencionar a pesquisa.

TERAPEUTA: Jeff, esse segredo que você mencionou – com que frequência durante a semana passada diria que pensou nele?

Jeff:	Quase todos os dias, eu acho.
Terapeuta:	Uma vez por dia ou muitas vezes por dia?
Jeff:	Provavelmente uma a três vezes por dia.
Terapeuta:	E cada vez que pensa a respeito, quanto tempo você diria que passou pensando sobre isso... em média?
Jeff:	Provavelmente cinco ou dez minutos, algumas vezes um pouco mais.
Terapeuta:	Então parece que você passou pelo menos uma hora ou duas no total pensando sobre isso nesta semana.
Jeff:	Sim, eu diria que sim.
Terapeuta:	Esta foi uma semana típica?
Jeff:	Acho que foi. Algumas vezes eu penso um pouquinho mais, algumas vezes um pouco menos.
Terapeuta:	Você pode me dizer alguma coisa que fez no passado sobre a qual outras pessoas guardariam segredo, mas você não guardou? Por exemplo, algumas pessoas escondem o fato de que bebem ou ficaram bêbadas, ou escondem o uso de drogas ou reprovação na escola, ou mesmo alguma coisa boba sobre si mesmas. Outras podem contar aos seus amigos os mesmos tipos de coisas e expor suas experiências. Você já contou alguma coisa como essas a outros sobre as quais poderia ter guardado segredo?
Jeff:	Já fiquei um pouco bêbado quando era mais jovem. Contei à minha parceira e a outras pessoas sobre isso.
Terapeuta:	Certo. Você consegue ver como algumas pessoas podem ficar envergonhadas por ficarem bêbadas e podem decidir guardar esse segredo do seu parceiro ou de seus amigos?
Jeff:	Suponho que sim.
Terapeuta:	Quanto tempo você passou na semana passada pensando sobre ter ficado bêbado quando era mais jovem?
Jeff:	Nenhum. Nunca pensei sobre isso.
Terapeuta:	Se isso fosse um segredo, quanto tempo você acha que teria pensado a respeito?
Jeff:	Hummm. Entendo o que você quer dizer. Eu teria pensado nisso se fosse um segredo... como quando saímos com amigos para tomar uma cerveja.
Terapeuta:	As pesquisas na verdade mostram que pensamos mais sobre alguma coisa quando ela é um segredo, especialmente aqueles dos quais nos sentimos envergonhados. Depois que eles são revelados, pensamos menos a respeito.
Jeff:	Mesmo?
Terapeuta:	Sim. Isso seria um benefício para você? Passar menos tempo todas as semanas pensando no seu segredo?
Jeff:	Sim, seria.

O terapeuta usou experiências reais de Jeff para trazer à sua consciência esse custo inicial do seu segredo. Ele continuou com isso alguns minutos mais tarde, explorando os custos potenciais para o progresso da terapia de Jeff de ele continuar a guardar seu segredo:

TERAPEUTA: Nós temos trabalhado na sua vergonha nas últimas semanas. Na sua Folha de Exercícios 15.6, Avaliando a gravidade de minhas ações [*A mente vencendo o humor*, p. 262], colocamos um x para seu segredo ao lado de "Pior ação pessoal". Você fez uma torta de responsabilidades para seu segredo em casa e disse que isso só o ajudou um pouco, então não sei se eu poderia ajudá-lo com isso um pouco mais ou não. Algumas vezes eu acho que você pode não estar fazendo tanto progresso na terapia quanto poderia porque esse segredo me impede de ser capaz de ajudá-lo com o máximo das minhas habilidades. O que você acha?

JEFF: Já pensei nisso.

TERAPEUTA: Quais são seus pensamentos?

JEFF: Acho que, se você soubesse a respeito, poderia me ajudar mais, mas não tenho certeza se estou pronto para lhe contar.

TERAPEUTA: Qual é a pior coisa que você consegue imaginar que aconteceria se contasse?

JEFF: Você me acharia nojento. E talvez não conseguisse me ajudar.

TERAPEUTA: E qual é a melhor coisa que poderia acontecer?

JEFF: Você conseguiria me ajudar a me sentir melhor. E talvez não ficasse enojado. E eu me sentiria melhor a meu respeito se lhe contasse.

Observe que o terapeuta de Jeff não fez promessas nem ofereceu garantia imediata. Nesse estágio, focou em ajudar Jeff a pesar os custos e os benefícios de revelar seu segredo. Quando Jeff imaginou várias respostas que o terapeuta poderia dar depois de conhecer seu segredo, sua disposição para contar a ele ou a outra pessoa aumentou. Esse exemplo demonstra que boas formas de abordar as preocupações dos clientes referentes a segredos são manter-se honesto e evitar fazer previsões. Por exemplo, o terapeuta de Jeff poderia dizer:

"Como não sei qual é seu segredo, não posso prever 100% as minhas reações a ele. No entanto, talvez minhas reações a outras coisas que você já me contou possam lhe dar alguma noção de como provavelmente vou reagir. E posso lhe prometer que, se eu reagir com aversão ao que você me contar, vou trabalhar minhas reações no meu próprio tempo e dar o melhor de mim para ajudá-lo".

Outra forma de preparar o terreno para ajudar os clientes a revelarem um segredo relacionado a vergonha é verificar a confiança deles em sua habilidade de comunicá-lo. Lembre-se da sugestão na pesquisa descrita anteriormente de que as pessoas que não são confiantes na sua habilidade de falar sobre um segredo têm mais facilidade para revelar informações gradual ou indiretamente. Assim, algumas acham mais fácil revelar seu segredo em pequenas etapas. Por exemplo, podem começar lhe contando a idade que tinham na época em que ocorreu a informação que estão escondendo ou inicialmente lhe falando sobre um tema geral (p. ex., "alguma coisa que eu fiz", "alguma coisa que alguém fez comigo", "alguma coisa que eu descobri"). A cada pequena revelação, elas podem avaliar a sua reação. Você também pode lhes pedir, antes de cada revelação, para predizerem o que poderia ocorrer e, então, verificar se as suas previsões se concretizaram ou não.

Contando segredos a pessoas confiáveis fora da terapia

Nem sempre é necessário que as pessoas que sentem vergonha revelem seus segredos na terapia, embora frequentemente este seja um primeiro passo. Em geral, será mais terapêutico para os clientes revelar seus segredos a uma ou mais pessoas em quem confiem fora da terapia, porque as respostas compassivas e receptivas dos terapeutas aos segredos são facilmente desvalorizadas em termos como estes: "Você é pago e treinado para ser receptivo; outras pessoas não se sentiriam da mesma forma". As mesmas etapas para ajudar os clientes a revelar segredos a um terapeuta podem ser usadas para prepará-los para revelar segredos a pessoas confiáveis fora da terapia. Essas etapas incluem identificar:

1. Benefícios potenciais de contar o segredo a outra pessoa.
2. Pessoas que provavelmente responderão de forma compassiva e honesta.
3. Passos na comunicação que irão ajudar a pessoa a revelar o segredo.
4. Previsões do melhor e do pior cenários, com planos de enfrentamento elaborados.

BENEFÍCIOS POTENCIAIS DE CONTAR UM SEGREDO A OUTRA PESSOA

Definitivamente será mais fácil ajudar seu cliente a descobrir os benefícios potenciais de revelar seu segredo a outra pessoa se você, como terapeuta, já conhecer o segredo. Se você não conhece o segredo, ainda pode fazer perguntas para estimular os clientes a avaliar os custos e os benefícios de contá-lo a outra pessoa em quem confiam. Os benefícios podem se estender além do alívio e da possibilidade de experimentar aceitação por parte de alguém que sabe "tudo". Por exemplo, se os clientes se automutilam e são suicidas, informar isso a pessoas confiáveis pode ajudar a montar uma rede mais forte e informada de apoio em momentos de crise. Se uma pessoa que foi estuprada está tendo uma resposta traumática a essa agressão e atualmente está apresentando dificuldades sexuais com um parceiro, contar a esse parceiro sobre o estupro pode ajudar a inserir no contexto as dificuldades atuais e também oferece melhores opções para resolver as dificuldades sexuais.

IDENTIFICANDO PESSOAS COMPASSIVAS E HONESTAS A QUEM CONTAR

Os clientes podem revelar segredos a pessoas que nem sempre são as escolhas óbvias. Considere uma cliente que sente extrema vergonha por ter sido infiel ao cônjuge no passado. Se ela não estiver mais sendo infiel, o cônjuge é a melhor pessoa a quem contar? Isso pode depender dos objetivos de revelar esse segredo. Se a infidelidade mudou o relacionamento de alguma maneira que tem sido desestabilizadora desde aquela época, pode ser importante revelar a infidelidade ao parceiro para que ambos possam entender o que aconteceu e reconstruir a confiança. No entanto, se o relacionamento agora está indo bem e o propósito de contar ao parceiro sobre a infidelidade é principalmente remover a culpa, pode ser mais produtivo contar a um terapeuta ou a um confessor de algum tipo (p. ex., um membro do clero ou um membro da família ou amigo que não vai se sentir prejudicado por conhecer esse segredo). Conversar com outra pessoa que não seja o cônjuge ainda pode atingir os objetivos de revelar a outra pessoa o que levou ao caso amoroso, descrevendo o impacto que isso teve em cada um deles e no seu relacionamento, reconhecendo a vergonha e outras emoções que a pessoa experimentou.

Assim, quando os clientes decidem revelar um segredo, os terapeutas podem ter um papel importante para ajudá-los a avaliar quem seria(m) a(s) melhor(es) pessoa(s) a quem contá-lo. Em geral, os clientes querem escolher pessoas cujas opiniões respeitam, que sejam capazes de ouvir a sua história, que provavelmente escutem seu segredo com alguma compaixão e também que possam e estejam dispostas a guardar o segredo. Pode parecer irônico contar um segredo a alguém capaz de guardar um segredo. No entanto, a maioria das pessoas não se sente preparada para revelar um segredo ao mundo inteiro, e muitos segredos não precisam ser tornados públicos. Portanto, faz sentido para os clientes revelar um segredo a alguém que provavelmente respeitará sua privacidade, em vez de contar a alguém que fala abertamente sobre a vida de todos. Por essas razões, alguns clientes optam por revelar um segredo primeiro a um amigo em vez de a um familiar.

Os segredos podem ainda ser compartilhados com estranhos com efeitos positivos. Algumas vezes as pessoas compartilham segredos com pessoas que conhecem quando viajam para longe da área onde residem, com conselheiros por telefone que trabalham em um *call center* para crises ou com pessoas com quem puxam conversa durante atividades diárias. Muitas pessoas revelam segredos pela primeira vez em fóruns e salas de bate-papo *on-line*. Desde que as pessoas nesses contextos respondam com gentileza humana, essas experiências de compartilhar segredos podem oferecer muitos dos mesmos benefícios de falar pessoalmente com um terapeuta, um amigo ou um familiar. A única diferença é que pode não haver os benefícios de experimentar aceitação com o tempo em um relacionamento duradouro.

PASSOS NA COMUNICAÇÃO PARA REVELAR UM SEGREDO

Algumas pessoas não precisam de treinamento particular para revelar um segredo. Depois que decidem dar esse passo, elas se sentem confiantes de que podem fazê-lo. Mesmo assim, pode ser útil pedir que os clientes usem a imaginação para considerar como querem que ocorra essa interação. Como alternativa, você pode dramatizar essa conversa com o cliente na sessão, para dar a ele uma chance de experimentar e resolver problemas, caso ocorra algum constrangimento ou dificuldade. Pode ser útil iniciar uma conversa explicando as razões para o segredo ter sido escondido por tanto tempo. Por exemplo, talvez haja riscos sociais ou a possibilidade de censura familiar, como é frequentemente o caso com a revelação de identidade LGBTQ+. Algumas pessoas esperam para revelar essa identidade depois da morte de um ou mais membros da família que desaprovariam.

A discussão do momento, lugar e circunstâncias para revelar um segredo pode ser tão importante quanto levar em consideração a quem contar e o que dizer. Algumas pessoas escolhem uma situação em que é consumido muito álcool, o que provavelmente não é o melhor. De modo geral, incentive o cliente a possibilitar tempo suficiente para conversar sobre a questão revelada, para responder a perguntas e discutir suas preocupações sobre a outra pessoa contar ou não contar seu segredo a terceiros.

PREVISÕES DO MELHOR E DO PIOR CENÁRIOS PARA O CASO, COM PLANOS PARA ENFRENTAMENTO

Por fim, quando os clientes estão ansiosos com a revelação de um segredo a uma pessoa confiável, pode ser proveitoso fazer um plano de ação (Folha de Exercícios 10.2, *A mente vencendo o humor*, p. 121) para cenários do pior caso imaginado. Peça que seus clientes prevejam os melhores e os piores desfechos que possam imaginar ao contarem o segredo. Para os piores cenários, considere as atitudes que podem ser tomadas para lidar com reações ou desfechos indesejados. Por exemplo, se a pessoa a quem contam reage de forma crítica ou com rechaço, como eles lidam com isso? O que poderiam dizer ou fazer? Como podem aceitar essa reação? A Folha de Exercícios 10.3, Aceitação (*A mente vencendo o humor*, p. 125), pode guiar a consideração de se é tolerável enfrentar rejeição à luz dos objetivos ou valores que levaram à decisão de revelar o segredo.

Também pode ser útil refletir sobre os resultados em mais longo prazo do que a conversa imediata em que o segredo é revelado. Alguns segredos, como história de uso de drogas ou álcool, casamentos anteriores ou questões LGBTQ+, podem ser inusitados ou surpreendentes para outras pessoas. Esse fator surpresa pode algumas vezes dificultar que a pessoa inicialmente expresse aceitação do segredo, sobretudo se isso inverter suas perspectivas ou desafiar seus valores. Entretanto, alguém que se importa com a pessoa que está revelando o segredo pode ser capaz de aceitar notícias indesejadas ou até mesmo comemorá-las com o tempo. Por exemplo, o terapeuta de Zoe a ajudou a lidar com a possibilidade de seus pais a rejeitarem quando lhes contasse que era lésbica e que tinha ido morar com sua parceira.

TERAPEUTA: Então, seu pior cenário para o caso é que seus pais vão chorar e rejeitá-la e lhe dizer para nunca mais voltar para casa. Isso é difícil. Não é de admirar que tenha medo de lhes contar sobre você e seu relacionamento com Kylie.

ZOE: Sim. Não sei como eu poderia lidar com essa reação.

TERAPEUTA: Talvez fosse importante conversarmos sobre uma linha temporal para a aceitação dos seus pais.

ZOE: O que você quer dizer?

TERAPEUTA: Quando achou inicialmente que talvez fosse lésbica, você celebrou essa ideia desde o primeiro dia?

ZOE: Não. Na verdade, inicialmente fiquei incomodada com a ideia e tentei tirar aquilo da minha cabeça.

TERAPEUTA: E como chegou ao ponto em que pode aceitar ser lésbica e até mesmo ser feliz pelo que você é? Até chegar ao dia de hoje, em que está muito apaixonada e ansiosa por se casar com Kylie no ano que vem?

ZOE: Eu avancei e recuei em relação à ideia, mas também li sobre isso e conheci algumas mulheres no centro de acolhimento que eram lésbicas ou estavam pensando a respeito. Acho que, quanto mais me informei sobre isso, mais confortável me senti. E então, quando conheci Kylie, não tive mais dúvidas de que ser lésbica era como eu seria mais feliz.

TERAPEUTA: Quanto tempo levou para essa mudança de posição de se sentir incomodada pela ideia de ser lésbica até aceitar sua identidade como lésbica com um futuro feliz?

ZOE: Ao todo, cerca de uns dez meses. Muito rápido, na verdade.

TERAPEUTA: (*Sorrindo*) Sim, isso é muito rápido. Se tivéssemos congelado a sua reação no primeiro dia e disséssemos "É isso. Você está incomodada pela ideia de ser lésbica, então não pense mais nisso", isso teria sido justo para você?

ZOE: Absolutamente não. Eu precisei de tempo.

TERAPEUTA: Então, quanto tempo estaria disposta a dar aos seus pais para passarem por esse processo de aceitação do que você é? Você acha que é justo considerar essa primeira reação, congelá-la no tempo e dizer que é ali que ela tem que permanecer?

ZOE: Hummm. Entendo o que você quer dizer. Talvez inicialmente eles me rejeitem, mas, quem sabe, com o tempo, mudarão de ideia, como eu fiz.

TERAPEUTA: Sim. E você já sabe algumas das coisas que fez para ajudá-la a mudar sua posição.

ZOE: Como me informar mais a respeito.

TERAPEUTA: Sim. E você poderá ajudá-los com isso quando estiverem prontos. E eu também posso lhe dar algumas informações sobre o grupo PFLAG, que tem informações para familiares de pessoas que são LGBTQ+ e reuniões que eles podem assistir (*https://pflag.org*). Algumas vezes é útil aos pais poder falar sobre suas reações com outros pais que passaram ou estão passando pelo mesmo processo. Além disso, há um *website* do It Gets Better Project repleto de histórias de pessoas que "saíram do armário" (*https://itgetsbetter.org*).

ZOE: Como eu conversei com aquela mulher na clínica, mesmo antes de ter certeza de que eu era lésbica.

TERAPEUTA: Isso mesmo.

Ajudar as pessoas a recordarem da sua própria trajetória para lidar com suas respostas emocionais ao que envolve um segredo pode proporcionar esperança. Mesmo que os outros tenham reações iniciais negativas a uma revelação, elas podem mudar com o tempo. Geralmente há coisas que uma pessoa pode fazer ou dizer para ajudar outras a desenvolverem maior compreensão e aceitação das questões que envolvem um segredo. Isso pode incluir muitas conversas sobre o segredo revelado e o que significa para a pessoa que o está revelando. Pode incluir dar informações sobre o assunto, para que essas pessoas possam ler e digerir posteriormente. Assim, parte da redução da vergonha pode ser ajudar as pessoas com segredos a mudar sua postura de penitentes passivos para defensores ativos de si mesmos.

Autoperdão

O autoperdão é frequentemente um passo importante na superação da vergonha e no fortalecimento da saúde mental global (Peterson et al., 2017). Atingir essa etapa pode ser desafiador. Observa-se que o autoperdão é ainda mais difícil do que perdoar os outros (Krentzman, Webb, Jester, & Harris, 2018). Uma questão levantada na discussão anterior sobre perdoar os outros também é relevante: ele não é algo que precise ser aplicado a todos. Por exemplo, se a pessoa sente vergonha por alguma coisa que não é sua responsabilidade (p. ex., ser abusada sexualmente), então a terapia deve focar na eliminação do seu sentimento de responsabilidade em vez de no autoperdão, pois ela não fez nada de errado. Se a pessoa ainda estiver prejudicando outras de forma constante, então o autoperdão é prematuro; focar no encerramento dos comportamentos prejudiciais é mais apropriado. É possível, ainda, que a promoção do autoperdão para comportamentos autolesivos possa diminuir a motivação para interromper esses comportamentos, como foi constatado com problemas com jogos de azar (Squires, Sztainert, Gillen, Caouetter, & Wohl, 2012) e tabagismo (Wohl & Thompson, 2011).

Felizmente, quando este for um objetivo apropriado na terapia, e os clientes já estiverem prontos para tanto, os vários instrumentos fornecidos no Capítulo 15 de *A mente vencendo o humor* podem, em conjunto, apoiar um caminho para o autoperdão. Apresentamos aqui uma breve sinopse de como as intervenções de *A mente vencendo o humor* podem ser associadas a uma abordagem de terapia em quatro partes para o autoperdão: (1) assumir a responsabilidade, (2) sentir remorso, (3) adotar comportamentos de restauração ou reparação e (4) renovar a autocompaixão (Cornish & Wade, 2014). Em geral, as pessoas precisam dar todos os quatro passos antes de vivenciar o autoperdão genuíno por alguma coisa que fizeram que violou seus valores pessoais.

Assumindo a responsabilidade

As folhas de exercícios discutidas anteriormente neste capítulo podem apoiar as pessoas ao assumirem a responsabilidade por coisas que fizeram que violam seus valores. As avaliações na escala da Folha de Exercícios 15.6, Avaliando a gravidade de minhas ações (*A mente vencendo o humor*, p. 262), destaca ações mais sérias que podem ser consideradas para o perdão. A Folha de Exercícios 15.7, Usando uma torta de responsabilidades para culpa ou vergonha (*A mente vencendo o humor*, p. 265), revela as partes de uma ação pela qual uma pessoa é responsável. Tenha em mente que uma torta de responsabilidades pode também ser usada para ajudar alguém a assumir a responsabilidade, pelo menos parcial, por eventos ou desfechos, em vez de unicamente culpar os outros.

Sentindo remorso

Pessoas que sentem vergonha com frequência parecem experimentar muito remorso. No entanto, diferentemente da culpa (que é caracterizada por remorso em relação ao que a pessoa fez), a emoção da vergonha geralmente está associada ao foco em *ser* mau, em vez de *fazer* coisas ruins e causar danos aos outros. Assim, o trabalho com vergonha e remorso requer distinção entre nossas ações e nosso valor inato como ser humano. Cornish e Wade (2014) sugerem uma forma de fazer isso: o método das duas cadeiras, em que um cliente mantém um diálogo entre o lado que o autocondena e a parte que acredita que ele merece ser perdoado. Uma maneira de saber que esse trabalho foi bem-

-sucedido é o cliente tornar-se mais capaz de focar no prejuízo causado, em vez de na autorrecriminação, e mostrar interesse em comportamentos reparadores em vez de autopunição.

Adotando comportamentos de restauração e reparação

Uma seção anterior deste capítulo descreveu o uso da Folha de Exercícios 15.8, Fazendo reparações por ter prejudicado alguém (*A mente vencendo o humor*, p. 266). Essa folha de exercícios pode ser um precursor importante para o autoperdão quando uma ou mais pessoas específicas foram prejudicadas. Conforme descrito nessa seção, as pessoas podem primeiro pedir desculpas e então fazer reparos diretos ou indiretos para o dano causado. Quando as pessoas que foram prejudicadas não estão mais vivas ou o contato não é aceitável ou benéfico para elas, as desculpas podem ser expressas por meio de dramatizações com duas cadeiras e também podem auxiliar na tomada de perspectiva. Por exemplo, o cliente pode ocupar a cadeira da pessoa que está recebendo as desculpas e experimentar compaixão, perdão ou ressentimento persistente. As "respostas da pessoa prejudicada" podem, então, ser abordadas pelo cliente (que causou o dano) a partir da outra cadeira.

Renovando a autocompaixão

Depois que os clientes estiverem prontos para o autoperdão e os outros passos já tiverem sido dados, a Folha de Exercícios 15.9, Perdoando a mim mesmo (*A mente vencendo o humor*, p. 269), pode completar o processo promovendo a autocompaixão. Esse exercício faz as pessoas lembrarem que perdão não significa esquecer ou tolerar ações prejudiciais. Na verdade, o preenchimento dessa folha de exercícios requer a descrição do que a pessoa fez, o impacto que isso teve nela e nos outros, como isso continua a ter efeito e como a vida poderia ser melhor se o autoperdão fosse concedido. Os demais itens na folha de exercícios sugerem passos para a mudança de perspectiva que podem promover a autocompaixão. Encoraje seus clientes a se deterem por algum tempo na questão sobre autocompaixão, em vez de responderem tudo rapidamente. Por exemplo, é perguntado o que eles pensariam de outra pessoa que fizesse a mesma coisa e é solicitado que identifiquem os aspectos positivos de si mesmos e de suas vidas que costumam ignorar quando sentem culpa ou vergonha e que escrevam compassivamente sobre como podem entender suas ações e se perdoarem pelo que fizeram. Por fim, o exercício pede que reflitam sobre suas qualidades que podem ajudá-los a seguir em frente. Cada um desses passos para a mudança de perspectiva pode ser explorado nas sessões de terapia e como exercícios de reflexão fora dela.

GUIA PARA A RESOLUÇÃO DE PROBLEMAS: CAPÍTULO 15 DE *A MENTE VENCENDO O HUMOR*

Pessoas que culpam outros em vez de sentir culpa ou vergonha

Algumas vezes as pessoas subestimam sua própria responsabilidade por resultados indesejados e injustamente atribuem a culpa a outros. A Folha de Exercícios 15.7, Usando uma torta de responsabilidades para culpa ou vergonha (*A mente vencendo o humor*, p. 265), pode ser usada para ajudar essas pessoas a assumirem uma parcela maior da culpa. Ao trabalhar como terapeuta com um cliente desses, você deverá colocar a pessoa em primeiro lugar na lista no item 2, em vez de no último lugar. Isso deixa a torta inteira disponível para consideração da própria responsabilidade. Além disso, nesse caso, você não vai trabalhar tão arduamente para obter um grande número de outros fatores a serem considerados para responsabilidade; até mesmo duas ou três pessoas ou fatores são suficientes se isso for tudo o que a pessoa conseguir pensar espontaneamente. Sem essas duas modificações, as pessoas que são propensas a desculpar seu próprio papel nas dificuldades irão facilmente atribuir boa parte ou toda a torta de responsabilidades a outras pessoas e fatores antes de avaliar a sua responsabilidade.

Em última análise, não é importante se os clientes assumem a responsabilidade de forma justa, contanto que atribuam a si mesmos parte da responsabilidade em vez de nenhuma. Será um passo adiante quando alguém que normalmente assume zero reponsabilidade pelas dificuldades aceitar mesmo que 20% da responsabilidade. Observe como o terapeuta de Arno o ajudou a atribuir uma fatia da torta a si mesmo quando realizaram esse trabalho.

TERAPEUTA: Então, é assim que funciona uma torta de responsabilidades. Vamos começar por essa situação de você ter perdido o emprego. O quanto disso você diria que foi sua responsabilidade? Isto é, o quanto você acha que seu comportamento ou seu estilo de trabalho levaram sua diretora a demiti-lo?

ARNO: Zero, na verdade. Minha diretora não foi com a minha cara desde o primeiro dia.

TERAPEUTA: Deixe que eu me certifique de que entendo o que zero significa. Você diria que todos os dias trabalhou muito arduamente, fez tudo o que sua diretora pediu, chegou no horário e todas as outras coisas que um empregado deve fazer?

ARNO: No começo, com certeza, mas depois que eu pude ver que ela não gostava de mim, não fiz tanto todas essas coisas. Quem faria?

TERAPEUTA: Então, quais são algumas das coisas que você fez desde que começou e que ela pode ter usado como razões para demiti-lo?

ARNO: Quando ela falava comigo com desrespeito, eu a desrespeitava também. Só para que ela soubesse que eu não sou um bobalhão. E algumas vezes, quando ela me pedia para trabalhar depois do horário, e eu sabia que ela estava me dando mais trabalho do que para os outros, eu lhe dizia para enfiar***.

TERAPEUTA: Ela listou essas coisas no seu aviso de demissão?

ARNO: Sim, e também disse outras coisas, algumas eram verdadeiras, e outras eram completas mentiras.

TERAPEUTA: Se considerar apenas as coisas que ela disse que eram verdadeiras, o quanto de responsabilidade pela perda do emprego você colocaria nessa torta pelas coisas que fez ou deixou de fazer?

ARNO: Não mais de 20%. O resto é com ela. E mesmo os meus 20% não estariam ali se eu tivesse um chefe diferente. É por isso que eu disse no começo que era tudo responsabilidade dela.

TERAPEUTA: Certo, 20% foi seu comportamento, e pode ser que você não tivesse se comportado assim com um chefe diferente. Está certo?

ARNO: Sim.

TERAPEUTA: Por que você não desenha uma fatia que seja mais ou menos 20% do total da torta?

Arno não era propenso à culpa. Ele em geral desculpava seu comportamento e atribuía a culpa pelo que dava errado na sua vida a outras pessoas. Como consequência, havia perdido muitos empregos e relacionamentos porque não se mostrava aberto para reconhecer seu papel nas dificuldades. No trecho anterior de uma sessão inicial, o terapeuta de Arno conseguiu manter a aliança terapêutica com ele e, ao mesmo tempo, mudar um pouco a perspectiva de Arno para que ele observasse se o seu comportamento contribuía ou não para suas dificuldades. Foi importante que o terapeuta tenha usado as próprias palavras e a estrutura de referência de Arno enquanto trabalhava na torta de responsabilidades pela primeira vez (p. ex., "Então, quais são algumas das coisas que você fez depois do começo e que ela pode ter usado como razões para demiti-lo?"). Essa estrutura de referência compartilhada ajudou Arno a reconhecer uma pequena quantidade de responsabilidade, a qual seu terapeuta poderia tentar ampliar posteriormente.

O terapeuta também queria oferecer uma perspectiva compassiva sobre os benefícios para Arno se ele assumisse alguma responsabilidade por suas dificuldades. Arno se sentiu incomodado com seu terapeuta em uma sessão algumas semanas depois, e o terapeuta aproveitou essa ocasião para trazer este argumento adicional:

ARNO: Você fica falando sobre a minha responsabilidade, quando os outros é que realmente têm que ser responsabilizados por tornarem a minha vida tão difícil.

TERAPEUTA: Sim, eu sei que é difícil que os outros pareçam estar constantemente causando problemas para você. Se nós só falássemos sobre eles, como seria isso para você?

ARNO: Muito melhor, porque então eu saberia que você está do meu lado.

TERAPEUTA: Eu estou do seu lado, Arno. (*Pausa*) Deixe-me perguntar: se as pessoas nunca causassem nenhum problema na sua vida, como ela seria?

ARNO: Perfeita.

TERAPEUTA: E como você se sentiria?

ARNO: Relaxado, feliz.

TERAPEUTA: Este é um objetivo que compartilhamos. Eu gostaria de estar relaxado e feliz, mas estou preocupado com você.

ARNO: O que você quer dizer?

TERAPEUTA: Estou preocupado porque neste momento parece que você só consegue ficar relaxado e feliz se todos os outros pararem de tornar a sua vida difícil.

ARNO: É isso mesmo.

TERAPEUTA: Posso ver como isso parece ser a melhor solução. A minha preocupação é que não

ARNO: acho que todas as pessoas no mundo vão mudar para nunca lhe causar algum problema. E me preocupo pelo quanto de raiva e estresse você sente quando as pessoas o decepcionam.

ARNO: Hum-hum.

TERAPEUTA: É por isso que eu fico procurando um pouquinho de responsabilidade para você. Porque se você pudesse assumir essas parcelas, acho que poderia se sentir relaxado e feliz mesmo quando as pessoas tentassem tornar sua vida difícil, porque terá algumas áreas que poderá controlar. Você poderia aprender a fazer a sua própria felicidade, não importando as coisas que os outros fazem para você. Você entende o que eu quero dizer?

ARNO: Talvez.

Quando clientes como Arno externam suas dificuldades, você não precisa desaprovar a crença de que os outros são o problema. Em vez disso, *encontre uma forma de captar seu interesse em trabalhar no manejo das suas reações aos outros*. Uma maneira de fazer isso é expressar preocupação com o custo que isso tem para eles. Pergunte como se sentiriam se esses problemas fossem eliminados. Quaisquer estados positivos que descreverem (p. ex., Arno disse que ficaria relaxado e feliz) podem se tornar objetivos na terapia. Na verdade, torna-se um objetivo particular na terapia que esses clientes aprendam a experimentar sentimentos mais positivos *em face de dificuldades interpessoais*. Outras pessoas causam dificuldades na vida de todos nós. Felicidade, relaxamento e satisfação são mais possíveis de alcançar se aprendermos a atingi-los em face das dificuldades da vida, em vez de tentarmos eliminar os problemas dela.

13

Manejo de recaída e felicidade

(CAPÍTULO 16 E EPÍLOGO DE *A MENTE VENCENDO O HUMOR*)

Estou me sentindo um pouco menos ansioso. Como posso saber se isso vai durar?

– *Cliente 1, próximo ao final da terapia*

O que eu posso fazer para me assegurar de que não vou ficar deprimido novamente?

– *Cliente 2, próximo ao final da terapia*

Estou começando a me sentir mais feliz. Isso vai continuar?

– *Cliente 3, próximo ao final da terapia*

Os clientes querem que as melhoras que experimentam na terapia durem. Mais ainda, as pessoas geralmente esperam que a terapia as ajude a atingir maior felicidade. O que podemos fazer como terapeutas para dar aos nossos clientes a melhor chance para que as mudanças positivas perdurem depois da terapia? Independentemente dos problemas tratados na terapia, este capítulo mostra o que fazer nas semanas finais para aumentar as chances de seus clientes continuarem obtendo os ganhos da sua terapia e atingirem maior senso de bem-estar depois que ela terminar. Uma seção no final do capítulo mostra como você pode entrelaçar o Epílogo de *A mente vencendo o humor* (p. 283-287) com essas discussões.

Em geral, para transtornos do humor amplamente estudados, como depressão e ansiedade, as abordagens da TCC que ensinam as habilidades enfatizadas em *A mente vencendo o humor* têm alguns dos melhores índices de mudança positiva e duradoura (Hollon et al., 2006). Assim, a prática continuada das habilidades de *A mente vencendo o humor* pode proporcionar uma base sólida para manter os ganhos da terapia e expandir os estados de humor positivos. No entanto, nenhuma terapia pode garantir que as pessoas não vão recair. De fato, algumas questões presentes, como depressão, têm índices muito altos de recaída, mesmo depois que as pessoas passam pelas melhores terapias baseadas em evidências (Nurcusa & Iacono, 2007; Vittengl et al., 2007). Quem chega à terapia com transtornos de ansiedade apresenta melhores resultados, e, segundo estudos de seguimento pós-tratamento, a maioria das pessoas tratadas com sucesso para os vários transtornos de ansiedade não recai (Hollon et al., 2006).

O Capítulo 16 de *A mente vencendo o humor*, Mantendo seus ganhos e experimentando mais felicidade, pode desempenhar um papel importante na redução de recaídas e na melhora do bem-estar do cliente pós-terapia. Ele orienta os clientes no processo de escolha das habilidades de *A mente vencendo o humor* para continuar praticando após o término da terapia.

Também inclui um exercício guiado que lhes mostra como fazer um plano escrito para a redução do risco de recaída. O Resumo do Capítulo 16 revisa os benefícios da prática constante das habilidades, além dos passos pós-terapia que um cliente pode dar para reduzir a chance de recaída.

> ## **Resumo do Capítulo 16**
> (*A mente vencendo o humor*, p. 271-281)
>
> ▶ O aprendizado das habilidades de *A mente vencendo o humor* progride por meio de três estágios: exercer prática deliberada e consciente; ser capaz de usar as habilidades que estão em sua mente com esforço consciente; e ter novos comportamentos e processos de pensamento que ocorram automaticamente, sem planejamento ou esforço.
>
> ▶ As pessoas costumam parar de usar as habilidades depois que seus estados de humor melhoram, porém é recomendável continuar a praticá-las até que seu emprego se torne automático.
>
> ▶ É esperado que qualquer pessoa tenha flutuações normais de humor. É importante reconhecer quando essas flutuações começam a se transformar em "recaída" – isto é, quando os estados de humor se tornam mais graves, duram muito tempo, ocorrem com muita frequência ou passam a ter efeitos negativos em sua vida ou suas relações.
>
> ▶ A *checklist* de habilidades de *A mente vencendo o humor* (Folha de Exercícios 16.1, p. 273) destaca as habilidades que você utilizou, a frequência com que elas o ajudaram, se você ainda as utiliza e com que frequência planeja usá-las no futuro.
>
> ▶ A *checklist* de habilidades de *A mente vencendo o humor* também ajuda você a compreender que as melhoras que teve são resultado de seus esforços e das habilidades que desenvolveu.
>
> ▶ Para reduzir o risco de recaída, é importante identificar as situações de alto risco, aprender quais são seus sinais de alerta e fazer um plano de ação com base nas habilidades que você tem agora.
>
> ▶ É útil praticar na imaginação seu plano de redução do risco de recaída quando você estiver se sentindo bem, a fim de testar o quanto está confiante de que isso vai ajudá-lo caso precise.
>
> ▶ Mesmo depois que você terminar de ler *A mente vencendo o humor*, mantenha o livro em algum lugar onde possa vê-lo, para que se lembre do que já aprendeu e continue a praticar as habilidades que o ajudam a se sentir melhor.
>
> ▶ As mesmas atividades e habilidades que o erguem da depressão, da ansiedade, da raiva, da culpa e da vergonha também podem levá-lo a estados de humor positivos depois que você se sentir melhor.

PRÁTICA DE HABILIDADES E MANEJO DE RECAÍDA

Evidências sugerem que as pessoas que dominam e continuam a usar habilidades como as ensinadas em *A mente vencendo o humor* têm menos probabilidade de recair do que aquelas que não aprendem ou não continuam a praticar métodos para manejo do humor (Jarrett et al., 2018; Neimeyer & Feixas, 2016). Conforme descrito no Resumo do Capítulo 16 de *A mente vencendo o humor*, o domínio das habilidades apresentadas no livro com frequência ocorre em três estágios: (1) inicialmente, as pessoas precisam de prática escrita consciente e deliberada; (2) com o tempo, as habilidades podem ser usadas mentalmente, sem escrever as coisas, se as pessoas fizerem um esforço consciente para isso; e (3) por fim, novos comportamentos e habilidades cognitivas se tornam automáticos e não requerem planejamento ou esforço. Um exame sobre o ponto em que os clientes se encontram nesse *continuum* de domínio das habilidades pode servir como motivação para continuarem a prática das habilidades depois do término da terapia.

Monica recentemente estava se sentindo menos deprimida, depois de aumentar suas atividades e aprender a usar o Registro de Pensamentos. Desde a segunda até a última sessão da terapia, sua terapeuta levantou a questão de praticar as habilidades até se tornarem automáticas.

TERAPEUTA: Quando pensa sobre o seu progresso no uso das atividades e dos registros de pensamentos para ajudá-la na sua depressão, onde você acha que está nesse ponto com cada uma delas? Você tem que anotá-las para obter benefícios? Acha que, se fizer um esforço consciente, consegue algumas vezes imaginar isso na sua mente? Ou as está usando mais ou menos automaticamente, sem pensar sobre elas ou anotá-las?

MONICA: Eu consigo dizer a mim mesma para fazer as atividades quando não estou com vontade, me lembrando dos benefícios. Ainda preciso preencher os registros de pensamentos, embora tenha lhe dito que uma vez elaborei um pensamento compensatório sem nem mesmo escrever em um registro de pensamentos.

TERAPEUTA: Então parece que você pode não precisar escrever um cronograma de atividades, mas ainda precisa se lembrar conscientemente da importância de fazer coisas quando seu humor e sua energia estão baixos. Qual acha que será a melhor maneira de fazer isso depois que a terapia terminar?

MONICA: Eu coloquei uma nota no meu celular que aparece três vezes ao dia. Ela diz: "Você está fazendo alguma coisa para se ajudar?". Isso parece funcionar para mim.

TERAPEUTA: Essa é uma boa ideia. Você vai manter essa nota no seu celular mesmo depois que a terapia terminar?

MONICA: Sim, porque ajuda muito.

TERAPEUTA: Ótimo. A outra coisa que realmente ajudou na sua depressão foi preencher os registros de pensamentos. Parece que você ainda obtém os melhores benefícios de anotá-los, mas teve essa experiência que sugere que pode chegar ao próximo estágio de ser capaz de realizá-los na sua mente, sem escrevê-los.

Monica: Sim, foi incrível quando isso aconteceu.

Terapeuta: Isso será ainda mais incrível quando acontecer regularmente. Muitas pessoas param de preencher os registros de pensamentos quando a terapia termina, porque não têm mais um terapeuta incentivando-as a fazer. (*Sorrindo*) Como você vai lidar com isso?

Monica: Não sei. Tenho que admitir, você estimular e pressionar me ajuda a persistir.

Terapeuta: Como seria para você chegar ao ponto em que a maior parte do tempo em que tivesse pensamentos negativos automaticamente se perguntasse "Quais são as evidências?" e fosse capaz de muito rapidamente pensar nas evidências e elaborar um pensamento compensatório ou alternativo?

Monica: Seria incrível.

Terapeuta: Quantas semanas mais você acha que teria que escrever registros de pensamentos antes de chegar ao ponto em que poderia começar a fazê-los na sua mente?

Monica: Não sei. O que você acha?

Terapeuta: Você os está usando há oito semanas agora. Nas duas últimas semanas, conseguiu se beneficiar deles sem muita ajuda minha. Imagino que, se você escrevesse um ou dois a cada semana por mais dois ou três meses, chegaria ao ponto em que poderia fazê-lo preponderantemente na sua mente. Você estaria disposta a persistir por esse tempo, ou por quanto tempo for necessário para ter esse nível de habilidade "na sua mente"?

Monica: Acho que sim.

Terapeuta: Quais seriam os benefícios disso?

Monica: Como você diz, eu levaria minhas habilidades até o ponto em que não teria que anotá-los.

Terapeuta: Sim. E, é claro, se em algum momento você ficar bloqueada, poderá escrevê-los novamente. Quando inicialmente cheguei ao ponto em que consegui preencher todas as sete colunas de um registro de pensamentos na minha mente, ainda fazia o registro no papel de vez em quando – quando ficava muito presa a um pensamento negativo. No primeiro ano, fiz isso talvez uma vez a cada um ou dois meses. No ano seguinte, apenas algumas vezes. Agora quase nunca tenho que escrever.

Monica: Então você também usou registros de pensamentos?

Terapeuta: Sim. Eles me ajudam muito a pensar de forma equilibrada quando meu humor declina.

MONICA: Eu utilizo todas as habilidades que ensino na terapia. Elas realmente ajudam.

MONICA: Nunca pensei em você usando essas habilidades. Então como você se lembra de praticá-las?

TERAPEUTA: É fácil, porque as utilizo todos os dias na terapia com as pessoas, e isso as mantém frescas na minha mente. Como você acha que poderia manter fresca a prática do registro de pensamentos na sua mente?

MONICA: Talvez eu pudesse usar um lembrete no celular, assim como faço para o planejamento das atividades.

A terapeuta de Monica a ajudou a considerar um plano para continuar a prática de suas habilidades depois do término da terapia. Elas conversaram sobre planos concretos para manter esses exercícios na sua mente durante a semana. E a terapeuta sugeriu explicitamente que Monica praticasse as habilidades por escrito até que fosse capaz de usá-las com sucesso sem ter que escrevê-las. Mesmo depois que atingisse esse nível de desenvolvimento das habilidades, sua terapeuta reconheceu que ocasionalmente ainda poderia precisar escrever coisas para obter benefício integral.

Observe que uma das vantagens para você, como terapeuta, de usar essas habilidades na sua própria vida é que isso permite discussões sobre como você as tem usado proveitosamente durante a sua vida. Uma autoexposição apropriadamente oportuna pode demonstrar aos clientes que estas não são habilidades que as pessoas simplesmente usam quando estão em terapia; são habilidades que podem ajudá-las todos os dias, pelo resto de suas vidas.

EXAMINANDO E AVALIANDO AS HABILIDADES DE *A MENTE VENCENDO O HUMOR*

Monica e sua terapeuta estabeleceram claramente que o cronograma de atividades e os registros de pensamentos eram duas habilidades principais que ela queria continuar a praticar depois que a terapia terminasse. Como você e seus clientes descobrem quais práticas de habilidades permanentes provavelmente serão importantes? O Capítulo 16 apresenta uma extensa *checklist* de habilidades de *A mente vencendo o humor* (Folha de Exercícios 16.1, *A mente vencendo o humor*, p. 273-275) que as pessoas podem usar para recordar e avaliar a utilidade das habilidades ensinadas em *A mente vencendo o humor*. Essa folha de exercícios é dividida em habilidades centrais, que são usadas com uma variedade de estados de humor (p. ex., "Identificar estados de humor", "Definir objetivos", "Identificar pressupostos subjacentes do tipo 'Se... então...'", "Praticar a gratidão por meio do uso de um diário de gratidão"), e nas habilidades ensinadas nos três capítulos sobre humor (Capítulos 13 a 15), que são específicas para trabalhar com depressão, ansiedade, raiva, culpa e vergonha. Peça que seus clientes avaliem na Folha de Exercícios 16.1, com a escala 0-3 fornecida, as habilidades que usaram durante a terapia e a utilidade percebida de cada uma. Em seguida, eles podem avaliar a frequência com que ainda usam cada habilidade e a frequência com que planejam usá-las no futuro.

Os clientes são encorajados a avaliar cada um desses itens porque, se uma habilidade só tiver sido usada algumas vezes (escore de 1) e for avaliada como muito pouco útil (escore de 0), isso pode indicar que a habilidade não é útil para eles ou que eles precisam de mais prática com ela até que a sua eficácia possa ser avaliada. Entretanto, se uma habilidade foi usada frequentemente (escore de 2) e é avaliada como muito pouco útil (um escore de 0), então essa habilidade provavelmente não é útil para esse cliente. Se alguém achar desanimador fazer todas essas avaliações, então poderá ser suficiente apenas usar as marcas de verificação para as habilidades usadas, ainda usadas e planejadas para uso futuro.

Em todos os casos, encoraje seus clientes a avaliarem na escala a utilidade de cada habilidade usada porque essas informações são empregadas para ajudar a determinar quais habilidades enfatizar como parte do manejo de recaída. Não deixe de revisar as colunas com avaliações da utilidade e planos de uso futuro em uma sessão da terapia, mesmo que os clientes preencham a Folha de Exercícios 16.1 em casa. Além disso, peça que circulem ou marquem de alguma forma as habilidades que já se tornaram automáticas para eles. Relacionar as habilidades adquiridas com o progresso feito na terapia é outra forma de reforçar os benefícios duradouros da prática das habilidades.

REDUZINDO A PROBABILIDADE DE RECAÍDA

O planejamento do manejo de recaída é um estágio final importante da prática da terapia baseada em evidências. Conforme descrito no Capítulo 16 de *A mente vencendo o humor*, as pessoas podem dar três passos para reduzir a probabilidade e a gravidade da recaída: (1) identificar situações de alto risco; (2) identificar os primeiros sinais de alerta; e (3) preparar um plano de ação. A(s) sessão(ões) final(ais) de terapia pode(m) ser dedicada(s) a esses passos. Seus clientes deixarão a terapia com um plano para manejo de recaída por escrito que resume suas discussões se completarem a Folha de Exercícios 16.2, Meu plano para reduzir o risco de recaída (*A mente vencendo o humor*, p. 278). Cada um desses três passos está resumido nas próximas seções, assim como os benefícios da prática imaginária de um plano para manejo de recaída.

Identificar situações de alto risco

Para imaginar quais situações futuras podem implicar alto risco de recaída para determinado cliente, considere a situação predisponente ou outros fatores que trouxeram a pessoa à terapia inicialmente. Alguém que entra em terapia por ter ficado deprimido depois do término de um relacionamento provavelmente listará "término de um relacionamento" como situação futura de alto risco.

As razões pelas quais o rompimento de um relacionamento foi especialmente difícil para essa pessoa fornecerão pistas para situações adicionais de alto risco. Por exemplo, talvez, em parte, o rompimento tenha criado uma crise porque a pessoa não tinha os meios financeiros para viver sozinha. Nesse caso, reveses financeiros, como a perda do emprego, ou dificuldades interpessoais com um parceiro de moradia também podem ser listados como situações futuras de alto risco.

Geralmente as pessoas têm uma variedade de ideias sobre que tipos de situações podem ser de alto risco para elas. Essas situações podem incluir eventos estressantes na vida (tanto positivos quanto negativos), mudanças nas relações, trabalho, desafios parentais, doença ou mesmo flutuações de humor esperadas. Situações que ocorreram com frequência nos registros de pensamentos, nos experimentos comportamentais ou nos planos de ação também são boas candidatas a ser consideradas. Peça que seu cliente escreva essas situações de alto risco na primeira seção da Folha de Exercícios 16.2.

Identificar os primeiros sinais de alerta

Os "primeiros sinais de alerta" são indicadores de que estados de humor, pensamentos e comportamentos estão começando a reverter a padrões que são potencialmente problemáticos. O exame dos exercícios que seu cliente completou em *A mente vencendo o humor* durante a terapia trará à sua consciência e à dele inúmeros sinais de alerta iniciais. Peça que o cliente os anote na Folha de Exercícios 16.2. Por exemplo, algumas das mudanças listadas na Folha de Exercícios 2.1, Compreendendo meus problemas (*A mente vencendo o humor*, p. 13), podem ser pistas para os primeiros sinais de alerta. Se "ficar sozinho em casa" foi listado nessa folha de exercícios, então evitar pessoas ou passar mais de dois dias sozinho em casa podem ser os primeiros sinais de alerta de um padrão problemático. Discuta com seu cliente quais experiências registradas naquela folha de exercícios podem ser os primeiros sinais de alerta no futuro. Os primeiros sinais de alerta de dificuldades de humor mais comuns incluem alterações no comportamento (p. ex., esquiva, distanciamento social, hiperatividade, correr riscos, abuso de substância), pensamentos preocupantes (p. ex., autocrítica, preocupações, desesperança) e alterações físicas (p. ex., alterações no sono, mudanças no apetite, tensão, fadiga).

Uma vantagem de preencher avaliações do humor durante a terapia é que essas avaliações podem ser usadas para verificar os primeiros sinais de alerta de possível recaída. Clientes que usaram regularmente inventários de humor de *A mente vencendo o humor* (Folha de Exercícios 13.1, Inventário de depressão, p. 186; Folha de Exercícios 14.1, Inventário de ansiedade, p. 213; ou Folha de Exercícios 15.1, Avaliando e acompanhando meus estados de humor, p. 246) terão uma boa ideia do seu progresso e também poderão estimar quais escores nessas folhas de exercícios podem sinalizar um retorno a estados de humor indesejados. Se a Folha de Exercícios 15.1 foi usada para acompanhar a frequência, a força ou a duração de estados de humor, determine com seu cliente qual(is) dimensão(ões) é(são) mais provavelmente o(s) primeiro(s) sinal(is) de alerta de recaída e quais avaliações despertariam preocupação.

Em geral, se os escores foram estáveis e baixos para os inventários de depressão e ansiedade nas semanas finais da terapia, qualquer elevação nos escores de 5-10 pontos pode ser usada como um primeiro sinal de alerta. Se os escores continuarem a flutuar em um desses inventários, mesmo quando a terapia estiver chegando ao fim, este pode ser um sinal de aumento no risco de recaída (Vittengl et al., 2007). Nesse caso, é recomendado que a terapia continue (mesmo que mensalmente) até que os escores de humor estejam baixos (idealmente, escores abaixo de 6) e estáveis. Se isso não for possível, você e seu cliente podem fazer um plano concreto para o desenvolvimento e a prática continuados das habilidades depois da terapia, usando *A mente vencendo o humor* ou outros recursos como guia.

Preparar um plano de ação

Depois que as situações de alto risco e os primeiros sinais de alerta forem descritos na Folha de Exercícios 16.2, Meu plano para reduzir o risco de recaída (*A mente vencendo o humor*, p. 278), é hora de fazer um plano de ação. O plano de ação descreve os passos que os clientes darão e que habilidades planejam praticar quando os primeiros sinais de alerta começarem a aparecer (item 3 na folha de exercícios). Esse plano de ação é idealmente escrito em linguagem simples, com passos claros. Para ajudar alguém a fazer esse plano, revise as habilidades da Folha de Exercícios 16.1, *Checklist* de habilidades de *A mente vencendo o humor* (*A mente vencendo o humor*, p. 273). Que habilidades se revelaram particularmente úteis para esse cliente? Que habilidades você e o cliente acham que seria melhor usar caso surja risco de recaída?

Certifique-se de examinar toda a *checklist*, não apenas as habilidades listadas em um capítulo sobre um estado de humor particular. Por exemplo, embora os clientes que notam seus sinais de raiva e irritabilidade aumentando perigosamente possam se beneficiar da prática das habilidades listadas na seção Habilidades com a raiva, da Folha de Exercícios 16.1 (p. 275), eles também podem achar úteis os Registros de Pensamento, expressando gratidão e o uso de uma torta de responsabilidades. Por fim, reflita sobre as formas mais úteis de praticar as habilidades escolhidas. Quais habilidades são mais úteis como "respostas rápidas" quando começam os sinais de alerta e quais habilidades podem ser praticadas regularmente para manter os ganhos com o tempo?

Engajar-se na prática imaginária do enfrentamento com o plano de ação

Idealmente, passarão meses ou mesmo anos antes que seus clientes se defrontem com um risco de recaída. Qual é a probabilidade de que ainda se lembrem do seu plano de ação nesse momento no futuro? Uma forma de aumentar a probabilidade de que um plano de ação se mantenha fresco na mente de alguém é ensaiar o seu uso na imaginação. Portanto, passe um pouco de tempo na(s) sessão(ões) final(is) pedindo que seus clientes imaginem uma ou mais situações de alto risco acompanhadas por vários dos seus primeiros sinais de alerta de recaída. Permita que imaginem vividamente essa possibilidade até que comecem a capturar possíveis pensamentos, emoções e mudanças motivacionais.

Nesse ponto, peça que os clientes imaginem vividamente como dar um passo no seu plano de ação. Peça-lhes que observem as barreiras à ação e também como esses passos da ação afetam seus pensamentos, estados de humor, comportamentos e respostas físicas. Depois que os clientes concluírem esse exercício imaginário (que em geral leva de 10 a 20 minutos), pergunte o quanto estão confiantes de que a Folha de Exercícios 16.2, Meu plano para reduzir o risco de recaída, será suficiente para ajudá-los a se sentirem melhor depois que começarem a recair. Confiança de baixa a média em um plano é um sinal de que mais habilidades de enfrentamento ou recursos devem ser acrescentados.

O ensaio imaginário de um plano de ação para manejo de situações de alto risco também pode ser empregado para encorajar as pessoas a continuarem a prática das habilidades depois que a terapia terminar. Na sessão final da terapia apresentada a seguir, o terapeuta de Bridgette usou uma metáfora para que ela levasse essa questão para casa.

TERAPEUTA: O quanto você está confiante agora no seu plano de ação para reduzir o risco de recaída?

BRIDGETTE: Muito confiante. Eu sei como usar essas habilidades no futuro se precisar.

TERAPEUTA: Fico contente. Isso pode ser como andar de bicicleta. Depois que você sabe como, nunca mais esquece. Ou você acha que será mais como falar uma língua estrangeira?

BRIDGETTE: Hummm. Não tenho certeza.

TERAPEUTA: O que é mais difícil? Andar de bicicleta ou falar uma língua estrangeira?

BRIDGETTE: Eu diria que uma língua estrangeira. É mais complicado.

TERAPEUTA: E como você acha que são essas habilidades? Simples, como andar de bicicleta, ou um pouco mais complicadas, como falar uma língua estrangeira?

BRIDGETTE: Mais como uma língua estrangeira, eu acho. Com uma bicicleta, você faz as mesmas coisas repetidamente, mas essas habilidades foram um pouco mais complicadas de aprender.

TERAPEUTA: Então, qual você pensa que seria uma boa maneira de garantir que não fique enferrujada para falar essa nova língua de habilidades que aprendeu?

BRIDGETTE: Provavelmente eu deveria praticá-las de forma periódica para não me esquecer.

TERAPEUTA: Qual seria a forma melhor e mais prática para você se lembrar de fazer isso?

As metáforas de andar de bicicleta e falar uma língua estrangeira ilustram que a *complexidade da habilidade* influencia a frequência com que uma pessoa precisa praticá-la a fim de mantê-la. Quando foi pedido que Bridgette pensasse sobre as habilidades de *A mente vencendo o humor* enquanto ainda estavam frescas na sua mente, ela reconheceu que se beneficiaria se continuasse a praticá-las. Um dos objetivos finais da terapia é ajudar seus clientes a reconhecerem a importância da prática de habilidades por toda a vida e motivá-los a continuarem usando as habilidades aprendidas depois que a terapia tiver terminado. Conforme descrito na próxima seção, *A mente vencendo o humor* pode servir como um recurso pós-terapia útil para apoiar esses esforços.

USANDO *A MENTE VENCENDO O HUMOR* COMO UM RECURSO PÓS-TERAPIA

A mente vencendo o humor é uma referência útil e um recurso pós-terapia para a aprendizagem continuada. Embora não aborde todos os problemas para os quais as pessoas procuram terapia, *A mente vencendo o humor* ensina habilidades com "denominador comum" que podem ajudar as pessoas a resolver uma ampla gama de problemas. É importante que as pessoas entendam os problemas, identifiquem os estados de humor, identifiquem pensamentos e pressupostos, coletem dados que apoiam e não apoiam os pensamentos automáticos, gerem visões alternativas, desenvolvam planos de ação/estratégias de enfrentamento e planejem e executem experimentos comportamentais para testar pressupostos, façam mudanças comportamentais, guiem exercícios de aceitação/gratidão/gentileza e avaliem crenças nucleares.

As pessoas podem usar *A mente vencendo o humor* depois da terapia de várias maneiras, dependendo das forças e déficits das suas habilidades. Aquelas que usaram o livro de exercícios com sucesso na terapia geralmente estão inclinadas a trabalhar com ele de forma independente depois do encerramento da terapia. Quando as habilidades ainda estão sendo desenvolvidas, no final da terapia, *A mente vencendo o humor* pode guiar a prática continuada até que essas habilidades estejam dominadas. Algumas vezes um problema atual ou estado de humor foi tratado com sucesso na terapia, mas outros permanecem quando ela é encerrada. Os clientes podem aplicar as habilidades que aprenderam em *A mente vencendo o humor* a essas questões adicionais ou podem aprender outras habilidades de outros capítulos do livro de exercícios depois da terapia. Para encorajar esse uso permanente, sugerimos que os clientes deixem *A mente vencendo o humor* em um local onde possam vê-lo periodicamente.

Alguns clientes entram em terapia várias vezes e/ou fazem progressos limitados na terapia. Arlene usou *A mente vencendo o humor* de várias maneiras durante anos de tratamento. Devido aos serviços de saúde mental disponíveis na sua área e à sua situação financeira limitada, ela podia receber no máximo 12 sessões de terapia por ano. Com seu primeiro terapeuta, ela usou *A mente vencendo o humor* para ajudar a identificar estados de humor e relacioná-los com comportamentos, pensamentos, situações e experiências físicas. Posteriormente, participou de uma terapia de grupo baseada em *A mente vencendo o humor* recomendada pelo seu terapeuta. Nesse grupo, Arlene aprendeu a usar registros de pensamentos para avaliar suas reações às pessoas e às situações. Essas habilidades ajudaram a atenuar um pouco seus estados de humor.

O funcionamento global de Arlene oscilava muito, dependendo do número e da intensidade dos estressores na sua vida. *A mente vencendo o humor* era mais útil quando ela estava funcionando relativamente bem. As habilidades que aprendeu a ajudaram a funcionar melhor mais frequentemente. Durante períodos de mau funcionamento, Arlene com frequência se esquecia ou escolhia não usar *A mente vencendo o humor*. Às vezes, mergulhava em uma depressão vegetativa ou entrava em períodos de hostilidade raivosa. Quando frequentava a terapia durante esses momentos, seu terapeuta conseguia ajudá-la a atingir equilíbrio emocional em poucos dias. Caso suas 12 sessões de terapia por ano já estivessem esgotadas, Arlene algumas vezes sofria por várias semanas. Depois de observar esse padrão, ela e seu terapeuta decidiram que seu terceiro ano de terapia consistiria em sessões somente em momentos de crise, para reduzir a duração desses períodos de baixo funcionamento. Arlene concordou em usar *A mente vencendo o humor* como um primeiro recurso em momentos de dificuldade. Se não conseguisse usar o livro e atingir estabilidade emocional dentro de alguns dias, ligava para seu terapeuta para marcar uma consulta. Com o tempo, *A mente vencendo o humor* foi se tornando um recurso de estabilização para ela.

MELHORANDO A FELICIDADE E EXPERIÊNCIAS POSITIVAS COM *A MENTE VENCENDO O HUMOR*

Muitas pessoas são apresentadas a *A mente vencendo o humor* em um momento em que desejam manejar estados de humor perturbadores, fazer mudanças em seu comportamento ou relações ou cessar padrões mal-adaptativos na vida. As habilidades ensinadas em *A mente vencendo o humor* podem ajudá-las a atingir todos esses tipos de objetivos. Depois de atingidos esses objetivos originais da terapia, as pessoas frequentemente têm novos objetivos que são mais positivos e inspiradores. Elas podem querer experimentar um melhor senso de bem-estar, manter esforços para atingir novos objetivos positivos ou estabelecer melhores relações. Felizmente, as habilidades ensinadas em *A mente vencendo o humor* também podem ajudá-las a atingir esses objetivos positivos.

Algumas habilidades em *A mente vencendo o humor* são extraídas da psicologia positiva e são concebidas para ter efeitos positivos no bem-estar. Manter um diário de gratidão, expressar gratidão pelos outros e realizar atos de gentileza (*A mente vencendo o humor*, p. 170-178) são as práticas com mais probabilidade de melhorar o bem-estar e a felicidade quando incorporadas à terapia, conforme descrito no Capítulo 8 deste guia. Igualmente, aceitação e atenção plena são métodos que, com a prática continuada, podem levar a um maior senso de bem-estar positivo (*A mente vencendo o humor*, p. 122-126, 233-234). A frequência, a força e a duração de bem-estar, felicidade e outras qualidades positivas (p. ex., resiliência, coragem, gentileza) podem ser avaliadas na Folha de Exercícios 15.1, embora essa folha de exercícios seja mais limitadamente intitulada Avaliando e acompanhando meus estados de humor (*A mente vencendo o humor*, p. 246). Essas avaliações podem ser usadas para acompanhar o progresso ao longo do tempo.

Os passos em direção à mudança podem ser descritos nos planos de ação (Capítulo 10 de *A mente vencendo o humor*). Os experimentos comportamentais (Capítulo 11 de *A mente vencendo o humor*) podem ser planejados para experimentar novas formas de ser ou testar pressupostos que interferem no atingimento de objetivos positivos. Felicidade e bem-estar podem ser estimulados quando os clientes aprendem a saborear pequenas experiências positivas (*A mente vencendo o humor*, p. 203) e a se envolver em atividades que são prazerosas, ajudam a atingir coisas importantes para eles e se ajustam aos seus valores e aspirações positivas. Todas essas habilidades planejadas para aumentar o bem-estar podem ser introduzidas a qualquer momento durante a terapia, quando apropriado.

EPÍLOGO DE *A MENTE VENCENDO O HUMOR*: PARA LEITORES E TERAPEUTAS

Em vez de apresentar um guia para a resolução de problemas, encerramos este capítulo com recomendações sobre formas de usar o Epílogo de *A mente vencendo o humor* (p. 283-287) para incentivar os clientes a continuarem a prática de suas habilidades, bem como para abordar a desesperança que muitos daqueles com depressão experimentam no início da terapia. Originalmente, escrevemos o Epílogo porque nossos clientes e leitores dos primeiros esboços costumavam nos perguntar o que havia acontecido com os principais personagens acompanhados neste livro: Paulo, Marisa, Márcia e Vítor. Quando os lembrávamos de que não eram pessoas reais, eles frequentemente respondiam: "Sim, eu sei, mas o que aconteceu com eles?". As pessoas estavam genuinamente interessadas e curiosas para saber o resto da história das vidas desses personagens, muito embora soubessem que eram uma composição ficcional de clientes que já atendemos em terapia. Percebemos que seus questionamentos sobre Paulo, Marisa, Márcia e Vítor também eram uma maneira de perguntar "O que posso esperar?" e "O quanto essas habilidades me ajudam?". Assim, escrevemos o Epílogo de *A mente vencendo o humor* para contar um pouco sobre as histórias futuras desses personagens e para oferecer esperança realista aos leitores que se identificam com eles.

O Epílogo também se tornou uma oportunidade para incluir informações adicionais que os terapeutas podem achar úteis. Apresentamos gráficos dos escores semanais de depressão de Paulo e Marisa (*A mente vencendo o humor*, Figuras E.1 e E.2, p. 284 e 285). Esses gráficos mostram dois padrões bem diferentes de melhora em TCC para depressão. O gráfico de Paulo, na verdade, reproduzia os escores médios em um ensaio de pesquisa inicial de TCC para depressão. Assim, ele demonstra uma trajetória de mudança comum na TCC bem-sucedida. A Figura E.1 parece quase perfeita em seu desfecho rápido e positivo do tratamento quando vista como um todo. No entanto, se você cobrir as semanas do gráfico depois da semana seis, poderá ver que os resultados positivos de Paulo não pareciam certos nas primeiras semanas de terapia.

Algumas vezes mostramos a Figura E.1, os escores semanais de depressão de Paulo, a clientes deprimidos que expressam desesperança da quarta à sexta semanas de terapia, especialmente se eles estiverem trabalhando na aprendizagem de habilidades e parecerem preparados para melhorar com o tempo. Nesse ponto da terapia, eles já trabalharam arduamente por várias semanas, mas em geral ainda estão bastante deprimidos. Enquanto cobrimos as semanas restantes com uma folha de papel, mostramo-lhes o primeiro número de semanas do gráfico que equivale ao seu tempo em terapia (sem contar com a entrevista de ingresso). Perguntamos como os escores de Paulo podem ser comparados aos seus e se lhes parece que ele estava melhorando. Paulo estava pessimista nos primeiros estágios da sua terapia (e nos primeiros capítulos de *A mente vencendo o humor*), então algumas vezes lhes pedimos que adivinhem o que Paulo pensava e sentia sobre seu progresso naquela altura da sua terapia.

Depois disso, removemos o papel e lhes mostramos o restante do gráfico de Paulo. Isso estimula uma discussão sobre por que as mudanças observáveis na depressão podem demorar tanto tempo. De fato, as mudanças perceptíveis nos escores de depressão geralmente não começam a aparecer antes de seis a oito semanas de TCC. Isso parece coincidir com a quantidade de tempo necessária para que as pessoas comecem

o uso efetivo das habilidades de ativação comportamental e/ou registros de pensamentos. Felizmente, depois que as melhoras começam, os escores de depressão podem mostrar ganhos constantes na maioria das semanas.

Nem todos experimentam melhoras em sua depressão tão rapidamente quanto Paulo. Achamos importante incluir um quadro de recuperação diferente que ocorreu por um período de tempo mais longo, para que os leitores que fossem mais lentos para responder ao tratamento não se vissem como um fracasso. O gráfico dos escores de depressão de Marisa na Figura E.2 se parece com os padrões obtidos por pessoas que tratamos e que satisfazem os critérios para depressão maior recorrente e transtorno da personalidade *borderline*. Mesmo depois de nove meses de prática de habilidades na TCC, Marisa experimentava níveis de depressão que eram muito altos para que fosse considerada em remissão. Mesmo assim, a descrição da vida de Marisa no Epílogo demonstra que seus níveis mais baixos de pico de depressão faziam uma grande diferença para ela. Ela precisaria continuar a prática de suas habilidades até que seus escores estivessem confiavelmente abaixo de 6 e estava se encaminhando nessa direção.

A maioria dos nossos clientes terá um gráfico dos escores de depressão em algum ponto entre o gráfico apresentado para Paulo e o apresentado para Marisa. Use esses gráficos no Epílogo para dar esperança às pessoas. Se elas persistirem na prática de suas habilidades de *A mente vencendo o humor*, com o tempo poderão experimentar melhora na sua depressão e também mudanças positivas na vida.

A descrição apresentada no Epílogo da vida de Marisa depois da terapia é compatível com os resultados positivos e duradouros que podem ser esperados para a maioria das pessoas que recebem TCC para transtorno de pânico e fobias. Também está de acordo com sua apresentação ao longo de *A mente vencendo o humor* como relativamente confiante e bem-sucedida em outras áreas da vida (p. ex., em administrar as pressões profissionais), o que é compatível com o que observamos em pessoas que têm resultados de sucesso no tratamento da ansiedade.

O resumo no Epílogo da história da vida futura de Vítor é mais complicado do que o de Márcia. Isso faz sentido, levando-se em consideração suas dificuldades constantes para se manter sóbrio, trabalhar seu casamento e manejar a raiva, a depressão e a ansiedade. Sua história ofereceu uma oportunidade ideal para sinalizarmos a importância da Folha de Exercícios 16.2, Meu plano para reduzir o risco de recaída (*A mente vencendo o humor*, p. 278), que é a última folha de exercícios que a maioria das pessoas preenche antes da leitura do Epílogo. Assim como o dos outros três personagens, o futuro de Vítor pareceria muito mais promissor se ele continuasse a praticar as habilidades que achou mais úteis durante a terapia. Essa mensagem é destacada no parágrafo final de *A mente vencendo o humor*:

> O Capítulo 1 de *A mente vencendo o humor* descreveu como uma ostra transforma um agente irritante em uma pérola valiosa. Esperamos que *A mente vencendo o humor* o tenha ajudado a adquirir novas habilidades para [...] transformar futuros irritantes em pérolas valiosas. (*A mente vencendo o humor*, p. 287)

Da mesma forma, esperamos que este guia passo a passo do terapeuta o ajude a aprender e a dominar novas habilidades da terapia. Fazendo isso, você poderá usar *A mente vencendo o humor* para ajudá-lo a transformar os desafios na sua prática diária da terapia em oportunidades de aprendizagem para você e para seus clientes. A Seção II (os dois capítulos finais deste livro) traz informações adicionais sobre o uso de *A mente vencendo o humor* na terapia individual, de casal e de grupo.

SEÇÃO II

A MENTE VENCENDO O HUMOR NO CONTEXTO

14

Princípios da TCC na terapia individual e de casal

Terapeuta: Vou pedir que cada um de vocês leia alguns capítulos deste livro, *A mente vencendo o humor*, para aprender algumas habilidades que podem ajudá-los durante suas brigas.

Cesar: Devemos ler juntos?

Terapeuta: Algumas vezes vocês poderão fazer isso. Outras vezes, farão os exercícios individualmente, e vamos discutir na sessão o que aprenderam.

Shaina: Esse livro também pode me ajudar com a minha depressão?

Terapeuta: Sim, pode. Vou recomendar as melhores seções para você usar para depressão, se também quiser usá-lo para isso.

Os dois capítulos finais deste guia inserem a segunda edição de *A mente vencendo o humor* em um contexto mais completo da TCC. Muitos terapeutas e clientes consideram que livros de autoajuda e de terapia individual e de casal se localizam nos extremos opostos de um *continuum*. Quando os problemas são leves, eles consideram que um livro de autoajuda é suficiente. Quando as dificuldades são graves, pressupõem que é necessária a atenção de um terapeuta individual ou de casal. *A mente vencendo o humor* é um livro de autoajuda que também pode ser um livro de exercícios de terapia, que ensina as mesmas habilidades baseadas em evidências ensinadas na TCC. Ao longo deste guia, procuramos demonstrar como o potencial máximo de *A mente vencendo o humor* é revelado quando colocado nas mãos de um terapeuta habilidoso e informado, capaz de individualizar e adaptar seu uso para os clientes que procuram ajuda. Os primeiros 13 capítulos deste guia mostram como, quando e por que usar capítulos específicos de *A mente vencendo o humor* na terapia. Aqui no Capítulo 14, destacamos os princípios e os processos da TCC que podem guiar seu uso efetivo tanto na terapia individual quanto na de casal. Abordamos inúmeras questões não exploradas em outras partes deste livro, como conceitualização de caso, colaboração e o papel do empirismo na TCC. No final deste capítulo, antes do Guia para a Resolução de Problemas, descrevemos brevemente como *A mente vencendo o humor* pode ser usado no tratamento para uso e abuso de substâncias; fazemos isso para exemplificar as formas criativas como os terapeutas podem aplicar *A mente vencendo o humor* na terapia para outros problemas além dos estados de humor. Por fim, no Capítulo 15, demonstramos como integrar *A mente vencendo o humor* à terapia de grupo em TCC.

A GRANDE VARIEDADE DE ABORDAGENS DE TCC: UMA PERSPECTIVA DE "MUITAS TERAPIAS"

Você verá as muitas e diferentes faces da terapia, hora a hora, se observar em ação um terapeuta especializado em TCC ao longo de um dia. Na primeira hora, esse terapeuta trabalha em um registro de pensamentos com um cliente que se sente deprimido. Na consulta seguinte, ele e seu cliente estão hiperventilando juntos e correndo no lugar para induzir as sensações temidas relacionadas ao transtorno de pânico. Na terceira hora, ele conduz uma dramatização em que faz críticas ao seu cliente que experimenta ansiedade social para criar uma oportunidade de este praticar defesa assertiva de si mesmo (Padesky, 2008a, 2008b). No último encontro antes do almoço, ele está trabalhando com um casal em habilidades de comunicação e de manejo da raiva. Nas consultas da tarde, esse mesmo terapeuta pode ensinar meditação de atenção plena, dirigir um carro com um cliente (para testar os medos relacionados à fobia de dirigir do cliente), introduzir exercícios que cultivam aceitação e revisar diários de gratidão.

O que é improvável que você veja é um terapeuta sentado na sua cadeira o dia inteiro ouvindo e falando com os clientes sem realizar alguma dessas atividades. A TCC está repleta de escrita interativa, experimentos comportamentais, dramatizações, exercícios escritos e exercícios de imaginação, tanto dentro quanto fora do consultório. Uma razão para essa variedade de métodos terapêuticos é que a TCC é uma abordagem de "terapia baseada em evidências". Isto é, os terapeutas se esforçam para usar os métodos que são mais eficazes para problemas particulares de acordo com estudos empíricos. Conforme ilustrado na Seção I deste guia, os terapeutas aprendem a usar diferentes métodos com depressão, com cada um dos transtornos de ansiedade, com raiva, culpa, vergonha, transtornos alimentares, psicose, abuso de substâncias, dificuldades de relacionamento, manejo da dor, etc. Existem métodos de TCC específicos e geralmente testados com pesquisas para quase todas as questões experimentadas pelas pessoas que entram no consultório de um terapeuta. As habilidades ensinadas em *A mente vencendo o humor* provavelmente serão úteis para a maior parte desses clientes.

Considerando-se a variedade de abordagens que um terapeuta que pratica TCC pode usar, você pode se perguntar: "TCC" se refere a uma terapia ou a muitas terapias diferentes? A resposta a essa pergunta é ainda mais complicada do que sugerem os capítulos da Seção I. Algumas vezes existem múltiplas abordagens de TCC baseadas em evidências para determinado transtorno. Por exemplo, conforme observamos no Capítulo 11 deste guia, existem quatro diferentes teorias de TCC que podem ajudar a explicar o TAG: o modelo geral do TAG de Beck como um transtorno caracterizado por superestimação do perigo e subestimação do enfrentamento e dos recursos (Clark & Beck, 2011); a teoria de Dugas de que o TAG resulta da intolerância à incerteza (Dugas & Ladouceur, 2000; Herbert & Dugas, 2019); a teoria metacognitiva de Wells, que propõe que as crenças sobre a preocupação são a chave (Wells, 2009); e o modelo de Riskind de avaliações da "vulnerabilidade iminente" no TAG (Katz et al., 2017). Cada uma dessas teorias tem como sustentação uma base de evidências de pesquisa e uma abordagem terapêutica derivada da teoria, com eficácia comprovada em ensaios de pesquisa. Os terapeutas podem examinar as evidências, escolher um modelo para o TAG que faça mais sentido para eles e seguir essa abordagem com a confiança de que estão seguindo um tratamento baseado em evidências. Portanto, os clientes que procuram TCC para TAG podem receber explicações e tratamentos um pouco diferentes para suas dificuldades, dependendo da sua escolha do terapeuta de TCC.

Existem mais de 25 versões designadas como TCC atualmente praticadas no mundo inteiro. Assim, pode parecer mais apropriado dizer que a TCC são muitas terapias, não uma. Dadas a diversidade e a complexidade do campo, muitos terapeutas de TCC se tornam especialistas em uma ou duas abordagens e as utilizam com a maioria dos seus clientes. Outros aprendem uma variedade de abordagens de TCC e as aplicam quando adequadas a clientes particulares. Esta não é uma lista completa, mas traz algumas das formas de TCC com as quais você pode estar familiarizado:

- terapia de aceitação e compromisso
- relaxamento aplicado
- terapia comportamental
- terapia analítico-comportamental
- terapia cognitiva
- terapia de processamento cognitivo
- sistema de psicoterapia de análise cognitivo-comportamental
- terapia focada na compaixão
- terapia comportamental dialética
- exposição e prevenção de resposta
- terapia de exposição
- dessensibilização e reprocessamento por meio dos movimentos oculares
- psicoterapia analítico-funcional
- terapia de casal comportamental integrativa
- terapia metacognitiva
- terapia cognitiva baseada em *mindfulness*
- terapia narrativa
- terapia de solução de problemas
- terapia racional-emotiva-comportamental
- terapia focada em esquemas
- TCC baseada nos pontos fortes
- treinamento de inoculação de estresse

A vantagem de todas essas formas de TCC é que, com maior especificidade em nossos métodos clínicos, atualmente somos mais capazes de ajudar muito mais indivíduos em terapia do que éramos 40, 30, 20 ou mesmo 10 anos atrás. Esses avanços se tornaram possíveis, em parte, porque o campo da TCC assumiu o compromisso de testar teorias e práticas empiricamente, visando criar formas evolutivas de psicoterapia baseada em evidências. Em décadas recentes, a maior parte das outras escolas de psicoterapia também começou a avaliar o que funciona e para quem.

O que é terapia baseada em evidências?

Uma terapia baseada em evidências, conforme observado anteriormente, é aquela que demonstrou eficácia para problemas clínicos particulares. Pesquisas para avaliar a efetividade de um tipo de terapia podem começar com testes de laboratório da sua teoria e/ou por dados coletados de estudo de caso único ou para um pequeno grupo de clientes. As abordagens psicoterapêuticas que se mostram promissoras nesses estudos menores por fim são avaliadas em ensaios controlados randomizados (ECRs) maiores. Inicialmente, esses ECRs com frequência comparam um novo tratamento e um grupo-controle em uma lista de espera. Os testes mais fortes da eficácia da teoria comparam um novo tratamento às terapias baseadas em evidências, examinando os resultados do tratamento e os índices de recaída. Com o tempo, estudos metanalíticos reúnem inúmeros estudos de pesquisa para fornecer uma compreensão ainda melhor da probabilidade de uma terapia em particular ser eficaz e de ela ser mais ou menos eficaz do que outras terapias.

Uma revisão de mais de cem metanálises (Hofmann et al., 2012) verificou que a TCC demonstrou eficácia para: problemas de manejo da raiva e agressão; depressão e distimia; vários transtornos de ansiedade (TAG, transtorno de pânico, ansiedade social e fobias específicas); TOC; TEPT; transtorno dismórfico corporal; psicose; recaída tardia em transtorno bipolar; redução dos índices de recidiva para infratores criminais; ansiedade e estresse relacionados a algumas condições médicas; bulimia nervosa; fadiga crônica; dor crônica e fibromialgia; recaída na cessação do tabagismo; problemas com jogos de azar; dependência de maconha; e manejo do estresse. Muitas outras aplicações da TCC ainda não foram estudadas adequadamente, portanto não podem ser sujeitadas a metanálise.

A evolução constante das abordagens de TCC

Quando terapias bem-sucedidas emergiram, pesquisadores e clínicos voltaram sua atenção para pessoas que não se beneficiaram das abordagens então utilizadas e para a prevenção de recaída para problemas que tinham probabilidade de voltar a ocorrer. O foco na recaída e nos clientes cujas experiências eram crônicas ou que não respondiam aos tratamentos padronizados levou à experimentação com variações adicionais nos métodos, algumas das quais são descritas em vários capítulos deste guia. Quando a TCC se espalhou pelo globo e em vários tipos de comunidades, foram feitas adaptações culturais para populações específicas de clientes (ver, p. ex., Iwamasa & Hays, 2019). Em suma, muitas abordagens diferentes em TCC emergiram na busca do campo por encontrar terapias efetivas para cada condição de saúde mental e por modificar métodos terapêuticos, quando necessário, para ajudar o maior número possível de pessoas.

PRINCÍPIOS COMUNS DA TCC: UMA VISÃO DE "UMA TERAPIA"

Para muitos terapeutas, a perspectiva das "muitas terapias" recém-descritas é uma sobrecarga, pois oferece opções demais para que eles se sintam confiantes de que estão escolhendo a melhor abordagem para determinado cliente. Em resposta a essa sensação de sobrecarga, alguns terapeutas descartam outras coisas que conhecem e se apegam rigidamente a um modelo, em vez de se beneficiarem da flexibilidade da prática clínica que uma clientela diversificada requer. Outros terapeutas simplesmente se sentem frustrados e desistem, rejeitando a TCC inteiramente, pois tudo isso lhes parece demais para aprender.

Como um antídoto para esses cenários, preferimos uma perspectiva de "uma terapia", que reconhece a diversidade nos métodos disponíveis para a prática da TCC e ainda foca nos princípios comuns da TCC que se harmonizam com todas essas abordagens. Uma perspectiva da TCC de "uma terapia" encoraja os terapeutas a usar uma variedade de métodos terapêuticos para adequá-los às necessidades dos clientes, desde que tenham algum propósito claro consistente com os princípios da TCC e com teorias e práticas baseadas em evidências. Os métodos terapêuticos podem incluir métodos clássicos de TCC (p. ex., exercícios escritos, ou métodos experimentais como dramatização, criação de imagens, exposição ou experimentos comportamentais), além de métodos extraídos de "outras" terapias, como hipnose, exercícios de consciência corporal, trabalho com sonhos, desenhos e música.

Levamos em consideração estes quatro princípios centrais para a visão da TCC como "uma terapia":

1. Use conceitualizações de caso baseadas na TCC para entender os problemas atuais.
2. Crie e mantenha uma relação terapêutica colaborativa.
3. Seja guiado pelo empirismo.
4. Enfatize a aquisição de habilidades e vise atingir melhoras duradouras na vida das pessoas.

São inúmeras as vantagens clínicas de encarar a TCC como "uma" terapia. Além de possibilitar a flexibilidade de lançar mão de uma ampla variedade de métodos clínicos, também oferece uma estrutura integrativa para refletir sobre o campo, o que estimula uma consideração imparcial de diferentes abordagens na TCC. "Imparcial", nesse contexto, não significa que cada abordagem na TCC seja considerada igual a todas as outras para determinado cliente. Em vez disso, a avaliação da utilidade de determinada abordagem de TCC para um cliente em particular está baseada em uma conceitualização individualizada, na tomada de decisão colaborativa e em evidências empíricas. Ênfases na aquisição de habilidades e na melhora duradoura dos clientes mantêm o foco da terapia em necessidades, objetivos e pontos fortes dos clientes durante a terapia. As próximas seções desenvolvem esses quatro princípios comuns da TCC e resumem as formas como *A mente vencendo o humor* e este guia podem auxiliá-lo a seguir esses princípios com as pessoas que você atende em terapia individual ou de casal.

Princípio 1. Use conceitualizações de caso baseadas na TCC

As conceitualizações de caso na TCC relacionam comportamento, cognição (que abrange todos os tipos de pensamentos, incluindo imagens e lembranças), emoções, experiência física e contexto ambiental. Muitos terapeutas são ensinados a construir conceitualizações de caso sozinhos entre as sessões, baseados nas informações reunidas sobre cada cliente. Na verdade, há poucas evidências empíricas de que essa seja a melhor maneira de formular uma conceitualização de caso ou até mesmo de que terapeutas que recebem as mesmas informações sobre um cliente irão formular da mesma forma o que está acontecendo (ver Kyken, Fothergill, Musa, & Chadwick, 2005). Uma conceitualização de caso que não é capaz de atingir confiabilidade em meio a um grupo de terapeutas não pode ser considerada válida. Portanto, propomos uma alternativa às conceitualizações de caso construídas pelo clínico. Privilegiamos a construção individualizada de conceitualizações de caso colaborativamente com os clientes na sessão, pois essa é a única maneira de assegurar que você e seus clientes alcancem uma compreensão compartilhada dos seus problemas atuais.

O modelo de cinco partes (conceitualização de caso descritiva)

Kuyken e colaboradores (2009) oferecem um modelo detalhado para guiar a conceitualização de caso na TCC. Eles sugerem que não existe algo como uma única conceitualização de caso para determinada pessoa. Em vez disso, existem três níveis de conceitualização de caso que podem ser desenvolvidos com o tempo na psicoterapia: "descritiva", "transversal" e "longitudinal". Segundo sua perspectiva, o modelo de cinco partes (Padesky & Mooney, 1990) conforme apresentado em *A mente vencendo o humor* é um exemplo de conceitualização de caso descritiva, que é um ponto de partida apropriado para a compreensão dos clientes. Esse nível de conceitualização estabelece ligações entre os diferentes aspectos da experiência (pensamentos, comportamentos, emoções e reações físicas) e as circunstâncias ou situações de vida (ambiente). Este é um nível útil de conceitualização para ajudar as pessoas a compreender seus problemas atuais em um enquadramento psicológico. O Capítulo 2 deste guia detalha como a Folha de Exercícios 2.1, Compreendendo meus problemas, para conceitualização de caso em *A mente vencendo o humor* (p. 13), baseada no modelo de cinco partes, pode servir como ponto de partida para o desenvolvimento de uma conceitualização individualizada dos problemas presentes de um cliente.

Quadro, flecha de entrada, flecha de saída (conceitualização de caso transversal)

O segundo nível de Kuyken e colaboradores (2009), conceitualização de caso transversal, também é comumente usado em TCC. Conceitualizações transversais envolvem a identificação de desencadeantes e os fatores de manutenção para as questões presentes. Padesky (2020) descreve uma abordagem simples para o desenvolvimento colaborativo desse tipo de conceitualização com os clientes; ela denomina essa abordagem "quadro, flecha de entrada, flecha de saída". Ela é demonstrada nesta sessão com Susan, que enfrentava ansiedade quando tinha uma longa lista de tarefas não realizadas.

TERAPEUTA: Vamos ver se conseguimos encontrar um modelo para nos ajudar a entender sua ansiedade. Vou propor que usemos um modelo que eu chamo de "quadro, flecha de entrada, flecha de saída". Vou desenhar um quadro aqui com uma flecha entrando e outra saindo dele.

SUSAN: Certo.

TERAPEUTA: É aqui que preciso da sua ajuda. Vamos escrever alguma coisa neste quadro que descreva aquilo com o que você tem mais dificuldade.

SUSAN: Seria a ansiedade.

TERAPEUTA: Certo. Pegue este marcador e escreva "Ansiedade" no quadro. (*Faz uma pausa enquanto Susan escreve*) Agora vou escrever a palavra "Desencadeantes" no espaço superior, no lado esquerdo desta página [ver a Figura 14.1], e "Respostas" no espaço superior, no lado direito desta página.

SUSAN: Hum-hum.

TERAPEUTA: Aqui está o marcador. Escreva aqui, no lado esquerdo, algumas situações e experiências que desencadeiam a sua ansiedade.

SUSAN: Você quer dizer coisas como as pressões no trabalho e ter que fazer muitas coisas em um dia?

TERAPEUTA: Sim. E algum outro desencadeante de que você se lembrar também.

SUSAN: (*Depois de escrever os dois primeiros desencadeantes*) Que outro tipo de coisas eu devo escrever?

TERAPEUTA: Não estou certa. Poderiam ser coisas que você pensa consigo

	mesma, ou um estado físico, como sentir-se cansada. Ou até mesmo estados de humor. Tudo o que, na verdade, faz você começar a se sentir ansiosa.
Susan:	Oh, entendo. Bem (*escrevendo*), eu diria que pensar na minha lista de "coisas a fazer".
Terapeuta:	Que tipo de pensamentos ou imagens especificamente vem à sua mente e desencadeia sua ansiedade?
Susan:	Eu me vejo tentando escalar uma montanha de papel, e, quando dou um passo adiante, meus pés afundam nela, e eu escorrego para trás.
Terapeuta:	Esta é uma imagem forte. Por que não escrever um lembrete sobre essa imagem?
Susan:	(*Escreve: "Imagem da 'montanha de papel'"*)
Terapeuta:	Você consegue pensar em algum outro desencadeante?
Susan:	Na verdade, não.
Terapeuta:	Certo. Estes são seus desencadeantes da "flecha de entrada". Vamos examinar os desencadeantes da "flecha de saída". Isso seria o que você tende a fazer quando fica ansiosa com essas coisas.
Susan:	Acho que eu as evito. Assisto à TV ou leio mensagens no celular. Algumas vezes ligo para uma amiga e converso um pouco.
Terapeuta:	Escreva essas coisas em "Respostas". (*Faz uma pausa enquanto Susan escreve, conforme mostra a Figura 14.1*) Quando você as evita, como diz, e assiste à TV ou lê as mensagens no celular ou liga para uma amiga, o que acontece com a sua ansiedade?
Susan:	Por algum tempo ela diminui. Então, quando me lembro de tudo o que tenho para fazer, ela dispara.
Terapeuta:	Certo. Então, você diria que suas respostas atuais a ajudam a se sentir mais ou menos ansiosa... a longo prazo?
Susan:	Mais ansiosa, com certeza.
Terapeuta:	Vamos desenhar uma flecha, então, desde as suas respostas até a ansiedade.
Susan:	Faço isso?
Terapeuta:	Sim. (*Susan desenha essa flecha, representada como a flecha*

```
Pressões no trabalho
Coisas a fazer                    ──▶  [ ANSIEDADE ]  ──▶   Respostas
Pensar na lista de "afazeres"                                Evitar
Imagem da "montanha de papel"                                Assistir à TV
                                                             Ler mensagens no celular
                                                             Ligar para uma amiga
                                                             para conversar
```

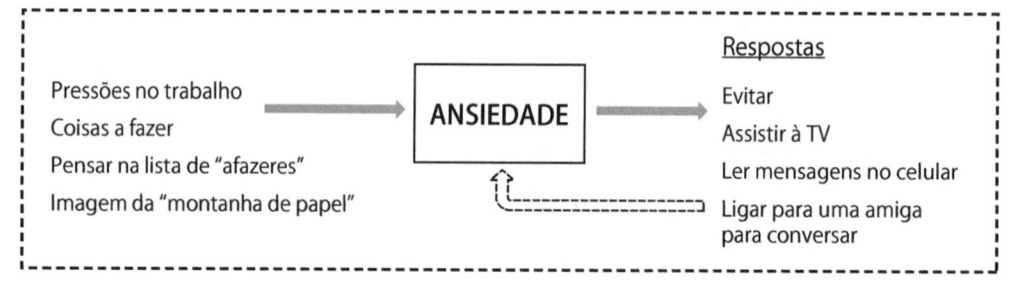

FIGURA 14.1 Conceitualização da ansiedade de Susan usando quadro, flecha de entrada, flecha de saída.

tracejada na Figura 14.1) Parece que atualmente você está presa em um ciclo que sempre a traz de volta para a ansiedade.

SUSAN: Sim, posso ver isso. O que posso fazer?

Como mostra essa interação, o método quadro, flecha de entrada, flecha de saída é uma forma fácil de as pessoas conceitualizarem seus problemas presentes. Ele desenvolve a compreensão além do modelo de cinco partes, pois não é puramente descritivo do "que é". Esse segundo nível de conceitualização começa a especificar quando é provável que ocorra um problema (desencadeantes) e o que mantém o problema (respostas que uma pessoa dá que na verdade aumentam ou mantêm os desencadeantes ou o problema presente no quadro). De fato, esse nível de conceitualização com frequência ajuda as pessoas a verem vividamente como suas respostas atuais não são de fato úteis a longo prazo. Assim, depois de examinarem seu próprio modelo escrito, as pessoas frequentemente se tornam mais receptivas a tentar alguma coisa diferente.

Kuyken e colaboradores (2009) também defendem a procura dos pontos fortes das pessoas, de modo que possam ser incorporados a cada nível de conceitualização do caso. Uma forma de identificar os pontos fortes é pedir que as pessoas falem sobre áreas das suas vidas em que estão indo bem – *hobbies* e atividades de que gostam ou aguardam com expectativa durante o dia. Durante a entrevista de admissão, a terapeuta de Susan identificou que ela era uma ávida jardineira. Fundamentada nos princípios do modelo de Padesky e Mooney (2012; ver também Padesky [2015] no Apêndice C na p. 479) da TCC para resiliência, baseado nos pontos fortes, a terapeuta decidiu explorar as experiências de jardinagem dela para ver se poderiam fornecer inspiração para responder à pergunta de Susan: "O que posso fazer [para reduzir a ansiedade]?". A terapeuta entrevistou Susan sobre seu gosto por jardinagem para ajudá-la a descobrir respostas alternativas potenciais para a ansiedade.

TERAPEUTA: Parece que precisamos descobrir alguma coisa diferente que você possa fazer e que a afaste desse ciclo de pressão, ansiedade, evitação, ansiedade.

SUSAN: O que seria?

TERAPEUTA: Preciso da sua ajuda para descobrir. Vamos examinar outra área da sua vida em que você não se sente ansiosa e ver se conseguimos ter algumas ideias.

SUSAN: O que você quer dizer?

TERAPEUTA: Quando nos encontramos pela primeira vez, você me disse que era uma jardineira ávida.

SUSAN: (*Sorrindo*) Sim, adoro jardinagem.

TERAPEUTA: (*Sorrindo também*) Que bom. (*Envolve Susan em uma discussão de vários minutos sobre o tipo de coisas que ela planta e o que adora na jardinagem*) Isso parece realmente fantástico, não sei muito sobre jardinagem, mas imagino que no começo da primavera e do verão haja muitas tarefas que devam ser feitas ao mesmo tempo para que seu jardim fique pronto.

SUSAN: Sim. Pode ser desanimador, especialmente na primeira vez, mas eu sei o que fazer, e simplesmente digo a mim mesma para fazer uma coisa de cada vez.

TERAPEUTA: E você se sente ansiosa quando começa?

SUSAN: Não, eu me sinto pronta para enfrentar, porque sei como vai ser bom quando o verão chegar e tivermos frutas e vegetais frescos.

TERAPEUTA: (*Continua a entrevistar Susan sobre os desafios que ela enfrenta ao começar e cuidar do seu pomar e toma notas de cada uma das suas estratégias de enfrentamento. Então mostra a Susan um resumo por escrito dessa conversa*) Anotei todas as coisas que você me contou que parecem afastar a ansiedade da jardinagem para você. Você diz a si mesma: "Faça uma coisa de cada vez"; pensa como vai ser bom quando atingir seu objetivo – nesse caso, as frutas e vegetais frescos que poderá colher; identifica os problemas e obtém a ajuda de um especialista ou procura coisas na internet; faz um pouco a cada dia para não se atrasar; e compartilha o trabalho com outros membros da família.

SUSAN: Sim, eu faço todas essas coisas.

TERAPEUTA: E se algumas dessas respostas ao preparo do seu pomar pudessem ser experimentadas como novas respostas à sua ansiedade quando você olha para o número de tarefas na sua lista de "afazeres"?

SUSAN: Hummm, essa é uma ideia interessante.

TERAPEUTA: Olhe para esta lista por alguns minutos e me diga que ideias lhe ocorrem.

Os modelos de cinco partes (Capítulo 2 de *A mente vencendo o humor*) e quadro, flecha de entrada, flecha de saída são dois tipos fáceis de conceitualizações de caso que você pode construir colaborativamente com os clientes na sessão. Para a maior parte dos problemas que levam as pessoas à terapia, um desses métodos ou ambos irão fornecer uma estrutura suficiente para a compreensão dos problemas. Conceitualizações como essas também ajudam as pessoas a entender a justificativa para os passos seguintes do tratamento. Por exemplo, os clientes são estimulados a considerar:

"Se essas cinco partes da minha experiência estiverem conectadas [modelo de cinco partes], então a mudança em uma dessas cinco partes pode ser útil."

"Se minhas respostas atuais realmente estiverem piorando o problema que está no quadro [quadro, flecha de entrada, flecha de saída], então talvez eu deva experimentar algumas respostas diferentes."

Terapeutas experientes em TCC irão perceber que essas conceitualizações não envolvem crenças nucleares. No modelo de Kuyken e colaboradores (2009), as crenças nucleares aparecem somente no terceiro nível da conceitualização do caso: conceitualizações de caso longitudinais. Esse nível de conceitualização somente é recomendado posteriormente na terapia se os clientes tiverem dificuldades crônicas que não responderam favoravelmente à terapia, incluindo os tipos de habilidades e intervenções ensinados em *A mente vencendo o humor*. Felizmente, este será um percentual relativamente pequeno das pessoas atendidas em terapia. Conforme descrito no Capítulo 8 deste guia, mesmo pessoas com transtornos da personalidade e outros problemas clínicos podem apresentar uma resposta positiva ao tratamento com TCC focada na depressão, na ansiedade e em outros transtornos relacionados ao humor. Se um de seus clientes estiver pronto para trabalhar nas crenças nucleares depois que essas outras questões tiverem sido abordadas, você pode recorrer ao Capítulo 8 deste guia para mais informações sobre como identificar e fortalecer novas crenças nucleares usando o Capítulo 12 de *A mente vencendo o humor*, Crenças nucleares. Para mais informações sobre a incorporação de crenças nucleares às conceitualizações de caso longitudinais, veja Kuyken e colaboradores (2009).

Incorporando questões culturais às conceitualizações de caso

Sempre é importante incorporar fatores culturais às conceitualizações de caso. Muitos terapeutas pensam nos fatores culturais como parte do ambiente no modelo de cinco partes, embora pensamentos, emoções, comportamentos e reações físicas também possam ter um componente cultural. Para saber mais sobre o papel que o contexto cultural dos clientes desempenha em relação aos problemas presentes, é necessário perguntar diretamente, expressando interesse e curiosidade. Pode ser fácil para nós, como terapeutas, nos esquecermos de que cada pessoa tem semelhanças e diferenças culturais em relação a nós. Podemos cometer erros de julgamento ao presumir que alguém com origem similar à nossa teve as mesmas experiências culturais que nós. Mas também podemos errar quando supomos que não podemos entender as experiências de quem tem uma bagagem cultural muito diferente da nossa. Os quatro passos que podemos dar para incorporar ativamente as culturas dos clientes à terapia são descritos aqui: "discutir, incorporar, ler e consultar".

DISCUTA A CULTURA COM OS CLIENTES

Um ponto de partida para aprender sobre a cultura dos clientes pode ser pedir nas sessões iniciais que lhe contem sobre a cultura ou culturas em que cresceram e vivem atualmente, sobretudo em termos de como acham que essas culturas podem ter influência nos problemas que os trazem à terapia. Explique que "cultura" é um termo amplo que pode incluir raça, herança étnica, dimensões da identidade e expressão de gênero, formação religiosa, identidade e orientação sexual, experiências urbanas ou rurais, condição socioeconômica, crenças políticas, deficiências e muitos outros fatores. É importante reconhecer que nenhuma dessas dimensões da cultura é binária, e nenhuma delas existe independentemente das outras. Por exemplo, considere esses dois questionamentos do terapeuta:

"Você diria que enquanto crescia pensava em si mesmo como homem, mulher, nenhum dos dois, ambos, ou alguma outra coisa?"

"Obrigado por me contar algumas coisas sobre a cultura em que você cresceu. Para recapitular, sua família é do Haiti; você cresceu na cidade de Nova York, em um bairro predominantemente de porto-riquenhos; você e sua família são católicos apostólicos romanos e respeitam seus espíritos familiares *vodu*. Você foi criado com a crença de que, como homem, tem o direito de ser respeitado e, no entanto, quando cresceu, vivenciou muito desrespeito, pois os americanos brancos que conheceu na escola e no trabalho viam apenas um 'homem preto' e esperavam que você aceitasse seu *status* de segunda classe. Você poderia descrever para mim e a sua esposa se e como você acha que essas experiências na vida podem estar relacionadas com a raiva que sente quando ela diz coisas que parecem menosprezá-lo?"

A primeira dessas perguntas foi feita a um cliente jovem, que chegou à terapia vestido de forma pouco convencional. A formulação da pergunta do terapeuta sobre a identidade de gênero comunicava a aceitabilidade de uma resposta não binária. As qualidades humanas não se encaixam necessariamente em compartimentos binários (isto é, homem ou mulher), e algumas pessoas rejeitam completamente categorias como o gênero. A adoção de uma linguagem mais fluida e inclusiva pode constituir uma parte importante no estabelecimento e manutenção de uma aliança terapêutica positiva com pessoas que não encaram suas experiências como binárias.

O segundo questionamento do terapeuta se seguiu a um resumo do que o marido em um casal havia contado sobre suas experiências culturais. Ele foi estimulado a considerar se e como suas experiências culturais que se entrecruzam estavam afetando a raiva que experimentava em certas interações com sua esposa. Pensar em termos de "interseções" (Carbado, Crenshaw, Mays, & Tomlinson, 2013) da experiência cultural, como fez esse terapeuta, captura melhor o contexto cultural de alguém e leva a uma perspectiva mais individualizada da cultura do que pensar as pessoas como parte integrante de uma única categoria ou grupo. Por exemplo, uma mulher lésbica afro-americana de 30 anos, morando em uma área rural em Iowa e trabalhando como eletricista, tem uma experiência cultural muito diferente da de uma lésbica afro-americana de 30 anos que mora em São Francisco e trabalha como advogada.

Encorajamos você a discutir abertamente a cultura com seus clientes. É recomendável comunicar honestamente o seu conhecimento e a falta de compreensão de uma cultura particular. Encoraje seus clientes a lhe dar *feedback* se uma conceitualização de caso ou plano terapêutico violar suas normas culturais ou ignorar significados culturais importantes. Algumas vezes, informar o terapeuta sobre a sua cultura auxilia as pessoas a clarificar crenças e valores que podem ter obedecido por anos, mas nunca expressaram. No entanto, não é uma atitude profissionalmente responsável um terapeuta se basear apenas nos clientes para obter conhecimento cultural. Os clientes podem não estar conscientes ou não ser capazes de expressar crenças, comportamentos e respostas emocionais culturais. Além do mais, o tempo de terapia é limitado, e a educação cultural dos terapeutas deve representar apenas uma pequena parcela do tempo disponível. O exemplo de caso de Chapman (Recusa a discutir a origem cultural), no Guia para a Resolução de Problemas neste capítulo, ilustra o dano que os clientes podem experimentar quando um terapeuta se baseia maciçamente neles como a única fonte de informação cultural.

Uma forma de se manter alerta às influências culturais em cada sessão é ouvir atentamente as declarações do cliente para encontrar sinalizadores da cultura. Por exemplo, um cliente nipo-americano poderia dizer: "Quando tomei essa decisão, decepcionei meus pais" e parecer envergonhado ou desafiador. Essa declaração, combinada com uma resposta emocional de vergonha, pode sinalizar um cliente que aceita certos aspectos dos valores culturais japoneses (p. ex., deferência aos desejos parentais); uma resposta emocional desafiadora pode sinalizar alguém que foi criado com esses valores, mas está se rebelando ativamente contra eles, ou que vê esses valores como prejudiciais.

INCORPORE INFORMAÇÕES CULTURAIS RELEVANTES À CONCEITUALIZAÇÃO E AO PLANO DE TRATAMENTO

A seguir, reflita sobre as formas como os contextos culturais que se intercruzam influenciam a conceitualização dos problemas e o plano de tratamento daquele cliente. Os terapeutas podem pecar por ignorar a cultura ou superestimar a influência cultural nos problemas. Terapeutas que nem mesmo notam a raça de um cliente, ou que não investigam suas crenças religiosas, orientação sexual ou identidade de gênero, são culpados do primeiro erro. O segundo erro foi cometido por um terapeuta que disse: "Pessoas pobres não vão usar *A mente vencendo o humor* porque não são motivadas para a mudança". Robinson, Cross-Denny, Lee, Werkmeister Rozas e Yamada (2016) descrevem um exercício de treinamento útil, juntamente com tarefas de leitura, que podem ser usados em programas de graduação ou programas de treinamento em grupo de pós-graduação para aumentar a percepção da interseção cultural.

LEIA LIVROS E ARTIGOS SOBRE AS CULTURAS DOS CLIENTES

Os terapeutas têm a responsabilidade de se educar sobre as várias culturas para que possam se tornar melhores ouvintes e entender melhor o contexto das experiências dos seus clientes. Como ponto de partida, recomendamos o manual *Culturally responsive cognitive behavior therapy: practice and supervision* (Iwamasa & Hayys, 2019). Além disso, muitos artigos de periódicos disponíveis na internet discutem adaptações da TCC desenvolvidas para grupos culturais particulares por todo o mundo.

CONSULTE COLEGAS QUE TÊM CONHECIMENTO CULTURAL

É importante consultar colegas sobre culturas que são novas para você, seja pessoalmente ou como terapeuta. Por exemplo, um de nós consultou um psicólogo que era membro praticante da Igreja de Jesus Cristo dos Santos do Último Dia (informalmente conhecidos como mórmons) para entender melhor os papéis que a cultura religiosa e da comunidade podia desempenhar na etiolo-

---

Quadro de lembretes

Para aumentar o conhecimento cultural e incorporá-lo a cada fase da terapia, faça o seguinte:

1. Discuta a cultura com os clientes. Ouça atentamente e faça perguntas para entender a influência da origem cultural de cada cliente. Busque *feedback* sobre seus próprios pressupostos culturais e os dos seus clientes sobre a terapia e seus procedimentos.
2. Incorpore informações culturais relevantes à conceitualização e ao planejamento do tratamento.
3. Leia livros e artigos sobre as culturas dos clientes.
4. Consulte colegas que têm conhecimento cultural.

gia e no tratamento de depressão para um cliente mórmon. Alguns grupos profissionais têm fóruns de discussão na internet, e os terapeutas podem postar perguntas ali para encontrar informações e recursos ou buscar consulta sobre questões culturais. Pesquisas na internet frequentemente conseguem localizar profissionais que podem oferecer consulta referente a fatores culturais particulares na terapia.

As duas edições de *A mente vencendo o humor* foram traduzidas para dezenas de línguas e usadas por pessoas de muitas culturas diferentes no mundo inteiro. Lamentavelmente, a maior parte da pesquisa publicada sobre a sua eficácia até o momento foi feita na América do Norte com a primeira edição do livro. O único estudo do qual temos conhecimento que focou especificamente na utilização da primeira edição com um grupo cultural particular demonstrou sua eficácia em terapia de grupo para membros deprimidos de uma comunidade LGBT (Ross, Doctor, Dimito, Kuell, & Armstrong, 2007). Convidamos os leitores a conduzirem pesquisas adicionais sobre a eficácia de *A mente vencendo o humor*, incluindo exames dos seus pontos fortes e pontos fracos culturais.

Conceitualização de caso com casais

A conceitualização de caso para problemas de casais geralmente envolve a identificação das expectativas e dos pressupostos subjacentes que apoiam os pontos fortes de um casal e estão subjacentes a mágoa, raiva e outros problemas no relacionamento. O modelo de cinco partes (Figura 2.1, *A mente vencendo o humor*, p. 7) e a Folha de Exercícios 2.1, Compreendendo meus problemas (*A mente vencendo o humor*, p. 13), são planejados para ajudar os indivíduos a encontrar ligações entre pensamentos, estados de humor, comportamentos, reações físicas e o ambiente. Alguns terapeutas de casal optam por fazer cada membro do casal preencher um modelo de cinco partes e depois discutir as semelhanças e as diferenças.

Um modelo adicional de conceitualização para casais é o método "quadro, flecha de entrada, flecha de saída", descrito no começo deste capítulo. Este é um exemplo da sua utilização com um casal com dificuldades com pressupostos subjacentes conflitantes.

Jayda e Wanda procuraram terapia três anos depois do seu casamento, quando os conflitos em seu relacionamento começaram a aumentar. Suas discussões frequentes eram alimentadas pelo pressuposto subjacente de Jayda ("Se Wanda me amar, ela vai saber [e fazer] o que eu quero e antecipar as minhas necessidades") e o pressuposto subjacente de Wanda ("Se as pessoas se amam, então elas não se criticam ou brigam"). Desenvolveu-se um padrão de conflito:

1. Jayda se sentia magoada quando Wanda não adivinhava suas necessidades não expressas.
2. Jayda expressava sua mágoa fazendo pequenos comentários críticos a Wanda.
3. Wanda interpretava as críticas de Jayda como um sinal de que ela não a amava mais.
4. Wanda se afastou de Jayda, com a certeza de que a relação estava acabando.
5. Jayda ficava mais zangada à medida que a atenção de Wanda diminuía, até que, finalmente, explodiu de raiva.
6. Wanda chorou em resposta à raiva de Jayda, dizendo que ainda a amava e não queria romper.
7. Jayda ficou confusa, dizendo que amava Wanda e só queria que ela permanecesse conectada e envolvida.
8. Wanda se sentiu aliviada ao saber que Jayda ainda a amava e foi prestando

mais atenção a Wanda nos dias seguintes.
9. O conflito no relacionamento foi resolvido até a próxima vez em que essas questões vieram à tona.

O padrão de relacionamento de Jayda e Wanda foi capturado em um par de diagramas interligados quadro, flecha de entrada, flecha de saída, conforme mostra a Figura 14.2. Essa conceitualização, desenvolvida colaborativamente na sessão com ambas, ajudou cada uma a ver como seus respectivos desencadeantes para mágoa faziam sentido no contexto de seus pressupostos subjacentes. Elas também puderam ver como cada uma de suas respostas a sentir-se magoada contribuía para um ciclo de conflito e dor constante em seu relacionamento. Essa conceitualização ajudou esse casal a seguir em frente e a considerar respostas alternativas uma à outra quando se sentiam magoadas.

O terapeuta as estimulou a refletir sobre que informações apoiavam ou não apoiavam seus pressupostos subjacentes, dando-lhes a tarefa de considerar pelo menos cinco perguntas relevantes do quadro Dicas Úteis, na página 76 de *A mente vencendo o humor*, Perguntas que ajudam a encontrar evidências que não apoiam o pensamento "quente". Embora essas perguntas tenham sido planejadas para testar pensamentos automáticos nos registros de pensamentos, o terapeuta reconheceu corretamente que algumas dessas mesmas perguntas poderiam ser usadas para avaliar os pressupostos subjacentes desse casal. Ao fazer esse exercício, Jayda percebeu que, por mais que amasse Wanda, com frequência não

---

Pressupostos subjacentes:

Jayda: "Se Wanda me amar, ela vai saber [e fazer] o que eu quero e antecipar as minhas necessidades."

Wanda: "Se as pessoas se amam, então elas não se criticam ou brigam."

Desencadeantes de Jayda → Mágoa → Respostas
- Necessidades não atendidas ou antecipadas
- Sente-se ignorada

Respostas:
- "Wanda não me ama mais."
- Critica Wanda
- Expressa raiva

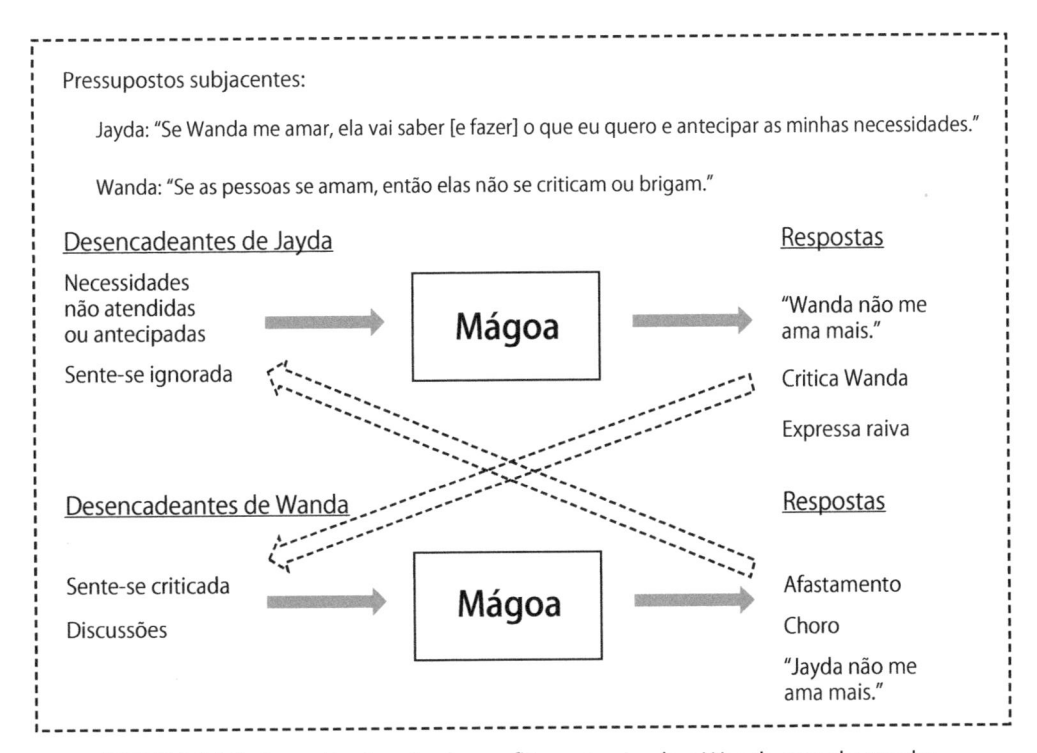

Desencadeantes de Wanda → Mágoa → Respostas
- Sente-se criticada
- Discussões

Respostas:
- Afastamento
- Choro
- "Jayda não me ama mais."

FIGURA 14.2 Conceitualização do conflito entre Jayda e Wanda usando quadro, flecha de entrada, flecha de saída.

tinha uma pista sobre o que lhe agradaria em determinado momento. Jayda entrevistou amigos e descobriu que eles também frequentemente entendiam mal as necessidades dos seus parceiros quando elas não eram expressas abertamente. Quando Jayda relatou essa descoberta na sessão seguinte da terapia, Wanda ficou muito aliviada e a ajudou a entender que seu amor era profundo, mas não onisciente.

Por sua vez, Wanda examinou seu pressuposto subjacente: "Se as pessoas se amam, então elas não se criticam ou brigam". Ela entrevistou amigos que estavam em bons relacionamentos e descobriu que todos eles brigavam e criticavam seus parceiros algumas vezes. Então, trabalhou no desenvolvimento de um pressuposto subjacente alternativo: "Se as pessoas brigam e se criticam algumas vezes, isso é normal e vai passar ou pode ser uma oportunidade de tornar melhor um relacionamento". Para testar essa nova perspectiva, Wanda tentou discutir construtivamente com Jayda em vez de se afastar quando tinham discordâncias. Quando os conflitos eram expressos na sessão, o terapeuta treinava Wanda para se manter ativa ouvindo as preocupações de Jayda e expressando as suas. Com o tempo, ambas desenvolveram pressupostos subjacentes mais adaptativos, que apoiavam maior compreensão das reações de cada uma e melhor resolução de conflitos. As novas crenças e habilidades adquiridas na terapia e apoiadas por *A mente vencendo o humor* as ajudaram a recuperar uma relação mutuamente amorosa.

Princípio 2. Crie e mantenha uma relação terapêutica colaborativa

Uma relação terapeuta-cliente positiva é um fundamento criticamente importante para uma terapia bem-sucedida (Kazantzis, Dattilio, & Dobson, 2017). Os clientes têm maior probabilidade de discutir seus problemas honesta e abertamente dentro de um relacionamento que pareça seguro e confiável. Os terapeutas que praticam a TCC são encorajados a ser cordiais, empáticos e genuínos com seus clientes – qualidades básicas para qualquer boa relação terapêutica. A curiosidade franca dos terapeutas sobre as experiências, os pensamentos e os sentimentos dos clientes, bem como os esforços que empregam para conceber planos de terapia breves e eficazes, podem ajudar a construir uma aliança terapêutica positiva. Nesse espírito, recomendamos que os terapeutas apresentem *A mente vencendo o humor* aos clientes quando esse livro puder servir como um auxiliar para apoiar seu progresso, não como uma conveniência do terapeuta.

A TCC acrescenta "colaborativo" à lista das qualidades importantes em uma relação terapêutica. Colaboração requer uma postura ativa por parte dos terapeutas e dos clientes para trabalharem juntos, como um time. Exemplos de casos e diálogos ao longo deste guia ilustram as muitas formas como os terapeutas e seus clientes colaboram na TCC. A linguagem e o formato de *A mente vencendo o humor* também são planejados para evocar um espírito de investigação colaborativa. Como muitos clientes entram em terapia com a expectativa de desempenhar um papel mais passivo (p. ex., "Diga-me o que fazer"), os terapeutas frequentemente precisam socializar os clientes para expectativas de colaboração. Um terapeuta pode convidar um cliente a participar ativamente na terapia desta forma:

"Embora eu conheça as estratégias gerais para ajudar as pessoas com muitos problemas diferentes, você tem todas as informações sobre suas experiências pessoais. Você é o único que pode observar e descrever seus pensamentos, estados de humor, comportamentos e reações físicas a cada momento. Suas experiências e observações nos ajudarão a aprender como melhor aplicar o que nós dois sabemos para ajudá-lo a melhorar sua vida e atingir seus objetivos na terapia. Trabalhando juntos, como um time, podemos descobrir as pequenas mudanças que levarão às grandes melhoras na sua vida."

Conforme descrito nas próximas seções, colaboração também significa que os terapeutas em TCC respeitam e encorajam a plena participação dos clientes solicitando que (1) façam observações e pratiquem as habilidades entre as sessões; (2) participem na definição da agenda para cada sessão, de modo que o terapeuta não controle os tópicos discutidos ou o tempo destinado a cada um; (3) forneçam *feedback* ao terapeuta a cada sessão; e (4) façam perguntas para aprender o máximo possível, para que possam fazer escolhas e tomar decisões informadas durante a terapia.

Colaboração: observações e prática de habilidades entre as sessões

A participação ativa dos clientes, fazendo observações e praticando as habilidades entre as sessões, é necessária para resultados positivos em TCC. É improvável que aconteçam aprendizagem e mudança sem esse tipo de engajamento. Sugestões para encorajar a participação dos clientes na prática entre as sessões são oferecidas no Guia para a Resolução de Problemas no final do Capítulo 2 deste guia.

Além disso, os clientes são encorajados a tomar notas do que aprendem e praticam à medida que a terapia avança. Essas notas podem ser feitas em uma cópia do cliente de *A mente vencendo o humor* (nas margens dos capítulos relevantes) e/ou em um caderno da terapia (em papel ou eletrônico). Quando o cliente tem *insights* úteis durante as sessões de terapia, o terapeuta pode estimular: "Esta parece ser uma ideia importante. Por que você não escreve isso nas suas anotações da terapia, e eu escrevo nas minhas?". Essas notas fornecem um registro da aprendizagem do cliente e podem ser revisadas com o tempo para consolidar novas ideias. As notas da terapia também oferecem um bom resumo que a pessoa pode usar no manejo de recaída pós-terapia e para guiar o progresso posterior.

Colaboração: definição da agenda

Uma sessão de TCC geralmente começa com uma breve discussão sobre os tópicos que o cliente e o terapeuta querem garantir que sejam abordados. Os manuais de TCC se referem a isso como "definição de uma agenda para a sessão", embora possa ser usada uma linguagem mais comum com os clientes, como, por exemplo, "Vamos fazer um plano para a sessão de hoje". Convidar os clientes a declarar no início da sessão o que querem garantir que seja discutido assegura uma relação de poder mais equitativa na terapia. Por que isso é assim? Os clientes frequentemente não querem começar falando sobre os tópicos mais importantes ou difíceis nos minutos iniciais da terapia. Se uma sessão começa sem a definição de uma agenda mútua, o terapeuta pode inadvertidamente acabar controlando o que é discutido devido ao que ele pensa ou indaga a respeito durante os comentários de abertura de um cliente.

Considere alguém que começa uma sessão refletindo: "Esta foi uma semana difícil. Meu chefe tem feito muita pressão, e o momento não poderia ser pior. Tenho me sentido um pouco mais deprimido, e minha família veio me visitar, então me sinto pressionado por todos os lados". Um terapeuta pode prosseguir com questionamentos sobre a visita da família, outro pode investigar as pressões no trabalho, e outro ainda pode promover uma discussão sobre a depressão e sobre "sentir-se pressionado por todos os lados". Seja qual for a direção que o terapeuta seguir, certamente haverá conteúdo suficiente para preencher a sessão. Talvez todos esses tópicos sejam explorados durante o curso da sessão, e, no entanto, não há como saber se são os tópicos que o cliente mais deseja discutir.

A maioria das pessoas costuma seguir a liderança do terapeuta durante uma sessão de terapia, pressupondo: "Se meu terapeuta está interessado neste tópico, ele deve ser importante". O diálogo a seguir demonstra a importância da colaboração e da definição de uma agenda para a sessão.

TERAPEUTA: Como você está hoje?

CHRIS: Esta foi uma semana difícil. Meu chefe tem feito muita pressão, e o momento não poderia ser pior. Tenho me sentido um pouco mais deprimido, e minha família veio me visitar, então me sinto pressionado por todos os lados.

TERAPEUTA: Isso parece ser difícil. Há pressão extra no trabalho; você está se sentindo mais deprimido, e sua família veio visitá-lo, o que também o está pressionando. Essas são as coisas sobre as quais você quer falar hoje?

CHRIS: Sim e não. Acho que eu quero que você saiba que este é um momento difícil para mim. Eu achei que estava começando a fazer mais progresso no manejo da minha depressão e me sinto chateado porque, tão logo a minha vida tem mais pressão, é como se o que eu aprendi não estivesse mais ajudando. Fico me perguntando se este é um mau sinal. Isso também é importante para mim porque, na verdade, quero procurar um novo emprego. Estou ficando um pouco preocupado sobre como vou lidar com a pressão, pois sei que me sinto mais pressionado quando estou fazendo coisas novas, porque quero fazê-las bem, e posso não conseguir fazer.

TERAPEUTA: Certo. Acho que entendo. Vamos fazer algumas anotações sobre o que você quer assegurar que seja falado hoje. Uma das coisas tem a ver com usar as habilidades que você tem aprendido quando se sente pressionado.

CHRIS: Sim (*escrevendo*). E a segunda coisa é falar sobre como posso lidar com as pressões de um novo emprego (*escrevendo*). E eu realmente quero saber se isso é normal ou se é um mau sinal de que a minha depressão está voltando (*escrevendo*). Ah, e fui ao médico, e ele disse que o exame da minha tireoide estava um pouco baixo. Quero lhe falar sobre a nova medicação que estou tomando (*escrevendo*).

TERAPEUTA: Eu gostaria de saber a respeito. (*Pausa*) Também precisamos examinar as folhas de exercícios de *A mente vencendo o humor* que você preencheu nesta semana para ma-

	nejar sua depressão, e como elas ajudaram ou não.
CHRIS:	(Escrevendo)
TERAPEUTA:	Mais alguma coisa?
CHRIS:	Não.
TERAPEUTA:	Em que ordem faz mais sentido para você discutir essas coisas?
CHRIS:	Posso lhe contar sobre o médico muito rapidamente. Depois acho que faz sentido falar sobre o que eu tentei nesta semana que não funcionou, para que você possa me dizer se é normal ou um problema.
TERAPEUTA:	Boa ideia. Então talvez possamos falar sobre o que o ajudaria mais quando você se sente pressionado.
CHRIS:	Eu gostaria disso. E depois, por fim, poderíamos falar sobre como fazer essas coisas em um novo emprego.
TERAPEUTA:	Mais ou menos quanto tempo você acha que deveríamos gastar em cada coisa?
CHRIS:	Uns 2 ou 3 minutos com o médico (*escreve "2-3" ao lado de "médico"*); talvez 5 minutos no que eu tentei fazer esta semana e se é normal (*escrevendo "5" ao lado deste item*); então a maior parte do tempo com o que eu posso fazer quando me sinto pressionado (*escrevendo "30"*); e cinco minutos no final (*escrevendo "5"*) sobre como usar essas ideias em um novo emprego.
TERAPEUTA:	Pode levar mais do que 5 minutos para revisar as folhas de exercícios e as estratégias que você tentou nesta semana e discutir se suas experiências são típicas. Você acha que poderíamos planejar de 10 a 15 minutos nisso? Deixando o máximo de tempo possível para explorar outras coisas que você pode fazer?
CHRIS:	Sim, certo. (*Muda "5" depois de "o que eu tentei nesta semana e se é normal" para "15" e muda "30" depois de "o que eu posso fazer quando me sinto pressionado" para "20"*)

Colaborando no começo da sessão para definir a direção do que seria discutido, o terapeuta e Chris puderam começar discutindo mais rapidamente o que era mais importante para Chris. Algumas vezes, durante a definição da agenda, os clientes acrescentam itens completamente diferentes dos que mencionam nas suas declarações na abertura da sessão ("Ah, na verdade eu não preciso falar sobre isso. O que eu realmente quero discutir hoje é..."). Quando os clientes são convidados a ajudar a planejar as sessões, eles se acostumam a fazer isso e frequentemente se preparam melhor para cada uma. Se houver mais tópicos sinalizados para discussão do que o tempo provável, o terapeuta pode pedir que o cliente escolha quais tópicos são mais importantes para ele. Além disso, o terapeuta sabe a importância relativa que seus clientes atribuem a cada tópico, se considerar os períodos de tempo sugeridos.

Os terapeutas que estão familiarizados com a definição de uma agenda para a terapia algumas vezes têm pressupostos subjacentes que podem interferir nesse processo. Por exemplo, alguns acreditam: "Se definirmos uma agenda, então teremos menos probabilidade de desvendar questões emocionais profundas" ou "Se definirmos uma agenda, então a terapia será estruturada demais e não dará tempo para aprofundar questões importantes que possam surgir". Essas preocupações provavelmente não vão se materializar, a não ser que a sessão seja administrada colaborativamente do início ao fim. Os clientes com frequência exploram mais rapidamente um conteúdo emocional profundo quando podem escolher quando discutir os tópicos que o desencadeiam. Se um tópico levar a complexidade ou emoções não previstas que são importantes de explorar, o terapeuta pode assinalar isto: "Parece que há questões mais profundas aqui do que podemos explorar nos 15 minutos que planejamos. Você quer retirar algum dos outros tópicos e empregar mais tempo neste? Ou prefere voltar a ele em outro momento?".

Colaboração também inclui a contribuição do terapeuta. Se os terapeutas acreditam que os clientes estão evitando certas questões, isso pode ser explorado como parte da definição da agenda. Por exemplo, "Quando esteve aqui pela primeira vez, você disse que um dos problemas que enfrentava no trabalho era o assédio sexual. Vejo que você nunca coloca isso na agenda. Há alguma razão para que não esteja focando nisso, ou estou fazendo alguma coisa que a deixe insegura para falar sobre isso comigo?". Além disso, conforme mostra o diálogo anterior, entre Chris e seu terapeuta, os terapeutas podem negociar diferentes distribuições do tempo quando as estimativas de tempo feitas pelos clientes parecerem irrealistas.

Colaboração: *feedback*

Os terapeutas demonstram respeito por seus clientes e comprometimento verdadeiro com a colaboração quando reservam um tempo para *feedback* em cada sessão. Como ocorre com todas as intervenções, é útil apresentar uma justificativa para buscar *feedback*, como: "A cada sessão vou pedir que você me diga o que foi útil e também o que não foi útil. Sei que pode parecer estranho discutir coisas que você não acha úteis ou que não gosta em mim ou na terapia, mas prometo levar em consideração seus sentimentos e reações para tornar a terapia o mais útil possível para você". Quando os clientes realmente oferecem um *feedback* negativo, é importante que os terapeutas considerem as questões segundo o ponto de vista dos clientes, em vez de ficarem na defensiva. Uma resposta aberta e de aceitação às críticas de um cliente é ilustrada no diálogo com Roy no Guia para a Resolução de Problemas, no final deste capítulo.

Colaboração: perguntas do cliente e tomada de decisão informada

Como terapeutas, servimos melhor aos nossos clientes quando fornecemos informações claras e justificativas para as abordagens de tratamento que serão empregadas e provavelmente serão úteis. Parte desse processo é pedir aos clientes consentimento informado para o tratamento no começo da terapia. Consentimento informado envolve contar a alguém sobre o(s) tratamento(s) que oferecemos, os riscos e benefícios potenciais e as abordagens de tratamento alternativas que têm apoio empírico equivalente ou melhor. Esse passo também é um lembrete para não aceitarmos indiscriminadamente qualquer pessoa como cliente. Por exemplo, se as evidências sugerem que alguém provavelmente obterá a melhor resposta ao tratamento com uma abordagem que não podemos oferecer de forma competente, então devemos facilitar seu encaminhamento a um terapeuta que possa fornecer esse tratamento.

As melhores práticas em TCC envolvem informar os clientes durante a terapia sobre os benefícios e os riscos dos procedimentos da terapia. Essas informações devem ser oferecidas em uma linguagem que cada cliente possa compreender. Assim, por exemplo, um terapeuta poderia dizer a um adulto com habilidade intelectual média que é professor de escola:

> "Pesquisas sugerem que as atividades que realizamos podem ter impacto em nosso humor. Esse registro de atividades [*A mente vencendo o humor*, p. 199] nos ajudará a sabermos se as coisas que você faz durante o dia afetam ou não o seu estado de humor. Serão necessários uns 15 minutos por dia para fazer esse registro. O benefício de dedicar esse tempo é que isso vai nos auxiliar a aprender muito sobre os tipos de atividades que têm mais probabilidade de ajudar a melhorar seu humor. Vamos começar juntos agora para ver como isso funciona e quais são as dúvidas que você tem."

Agora considere um jovem adulto que mora em uma residência coletiva supervisionada e trabalha como lavador de pratos em um restaurante. Seu funcionamento intelectual é limítrofe, e ele tem habilidade limitada para usar avaliações numéricas. Um terapeuta poderia ajudá-lo a começar um registro de atividades dizendo isto:

> "Vamos olhar para estes desenhos de cinco rostos. Alguns estão tristes, alguns estão felizes, e um está entre ambos. Qual dos rostos mostra como você se sente quando brinca com o seu cachorro? Qual dos rostos mostra como se sente quando seu colega de quarto está zangado com você? Você pode usar estes rostos para me dizer quando se sente feliz ou triste. Vou lhe mandar para casa com esta folha com rostos. Quando você se sentir feliz ou triste nesta semana, escreva uma palavra ou duas sobre o que está fazendo abaixo do rosto que mostra como você se sente. Vamos fazer isso juntos agora para ver como funciona e que dúvidas você tem."

Uma parte importante desse processo é manter-se aberto às perguntas dos clientes para que eles realmente entendam a justificativa para as etapas do tratamento. As pessoas com frequência têm muitas perguntas sobre as abordagens terapêuticas:

> "A exposição aos meus medos é realmente necessária?"
>
> "Posso fazer apenas um registro de pensamentos na minha cabeça?"
>
> "Uma medicação não funcionaria igualmente bem?"
>
> "Quanto tempo isso vai levar?"

Incluímos resumos dos resultados de pesquisas ao longo deste guia para ajudá-lo a entender a base empírica para a maioria dos métodos incluídos em *A mente vencendo o humor*. Esperamos que essas informações o ajudem a responder a esses tipos de perguntas. Seja grato quando os clientes fizerem perguntas como essas, pois isso indica que eles estão engajados na terapia. Quando responde a essas perguntas (ou propõe que vocês dois procurem informações), você está apoiando sua decisão informada.

Princípio 3. Seja guiado pelo empirismo

O que significa dizer que a TCC é guiada pelo empirismo? "Empirismo" se refere a três aspectos da TCC:

1. A TCC é uma terapia derivada empiricamente, isto é, ela emergiu de modelos teóricos que foram testados empiricamente. Depois que as teorias são apoiadas pela pesquisa, métodos terapêuticos são desenvolvidos em consonância com elas. Essas abordagens terapêuticas são também avaliadas e depois modificadas com base em estudos da sua eficácia (ver Padesky & Beck, 2003). Uma falsa percepção comum sobre a TCC é que ela é uma forma estática de terapia. Na verdade, a TCC está em constante desenvolvimento. Terapias empiricamente derivadas são baseadas em dados; à medida que emergem novos dados, as terapias são modificadas para se adaptarem aos novos achados. *A mente vencendo o humor* pode ser considerado um livro de exercícios baseado em evidências, pois cada uma das habilidades nele ensinadas é derivada de teorias e pesquisas com uma base de evidências que as apoiam.

2. Os terapeutas em TCC têm espírito empírico. Sempre que possível, os terapeutas em TCC escolhem intervenções terapêuticas que são empiricamente apoiadas. Uma das vantagens de usar *A mente vencendo o humor* na terapia é que os métodos são empiricamente apoiados e as folhas de exercícios seguem diretrizes baseadas em evidências para seu uso. Contudo, o fato de um método terapêutico ser baseado em evidências para um estado de humor particular não significa que ele é baseado em evidências para todos os problemas do cliente. Por exemplo, a ativação comportamental (ver o Capítulo 13 de *A mente vencendo o humor*, Compreendendo sua depressão) tem forte base de evidências para ajudar com humor deprimido, mas não tem base de evidências para ajudar com a vergonha.

Assim, os terapeutas não estão tendo espírito empírico se escolherem uma intervenção particular (p. ex., registros de pensamentos, atenção plena) e a utilizarem com todos os clientes. É improvável que uma única intervenção tenha uma base de evidências para todos os problemas. Os guias de leitura para depressão, ansiedade, raiva, culpa e vergonha nas páginas 472-475 do Apêndice A e no material complementar de *A mente vencendo o humor* da Artmed (veja o quadro no final do sumário de *A mente vencendo o humor*, p. xxii) direcionam leitores e terapeutas para habilidades baseadas em evidências para cada uma. Esses guias de leitura também aconselham as pessoas a aprenderem as habilidades em uma ordem que combine com os tratamentos baseados em evidências existentes.

3. Os próprios métodos terapêuticos são empíricos. Os métodos terapêuticos usados na TCC se baseiam nas observações dos clientes, nos registros pontuais das experiências dos clientes e nos testes ativos das crenças e comportamentos dos clientes. Todos esses são métodos terapêuticos baseados em dados. Por exemplo, é mais útil que os terapeutas orientem os clientes a examinar as evidências em suas vidas para que juntos possam considerar quais crenças combinam melhor com suas experiências em vez de tentar convencê-los de que um pensamento ou pressuposto particular é errôneo (Padesky, 1993a). As folhas de exercícios em *A mente vencendo o humor* podem ser usadas para registrar observações e estruturar experimentos que os clientes executam quando examinam novos e antigos comportamentos e crenças. Por fim, os terapeutas e os clientes avaliam quais habilidades estão fazendo a diferença e se a terapia está conduzindo aos tipos de mudanças que os clientes querem, avaliando e acompanhando os estados de humor à medida que a terapia prossegue.

Um princípio fundamental da terapia baseada empiricamente é que os terapeutas se mantenham abertos e flexíveis em sua seleção das abordagens. Conforme descrito anteriormente neste capítulo, os terapeutas que praticam a TCC se empenham para ter conhecimento de vários métodos de tratamento empiricamente apoiados e saber quando usá-los dentro de uma conceitualização de caso individualizada. Os alvos de mudança (p. ex., estados de humor, comportamentos, pensamentos, sintomas físicos) são avaliados regularmente, e, se não estiver ocorrendo melhora no ritmo esperado, a terapia é modificada de formas compatíveis com princípios de tratamento empiricamente apoiados.

Por exemplo, se a ansiedade social de um cliente não está melhorando depois de várias semanas de prática de intervenções para esse quadro (conforme descrito no Capítulo 11 deste guia), o terapeuta e o cliente refletem sobre quais mudanças devem ser feitas na terapia. Se a ansiedade social for tão alta que o cliente tem dificuldade para focar durante as interações sociais, eles podem decidir tornar as situações sociais menos intensas. Eles não criariam um plano de tratamento que encorajasse a evitação porque pesquisas demonstram que evitação piora a ansiedade. Se o cliente vem praticando as habilidades em situações que praticamente não despertam ansiedade, eles provavelmente irão decidir que o cliente precisa praticar habilidades em situações mais desafiadoras para obter um efeito positivo no tratamento.

As abordagens terapêuticas baseadas em evidências não são associadas a métodos passo a passo, do tipo "tamanho único". Frequentemente os clientes requerem uma abordagem de "mistura e combina", sobretudo quando existem condições comórbidas. Considere Pauline, que chegou à terapia querendo aprender as abordagens de atenção plena e aceitação para ajudar a controlar sua ansiedade. Ela também estava gravemente deprimida e lutava contra pensamentos negativos frequentes, os quais tinha dificuldades de controlar durante a prática de atenção plena. Conforme descrito no Capítulo 9 deste guia, pesquisas sugerem que atenção plena e aceitação seriam mais úteis para Pauline depois que sua depressão começasse a diminuir. *A mente vencendo o humor* poderia ajudá-la se seguisse o Guia de Leitura para Depressão (ver p. 472 no Apêndice A) e aprendesse a praticar ativação comportamental e a usar registros de pensamentos para manejar seus pensamentos negativos relacionados à depressão antes de focar na ansiedade. Quando Pauline descobrisse muitas evidências que apoiassem um dos seus pensamentos "quentes" angustiantes, ela poderia passar a usar a Folha de Exercícios 10.3, Aceitação (*A mente vencendo o humor*, p. 125), e a Folha de Exercícios 10.2, Plano de ação (*A mente vencendo o humor*, p. 121), em vez de continuar apenas com os registros de pensamentos.

Quadro de lembretes

Para cada tópico abordado neste guia, os capítulos relevantes descrevem/incluem:

- Princípios de tratamento baseados em evidências e como são incorporados a *A mente vencendo o humor*.
- Métodos de tratamento apoiados empiricamente com referência a folhas de exercícios de *A mente vencendo o humor*.
- Guias para a resolução de problemas para entraves e desafios comuns.

Princípio 4. Enfatize a aquisição de habilidades e melhoras duradouras

Todos aqueles que já leram até aqui este guia estão bem conscientes da ênfase que a TCC e *A mente vencendo o humor* colocam na aquisição de habilidades do cliente. A ênfase no desenvolvimento de habilidades é apoiada por uma crescente base de evidências relacionando a competência e prática das habilidades do cliente com os resultados positivos na terapia e melhoras duradouras (isto é, índices de recaída mais baixos), pelo menos para depressão. Por exemplo, Neimeyer, Kazantis, Kassler, Baker e Fletcher (2008) constataram que a prática de habilidades da terapia cognitiva por meio de tarefas de casa (quantidade) e o domínio dessas habilidades demonstrado por essas tarefas de casa (qualidade) estavam relacionados a resultados positivos no tratamento para depressão. O entendimento e a competência dos clientes no uso das habilidades da TCC são mediadores para a recuperação de depressão (Jarrett et al., 2018). Clientes que pontuaram mais alto na medida das habilidades da terapia cognitiva (Jarrett et al., 2011) tinham maior redução nos sintomas de depressão tanto na terapia cognitiva (tratamento na fase aguda) quanto na continuação da terapia cognitiva (empregada depois que um curso de TCC com os clientes determinou estarem em risco mais elevado de recaída).

A mente vencendo o humor ensina especificamente as habilidades comportamentais e cognitivas avaliadas na medida de habilidades da terapia cognitiva. Assim, uma vez que ajuda os leitores a ter domínio sobre essas habilidades, levantaríamos a hipótese de que *A mente vencendo o humor* pode ser uma ferramenta importante para atingir resultados positivos e duradouros no tratamento para depressão. Foi obtido apoio preliminar para essa hipótese em um estudo que investigou o impacto da prática de diferentes habilidades no alívio dos sintomas de depressão. O estudo examinou os resultados de uma terapia de grupo de 14 semanas para depressão baseada na primeira edição de *A mente vencendo o humor* (Hawley et al., 2017). Tanto a prática de ativação comportamental quanto a reestruturação cognitiva (p. ex., registros de pensamentos) fora das sessões de grupo estavam correlacionadas a redução significativa nos sintomas de depressão. A prática de habilidades em casa que focava nas crenças nucleares estava associada a aumento significativo nos sintomas de depressão. Esses achados sugerem que, pelo menos no tratamento de depressão aguda, é mais benéfico focar na ativação comportamental e reestruturação cognitiva do que nas crenças nucleares. O estudo de Hawley e colaboradores (2017) apoiou nossa decisão de reduzir a ênfase no trabalho com as crenças nucleares em *A mente vencendo o humor*.

Aquisição de habilidades em terapia de casal

A TCC com casais enfatiza as habilidades de relacionamento, além de muitas das mesmas habilidades ensinadas na terapia individual. Em suma, a TCC com casais comumente aborda algumas ou todas estas nove habilidades: (1) conceitualização dos problemas do casal, (2) manejo de crise quando necessário (p. ex., quando a raiva leva à violência), (3) comportamentos interativos positivos, (4) identificação e teste de pensamentos e pressupostos subjacentes, (5) habilidades de comunicação, (6) identificação e exposição de questões subjacentes à raiva, (7) estratégias para resolução de problemas, (8) trabalho com crenças nucleares (quando necessário) e (9) manejo de recaída (Dattilio & Padesky, 1990, p. 76-77).

Quase todos os capítulos de *A mente vencendo o humor* ensinam habilidades que podem ser úteis durante um ou mais desses estágios da terapia de casal, conforme mostra a Tabela 14.1. Raiva, culpa e vergonha são estados de humor comuns relatados durante dificuldades de relacionamento, e o Capítulo 15 de *A mente vencendo o humor* oferece aos casais uma perspectiva concisa desses estados de humor e exercícios para guiar o trabalho com eles. Quando pensamentos automáticos se somam ao estresse no relacionamento porque interferem nas práticas da boa comunicação, alimentam a raiva e bloqueiam interações positivas, os capítulos sobre registro de pensamentos de *A mente vencendo o humor* (Capítulos 6 a 9) podem ajudar cada membro do casal a identificar e testar os pensamentos automáticos. Quando os membros de um casal precisam resolver problemas e/ou desenvolver maior aceitação das idiossincrasias um do outro que provavelmente não vão mudar, eles podem se voltar para o capítulo que ensina o uso de planos de ação e aceitação (Capítulo 10 de *A mente vencendo o humor*).

Um casal pode aprender muitas dessas habilidades com *A mente vencendo o humor* fora da sessão de terapia, liberando o terapeuta para dispender mais tempo da sessão na resolução de dificuldades no relacionamento. Muitas dificuldades no relacionamento provêm de pressupostos subjacentes disfuncionais, como mostra o exemplo

TABELA 14.1 Terapia de casal: usos potenciais para os capítulos de *A mente vencendo o humor*

Habilidades na terapia de casal	Capítulos de *A mente vencendo o humor*
Fatores contribuintes e mantenedores dentro e fora da relação	2. Compreendendo seus problemas
Relacionar pensamentos e estados de humor	3. É o pensamento que conta
Identificar e avaliar estados de humor	4. Identificando e avaliando estados de humor
Definir objetivos; identificar sinais de melhora	5. Definindo objetivos pessoais e observando melhoras
Identificar e testar pensamentos automáticos	6-9. Capítulos sobre registro de pensamentos
Desenvolver planos para a resolução de problemas mútuos; estimular maior aceitação das características dos parceiros que provavelmente não vão mudar	10. Novos pensamentos, planos de ação e aceitação
Identificar e testar pressupostos subjacentes	11. Pressupostos subjacentes e experimentos comportamentais
Desenvolver novas crenças nucleares; introduzir gratidão e atos de gentileza	12. Crenças nucleares
Manejar raiva, culpa e vergonha	15. Compreendendo a raiva, a culpa e a vergonha

anterior com Jayda e Wanda na discussão da conceitualização de caso em TCC neste capítulo. O Capítulo 11 de *A mente vencendo o humor* apoia o trabalho que está sendo feito nas sessões de terapia mostrando aos casais como identificar seus pressupostos subjacentes e testá-los com experimentos comportamentais.

Os terapeutas que desejam saber mais sobre TCC com casais podem ler Dattilio (2010), que descreve a TCC para casais e famílias em mais profundidade do que o espaço permite aqui. Um recurso adicional para casais é *Love is never enough* (Beck, 1988). Exemplos de casos no livro de Beck mostram aos leitores como avaliar e modificar pensamentos comuns que mantêm conflitos e mal-entendidos no relacionamento.

MÉTODOS DE DESCOBERTA GUIADA EM TCC

Até aqui discutimos os papéis da conceitualização de caso, colaboração, empirismo e aquisição de habilidades do cliente na TCC. Se você combinar os princípios da colaboração e do empirismo, terá uma justificativa para o uso de métodos designados como "descoberta guiada". A descoberta guiada inclui uma variedade de métodos planejados para ajudar as pessoas a testar e avaliar a credibilidade e/ou utilidade dos seus pensamentos, pressupostos e comportamentos:

- métodos baseados na discussão (p. ex., diálogo socrático);
- métodos escritos (p. ex., registros de pensamentos e outros exercícios incluídos em *A mente vencendo o humor*);
- métodos cognitivos (p. ex., experimentos imaginários);
- métodos comportamentais (p. ex., dramatizações, experimentos comportamentais).

A descoberta guiada ajuda as pessoas a focar nas partes relevantes da sua experiência para evitar julgamentos globais e aprender a construir visões mais equilibradas (Beck et al., 1979).

Descoberta guiada inserida em *A mente vencendo o humor*

A mente vencendo o humor é escrito no estilo da descoberta guiada. Cada capítulo traz exercícios e folhas de exercícios para estimular observações ativas e faz perguntas para guiar a descoberta dos leitores dos princípios fundamentais. As folhas de exercícios ajudam os clientes a resumir as informações que descobriram e lhes faz perguntas que guiam a aplicação do que foi aprendido aos seus próprios problemas. Os terapeutas podem padronizar seu questionamento nas sessões de terapia segundo os tipos de perguntas fornecidas em *A mente vencendo o humor*. Por exemplo, *A mente vencendo o humor* contém perguntas para ajudar os leitores a detectar pensamentos automáticos (p. 55), encontrar informações que não apoiam uma crença angustiante (p. 76) e aprender com experimentos comportamentais (p. 138).

Boas estratégias de questionamento são apenas um aspecto da descoberta guiada. Experimentos comportamentais, dramatizações, observações por escrito e outros métodos empíricos são usados para avaliar crenças, comportamentos, estados de humor e planos para mudança. As folhas de exercícios e o texto em *A mente vencendo o humor* encorajam os clientes a testar as crenças ativamente, considerar interpretações alternativas para os acontecimentos, experimentar novos comportamentos e registrar observações que possam apoiar a mudança. Os quatro clientes descritos em *A mente vencendo o humor* ilustram aspectos da descoberta guiada ao expressarem ceticismo (Paulo nas páginas iniciais do Capítulo 2), enfrentarem dados que são difíceis de aceitar (Marisa no Capítulo 8) e conduzirem experimentos para tentar mudar as reações emocionais e o comportamento (Márcia e outros no Capítulo 11). Assim, o compromisso com a curiosidade e a exploração que um terapeuta em TCC estabelece nas sessões de terapia é apoiado pela utilização de *A mente vencendo o humor* em casa.

Mesmo a decisão de usar ou não *A mente vencendo o humor* pode ser tomada por meio da descoberta guiada. Discuta com o cliente os prós e os contras de acrescentar este livro de exercícios à terapia e proponha seu uso experimental por algumas semanas para ver como ele ajuda ou dificulta o progresso da terapia. Você pode experimentar diferentes abordagens para usar o livro de exercícios. Por exemplo, vocês podem trabalhar juntos nas folhas de exercícios de *A mente vencendo o humor* em duas sessões, e seu cliente pode trabalhar sozinho nas folhas de exercícios entre duas sessões posteriores. Depois disso, você pode discutir e avaliar se e o quanto é necessária a sua orientação como terapeuta para maximizar a aprendizagem do seu cliente. Outras formas de introduzir *A mente vencendo o humor* colaborativamente à terapia são discutidas no Capítulo 2 deste guia.

Diálogo socrático: quatro passos

Os terapeutas frequentemente usam o diálogo socrático para ajudar os clientes a avaliar seus pensamentos e fazer outras descobertas na terapia (Padesky, 1993a, 2019; Overholser, 2018). No diálogo socrático, um terapeuta em TCC faz uma série de perguntas para ajudar os clientes a descobrirem seus próprios significados alternativos, em vez de indicar diretamente informações que contradizem crenças mal-adaptativas. Padesky (1993a, 1996; ver também Padesky [1996] no Apêndice C, p. 479) descreveu um modelo de quatro passos para o diálogo socrático:

1. Fazer uma série de perguntas para identificar informações relevantes que estão fora da consciência atual do cliente.
2. Ouvir empaticamente e fazer reflexões acuradas.
3. Resumir as informações reunidas nas próprias palavras do cliente.
4. Fazer perguntas sintetizadoras e analíticas para estimular o cliente a aplicar as informações resumidas à crença original e/ou aos esforços de mudança.

Perguntas informacionais adicionais devem ser motivadas pela curiosidade, não pela intenção de provar que alguma coisa está errada. A escuta empática inclui ouvir o que alguém diz, além de manter-se alerta às informações que podem estar faltando. Os resumos são uma parte central do processo e funcionam melhor quando são anotados; dessa forma, tanto o terapeuta quanto o cliente podem ver as informações e processá-las melhor. Um resumo por escrito oferece um recurso com informações para ajudar o cliente a responder às perguntas sintetizadoras (p. ex., "Como essas informações combinam com a sua crença?") e as analíticas (p. ex., "O que você faz com essas informações? Como essas ideias poderiam ajudá-lo nesta semana?"). Os terapeutas podem dominar a arte do diálogo socrático com a prática.

Por exemplo, imagine uma pessoa que diz: "Sou um completo fracasso". Se você disser a essa pessoa "Espere um pouco. Você é bem-sucedido no trabalho, você tem três filhos que o amam, e sua vida é boa em geral. Como isso é um fracasso?", ela provavelmente vai responder: "Você não entende..." ou "Sim, mas...". Oferecer diretamente uma perspectiva alternativa a uma pessoa angustiada raramente será útil. Mesmo que aceite sua visão alternativa, a pessoa não aprendeu nada para ajudá-la a lidar com esse tipo de pensamento quando ele ocorrer no futuro. O diálogo a seguir, entre um terapeuta e Mateo, um assistente social lutando contra a depressão, ilustra o processo do diálogo socrático em quatro passos.

MATEO: Sou um completo fracasso.
TERAPEUTA: Há quanto tempo você se sente assim?
MATEO: Há alguns meses, apenas, mas agora vejo que isso sempre foi verdade.
TERAPEUTA: O que faz você pensar que é um fracasso?
MATEO: Não fiz nada de valor duradouro.
TERAPEUTA: Entendo. Não é de se admirar que você esteja desanimado, mas estou um pouco confuso com uma coisa.
MATEO: O que é?
TERAPEUTA: Você acha que alguma coisa no trabalho social que você tem feito por dez anos tem valor duradouro – para você ou para outra pessoa?
MATEO: Bem, não sei... Suponho que algumas das pessoas que nossa agência ajuda tenham se beneficiado.
TERAPEUTA: E o seu trabalho contribuiu de alguma maneira para esses benefícios?
MATEO: Sim. Ajudei inúmeras pessoas ao longo dos anos. Outras não consegui ajudar.
TERAPEUTA: Então você ajudou algumas pessoas, outras não.
MATEO: Sim.
TERAPEUTA: E em casa? Você contribuiu com alguma coisa para a sua família que tenha valor para você ou para eles?
MATEO: Meus filhos parecem felizes comigo. Eu tenho sido um bom pai, mas posso ver muitos aspectos em que poderia ser um pai melhor.
TERAPEUTA: Se você quiser, podemos falar sobre isso em seguida, mas primeiro vamos anotar algumas dessas experiências que você teve. (*Revisa o que Mateo disse e faz uma pausa enquanto ele anota essas observações*) Estou me perguntando como as pessoas que você ajudou no trabalho e as coisas boas que você fez como pai combinam com a ideia de que não fez nada de valor.
MATEO: (*Tranquilamente*) Não combinam, na verdade. Acho que fiz algumas coisas que são boas, mas, quando fico deprimido, tudo o que consigo ver é a mosca na sopa.
TERAPEUTA: Certo. É importante saber isso. Vamos conversar sobre a mosca na sopa que o está incomodando agora. E também vamos ter em mente a sua observação de que você fez algumas coisas boas na vida, mesmo que elas sejam difíceis de lembrar quando se sente deprimido.

Como mostra esse diálogo, às vezes alguns minutos de questionamento podem ajudar alguém a recordar experiências associadas a uma perspectiva alternativa. Depois que os clientes são estimulados a recordar experiências reais na vida, será mais provável que encontrem perspectivas alternativas mais críveis, pois estão baseadas nas informações que eles mesmos sugeriram. Quando crenças e comportamentos estão firmemente arraigados, pode ser necessária uma mistura de testes ativos (p. ex., experimentos comportamentais, dramatizações, exercícios de criação de imagens) com diálogo socrático (usado para extrair aprendizagem deles) antes que ocorram mudanças na perspectiva. Para mais informações sobre o diálogo socrático, ver Padesky (1993a, 1996, 2019), Kennerley e colaboradores (2017) e Padesky e Kennerley (2020). Mais informações sobre esse processo em quatro passos e exemplos clínicos adicionais podem ser encontrados no Capítulo 7 deste guia.

APLICAÇÕES CRIATIVAS DE *A MENTE VENCENDO O HUMOR*: USO E ABUSO DE SUBSTÂNCIA

Ao longo dos anos, os terapeutas têm usado *A mente vencendo o humor* com uma diversidade de problemas que vão além do foco original deste livro no estado de humor. Devido a limitações de espaço, destacamos apenas brevemente algumas das formas como *A mente vencendo o humor* é empregado pelos terapeutas e os programas de tratamento para abordar o uso e abuso de substâncias. Considere esta como uma amostra das dezenas de formas criativas pelas quais os terapeutas integram *A mente vencendo o humor* à terapia. Para uma descrição mais completa da TCC para uso de substâncias, ver Mitcheson e colaboradores (2010).

Crenças permissivas

A TCC pode ajudar as pessoas a reduzirem a frequência e a gravidade do uso e abuso de álcool ou outra substância desvendando, examinando e alterando pensamentos e pressupostos que acompanham a compulsão pelo uso. Por exemplo, pensamentos como "Preciso dessa droga para aliviar minha dor", "Vou ser mais sociável se beber um pouco de álcool" ou "Não vou conseguir lidar com isso se não usar" comumente acompanham a compulsão por beber ou usar drogas. O uso de substância é frequentemente acompanhado por crenças permissivas, que podem ser identificadas como pressupostos subjacentes (p. ex., "Se eu tive um dia muito difícil hoje, então mereço um drinque", "Se a minha dor está num nível tão alto como este, então preciso usar essa droga").

Esses pensamentos podem ser identificados, testados e, por fim, substituídos por pensamentos alternativos usando as habilidades ensinadas em *A mente vencendo o humor* nos capítulos sobre registro de pensamentos (Capítulos 6 a 9) e/ou Capítulo 11, Pressupostos subjacentes e experimentos comportamentais.

Geralmente é útil colaborar com os clientes no estabelecimento dos experimentos comportamentais para avaliar essas crenças, em vez de simplesmente argumentar contra o uso de drogas ou álcool, conforme ilustrado no exemplo a seguir.

Experimentos comportamentais para testar os benefícios do uso de drogas

Geoff, um mecânico de 21 anos, entrou em terapia por insistência de seus pais, que estavam preocupados com sua depressão. Na admissão, ele revelou que estava usando cocaína quase diariamente para lidar com um "humor miserável". Embora estivesse disposto a se submeter a tratamento para depressão, Geoff não queria discutir seu vício em cocaína porque "não é prejudicial; é uma das poucas coisas que fazem com que eu me sinta melhor". Quando seu terapeuta sugeriu que a cocaína poderia na verdade estar contribuindo para a sua depressão, Geoff reiterou que a cocaína não era um problema para ele e que não queria mais falar sobre isso.

O terapeuta de Geoff pediu que ele lesse o Capítulo 1 de *A mente vencendo o humor*, Como *A mente vencendo o humor* pode ajudá-lo, e o Capítulo 13, Compreendendo sua depressão, para aprender mais sobre depressão. Geoff concordou em preencher a Folha de Exercícios 13.4, Registro de Atividades (*A mente vencendo o humor*, p. 199), para acompanhar seu humor deprimido. Como Geoff achava que a cocaína era um importante "estimulante do humor" para ele, seu terapeuta sugeriu que também marcasse seu uso de cocaína na folha de exercícios. O Registro de Atividades que Geoff trouxe para a consulta seguinte revelou vários padrões. Primeiro, embora ele estivesse deprimido durante a semana, suas avaliações do humor flutuaram consideravelmente. Além do mais, diferentemente da crença de Geoff, o uso de cocaína nem sempre foi seguido de melhora no humor. Mesmo quando seu estado de humor não melhorava depois de cheirar cocaína, Geoff notou que sua depressão sempre piorava várias horas mais tarde.

Embora uma semana de dados não tenha mudado a crença de Geoff ou sua disposição para parar de usar cocaína, o terapeuta persistiu no uso da descoberta guiada para aumentar a consciência de Geoff de alguns dos custos negativos do uso da droga. Depois de quatro semanas de terapia, Geoff estava disposto a começar a realizar experimentos em que reduzia seu uso de cocaína quando se sentisse deprimido. Ele identificou e testou suas crenças associadas à depressão e ao uso da droga. Um mês mais tarde, começou a experimentar abstinência prolongada de cocaína e um decréscimo perceptível na depressão. Por fim, Geoff parou totalmente de usar cocaína. Também reduziu sua compulsão de beber e passou a consumir no máximo duas ou três cervejas nos fins de semana, como um compromisso com ele mesmo de não beber nada quando estivesse deprimido ou abalado.

Manejo do humor

Clientes com problemas de uso de substâncias frequentemente evitam ou têm dificuldades com estados de humor. As informações básicas no Capítulo 4 de *A mente vencendo o humor*, Identificando e avaliando estados de humor, são importantes de ser aprendidas no começo da terapia. Depois que as pessoas conseguem identificar e avaliar os estados de humor, elas são capazes de aprender a entender seus desencadeantes e novas estratégias para enfrentá-los. Um fator complicador pode ser que algumas pessoas fazem uso de álcool e drogas para anestesiar seus estados de humor, e essas pessoas frequentemente não estão muito motivadas para mudar seu comportamento. A folha de exercícios Vantagens e desvantagens de atingir e não atingir meus objetivos, no Capítulo 5 de *A mente vencendo o humor*, pode ser usada como parte de uma entrevista motivacional (Miller & Rollnick, 2013) para identificar os custos e benefícios de usar drogas e álcool e as alternativas para seu uso. Antes de introduzir essa folha de exercícios, revise a seção sobre seu uso no Capítulo 3 deste guia que alerta que é melhor examinar apenas as vantagens da mudança quando as pessoas ainda não estão comprometidas com um objetivo particular.

A mente vencendo o humor pode ser usado conforme descrito ao longo deste guia para ajudar as pessoas com problemas de uso de substâncias a atenuar dificuldades de humor associadas. *A mente vencendo o humor* é muito apropriado para abordar estados de humor que comumente acompanham o uso de substâncias: depressão, ansiedade, raiva, culpa e vergonha. As seções sobre medicação nos capítulos sobre depressão e ansiedade (Capítulos 13 e 14 de *A mente vencendo o humor*) abordam o risco de adição, uma preocupação comum com clientes que estão em recuperação de dependência química.

Problemas na vida e nos relacionamentos

Algumas pessoas que lutam contra a adição convivem com dor crônica, limitações físicas e outros problemas da vida. Outras enfrentam dificuldades nos relacionamentos ou prejuízos sociais (p. ex., discriminação racial ou altos índices de desemprego na comunidade) que parecem impossíveis de resolver. As estratégias para a resolução de problemas descritas no Capítulo 10 de *A mente vencendo o humor* (Novos pensamentos, planos de ação e aceitação) podem ajudar os clientes a desenvolver respostas para enfrentar esses tipos de circunstâncias difíceis na vida. Os exercícios de aceitação no mesmo capítulo podem ajudá-las a manejar dificuldades crônicas que não podem ser mudadas ou que podem mudar muito lentamente.

Como exemplo, Jim era viciado em fentanil. Ele estava desempregado e vivia sozinho em um prédio de apartamentos em ruínas em um bairro muito pobre. Jim tinha menos recursos internos e externos que Geoff, o mecânico empregado que abusava de cocaína. Seu terapeuta se transformou em um recurso estável para Jim, ajudando-o a criar um plano em pequenas etapas para melhora. O primeiro passo foi participar de um programa médico de desintoxicação na comunidade. O segundo foi encontrar uma moradia segura e livre de drogas. Com o tempo, o terapeuta ajudou Jim a entrar em um grupo de apoio e a encontrar e manter um emprego. Cada uma dessas mudanças desencadeou estados de humor e crenças adaptativos e mal-adaptativos. Eles identificaram e testaram as crenças de Jim que interferiam no seu progresso, usando registros de pensamentos e experimentos comportamentais conforme ensinados em *A mente vencendo o humor*.

Compatibilidade de *A mente vencendo o humor* com programas de tratamento

A mente vencendo o humor é compatível com muitos programas de 12 passos, incluindo Alcoólicos Anônimos (AA), Narcóticos Anônimos e Al-Anon, e também com Recuperação Racional, SMART Recovery e outros programas especializados no tratamento de dependência de álcool e drogas. Os programas de tratamento que oferecem terapia de grupo podem usar *A mente vencendo o humor* seguindo os princípios da terapia de grupo descritos no Capítulo 15 deste guia. Os facilitadores de programas de 12 passos podem selecionar capítulos particulares de *A mente vencendo o humor* para ajudar seus membros a completar os passos com sucesso e evitar as armadilhas comuns.

Por exemplo, o quarto passo de um programa do AA pede que os membros "façam um inventário moral minucioso e destemido", e o quinto passo direciona os membros para admitirem as falhas "perante o poder superior, perante nós mesmos e outro ser humano" (Alcoólicos Anônimos, 1976, p. 59).

Alguns membros do AA respondem a esses passos de forma exagerada e se culpam totalmente por todos os infortúnios na vida. Autoacusação extrema pode levar a sentimentos devastadores de desesperança e autorreprovação, o que, por sua vez, pode aumentar o risco de um membro voltar a abusar de substâncias. Os membros do programa podem trabalhar construtivamente com sua culpa e vergonha usando exercícios retirados do Capítulo 15, Compreendendo a raiva, a culpa e a vergonha. Por exemplo, a Folha de Exercícios 15.7, Usando uma torta de responsabilidades para culpa ou vergonha (*A mente vencendo o humor*, p. 265), pode ajudar os membros do AA a reconhecerem sua responsabilidade sem se atribuírem autoculpa excessiva. Esse método é particularmente útil para pessoas que são propensas a aceitar culpa e responsabilidade excessiva por seus problemas, ao mesmo tempo que ignoram outros fatores contribuintes. A Folha de Exercícios 15.8, Fazendo reparações por ter prejudicado alguém (*A mente vencendo o humor*, p. 266), oferece um modelo para trabalhar o quinto passo de um programa do AA.

Manejando recaída

O manejo de recaída é uma parte importante de qualquer programa de tratamento para abuso de substâncias. O Capítulo 16 de *A mente vencendo o humor*, Mantendo seus ganhos e experimentando mais felicidade, pode ser um recurso particularmente útil para essa parte do tratamento. Além de revisar as habilidades aprendidas na terapia, esse capítulo inclui a Folha de Exercícios 16.2, Meu plano para reduzir o risco de recaída (*A mente vencendo o humor*, p. 278). Essa folha de exercícios pode ser usada para identificar situações de alto risco para uso de substâncias, os primeiros sinais de alerta de risco e um plano de ação para evitar recaída.

Muitas pessoas que lutam contra uso de substâncias ou adição se identificam com Vítor, o cliente em recuperação de alcoolismo que é um dos quatro principais personagens descritos ao longo de *A mente vencendo o humor*. Elas podem ler em detalhes, nos Capítulos 8 e 9, como ele usou as folhas de exercícios de *A mente vencendo o humor* para prevenir recaída de alcoolismo durante um período de raiva intensa com sua esposa, Júlia. O Capítulo 10 (Novos pensamentos, planos de ação e aceitação) mostra como Vítor definiu um plano de ação para lidar com sua raiva e melhorar seu relacionamento com Júlia, ao mesmo tempo que manteve sua sobriedade.

GUIA PARA A RESOLUÇÃO DE PROBLEMAS: USO DOS PRINCÍPIOS DA TCC

Este capítulo examina os princípios da TCC e como eles estão incorporados a *A mente vencendo o humor* e podem ser aprimorados pelo seu uso. A seguir, apresentamos alguns exemplos de dificuldades encontradas na terapia que esses princípios da TCC e/ou *A mente vencendo o humor* podem ajudar a resolver.

Recusa a discutir a origem cultural

A seção deste capítulo sobre conceitualização de caso na TCC descreveu a importância de investigar e incorporar aspectos relevantes da cultura do cliente. Embora a maioria das pessoas se mostre disposta a descrever sua origem cultural, algumas podem se retrair ou até mesmo ficar zangadas se você levantar essa questão. Quando isso ocorrer, examine o modo como você fez a sua indagação. Houve alguma coisa condescendente ou julgadora no seu tom de voz ou linguagem? Considere a diferença entre "Conte-me como era para um negro crescer em St. Louis na década de 1950" e "Você acha que está sentindo isso porque é afro-americano?". A primeira pergunta é formulada para entender a origem do cliente, incluindo a raça. A segunda pergunta pode ser ouvida como depreciativa das reações ou emoções do cliente como estereótipos raciais.

Segundo, considere a natureza da sua relação com o cliente. Depois de estabelecida uma relação de confiança, a maioria dos clientes se sente confortável em discutir sua origem e cultura. A recusa em discutir a cultura pode indicar que a pessoa ainda não se sente segura na sua relação terapêutica. Se você tem uma relação terapêutica aparentemente boa, mas o cliente responde com irritação quando você pergunta sobre a cultura, é importante descobrir o significado que a pergunta tem para ele. Talvez a pessoa se preocupe que essa discussão da cultura possa criar distância no seu relacionamento, acentuando as diferenças entre vocês dois ou ativando preconceitos que você pode ter.

Os clientes também podem relutar a discutir a cultura se acharem suas perguntas ingênuas ou se sentirem irritados por você não ter tanto conhecimento quanto achavam que tinha. O diálogo a seguir ilustra essa circunstância e uma possível resposta terapêutica.

CHAPMAN: Minha infância? Apenas mais um menino negro que cresceu em St. Louis.

TERAPEUTA: Como era para um negro crescer em St. Louis na década de 1950?

CHAPMAN: (*Com irritação*) Não vou falar com você sobre isso!

TERAPEUTA: Você parece zangado. A minha pergunta o ofendeu de alguma maneira?

CHAPMAN: Não, mas estou farto de ter que ensinar terapeutas brancos sobre a experiência do negro. Como você acha que era?

TERAPEUTA: Eu imagino que era difícil. Posso até imaginar algumas das experiências que você deve ter tido, mas não quero presumir nada, porque eu sei que pessoas diferentes têm experiências diferentes, e quero assegurar que entendo acuradamente as suas.

CHAPMAN: (*Em um tom sarcástico*) Sim, com certeza.

TERAPEUTA: Você disse que está cansado de educar terapeutas brancos. Já teve que fazer isso muitas vezes?

CHAPMAN: Sim. Certa vez eu passei sete semanas contando a uma terapeuta estagiária em uma clínica sobre como era para mim, e então ela simplesmente foi embora porque seu tempo tinha acabado. Ela nem mesmo me disse que só iria ficar ali por alguns meses. Eu gastei todo o meu tempo ajudando-a e não recebi nenhuma ajuda de volta.

TERAPEUTA: Isso também me deixaria com raiva. Quais foram suas outras experiências com terapia?

CHAPMAN: Outro terapeuta achava que sabia tudo sobre a experiência dos negros por causa de algum curso que fez na faculdade. Ele na verdade me corrigia quanto ao meu entendimento do progresso dos direitos civis. E a última terapeuta ficava perguntando repetidamente: "Como é isso para um negro?". Isso era tudo o que eu era para ela – negro.

TERAPEUTA: Agora eu entendo por que está zangado. Você não quer perder seu tempo me ensinando ou ouvindo meus preconceitos ou sentimentos ou sentindo como se eu o estivesse vendo apenas como um negro.

CHAPMAN: É isso mesmo.

TERAPEUTA: Bem, também não quero fazer nenhuma dessas coisas. Ao mesmo tempo, eu gosto de perguntar a todos os meus clientes como as coisas eram para eles enquanto cresciam. Aposto que suas experiências passadas afetam seus sentimentos, crenças e reações a coisas que acontecem hoje. Posso interpretar mal se você não me contar nada a respeito. Como podemos resolver isso?

CHAPMAN: Não me importo de lhe contar sobre a minha vida. Só não quero um amontoado de culpa branca ou uma reação exagerada.

TERAPEUTA: Dê um exemplo do que você quer dizer.

CHAPMAN: Eu passei por algumas coisas violentas terríveis em St. Louis e vi minha família passar pelo pior, mas já lidamos como isso. Não quero ajudar você a lidar com isso. Esse é um trabalho seu a ser feito. Não aqui.

TERAPEUTA: Então, quando me contar essas coisas, você prefere que eu não expresse empatia – apenas escute e pergunte sobre suas reações e como você lidou com elas?

CHAPMAN: Exatamente.

TERAPEUTA: Então me deixe resumir o que eu entendi. Vamos falar sobre o seu passado, mas apenas se ele estiver relacionado com seus problemas atuais e puder ajudá-lo, não para minha educação ou por curiosidade. Quando você me contar coisas, não vou expressar muito pesar ou empatia, pois você já resolveu essas coisas, e a minha empatia pode parecer "culpa branca" para você.

CHAPMAN: Você entendeu.

TERAPEUTA: Mais duas perguntas. Geralmente eu sinto e expresso pesar quando escuto coisas dolorosas que as pessoas vivenciaram. Então, se eu parecer pesarosa, você vai entender que essa é a minha reação e que eu vou lidar com ela – que você não tem que fazer isso?

CHAPMAN: É justo.

TERAPEUTA: Segunda pergunta, como vou saber se você quer apoio para examinar seus sentimentos e reações a acontecimentos na sua vida? Na semana passada você me disse que algumas vezes quer evitar sentimentos, e quando eu o estimulei você descobriu que isso ajuda a resolvê-los.

CHAPMAN: É verdade. Bem, você pode me perguntar se eu estou evitando e se está tudo bem seguir em frente com mais alguma coisa. Eu vou ser honesto com você.

Terapeuta: Certo. Vamos experimentar isso hoje. Vai me ajudar saber onde você se coloca e por quê. Vou verificar nas próximas sessões para ver como você acha que estou me saindo ao seguir as diretrizes que nós elaboramos. E, se eu pisar nos seus calos, você me diz.

Chapman: Oh, digo sim! (*Rindo*)

Terapeuta: (*Rindo*) Tenho certeza de que vai. (*Pausa*) Agora, que tal me contar como era para um negro crescer em St. Louis na década de 1950? Conte-me as partes que achar relevantes para a ansiedade que você está sentindo agora.

A terapeuta de Chapman perguntou e ouviu atentamente as razões para a sua raiva. Os acontecimentos relevantes e suas reações foram identificados e resumidos. A terapeuta explicou claramente sua visão de por que conhecer a história dele era importante para a terapia. A seguir, ela colaborou com Chapman para elaborar um plano para discutir sua origem de uma forma que pudesse ajudá-lo em vez de causar danos a ele e à relação terapêutica. Por fim, eles combinaram de avaliar seu plano com o tempo. Ela indicou que Chapman poderia lhe dar *feedback* negativo caso ela não o ajudasse da forma que eles discutiram. Trabalhando colaborativamente, eles resolveram o entrave potencial para essa sessão e planejaram os passos para a resolução de entraves futuros que poderiam surgir.

Rupturas na terapia

Violações percebidas da confiança ou do respeito

O progresso do cliente provavelmente será afetado se violações reais ou percebidas da confiança ou do respeito perturbarem a relação terapêutica. Esta é outra razão para que nós, como terapeutas, solicitemos regularmente *feedback* de como nossos clientes estão reagindo aos procedimentos da terapia e como nós encaramos a terapia. Os clientes se sentem mais confortáveis expressando esses tipos de preocupações quando podem dar *feedback* em cada sessão. Receber o *feedback* regular dos clientes possibilita discutir rupturas ocultas na aliança terapêutica para que elas possam ser resolvidas mutuamente o mais rápido possível.

Como exemplo, quando foi solicitado seu *feedback* na sua quarta sessão, Roy disse que achava que sua terapeuta estava tentando apressá-lo a sair da sala no final de cada consulta. A terapeuta respeitosamente colaborou com Roy para entender e resolver esse problema.

Terapeuta: Só nos restam cinco minutos hoje, então eu gostaria do seu *feedback* sobre como está sendo a terapia para você até agora e as suas reações.

Roy: Bem, está indo muito bem.

Terapeuta: Você disse isso com alguma hesitação. Alguma coisa que poderia ser melhor em sua opinião?

Roy: Sim. É o encerramento a cada semana. Não gosto quando você olha para o relógio. É como se quisesse me apressar para sair daqui.

Terapeuta: O que exatamente eu faço que lhe dá essa impressão?

Roy: Bem, você sempre me diz quando faltam alguns minutos. E eu sempre vou embora entre dez e quinze minutos antes de acabar a hora. Eu achava que a terapia deveria durar uma hora.

TERAPEUTA: Então você imagina que isso significa que eu estou o apressando para sair mais rápido do que o habitual.

ROY: Sim.

TERAPEUTA: E como você se sente a respeito disso?

ROY: Parece que eu não tenho importância para você.

TERAPEUTA: Isso faz você se sentir triste? Ou com raiva? Ou alguma outra coisa?

ROY: Com um pouco de raiva. Eu quero ter o meu tempo integral.

TERAPEUTA: Fico feliz que você tenha trazido esse assunto. Você tem mais alguma coisa a dizer sobre o que isso significa para você, ou gostaria de ouvir o que significa para mim?

ROY: Eu gostaria de saber como você se sente.

TERAPEUTA: Primeiramente, não tenho consciência de ter sentimentos de que quero apressá-lo para ir embora. No entanto, sempre é possível que eu esteja me sentindo pressionada a me apressar algumas vezes. Se alguma vez eu me apressar, não acho que isso tenha a ver com você pessoalmente.

ROY: Mas você parece ter muita noção do tempo.

TERAPEUTA: Você tem essa impressão durante toda a sessão ou apenas no final?

ROY: Não no começo, nem no meio. Apenas no final, quando você me faz sair mais cedo.

TERAPEUTA: É aí que eu fiz um mau trabalho de comunicação com você, Roy. Veja bem, eu procuro encerrar todos os meus atendimentos dez minutos antes da hora. Eu utilizo o tempo depois que você sai e antes da minha próxima consulta para fazer anotações sobre o que conversamos e para escrever lembretes para mim mesma de quais tópicos acho importante discutirmos na sessão seguinte. Antes de nos encontrarmos, eu leio essas anotações e procuro me preparar para continuarmos nosso trabalho conjunto. Assim, embora nos encontremos por apenas 50 minutos, eu emprego cerca de uma hora em cada sessão.

ROY: Eu me perguntava como é que você se lembrava de tanta coisa sobre mim.

TERAPEUTA: Assim como eu peço que você anote coisas entre as sessões, eu também preciso fazer isso. Eu deveria ter lhe explicado isso claramente na nossa primeira sessão para que você soubesse que estaríamos juntos por apenas 50 minutos dessa hora. Sinto muito.

ROY: Bem, eu me sinto melhor sabendo que você faz isso com todos.

TERAPEUTA: Eu faço, sim, mas me pergunto se a forma como lhe digo que só restam cinco minutos também dificulta para você de alguma maneira.

ROY: Sim. Acho que sei por que você faz isso, mas algumas vezes me surpreende, porque algumas semanas o tempo passa muito rápido.

TERAPEUTA: Como seria para você se eu não dissesse: "Faltam cinco minutos"?

ROY: (*Pausa*) Seria pior para mim se chegasse o fim da sessão e eu não estivesse esperando por isso.

TERAPEUTA: Eu realmente o informo para que possamos abordar tudo o que você acha ser importante que seja discutido, mas talvez haja uma forma melhor de sinalizar isso para você.

ROY: Tem uma configuração no meu celular para dar um sinal em determinado momento a cada hora. Talvez eu possa configurar para acionar às 5h45, e então nós saberíamos.

TERAPEUTA: Ótima ideia. Você estaria disposto a fazer isso?

ROY: Sim. E então eu me sentiria um pouco mais no controle do nosso horário.

TERAPEUTA: Vamos experimentar isso na próxima semana. Vamos também pensar mais sobre essa discussão para ver se há mais alguma coisa a ser dita. Vou fazer uma anotação de que você se sente melhor quando está no controle do horário.

ROY: Certo.

TERAPEUTA: Antes de você sair, como está se sentindo agora sobre a nossa relação e sobre o que acabamos de discutir?

ROY: Melhor. Estou nervoso por ter trazido o assunto, mas feliz por ter feito.

TERAPEUTA: Também estou. Por favor, sempre traga qualquer inquietação que você tiver para que possamos ter a chance de trabalhar nela juntos.

ROY: Certo.

Em sua discussão, a terapeuta colaborou verdadeiramente com Roy para explorar suas inquietações. Ela pediu que ele descrevesse seus pensamentos e sentimentos sobre os encerramentos das sessões e também discutiu seus próprios pensamentos e sentimentos. Assumiu a responsabilidade pela sua comunicação inadequada sobre a duração da sessão em vez de encarar a questão como "tudo a ver com Roy". Depois que a situação foi entendida por ambos, eles discutiram soluções acordadas mutuamente. Se Roy não tivesse sugerido o alarme no seu celular, a terapeuta poderia ter se oferecido para colocar um relógio na sala de terapia para que ambos pudessem acompanhar o tempo. Alguns clientes expressam a preferência de que seu terapeuta indique o tempo restante da sessão com dez minutos de antecedência em vez de cinco minutos. Colaboração implica a resolução mútua do problema em vez de uma tomada de decisão unilateral. Por exemplo, a terapeuta não aceitaria uma solicitação de Roy para que as sessões se estendessem até que ele se sentisse pronto para encerrar.

Rupturas devido a questões do cliente ou do terapeuta

O diálogo entre Roy e sua terapeuta descreve uma ruptura na terapia que resultou de um mal-entendido sobre a estrutura da terapia. Um tipo mais grave de ruptura pode ocorrer quando os clientes não se sentem seguros na relação terapêutica. Um homem concluiu as tarefas de aprendizagem da terapia, mas não experimentou melhora na sua ansiedade porque não se sentia seguro em contar ao seu terapeuta seu temor central: de que poderia ser *gay*. Esse tipo de ruptura pode resultar de questões do cliente (p. ex., homofobia internalizada) ou do terapeuta (p. ex., um terapeuta que expressa viés consciente ou inconsciente contra pessoas *gays* nos formulários de ingresso e na linguagem usada durante a terapia). Para mais informações sobre a importância da relação e dos processos terapêuticos para a manutenção das boas relações com os clientes, leia Beck e colaboradores (2015) e Kazantzis e colaboradores (2017).

Algumas vezes, ocorrem rupturas na relação terapêutica devido a crenças, expectativas ou reações emocionais dos terapeutas aos clientes. Por exemplo, algumas vezes os terapeutas têm dificuldade para manter uma relação empática com clientes que descrevem dificuldades que se assemelham muito às experiências na vida atual do terapeuta. Uma terapeuta, cujo marido recentemente havia anunciado que iria se divorciar dela, procurou supervisão quando achou difícil focar nas preocupações de uma cliente que estava considerando se divorciar. *A mente vencendo o humor* oferece uma abordagem estruturada para os terapeutas identificarem e avaliarem os próprios pensamentos e estados de humor que estão interferindo durante as sessões de terapia. Eles podem preencher os registros de pensamentos, planos de ação, experimentos comportamentais e outros exercícios para entender e resolver seus próprios problemas. Esses recursos podem ser examinados com um colega, um supervisor ou com o terapeuta do próprio terapeuta ou podem ser mantidos privados.

Quando os clientes não melhoram

Embora a TCC ajude a maioria das pessoas a se sentir melhor, alguns clientes não melhoram, mesmo que tenham demonstrado boa adesão ao tratamento. Se você estiver usando *A mente vencendo o humor* com um cliente que não está melhorando, considere os seguintes fatores para identificar mudanças na sua terapia que podem levar a melhores resultados.

Conceitualização e diagnóstico

Duas razões comuns para que os clientes não melhorem são o terapeuta não ter conceitualizado o problema de uma forma útil ou não ter feito um diagnóstico acurado ou completo. Por exemplo, Mary sentia ansiedade intensa sempre que tinha *flashbacks* de ter sido estuprada. Embora tenha reconhecido sua história de estupro durante a entrevista de admissão, não mencionou mais nada nas discussões da sua ansiedade atual. Seu terapeuta não fez uma relação entre seu estupro prévio e sua ansiedade atual porque a agressão sexual havia acontecido dez anos antes, e Mary posteriormente havia passado vários anos com baixos níveis de ansiedade. O terapeuta lhe ensinou respiração controlada para manejar sua ansiedade, pois conceitualizou a ansiedade de Mary como associada a estresse geral e baixa capacidade de relaxamento. Mary não melhorou porque sua ansiedade estava relacionada ao trauma, não à baixa capacidade de relaxamento.

Muitos casos de conceitualização falha não são tão claros quanto a ansiedade de Mary. A maioria dos clientes tem múltiplos problemas, e uma conceitualização precisa considerar quais problemas são primários e se uma conceitualização consegue explicar todos eles.

O diagnóstico acurado também é importante, especialmente porque a TCC tem planos de tratamento específicos para muitos diagnósticos diferentes, conforme descrito nos Capítulos 9 a 12 deste guia. Se um cliente é diagnosticado com transtorno de pânico quando, na verdade, sofre de ansiedade social, o plano de tratamento para transtorno de pânico não será útil. Portanto, as primeiras perguntas que um terapeuta deve considerar quando um cliente não está melhorando são:

1. Identifiquei todos os diagnósticos corretos?
2. Estamos conceitualizando os problemas de uma forma que faça sentido para nós dois?
3. O plano de tratamento está abordando diretamente os fatores centrais e de manutenção?

Tratamentos adjuvantes

Algumas vezes um tratamento adjuvante será necessário para facilitar a melhora. Alguns clientes que experimentam estresse grave se beneficiam mais com a terapia se também estiverem tomando medicação. Pessoas com agorafobia podem melhorar parcialmente e então parar de melhorar, a menos que seja acrescentada terapia de casal ou de família para abordar as crenças e padrões comportamentais no sistema familiar que apoiam a evitação agorafóbica.

Experiência do terapeuta

Nenhum terapeuta é especializado em todos os problemas. Os problemas apresentados por um cliente podem estar incluídos em áreas nas quais o terapeuta é relativamente inexperiente. A inexperiência pode ser compensada por meio de mais leituras sobre o tratamento baseado em evidências que está sendo realizado e por consulta com um terapeuta com experiência. Os capítulos relevantes deste guia e as referências citadas em cada um podem ser um bom ponto de partida. Além disso, algumas vezes a melhor intervenção terapêutica será o encaminhamento a um terapeuta com maior conhecimento.

15

Terapia de grupo baseada em *A mente vencendo o humor*

Terapeuta 1: (*Ao telefone*) Acho que Ruby se encaixaria bem em um grupo para ansiedade social que estamos oferecendo na nossa clínica. O que você acha?

Terapeuta 2: Oh, a minha expectativa era que você pudesse atendê-la em terapia individual. Não tenho certeza se ela iria querer entrar em um grupo. Você não consegue atendê-la em terapia individual?

Muitos terapeutas e indivíduos que buscam terapia consideram a terapia de grupo uma "segunda opção". Isso é lamentável, pois há amplas evidências de que a terapia de grupo pode ser efetiva para muitas pessoas (Söchting, 2014). Além disso, ela oferece algumas vantagens sobre a terapia individual – incluindo oportunidades de apoio social e aprendizagem com os outros, custo mais baixo, os benefícios de ajudar outras pessoas que estão tendo dificuldades semelhantes e o uso mais otimizado dos recursos da terapia.

Todos os princípios da TCC apresentados neste guia se aplicam igualmente bem à terapia cognitivo-comportamental em grupo (TCCG). As mesmas abordagens ativas, diretivas, desenvolvedoras de habilidades e focadas no problema que são usadas na TCC individual e de casal também são usadas com grupos. A TCCG começa com a socialização para a terapia de grupo, enfatiza o desenvolvimento de habilidades e termina com o planejamento para o manejo de recaídas. Um terapeuta que atua em TCCG pode usar *A mente vencendo o humor* para ajudar a estruturar as sessões de grupo e as experiências de aprendizagem entre as sessões, conforme demonstramos ao longo deste capítulo.

Este capítulo tem três objetivos principais:

1. Descrever como *A mente vencendo o humor*, a TCC e a TCCG podem ser integradas de modo a utilizar os pontos fortes de cada uma.
2. Ilustrar como os terapeutas podem usar *A mente vencendo o humor* como um manual para terapia quando conduzirem grupos de tratamento específicos baseados em protocolos para transtornos do humor.
3. Demonstrar como os terapeutas podem adaptar criativamente os módulos de terapia de grupo de *A mente vencendo o humor* para abordar pro-

blemas comuns experimentados pelas populações de clientes que atendem.

ESTRUTURA DA TCCG BASEADA EM *A MENTE VENCENDO O HUMOR*

A TCCG incorpora estrutura durante e entre as sessões. Dentro de cada grupo existe uma estrutura geral: os membros do grupo constroem uma agenda que inclui a revisão dos exercícios daquela semana; é alocado tempo para consolidar as habilidades já aprendidas e para introduzir novas habilidades; tarefas de aprendizagem são desenvolvidas para a semana seguinte; e os membros fornecem *feedback*. As sessões são estruturadas de forma sequencial para desenvolver habilidades. A tarefa de aprendizagem seguinte depois de cada sessão geralmente está baseada na habilidade que acabou de ser introduzida.

Os terapeutas podem usar *A mente vencendo o humor* para ajudar a construir as habilidades dos clientes dentro das sessões e como um recurso para as tarefas entre as sessões. As tarefas de aprendizagem consistem nas leituras e nas folhas de exercícios de *A mente vencendo o humor* relacionadas aos tópicos do grupo e no foco no desenvolvimento de habilidades baseadas em evidências. Os terapeutas de grupo que usam *A mente vencendo o humor* podem indicar seções a serem lidas a cada semana, seguindo os guias de leitura para estados de humor específicos (disponíveis no Apêndice A, p. 472-475), os protocolos de tratamento descritos neste guia ou um formato modular para abordar questões específicas.

O restante deste capítulo traz (1) detalhes para um grupo com 17 sessões baseado em protocolo para depressão (15 sessões em grupo, 1 sessão individual pré-grupo, 1 sessão individual pós-grupo); (2) uma descrição mais breve de um módulo de grupo com 5 sessões para abordar perfeccionismo; e (3) um Guia para a Resolução de Problemas que aborda os desafios comuns enfrentados por terapeutas de grupo. Cada sessão de grupo descrita inclui tarefas recomendadas em *A mente vencendo o humor*. Em geral, as sessões de TCCG duram de 90 a 120 minutos, e os grupos têm de 5 a 10 membros.

Agenda sugerida para o grupo de depressão: sessão individual pré-grupo

- Avaliar o diagnóstico e a gravidade; determinar a adequação do cliente ao grupo.
- Discutir a motivação e os objetivos do cliente.
- Orientar o cliente para *A mente vencendo o humor* e o grupo.
- Apresentar *A mente vencendo o humor* – tópicos dos capítulos, folhas de exercícios, inventários de humor.
- Examinar o modelo de cinco partes de *A mente vencendo o humor* (Figura 2.1, p. 7).
- Tarefas de aprendizagem: considerar a leitura e as folhas de exercícios nos Capítulos 1 e 2; preencher inventários de humor relevantes (particularmente a Folha de Exercícios 13.1) para estabelecer escores para a linha básica.
- Estabelecer *rapport*; plantar as sementes do otimismo.

GRUPO PARA DEPRESSÃO BASEADO EM PROTOCOLO

Sessão individual pré-grupo

Múltiplas tarefas terapêuticas estão em mente durante a sessão individual pré-grupo: estabelecer *rapport*; avaliar o cliente e obter um diagnóstico pelo menos provisório; desenvolver uma conceitualização preliminar do caso; esclarecer a motivação e os objetivos do cliente para o grupo; fazer uma introdução ao formato do grupo. Esta é uma sessão de triagem que inclui a consideração dos problemas atuais da pessoa, sua história, diagnósticos prévios, nível de funcionamento, gravidade dos prejuízos, expectativas e outros fatores para determinar sua adequação ao grupo de terapia. A sessão individual pré-grupo também é uma oportunidade para o membro potencial fazer perguntas sobre o grupo, sobre o terapeuta e sobre o processo grupal.

Se a pessoa for elegível para o grupo e optar por participar, as expectativas individuais e os objetivos da terapia são discutidos. As diretrizes apresentadas no Capítulo 3 deste guia são seguidas para definir objetivos plausíveis que podem ser atingidos no grupo. Sempre que possível, são definidos objetivos observáveis e mensuráveis, de modo que a pessoa possa medir seu progresso. O terapeuta pode apresentar *A mente vencendo o humor* e descrever como o livro será usado para estruturar as sessões do grupo e as tarefas de aprendizagem entre as sessões. A primeira tarefa de aprendizagem é dada na sessão individual pré-grupo, para socializar os membros para uma expectativa de aprendizagem ativa fora do grupo. A primeira tarefa de aprendizagem geralmente é ler os dois primeiros capítulos de *A mente vencendo o humor*, preencher a Folha de Exercícios 2.1, além do Inventário de Depressão de *A mente vencendo o humor* (Folha de Exercícios 13.1, *A mente vencendo o humor*, p. 186), e registrar o escore dessa linha básica na Folha de Exercícios 13.2 (*A mente vencendo o humor*, p. 187).

Sessão de grupo 1

Os membros são incentivados a se apresentar e, se estiverem dispostos, descrever seus objetivos individuais no começo da primeira sessão. As apresentações na terapia de grupo são diferentes das apresentações sociais, na medida em que a ênfase é colocada nos objetivos de aprendizagem compartilhados. O terapeuta que lidera o grupo demonstra esse tipo de apresentação dizendo algo como:

> "Meu nome é x e sou seu terapeuta de grupo. Já ajudo pessoas com depressão há dez anos e estou ansioso para coordenar este grupo. Este é o primeiro grupo de depressão que coordeno usando o livro *A mente vencendo o humor*. Espero que cada um de vocês se sinta muito melhor no final deste grupo, pois vão aprender diversas habilidades antidepressivas eficazes. Talvez cada um possa dizer seu primeiro nome e alguma coisa sobre como e por que está neste grupo, o que espera aprender e até mesmo seus objetivos pessoais para o grupo, se desejar compartilhá-los."

As apresentações são os primeiros passos para o desenvolvimento da coesão do grupo.

Socialização para a TCCG

Depois das apresentações, o terapeuta de grupo descreve o formato, as expectativas e as diretrizes para a TCCG. O terapeuta tem um plano para a estrutura e a sequência das habilidades ensinadas no grupo. Mesmo assim, cada grupo é único, pois está baseado nas experiências pessoais dos membros e dos processos grupais que se desenvolvem. O próximo exemplo pode ser usado, sendo permitida ampla oportunidade para a discussão de cada ponto.

"Pedimos que vocês aceitem seguir as diversas diretrizes do grupo. Primeiramente, tudo o que os membros do grupo disserem é mantido em sigilo. Isso significa que vocês não devem contar aos seus amigos ou familiares, ou postar nas mídias sociais, qualquer coisa que ouvirem ou ficarem sabendo sobre os outros membros do grupo. É muito importante não identificar qualquer outro membro do grupo pelo nome. Todos aqui têm direito a privacidade e confidencialidade, e tudo que é dito nas sessões de grupo jamais deve sair do grupo. Essa regra ajuda a tornar este grupo um lugar seguro para que vocês falem sobre sua vida e suas experiências. É importante que todos saibam que o que falarem aqui será mantido em sigilo. Isso faz sentido? Cada um de vocês concorda em manter confidencialidade sobre o que é dito aqui?

Cada sessão segue um padrão regular. No início, vamos planejar nossa agenda para a sessão. Por favor, pensem sobre o que vocês desejam falar e acrescentem a esta agenda no começo de cada sessão. Iremos discutir os itens da agenda de forma a ajudar que todos no grupo aprendam alguma coisa útil. Assim, pode ser que nem sempre abordemos seu problema individual com a profundidade que desejam. Em vez disso, faremos associações entre os problemas que vocês colocarem na agenda e as

Agenda sugerida para o grupo de depressão: sessão 1

- Pedir que os membros de apresentem brevemente, descrevam seus objetivos e indiquem por que se juntaram ao grupo.
- Descrever a TCCG, discutir como o grupo irá operar e examinar a confidencialidade.
- Colaborar com os membros para definir a agenda da sessão.
- Orientar os membros para *A mente vencendo o humor* e discutir como esse livro será usado no grupo.
- Examinar o Capítulo 2 e a Folha de Exercícios 2.1 de *A mente vencendo o humor*; discutir como o modelo de cinco partes se manifesta na vida dos membros (consultar o quadro Dicas Úteis na p. 14 para tratar as dificuldades encontradas no preenchimento da Folha de Exercícios 2.1).
- Pedir ao grupo exemplos da conexão dos pensamentos para extrair princípios do Capítulo 3 de *A mente vencendo o humor*.
- Praticar a identificação e a avaliação dos estados de humor (Capítulo 4 de *A mente vencendo o humor*).
- Tarefas de aprendizagem: ler e preencher todas as folhas de exercícios nos Capítulos 3 e 4 de *A mente vencendo o humor*; preencher as Folhas de Exercícios 13.1 e 13.2 e alguma(s) outra(s) medida(s) de humor relevante(s) antes da próxima sessão.
- Receber e dar *feedback*.

habilidades que todos estão aprendendo. Esperamos que isso signifique que todos vão aprender alguma coisa nova e fazer progresso a cada semana. Em cada sessão do grupo iremos examinar suas experiências de aprendizagem da semana anterior, introduzir e praticar as habilidades e planejar uma nova tarefa de aprendizagem que todos realizem entre as sessões para que desenvolvam novas habilidades e os deixem mais próximos dos seus objetivos.

Um dos objetivos da terapia de grupo cognitivo-comportamental é que cada um de vocês aprenda novas habilidades antidepressivas e métodos para resolver seus problemas. A cada semana vocês vão aprender alguma coisa nova para experimentar entre as sessões do grupo, para ver se isso pode ajudá-los. Quanto mais esforço dedicarem à prática das habilidades entre as sessões, maior será a probabilidade de se beneficiarem."

Definindo a agenda da sessão

Após a discussão do formato do grupo, os membros são encorajados a ajudar a construir a agenda para a primeira sessão do grupo.

TERAPEUTA: Alguém tem alguma coisa que gostaria de colocar na nossa agenda de hoje para falar a respeito?

EVA: Eu tenho estado tão deprimida e cansada ultimamente que não sei se tenho energia para participar deste grupo. Não tenho vontade de fazer nada. Tudo parece muito pesado para mim agora.

TERAPEUTA: Lamento saber que você se sente tão deprimida e cansada. Parece que você está em má situação. Eva, você estaria disposta a nos contar mais sobre como está se sentindo?

EVA: Há muito tempo não me sinto tão deprimida como agora. A sensação é de que isso vai durar para sempre, e acho que jamais vou conseguir sair de dentro do buraco em que estou.

JAMES: Já me senti assim antes. Parece um túnel longo e escuro sem nenhuma luz no final.

TERAPEUTA: Parece que vocês dois entendem como é isso. Mais alguém no grupo está se sentindo assim agora ou já esteve nesse lugar escuro no passado?

MARIA Eu já estive lá. Não estou no meu ponto mais fundo agora, mas me identifico totalmente com o que Eva está dizendo. Estou bem deprimida no momento.

TERAPEUTA: Parece que um item da agenda para hoje é continuarmos esta discussão. Vamos colocar na agenda o que Eva, James e Maria estão relatando – sentindo-se deprimidos e sobrecarregados e achando que não têm energia nem mesmo para participar do grupo e que jamais vão se sentir melhor. Mais alguém tem alguma coisa que gostaria que conversássemos a respeito no dia de hoje?

Exame das reações iniciais e do progresso em *A mente vencendo o humor*

O terapeuta vai acrescentar à agenda a discussão da tarefa de aprendizagem dada aos membros do grupo nas suas sessões individuais pré-grupo (leituras e exercícios de *A mente vencendo o humor*), caso os próprios membros não façam isso por conta própria. Para auxiliar os membros a começar a entender seus problemas por uma perspectiva da TCC, o líder do grupo poderá desenhar o modelo de cinco partes (Figura 2.1, *A mente vencendo o humor*, p. 7) em um quadro branco, pedindo que eles descrevam como suas experiências se encaixam ou não nesse modelo. Um exercício simples como esse encoraja os membros a começarem a falar e participar no grupo. Foi assim que o terapeuta na vinheta apresentada usou o item da agenda de Eva como um estímulo para provocar a discussão no grupo do modelo de cinco partes:

TERAPEUTA: Eva, tudo bem para você se conversarmos mais sobre como você se sente deprimida e sobrecarregada e examinarmos como seus estados de humor se encaixam no modelo de cinco partes do livro *A mente vencendo o humor*?

EVA: Claro.

TERAPEUTA: Certo. Vou ficar de pé aqui ao lado do quadro branco, e vamos ver se podemos entender a sua situação em termos dessas cinco partes do modelo. (*Entrevista Eva e James para revisar o que foi dito anteriormente e escreve seus comentários no desenho do modelo, conforme mostra a Figura 15.1*) Mesmo sem saber o que está acontecendo no ambiente da vida de Eva e James, estou curioso sobre que conexões, caso haja, as pessoas no grupo veem entre essas quatro partes da experiência deles.

Seja qual for a interação que se seguir, o terapeuta pode enfatizar a interconexão entre os pensamentos, os estados de humor, o comportamento e o funcionamento físico e pode introduzir a ideia de que mudanças em uma dessas áreas provavelmente resul-

FIGURA 15.1 Experiências de Eva e James conforme escrito no desenho do modelo de cinco partes na primeira sessão da terapia de grupo. Copyright © 1986 Christine A. Padesky.

tarão em mudanças nas outras áreas. Essas ideias podem fornecer uma base para encorajar os membros a participar ativamente no grupo, como fez o terapeuta de grupo de Eva e James:

> "Eva e James, agradeço que vocês tenham quebrado o gelo no grupo e compartilhado suas experiências. Sei que vocês estão se sentindo sobrecarregados no momento e acham que jamais vão melhorar. Mesmo que não tenham muita energia, vocês estariam dispostos a empregar o máximo de esforço nas próximas semanas para ver se conseguimos começar a ajudá-los a se sentirem melhor?"

Outros membros do grupo podem oferecer exemplos pessoais do modelo de cinco partes retirados de sua própria vida e discutir as respostas que escreveram na Folha de Exercícios 2.1, Compreendendo meus problemas (*A mente vencendo o humor*, p. 13), antes da primeira sessão de grupo. O terapeuta usa essa discussão para encontrar semelhanças nas experiências dos membros do grupo e relaciona essas semelhanças às características comuns da depressão (p. ex., evitação; inatividade; perspectivas negativas do *self*, do mundo e do futuro) sobre as quais eles irão aprender mais no Capítulo 13 de *A mente vencendo o humor*, Compreendendo sua depressão.

Resumos da aprendizagem

Um resumo dos pontos de aprendizagem individualmente significativos também pode ser escrito no quadro branco. Os membros do grupo podem anotar ideias importantes que querem lembrar nas suas cópias de *A mente vencendo o humor*, em um caderno de notas da terapia ou em um registro eletrônico. Se os membros do grupo quiserem tirar fotos do quadro branco com seus celulares, não deve haver nenhuma informação escrita que viole sua privacidade. É respeitoso perguntar se todos no grupo estão confortáveis com a ideia e dispostos a permitir que o quadro branco seja fotografado. Em caso afirmativo, devem ser desenvolvidas diretrizes para o uso dessas fotos. Por exemplo, violaria a privacidade do grupo se alguém postasse uma foto dessas nas redes sociais.

Tarefas de aprendizagem entre as sessões

Uma tarefa comum depois da primeira sessão de grupo é ler os Capítulos 3 e 4 de *A mente vencendo o humor*. Esses capítulos fornecem informações e prática relacionada às conexões entre as cinco partes do modelo cognitivo e orientações sobre como identificar e avaliar os estados de humor. Os membros do grupo são incentivados a preencher todas as folhas de exercícios nos capítulos indicados. É mais provável que os clientes realizem as tarefas de aprendizagem quando estas consolidam a aprendizagem que foi iniciada na sessão e são discutidas com curiosidade e interesse na sessão seguinte (conforme descrito no Guia para a Resolução de Problemas no final do Capítulo 2 deste guia). Portanto, as habilidades descritas nos Capítulos 3 e 4 de *A mente vencendo o humor* são introduzidas na Sessão de grupo 1, praticadas em casa depois dessa sessão e, então, examinadas na Sessão 2. Esse mesmo padrão de introdução e prática de habilidades em uma sessão de grupo, indicação de mais prática em casa e o exame das experiências de prática dos membros na próxima sessão é seguido a cada semana do grupo.

Feedback

Os minutos finais de cada sessão são empregados obtendo *feedback* dos membros do grupo. Esse *feedback* deve incluir o que foi útil na sessão e o que poderia ser melhorado. O terapeuta poderia dizer: "Agora é a hora de me dizerem se estou fazendo alguma coisa que faça do grupo uma experiência negativa ou positiva para vocês. Vou ser receptivo a todo o seu *feedback*, pois é importante para mim que esta seja uma experiência de grupo benéfica para cada um de vocês". Encoraje os membros do grupo a dar *feedback* sobre o ritmo, o manejo do tempo, a conduta do líder do grupo e outros processos grupais relevantes.

Sessão de grupo 2

A segunda sessão de grupo começa com verificação do humor, definição da agenda e exame das tarefas de aprendizagem entre as sessões. É melhor examinar as tarefas de aprendizagem logo no início de cada sessão, para medir o desenvolvimento das habilidades dos membros e enfatizar a importância da realização das tarefas entre as sessões. Por exemplo, nesta segunda sessão, o exame pode ajudar os clientes a entender melhor as conexões entre os pensamentos e os outros quatro elementos do modelo de cinco partes. Esta sessão é uma oportunidade de desenvolver mais a coesão do grupo e aprofundar o senso de confiança, abertura e segurança.

Os pontos focais para esta sessão são as Folhas de Exercícios 4.1, Identificando estados de humor (*A mente vencendo o humor*, p. 30), e 4.2, Identificando e avaliando estados de humor (*A mente vencendo o humor*, p. 32). Essas folhas de exercícios pedem que os clientes examinem seus estados de humor quando conectados às situações. Os membros do grupo podem conversar sobre momentos na semana anterior em que experimentaram depressão e as situações em que isso ocorreu. A vinheta a seguir de uma segunda sessão da terapia de grupo demonstra isso.

TERAPEUTA: Luiza, você mencionou que queria falar sobre estar deprimida na festa de formatura em que esteve neste fim de semana. Você pode nos contar mais sobre isso?

LUIZA: Claro. Meu sobrinho se formou no ensino médio na semana passada, e nossa família fez uma festa para ele neste fim de semana. Eu estava sentada no quintal observando todos conversando tão na-

Agenda sugerida para o grupo de depressão: sessão 2

- Verificar o humor, definir a agenda.
- Examinar as tarefas de aprendizagem: folhas de exercícios dos Capítulos 3 e 4 de *A mente vencendo o humor* e inventários de humor relevantes.
- Realizar mais prática de identificação e avaliação dos estados de humor.
- Introduzir o Capítulo 13 de *A mente vencendo o humor* e registro de atividades (Folha de Exercícios 13.4).
- Tarefas de aprendizagem: ler o Capítulo 13 de *A mente vencendo o humor* (até p. 209) e preencher todas as folhas de exercícios.
- Receber e dar *feedback*.

turalmente e se divertindo. Eu me senti muito distante da celebração e muito deprimida e solitária. Meu primo se sentou ao meu lado e tentou conversar comigo, mas acho que eu não me senti muito bem. Tive muita dificuldade para encontrar as palavras certas, e então ele saiu de perto e foi conversar com outra pessoa.

MARY: Isso também acontece comigo. Posso estar em em uma sala cheia de pessoas e me sentir sozinha. Eu fico arrasada, e então se alguém tenta conversar comigo eu fico tão nervosa que não consigo responder. Sei exatamente como você se sentiu, Luiza.

TERAPEUTA: Parece ser doloroso para vocês duas estar perto de tantas pessoas e se sentir sozinhas. Vocês descreveram bem suas experiências. Tudo bem para vocês se colocarmos essas experiências no quadro branco como um exemplo de identificação dos estados de humor?

LUIZA: Claro.

MARY: Sim.

TERAPEUTA: (*Escreve os exemplos no quadro branco, conforme mostra a Figura 15.2*) Obrigado por compartilharem essas experiências. Vocês duas são exemplos excelentes. Podemos falar mais sobre essas experiências daqui a pouco, mas, antes disso, quero escrever no quadro branco como ficam essas experiências na Folha de Exercícios 4.1, que vocês preencheram em casa nesta semana. As linhas "Situação" são para simplesmente descrever quem, o que, quando e onde: com quem vocês estavam, o que estavam fazendo, onde estavam no momento e quando aconteceu. As linhas "Estados de humor" são para descrever seu humor, geralmente em uma palavra. Pode haver mais de um estado de humor em alguma situação, mas cada um pode geralmente ser descrito

---

FOLHA DE EXERCÍCIOS 4.1

Luiza

Situação: sentada no quintal na festa de formatura. Inicialmente sozinha. Depois com primo.

Estados de humor: deprimida.

Mary

Situação: em uma sala cheia de pessoas.

Estados de humor: arrasada; ansiosa.

FIGURA 15.2 Exemplos de situações e estados de humor de Luiza e Mary para discussão da Folha de Exercícios 4.1. De Greenberger e Padesky (2016). Copyright © 2016 Dennis Greenberger e Christine A. Padesky. Adaptado com permissão.

em uma palavra. Luiza identificou que se sentiu deprimida; Mary disse que se sentiu arrasada e ansiosa. Estou usando as experiências de Luiza e Mary como exemplos porque são descrições muito boas e porque quero assegurar que todos entendam como preencher as Folhas de Exercícios 4.1 e 4.2. Alguma pergunta sobre a folha de exercícios até aqui? Certo, Luiza, antes de falarmos sobre a sua experiência na festa de formatura, você poderia avaliar o quanto se sentiu deprimida na festa usando a escala de 0 a 100 da Folha de Exercícios 4.2?

As habilidades que estão sendo desenvolvidas nesta sessão de grupo são as habilidades para descrever as situações em que ocorrem estados de humor e depois identificar, nomear e avaliar esses estados de humor. Estas são as habilidades necessárias para preencher um registro de atividades, que é a tarefa de aprendizagem seguinte. Identificar situações e estados de humor e avaliar os estados de humor também são habilidades necessárias para preencher duas das três primeiras colunas de um registro de pensamentos: situação, estados de humor e pensamentos automáticos (imagens). Embora o registro de pensamentos seja introduzido somente em uma sessão posterior, quando for ensinado, os membros do grupo já terão praticado muito com essas duas habilidades necessárias. As avaliações do estado de humor também irão ajudá-los a avaliar nas semanas seguintes se as intervenções comportamentais são efetivas ou não.

Os estágios e os níveis de desenvolvimento das habilidades dos membros do grupo determinam como os itens da agenda são usados. No segundo ou terceiro encontro do grupo, os itens da agenda são usados como exemplos para distinguir entre as situações e os estados de humor e para ajudar os membros a desenvolver as habilidades para descrever acuradamente e avaliar os estados de humor. Em sessões posteriores, esses mesmos tipos de itens da agenda oferecem oportunidades para procurar evidências que apoiam e não apoiam pensamentos "quentes" e para construir pensamentos alternativos ou compensatórios. Em sessões ainda mais avançadas, os itens da agenda são usados para identificar pressupostos subjacentes, para desenvolver pressupostos alternativos e para elaborar experimentos comportamentais e planos de ação.

Sessão de grupo 3

Quando as pessoas estão deprimidas, elas tendem a ter menos energia, a sentir menos motivação e a realizar menos atividades que lhes proporcionem um senso de realização, alegria ou significado. O objetivo principal da terceira sessão do grupo é introduzir a ativação comportamental conforme discutida no Capítulo 13 de *A mente vencendo o humor*. Os exercícios neste grupo dão aos membros a oportunidade de descobrir se existe ou não uma conexão entre suas atividades e seus estados de humor. A ativação comportamental é uma habilidade antidepressiva importante e será enfatizada durante pelos menos duas ou três sessões do grupo.

Os membros do grupo já monitoraram suas atividades durante a última semana e simultaneamente registraram seus níveis de depressão em um registro de atividades (Folha de Exercícios 13.4, *A mente vencendo o humor*, p. 199). As atividades e os estados de humor registrados nessa folha de exercícios são analisados na busca de padrões, com o auxílio das perguntas instigantes na Folha de Exercícios 13.5, Aprendendo com meu Registro de Atividades (*A mente vencendo o humor*, p. 200). Os estados de humor dos membros do grupo mudaram durante a semana? Em caso afirmativo, o que eles estavam fazendo quando se sentiram melhor? O que estavam fazendo quando se sentiram mais deprimidos? Houve alguns momentos do dia ou da semana em que se sentiram melhor ou pior? Com base nas suas respostas a essas perguntas, que atividades eles podem planejar para a semana seguinte para ajudá-los a se sentir melhor?

A vinheta a seguir ilustra uma parte da terceira sessão de TCCG.

TERAPEUTA: Marta, você estaria disposta a compartilhar algumas das suas respostas à Folha de Exercícios 13.5 – aquela que faz perguntas sobre seu registro de atividades?

MARTA: Acho que posso fazer isso. O que você quer saber?

TERAPEUTA: Bem, para começar, estou curioso sobretudo sobre se o preenchimento dessa folha de exercícios lhe trouxe alguma compreensão sobre a conexão entre o que você faz e como você se sente.

MARTA: Acho que sim. Percebi que quando fico deitada na cama o dia inteiro, que é o que normalmente faço nos fins de semana, me sinto mais deprimida. Especialmente no final do dia – eu fico muito decepcionada comigo porque não fiz nada. Sinto vergonha de mim mesma quando isso acontece. Se eu consigo me forçar a levantar e tomar um banho e saio de casa, tenho tendência a me sentir melhor – não muito, mas um pouco.

PHILOMENA: Eu notei quase a mesma coisa na minha folha de exercícios. Quanto menos eu faço, pior me sinto.

SALVADOR: O mesmo comigo. Também notei que, quando meus netos estão por perto, eu me animo um pouco. Eles conseguem colocar algum sorriso no meu rosto. O momento da semana em que me senti melhor foi quando estava com eles.

Agenda sugerida para o grupo de depressão: sessão 3

- Verificar o humor, definir a agenda.
- Examinar as tarefas de aprendizagem.
- Introduzir a programação de atividades: completar o exercício Planejando atividades (*A mente vencendo o humor*, p. 205) nesta sessão; os membros do grupo começam a preencher a Folha de Exercícios 13.6 com atividades personalizadas.
- Tarefas de aprendizagem: usar a Folha de Exercícios 13.6 para o cronograma de atividades da semana; terminar de ler o Capítulo 13 de *A mente vencendo o humor*.
- Receber e dar *feedback*.

TERAPEUTA: Então, para vocês três, parece que há uma conexão entre o que fazem e como se sentem. De modo geral, quanto mais vocês fazem, melhor se sentem. E, para Salvador, fazer certas coisas significativas, como passar algum tempo com seus netos, é um elemento-chave para se sentir melhor.

Os resumos sucintos do que os membros do grupo aprenderam com seus registros de atividades podem ser escritos no quadro branco e nas anotações dos membros. Geralmente as pessoas observam que se sentem menos deprimidas quando fazem mais. Além disso, as atividades relacionadas a prazer, realização, superação da evitação e valores pessoais dos membros tendem a proporcionar melhoras de humor mais confiáveis. Depois que esses pontos de aprendizagem são derivados das experiências dos membros do grupo durante a semana anterior, ocorre uma transição suave para o preenchimento da Folha de Exercício 13.6, Cronograma de atividades (*A mente vencendo o humor*, p. 206). Esse exercício pode ser feito na sessão. O grupo pode discutir ideias, e os membros, fazer suas listas individuais em cada uma das quatro áreas nesse exercício. A seguir, os membros do grupo podem encontrar as melhores formas de acrescentar essas atividades às suas cópias da Folha de Exercícios 13.6, Cronograma de atividades (*A mente vencendo o humor*, p. 206), que é o principal exercício de aprendizagem para a semana seguinte.

Sessão de grupo 4

A programação de atividades já foi abordada na sessão de grupo 3, e essa habilidade é mais desenvolvida na sessão 4. O terapeuta estará atento aos sucessos e aos desafios que os membros do grupo relatam em relação às tentativas daquela semana de aumentar as atividades. Os membros notam padrões entre as experiências de todos? Por exemplo, eles conseguem fornecer exemplos relacionados a estas perguntas?

"Fazer mais atividades pareceu ajudar mais do que fazer menos atividades?"

"Atividades mais significativas ajudaram mais do que atividades menos significativas?"

"Fez diferença se as atividades eram consistentes com os valores?"

"Algum dos quatro tipos de atividades ajudou mais do que os outros tipos?"

"Atividades mais agradáveis ajudaram mais do que atividades menos agradáveis?"

"Foi evitada alguma atividade que poderia ser benéfica?"

Muito comumente, alguns membros relatam que não fizeram as atividades programadas, seja porque não tiveram a motivação ou energia para começar, seja porque não acharam que o exercício seria útil. As barreiras que esses membros do grupo encontraram durante a semana devem ser identificadas para que eles se sintam menos sozinhos com essas dificuldades e também para que o grupo possa ajudar a encontrar formas de resolver o problema para que eles façam mais atividades nas semanas seguintes. Estes eram os objetivos nesta parte da quarta sessão de um grupo:

MANNY: Não consegui dar continuidade a este exercício. Eu marquei o que queria fazer, mas fiz muito pouco. Simplesmente não tinha vontade de fazer nada.

> **Agenda sugerida para o grupo de depressão: sessão 4**
> - Verificar o humor, definir a agenda.
> - Examinar as tarefas de aprendizagem.
> - Resolver as barreiras para a realização das atividades.
> - Tarefa de aprendizagem: continuar com o cronograma de atividades (Folha de exercícios 13.6).
> - Receber e dar *feedback*.

JANIS: Também me senti da mesma maneira na maior parte da semana. Eu não tinha vontade de fazer nada. Simplesmente achei que não poderia fazer ou que não valeria o esforço de tentar sair de casa, mas devo dizer que notei que me vestir e me envolver com alguns afazeres fez com que eu me sentisse muito bem – momentaneamente.

TERAPEUTA: Manny e Janis, lamento muito. Parece que vocês tiveram dificuldades nesta semana. Janis, você poderia dizer como conseguiu superar a vontade de não fazer nada no dia em que se vestiu e se envolveu com alguns afazeres? Talvez isso ajudasse Manny.

JANIS: Não estou certa de que sei o que eu fiz. Talvez o que tenha me motivado tenha sido apenas o quanto parece horrível ficar deitada em casa. Na última sessão do grupo, Maria disse que ficou surpresa por se sentir mais motivada depois que começou a fazer alguma coisa, mesmo não estando motivada antes de começar. Tendo isso em mente, acho que eu estava disposta a tentar.

KATERINA: Manny, algumas vezes eu me sinto como você. Sei o quanto isso é terrível para mim e me solidarizo com você. E sei que o que Janis está dizendo funciona para mim também. Eu tive dificuldades para começar essa tarefa e abrir caminho. Depois que consegui parar de pensar e parti para a ação, me senti um pouco melhor.

TERAPEUTA: Eu gostaria de um momento para resumir. Vocês três, e talvez outros no grupo, em algum momento, não sentiram vontade de fazer nada – ou acharam que, mesmo que fizessem alguma coisa, não valeria a pena ou seria inútil. Naquele momento vocês estavam se sentindo muito mal, e esse foi um obstáculo difícil de transpor. Janis conseguiu agir porque se lembrou do quanto era terrível ficar deitada em casa e recordou que Maria disse que sua motivação veio depois que ela fez alguma coisa, não antes. Katerina agiu quando, de alguma forma, ela conseguiu "abrir caminho" e parou de pensar e começou a fazer coisas. Manny, você acha que alguma dessas ideias pode ajudá-lo quando você olhar para suas atividades programadas nesta próxima semana?

As respostas terapêuticas a essas questões de inércia, pessimismo e sentir-se sobrecarregado ao pensar nas atividades já foram apresentadas no Guia para a Resolução de Problemas no final do Capítulo 8 deste guia. As intervenções recomendadas ali (p. ex., a regra dos cinco minutos, atividades simplificadas, experimentos comportamentais) podem ser introduzidas nesta quarta sessão do grupo como ideias para experimentar quando os membros tiverem problemas em realizar as atividades.

Sessão de grupo 5

Como a ativação comportamental é uma habilidade importante no tratamento da depressão, a quinta sessão do grupo continua a focar no cronograma de atividades. Esta sessão consolida a aprendizagem dos membros do grupo referente à ativação comportamental, aborda as perguntas e resolve as barreiras que os membros ainda experimentam. Se os membros do grupo estão conseguindo ser mais ativos e estão experimentando melhora no humor, esta sessão também pode introduzir o registro de pensamentos, que é o foco das próximas sessões do grupo.

Esta é a última sessão do grupo com o foco principal na ativação comportamental; as sessões futuras enfatizam as habilidades cognitivas. Portanto, esta sessão pode ser considerada uma ponte entre intervenções comportamentais e cognitivas. O terapeuta de grupo pode criar uma sequência natural entre comportamento e cognição, identificando e abordando os pensamentos e imagens que interferem na ativação comportamental. O diálogo a seguir ilustra uma das formas como isso pode ocorrer.

TERAPEUTA: Clem, na semana passada você estava tendo alguma dificuldade em dar início aos exercícios de ativação comportamental. Estou curioso: como você se saiu nesta semana?

CLEM: Eu me saí um pouco melhor, mas, honestamente, não foi muito diferente, e, principalmente, tive dificuldade para começar.

TERAPEUTA: Lamento ouvir isso. Vamos ver se conseguimos descobrir o que interferiu no ponto de partida. Isso estaria bem para você?

CLEM: Acho que sim.

TERAPEUTA: Você consegue se lembrar de algum momento na semana passada em que estava mais perto de fazer alguma coisa que poderia ter lhe dado um senso de realização ou prazer, mas você decidiu não realizar essa atividade?

CLEM: Acho que sim. Eu costumava jogar em uma liga de futebol recreativo nas sextas à noite. Na sexta passada, pensei em ir e, na verdade, marquei isso no exercício em *A mente vencendo o humor* onde devíamos identificar coisas que queríamos fazer. Eu pretendia ir jogar, mas não consegui. Simplesmente não consegui me organizar para isso.

> ### Agenda sugerida para o grupo de depressão: sessão 5
> - Verificar o humor, definir a agenda.
> - Examinar a tarefa de aprendizagem: Folha de Exercícios 13.6.
> - Examinar os objetivos dos membros.
> - Introduzir registros de pensamentos (três primeiras colunas).
> - Tarefas de aprendizagem: ler os Capítulos 5 e 6 de *A mente vencendo o humor* e preencher todas as folhas de exercícios; continuar o cronograma de atividades.
> - Receber e dar *feedback*.

TERAPEUTA: Esse é um bom exemplo. Posso lhe fazer algumas perguntas sobre o que aconteceu durante os 30 ou 60 minutos antes de você decidir não ir jogar futebol?

CLEM: Com certeza. Acho que sim.

TERAPEUTA: (*Posiciona-se ao lado do quadro branco e desenha as três primeiras colunas de um registro de pensamentos*) Clem, quando você decidiu não ir jogar futebol naquela noite?

CLEM: Não sei exatamente quando, mas o jogo começa às 19h, e as pessoas começam a chegar às 18h30min para se aquecerem um pouco. Eu precisaria ter saído de casa às 18h15min para chegar lá a tempo. Quando olhei para o relógio, às 18h45min, sabia que era tarde demais para ir. E então me resignei a ficar em casa mais uma vez. Não me senti bem a respeito, isso fez com que eu me sentisse ainda mais deprimido do que o normal.

TERAPEUTA: Certo. Então, na coluna 1, vou escrever: "sexta à noite, por volta das 18h45min, pensando em ir jogar uma partida de futebol". Na coluna 2, vou escrever: "deprimido" como o estado de humor. Como você avaliaria sua depressão em uma escala de 0 a 100%?

CLEM: Acho que uns 90%.

TERAPEUTA: Então você estava se sentindo muito deprimido. Fico contente que estejamos examinando essa situação. Deixe-me fazer mais algumas perguntas. Enquanto você estava considerando ir jogar, que tipo de pensamentos ou imagens relacionadas a isso você teve?

CLEM: O que você quer dizer?

TERAPEUTA: Bem, para mim, quando estou pensando em fazer alguma coisa, frequentemente eu tenho uma ideia de como acho que vai ser. Algumas vezes tenho uma imaginação ativa e imagino com muitos detalhes como acho que a noite vai se desenrolar. Outras vezes apenas tenho uma previsão momentânea ou uma ideia do que acho que vai acontecer. Enquanto considerava ir jogar futebol, você teve al-

CLEM: gum pensamento sobre o que aconteceria?

CLEM: Oh. Achei que ia fazer frio. Algumas vezes aparecem muitas pessoas para jogar, e nem todas conseguem jogar o tempo inteiro. Eu me vi de pé na linha lateral, sentindo frio e vendo outras pessoas jogarem a maior parte da noite.

TERAPEUTA: É muito bom que você tenha consciência do que estava pensando. Vou anotar esses pensamentos na coluna 3 no quadro branco. Mais alguma coisa passou pela sua mente enquanto você estava pensando sobre jogar futebol?

CLEM: A outra coisa que passou pela minha cabeça é o quanto me sinto esquisito quando as pessoas me convidam para ir tomar uma cerveja depois da partida. Sempre me sinto desconfortável em situações sociais com pessoas novas e me sinto em uma situação em que é difícil dizer não, mas estou me preparando para uma situação mais desconfortável se eu disser sim. Essa é uma situação do tipo "perder ou perder" para mim nesse momento.

TERAPEUTA: Parece que você tinha muitos pensamentos negativos sobre aquela noite, e agora posso entender por que estava hesitante em ir. Também acho que há muito que podemos aprender com aquele momento. Vou preencher a coluna 3 com os pensamentos que você identificou, e então poderemos conversar sobre isso em grupo. (Ver Figura 15.3.)

Introduzindo as três primeiras colunas de um registro de pensamentos com foco

1. Situação Quem? O quê? Quando? Onde?	2. Estados de humor a. O que você sentiu? b. Avalie cada estado de humor (0-100%).	3. Pensamentos automáticos (imagens) a. O que estava passando por sua mente instantes antes de começar a se sentir assim? Algum outro pensamento? Imagem? b. Circule o pensamento "quente".
Sexta-feira à noite, por volta de 18h45min, pensando em ir jogar futebol.	Deprimido 90%	Imagem: Eu me vi de pé na linha lateral, sentindo frio e observando outras pessoas jogarem por boa parte da noite. Sinto-me estranho se sou convidado para uma cerveja depois do jogo. Sempre me sinto desconfortável em situações sociais com pessoas novas e sinto como se estivesse em uma situação em que é difícil dizer não, mas estou me preparando para uma situação mais desconfortável se disser sim.

FIGURA 15.3 Introdução às três primeiras colunas de um registro de pensamentos usando a situação de Clem.

nos pensamentos e imagens que interferiram na ida de Clem ao jogo de futebol, seu terapeuta combinou uma experiência familiar (ativação comportamental) com uma nova habilidade (registro de pensamentos) e forneceu um elo natural até a porção cognitiva desse grupo de depressão em TCCG. Após a discussão do grupo, o terapeuta apresentou um resumo sucinto:

"Graças a Clem, aprendemos algumas coisas muito importantes hoje. Vimos como realizar atividades pode melhorar nosso humor, mas parece que também precisamos prestar atenção aos pensamentos e imagens que nos impendem de fazer as atividades. E Sofia apontou que o benefício das atividades pode ser prejudicado se tivermos pensamentos negativos enquanto as realizamos."

A quinta sessão de grupo é um bom momento para assegurar que os membros do grupo estão monitorando seu progresso em direção aos objetivos da terapia. Os membros podem revisar seu progresso no humor com o líder do grupo examinando as tabelas dos seus escores semanais no Inventário de Depressão de *A mente vencendo o humor* (Folhas de Exercícios 13.1 e 13.2, *A mente vencendo o humor*, p. 186 e 187). Além disso, vale a pena dedicar mais tempo focando a atenção do grupo nos Sinais de Melhora (Folha de Exercícios 5.4, *A mente vencendo o humor*, p. 39). Esses sinais frequentemente são ignorados por pessoas que estão deprimidas porque elas provavelmente prestam mais atenção no que não está indo bem e no quanto se sentem mal.

Embora a sessão de grupo 5 inclua um exame dos objetivos e possa introduzir o registro de pensamentos, lembre os membros do grupo de que o cronograma de atividades não termina quando novas habilidades são aprendidas. O propósito do cronograma de atividades/ativação comportamental é desenvolver novos hábitos para apoiar a realização de atividades que possam ter um impacto positivo no humor, especialmente quando se sentirem deprimidos. Idealmente, o cronograma de atividades continua até que a depressão melhore e as atividades de reforço do humor se tornem rotina.

Sessão de grupo 6

Como parte da sua tarefa de aprendizagem durante a semana anterior, os membros do grupo já leram o Capítulo 6 de *A mente vencendo o humor*. Esse capítulo ensina como distinguir entre situações, estados de humor e pensamentos, que são registrados nas três primeiras colunas de um registro de pensamentos. A sexta sessão do grupo introduz o registro de pensamentos, caso isso ainda não tenha sido feito na sessão anterior. Aprender a usar um registro de pensamentos é a segunda habilidade antidepressiva ensinada e é o foco principal das próximas sessões de grupo. Esta é uma habilidade importante, pois os registros de pensamentos ajudam os membros do grupo a identificar e testar os pensamentos automáticos negativos, que são onipresentes na depressão.

As próximas sessões de grupo focam no domínio dos componentes dos registros de pensamentos, de modo que os membros desenvolvam as habilidades necessárias para seu uso efetivo. Essa estrutura do grupo segue a abordagem detalhada no Capítulo 4 deste guia. Os terapeutas que não estão plenamente acostumados a ensinar as pessoas como usar os registros de pensamentos podem revisar esse capítulo. Esta é uma recapitulação das perguntas estimulantes básicas para as três primeiras colunas de um registro de pensamentos:

Situação (coluna 1): "Com quem você estava? O que estava fazendo? Onde você estava? Quando foi isso [espa-

> ## Agenda sugerida para o grupo de depressão: sessão 6
> - Verificar o humor, definir a agenda.
> - Revisar as tarefas de aprendizagem.
> - Discutir o progresso em direção aos objetivos individuais.
> - Discutir e praticar as três primeiras colunas dos registros de pensamentos (Capítulo 7 de *A mente vencendo o humor*). Usar exemplos dos membros do grupo para ajudar a detalhar as habilidades envolvidas no preenchimento das três primeiras colunas.
> - Tarefas de aprendizagem: ler o Capítulo 7 de *A mente vencendo o humor* e preencher todas as folhas de exercícios; continuar o cronograma de atividades e as avaliações semanais do humor.
> - Receber e dar *feedback*.

ço de tempo de 30 minutos ou menos]?"

Estados de humor (coluna 2): "Descreva cada estado de humor em uma palavra (por exemplo, 'deprimido', 'com medo'). Avalie em uma escala de 0 a 100%."

Pensamentos automáticos (imagens) (coluna 3): "O que estava passando por sua mente instantes antes de começar a se sentir assim?"

O exemplo a seguir ilustra como relacionar as três primeiras colunas de um registro de pensamentos com os itens na agenda dos membros do grupo.

TERAPEUTA: Clem e Sophia, quando definimos a agenda, vocês dois indicaram que queriam falar sobre experiências difíceis nesta semana. Tudo bem para vocês se falarmos sobre o que aconteceu e escrevermos no quadro branco como foram suas experiências nas três primeiras seções do registro de pensamentos?

CLEM: Claro.

SOPHIA: Sim.

TERAPEUTA: Enquanto estivermos fazendo isso, eu gostaria que os outros membros do grupo fizessem as perguntas estimulantes que acabamos de discutir para nos ajudar a descobrir o que escrever em cada coluna. Vou desenhar as três primeiras colunas de um Registro de Pensamentos no quadro branco. Examinem a Folha de Exercícios 7.2 na página 59 de *A mente vencendo o humor* para ver as perguntas que queremos fazer a nós mesmos. Façam essas perguntas a Clem e Sophia para que possamos preencher acuradamente esse registro de pensamentos. (*Desenha as três primeiras colunas de um registro de pensamentos*) Certo, Clem, você se importaria de ser o primeiro? Você pode descrever para nós o que estava o perturbando nesta semana?

CLEM: Bem, eu estava muito deprimido durante o fim de semana. Não tinha nada para fazer, ninguém me ligou, e basicamente fiquei sentado em casa todo o fim de semana, sozinho. Eu estava deprimido.

TERAPEUTA: Parece que foi um fim de semana difícil para você, Clem. Obrigado por falar sobre isso no grupo. Começando pela coluna 1 no quadro branco, quem tem uma pergunta para Clem que nos ajude a preencher este registro de pensamentos? Enquanto fazemos isso, vamos ter em mente que este é um exercício que pode nos ajudar a nos sentirmos melhor.

LINH: Você disse que queremos delimitar a situação a 30 minutos ou menos. Então acho que a pergunta seria: "Houve algum momento durante o fim de semana em que você esteve mais deprimido?". Está certo assim?

TERAPEUTA: Esta é uma pergunta excelente, Linh. Na coluna Situação, queremos focar em um espaço de tempo entre alguns segundos e 30 minutos. Então você está certa em perguntar a Clem "Quando durante o fim de semana você esteve mais deprimido?".

CLEM: Acho que deve ter sido por volta das 19h, no sábado à noite. Percebi que ninguém me chamou para nos encontrarmos e que eu iria passar mais uma noite sozinho. Acho que eu estava esperando receber um telefonema para fazer alguma coisa com meus amigos.

DYLAN: Talvez outra pergunta seja: "O que estava passando na sua mente instantes antes de você começar a se sentir assim?".

CLEM: Não sei, exatamente. Eu só estava muito deprimido. Sentindo pena de mim mesmo, achando que ninguém gosta de mim ou quer estar comigo ou fazer algum esforço para se encontrar comigo. Eu me sinto um fracassado.

LINH: É importante avaliar a intensidade do seu estado de humor?

TERAPEUTA: Sim. Clem, em uma escala de 0 a 100, o quanto você estava se sentindo deprimido nessa situação?

CLEM: Eu estava me sentindo muito mal. Acho que avaliaria meu nível de depressão em uns 90. Aquilo era ruim, mas já me senti pior.

TERAPEUTA: Clem, lamento que você tenha tido essa dificuldade no sábado à noite. Vou resumir no quadro branco, nestas colunas, o que você acabou de descrever. O que vocês acham que vai aqui na coluna 2? Coluna 3? (*Recebe a colaboração de vários membros do grupo e resume a descrição de Clem no quadro branco, como mostra a Figura 15.4*) Clem, eu gostaria que você aguardasse um pouco, por enquanto. Vamos retornar a você e imaginar o que fazer com o que você descreveu. Primeiro, vamos ver se podemos resumir igualmente a experiência de Sophia. (*Clem concorda acenan-*

1. Situação	2. Estados de humor	3. Pensamentos automáticos (imagens)
Clem: sábado à noite, 19h, sozinho em casa.	Clem: deprimido 90%	Clem: "Ninguém gosta de mim." "Ninguém quer a minha companhia." "Ninguém faz nenhum esforço para estar comigo." "Sou um fracassado."
Sophia: quinta-feira, jantando com o marido. Ele me diz que quer convidar pessoas para nossa casa no fim de semana.	Sophia: arrasada, estressada 95%	Sophia: "Não consigo ter a casa cheia de pessoas." "Mal consigo chegar ao fim do dia. De jeito nenhum vou conseguir lidar com um grupo de amigos e familiares aqui quando estou me sentindo assim. Simplesmente não consigo."

FIGURA 15.4 Primeiras três colunas de um registro de pensamentos (conforme a Folha de Exercícios 7.2) usando itens da agenda de Clem e Sophia.

do com a cabeça) Sophia, você pode nos contar mais sobre a experiência sobre a qual queria falar?

SOPHIA: Claro. A minha situação é quase o oposto do que Clem descreveu. Eu tenho estado muito deprimida ultimamente e não tenho a energia que costumava ter. Na noite de quinta-feira, no jantar, meu marido me disse que queria convidar algumas pessoas para irem à nossa casa no fim de semana, e só pensar nisso foi devastador para mim. Eu estava tão estressada que caí em prantos quando ele sugeriu isso.

LINH: Sei exatamente como você se sente, Sophia. Quando estou muito deprimida, só quero ficar sozinha. Não consigo lidar com solicitações extras – mal consigo me mexer e colocar um pé à frente do outro.

DYLAN: Então, se fizermos as perguntas no quadro branco, acho que quero perguntar: "O que passou pela sua mente quando você se sentiu arrasada? Alguma palavra ou imagem passou pela sua cabeça?".

SOPHIA: Acho que só pensei: "De jeito nenhum eu consigo ter a casa cheia de pessoas neste fim de semana. Estou deprimida, estou cansada, quase não consigo chegar ao fim do dia, e de jeito nenhum vou conseguir lidar com um grupo de amigos e familiares em casa quando me sinto assim. Simplesmente não consigo fazer isso". Eu estava me sentindo arrasada e estressada. Eu avaliaria isso em aproximadamente 95.

TERAPEUTA: Posso imaginar como isso seria devastador. Parece que você está pendurada por um fio, e então você tem essa carga extra ameaçadora à sua frente. Posso entender. Vamos ver se conseguimos resumir isso da mesma maneira que fizemos para Clem. (*Convida os membros do grupo a resumir o que colocar em cada uma das três primeiras colunas no registro de pensamentos para a experiência de Sophia, conforme mostra a Figura 15.4*)

O restante dessa sessão do grupo foi dedicado ao processamento das experiências de Clem e Sophia, começando pela identificação do pensamento "quente" de cada um. O ideal é completar todas as colunas de um registro de pensamentos para pelo menos um pensamento "quente", para que os membros do grupo possam ver os benefícios de aprender a usar essa ferramenta. Eles vão ler e preencher as folhas de exercícios no Capítulo 7 de *A mente vencendo o humor* como sua próxima tarefa de aprendizagem, o que lhes proporciona experiência adicional no preenchimento das três primeiras colunas de um registro de pensamentos. Como se trata de um grupo de depressão, o terapeuta deve lembrar os membros do grupo de escolherem situações para seus registros de pensamentos em que o estado de humor principal seja depressão.

Sessão de grupo 7

Os terapeutas de grupo precisam ser flexíveis quanto ao ritmo do conteúdo do grupo para que os membros tenham tempo suficiente para desenvolver habilidades antes de passarem ao tópico seguinte. Alguns grupos para depressão poderão começar a procurar evidências na sétima sessão de grupo; outros grupos podem precisar passar outra sessão focando na identificação de pensamentos automáticos ou imagens e na determinação do pensamento "quente". A melhor maneira de determinar o ritmo apropriado é observar se os membros do grupo conseguem preencher as folhas de exercícios indicadas na semana anterior. Se a maioria deles fez um trabalho razoavelmente bom de preenchimento das três primeiras colunas de um registro de pensamentos, então será possível prosseguir ensinando sobre as colunas das evidências (4 e 5). Se a maioria dos membros do grupo teve dificuldades em preencher as três primeiras colunas de um registro de pensamentos nas folhas de exercícios no Capítulo 7 de *A mente vencendo o humor*, então esta sétima sessão de grupo pode focar novamente na prática das habilidades envolvidas nas três primeiras colunas. O grupo no exemplo a seguir teve dificuldades para preencher as três primeiras colunas de um registro de pensamentos. Note como seu terapeuta diminuiu o ritmo e revisou essas habilidades com eles.

TERAPEUTA: Daniel, você colocou na agenda que queria falar sobre o almoço com sua ex-colega de trabalho. Você pode nos contar sobre isso?

DANIEL: Acho que sim. Aquele foi um dia muito difícil para mim. Metade de mim estava querendo encontrá-la, e metade estava temendo por isso. Depois do nosso almoço, não consegui parar de pensar no quanto ela deve ter sentido pena de mim. Eu era o gerente dela e, portanto, estava por cima e no comando. Eu me senti completamente deprimido enquanto dirigia de volta para casa depois do almoço. Fiquei ruminando sobre como agora sou muito menos do que já fui. Sei que ela não me respeita tanto quanto antes por causa disso.

TERAPEUTA: Realmente parece ter sido um dia difícil.

BELINDA: Eu tive experiências similares. Parece que as pessoas olham para mim de um jeito diferente desde que eu fiquei deprimida. Menos pessoas querem estar perto de mim, e, quando estou com outras pessoas, mal posso esperar que nosso tempo juntas termine.

TERAPEUTA: Quantos de vocês tiveram experiências como as de Daniel e Belinda? (*Quatro outros membros do grupo levantam as mãos*) Como esta é uma experiência em comum para muitos de vocês, talvez esta seja uma boa situação para esclarecermos coisas que foram confusas para vocês nesta semana ao preencherem as três primeiras colunas de um registro de pensamentos. Daniel, podemos usar o almoço com sua colega para praticarmos o preenchimento das três primeiras colunas de um registro de pensamentos?

DANIEL: Claro.

TERAPEUTA: Certo, obrigado. (*Desenha as três primeiras colunas de um registro de pensamentos no quadro branco*) Enquanto Daniel fala mais sobre sua experiência, vou pedir que o grupo examine as perguntas na parte inferior das colunas na página 59 de *A mente vencendo o humor*. Vamos preencher essas três primeiras colunas em grupo. Vou começar fazendo uma pergunta ou duas, mas talvez o resto de vocês possa ouvir Daniel atentamente e fazer algumas das outras perguntas nessa página. Então, Daniel, pelo que você me contou até aqui, sei que almoçou com uma colega de trabalho e que, quando estava voltando para casa, se sentiu muito deprimido. Como devo escrever isso na coluna Situação?

DANIEL: Que tal "Sozinho, no carro, indo para casa depois de almoçar com Ellen"?

BELINDA: "Deprimido" entraria na coluna dos estados de humor?

Agenda sugerida para o grupo de depressão: sessão 7

- Verificar o humor, definir a agenda.
- Revisar as tarefas de aprendizagem.
- Introduzir o Capítulo 8 de *A mente vencendo o humor*. Praticar a procura de evidências usando exemplos das Folhas de Exercícios 7.3 e 7.4 preenchidas pelos membros do grupo nesta semana.
- Tarefa de aprendizagem: ler o Capítulo 8 de *A mente vencendo o humor* e preencher todas as folhas de exercícios.
- Receber e dar *feedback*.

TERAPEUTA: Obrigado, Belinda. Daniel, essa é a palavra que você usou. Você acha que essa palavra descreve mais precisamente como você estava se sentindo enquanto dirigia até sua casa?

DANIEL: Sim.

TERAPEUTA: Certo, vamos escrever "Deprimido" na coluna 2.

SADIE: Ali diz que devemos avaliar a intensidade do humor. Isso é mesmo necessário?

TERAPEUTA: Boa pergunta, Sadie. Sim, avalie cada estado de humor nessa coluna. Uma das razões por que isso é importante é que vocês vão reavaliar seu humor depois que completarmos o registro de pensamentos. Essa segunda avaliação vai ajudá-los a determinar se uma mudança no seu pensamento resulta em melhora no seu humor. Daniel, se 100% for o mais deprimido que você já se sentiu, e 0%, nem um pouco deprimido, o quão deprimido você estava enquanto dirigia até sua casa depois do almoço?

DANIEL: 100% é o mais deprimido que já estive?

TERAPEUTA: Sim.

DANIEL: Não sei. Acho que uns 75%.

TERAPEUTA: Certo, vou marcar isso aqui. (*Escreve 75% ao lado de "Depressão" na coluna 2*)

PETER: De acordo com o livro, no quadro Dicas Úteis, parece que a próxima pergunta seria: "O que estava passando na sua mente instantes antes de se sentir assim?", mas estou confuso sobre as perguntas gerais e as específicas. Você pode explicar isso?

TERAPEUTA: Claro. Todas as perguntas no quadro Dicas Úteis na página 53 são planejadas para ajudá-los a aprender a identificar seus pensamentos automáticos. As duas perguntas gerais podem ser feitas para qualquer estado de humor ou situação e podem até mesmo ser úteis quando vocês têm muitos estados de humor ou não têm certeza do que estão sentindo. As duas perguntas gerais são um bom ponto por onde começar. As perguntas específicas para cada estado de humor serão úteis se vocês souberem o que estão sentindo. Essas perguntas específicas são planejadas para focalizar melhor os pensamentos que estão conectados com seu humor. Portanto, Peter está correto ao dizer que a próxima pergunta para Daniel seria: "O que estava passando na sua mente instantes antes de você começar a se sentir deprimido?".

DANIEL: Não tenho certeza. Acho que está de acordo com o que eu disse antes. Eu estava pensando que Ellen sentia pena de mim e estava se perguntando como eu tinha decaído tanto desde quando trabalhamos juntos. E sabe o que mais? Eu concordo com ela. Estou muito abaixo do que eu costumava ser.

SADIE: Sei exatamente como você se sente, Daniel. É como se você tivesse tirado as palavras diretamente da minha cabeça.

TERAPEUTA: Considerando o que Daniel acabou de dizer, quem no grupo pode dizer o que entra na Coluna 3 – a coluna dos pensamentos automáticos (imagens)?

SADIE: O pensamento seria a ideia de que a mulher com quem ele estava almoçando estava sentindo pena dele, ou seria pensar que ele está muito aquém do que costumava ser?

TERAPEUTA: Ambos. E excelente. Vou escrever esses dois pensamentos no quadro branco na coluna 3.

PETER: Se já identificamos os pensamentos, precisamos mesmo assim fazer as perguntas específicas? Nesse quadro das Dicas Úteis, diz que se você está deprimido pode se perguntar: "O que isso diz em relação a mim? Minha vida? Meu futuro?".

TERAPEUTA: Vamos ver o que acontece se fizermos isso. Peter, você pode fazer essa pergunta a Daniel?

PETER: Certo. Daniel, se Ellen estivesse sentindo pena de você, o que isso diria sobre você?

DANIEL: Algumas vezes eu temo ser um fracasso total – simplesmente um perdedor. Talvez signifique isso.

TERAPEUTA: Parece que fazer essa pergunta específica pode nos ajudar a identificar ainda mais pensamentos do que as perguntas gerais revelaram. Vou anotar esses pensamentos. Quem quer fazer a Daniel outra parte da pergunta específica para depressão?

Ao possibilitar que os membros do grupo pratiquem novamente as três primeiras colunas de um registro de pensamentos nesta sétima sessão do grupo, o terapeuta conseguiu responder às perguntas dos membros e esclarecer os pontos que eles não entenderam plenamente na semana anterior. Se houvesse tempo nesta sessão, o grupo também poderia identificar o pensamento "quente" de Daniel e ajudá-lo a procurar evidências que o apoiavam ou não apoiavam, usando as perguntas no quadro Dicas Úteis na página 76 no Capítulo 8 de *A mente vencendo o humor*. Se houvesse tempo para dar esse passo, a tarefa de aprendizagem poderia incluir o Capítulo 8 na semana seguinte. Caso contrário, o grupo poderia usar outra semana para preencher mais cópias da Folha de Exercícios 7.4 – preenchendo as três primeiras colunas de um registro de pensamentos e identificando o pensamento "quente". Essa semana a mais poderia ajudar os membros a consolidar essas habilidades antes de passarem para as colunas das evidências.

Sessão de grupo 8

A oitava sessão de grupo se concentra nas habilidades relacionadas a:

1. Entender a diferença entre fatos e interpretações.
2. Fazer uso efetivo das perguntas (Quadro Dicas Úteis, *A mente vencendo o humor*, p. 76) para encontrar evidências que apoiam e não apoiam os pensamentos "quentes".

Uma vantagem de preencher as colunas de evidências (4 e 5) de um registro de pensamentos em um grupo é que as pessoas geralmente avaliam as crenças das outras pessoas com maior flexibilidade do que fazem com as próprias crenças. Quando o grupo trabalha em conjunto para reunir evidências para testar o pensamento "quente" de um dos seus membros, o grupo inteiro pode adquirir maior habilidade para fazer perguntas úteis e aprende a distinguir entre fatos e interpretações.

Observe como este terapeuta ajuda o grupo a começar a desenvolver habilidades para a busca de evidências em sua oitava sessão.

Terapeuta: David, anteriormente identificamos seu pensamento "quente" de que não se pode confiar nas pessoas neste grupo. Você se importaria se usássemos esse pensamento para nos ajudar a aprender como reunir evidências que apoiam e não apoiam um pensamento "quente"?

David: Certo.

Terapeuta: Ótimo. Quem no grupo tem uma ideia de qual pergunta formular para darmos início?

Padma: No livro, o capítulo é chamado de "Onde estão as evidências?", então talvez a primeira pergunta seja: "Onde estão as evidências de que não somos de confiança?".

Terapeuta: Excelente pergunta, Padma. Muito bom.

David: Se eu entendi "evidências" corretamente, perdi meu emprego duas vezes, meu pai me abandonou, e todos com que já tive mais intimidade no final me causaram algum dano.

Terapeuta: Essa história nos ajuda a entender as experiências que você teve e que podem fazê-lo achar que as pessoas em geral não são de confiança, mas, na verdade, será mais útil se examinarmos as evidências da situação na coluna 1 que apoiam seu pensamento "quente". Este é um esclarecimento importante para todos. Procure examinar a situação específica em que surgiu o pensamento. Por exemplo, David, seu pai e seus empregados lhe causaram danos, mas eles podem ser ou não ser como as pessoas neste grupo. A situação em que você está

Agenda sugerida para o grupo de depressão: sessão 8

- Verificar o estado de humor, definir a agenda.
- Revisar as tarefas de aprendizagem.
- Revisar e refinar os registros de pensamentos dos membros do grupo com prática extra, procurando evidências com o uso das perguntas no quadro Dicas Úteis na página 76 de *A mente vencendo o humor*.
- Tarefa de aprendizagem: continuar a prática com a Folha de Exercícios 8.2.
- Receber e dar *feedback*.

DAVID: pensando se refere ao último encontro do grupo, quando estávamos falando sobre confiança. Houve alguma evidência na sessão da semana passada, durante aquela discussão, de que as pessoas aqui não são de confiança?

DAVID: Não, não consigo pensar em nenhuma evidência, mas dê tempo suficiente às pessoas, e elas vão acabar prejudicando-o.

TERAPEUTA: Posso entender, com base em suas experiências passadas, por que você pensa assim, David, mas, mesmo assim, examine a Folha de Exercícios 8.1, Fatos *versus* interpretações, que você preencheu nesta semana, na página 74 de *A mente vencendo o humor*. Você acha que essa ideia de que as pessoas neste grupo vão acabar prejudicando-o é um fato com que todos aqui concordariam ou é uma interpretação baseada na sua experiência, e outros podem discordar de você?

DAVID: Tecnicamente, provavelmente é uma interpretação, mas ainda acredito nisso.

TERAPEUTA: Certo. Vamos anotar isso na coluna 4 e colocar "minha interpretação" entre parênteses depois dela. Houve algum fato no grupo na semana passada ou outras experiências no grupo que também apoiam seu pensamento "quente" de que as pessoas neste grupo não são de confiança? Todos estão convidados a apresentar algum fato que possamos anotar na coluna 4.

DAVID: Acho que Emmie disse que ela mostrou um registro de pensamentos ao seu marido, e isso me faz pensar se ela conta para ele coisas que estão sendo discutidas aqui.

TERAPEUTA: Ótimo. Que parte disso seria o fato?

DAVID: "Emmie mostrou um registro de pensamentos ao seu marido."

TERAPEUTA: Vamos escrever isso na coluna 4, e podemos verificar com Emmie daqui a pouco se ela discute com seu marido coisas que são ditas no grupo. (*Escreve na coluna 4 o que David disse*) Mais alguma coisa? (*Os membros do grupo balançam a cabeça negativamente*)

TERAPEUTA: Com base no que todos vocês têm lido e praticado, quem tem uma ideia de qual seria o próximo passo aqui?

LUCIANA: Iríamos querer procurar evidências que não apoiam o pensamento "quente"?

TERAPEUTA: E como faríamos isso, Luciana?

LUCIANA: Acho que faríamos esta pergunta: "Há alguma evidência que sugere que o pensamento 'Os outros não são de confiança' não é 100% verdadeiro ou exato?"

TERAPEUTA: Certo. David?

DAVID: Não, não consigo pensar em nenhuma, mas, como já disse, acho que, se você der tempo suficiente às pessoas, elas vão acabar prejudicando-o.

TERAPEUTA: Quem no grupo tem uma sugestão para David de como

	procurar evidências que não apoiam esse pensamento: "Os outros não são de confiança"?
VICTORIA:	David, você já confiou em alguém que não o prejudicou?
DAVID:	Não.
EMMIE:	E quanto a nós, David? Alguém neste grupo já o prejudicou?
DAVID:	Como eu disse, Emmie disse que mostrou um registro de pensamentos ao seu marido, e não devíamos falar sobre o grupo em casa.
EMMIE:	Eu não falei com meu marido sobre o grupo, David. Só mostrei a ele meu próprio registro de pensamentos, e conversamos sobre meus sentimentos e pensamentos.
TERAPEUTA:	Esse é um esclarecimento importante, Emmie. É claro que cada um de vocês pode falar sobre suas próprias folhas de exercícios com alguém em quem confiam. David, o que você pensa sobre o que Emmie disse?
DAVID:	Tudo bem, ao que parece. Eu fiquei pensando sobre o que você teria contado a ele, mas, se não falou sobre ninguém além de você, então acho que tudo bem.
VICTORIA:	Alguém no grupo já fez alguma coisa que não lhe inspire confiança?
DAVID:	Não que eu saiba. Ainda não, pelo menos.
TERAPEUTA:	As pessoas no grupo já fizeram alguma coisa que sugere que você pode confiar nelas?
DAVID:	Bem, as pessoas pareceram interessadas. Ninguém riu de mim. Acho que ninguém disse nada que fosse prejudicial.
TERAPEUTA:	O que significa para você que as pessoas no grupo não tenham dito ou feito nada prejudicial?
DAVID:	Sei o que você quer que eu diga. Você quer que eu diga que estou errado e que posso confiar nas pessoas.
TERAPEUTA:	Não, eu não estou tentando provar que você está errado. Não estou empenhado em que você diga uma coisa ou outra. Você tem algumas boas evidências que apoiam a ideia de que as pessoas podem nos causar danos. Neste momento, estou apenas curioso sobre o que significa para você que ninguém no grupo tenha dito ou feito alguma coisa prejudicial.
DAVID:	Talvez as pessoas neste grupo sejam diferentes. Talvez este grupo não represente o mundo real.
EMMIE:	David, você acredita em mim e confia em mim?
DAVID:	Acho que sim. Não nos conhecemos há tanto tempo assim.
EMMIE:	O que eu poderia fazer para que você confiasse ainda mais em mim?
DAVID:	Preciso pensar sobre isso. Pode levar algum tempo.
EMMIE:	Eu concordo. É preciso tempo para construir confiança.

Nessa interação, os membros do grupo fizeram perguntas para abordar a questão da confiança na vida de David e no grupo. Devido à sua inflexibilidade entre as situações, parecia que o pensamento "quente" de David, "As pessoas neste grupo não são confiáveis", provavelmente estava associado a uma crença nuclear de que as pessoas não são confiáveis. O terapeuta manteve o grupo no rumo certo, com o trabalho no registro de pensamentos tratando esse pensamento como um pensamento automático associado à situação específica descrita na coluna 1 do registro de pensamentos de David. Ao procurar evidências na situação da coluna 1, David foi capaz de se manter mais no aqui e agora e começou a considerar evidências relevantes que não apoiavam seu pensamento "quente". Isso teria sido mais difícil se o grupo tivesse desviado o foco para suas experiências passadas de vida.

Enquanto essa interação estava acontecendo, o terapeuta desenhou no quadro branco as cinco primeiras colunas de um registro de pensamentos com informações extraídas dessa interação, como mostra a Figura 15.5. O terapeuta permitiu que os membros do grupo interagissem e questionassem uns aos outros, na medida em que isso assegurasse o apoio à construção das habilidades.

Sessão de grupo 9

Enquanto os membros do grupo continuam a praticar a busca de evidências que apoiam e não apoiam seus pensamentos "quentes", a nona sessão de grupo introduz o conceito de construção de pensamentos alternativos/compensatórios com base nas evidências colhidas. Assim, esta sessão introduz as habilidades finais do registro de pensamentos de sete colunas. Os terapeutas de TCCG focarão em:

1. Ajudar os membros do grupo a desenvolver suas habilidades para analisar objetivamente as evidências que apoiam e não apoiam um pensamento automático.
2. Esclarecer a diferença entre pensamentos alternativos e compensatórios.
3. Ajudar os membros do grupo a aprender a gerar pensamentos alternativos ou compensatórios pessoalmente significativos.
4. Enfatizar a importância de reavaliar os estados de humor (coluna 7) para completar um registro de pensamentos de sete colunas.

Continuando com o registro de pensamentos de David iniciado na sessão 8, a vinheta a seguir ilustra como desenvolver essas habilidades na sessão 9.

TERAPEUTA: David, olhando para o quadro branco, e com base nas evidências que você reuniu nas colunas 4 e 5 [ver Figura 15.5], qual seria uma forma de pensar alternativa ou compensatória sobre a confiabilidade das outras pessoas neste grupo?

DAVID: Não sei – talvez "Todos são confiáveis"?

PADMA: Oh, não estou certa se isso funciona bem. Para mim, isso parece tão problemático quanto não confiar em ninguém.

VICTORIA: Eu concordo. Acho que isso não deveria ser do tipo tudo ou nada.

TERAPEUTA: Vocês levantaram pontos importantes. Esta é a importância de atentar genuinamente a todas as evidências que foram

Registro de Pensamentos

1. Situação Quem? O quê? Quando? Onde?	2. Estados de humor a. O que você sentiu? b. Avalie cada estado de humor (0-100%).	3. Pensamentos automáticos (imagens) a. O que estava passando na sua mente instantes antes de começar a se sentir assim? Algum outro pensamento? Imagem? b. Circule o pensamento "quente".	4. Evidências que apoiam o pensamento "quente"	5. Evidências que não apoiam o pensamento "quente"
No grupo, quinta-feira, 19h30min, falando sobre confiança.	Triste 90%	(As pessoas neste grupo não são confiáveis.)	Dê tempo suficiente às pessoas, e elas vão acabar prejudicando-o. (Minha interpretação baseada em experiências passadas.) Emmie mostrou um registro de pensamentos ao seu marido.	Confio nas pessoas do grupo até certo ponto. Ninguém no grupo fez alguma coisa inconfiável. Emmie diz que mostrou apenas seu próprio registro de pensamentos ao seu marido. Ninguém no grupo fez alguma coisa prejudicial. As pessoas no grupo pareceram interessadas. Ninguém no grupo riu de mim.

FIGURA 15.5 Cinco primeiras colunas de um registro de pensamentos, conforme utilizado para procurar evidências que não apoiavam o pensamento "quente" de David sobre confiar nas pessoas do grupo.

> ## Agenda sugerida para o grupo de depressão: sessão 9
> - Verificar o humor, definir a agenda.
> - Revisar a tarefa de aprendizagem: Folha de Exercícios 8.2 (procurando evidências).
> - Introduzir o pensamento alternativo ou compensatório: exercício em grupo preenchendo a Folha de Exercícios 9.1.
> - Tarefas de aprendizagem: ler o Capítulo 9 de *A mente vencendo o humor* e preencher todas as folhas de exercícios; para a Folha de Exercícios 9.2, usar as dicas do quadro Lembretes na página 98 e do quadro Dicas Úteis na página 99; preencher pelo menos mais dois registros de pensamentos.
> - Receber e dar *feedback*.

reunidas nas colunas 4 e 5. David listou algumas evidências importantes na coluna 4. Enquanto construímos um pensamento alternativo ou compensatório, precisamos levar em conta as informações dessas duas colunas.

LUCIANA: É aqui que decidimos entre um pensamento alternativo e um compensatório?

TERAPEUTA: Alguém no grupo quer tentar responder isso?

EMMIE: A forma como entendo isso é que, se você não conseguir encontrar alguma evidência real que apoie seu pensamento "quente", então você pode desenvolver um pensamento alternativo, mas, se houver alguma evidência legítima na coluna 4 que apoie seu pensamento, e evidências na coluna 5 que não apoiem seu pensamento, então você deve desenvolver um pensamento compensatório que seja pelo menos um pouco aceitável para você.

TERAPEUTA: Está quase correto. Sempre podemos escrever um pensamento compensatório resumindo as evidências nas colunas 4 e 5. Algumas vezes um pensamento alternativo vai simplesmente surgir em nossas mentes e parecer realmente verdadeiro para nós. Algumas vezes isso ocorre porque não há evidências reais que apoiem seu pensamento "quente", como Emmie disse. Porém, algumas vezes, um pensamento alternativo tem muito peso para nós, mesmo que haja alguma evidência na coluna 4. Em geral, se nenhum pensamento alternativo surgir para você, escreva um pensamento compensatório.

EMMIE: Então, David teve algumas experiências dolorosas que o fazem achar que as pessoas vão prejudicá-lo com o tempo, mesmo que pareçam confiáveis inicialmente, mas ele também tem algumas evidências na coluna 5, então acho que esta seria uma situação em que ele procura um pensamento compensatório?

TERAPEUTA: Bom. David, há alguma forma de entender as evidências escritas nas colunas 4 e 5? Há alguma declaração que você acharia que inclui todas as evidências?

DAVID: Quando olho para as colunas 4 e 5 no quadro branco, acho que eu diria: "Mesmo que no passado a minha confiança tenha sido quebrada, algumas pessoas podem ser confiáveis".

EMMIE: Para mim também é importante incluir a ideia de que "é preciso tempo para construir confiança".

DAVID: Sim, eu concordo com isso.

TERAPEUTA: David, você poderia vir até o quadro banco e escrever seu pensamento compensatório? (*David faz isso*)

PADMA: Vi no livro alguma coisa sobre avaliar sua crença no seu novo pensamento. Isso é realmente necessário?

TERAPEUTA: Sim, isso é importante. Quanto mais aceitável for o novo pensamento para você, mais provável será que ele tenha um impacto positivo no seu humor. Além disso, alguns novos pensamentos não são muito aceitáveis inicialmente, mas acreditamos mais neles com o passar do tempo, especialmente se tivermos experiências que são consistentes com eles. Considerando-se isso, David, em uma escala 0-100%, com 100% sendo totalmente aceitável e 0% sendo nem um pouco aceitável, o quanto você acredita no seu pensamento compensatório: "Mesmo que no passado a minha confiança tenha sido quebrada, algumas pessoas podem ser confiáveis"?

DAVID: Talvez uns 25%. Ainda não estou muito seguro disso. Já fui machucado muitas vezes.

TERAPEUTA: Entendo. A confiança é muito frágil e difícil de consertar depois que é quebrada. E concordo que é preciso tempo para construir confiança.

Nessa breve vinheta, os membros do grupo estavam construindo suas habilidades para analisar objetivamente as evidências reunidas nas colunas 4 e 5 em um registro de pensamentos para gerar pensamentos alternativos ou compensatórios. Este é um conjunto de habilidades que requer algumas semanas de prática em qualquer grupo antes de se tornar mais fácil.

Sessão de grupo 10

No Guia para a Resolução de Problemas, no final deste capítulo, há uma seção denominada "Atrasando ou avançando no cronograma". É sugerido que as 15 sessões de grupo propostas sejam estendidas para 16 sessões, se houver flexibilidade para isso. O benefício de acrescentar uma sessão de grupo é que muitos terapeutas acham que os membros do grupo precisam de prática adicional para reunir evidências e desenvolver pensamentos alternativos ou compensatórios. Essas duas habilidades podem parecer complicadas à primeira vista; ter uma sessão extra para consolidar essa aprendizagem pode ser valioso. Em um grupo de depressão com 16 sessões baseado em *A mente vencendo o humor*, pode ser empregado mais tempo no registro de pensamentos na sessão de grupo 10. Em um grupo com 15 sessões, ou se os membros entenderem e forem capazes de experimentar melhoras no humor quando preenchem o registro de pensamentos, a sessão 10 poderá introduzir novas ideias. Essas novas ideias provavelmente podem ser extraídas do Capítulo 10 de *A mente vencendo o humor* sobre fortalecer novos pensamentos, elaborar planos de ação e desenvolver aceitação. As aplicações detalhadas passo a passo dessas três habilidades são apresentadas no Capítulo 5 deste guia.

A escolha de usar ou não as folhas de exercícios para fortalecer novas crenças, elaborar planos de ação ou desenvolver aceitação depende do que os membros do grupo descobrem ao preencherem seus registros de pensamento. Se as evidências apoiarem um pensamento alternativo ou compensatório, e, no entanto, a pessoa só acreditar um pouco nesse novo pensamento, então pode ser usada a Folha de Exercícios 10.1, Fortalecendo novos pensamentos (*A mente vencendo o humor*, p. 115), para ajudar a aumentar a confiança no pensamento alternativo ou compensatório.

Se as evidências reunidas apoiarem, sobretudo, o pensamento "quente" ou indicarem um problema na vida que está mantendo a depressão, então as pessoas serão encorajadas a formular um plano de ação (Folha de Exercícios 10.2, *A mente vencendo o humor*, p. 121) e a tomar as medidas necessárias para resolver esse problema. É recomendado desenvolver aceitação sempre que houver pouco a ser feito para resolver um problema e/ou for provável que um problema dure muito tempo, mesmo quando forem tomadas as medidas do plano de ação. A prática da aceitação pode ser guiada pela Folha de Exercícios 10.3 (*A mente vencendo o humor*, p. 125).

A vinheta a seguir ilustra a definição e o começo de uma tarefa para fortalecer um novo pensamento.

TERAPEUTA: Qualquer um de vocês que quiser tentar fortalecer sua crença em um dos seus pensamentos alternativos ou compensatórios nesta semana pode usar a Folha de Exercícios 10.1 para ajudar. Por exemplo, Sadie, você teve o pensamento "quente" "As pessoas não gostam de mim, e não mereço ser amada". Você acreditou apenas um pouco na

Agenda sugerida para o grupo de depressão: sessão 10

- Verificar o humor, definir a agenda.
- Revisar a tarefa de aprendizagem: Folha de Exercícios 9.2 (colunas de resolução de problemas 4, 5, 6 e 7 do registro de pensamentos).
- Introduzir o Capítulo 10 de *A mente vencendo o humor*.
- Tarefa de aprendizagem: ler o Capítulo 10 integralmente ou em parte, dependendo do quanto foi introduzido nesta sessão. Preencher todas as folhas de exercícios no capítulo ou a parte indicada.
- Receber e dar *feedback*.

sua crença alternativa "Algumas pessoas gostam de mim" – 10%. Vamos fazer uma lista no quadro branco de que tipos de evidências Sadie poderia procurar nesta semana para fortalecer seu novo pensamento, "Algumas pessoas gostam de mim".

VICTORIA: As pessoas ligarem para ela contaria?

EMMIE: Que tal as pessoas se sentarem com ela no almoço?

DAVID: Sadie, você notou se as pessoas a cumprimentam ou fazem contato visual com você?

SADIE: Na verdade não. Tenho tendência a olhar para baixo e evito o contato visual quando estou perto de outras pessoas.

DAVID: Fico pensando no que aconteceria se você olhasse para elas ou as cumprimentasse.

EMMIE: Sadie, você tem tantas qualidades. Há muita coisa em você para alguém gostar.

SADIE: Não sei. Eu acho que não.

LILY: E quanto às pessoas que puxam conversa com você?

BELINDA: Ou que dão continuidade a uma conversa que você iniciou?

TERAPEUTA: (*No quadro branco*) Então, isso é o que vocês sugeriram até agora para as experiências que Sadie pode procurar que poderiam apoiar seu novo pensamento, "Algumas pessoas gostam de mim". (*Escreve*)

1. As pessoas me ligam.
2. As pessoas sentam-se comigo no almoço.
3. As pessoas me cumprimentam.
4. As pessoas fazem contato visual comigo (Preciso olhar para elas para notar isso.)
5. As pessoas puxam conversa comigo.
6. As pessoas dão continuidade a uma conversa que eu iniciei.
7. ???

TERAPEUTA: Há coisas que os outros membros do grupo acham que podem ser evidências de que algumas pessoas gostam de você, Sadie. O que você acha?

SADIE: Não estou completamente certa em relação aos itens 3, 4 e 6, mas acho que as pessoas me ligam ou se sentam comigo ou puxam conversa comigo, então estas podem ser evidências.

TERAPEUTA: Certo. Por que você não anota essas ideias na Folha de Exercícios 10.1 no seu livro? (*Faz uma pausa enquanto ela escreve*) Coloquei pontos de interrogação para o número 7 porque não listamos todas as experiências que você pode ter nesta semana que poderiam apoiar seu novo pensamento. Acho que estamos todos curiosos para descobrir na próxima semana que experiências você terá que não listamos aqui e que apoiam seu novo pensamento. (*Os membros do grupo concordam com um aceno de cabeça e murmúrios*)

Esse exercício preparou Sadie para continuar com o processo, envolveu os outros membros do grupo na aprendizagem de como usar a Folha de Exercícios 10.1, Fortalecendo novos pensamentos, e demonstrou os tipos de evidências que cada membro do grupo poderia procurar para fortalecer novos pensamentos.

Sessão de grupo 11

A sessão de grupo 11 resume o trabalho que os membros do grupo fizeram nas folhas de exercícios introduzidas na sessão anterior. Alguns membros do grupo, como Sadie, terão trabalhado na coleta de evidências para fortalecer crenças alternativas ou compensatórias (Folha de Exercícios 10.1, *A mente vencendo o humor*, p. 115). Outros terão começado a elaborar e implantar planos de ação (Folha de Exercícios 10.2, *A mente vencendo o humor*, p. 121) ou a praticar aceitação (Folha de Exercícios 10.3, *A mente vencendo o humor*, p. 125). É melhor usar algum tempo em cada uma dessas folhas de exercícios que os membros do grupo empregaram durante a semana, para que eles possam aprender mais sobre a sua utilização e eficácia, mesmo para exercícios em que não trabalharam ativamente na semana anterior. Alguma dessas folhas de exercícios que não foi introduzida na sessão de grupo 10 pode ser introduzida nesta semana.

Além disso, esta sessão pode introduzir e fornecer prática em grupo para identificação de pressupostos subjacentes (Folha de Exercícios 11.1, *A mente vencendo o humor*, p. 137) se o grupo estiver pronto para aprender uma nova habilidade. Os terapeutas devem consultar o Capítulo 6 deste guia para revisar as diretrizes e os métodos para a identificação de pressupostos subjacentes.

Sessão de grupo 12

É necessário o desenvolvimento de habilidades mais individualizadas à medida que mais habilidades são introduzidas. Por exemplo, alguns membros do grupo terão trabalhado na semana anterior principalmente no desenvolvimento de um plano de ação, e outros na aceitação ou no fortalecimento de novos pensamentos. É necessário algum resumo de cada tipo de tarefa de aprendizagem. Todos os membros do grupo terão feito esforços para identificar pressupostos subjacentes (Folha de Exercícios 11.1, *A mente vencendo o humor*, p. 137). Os pressupostos subjacentes identificados podem ser discutidos, e perguntas pendentes a respeito podem ser respondidas.

O novo conjunto de habilidades introduzido nesta semana é de planejamento e execução de experimentos comportamentais para testar pressupostos subjacentes.

Agenda sugerida para o grupo de depressão: sessão 11

- Verificar o humor, definir a agenda.
- Revisar as tarefas de aprendizagem.
- Introduzir e praticar como identificar pressupostos subjacentes.
- Tarefas de aprendizagem: ler páginas 129-138 do Capítulo 11 de *A mente vencendo o humor* e preencher todas as folhas de exercícios; trabalho continuado nas Folhas de Exercícios 10.1, 10.2 e 10.3, conforme indicado para cada pessoa.
- Receber e dar *feedback*.

Padma foi voluntária para que o grupo planeje como testar um dos seus pressupostos subjacentes: "Se as pessoas me conhecerem, então vão me rejeitar". O grupo e Padma combinaram de usar um teste direto da crença de Padma, que é o Experimento 1 na p. 138 de *A mente vencendo o humor*. Antes de iniciar o experimento, Padma preencheu a parte superior e as quatro primeiras colunas da Folha de Exercícios 11.2 (*A mente vencendo o humor*, p. 144) no quadro branco: seu pressuposto a ser testado (ver o alto da Figura 15.6), o experimento, as previsões, os possíveis problemas e as estratégias para superar esses problemas (Figura 15.6, quatro primeiras colunas). Essas informações foram resumidas pelo terapeuta do grupo um pouco antes de Padma iniciar seu experimento:

TERAPEUTA: Então, Padma, você está testando seu pressuposto "Se as pessoas me conhecerem, vão me rejeitar". A sua previsão é a de que, quando contar às pessoas certas coisas a seu respeito, você será rejeitada. Você tem a preocupação de que ficará muito nervosa para continuar este experimento, mas você vai se lembrar do quanto isso é importante para você e da oportunidade única que você tem neste grupo de experimentar a autoexposição.

PADMA: Sim. Parece que o meu coração vai saltar do peito. Sei que é importante que eu faça isso. Fiz uma lista de inúmeras coisas que normalmente não revelo a outras pessoas – coisas sobre as quais me sinto constrangida ou coisas que apenas deixam as pessoas próximas demais. Então talvez eu possa apenas ler a minha lista – pode ser mais fácil.

TERAPEUTA: Claro, por favor, faça isso.

PADMA: Certo. Aí vai. Já fui casada e me divorciei duas vezes – e os dois casamentos eram abusivos, física e mentalmente. Nunca estive em um bom relacionamento romântico. Algumas vezes acho que simplesmente não mereço isso. Então, agora, na maior parte do tempo, me sinto sozinha e não merecendo ser amada. Na verdade, tenho me sentido assim a maior parte da minha vida. (*Silêncio momentâneo no grupo*)

EMMIE: Oh, Padma, eu me solidarizo com você. Sei o quanto isso é terrível – meu pai costumava bater na minha mãe antes de todos nós sairmos de casa. Isso me ajuda a entender você muito mais. Lamento que você tenha tido que passar por isso.

VICTORIA: Fico triste ao saber que você passou por isso. E também me ajuda a entendê-la melhor – de uma forma boa.

PETER: Deve ser difícil para você falar sobre isso. Homens que abusam de mulheres me deixam furioso.

TERAPEUTA: Obrigado por assumir o risco de contar ao grupo essas coisas sobre a sua vida, Padma. Como você se sente agora?

PADMA: Não tenho certeza. Muitas coisas diferentes. Sinto tranquilização e conforto por par-

FOLHA DE EXERCÍCIOS 11.2 Experimentos para testar um pressuposto subjacente

PRESSUPOSTO TESTADO: Se as pessoas me conhecerem, então vão me rejeitar.

Experimento	Previsões	Possíveis problemas	Estratégias para solucionar esses problemas	Resultado do experimento	O que aprendi com o experimento sobre esse pressuposto?
Contar às pessoas no grupo algum dos meus segredos.	Vou ser rejeitada quando me expuser e as pessoas souberem mais a meu respeito.	Vou ficar muito nervosa para prosseguir com este experimento.	Posso me lembrar do quanto isso é importante e da oportunidade única que tenho neste grupo para experimentar autoexposição.	Não me sinto rejeitada. As pessoas aqui parecem ser apoiadoras. Ninguém fez nada que parecesse me rejeitar ou me julgar.	Talvez, quando as pessoas me conhecerem, algumas tenham maior apreciação por quem eu sou. (Não tenho certeza disso.)
				O que aconteceu (em comparação com suas previsões)? Os resultados correspondem ao que você previu? Aconteceu algo inesperado? Se as coisas não aconteceram como você queria, como você lidou com isso?	

FIGURA 15.6 Experimento comportamental de Padma usando a Folha de Exercícios 11.2. De Greenberger e Padesky (2016). Copyright © 2016 Dennis Greenberger e Christine A. Padesky. Adaptado com permissão.

te do grupo e agradeço isso. É bom saber que Emmie entende como é estar nesse tipo de lar. Acho que apenas não sei como processar tudo neste momento, na verdade jamais me abri sobre essas coisas.

TERAPEUTA: Certo, talvez possamos ajudar. Vamos pensar sobre o que acabou de acontecer em termos do seu experimento comportamental e testar o pensamento "Se as pessoas me conhecerem, vão me rejeitar". Com base no que acabou de acontecer, você tem algum sentimento de ter sido rejeitada?

EMMIE: Padma, eu sei que me sinto ainda mais próxima de você agora do que alguns momentos atrás. Sinto que você abriu parcialmente uma porta e nos deixou entrar na sua vida.

PADMA: O que você quer dizer com "parcialmente"?

EMMIE: Bem, tenho certeza de que há muito mais nessa história, e o que você fez hoje é apenas o começo, mas há muito mais que eu quero saber sobre você.

VICTORIA: Só Deus sabe, todos nós temos esqueletos guardados em nossos armários. Padma, você acha que algum de nós a julgou negativamente?

PADMA: Honestamente, não sei se vocês julgaram ou não. Não parece.

TERAPEUTA: Padma, a sua previsão era de que, se você se abrisse para as pessoas, e elas a conhecessem, elas a rejeitariam. Como você descreveria o resultado desse experimento?

PADMA: Bem, não me sinto rejeitada. As pessoas aqui parecem ser apoiadoras. Eu agradeço por isso. Ninguém fez nada que parecesse estar me rejeitando ou me julgando. Não sei bem o que fazer com isso agora.

TERAPEUTA: Você não precisa fazer nada agora, exceto escrever suas observações na folha de exercícios dos seus experimentos, na coluna para o resultado do experimento (ver Figura 15.6). Então você poderá realizar mais experimentos como este e descobrir o que aprendeu.

PADMA: Não sei se consigo fazer mais experimentos. Isso é difícil para mim.

EMMIE: Padma, talvez, quando você se abrir e as pessoas a conhecerem, algumas delas tenham maior apreciação por quem você é.

PADMA: Isso é meio difícil de acreditar.

TERAPEUTA: Mas parece ser consistente com o que aconteceu hoje. Talvez possamos manter essa noção guardada na memória, por enquanto. Como é mesmo que você disse, Emmie?

EMMIE: Acho que eu disse que "quando você se abrir e as pessoas a conhecerem, algumas delas terão maior apreciação por quem você é".

TERAPEUTA: Vamos ajudar Padma a resumir o resultado do seu experimento. Primeiramente, sei o quanto isso foi difícil para você, Padma, e valorizo que você tenha corrido esse risco; foi preciso muita coragem. O que você disse anteriormente é que ninguém no grupo demonstrou nenhuma rejeição – e, na verdade, o grupo foi apoiador. Também pode ser importante considerar a observação de Emmie de que, quando as pessoas conhecerem você, elas terão maior apreciação pelo que você é. Esta é uma coisa que você estaria disposta a levar em consideração?

PADMA: Acho que sim. Talvez isso possa valer para algumas pessoas. Tenho que pensar um pouco.

TERAPEUTA: É justo. Por enquanto, vamos anotar no quadro branco o resultado desse experimento e o que você aprendeu hoje sobre o seu pressuposto.

Uma vantagem da terapia de grupo é que as interações observáveis entre os membros do grupo fornecem evidências/dados referentes aos pressupostos e às crenças interpessoais; como ilustra o exemplo de Padma, a aceitação e o apoio oferecido por outros membros do grupo frequentemente vão contra as crenças antigas dos membros sobre outras pessoas e sobre eles mesmos. Os terapeutas perspicazes prestam especial atenção a essas interações para obter a aceitação e o apoio do grupo e os trazem à consciência dos membros enquanto eles estão construindo habilidades que podem ajudá-los a se aproximar mais dos seus objetivos.

Sessão de grupo 13

A sessão de grupo 13 continua o trabalho com os pressupostos subjacentes e os experimentos comportamentais e introduz novas habilidades de gratidão e atos de gentileza. Esta sessão de grupo é uma oportunidade para fortalecer todos os componentes dos processos de identificação dos pressupostos subjacentes e planejar experimentos comportamentais. Os membros do grupo podem revisar os resultados dos experimentos que conduziram durante a semana anterior e podem praticar os três tipos de experimentos comportamentais descritos em *A mente vencendo o humor* no grupo: (1) "então..." sempre vem depois de "Se..."; (2) observar os outros e ver se a sua regra "Se...então..." se aplica a eles; e (3) fazer o oposto e ver o que acontece (p. 138-143).

Estudos empíricos do campo da psicologia positiva apoiam a conexão entre gratidão, atos de gentileza e felicidade (ver Wood et al., 2010). A atenção focada em coisas na vida pelas quais as pessoas são gratas está relacionada a maior felicidade e reduções na depressão. Exercícios como manter um diário de gratidão (Folhas de Exercícios 12.10 a 12.14, *A mente vencendo o humor*, p. 172-178) e realizar atos de gentileza (Folha de Exercícios 12.15, *A mente vencendo o humor*, p. 180) ajudam a focar a atenção deliberadamente em aspectos positivos da vida de uma pessoa e podem ajudar a fortalecer estados de humor positivos.

O trabalho com a crença nuclear não é recomendado em um grupo de terapia breve para depressão. Pesquisas recentes sugerem que o trabalho com as crenças nucleares em terapia de grupo para depressão (como o grupo descrito aqui) pode ser acompanhado pela piora da doença (Hawley et al., 2017). De modo geral, o desenvolvimento de novas crenças nucleares leva muitos me-

> **Agenda sugerida para o grupo de depressão: sessão 13**
> - Verificar o humor, definir a agenda.
> - Revisar as tarefas de aprendizagem.
> - Introduzir gratidão e atos de gentileza.
> - Tarefas de aprendizagem: continuar com os experimentos comportamentais; ler as páginas 171-182 de *A mente vencendo o humor* (Capítulo 12) e iniciar as Folhas de Exercícios 12.10, 12.11 e 12.12; é opcional aos membros escolherem iniciar as Folhas de Exercícios 12.14 e/ou 12.15.
> - Receber e dar *feedback*.

ses. Assim, não faz sentido iniciar esse trabalho restando apenas algumas sessões de terapia de grupo. Em vez disso, os membros do grupo são direcionados a ler apenas as seções do Capítulo 12 de *A mente vencendo o humor* que dizem respeito a gratidão e atos de gentileza – habilidades que podem promover o bem-estar.

Sessão de grupo 14

Os objetivos principais desta sessão são fazer um balanço com os membros sobre seu uso das folhas de exercícios para gratidão e atos de gentileza e introduzir os processos importantes envolvidos no preparo de um plano para manejo de recaída. Mesmo assim, também é provável que a sessão inclua a revisão de várias atividades de aprendizagem em andamento. Os membros do grupo podem continuar a preencher as folhas de exercícios relacionadas a ativação comportamental, registros de pensamentos, experimentos comportamentais, fortalecimento de novos pensamentos, planos de ação e aceitação. Cada pessoa provavelmente estará trabalhando em apenas um ou dois destes, mas a aprendizagem do grupo é aprimorada quando o processo contínuo para cada membro é brevemente revisado em cada sessão.

A seguinte interação do grupo ilustra como incorporar gratidão à TCCG.

TERAPEUTA: Um dos itens da nossa agenda é revisar sua prática no diário de gratidão. Quem gostaria de começar?

BELINDA: Eu posso começar. Gostei desse exercício. Listei que sou grata pela minha saúde física e a saúde física da minha família. Sou grata por viver em um bairro seguro e por ter um trabalho de que gosto. Estes foram os itens principais na minha lista.

EMMIE: Não estou certa se fiz isso corretamente, mas fiz o diário de gratidão de forma um pouco diferente. Minha lista de gratidão foi principalmente por coisas menores. Coloquei na minha lista gratidão pelo calor do sol na minha pele, abraçar meu cachorro, ouvir uma das minhas canções favoritas, ouvir crianças rindo na minha casa e poder curtir um museu com minha melhor amiga. Espero que não tenha feito isso errado.

> ### Agenda sugerida para o grupo de depressão: sessão 14
> - Verificar o humor, definir a agenda.
> - Revisar as tarefas de aprendizagem.
> - Introduzir a ideia de manter os ganhos depois da terapia de grupo por meio da prática continuada das habilidades. Ajudar os membros a identificar situações pessoais de alto risco e os primeiros sinais de alerta de recaída.
> - Tarefas de aprendizagem: ler o Capítulo 16 de *A mente vencendo o humor* e preencher todas as folhas de exercícios.
> - Receber e dar *feedback*.

TERAPEUTA: Não, você se saiu muito bem. Podemos ser gratos por coisas grandes, como saúde e segurança, e também podemos ser gratos pelas experiências momentâneas em nossa vida. Um propósito do diário de gratidão é focar nossa atenção nas partes positivas de nossa vida. Não existe certo ou errado em termos daquilo pelo que você é grato.

PADMA: Isso é difícil para mim, mas eu queria dizer a Emmie, Victoria e Peter o quanto sou grata a eles. Algumas sessões atrás, quando eu estava falando sobre ser abusada, fiquei grata pelas suas respostas. Todos vocês foram muito confortadores e tranquilizadores, e isso significou muito para mim. Coloquei isso na minha folha de exercícios Expressando gratidão.

Os terapeutas podem perguntar aos membros se eles querem continuar com o diário de gratidão, expressões de gratidão e atos de gentileza depois da conclusão do grupo de terapia.

Para começarem a trabalhar no manejo de recaídas, os terapeutas podem conduzir vários exercícios em grupo. O primeiro solicita que os membros preencham alguns itens na Folha de Exercícios 16.1, *Checklist* de habilidades de *A mente vencendo o humor* (os itens em habilidades centrais e habilidades com a depressão se aplicam a esse grupo de depressão), para assegurar que entenderam como usar essa folha de exercícios. O preenchimento dessa folha de exercícios será uma das suas tarefas de aprendizagem para a semana. A seguir, os membros do grupo poderão definir e identificar situações pessoais de alto risco que possam provocar recaída da depressão. Cada membro deve identificar os primeiros sinais de alerta de recaída potencial. Se houver tempo, o grupo pode começar a idealizar planos de ação para implementar as habilidades aprendidas no grupo para reduzir a depressão em seus estágios iniciais quando aparecerem os sinais de alerta. A tarefa de aprendizagem para esta sessão é que cada membro do grupo faça um plano pessoal específico para reduzir o risco de recaída preenchendo as Folhas de Exercícios 16.1 (*A mente vencendo o humor*, p. 273) e 16.2 (*A mente vencendo o humor*, p. 278) em casa.

Sessão de grupo 15

A sessão final do grupo assegura que cada membro tenha construído um plano de manejo de recaídas. O progresso em direção aos objetivos é revisado, juntamente com planos para o uso continuado de *A mente vencendo o humor* para prosseguir na busca dos objetivos ainda não atingidos. Descreva habilidades adicionais não abordadas nesse grupo (p. ex., métodos de manejo de ansiedade, raiva, culpa ou vergonha) que alguns membros podem querer explorar em *A mente vencendo o humor* após o término do grupo para construir um sentimento mais forte de bem-estar com o passar do tempo. A sessão final desse grupo também é uma oportunidade para seus membros se despedirem e expressarem gratidão ou reconhecimento pelos outros membros e/ou pelo terapeuta do grupo.

O diálogo a seguir é retirado do trecho desta sessão final dedicada à prevenção de recaídas.

TERAPEUTA: A Folha de Exercícios 16.2, Meu plano para reduzir o risco de recaída, foi parte da sua tarefa de aprendizagem para a semana passada. Para aqueles que quiserem compartilhar suas respostas dadas nessa folha de exercícios, seria interessante desenhá-la no quadro branco e mostrar como as diferentes pessoas no grupo a preencheram. Vocês querem fazer isso?

EMMIE: Claro.

BELINDA: Por mim, tudo bem. (*Os outros concordam com a cabeça*)

TERAPEUTA: Certo, quem quer começar? Vou marcar no quadro branco o que vocês disserem e usar um marcador de cor diferente para cada um de vocês. (A Figura 15.7 mostra como Sadie, Victoria, David e Peter preencheram essa folha de exercícios.)

SADIE: Posso ser a primeira. Acho que a minha situação de mais alto risco será as pessoas não retornarem as minhas ligações ou as pessoas não quererem sair comigo – basicamente, sempre que eu me sentir sendo rejeitada. Uma coisa que aprendi neste grupo é que isso é o que eu tenho a maior dificuldade para lidar. Meus primeiros sinais de alerta serão me sentir magoada e começar a me isolar sem pedir a ninguém para fazer alguma coisa.

TERAPEUTA: Bom. E quanto ao seu plano de ação?

SADIE: O que funcionou para mim até agora é lembrar que eu mereço ser amada. Entendo agora que algumas pessoas gostam de mim genuinamente.

TERAPEUTA: Certo. Se me lembro corretamente, você trabalhou um pouco isso com a folha de exercícios Fortalecendo novos pensamentos. Você pode consultá-la para isso.

VICTORIA: Sentir rejeição também é uma situação de alto risco para mim. Passar muito tempo sozinha é um sinal de alerta para mim. Como parte do meu plano de ação, tenho que continuar ligando para os amigos ou familiares para encontrar alguém para passar algum tempo comigo.

FOLHA DE EXERCÍCIOS 16.2 Meu plano para reduzir o risco de recaída

1. Minhas situações de alto risco:
   Sadie: As pessoas não retornarem as minhas ligações, as pessoas não quererem sair comigo — sempre que sinto que estou sendo rejeitada.

   Victoria: Me sentir rejeitada.

   David: Aproximar-me de outras pessoas — especialmente de forma romântica.

   Peter: Estar mais intensamente deprimido por um período de tempo mais longo do que o normal.

2. Meus primeiros sinais de alerta:
   Sadie: Sentir-me magoada e me isolar, não pedindo a ninguém que faça alguma coisa.

   Victoria: Passar muito tempo sozinha.

   David: Ficar muito ansioso e começar a achar que vou ser magoado.

   Peter: Ficar cada vez mais cansado. Ficar deitado na cama sempre que posso. Não atender ao celular. Escore de 15 ou mais no Inventário de Depressão de *A mente vencendo o humor*.

   Avaliar meus estados de humor regularmente (p. ex., uma vez por mês). Meu escore de alerta é _____.

3. Meu plano de ação (revisar a Folha de Exercícios 16.1 para ter ideias):
   Sadie: Lembrar-me de que mereço ser amada. Lembrar-me de que algumas pessoas gostam de mim genuinamente. Revisar minha folha de exercícios Fortalecendo novos pensamentos (Folha de Exercícios 10.1). Convidar pessoas com quem passar algum tempo.

   Victoria: Não ficar sozinha. Continuar ligando para as pessoas para encontrar alguém com quem passar algum tempo.

   David: Aceitar e tolerar meus sentimentos desconfortáveis. Experimentos comportamentais.

   Peter: Programação de atividades. Registros de pensamentos.

FIGURA 15.7 Ideias selecionadas para o plano de manejo de recaída dos membros do grupo, conforme desenvolvido na sessão de grupo 15 com a Folha de Exercícios 16.2.

SADIE: Oh, sim. Preciso me lembrar de fazer isso também. Acho que ajudaria.

TERAPEUTA: Não deixe de acrescentar isso à sua folha de exercícios, então.

DAVID: Para mim, a minha situação de alto risco é me aproximar de outras pessoas – especialmente de forma romântica. Em "Meus primeiros sinais de alerta", escrevi que eu começo a ficar muito ansioso e começo a achar que vou ser magoado por essa pessoa. Tive muita dificuldade com o plano de ação, mas foi muito útil dar uma olhada nas habilidades na Folha de Exercícios 16.1. Acho que o que pode me ajudar é me lembrar de aceitar e tolerar esses sentimentos desconfortáveis.

> **Agenda sugerida para o grupo de depressão: sessão 15**
> - Verificar o humor, definir a agenda.
> - Revisar as tarefas de aprendizagem.
> - Revisar o progresso dos membros em direção aos objetivos.
> - Discutir como os membros do grupo planejam continuar a usar *A mente vencendo o humor* para consolidar e expandir sua melhora e construir maior bem-estar.
> - Despedidas.

BELINDA: Acho que é necessário sentir essa ansiedade e passar por ela se você quiser algum dia estar perto de alguém de novo. Você precisaria realizar alguns experimentos comportamentais.

DAVID: Sim. Preciso me lembrar disso. Vou anotar.

PADMA: Preciso me lembrar disso também. (*Escrevendo na sua folha de exercícios*)

PETER: Não estou certo se esta é uma "situação", mas escrevi na minha seção "Minhas situações de alto risco" estar mais intensamente deprimido por um período de tempo mais longo do que o normal. Tenho me sentido muito melhor há mais ou menos um mês, mas me preocupo que isso não dure e que eu entre na espiral descendente novamente.

TERAPEUTA: Certo, isso funciona como uma "situação de alto risco". Então, quais seriam os primeiros sinais de alerta?

PETER: Em geral, eu fico cada vez mais cansado, fico na cama sempre que posso e não atendo o celular quando ele toca. Anotei na Folha de Exercícios 16.2 que um escore de 15 ou mais no Inventário de Depressão de *A mente vencendo o humor* seria um sinal de alerta, também.

TERAPEUTA: Peter, achei que você realmente desenvolveu uma boa habilidade para usar os registros de pensamentos. Você marcou isso no seu plano de ação?

PETER: Não, mas vou marcar. Anotei para retornar à programação de atividades que fizemos no começo desses encontros do grupo. Aquilo foi muito útil para me erguer de uma posição depressiva e provavelmente seria útil de novo.

TERAPEUTA: Certo, então vou marcar no quadro "Programação de atividades e registros de pensamentos" para quando seus primeiros sinais de alerta aparecerem. A programação de atividades e os registros de pensamentos seriam úteis para o plano de ação de mais algum de vocês? (*A maioria dos membros faz um sinal afirmativo com a cabeça*) Escrevam isso no seu plano de manejo de recaídas, caso possa ajudá-los. Sejam específicos: Vocês querem fazer um ou dois registros de pensamentos por semana até que seu humor melhore? Há tipos específicos de atividades que tendem a ajudá-los mais? (*Faz uma pausa enquanto as pessoas escrevem*) Além disso, eu gostaria que todos pensassem sobre qual escore no Inventário de Depressão de *A mente vencendo o humor* seria um primeiro sinal de alerta para vocês, e anotem isso na seção "Meus primeiros sinais de alerta" na Folha de Exercícios 16.2.

Note como o terapeuta estimulou os membros do grupo a relembrar as habilidades que desenvolveram e os lembrou do que aprenderam que poderia funcionar bem quando aparecessem seus primeiros sinais de alerta. Os membros do grupo algumas vezes se esquecem das habilidades que praticaram anteriormente. É útil perguntar-lhes se a ativação comportamental e os registros de pensamento podem ser partes úteis do seu plano de manejo de recaída.

Sessão individual pós-grupo

O progresso de cada membro do grupo em direção aos objetivos da terapia é examinado em uma sessão individual pós-grupo. Juntos, o terapeuta e o membro do grupo examinam de perto a progressão dos escores no Inventário de Depressão de *A mente vencendo o humor* (ou alguma outra medida do progresso) conforme registrado na Folha de Exercícios 13.2 (*A mente vencendo o humor*, p. 187). O exame também inclui o que o membro aprendeu nas sessões do grupo conforme documentado na Folha de Exercícios 16.1 (*A mente vencendo o humor*, p. 273), assim como os recursos disponíveis que podem ajudá-lo a atingir ou manter o progresso em direção aos objetivos. O exercício Imagine-se enfrentando (*A mente vencendo o humor*, p. 279) pode ser usado para medir a confiança do membro no plano de manejo de recaída.

As estratégias para prevenção de recaída podem ser tratadas em detalhes nesta sessão, para tornar este plano altamente específico: Quais folhas de exercícios e atividades? Com que frequência? Quando e como? Quais os planos para superar as barreiras?

Agenda sugerida para o grupo de depressão: sessão individual pós-grupo

- Definir a agenda da sessão.
- Examinar o progresso do cliente em direção aos objetivos.
- Examinar os inventários de humor e outras medidas do progresso.
- Fazer encaminhamentos ou recomendações se forem necessárias mais intervenções.
- Conduzir ensaio imaginário do plano para manejo de recaída e ajudar o cliente a fazer adições/revisões quando necessário.
- Examinar o plano individualizado para um progresso continuado.

TCCG MODULAR: ABORDAGENS FOCADAS EM HABILIDADES E BASEADAS NO PROBLEMA

Uma alternativa à TCCG guiada por protocolo é desenvolver "módulos" no grupo baseados nas necessidades e na disponibilidade de tempo das populações atendidas. O grupo de 15 sessões para depressão (mais uma sessão individual pré e pós-grupo) anteriormente descrito foca na construção de habilidades comportamentais e cognitivas como parte de um pacote completo para tratamento da depressão. Algumas vezes é necessário ou preferível oferecer grupos menores e mais focados. Quando este for o caso, os módulos podem ser desenvolvidos em torno de questões clínicas, habilidades ou conjuntos de habilidades particulares.

TCCG modular focada em habilidades

Por exemplo, a versão da TCCG para depressão descrita anteriormente pode ser pensada como consistindo em vários módulos. Há um módulo sobre ativação comportamental (sessões de grupo 2 a 5); um módulo sobre identificação e testagem de pensamentos automáticos com o uso de registros de pensamentos (sessões de grupo 6 a 10); e um módulo sobre a abordagem de pressupostos subjacentes, desenvolvimento de gratidão, atos de gentileza e aceitação (sessões de grupo 11 a 14). Os terapeutas são incentivados a usar a criatividade e flexibilidade para personalizar os grupos utilizando uma variedade de módulos inspirados em *A mente vencendo o humor*.

Por exemplo, um terapeuta poderia desenvolver um grupo para depressão de 4 a 6 sessões que simplesmente focasse na ativação comportamental e em uma compreensão do modelo de cinco partes. Isso pode ser feito fornecendo informações e exercícios retirados das cinco primeiras sessões do modelo de grupo com 15 sessões descrito anteriormente. Se esse grupo decidir continuar, pode ser acrescentado outro módulo de cinco sessões com foco na identificação, avaliação e modificação dos pensamentos automáticos (sessões de grupo 6 a 10, conforme descrito anteriormente). Uma vantagem dessa abordagem modular é que alguns membros do grupo podem se beneficiar de fazer um módulo comportamental ou cognitivo por duas vezes, em vez de passar imediatamente de um para outro. Outros membros do grupo podem se beneficiar da prática independente da ativação comportamental por algumas semanas antes de aprenderem a usar registros de pensamentos. Além disso, terapeutas diferentes podem liderar esses módulos, no caso de um terapeuta se distinguir pelo ensino de ativação comportamental e outro terapeuta se destacar no uso de registros de pensamentos.

Igualmente, podem ser desenvolvidos módulos para trabalhar com transtornos de ansiedade que foquem as habilidades descritas no Capítulo 14 de *A mente vencendo o humor* (atenção plena; aceitação; superação da evitação; reconhecimento de comportamentos de segurança; construção de escadas de medos para planejar experimentos de exposição; e tolerar exposição a situações que despertam ansiedade a partir do uso de estratégias respiratórias, imaginação e relaxamento muscular progressivo). Conforme descrito nos Capítulos 9 e 10 deste guia, um componente essencial dos tratamentos eficazes para ansiedade é o uso de experimentos comportamentais para testar pressupostos subjacentes importantes (p. ex.,

"Se eu começar a me sentir ansioso, então não vou ser capaz de tolerar isso"). Assim, os módulos para o grupo de ansiedade vão incorporar a identificação de pressupostos subjacentes e seu teste com experimentos comportamentais. A duração e os tipos de grupos modulares para ansiedade variam, dependendo de quais habilidades um terapeuta determina que são importantes, os tipos de ansiedade tratada (ver o Capítulo 10 deste guia) e o tempo disponível para os participantes.

A variedade das habilidades ensinadas em *A mente vencendo o humor* é resumida na Folha de Exercícios 16.1 (*A mente vencendo o humor*, p. 273). Podem ser desenvolvidos módulos de grupo para o manejo do humor, baseados nos grupos de habilidades ali descritos ou em capítulos específicos de *A mente vencendo o humor*. Os terapeutas podem determinar as habilidades que serão mais benéficas para as populações a quem atendem, considerando as informações retiradas dos dados disponíveis de levantamentos na comunidade e protocolos fornecidos neste guia.

TCCG modular baseada no problema

Uma alternativa para pensar em grupos baseados no diagnóstico ou no estado de humor atual é pensar nos módulos do grupo baseados em um assunto ou problema comum. Com frequência, os terapeutas tratam inúmeras pessoas com vários diagnósticos que têm problemas com perfeccionismo, procrastinação, ruminação, evitação, prevenção de recaída, desregulação emocional ou algum outro problema transdiagnóstico. Um exemplo de módulo de TCCG com cinco sessões para perfeccionismo é descrito a seguir.

Módulo para perfeccionismo: sessão de grupo 1

- Apresentar os membros e examinar seus objetivos.
- Socializar os membros para a terapia de grupo.
- Definir a agenda da sessão.
- Revisar o Capítulo 2 de *A mente vencendo o humor* (modelo cognitivo de cinco partes).
- Pedir que o grupo forneça exemplos de experiências perfeccionistas e inseri-las no modelo de cinco partes.
- Exercício do grupo com a Folha de Exercícios 5.1: definir objetivos relativos ao perfeccionismo.
- Tarefas de aprendizagem: ler os Capítulos 2 a 5 de *A mente vencendo o humor* e preencher todas as folhas de exercícios.
- Receber e dar *feedback*.

Módulo para perfeccionismo: sessão de grupo 2

- Verificar o humor, definir a agenda.
- Revisar as tarefas de aprendizagem.
- Exercício do grupo com a Folha de Exercícios 4.2: identificar e avaliar os estados de humor associados a situações que desencadeiam perfeccionismo.
- Conexão pressuposto/humor/comportamento: praticar a identificação de pressupostos subjacentes associados ao perfeccionismo (Folha de Exercícios 11.1).
- Tarefas de aprendizagem: ler o Capítulo 11 de *A mente vencendo o humor*, páginas 135-145 (identificando os pressupostos subjacentes); anotar as situações desta semana que desen-

cadeiam os pressupostos subjacentes; continuar a prática com a Folha de Exercícios 11.1.
- Receber e dar *feedback*.

Módulo para perfeccionismo: sessão de grupo 3

- Verificar o humor, definir a agenda.
- Revisar as tarefas de aprendizagem.
- Prática do grupo com a Folha de Exercícios 11.2: planejar experimentos comportamentais para testar os pressupostos subjacentes identificados.
- Tarefas de aprendizagem: ler o Capítulo 11 de *A mente vencendo o humor*, páginas 138-146, e continuar a prática com a Folha de Exercícios 11.2.
- Receber e dar *feedback*.

Módulo para perfeccionismo: sessão de grupo 4

- Verificar o humor, definir a agenda.
- Revisar as tarefas de aprendizagem.
- Tarefa de aprendizagem: continuar a prática de experimentos comportamentais e considerar pressupostos alternativos com a Folha de Exercícios 11.2.
- Receber e dar *feedback*.

Módulo para perfeccionismo: sessão de grupo 5

- Verificar o humor, definir a agenda.
- Revisar a tarefa de aprendizagem.
- Pedir que os membros façam planos para continuar os experimentos comportamentais.
- Revisar as habilidades aprendidas.
- Despedidas.

GUIA PARA A RESOLUÇÃO DE PROBLEMAS: TERAPIA DE GRUPO

Diferentes ritmos de progresso dos clientes e desenvolvimento de habilidades

Os membros do grupo inevitavelmente aprendem e progridem com velocidades diferentes, e, portanto, é importante prever as diferenças e ter um plano para abordá-las. Um terapeuta de grupo qualificado equilibra as necessidades dos membros do grupo que estão prontos para aprender habilidades novas e mais complexas com as necessidades dos membros que ainda não dominaram as habilidades básicas.

Uma estratégia para conciliar os diferentes ritmos de aprendizagem dos clientes é continuar a enfatizar as habilidades básicas e, ao mesmo tempo, trabalhar em habilidades mais avançadas. Por exemplo, alguns membros do grupo podem estar prontos para procurar evidências que apoiam e não apoiam seus pensamentos "quentes", enquanto outros precisam continuar o trabalho de identificação dos pensamentos "quentes". O terapeuta de grupo pode desenhar as cinco primeiras colunas de um registro de pensamentos no quadro. Usando exemplos dos membros do grupo, ele pode trabalhar com as colunas de evidências (colunas 4 e 5), ao mesmo tempo que continua a enfatizar as habilidades e os processos envolvidos na identificação dos pensamentos automáticos e pensamentos "quentes" (coluna 3). O tempo empregado na coluna 3 possibilita revisão e prática para os membros do grupo que estão mais avançados e outra oportunidade para aprender a identificar pensamentos para os membros do grupo que ainda têm dificuldades com isso. O trabalho nas colunas de evidências é material novo para todo o grupo. Assim, os membros que estão mais avançados começam a aprender uma habilidade nova e mais complexa, enquanto os membros menos avançados continuam a praticar as habilidades atuais e são apresentados ao próximo passo.

Uma segunda estratégia para abordar os vários níveis de progresso é dar tarefas de aprendizagem individuais adequadas ao nível de desenvolvimento de habilidades de cada membro do grupo. Isso assegura que cada membro pratique as habilidades apropriadas entre as sessões. Embora este capítulo sugira tarefas genéricas, as tarefas costumam ser definidas colaborativamente com cada membro do grupo durante a sessão. Com frequência vários participantes escolhem as mesmas tarefas ou tarefas similares. Definir colaborativamente tarefas de aprendizagem separadas requer tempo extra, mas assegura que todos os membros do grupo estejam trabalhando em habilidades apropriadas aos índices do seu progresso individual.

Uma terceira estratégia para abordar as variadas taxas de progresso e o desenvolvimento de habilidades é formar pares com um membro do grupo que esteja mais avançado e um membro do grupo menos avançado. Os pares podem trabalhar em conjunto nos exercícios nas sessões do grupo. Idealmente, o membro do grupo que está menos avançado recebe ajuda adicional, enquanto o mais avançado aprende o material mais profundamente enquanto ensina. Se a abordagem em pares for seguida, o terapeuta do grupo deve desenvolver esforços para garantir que a interação seja benéfica para ambos os membros de cada par.

Membros do grupo que são silenciosos ou muito falantes

É provável que membros do grupo excessivamente falantes ou extremamente silenciosos provoquem respostas dos outros membros. Um membro do grupo não verbal pode ou não ser problemático. É possível aprender, praticar e integrar as habilidades em TCC e não ser verbal nas sessões de grupo. Um membro do grupo que exemplificou essa possibilidade foi um homem que, apesar do incentivo do terapeuta, não disse uma palavra durante as sessões de grupo. No final da terapia, esse homem demonstrou em uma sessão individual que havia dominado, praticado e assimilado as habilidades ensinadas. Embora não tenha feito nenhum comentário ou dado *feedback* ao grupo, ele aprendeu as habilidades, alterou seu comportamento e teve progresso terapêutico significativo.

É especialmente importante verificar regularmente as tarefas de aprendizagem dos membros do grupo silenciosos ou quietos para assegurar que eles estejam desenvolvendo as habilidades e progredindo em direção aos objetivos. O *feedback* do terapeuta sobre as tarefas fornece orientações valiosas para os membros do grupo mais silenciosos. Os terapeutas também podem avaliar os pressupostos e as crenças que acompanham o silêncio nas sessões de grupo. Esses pressupostos e crenças podem algumas vezes ser testados durante as sessões. Por fim, os terapeutas devem oferecer aos membros do grupo mais quietos/silenciosos oportunidades de falar nas sessões. Embora falar não seja uma exigência, os membros mais quietos devem ser incentivados a falar a qualquer momento que quiserem.

Outros membros do grupo falam tanto que isso se torna uma distração ou impede o processo grupal. A definição de padrões para participação no começo de um grupo torna mais fácil esse manejo. Por exemplo, o terapeuta pode dizer na primeira sessão que um dos papéis do terapeuta é assegurar que haja participação equilibrada durante o andamento do grupo. Um exemplo dessa declaração na sessão 1 poderia ser:

> "Algumas pessoas acham mais fácil falar em grupos, e outras acham mais difícil. Algumas pessoas são rápidas ao pensar nas coisas a serem ditas, e outras precisam de mais tempo. Queremos que todos tenham oportunidade de falar nas sessões de grupo. Se vocês já fizeram alguns comentários em uma semana, procurem esperar que os outros falem antes de vocês falarem novamente. Caso se esqueçam disso, vou lembrá-los ou vou escolher outra pessoa para falar. Então não tomem como uma questão pessoal se as suas ideias nem sempre forem o foco das sessões. A minha função é manter um bom equilíbrio neste grupo. Para fazer isso, algumas vezes vou procurar ideias das pessoas que ainda não falaram tanto."

Quando um ou mais membros falam demais nas sessões de grupo, o terapeuta pode lembrá-los desse comunicado e encorajá-los a esperar um pouco e permitir que os outros falem.

Ficando para trás ou adiantando-se no cronograma

Os terapeutas frequentemente se atrasam ou avançam em uma programação feita para o grupo. Se um grupo estiver adiantado no cronograma, ele pode continuar a avançar em um ritmo que atenda às necessidades dos seus membros. Pode ser importante usar o tempo extra disponível para o grupo praticar habilidades mais complicadas. Se um grupo estiver consistentemente adiantado no cronograma, o terapeuta deve ponderar se as sessões estão oferecendo uma cobertura superficial dos tópicos em vez de se aprofundar na prática das habilidades.

Os grupos também podem progredir mais lentamente do que o plano descrito neste capítulo. É importante que os terapeutas de grupo sejam sensíveis às necessidades dos seus grupos. É preferível um grupo dominar algumas habilidades a avançar em um ritmo rápido demais para a compreensão dos membros. Depois que um grupo começa a ficar para trás na programação, a alocação do tempo da sessão precisa ser revisada. Está sendo gasto muito tempo no material didático, em exemplos do grupo ou em interações que não beneficiam o grupo como um todo? Pode valer a pena pedir *feedback* dos membros do grupo sobre a distribuição do tempo, o ritmo, a estrutura e o conteúdo da sessão e fazer as modificações com base nesse *feedback*.

Se for possível permitir 16 sessões de grupo em vez de 15 para o grupo de depressão de *A mente vencendo o humor* descrito neste capítulo (além das sessões individuais pré-grupo e pós-grupo), quando necessário poderá ser acrescentada uma sessão de grupo ao plano descrito. Por exemplo, anteriormente neste capítulo (ver a seção sobre a sessão de grupo 10 para o grupo de depressão), observamos que muitos terapeutas acham útil acrescentar uma sessão entre as sessões 9 e 10 para oferecer tempo adicional para a prática de registro de pensamentos.

Em uma sessão de grupo de 90 minutos, aproximadamente 30 minutos são dedicados a verificação do humor, definição da agenda e revisão das tarefas da semana anterior. Cerca de 30 minutos são gastos na introdução da(s) nova(s) habilidade(s) da semana, e os 30 minutos restantes são dedicados a indicar e começar as novas tarefas de aprendizagem, bem como a receber e dar *feedback*. Se cada sessão de grupo tiver duração de 2 horas, então essas sugestões de tempo podem ser devidamente ajustadas. Os períodos de tempo para cada tarefa devem ser sempre flexíveis, respondendo às necessidades variáveis do grupo.

Grupos abertos

Este capítulo descreve "grupos fechados". Em um grupo fechado, todos os membros começam e encerram o grupo ao mesmo tempo. No entanto, em alguns contextos, "grupos abertos" são a norma: os membros do grupo entram e saem dos grupos a qualquer momento. As diretrizes para grupos abertos são similares àquelas para grupos fechados, em que os membros do grupo estão progredindo a velocidades diferentes. A tarefa do terapeuta é equilibrar as necessidades dos membros do grupo que são mais experientes com as necessidades dos membros mais novos. Uma experiência de grupo benéfica pode ser obtida fornecendo-se material básico e material novo em cada sessão.

Quando é apresentado material mais avançado em um grupo aberto, o terapeuta do grupo pode destacar a parte com as habilidades básicas desse material para os novos membros do grupo. Algumas vezes os terapeutas iniciam cada grupo com uma revisão do modelo cognitivo que guia o grupo (isto é, o modelo de cinco partes). Os membros mais experientes podem explicar as informações introdutórias aos recém--chegados como revisão e prática do que eles já aprenderam. Durante as sessões de grupo, de fato, os membros mais experientes podem explicar os princípios, apresentar resumos sucintos e exemplos que podem promover a aprendizagem para o grupo todo. Os novos membros são encorajados a participar dos exercícios de grupo dentro dos seus níveis de habilidade.

Apêndice A
Guias de leitura para estados de humor específicos de *A mente vencendo o humor*

Guia de leitura para depressão

A. Capítulos 1 a 4 como uma introdução para *A mente vencendo o humor*.

B. Capítulo 13 para aprender mais sobre depressão e aumentar os tipos de atividade que ajudam seu humor.

C. Capítulo 5 para definir objetivos e identificar sinais pessoais de melhora que sejam significativos para você.

D. Capítulos 6 a 9 para aprender a usar registros de pensamentos para identificar e testar seus pensamentos negativos e a gerar formas de pensar mais compensatórias ou alternativas.

E. Capítulo 10 para aprender a fortalecer seus pensamentos alternativos, a usar planos de ação para resolver problemas e a desenvolver uma atitude de aceitação para os problemas que não podem ser resolvidos.

F. Capítulo 11 para aprender a usar experimentos comportamentais para testar previsões negativas, a abordar o perfeccionismo e a desenvolver novos pressupostos que possam levar a uma mudança significativa e maior felicidade.

G. Capítulo 12 para ajudá-lo a desenvolver novas crenças nucleares; seções finais do capítulo (sobre gratidão e atos de gentileza) para fortalecer crenças nucleares positivas e levar a melhores relações e maior felicidade.

H. Capítulo 14 se você também tem dificuldades com ansiedade; Capítulo 15 se você tem dificuldades com raiva, culpa ou vergonha.

I. Capítulo 16 para ajudá-lo a fazer um plano para continuar a se sentir melhor com o tempo.

De Greenberger e Padesky (2016). Copyright © 2016 Dennis Greeberger e Christine A. Padesky. Reproduzido com permissão no *Guia de terapia cognitivo-comportamental para o terapeuta: A mente vencendo o humor*, 2ª edição. Publicado pela The Guilford Press. É permitido aos compradores deste livro copiar este material para uso pessoal ou para uso com os clientes (ver página dos direitos autorais para detalhes).

Guia de leitura para ansiedade

A. Capítulos 1 a 4 como uma introdução para *A mente vencendo o humor*.

B. Capítulo 14 para aprender mais sobre ansiedade e fazer sua escada de medos.

C. Capítulo 5 para definir objetivos e identificar sinais pessoais de melhora que sejam significativos para você.

D. Capítulo 11 para aprender a usar experimentos comportamentais enquanto você sobe a escada de medos.

E. Capítulo 10 para aprender a resolver problemas na sua vida com planos de ação, ou a desenvolver uma atitude de aceitação para os problemas que não podem ser resolvidos.

F. Capítulo 13 se você também tem dificuldades com depressão; Capítulo 15 se você tem dificuldades com raiva, culpa ou vergonha.

G. Capítulos 6 a 9 e 12 para ajudar com outros problemas de humor e da vida depois que sua ansiedade melhorar.

H. Capítulo 16 para ajudá-lo a fazer um plano para continuar a se sentir melhor com o tempo.

De Greenberger e Padesky (2016). Copyright © 2016 Dennis Greeberger e Christine A. Padesky. Reproduzido com permissão no *Guia de terapia cognitivo-comportamental para o terapeuta: A mente vencendo o humor*, 2ª edição. Publicado pela The Guilford Press. É permitido aos compradores deste livro copiar este material para uso pessoal ou para uso com os clientes (ver página dos direitos autorais para detalhes).

Guia de leitura para raiva

A. Capítulos 1 a 4 como uma introdução para *A mente vencendo o humor*.

B. Capítulo 15 para aprender mais sobre raiva e métodos efetivos para expressá-la e/ou manejá-la.

C. Capítulo 5 para definir objetivos e identificar sinais pessoais de melhora que sejam significativos para você.

D. Capítulos 6 a 9 para aprender a usar registros de pensamentos a fim de identificar e testar seus pensamentos de raiva e gerar formas de pensar mais compensatórias ou alternativas.

E. Capítulo 10 para aprender a fortalecer seus pensamentos alternativos, a usar planos de ação para resolver problemas e a desenvolver uma atitude de aceitação para os problemas que não podem ser resolvidos.

F. Capítulo 11 para aprender a usar experimentos comportamentais para testar pressupostos associados à raiva e a desenvolver novos pressupostos que possam levar a uma mudança significativa e maior felicidade.

G. Capítulo 12 para ajudá-lo a desenvolver novas crenças nucleares; seções finais do capítulo (sobre gratidão e atos de gentileza) para fortalecer crenças nucleares positivas e levar a melhores relações e maior felicidade.

H. Capítulo 13 se você também tem depressão; Capítulo 14 se você também tem dificuldades com ansiedade.

I. Capítulo 16 para ajudá-lo a fazer um plano para continuar a se sentir melhor com o tempo.

De Greenberger e Padesky (2016). Copyright © 2016 Dennis Greeberger e Christine A. Padesky. Reproduzido com permissão no *Guia de terapia cognitivo-comportamental para o terapeuta: A mente vencendo o humor*, 2ª edição. Publicado pela The Guilford Press. É permitido aos compradores deste livro copiar este material para uso pessoal ou para uso com os clientes (ver página dos direitos autorais para detalhes).

Guia de leitura para culpa ou vergonha

A. Capítulos 1 a 4 como uma introdução para *A mente vencendo o humor*.

B. Capítulo 15 para aprender mais sobre culpa e vergonha e métodos efetivos para expressá-las e/ou reduzi-las.

C. Capítulo 5 para definir objetivos e identificar sinais pessoais de melhora que sejam significativos para você.

D. Capítulos 6 a 9 para aprender a usar registros de pensamentos para identificar e testar pensamentos relacionados a culpa ou vergonha e gerar formas de pensamentos mais compensatórias ou alternativas.

E. Capítulo 10 para aprender a fortalecer seus pensamentos alternativos, a usar planos de ação para resolver problemas e a desenvolver uma atitude de aceitação para os problemas que não podem ser resolvidos.

F. Capítulo 11 para aprender a usar experimentos comportamentais para testar pressupostos associados a culpa ou vergonha e a desenvolver novos pressupostos que possam levar a uma mudança significativa e maior felicidade.

G. Capítulo 12 para ajudá-lo a desenvolver novas crenças nucleares; seções finais do capítulo (sobre gratidão e atos de gentileza) para fortalecer crenças nucleares positivas e levar a melhores relações e maior felicidade.

H. Capítulo 13 se você também tem depressão; Capítulo 14 se você também tem dificuldades com ansiedade.

I. Capítulo 16 para ajudá-lo a fazer um plano para continuar a se sentir melhor com o tempo.

De Greenberger e Padesky (2016). Copyright © 2016 Dennis Greeberger e Christine A. Padesky. Reproduzido com permissão no *Guia de terapia cognitivo-comportamental para o terapeuta:* A mente vencendo o humor, 2ª edição. Publicado pela The Guilford Press. É permitido aos compradores deste livro copiar este material para uso pessoal ou para uso com os clientes (ver página dos direitos autorais para detalhes).

Apêndice B
Uma história pessoal do registro de pensamentos

Eu (Christine A. Padesky) tive meu primeiro contato com a terapia cognitiva de Beck em 1978, quando ele enviou uma cópia do rascunho pré-publicação de *Terapia cognitiva da depressão* (Beck, Rush, Shaw, & Emery, 1979) à minha professora, Connie Hammen, na UCLA, onde eu era estudante de pós-graduação. Connie e eu havíamos publicado recentemente um artigo no *Journal of Abnormal Psychology* sobre as diferenças de gênero em respostas no Inventário de Depressão de Beck (Hammen & Padesky, 1977), e esse trabalho nos colocou no radar de Beck. Ele escreveu uma nota acompanhando seu manual para nos dizer que ele e seus colegas estavam desenvolvendo um novo tratamento para depressão na University of Pennsylvania. Pediu-nos que considerássemos experimentar essa abordagem na UCLA e depois déssemos nossa opinião.

Uma das intervenções usadas na abordagem da terapia cognitiva para depressão, de Beck e colaboradores, era um registro de pensamentos de cinco colunas intitulado Registro Diário de Pensamentos Disfuncionais (Beck et al., 1979, p. 288). As cinco colunas desse registro de pensamentos foram denominadas Situação, Emoção(ões), Pensamento(s) automático(s), Resposta racional e Resultado. Enquanto usava esse registo de pensamentos nos primeiros meses de realização de terapia cognitiva, comecei a me incomodar com a linguagem incorporada a ele. Uma das coisas que eu adorava na terapia cognitiva era a sua natureza empírica. O modelo declarava claramente que precisávamos entender as crenças dos clientes e *investigá-las*, em vez de *questioná-las* diretamente. E, no entanto, ali estava uma ferramenta primária de avaliação de pensamentos cujos títulos pareciam prejulgar os pensamentos dos clientes como "disfuncionais" e irracionais. Além disso, como uma mulher que vinha lendo obras feministas durante toda a década de 1970, eu estava bem consciente da frequência com que mulheres em estresse emocional tinham sido (e ainda eram) vistas como "irracionais", e não queria perpetuar essa visão no tratamento para depressão.

Eu não conseguia ver como poderia usar essa folha de exercícios e ainda transmitir aos meus clientes que eu estava pronta para considerar suas crenças com uma mente aberta. Assim, depois de tratar diversos clientes deprimidos, parei de usar o Registro Diário de Pensamentos Disfuncionais previamente impresso e comecei a usar minha própria versão escrita à mão, a qual intitulei Registro de Pensamentos Automáticos (RPA). Meu RPA de cinco colunas rebatizou a quarta coluna de Beck (Resposta racional) como Pensamentos alternativos, o que eu esperava que removesse o pressuposto implícito de que os pensamentos automáticos originais eram irracionais.

Agora que a linguagem do meu formulário escrito à mão era mais aceitável para mim, mergulhei entusiasticamente na sua utilização com meus clientes. O uso do meu novo RPA com os clientes durante 1979 foi esclarecedor. Certo dia um cliente deprimido observou que essa folha de exercícios foi muito mais útil para ele quando a preenchemos juntos na sessão do que quando a usou em casa. Perguntei por que ele achava que era assim. Ele sorriu ironicamente e disse:

"Eu sou deprimido, não burro. Quando escrevo um pensamento na terceira coluna como 'Não sou bom', sei que posso escrever na coluna dos Pensamentos alternativos: 'Sou bom em algumas coisas'. No entanto, quando falamos sobre um pensamento como esse aqui na terapia, você me faz muitas perguntas e me faz pensar em muitos exemplos da minha vida. Então, quando escrevo um pensamento alternativo [em uma sessão de terapia], tenho muitas ideias na cabeça para apoiá-lo, portanto ele parece mais verdadeiro para mim."

Com esse *feedback* em mente, nós passamos o restante da sessão criando um novo registro de pensamentos personalizado para ele. Um registro que fizesse com que ele se lembrasse de pensar nas evidências que combinavam ou não com seus pensamentos automáticos antes de escrever uma crença alternativa.

Essa sessão foi um ponto de virada na evolução do Registro de Pensamentos, conforme aparece em *A mente vencendo o humor*. Durante os anos seguintes, fiz mudanças regulares na linguagem e no formato do meu Registro de Pensamentos para adaptar a linguagem e a filosofia que eu estava incorporando à minha terapia com os clientes. Também busquei *feedback* frequente dos clientes sobre como eu poderia tornar essa folha de exercícios mais útil para eles. Mudei o título da segunda coluna de Emoções para Estados de humor a fim de combinar com a linguagem mais informal usada pela maioria dos meus clientes. No começo da década de 1980, a importância da imaginação começou a ser discutida na TCC, então mudei o título de Pensamentos automáticos para Pensamentos automáticos (imagens) e acrescentei instruções no alto dessa coluna para estimular meus clientes a procurar imagens intencionalmente. Também introduzi o conceito de "pensamento quente" a essa coluna, pois meus clientes e eu estávamos aprendendo que alguns pensamentos automáticos eram mais importantes de ser testados do que outros.

Esse conceito, de pensamento "quente", foi acrescentado às colunas de evidências, que foram nomeadas cuidadosamente para refletir uma linguagem empírica e neutra: Evidências que apoiam o pensamento "quente" (coluna 4) e Evidências que não apoiam o pensamento "quente" (coluna 5). À medida que meus clientes e eu aprendemos mais sobre a escrita das evidências, o título Pensamentos alternativos (coluna 6) foi reescrito como Pensamentos alternativos/compensatórios, pois algumas vezes as evidências produziam uma ideia completamente nova (alternativa), e outras vezes as evidências variavam em seu apoio ao pensamento "quente". Neste último caso, um pensamento compensatório que resumisse as evidências nas colunas 4 e 5 era mais aceitável para meus clientes. Como o resultado que estávamos mais interessados em avaliar era se o humor havia mudado ou não, a coluna 7 foi mais claramente nomeada como Reavalie o estado de humor e, posteriormente, Avalie os estados de humor agora.

Em 1983, eu vinha usando meu Registro de Pensamentos sem modificações por mais de um ano. Registrei os direitos autorais e comecei a ensinar o seu uso fora da nossa clínica, distribuindo-o aos terapeutas em meus *workshops* de treinamento. A maioria deles havia aprendido a usar o Registro Diário de Pensamentos Disfuncionais de Beck em seus programas de treinamento. O *feedback* que recebi foi tremendamente positivo. Os terapeutas me disseram que esse Registro de Pensamentos, ao demandar que os clientes procurassem ativamente evidências que apoiavam e não apoiavam seus pensamentos "quentes", era muito mais eficaz. Eu estava orgulhosa por essa contribuição, mas me preocupava um pouco: o que Beck pensaria sobre uma PhD recentemente formada fazer uma modificação tão importante em uma de suas intervenções principais? Nós estávamos regularmente realizando *workshops* juntos nesse período, portanto ele via meu Registro de Pensamentos durante as apresentações, mas não fazia nenhum comentário a respeito. É claro que, depois que a 1ª edição de *A mente vencendo o humor* foi publicada, em 1995, centenas de milhares de terapeutas foram apresentados ao Registro de Pensamentos de sete colunas como uma alternativa aos seus Registros de Pensamentos Disfuncionais de cinco colunas.

Como desfecho para essa história, eu tive a honra de receber, em 2007, o Aaron T. Beck Award (agora denominado Lifetime Achievement Award) da Academia de Terapia Cognitiva (agora Academia de Terapias Cognitivas e Comportamentais) por minhas "contribuições constantes ao campo". Para minha satisfação, Aaron T. Beck me entregou esse prêmio pessoalmente, e com prazer nós relembramos em frente à plateia nossos anos de ensino juntos e nossas outras colaborações. No dia seguinte, ele me convidou para almoçar. Depois de quase 25 anos de uso do meu Registro de Pensamentos e 30 anos de amizade, decidi perguntar-lhe diretamente como ele se sentiu por eu ter modificado seu Registro Diário de Pensamentos Disfuncionais original de forma tão substancial. Para meu alívio, Beck sorriu e disse: "Seu registro de pensamentos é muito melhor. Chamar aquela terceira coluna de 'Resposta racional' [em seu registro original] foi um dos maiores erros que já cometi. Por anos isso me marcou como um racionalista, o que jamais foi minha intenção. Nós usamos *A mente vencendo o humor* e seu Registro de Pensamentos em nossa própria clínica" (Aaron T. Beck, comunicação pessoal, 17 de novembro de 2007).

Apêndice C
Recursos adicionais em inglês de Christine A. Padesky

Materiais de treinamento em áudio e vídeo para profissionais da saúde mental, além de informações sobre *workshops*, conferências e outros recursos (em inglês), estão disponíveis em *www.padesky.com*, um *website* para profissionais da saúde mental. Um *website* para o público geral, *www.mindovermood.com*, traz informações adicionais sobre *A mente vencendo o humor*.

Demonstrações clínicas da TCC incluem as seguintes (à venda no *link* "Store" em *www.padesky.com*):

Padesky, C. A. (Filmed appearance). (1993). *Cognitive therapy for panic disorder* [DVD]. Huntington Beach, CA: Christine A. Padesky (Producer).

Padesky, C. A. (Filmed appearance). (1996a). *Testing automatic thoughts with thought records* [DVD]. Huntington Beach, CA: Christine A. Padesky (Producer).

Padesky, C. A. (Filmed appearance). (1996b). *Guided discovery using Socratic dialogue* [DVD]. Huntington Beach, CA: Christine A. Padesky (Producer).

Padesky, C. A. (Filmed appearance). (1997). *Collaborative case conceptualization* [DVD]. Huntington Beach, CA: Christine A. Padesky (Producer).

Padesky, C. A. (Filmed appearance). (2003). *Constructing NEW core beliefs* [DVD]. Huntington Beach, CA: Christine A. Padesky (Producer).

Padesky, C. A. (Filmed appearance). (2004). *Constructing NEW underlying assumptions and behavioral experiments* [DVD]. Huntington Beach, CA: Christine A. Padesky (Producer).

Padesky, C. A. (Filmed appearance). (2008). *CBT for social anxiety* [DVD]. Huntington Beach, CA: Christine A. Padesky (Producer).

Padesky, C. A. (Filmed appearance). (2015). *Building resilience with Strengths-Based CBT* [DVD]. Huntington Beach, CA: Christine A. Padesky (Producer).

Referências

Afifi, T. D., & Steuber, K. R. (2009). The revelation risk model (RRM): Factors that predict the revelation of secrets and the strategies used to reveal them. *Communication Monographs, 76*(2), 144–176.

Alcoholics Anonymous. (1976). *Alcoholics Anonymous: The story of how many thousands of men and women have recovered from alcoholism* (3rd ed.). New York: Author.

American Psychiatric Association. (2013). *Diagnostic and statistical manual of mental disorders* (5th ed.). Arlington, VA: Author.

Arch, J. J., Ayers, C. R., Baker, A., Almklov, E., Dean, D. J., & Craske, M. G. (2013). Randomized clinical trial of adapted mindfulness-based stress reduction versus group cognitive behavior therapy for heterogeneous anxiety disorders. *Behaviour Research and Therapy, 51*, 185–196.

Arch, J. J., & Craske, M. G. (2008). Acceptance and commitment therapy and cognitive behavioral therapy for anxiety disorders; Different treatments, similar mechanisms? *Clinical Psychology: Science and Practice, 15*(4), 263–279.

Arch, J., Eifert, G. H., Davies, C., Plumb Vilardaga, J. C., Rose, R. D., & Craske, M. G. (2012). Randomized clinical trial of cognitive behavioral therapy (CBT) versus acceptance and commitment therapy (ACT) for mixed anxiety disorders. *Journal of Consulting and Clinical Psychology, 80*(5), 750–765.

Baglioni, C., Battagliese, G., Feige, B., Spiegelhalder, K., Nissen, C., Voderholzer, U., et al. (2011). Insomnia as a predictor of depression: A meta-analytic evaluation of longitudinal epidemiological studies. *Journal of Affective Disorders, 135*, 10–19.

Barlow, D. H. (2002). *Anxiety and its disorders: The nature and treatment of anxiety and panic* (2nd ed.). New York: Guilford Press.

Barlow, D. H., O'Brien, G. T., & Last, C. G. (1984). Couples treatment of agoraphobia. *Behavior Therapy, 15*(1), 41–58.

Baskin, T. W., & Enright, R. D. (2004). Intervention studies of forgiveness: A meta-analysis. *Journal of Counseling and Development, 82*, 79–90.

Baumann, E. C., & Hill, C. E. (2016). Client concealment and disclosure of secrets in outpatient psychotherapy. *Counselling Psychology Quarterly, 29*(1), 53–75.

BBC News. (2018, August 1). *How likely are you to survive a plane crash?* Retrieved January 10, 2019, from *www.bbc.com/news/world-45030345*.

Beck, A. T. (1967). *Depression: Clinical, experimental, and theoretical aspects*. New York: Harper & Row. (Republished as *Depression: Causes and treatment*. Philadelphia: University of Pennsylvania Press, 1972.)

Beck, A. T. (1976). *Cognitive therapy and the emotional disorders*. Madison, CT: International Universities Press. (Republished by Penguin, 1979.)

Beck, A. T. (1988). *Love is never enough*. New York: Harper & Row.

Beck, A. T. (1999). *Prisoners of hate: The cognitive basis of anger, hostility and violence*. New York: HarperCollins.

Beck, A. T. (2005). The current state of cognitive therapy: A 40-year retrospective. *Archives of General Psychiatry, 62*, 953–959.

Beck, A. T., Davis, D. D., & Freeman, A. (Eds.). (2015). *Cognitive therapy of personality disorders* (3rd ed.). New York: Guilford Press.

Beck, A. T., & Emery, G., with Greenberg, R. L. (1985). *Anxiety disorders and phobias: A cognitive perspective*. New York: Basic Books.

Beck, A. T., Rush, J., Shaw, B., & Emery, G. (1979). *Cognitive therapy of depression*. New York: Guilford Press.

Bennett-Levy, J., Butler, G., Fennell, M., Hackmann, A., Mueller, M., & Westbrook, D. (Eds.). (2004). *Oxford guide to behavioural experiments in cognitive therapy*. Oxford, UK: Oxford University Press.

Bennett-Levy, J., Thwaites, R., Haarhoff, B., & Perry, H. (2015). *Experiencing CBT from the inside out: A self-practice/self-reflection workbook for therapists*. New York: Guilford Press.

Bieling, P. J., & Anthony, M. M. (2003). *Ending the depression cycle: A step-by-step guide for preventing relapse*. Oakland, CA: New Harbinger Publications.

Bockting, C., Hollon, S. D., Jarrett, R. B., Kuyken, W., & Dobson, K. (2015). A lifetime approach to major depressive disorder: The contributions of psychological interventions in preventing relapse and recurrence. *Clinical Psychology Review, 41*, 16–26.

Bockting, C. L. H., Schene, A. H., Spinhoven, P., Koeter, M. W. J., Wouters, L. F., Huyser, J., et al. (2005). Preventing relapse/recurrence in recurrent depression with cognitive therapy: A randomized controlled trial. *Journal of Consulting and Clinical Psychology, 73*(4), 647–657.

Bonanno, G. A., & Kaltman, S. (2001). The varieties of grief experience. *Clinical Psychology Review, 21*(5), 705–734.

Bordin, E. S. (1979). The generalizability of the psychoanalytic concept of the working alliance. *Psychotherapy: Theory, Research and Practice, 16*, 252-260.

Braun, J. D., Strunk, D. R., Sasso, K. E., & Cooper, A. A. (2015). Therapist use of Socratic questioning predicts session-to-session symptom change in cognitive therapy for depression, *Behaviour Research and Therapy, 70*(7), 32-37.

Brewin, C. R., Gregory, J. D., Lipton, M., & Burgess, N. (2010). Intrusive images in psychological disorders: Characteristics, neural mechanisms, and treatment implications, *Psychological Review, 117*(1), 210-232.

Brown, B. (2006). Shame resilience theory: A grounded theory study on women and shame. *Families in Society, 87*(1), 43-52.

Burcusa, S. L., & Iacono, W. G. (2007). Risk for recurrence in depression. *Clinical Psychology Review, 27*(8), 959-985.

Carbado, D. W., Crenshaw, K. W., Mays, V. M., & Tomlinson, B. (2013). Intersectionality: Mapping the movements of a theory. *Du Bois Review: Social Science Research on Race, 10*(2), 303-312.

Chang, E. C., Kahle, E. R., Yu, E. A., & Hirsch, J. K. (2014). Understanding the relationship between domestic abuse and suicide behavior in adults receiving primary care: Does forgiveness matter? *Social Work, 59*, 315-320.

Choy, Y., Fyer, A. J., & Lipsitz, J. D. (2007). Treatment of specific phobia in adults. *Clinical Psychology Review, 27*, 266-286.

Clark, D. A., & Beck, A. T. (2011). *Cognitive therapy of anxiety disorders: Science and practice*. New York: Guilford Press.

Clark, D. M. (1986). A cognitive model of panic. *Behaviour Research and Therapy, 24*, 461-470.

Clark, D. M., Ehlers, A., Hackmann, A., McManus, F., Fennell, M., Grey, N., et al. (2006). Cognitive therapy versus exposure and applied relaxation in social phobia: A randomized controlled trial. *Journal of Consulting and Clinical Psychology, 74*(3), 568-578.

Clark, D. M., Ehlers, A., McManus, F., Hackman, A., Fennell, M., Campbell, H., et al. (2003). Cognitive therapy versus fluoxetine in generalized social phobia: A randomized placebo-controlled trial. *Journal of Consulting and Clinical Psychology, 71*, 1058-1067.

Clark, D. M., Salkovskis, P. M., Hackmann, A., Middleton, H., Anastasiades, P., & Gelder, M. G. (1994). A comparison of cognitive therapy, applied relaxation and imipramine in the treatment of panic disorder. *British Journal of Psychiatry, 164*, 759-769.

Clark, D. M., Salkovskis, P. M., Hackmann, A., Wells, A., Ludgate, J., & Gelder, M. (1999). Brief cognitive therapy for panic disorder: A randomized controlled trial. *Journal of Consulting and Clinical Psychology, 67*, 583-589.

Clark, D. M., Salkovskis, P. M., Öst, L. G., Bretiholtz, E., Koehler, K. A., Westling, B. E., et al. (1997). Misinterpretation of body sensations in panic disorder. *Journal of Consulting and Clinical Psychology, 65*(2), 203-213.

Clark, D. M., & Wells, A. A. (1995). Cognitive model of social phobia. In R. G. Heimberg, M. R. Liebowitz, D. A. Hope, & F. R. Schneier (Eds.), *Social phobia: Diagnosis, assessment, and treatment* (pp. 69-93). New York: Guilford Press.

Cornish, M. A., & Wade, N. G. (2015). A therapeutic model of self-forgiveness with intervention strategies for counselors. *Journal of Counseling and Development, 93*(1), 96-104.

Craske, M. G., Treanor, M., Conway, C. C., Zbozinek, T., & Vervliet, B. (2014). Maximizing exposure therapy: An inhibitory learning approach. *Behaviour Research and Therapy, 58*, 10-23.

Cuijpers, P., Donker, T., van Straten, A., Li, J., & Andersson, G. (2010). Is guided self-help as effective as face-to-face psychotherapy for depression and anxiety disorders?: A systematic review and meta-analysis of comparative outcome studies. *Psychological Medicine, 40*, 1943-1957.

Cuijpers, P., Hollon, S. D., van Straten, A., Berking, M., Bockting, C. L. H., & Andersson, G. (2013). Does cognitive behaviour therapy have an enduring effect that is superior to keeping patients on continuation medication?: A meta-analysis. *British Medical Journal Open, 26*(3), e002542.

Cuijpers, P., van Sraten, A., Andersson, G., & van Oppen, P. (2008). Psychotherapy for depression in adults: A meta-analysis of comparative outcome studies. *Journal of Consulting and Clinical Psychology, 76*(6), 909-922.

Daiuto, A. D., Baucom, D. H., Epstein, N., & Dutton, S. S. (1998). The application of behavioral couples therapy to the assessment and treatment of agoraphobia: Implications of empirical research. *Clinical Psychology Review, 18*(6), 663-687.

Dattilio, F. M. (2010). *Cognitive-behavioral therapy with couples and families: A comprehensive guide for clinicians*. New York: Guilford Press.

Dattilio, F. M., & Padesky, C. A. (1990). *Cognitive therapy with couples*. Sarasota, FL: Professional Resource Exchange.

Deacon, B. J., Farrell, N. R., Kemp, J. J., Dixon, L. J., Sy, J. T., Zhange, A. R., et al. (2013). Assessing therapist reservations about exposure therapy for anxiety disorders: The Therapist Beliefs about Exposure Scale. *Journal of Anxiety Disorders, 27*, 772-780.

de Lijster, J., Dierckx, B., Utens, E., Verhulst, F., Zieldorff, C., Dieleman, G., et al. (2016). The age of onset of anxiety disorders in samples from the general population: A meta-analysis. *European Psychiatry, 33*, S56-S57.

DeRubeis, R. J., Hollon, S. D., Amsterdam, J. D., Shelton, R. C., Young, P. R., Salomon, R. M., et al. (2005). Cognitive therapy vs. medications in the treatment of moderate to severe depression, *Archives of General Psychiatry, 62*, 409–416.

DiMascio, A., Weissman, M. M., Prusoff, B. A., Neu, C., Zwilling, M., & Klerman, G. L. (1979). Differential symptom reduction by drugs and psychotherapy in acute depression. *Archives of General Psychiatry, 36*, 1450–1456.

Dimidjian, S., Hollon, S. D., Dobson, K. S., Schmaling, K. B., Kohlenberg, R. J., Addis, M. E., et al. (2006). Randomized trial of behavioral activation, cognitive therapy, and antidepressant medication in the acute treatment of adults with major depression. *Journal of Consulting and Clinical Psychology, 74*(4), 658–670.

Dobson, K. S., Hollon, S. D., Dimidjian, S., Schmaling, K. B., Kohlenberg, R. J., Gallop, R. J., et al. (2008). Randomized trial of behavioral activation, cognitive therapy, and antidepressant medication in the prevention of relapse and recurrence in major depression, *Journal of Consulting and Clinical Psychology, 76*(3), 468–477.

Dreessen, L., & Arntz, A. (1998). The impact of personality disorders on treatment outcome of anxiety disorders: Best-evidence synthesis. *Behaviour Research and Therapy, 36*, 483–504.

Dreessen, L., Hoekstra, R., & Arntz, A. (1997). Personality disorders do not influence the results of cognitive and behavior therapy for obsessive compulsive disorder. *Journal of Anxiety Disorders, 11*, 503–521.

Drummond, J. D. K., Hammond, S. I., Satlof-Bedrick, E. S., Waugh, W. E., & Brownell, C. A. (2017). Helping the one you hurt: Toddlers' rudimentary guilt, shame, and prosocial behavior after harming another. *Child Development, 88*(4), 1382–1397.

Dugas, M. J., & Ladouceur, R. (2000). Treatment of GAD: Targeting intolerance of uncertainty in two types of worry. *Behavior Modification, 24*(5), 635–657.

Ehlers, A., & Clark, D. M. (2000). A cognitive model of posttraumatic stress disorder. *Behaviour Research and Therapy, 38*, 319–345.

Ehlers, A., Clark, D. M., Hackmann, A., McManus, F., & Fennell, M. (2005). Cognitive therapy for posttraumatic stress disorder: Development and evaluation. *Behaviour Research and Therapy, 43*, 413–431.

Ehlers, A., Grey, N., Wild, J., Stott, R., Liness, S., Deale, A., et al. (2013). Implementation of cognitive therapy for PTSD in routine clinical care: Effectiveness and moderators of outcome in a consecutive sample. *Behaviour Research and Therapy, 51*(11), 742–752.

Ehlers, A., Hackmann, A., Grey, N., Wild, J., Liness, S., Albert, I., et al. (2014). A randomized controlled trial of 7-day intensive and standard weekly cognitive therapy for PTSD and emotion-focused supportive therapy. *American Journal of Psychiatry, 171*, 294–304.

Eleftheriou-Smith, L.-M. (2015, October 18). The Dalai Lama reveals what makes him angry: 'It's when my staff do something carelessly.' *The Independent*. Retrieved February 6, 2019, from *www.independent.co.uk/news/people/the-dalai-lama-reveals-what-makes-him-angry-it-swhen-my-staff-do-something-carelessly-a6698646.html*.

Enright, R. D. (2001). *Forgiveness is a choice*. Washington, DC: American Psychological Association.

Epstein, S. (1994). Integration of the cognitive and psychodynamic unconscious. *American Psychologist, 49*, 709–724.

Farrell, N. R., Deacon, B. J., Kemp, J. J., Dixon, L. J., & Sy, J. T. (2013). Do negative beliefs about exposure therapy cause its suboptimal delivery?: An experimental investigation. *Journal of Anxiety Disorders, 27*, 763–771.

Fava, G. A., Ruini, C., Rafanelli, C., Finos, L., Conti, S., & Grandi, S. (2004). Six-year outcome of cognitive behavior therapy for prevention of recurrent depression. *American Journal of Psychiatry, 161*(10), 1872–1876.

Foa, E. B., Franklin, M. E., & Moser, J. (2002). Context in the clinic: How well do cognitive behavioral therapies and medications work in combination? *Biological Psychiatry, 52*(10), 987–997.

Freedman, S., & Chang, W. R. (2010). An analysis of a sample of the general population's understanding of forgiveness: Implications for mental health counselors. *Journal of Mental Health Counseling, 32*(1), 5–34.

Freedman, S., & Zarifkar, T. (2016). The psychology of interpersonal forgiveness and guidelines for forgiveness therapy: What therapists need to know to help their clients forgive. *Spirituality in Clinical Practice, 3*(1), 45–58.

Fung, K., & Alden, L. E. (2017). Once hurt, twice shy: Social pain contributes to social anxiety. *Emotion, 17*(2), 231–239.

Gilbert, P. (2009). Introducing compassion focused therapy. *Advances in Psychiatric Treatment, 15*, 199–208.

Greenberger, D., & Padesky, C. A. (2016). *Mind over mood: Change how you feel by changing the way you think* (2nd ed.). New York: Guilford Press.

Grilo, C. M., Pagano, M. E., Skodol, A. E., Sanislow, C. A., McGlashan, T. H., Gunderson, J. G., et al. (2007). Natural course of bulimia nervosa and eating disorder not otherwise specified: 5-year prospective study of remissions, relapses, and the effects of personality disorder psychopathology. *Journal of Clinical Psychiatry, 68*, 738–746.

Gunter, R. W., & Whittal, M. L. (2010). Dissemination of cognitive-behavioral treatments for anxiety disorders: Overcoming barriers and improving client access. *Clinical Psychology Review, 30*, 194–202.

Gutner, C. A., Suvak, M. K., Sloan, D. M., & Resick, P. A. (2016). Does timing matter?: Examining the impact of session timing on outcome. *Journal of Consulting and Clinical Psychology, 84*(12), 1108-1115.

Hackmann, A., & Holmes, E. A. (2004). Reflecting on imagery: A clinical perspective and overview of the special edition on mental imagery and memory in psychopathology. *Memory, 12*(4), 389-402.

Hammen, C., & Padesky, C. A. (1977). Sex differences in the expression of depressive responses on the Beck Depression Inventory. *Journal of Abnormal Psychology, 86*, 609-614.

Hawley, L. L., Padesky, C. A., Hollon, S. D., Mancuso, E., Laposa, J. M., Brozina, K., et al. (2017). Cognitive behavioral therapy for depression using *Mind Over Mood*: CBT skill use and differential symptom alleviation, *Behavior Therapy, 48*(1), 29-44.

Hayes, S. C., Follette, V. M., & Linehan, M. M. (2011). *Mindfulness and acceptance: Expanding the cognitive-behavioral tradition*. New York: Guilford Press.

Hayes, S. C., Strosahl, K. D., & Wilson, K. G. (2016). *Acceptance and commitment therapy: The process and practice of mindful change* (2nd ed.). New York: Guilford Press.

Hayes-Skelton, S. A., Roemer, L., Orsillo, S. M., & Borkovec, T. D. (2013). A contemporary view of applied relaxation for generalized anxiety disorder. *Cognitive Behaviour Therapy, 42*(4), 292-302.

Hebert, E. A., & Dugas, M. J. (2019). Behavioral experiments for intolerance of uncertainty: Challenging the unknown in the treatment of generalized anxiety disorder. *Cognitive and Behavioral Practice, 26*(2), 421-436.

Heimberg, R. G., & Becker, R. E. (2002). *Cognitive-behavioral group therapy for social phobia: Basic mechanisms and clinical strategies*. New York: Guilford Press.

Heiniger, L. E., Clark, G. I., & Egan, S. J. (2017). Perceptions of Socratic and non-Socratic presentation of information in cognitive behaviour therapy, *Journal of Behavior Therapy and Experimental Psychiatry, 58*, 106-113.

Hitchcock, C., Werner-Seidler, A., Blackwell, S. E., & Dalgleish, T. (2017). Autobiographical episodic memory-based training for the treatment of mood, anxiety and stress-related disorders: A systematic review and meta-analysis. *Clinical Psychology Review, 52*, 92-107.

Hofmann, S. G. (2007). Cognitive factors that maintain social anxiety disorder: A comprehensive model and its treatment implications. *Cognitive Behaviour Therapy, 36*, 195-209.

Hofmann, S. G., & Asmundson, G. J. G. (2017). *The science of cognitive behavioral therapy*. Cambridge, MA: Academic Press.

Hofmann, S. G., Asnaani, A., Vonk, I. J., Sawyer, A. T., & Fange, A. (2012). The efficacy of cognitive behavioral therapy: A review of meta-analyses. *Cognitive Therapy Research, 36*(5), 427-440.

Hofmann, S. G., Curtiss, J., Carpenter, J. K., & Kind, S. (2017). Effects of treatments for depression on quality of life: A meta-analysis. *Cognitive Behaviour Therapy, 46*(4), 265-286.

Hofmann, S. G., Wu, J. Q., & Boettcher, H. (2014). Effect of cognitive-behavioral therapy for anxiety disorders on quality of life: A meta-analysis. *Journal of Consulting and Clinical Psychology, 82*(3), 375-391.

Holland, A. C., & Kensinger, E. A. (2010). Emotion and autobiographical memory. *Physics Life Review, 7*(1), 88-131.

Hollon, S. D., Stewart, O., & Strunk, D. (2006). Enduring effects for cognitive behavior therapy in the treatment of depression and anxiety. *Annual Review of Psychology, 57*, 285-315.

Holmes, E. A., Lang, T. J., & Shah, D. M. (2009). Developing interpretation bias modification as a "cognitive vaccine" for depressed mood: Imagining positive events makes you feel better than thinking about them verbally. *Journal of Abnormal Psychology, 118*(1), 76-88.

Holmes, E. A., & Mathews, A. (2010). Mental imagery in emotion and emotional disorders. *Clinical Psychology Review, 30*(3), 349-362.

Horvath, A., & Greenberg, L. (1989). Development and validation of the Working Alliance Inventory. *Journal of Counseling Psychology, 36*, 223-233.

Hunt, M., Bylsma, L., Brock, J., Fenton, M., Goldberg, A., Miller, R., et al. (2006). The role of imagery in the maintenance and treatment of snake fear. *Journal of Behavior Therapy and Experimental Psychiatry, 37*, 283-298.

Iwamasa, G. Y., & Hays, P. A. (2019). *Culturally responsive cognitive behavior therapy: Practice and supervision* (2nd ed.). Washington, DC: American Psychological Association.

Jarrett, R. B., Basco, M. R., Risser, R., Ramanan, J., Marwill, M., Kraft, D., et al. (1998). Is there a role for continuation phase cognitive therapy for depressed outpatients? *Journal of Consulting and Clinical Psychology, 66*(6), 1036-1040.

Jarrett, R. B., Kraft, D., Doyle, J., Foster, B. M., Eaves, G. G., & Silver, P. C. (2001). Preventing recurrent depression using cognitive therapy with and without a continuation phase. *Archives of General Psychiatry, 58*(4), 381-388.

Jarrett, R. B., Vittengl, J. R., & Clark, L. A. (2008). How much cognitive therapy, for which patients, will prevent depressive relapse? *Journal of Affective Disorders, 111*(2-3), 185-192.

Jarrett, R. B., Vittengl, J. R., Clark, L. A, & Thase, M. E. (2011). Skills of Cognitive Therapy (SoCT): A new measure of patients' comprehension and use. *Psychological Assessment, 23*(3), 578-586.

Jarrett, R. B., Vittengl, J. R., Clark, L. A, & Thase, M. E. (2018). Patients' comprehension and skill usage as a putative mediator of change or an engaged target in cognitive therapy: Preliminary findings. *Journal of Affective Disorders, 226,* 163-168.

Jensen, A., Fee, C., Miles, A. L., Beckner, V. L., Owen, D., & Persons, J. B. (in press). Congruence of patient takeaways and homework assignment content predicts homework compliance in psychotherapy. *Behavior Therapy.*

Ji, J. L., Heyes, S. B., MacLeod, C., & Holmes, E. A. (2016) Emotional mental imagery as simulation of reality: Fear and beyond — a tribute to Peter Lang. *Behavior Therapy, 47*(5), 702-719.

Jobes, D. A. (2016). *Managing suicidal risk: A collaborative approach* (2nd ed.). New York: Guilford Press.

Josefowitz, N. (2017). Incorporating imagery into thought records: Increasing engagement in balanced thoughts. *Cognitive and Behavioral Practice, 24*(1), 90-100.

Kahneman, D. (2013). *Thinking fast and slow.* New York: Farrar, Straus & Giroux.

Katz, D., Rector, N. A., & Riskind, J. (2017). Reduction in looming cognitive style in cognitive-behavioral therapy: Effect on post-treatment symptoms across anxiety disorders and within generalized anxiety disorder. *International Journal of Cognitive Therapy, 10*(4), 346-358.

Katz, J., Street, A., & Arias, I. (1997). Individual differences in self-appraisals and responses to dating violence scenarios. *Violence and Victims, 12,* 265-276.

Kaymaz, N., van Os, J., Loonen, A. J. M., & Nolen, W. A. (2008). Evidence that patients with single versus recurrent depressive episodes are differentially sensitive to treatment discontinuation: A meta-analysis of placebo-controlled randomized trials. *Journal of Clinical Psychiatry, 69*(9), 1423-1436.

Kazantzis, N., Dattilio, F. M., & Dobson, K. S. (2017). *The therapeutic relationship in cognitive-behavioral therapy: A clinician's guide.* New York: Guilford Press.

Kazantzis, N., Whittington, C., Zelencich, L., Kyrios, M., Norton, P. J., & Hofmann, S. G. (2016). Quantity and quality of homework compliance: A meta-analysis of relations with outcome in cognitive behavioral therapy. *Behavior Therapy, 47*(5), 755-772.

Kelly, G. A. (1991a). *The psychology of personal constructs: Vol. 1. A theory of personality.* London: Routledge. (Original work published 1955a)

Kelly, G. A. (1991b). *The psychology of personal constructs: Vol. 2. Clinical diagnosis and psychotherapy.* London: Routledge. (Original work published 1955b)

Kennerley, H., Kirk, J., & Westbrook, D. (2017). *An introduction to cognitive behaviour therapy: Skills and practice* (3rd ed.). London: Sage.

Kerr, S. L., O'Donovan, A., & Pepping, C. A. (2014). Can gratitude and kindness interventions enhance well-being in a clinical sample? *Journal of Happiness Studies, 16,* 17-36.

Kleim, B., Grey, N., Wild, J., Nussbeck, F. W., Stott, R., Hackmann, A., et al. (2013). Cognitive change predicts symptom reduction with cognitive therapy for posttraumatic stress disorder. *Journal of Consulting and Clinical Psychology, 81*(3), 383-393.

Kobori, O., & Salkovskis, P. M. (2013). Patterns of reassurance seeking and reassurance-related behaviours in OCD and anxiety disorders. *Behavioural and Cognitive Psychotherapy, 41,* 1-23.

Kocovski, N. L., Fleming, J. E., Hawley, L. L., Huta, V., & Antony, M. M. (2013) Mindfulness and acceptance-based group therapy versus traditional cognitive behavioral group therapy for social anxiety disorder: A randomized controlled trial. *Behaviour Research and Therapy, 51,* 889-898.

Krejtz, I., Nezlek, J. B., Michnicka, A., Holas, P., & Rusanowska, M. (2016). Counting one's blessings can reduce the impact of daily stress. *Journal of Happiness Studies, 17*(1), 25-39.

Krentzman, A. R., Webb, J. R., Jester, J. M., & Harris, J. I. (2018). Longitudinal relationship between forgiveness of self and forgiveness of others among individuals with alcohol use disorders. *Psychology of Religion and Spirituality, 10*(2), 128-137.

Kuyken, W., Fothergill, C. D., Musa, M., & Chadwick, P. (2005). The reliability and quality of cognitive case formulation. *Behaviour Research and Therapy, 43,* 1187-1201.

Kuyken, W., Padesky, C. A., & Dudley, R. (2009). *Collaborative case conceptualization: Working effectively with clients in cognitive behavioral therapy.* New York: Guilford Press.

Larson, D. G., Chastain, R. L., Hoyt, W. T., & Ayzenberg, R. (2015). Self-concealment: Integrative review and working model. *Journal of Social and Clinical Psychology, 9,* 705-729.

Layous, K., Chancellor, J., Lyubormirsky, S., Wang, L., & Doraiswamy, P. M. (2011). Delivering happiness: Translating positive psychology intervention research for treating major and minor depressive disorders. *Journal of Alternative and Complementary Medicine, 17*(8), 675-683.

Layous, K., Lee, H. C., Choi, I., & Lyubomirsky, S. (2013). Culture matters when designing a successful happiness-increasing activity: A comparison of the United States and South Korea. *Journal of Cross-Cultural Psychology, 44*(8), 1294-1303.

Leigh, E., & Clark, D. M. (2018). Understanding social anxiety disorder in adolescents and improving treatment outcomes: Applying the cognitive models of Clark and Wells (1995). *Clinical Child and Family Psychology Review, 21*(3), 388-414.

Lewinsohn, P. M. (1974). A behavioral approach to depression. In R. J. Friedman & M. M. Katz (Eds.), *The psychology of depression: Contemporary theory and research* (pp. 157-185). New York: Wiley.

Linehan, M. M. (1993). *Cognitive-behavioral treatment of borderline personality disorder*. New York: Guilford Press.

Lohr, J. M., Lilienfeld, S. O., & Rosen, G. M. (2012). Anxiety and its treatment: Promoting science-based practice. *Journal of Anxiety Disorders, 26*, 719-727.

Luona, J. B., Hayes, S. C., & Walser, R. (2007). *Learning ACT: An acceptance and commitment therapy skills-training manual for therapists*. Oakland, CA: New Harbinger.

Luskin, F. M. (1999). The effects of forgiveness training on psychological factors in college-age adults. *Dissertation Abstracts International, 60*, 1026.

Luty, S. E., Carter, J. D., McKenzie, J. M., Rae, A. M., Frampton, C. M. A., Mulder, R. T., et al. (2007). Randomized controlled trial of interpersonal therapy and cognitive-behavioural therapy for depression. *British Journal of Psychiatry, 190*(6), 496-502.

Lyubomirsky, S., Dickerhoof, R., Boehm, J. K., & Sheldon, K. M. (2011). Becoming happier takes both a will and a proper way: An experimental longitudinal intervention to boost well-being, *Emotion, 11*(2), 391-402.

Lyubomirsky, S., & Layous, K. (2013). How do simple positive activities increase well-being?, *Current Directions in Psychological Science, 22*(1), 57-62.

Lyubomirsky, S., Sheldon, K. M., & Schkade, D. (2005). Pursuing happiness: The architecture of sustainable change. *Review of General Psychology, 9*, 111-131.

Manber, R., Bernert, R. A., Suh, S., Nowakowski, S., Siebern, A. T., & Ong, J. C. (2011). CBT for insomnia in patients with high and low depressive symptom severity: Adherence and clinical outcomes. *Journal of Clinical Sleep Medicine, 7*(6), 645-652.

Martell, C. R., Addis, M. E., & Jacobson, N. S. (2001). *Depression in context: Strategies for guided action*. New York: Norton.

Martell, C. R., Dimidjian, S., & Herman-Dunn, R. (2010). *Behavioral activation for depression: A clinician's guide*. New York: Guilford Press.

Martinez, R., Whitfield, G., Dafters, R., & Williams, C. (2008). Can people read self-help manuals for depression?: A challenge for the stepped care model and book prescription schemes. *Behavioural and Cognitive Psychotherapy, 36*, 89-97.

Matthews, A., Ridgeway, V., & Holmes, E. A. (2013). Feels like the real thing: Imagery is both more realistic and emotional than verbal thought. *Cognitive and Emotion, 27*(2), 217-229.

McManus, F., Clark, D. M., Grey, N., Wild, J., Hirsch, C., Fennell, M., et al. (2009). A demonstration of the efficacy of two of the components of cognitive therapy for social phobia. *Journal of Anxiety Disorders, 23*(4), 496-503.

McManus, F., Surawy, C., Muse, K., Vazquez-Montes, M., & Williams, J. M. G. (2012). A randomized clinical trial of mindfulness-based cognitive therapy versus unrestricted services for health anxiety (hypochondriasis). *Journal of Consulting and Clinical Psychology, 80*(5), 817-828.

McNally, R. J., Bryant, R. A., & Ehlers, A. (2003). Does early psychological intervention promote recovery from posttraumatic stress? *Psychological Science in the Public Interest, 4*(2), 45-79.

Miller, W. R., & Rollnick, S. (2013). *Motivational interviewing: Helping people change* (3rd ed.). New York: Guilford Press.

Miller, W. R., & Rose, G. S. (2015). Motivational interviewing and decisional balance: Contrasting responses to client ambivalence. *Behavioural and Cognitive Psychotherapy, 43*, 129-141.

Mitcheson, L., Maslin, J., Meynen, T., Morrison, T., Hill, R., & Wanigaratne, S. (2010). *Applied cognitive and behavioural approaches to the treatment of addiction: A practical treatment guide*. Chichester, UK: Wiley.

Montero-Marin, J., Garcia-Compayo, J., López-Montoyo, A., & Zabaleta-del-Olmo, E. (2018). Is cognitive-behavioural therapy more effective than relaxation therapy in the treatment of anxiety disorders?: A meta-analysis. *Psychological Medicine, 48*(9), 1427-1436.

Mooney, K. A., & Padesky, C. A. (2000). Applying client creativity to recurrent problems: Constructing possibilities and tolerating doubt. *Journal of Cognitive Psychotherapy: An International Quarterly, 14*(2), 149-161.

Morrison, K. H., Bradley, R., & Westen, D. (2003). The external validity of controlled clinical trials of psychotherapy for depression and anxiety: A naturalistic study. *Psychology and Psychotherapy: Theory, Research and Practice, 76*, 109-132.

Mörtberg, E., Hoffart, A., Boecking, B., & Clark, D. M. (2015). Shifting the focus of one's attention mediates improvement in cognitive therapy for social anxiety disorder. *Behavioural and Cognitive Psychotherapy, 43*(1), 63-73.

Murray, H. L. (2018). Survivor guilt in a posttraumatic stress disorder clinic sample. *Journal of Loss and Trauma, 23*(7), 600-607.

Murray, H. L. (2019, July). Survivor guilt: A cognitive conceptualisation and treatment framework. In H. Murray (Chair), *Those left behind: developing a cognitive understanding and novel interventions for grief*. Paper presented in a symposium conducted at the meeting of the Ninth World Congress of Behavioural and Cognitive Therapies, Berlin, Germany.

Neimeyer, R. A., & Feixas, G. (2016). The role of homework and skill acquisition in the outcome of group cognitive therapy for depression — Republished article. *Behavior Therapy, 47*(5), 747-754.

Neimeyer, R. A., Kazantzis, M., Kassler, D. M., Baker, K. D., & Fletcher, R. (2008). Group cognitive behavioural therapy for depression outcomes predicted by willingness to engage in homework, compliance with homework, and cognitive restructuring skill acquisition. *Cognitive Behaviour Therapy, 37*(4), 199–215.

Nenkov, G. Y., & Gollwitzer, P. M. (2012). Preversus postdecisional deliberation and goal commitment: The positive effects of defensiveness. *Journal of Experimental Social Psychology, 48,* 106–121.

Nollett, C., Lewis, C., Kitchiner, N., Roberts, N., Addison, K., Brookes-Howell, L., et al. (2018). Pragmatic RAndomised controlled trial of a trauma-focused guided self-help Programme versus InDividual trauma-focused cognitive behavioural therapy for post-traumatic stress disorder (RAPID): Trial protocol. *BMC Psychiatry, 18*(1), 77.

O'Donnell, C., Di Simplicio, M., Brown, R., Holmes, E. A., & Burnett Heyes, S. (2018). The role of mental imagery in mood amplification: An investigation across subclinical features of bipolar disorders. *Cortex, 105,* 104–117.

Ohst, B., & Tuschen-Caffier, B. (2018). Catastrophic misinterpretation of bodily sensations and external events in panic disorder, other anxiety disorders, and healthy subjects: A systematic review and meta-analysis. *PLoS ONE, 13*(3), e0194493.

Öst, L.-G. (1987). Applied relaxation: Description of a coping technique and review of controlled studies. *Behaviour Research and Therapy, 25*(5), 397–409.

Öst, L.-G. (1996). One-session group treatment for spider phobia. *Behaviour Research and Therapy, 34*(9), 707–715.

Öst, L.-G., Salkovskis, P. M., & Hellstrom, K. (1991). One-session therapist directed exposure vs. self-exposure in the treatment of spider phobia. *Behavior Therapy, 22,* 407–422.

Öst, L.-G., & Sterner, U. (1987). Applied tension. A specific behavioral method for treatment of blood phobia. *Behaviour Research and Therapy, 25*(1), 25–29.

Overholser, J. (2018). *The Socratic method of psychotherapy.* New York: Columbia University Press.

Padesky, C. A. (1983). *7-Column Thought Record.* Huntington Beach, CA: Center for Cognitive Therapy.

Padesky, C. A. (Audio recording). (1986). *Advanced cognitive therapy of depression* [Audio CD]. Huntington Beach, CA: Christine A. Padesky (Producer). (Available via www.padesky.com)

Padesky, C. A. (1993a, September). *Socratic questioning: Changing minds or guiding discovery?* Invited keynote address presented at the 1993 European Congress of Behaviour and Cognitive Therapies, London. (Available from www.padesky.com/clinical-corner/publications)

Padesky, C. A. (Filmed appearance). (1993b). *Cognitive therapy for panic disorder: A client session* [DVD]. Huntington Beach, CA: Christine A. Padesky (Producer). (Available via www. padesky.com)

Padesky, C. A. (1994). Schema change processes in cognitive therapy. *Clinical Psychology and Psychotherapy, 1*(5), 267–278.

Padesky, C. A. (Consultant and filmed appearance). (1996). *Guided discovery using Socratic dialogue* [DVD]. Huntington Beach, CA: Christine A. Padesky and New Harbinger Publications (Producers). (Available via www.padesky.com)

Padesky, C. A. (1997). A more effective treatment focus for social phobia? *International Cognitive Therapy Newsletter, 11*(1), 1–3.

Padesky, C. A. (2004a). Behavioral experiments: At the crossroads. In J. Bennett-Levy, G. Butler, M. Fennell, A. Hackmann, M. Mueller, & D. Westbrook (Eds.). *Oxford guide to behavioural experiments in cognitive therapy* (pp. 433–438). Oxford, UK: Oxford University Press.

Padesky, C. A. (Filmed appearance). (2004b). *Constructing NEW underlying assumptions and behavioral experiments* [DVD]. Huntington Beach, CA: Christine A. Padesky (Producer). (Available via www.padesky.com)

Padesky, C. A. (Filmed appearance). (2008a). *Social anxiety: Assertive Defense of the Self* [DVD]. Huntington Beach, CA: Christine A. Padesky (Producer). (Available via www.padesky.com)

Padesky, C. A. (Audio recording). (2008b). *CBT for social anxiety* [Audio CD]. Huntington Beach, CA: Christine A. Padesky (Producer). (Available via www.padesky.com)

Padesky, C. A. (Audio recording). (2011). *A step-by-step model of collaborative case conceptualization.* Huntington Beach, CA: Christine A. Padesky (Producer). (Available via www.padesky.com)

Padesky, C. A. (2013, November). Clinical tip: Use the sharpest tool in the box [Blog post]. Retrieved March 29, 2019, from www.padesky.com/blog.

Padesky, C. A. (2019, July). *Action, dialogue and discovery: Reflections on Socratic Questioning 25 years later.* Invited address presented at the meeting of the Ninth World Congress of Behavioural and Cognitive Therapies, Berlin, Germany. (Available from www.padesky.com/clinical-corner)

Padesky, C. A. (2020). *Collaborative case conceptualization: Client knows best.* Manuscript submitted for publication.

Padesky, C. A., & Beck, A. T. (2003). Science and philosophy: Comparison of cognitive therapy (CT) and rational emotive behavior therapy (REBT). *Journal of Cognitive Psychotherapy: An International Quarterly, 17,* 211–224.

Padesky, C. A., & Kennerley, H. (2020). *Dialogues for discovery.* Manuscript in preparation. Padesky, C. A., & Mooney, K. A. (1990). Clinical tip: Presenting the cognitive model to clients. *International Cognitive Therapy Newsletter, 6,* 13–14.

Padesky, C. A., & Mooney, K. A. (2006, March). *Cognitive therapy for persistent problems: A new paradigm*. Workshop presented in Wellington, New Zealand.

Padesky, C. A., & Mooney, K. A. (2012). Strengths-based cognitive-behavioural therapy: A four-step model to build resilience. *Clinical Psychology and Psychotherapy, 19*(4), 283–90.

Pearson, J., Naselaris, T., Holmes, E. A., & Kosslyn, S. M. (2015). Mental imagery: Functional mechanisms and clinical applications, *Trends in Cognitive Sciences, 19*(10), 590–602.

Peterson, S. J., Van Tongeren, D. R., Womack, S. D., Hook, J. N., Davis, D. E., & Griffen, B. J. (2017). The benefits of self-forgiveness on mental health: Evidence from correlational and experimental research. *Journal of Positive Psychology, 12*(2), 159–168.

Rapee, R. M., & Heimberg, R. G. (1997). A cognitive-behavioral model of anxiety in social phobia. *Behaviour Research and Therapy, 35*, 741–756.

Ratcliffe, M., & Wilkinson, S. (2016). How anxiety induces verbal hallucinations. *Consciousness and Cognition, 39*, 48–58.

Resick, P. A., Monson, C. M., & Chard, K. M. (2017) *Cognitive processing therapy for PTSD: A comprehensive manual*. New York: Guilford Press.

Resick, P. A., Nishith, P., Weaver, T. L., Astin, M. C., & Feuer, C. A. A. (2002) Comparison of cognitive-processing therapy with prolonged exposure and a waiting condition for the treatment of chronic posttraumatic stress disorder in female rape victims. *Journal of Consulting and Clinical Psychology, 70*(4), 867–879.

Resick, P. A., & Schnicke, M. K. (1992) Cognitive processing therapy for sexual assault victims. *Journal of Consulting and Clinical Psychology, 60*(5), 748–756.

Robinson, M. A., Cross-Denny, B., Lee, K. K., Werkmeister Rozas, L. M., & Yamada, A. (2016). Teaching note—Teaching intersectionality: Transforming cultural competence content in social work education. *Journal of Social Work Education, 52*(4), 509–517.

Roemer, L., Orsillo, S. M., & Salters-Pedneault, K. (2008). Efficacy of an acceptance-based behavior therapy for generalized anxiety disorder: Evaluation in a randomized controlled trial. *Journal of Consulting and Clinical Psychology, 76*(6), 1083–1089.

Ross, L. E., Doctor, F., Dimito, A., Kuehl, D., & Armstrong, M. S. (2007). Can talking about oppression reduce depression?: Modified CBT group treatment for LGBT people with depression. *Journal of Gay and Lesbian Social Services, 19*(1), 1–17.

Rowe, S. L., Jordan, J., McIntosh, V., Carter, F. A., Bulik, C. M., & Joyce, P. R. (2008). Impact of borderline personality disorder on bulimia nervosa. *Australian and New Zealand Journal of Psychiatry, 42*, 1021–1029.

Segal, Z. V., Bieling, P., Young, T., MacQueen, G., Cooke, R., Martin, L., et al. (2010). Anti-depressant monotherapy vs sequential pharmacotherapy and mindfulness-based cognitive therapy, or placebo, for relapse prophylaxis in recurrent depression. *Archives of General Psychiatry, 67*(12), 1256–1264.

Segal, Z. V., Williams, M., & Teasdale, J. (2018). *Mindfulness-based cognitive therapy for depression* (2nd ed.). New York: Guilford Press.

Seligman, M. E. P. (2002). *Authentic happiness*. New York: Free Press.

Seligman, M. E. P., Steen, T. A., Park, N., & Peterson, C. (2005). Positive psychology progress: Empirical validation of interventions. *America Psychologist, 60*, 410–421.

Shafran, R., Clark, D. M., Fairburn, C. G., Arntz, A., Barlow, D. H., Ehlers, A., et al. (2009). Mind the gap: Improving dissemination of CBT. *Behaviour Research and Therapy, 47*, 902–909.

Shaw, B. F., Elkin, I., Yamaguchi, J., Olmsted, M., Vallis, T. M., Dobson, K. S., et al. (1999). Therapist competence ratings in relation to clinical outcome in cognitive therapy of depression. *Journal of Consulting and Clinical Psychology, 67*(6), 837–846.

Simons, A. D., Padesky, C. A., Montemarano, J., Lewis, C. C., Murakami, J., Lamb, K., et al. (2010). Training and dissemination of cognitive behavior therapy for depression in adults: A preliminary examination of therapist competence and client outcomes. *Journal of Consulting and Clinical Psychology, 78*(5), 751–756.

Sin, N. L., & Lyubormirsky, S. (2009). Enhancing well-being and alleviating depressive symptoms with positive psychology interventions: A practice-friendly meta-analysis. *Journal of Clinical Psychology: In Session, 65*(5), 467–487.

Slepian, M. L., & Kirby, J. N. (2018). To whom do we confide our secrets? *Personality and Social Psychology Bulletin, 44*(7), 1008–1023.

Slepian, M. L., Kirby, J. N., & Kalokerinos, E. K. (2019). Shame, guilt, and secrets of the mind. *Emotion*. [Epub ahead of print]

Slepian, M. L., Masicampo, E. J., & Ambady, N. (2013). Relieving the burdens of secrecy: Revealing secrets influences judgments of hill slant and distance. *Social Psychological and Personality Science, 5*(3), 293–300.

Söchting, I. (2014). *Cognitive behavioral group therapy: Challenges and opportunities*. Chichester, UK: Wiley.

Sookman, D. (2016). *Specialized cognitive behavior therapy for obsessive compulsive disorder*. New York: Routledge.

Spring, J. A., with Spring, M. (2005). *How can I forgive you?: The courage to forgive, the freedom not to*. New York: Perennial Currents.

Spring, J. A., with Spring, M. (2012). *After the affair: Healing the pain and rebuilding trust when a partner has been unfaithful* (2nd ed.). New York: HarperCollins.

Squires, E. C., Sztainert, T., Gillen, N. R., Caouetter, J., & Wohl, M. J. A. (2012). The problem with self-forgiveness: Forgiving the self deters readiness for change among gamblers. *Journal of Gambling Studies, 28*, 337-350.

Steinert, C., Hofmann, M., Kruse, J., & Leichsenring, F. (2014). Relapse rates after psychotherapy for depression — stable long-term effects?: A meta-analysis. *Journal of Affective Disorders, 168*, 107-118.

Stone, C. B., Barnier, A. J., Sutton, J., & Hirst, W. (2013). Forgetting our personal past: Socially shared retrieval-induced forgetting of autobiographical memories, *Journal of Experimental Psychology: General, 142*(4), 1084-1099.

Strunk, D. R., Brotman, M. A., & DeRubeis, R. J. (2010). The process of change in cognitive therapy for depression: Predictors of early inter-session symptom gains. *Behaviour Research and Therapy, 48*(7), 599-606.

Swenson, C. R. (2016). *DBT principles in action: Acceptance, change, and dialectics*. New York: Guilford Press.

Teachman, B. A., Marker, C. D., & Clerkin, E. M. (2012). Catastrophic misinterpretations as a predictor of symptom change during treatment for panic disorder. *Journal of Consulting and Clinical Psychology, 78*(6), 964-973.

Teasdale, J. D., Segal, Z. V., Williams, J. M., Ridgeway, V. A., Soulsby, J. M., & Lau, M. A. (2000). Prevention of relapse/recurrence in major depression by mindfulness-based cognitive therapy. *Journal of Consulting and Clinical Psychology, 68*(4), 615-623.

Veale, D., & Willson, R. (2009). *Overcoming obsessive compulsive disorder: A self-help guide using cognitive behavioral techniques*. London: Constable & Robinson.

Vittengl, J. R., Clark, L. A., Dunn, T. W., & Jarrett, R. B. (2007). Reducing relapse and recurrence in unipolar depression: A comparative meta-analysis of cognitive-behavioral therapy's effects. *Journal of Consulting and Clinical Psychology, 75*(3), 475-488.

Waltman, S. H., Frankel, S. A., Hall, B. C., Williston, M. A., & Jager-Hyman, S. (2019). Review and analysis of thought records: Creating a coding system. *Current Psychiatry Reviews, 15*, 11-19.

Warnock-Parkes, E., Wild, J., Stott, R., Grey, N., Ehlers, A., & Clark, D. M. (2017). Seeing is believing: Using video feedback in cognitive therapy for social anxiety. *Cognitive and Behavioural Practice, 24*(2), 245-255.

Weertman, A., Arntz, A., Schouten, E., & Dreessen, L. (2005). Influences of beliefs and personality disorders on treatment outcome in anxiety patients. *Journal of Consulting and Clinical Psychology, 73*, 936-944.

Weissman, M. M., & Klerman, G. L. (1990). *Interpersonal psychotherapy for depression*. New York: Wiley.

Weissman, M. M., Prusoff, B. A., DiMascio, A., Neu, C., Gohlaney, M., & Klerman, G. L. (1979). The efficacy of drugs and psychotherapy in the treatment of acute depressive episodes. *American Journal of Psychiatry, 136*, 555-558.

Wells, A. (2009). *Metacognitive therapy for anxiety and depression*. New York: Guilford Press.

Wenzel, A., Brown, G. K., & Beck, A. T. (2009). *Cognitive therapy for suicidal patients*. Washington, DC: American Psychological Association.

Wiersma, J. E., Van Schaik, D. J. F., Hoogndorn, A. W., Dekker, J. J., Van, H. L., Schoevers, R. A., et al. (2014). The effectiveness of the cognitive behavioral analysis system of psychotherapy for chronic depression: A randomized controlled trial. *Psychotherapy and Psychosomatics, 83*, 263-269.

Wild, J., Warnock-Parkes, E., Grey, N., Stott, R., Wiedemann, M., Canvin, L., et al. (2016). Internet-delivered cognitive therapy for PTSD: A development pilot series. *European Journal of Psychotraumatology, 7*, 10.3402/ejpt.v7.31019.

Wilhelm, S., & Steketee, G. (2006). *Cognitive therapy for obsessive-compulsive disorder: A guide for professionals*. Oakland, CA: New Harbinger.

Winston, S. M., & Seif, M. N. (2017). *Overcoming unwanted intrusive thoughts: A CBT-based guide to getting over frightening, obsessive, or disturbing thoughts*. Oakland, CA: New Harbinger.

Wohl, M. J. A., & Thompson, A. (2011). A dark side to self-forgiveness: Forgiving the self and its association with chronic unhealthy behavior. *British Journal of Social Psychology, 50*, 354-364.

Wong, Q. J. J., & Rapee, R. M. (2016). The aietiology and maintenance of social anxiety disorder: A synthesis of complementary theoretical models and formulation of a new integrated model. *Journal of Affective Disorders, 203*(10), 84-100.

Wood, A. M., Froh, J. J., & Geraghty, A. W. A. (2010). Gratitude and well-being: A review and theoretical integration. *Clinical Psychology Review, 30*(7), 890-905.

World Health Organization. (2018, March 22). Depression [Fact sheet]. Retrieved August 2, 2018, from www.who.int/news-room/fact-sheets/detail/depression.

Zlomke, K., & Davis, T. E. (2008). One-session treatment of specific phobias: A detailed description and review of treatment efficacy. *Behavior Therapy, 39*(3), 207-223.

Índice

Nota: *f* ou *t* após o número de uma página indica uma figura ou tabela.

A

A mente vencendo o humor, 2ª ed. em geral, 23. *Ver também capítulos individuais como um adjuvante da terapia*, 14-17; Folhas de Exercícios em *A mente vencendo o humor*; Terapia cognitivo-comportamental (TCC)
  apoiando o progresso dos clientes com, 16-19
  apresentando aos clientes, 20-24
  ausência de melhora e, 419-421
  como um guia pós-terapia, 376-378
  descoberta guiada e, 408-409
  epílogo de, 379-381
  grupo de depressão baseado em protocolo em *A mente vencendo o humor*, 423-466, 427*f*, 430*f*, 441*f*, 450*f*, 457*f*, 463*f*
  integrando à terapia, 8-14
  uso pessoal pelos terapeutas, 6-8
  visão geral, 2-4, 7-17, 9*f*
Abordagem, 198-200, 241-243, 243*t*, 258-259
Abordagem da defesa assertiva do *self*, 307-313, 311*t*, 317, 429
Abordagem para conceitualização de caso "quadro, seta de entrada, seta de saída"
  conceitualização, 389-393, 390*f*, 396-397, 397*f*. *Ver também* Conceitualização de caso
Abordagens de *mindfulness*
  aceitação e, 134-136
  ansiedade e, 234, 260-261, 267-270
  como um método de enfrentamento comparado com um comportamento de segurança, 267-270
  treinamento do terapeuta, 138

Aceitação. *Ver também* Novos pensamentos, Planos de ação e aceitação (Capítulo 10, *A mente vencendo o humor*)
  ansiedade e, 234, 260-261, 267-270
  combinando com planos de ação, 136-137
  como um método de enfrentamento comparado a um comportamento de segurança, 267-165
  comparada a "desistir", 137
  grupo para depressão baseado em protocolo em *A mente vencendo o humor*, 453-455, 460
  raiva, vergonha e culpa e, 324
  segredos e, 361-362
  terapia de casal e, 407*t*, 408
  treinamento do terapeuta, 138
  visão geral, 133-137
Aceitação (Folha de Exercícios 10.3, *A mente vencendo o humor*), 135-138, 293, 303
Acompanhamento das tarefas, 42-43
Aderência às tarefas, 38-44, 171-174, 227-229, 277-279
Adição, 33-34, 270-273, 413. *Ver também* Uso de substâncias
Agorafobia, 258*t*, 282, 304-306. *Ver também* Ansiedade e transtornos de ansiedade
Agressão, 407
Al-Anon, 413-414
Alcoólicos Anônimos (AA), 413-414
Ansiedade e transtornos de ansiedade. *Ver também* Agorafobia; Ansiedade social e transtorno de ansiedade social; Compreendendo sua ansiedade (Capítulo 14, *A mente vencendo o humor*); Fobias específicas; Transtorno de ansiedade generalizada (TAG): Estados de humor; Transtorno de estresse pós-traumático (TEPT); Transtorno de pânico; Transtorno obsessivo-compulsivo (TOC)
  abordagem de "acolher a ansiedade", 239-240
  abordagens da TCC e, 385, 387
  aumentando a tolerância para, 260-270
  avaliando e acompanhando a melhora e, 239-241
  comportamentos de enfrentamento em vez de evitação ou comportamentos de segurança, 241-243, 243*t*
  conexões do pensamento e, 30
  crenças nucleares e, 178
  definindo objetivos para a mudança emocional e, 51-53
  Escadas de medos e, 258-259
  exemplos de caso de, 244-248, 270-273
  gratidão e gentileza e, 207
  Guia de leitura para, 235-237, 256-257, 473
  lidando com mais de um estado de humor, 36-38
  manejando, 244-248
  medo da morte, 276-277
  medos do terapeuta em relação ao tratamento da, 273-275
  pensamentos automáticos e, 79-80
  pressupostos subjacentes e, 142, 247-249, 254-258, 258*t*
  problemas de ansiedade múltipla, 316-317
  usando *A mente vencendo o humor* no tratamento da, 282-313, 293*t*, 294*f*, 296*f*, 299*f*, 301*t*, 304*t*, 311*t*, 314*t*, 316-317
  uso de substâncias e, 413
  visão geral, 234-258, 237*t*, 238*t*, 243*t*, 258*t*, 280-282

Ansiedade social e transtorno de ansiedade social. *Ver também* Ansiedade e transtornos de ansiedade
  Escadas de medos e, 259
  exemplos de casos de, 268-270
  pressupostos subjacentes e, 258*t*
  problemas de ansiedade múltipla, 316-317
  usando *A mente vencendo o humor* no tratamento de, 282, 305-313, 311*t*, 314*t*
  visão geral, 238-239
Aprendendo com meu diário de gratidão (Folha de Exercícios 12.13, *A mente vencendo o humor*), 202-205
Aprendendo com meu registro de atividades (Folha de Exercícios 13.5, *A mente vencendo o humor*), 217-218, 431-433
Aprendizagem, 42-44
Aquisição de habilidades, 16-19, 405-408, 407*t*, 465-469
As relações com os pensamentos (Folha de Exercícios 3.1, *A mente vencendo o humor*), 29-30
Asserção, 333-337
Ativação comportamental
  definindo objetivos para a mudança emocional e, 52
  depressão e, 141, 216-220, 224-227
  grupo de depressão baseado em protocolo em *A mente vencendo o humor*, 434-437, 437*f*, 460-462
  visão geral, 407
Atos de gentileza. *Ver também* Novas crenças nucleares, gratidão e atos de gentileza (Capítulo 12, *A mente vencendo o humor*)
  aplicações clínicas dos, 205-207
  grupo de depressão baseado em protocolo em *A mente vencendo o humor*, 459-462
  raiva, culpa e vergonha e, 324
  terapia de casal e, 407*t*
  visão geral, 200-201, 204-206
Atos de gentileza (Folha de Exercícios 12.15, *A mente vencendo o humor*), 204-206
Autoajuda guiada, 19
Autocompaixão, 364-365. *Ver também* Compaixão

Autocrítica, 30, 77-78, 220-222, 238-240
Autoculpa, 414. *Ver também* Culpa
Autoperdão, 363-366. *Ver também* Perdão
Avaliação, 281, 423
Avaliação de meus métodos de relaxamento (Folha de Exercícios 14.6, *A mente vencendo o humor*), 267-270
Avaliação de minhas estratégias de manejo da raiva (Folha de Exercícios 15.5, *A mente vencendo o humor*), 341-343
Avaliando a confiança em minha nova crença nuclear (Folha de Exercícios 12.7, *A mente vencendo o humor*), 189, 192-195, 193*f*
Avaliando a gravidade de minhas ações (15.6, *A mente vencendo o humor*), 344, 346-350, 349*f*, 363-365
Avaliando crenças, 118-119, 128-129, 189-199, 193*f*
Avaliando e acompanhando inventários de humor. *Ver* Inventários de humor em *A mente vencendo o humor*
Avaliando e acompanhando meus estados de humor (Folha de Exercícios 15.1, *A mente vencendo o humor*)
  definindo objetivos para a mudança emocional e, 52-53
  melhorando a felicidade e as experiências positivas e, 379
  prevenção de recaída e, 374-376
  raiva, culpa e vergonha e, 320-322, 342-343
  visão geral, 321-322, 379

B
Bem-estar, 200-201, 205-206, 356-357, 377-379, 413

C
Capacidade de atenção, 37-39
Checklist de habilidades de *A mente vencendo o humor* (Folha de Exercícios 16.1, *A mente vencendo o humor*), 373-374
Checklist de habilidades de *A mente vencendo o humor* (Folha de Exercícios 16.1, *A mente vencendo o humor*), 5, 461-462
Classificando comportamentos em uma escala (Folha de Exercícios

12.8, *A mente vencendo o humor*), 31, 194-196
Clientes
  aderência às tarefas, 38-44, 171-174, 227-229, 277-279
  ausência de melhora e, 419-421
  desinteresse dos, 42-43, 167-169
  habilidade para a leitura dos, 37-39
  lidando com mais de um estado de humor, 36-38
  rupturas na terapia e, 417-420
  terapia de grupo e, 468-470
Colaboração
  aderência às tarefas e, 41
  evidências a favor e contra um pensamento e, 101-103
  experimentos comportamentais e, 146-149
  integrando *A mente vencendo o humor* à terapia e, 10-14, 20-23
  rupturas na terapia e, 417-420
  temores do terapeuta em relação ao tratamento da ansiedade e, 274
  terapia de grupo e, 468-469
  transtornos da personalidade e, 209-210
  uso de substância e, 411-412
  visão geral, 398-404
Como *A mente vencendo o humor* pode ajudá-lo (Capítulo 1, *A mente vencendo o humor*)
  exemplos de uso com um cliente, 316-317
  guia para a resolução de problemas para, 36-44
  uso de substância e, 412
  visão geral, 23-24
Compaixão, 340-341, 360-362, 364-365
Comportamentos
  conexões de pensamentos e, 30
  crenças nucleares e, 178-179
  níveis de pensamento e, 32-34
  pressupostos subjacentes e, 142-145
  terapia de casal e, 407
Comportamentos de enfrentamento
  ansiedade e, 241-243, 243*t*, 267-270, 289-291, 307-308, 313
  prevenção de recaída e, 375-377

revelando segredos e, 361-364
subestimação da habilidade
  para, 234, 248-255, 283,
  307-309
Comportamentos de segurança
  ansiedade e, 233, 241-243, 243t,
    244-248, 258, 267-270
  técnicas de respiração como,
    261
  transtorno de pânico e,
    298-300, 299f
Compreendendo a raiva, a culpa e a
  vergonha (Capítulo 15, *A mente
  vencendo o humor*). *Ver também*
  Raiva; Culpa; Vergonha
  exemplos do uso com um
    cliente, 324-337, 339-342,
    346-353, 349f, 353-368
  guia para a resolução de
    problemas para, 365-368
  perdão e, 337-342
  terapia de casal e, 407-408, 407t
  uso de substâncias e, 414
  uso na terapia para culpa e
    vergonha, 342-366, 345t,
    349f
  uso na terapia para raiva,
    322-343, 323t
  visão geral, 319-320
Compreendendo a raiva, a culpa e
  a vergonha (Folha de Exercícios
  15.3, *A mente vencendo o humor*),
  325-327, 345-346
Compreendendo meus problemas
  (Folha de Exercícios 2.1, *A mente
  vencendo o humor*), 21, 25-28,
  374-375, 396, 428
Compreendendo sua ansiedade
  (Capítulo 14, *A mente vencendo o
  humor*). *Ver também* Ansiedade e
  transtornos de ansiedade
  agorafobia e, 304-306
  aumentando a tolerância à
    ansiedade, 260-270
  escadas de medos e, 258-259
  exemplos do uso com um
    cliente, 244-248, 250-256,
    263-273, 276-279, 284-293,
    293t, 295-300, 296f, 299f,
    301t, 300-302, 308-313, 311t,
    316-317
  fobias específicas e, 300-303,
    304t
  guia para a resolução de
    problemas para, 273-279,
    316-317

medicação e, 270-273
mudando pensamentos
  ansiosos e imagens, 269-270
transtorno de ansiedade
  generalizada (TAG) e,
  284-293, 293t
transtorno de ansiedade social
  e, 306-313, 311t, 314t
transtorno do pânico e,
  295-300, 296f, 299f, 301t
visão geral, 233-234, 258-273
Compreendendo sua depressão
  (Capítulo 13, *A mente vencendo o
  humor*). *Ver também* Depressão
  ansiedade e, 238
  aplicações clínicas de, 223-227
  avaliando e acompanhando a
    melhora e, 214-215
  exemplos do uso com um
    cliente, 216, 220-224,
    229-231
  grupo de depressão baseado
    em protocolo em *A mente
    vencendo o humor*, 429-430
  guia para a resolução de
    problemas para, 227-232
  uso de substância e, 412
  visão geral, 211-212
Compreendendo seus problemas
  (Capítulo 2, *A mente vencendo o
  humor*)
  exemplos do uso com um
    cliente, 26-28
  grupo de depressão baseado
    em protocolo em *A mente
    vencendo o humor*, 428
  guia para a resolução de
    problemas para, 36-44
  prevenção de recaída e,
    374-375
  terapia de casal e, 407t
  visão geral, 25-28, 26f
Conceitualização de caso. *Ver
  também* Abordagem para
  conceitualização de caso "quadro,
  flecha de entrada, flecha de saída";
  Modelo de cinco partes
  ausência de melhora e, 420-421
  fatores culturais e, 393-396
  modelo de cinco partes e,
    25-26, 26f, 28
  terapia de casal e, 407
  visão da TCC como "uma
    terapia" e, 388-398, 390f,
    397f

Conceitualização de caso
  descritiva, 389. *Ver também*
  Conceitualização de caso; Modelo
  de cinco partes
Conceitualização de caso
  transversal, 389-393, 390f.
  Ver também Abordagem para
  conceitualização de caso "quadro,
  flecha de entrada, flecha de saída";
  Conceitualização de caso
Concordância com as tarefas. *Ver*
  Aderência às tarefas
Conexões de pensamento, 30-34.
  Ver também Crenças nucleares;
  Pensamentos automáticos;
  Pensamentos; Pressupostos
  subjacentes; Registro de
  pensamentos
Consulta, 6, 395-396
Crenças. *Ver também* Crenças
  nucleares; Pensamentos;
  Pressupostos subjacentes
  ansiedade e, 247-258, 258t,
    280-282, 305-308
  avaliação das, em pensamentos
    alternativos/compensatórios,
    118-119
  de que a mudança é impossível,
    61-65
  em relação ao uso de
    medicação, 270-271
  experimentos comportamentais
    e, 145-149
  pensamentos "quentes" como,
    121-122
  pressupostos subjacentes e,
    254-258, 258t
  teste, 247-258, 258t
  tomada de perspectiva do
    "quadro geral", 134-136. *Ver
    também* Perspectiva
Crenças absolutas. *Ver* Crenças
  nucleares
Crenças centrais. *Ver* Crenças;
  Crenças nucleares
Crenças condicionais (crenças
  do tipo "Se...então..."), 31. *Ver
  também* Pressupostos subjacentes
Crenças dicotômicas, 31-33,
  123-125, 194-195
Crenças nucleares. *Ver também*
  Crenças; Novas crenças nucleares,
  gratidão e atos de gentileza
  (Capítulo 12, *A mente vencendo
  o humor*); Pensamento do tipo
  "tudo-ou-nada"

abordar em vez de evitar os
  desafios, 198-200
conceitualização de caso e,
  407, 407t
crenças nucleares
  autorrelacionadas, 181-184
crenças nucleares relacionadas
  a outras, 181-184
crenças nucleares relacionadas
  ao mundo, 181-184
experimentos comportamentais
  e, 196-199
fortalecendo novas crenças
  nucleares, 186-199, 188f, 193f
grupo de depressão baseado
  em protocolo em *A mente
  vencendo o humor*, 460
identificação, 180-186
pensamentos "quentes" como,
  121-122
raiva, culpa e vergonha e, 324
testando, 247-258, 258t
trabalhando na terapia, 176-180
transtornos da personalidade
  e, 207-210
visão geral, 31-34, 175-176
Crenças nucleares negativas,
  179-180. *Ver também* Crenças
  nucleares
Crenças perfeccionistas, 169-171,
  466-469
Cronograma de atividades (Folha de
  Exercícios 13.6, *A mente vencendo
  o humor*), 212, 218, 432-434
    baixos níveis de atividade,
      231-232
    barreiras à realização das
      atividades, 227-229
Culpa, 365-368, 414
Culpa. *Ver também* Compreendendo
  a raiva, a culpa e a vergonha
  (Capítulo 15, *A mente vencendo
  o humor*)
    autoperdão e, 363-366
    avaliando e acompanhando,
      320-322, 342-343
    crenças nucleares e, 178
    culpa do sobrevivente, 356-357
    culpando os outros em vez de,
      365-368
    fazendo reparações e, 353-357
    Guia de leitura para, 475
    pensamentos automáticos e,
      78, 81-83
    pressupostos subjacentes e, 142

segredos e, 356-364
terapia de casal e, 407-408, 407t
usando *A mente vencendo o
  humor* no tratamento da,
  342-366, 345t, 349f
uso de substâncias e, 414
visão geral, 318-320, 342-343,
  345-346
Curiosidade, 238-240, 409-411

D
Definição da agenda
  relações colaborativas na TCC
    e, 413-416
  grupo de depressão baseado
    em protocolo em *A mente
    vencendo o humor*, 424-426,
    431, 433-436, 439, 442,
    445-446, 451, 453, 455-456,
    459-460, 465-466
Definição da agenda da sessão. *Ver*
  Definição da agenda
Definindo objetivos (Folha de
  Exercícios 5.1, *A mente vencendo
  o humor*), 46-47
Definindo objetivos pessoais e
  observando as melhoras (Capítulo
  5, *A mente vencendo o humor*).
  Ver também Objetivos
    definindo objetivos para a
      mudança emocional e, 51-53
    depressão e, 213
    exemplos do uso com um
      cliente, 49-50, 54-57, 59-65
    guia para a resolução de
      problemas para, 54-65
    priorizando objetivos e
      acompanhando o progresso
      e, 53-54
    raiva, culpa e vergonha e, 323,
      344
    sinais de melhora e, 51
    terapia de casal e, 407t
    vantagens e desvantagens de
      atingir os objetivos, 48
    visão geral, 45-47, 47f
Depressão. *Ver também*
  Compreendendo sua depressão
  (Capítulo 13, *A mente vencendo o
  humor*); Estados de Humor
    abordagem de *A mente
      vencendo o humor* para,
      223-227
    abordagens de TCC e, 359-360
    ativação comportamental e,
      216-220

avaliando e acompanhando a
  melhora, 214-215
avaliando estados de humor
  e, 121
comparada a tristeza ou pesar,
  232
crenças nucleares e, 31-33, 178
definindo objetivos para a
  mudança emocional e, 51-53
Guia de leitura para, 213, 214t,
  472
lidando com mais de um
  estado de humor, 36-38
motivação, 227-229, 231-232
níveis de atividade e, 231-232
pensamentos e, 30, 219-224
pensamentos automáticos e,
  78-79
pressupostos subjacentes e, 141
sentir prazer e, 229-231
terapia e, 213, 214f
terapia de grupo e, 423-466,
  427f, 430f, 437f, 441f, 450f,
  457f, 463f
uso de substância e, 413
Descoberta guiada. *Ver também*
  Diálogo socrático
    apresentando *A mente
      vencendo o humor* aos
      clientes e, 20-23
    depressão e, 223-224
    exemplos do uso com um
      cliente, 49-50, 270-273
    métodos de, 408-411
    tratando a ansiedade com
      medicação e, 270-273
Desencadeantes
  ansiedade e, 235
  prevenção de recaída e,
    374-376
  raiva, culpa e vergonha e,
    325-327, 332-333
  terapia de casal e, 397-398, 397f
Desesperança, 30, 48-50, 77-78,
  222-224
Diagnóstico, 252-253, 280-282,
  420-421, 423
Diálogo socrático. *Ver também*
  Descoberta guiada
    "duas mentes" e, 163-165
    estágios do, 159-164
    exemplos do uso com um
      cliente, 49-50, 156-160,
      410-411

experimentos comportamentais e, 156-164
usando na terapia, 159-164
visão geral, 409-411
Diálogos das duas cadeiras, 364-365
Diários de gratidão, 200-207, 203f, 459-460
Discriminação, 136-137
Distinguindo situações, Estados de humor e pensamentos (Folhas de Exercícios 6.1, *A mente vencendo o humor*), 69
Dramatizações, 148, 307-313, 317, 330-332, 335-337
"Duas mentes", 163-165

E

É o pensamento que conta (Capítulo 3, *A mente vencendo o humor*)
guia para a resolução de problemas para, 36-44
terapia de casal e, 407t
visão geral, 28-34
Empatia, 274-275
Empirismo, 403-406
Ensaio imaginário, 375-377
Entrevista motivacional, 412-413
Epílogo de *A mente vencendo o humor*, 379-381
Escadas de medos, 234, 258-259, 286-288, 302-303
Escolha, 137, 338
Escrevendo uma carta de perdão (Folha de Exercícios 15.4, *A mente vencendo o humor*), 395-342
Escuta, 160-162, 409-411
Escuta empática, 160-162, 409-411
Especificidade cognitiva, 30, 77-84
Esquemas. *Ver* Crenças nucleares
Estados de humor. *Ver também* Ansiedade e transtornos de ansiedade; Compreendendo a raiva, a culpa e a vergonha (Capítulo 15, *A mente vencendo o humor*); Compreendendo sua ansiedade (Capítulo 14, *A mente vencendo o humor*); Compreendendo sua depressão (Capítulo 13, *A mente vencendo o humor*); Depressão; Identificando e Avaliando estados de humor (Capítulo 4, *A mente vencendo o humor*); Inventários de humor em *A mente vencendo o humor*; Situações, estados de humor e pensamentos (Capítulo 6, *A mente vencendo o humor*)
acompanhando o trabalho com crenças nucleares, 199-201
avaliando, 35-37
avaliando com *A mente vencendo o humor*, 16-18
conexões de pensamentos e, 30
crenças nucleares e, 31-33, 178-182
definindo objetivos para a mudança emocional e, 51-53
evidências a favor ou contra um pensamento e, 101-102
grupo de depressão baseado em protocolo em *A mente vencendo o humor*, 429-431, 430f
lidando com mais de um estado de humor, 36-38
mudança nos, 120-121
pensamentos automáticos e, 77-84
pensamentos "quentes" e, 84-91, 85f
pressupostos subjacentes e, 141-144
raiva, culpa e vergonha e, 344-345
Registro de pensamentos e, 31, 69-73, 120-121
terapia de casal e, 407-408, 407t
uso de substância e, 412-413
verificações do humor, 90-92
Etnia. *Ver* Fatores culturais
Evidências a favor e contra um pensamento. *Ver também* Onde estão as evidências (Capítulo 8, *A mente vencendo o humor*)
fortalecendo novos pensamentos e, 127-128
grupo de depressão baseado em protocolo em *A mente vencendo o humor*, 442, 445-449, 450f
pensamentos alternativos ou compensatórios e, 114-115
quando um pensamento "quente" é uma imagem, 108-116, 114f-115f
Registro de pensamentos e, 31, 94-116, 97f, 99f, 107f, 114f-115f

Evitação
ansiedade e, 233-234, 241-243, 243t, 244-248, 252-254, 258
comparada com pausas, 333-334
crenças nucleares e, 198-200
de experimentos comportamentais, 171-174
de procedimentos da terapia, 277-279
depressão e, 227-229
Escadas de medos e, 258-259
medos do terapeuta em relação ao tratamento da ansiedade e, 273-275
técnicas respiratórias como, 261
transtorno do pânico e, 298-300, 299f
Expectativas, 14, 23-24, 31
Experimentos comportamentais. *Ver também* Pressupostos subjacentes: Pressupostos subjacentes e experimentos comportamentais (Capítulo 11, *A mente vencendo o humor*)
agorafobia, 304-306
ansiedade e, 237, 255-257, 269-270
desenvolvendo e fortalecendo novos pressupostos subjacentes com, 164-167
"duas mentes" e, 163-165
entraves do terapeuta em relação a, 166-170
evitação de, 171-174
exemplos de uso com um cliente, 149-150, 153-160, 171-174
fortalecimento de novas crenças nucleares e, 196-199
grupo de depressão baseado em protocolo em *A mente vencendo o humor*, 459-462
medos do terapeuta em relação ao tratamento de ansiedade e, 275
melhorando a felicidade e as experiências positivas e, 379
Pressupostos subjacentes e, 31, 165-166, 288-289
raiva, culpa e vergonha e, 323, 329-330
relacionamentos e, 171-172
resumindo com diálogo socrático, 156-160

transtorno de ansiedade
    generalizada (TAG) e,
    288-293, 293t
transtorno de ansiedade social
    e, 306, 313
transtorno do pânico e,
    298-300, 299f, 301t
uso de substância e, 411-412
visão geral, 140, 145-165
Experimentos comportamentais
    para fortalecer novas crenças
    nucleares (Folha de Exercícios
    12.9, *A mente vencendo o humor*),
    197-200, 202-203
Experimentos para Testar um
    Pressuposto Subjacente (Folha de
    Exercícios 11.2, *A mente vencendo
    o humor*)
    grupo de depressão baseado
        em protocolo em *A mente
        vencendo o humor*, 455-459,
        457f
    transtorno de ansiedade social
        e, 307-308
    transtorno do pânico e,
        298-301, 299f
    visão geral, 145-165
Exposições hierárquicas. *Ver*
    Escadas de medos; Técnicas de
    exposição
Expressando gratidão (Folha
    de Exercícios 12.14, *A mente
    vencendo o humor*), 204-205

F
Fatores ambientais, 25-26, 25f, 31
Fatores culturais
    conceitualização de caso e,
        393-396
    exemplos de caso de, 415-418
    gratidão e, 204-205
    modelo de cinco partes e,
        25-26, 25f
    recusa a discutir, 414-418
Fatores interpessoais, 25-26, 25f
Fatores situacionais. *Ver também*
    Situações, estados de humor e
    pensamentos (Capítulo 6,
    A mente vencendo o humor)
    crenças nucleares e, 180-182
    identificando pensamentos
        "quentes" e, 87-91
    modelo de cinco partes e,
        25-26, 25f
    Registro de pensamentos e,
        31, 69-73

Fazendo reparações por ter
    prejudicado alguém (Folha de
    Exercícios 15.8, *A mente vencendo o
    humor*), 344, 353-357, 364-365, 414
Fazendo uma escada de medos
    (Folha de Exercícios 14.4, *A mente
    vencendo o humor*), 258-259
Feedback, 16-17, 402-403, 417-420,
    428
Felicidade, 51-53, 227, 369-370,
    377-379. *Ver também* Mantendo
    seus ganhos e experimentando
    mais felicidade (Capítulo 16,
    A mente vencendo o humor)
    avaliando e acompanhando a
        melhora, 321
Fobias. *Ver* Ansiedade social e
    transtorno de ansiedade social;
    Fobias específicas
Fobias específicas, 258t, 282,
    300-303, 304t. *Ver também*
    Ansiedade e transtornos de
    ansiedade
Folhas de exercícios em *A mente
    vencendo o humor*. *Ver também*
    Inventários de humor em *A mente
    vencendo o humor*; Planos de
    ação; Registro de pensamentos
Fortalecendo novos pensamentos
    (Folha de Exercícios 10.1, *A mente
    vencendo o humor*), 127-129,
    453-455

G
Gênero, 393-394. *Ver também*
    Questões LGBTQ+
Gentileza, atos de. *Ver* Atos de
    gentileza
Gratidão. *Ver também* Novas crenças
    nucleares, gratidão e atos de
    gentileza (Capítulo 12, *A mente
    vencendo o humor*)
    aplicações clínicas da, 205-207
    expressando, 204-205
    grupo de depressão baseado
        em protocolo em *A mente
        vencendo o humor*, 459-462
    raiva, culpa e vergonha e, 324
    terapia de casal e, 407t
    visão geral, 200-205, 203f
Gratidão sobre mim mesmo (Folha
    de Exercícios 12.12, *A mente
    vencendo o humor*), 201-203
Gratidão sobre o mundo e minha
    vida (Folha de Exercícios 12.10,
    A mente vencendo o humor),
    201-203

Gratidão sobre os outros (Folha
    de Exercícios 12.11, *A mente
    vencendo o humor*), 201-203, 203f
Guia da ansiedade para clínicos,
    235-238, 237t. *Ver também*
    Ansiedade e transtornos de
    ansiedade; Compreendendo sua
    ansiedade (Capítulo 14, *A mente
    vencendo o humor*)
Guia da depressão para clínicos,
    213, 214t
Guias de leitura
    aderência às tarefas e, 40
    ansiedade e, 235-237, 256-257,
        473
    definição de objetivos e, 45-46
    depressão e, 213, 214t, 472
    empirismo e, 404-406
    estados de humor e, 36-37
    preenchimento, 472-475
    raiva, culpa e vergonha e, 142,
        322-324, 323t, 344-345, 345t,
        474-475
    usando para individualizar
        A mente vencendo o humor,
        8-11
    visão geral, 7-8, 472-475

H
Habilidade de enfrentamento,
    subestimação da. *Ver*
    Subestimação da habilidade de
    enfrentamento/recursos
Habilidade para leitura dos clientes,
    37-39
Habilidades de comunicação,
    361-362, 407

I
Identificando aspectos cognitivos
    da depressão (Folha de Exercícios
    13.3, *A mente vencendo o humor*),
    219-221
Identificando crenças nucleares
    (Folha de Exercícios 12.1, *A mente
    vencendo o humor*), 180-186
Identificando e avaliando estados de
    humor (Folha de Exercícios 4.2,
    A mente vencendo o humor),
    35-36
Identificando e avaliando estados
    de humor (Capítulo 4, *A mente
    vencendo o humor*), 34-44, 407t,
    412-413, 429-430. *Ver também*
    Estados de humor
Identificando estados de humor
    (Folha de Exercícios 4.1, *A mente*

vencendo o humor), 34-36, 429-430, 430*f*

Identificando novas crenças nucleares (Folha de Exercícios 12.5, *A mente vencendo o humor*), 183-186

Identificando pensamentos associados à ansiedade (Folha de Exercícios 14.3, *A mente vencendo o humor*), 253-255, 284, 296-297, 302, 316-317

Identificando pensamentos automáticos (Folha de Exercícios 7.3, *A mente vencendo o humor*), 84-86, 85*f*

Identificando pressupostos subjacentes (Folha de Exercícios 11.1, *A mente vencendo o humor*), 306-308

Imagens. *Ver também* Pensamentos automáticos
  ansiedade e, 234, 250-257, 269-270, 280-282
  estados de humor e, 77-84
  evidências a favor ou contra, 108-116, 114*f*-115*f*
  grupo de depressão baseado em protocolo em *A mente vencendo o humor*, 442
  identificando e testando, 84-91, 85*f*, 253-255
  pensamentos "quentes" como, 84-91, 85*f*
  raiva, culpa e vergonha e, 325-327, 345-346
  Registro de pensamentos e, 72-73, 108-116, 114*f*-115*f*, 122-124
  visão geral, 72-77, 74*f*

Imperfeição, 169-171

Injustiça social, 136-137, 323

Interpretações, 32-33, 94, 445-449, 450*f*

Inventário de ansiedade de *A mente vencendo o humor* (Folha de Exercícios 14.1, *A mente vencendo o humor*)
  avaliando os estados de humor e, 35-36
  comportamentos de enfrentamento em vez de evitação ou comportamentos de segurança, 241-242
  definindo objetivos para a mudança emocional e, 52
  prevenção de recaída e, 374-376

transtorno de ansiedade social e, 307-308
  visão geral, 90-92, 237, 239-241

Inventário de depressão de *A mente vencendo o humor* (Folha de Exercícios 13.1, *A mente vencendo o humor*)
  avaliando e acompanhando a melhora e, 214-215
  avaliando os estados de humor e, 35-36
  definindo objetivos para a mudança emocional e, 52
  grupo de depressão baseado em protocolo em *A mente vencendo o humor*, 437
  prevenção de recaída e, 374-376
  visão geral, 16-18, 90-92, 212, 213

Inventários de humor em *A mente vencendo o humor*, 16-18, 374-376. *Ver também* Avaliando e acompanhando meus estados de humor (Folha de Exercícios 15.1, *A mente vencendo o humor*); Estados de humor; Identificando e avaliando estados de humor (Capítulo 4, *A mente vencendo o humor*); Inventário de ansiedade de *A mente vencendo o humor* (Folha de Exercícios 14.1, *A mente vencendo o humor*); Inventário de depressão de *A mente vencendo o humor* (Folha de Exercícios 13.1, *A mente vencendo o humor*)
  ansiedade e, 239-241
  avaliando estados de humor e, 35-36
  definindo objetivos para a mudança emocional e, 52-53
  depressão e, 214-215
  revenção de recaída e, 374-376
  visão geral, 18

L
Lembranças, 96, 253-255, 325-327

M
Manejo da dor, 133-137
Manejo de crise, 407
Manejo de recaída. *Ver também* Mantendo seus ganhos e experimentando mais felicidade (Capítulo 16, *A mente vencendo o humor*)
  depressão e, 224-227

gratidão e gentileza e, 205-207
  grupo de depressão baseado em protocolo em *A mente vencendo o humor*, 461-465, 463*f*
  prática de habilidades e, 370-374
  raiva, culpa e vergonha e, 345
  reduzindo a recaída, 224-227, 373-377
  terapia de casal e, 407
  usando *A mente vencendo o humor* como um guia pós-terapia, 376-378
  uso de substâncias e, 414
  visão geral, 369-370

Mantendo seus ganhos e experimentando mais felicidade (Capítulo 16, *A mente vencendo o humor*). *Ver também* Felicidade; Manejo de recaída
  exemplos de uso com um cliente, 370-374, 376-377
  melhorando a felicidade e experiências positivas e, 377-379
  prática de habilidades e, 370-374
  usando *A mente vencendo o humor* como um guia pós-terapia, 376-378
  uso de substância e, 414
  visão geral, 369-370

Medicação, 270-273, 413. *Ver também* Uso de substâncias

Medo, 171-174, 280-281. *Ver também* Ansiedade e transtornos de ansiedade

Meu plano para reduzir o risco de recaída (Folha de Exercícios 16.2, *A mente vencendo o humor*), 374-377, 381, 414, 462-465, 463*f*

Minha escada de medos (Folha de Exercícios 14.5, *A mente vencendo o humor*), 258-259

Modelo de cinco partes
  conceitualização de caso e, 389, 391-393
  exemplo do uso com um cliente, 27-28
  grupo de depressão baseado em protocolo em *A mente vencendo o humor*, 426-428, 427*f*
  problemas de casal e, 396
  visão geral, 25-26, 26*f*

Motivação, 231-232
Mudança
   ausência de melhora e, 419-421
   combinando planos de ação e aceitação e, 137
   crenças em relação a, 61-65
   desencorajamento com, 64-65
   enfatizando, 405-408, 407t
   estados de humor e, 120-121
   pressupostos subjacentes e, 166-167
Mudança emocional, 51-53

N
Não aderência, 38-44, 171-174, 227-229, 277-289
Narcóticos Anônimos (NA), 413-414
Níveis de atividade, 231-232
Níveis de pensamento, 30-34.
   Ver também Conexões de pensamento; Crenças nucleares; Pensamentos automáticos; Pressupostos subjacentes
Novas crenças nucleares, gratidão e atos de gentileza (Capítulo 12, A mente vencendo o humor).
   Ver também Atos de gentileza; Crenças nucleares; Gratidão
   acompanhando o trabalho com crenças nucleares, 199-201
   exemplos do uso com um cliente, 181-183, 185-199, 188f, 193f
   gratidão e gentileza e, 200-207, 203f
   guia para a resolução de problemas para, 207-210
   identificando crenças nucleares e, 180-186
   terapia de casal e, 407t
   visão geral, 175-176
Novos pensamentos, planos de ação e aceitação (Capítulo 10, A mente vencendo o humor). Ver também Aceitação; planos de ação; Pensamentos
   aceitação e, 133-137
   combinando planos de ação e aceitação, 136-137
   exemplos do uso com um cliente, 128-129, 130-136
   fortalecendo novos pensamentos, 127-129
   guia para a resolução de problemas para, 137-138

terapia de casal e, 407t, 408
usando planos de ação para resolver problemas e, 129-134
uso de substância e, 310, 414
visão geral, 126-127

O
O que pode me ajudar a atingir meus objetivos? (Folha de Exercícios 5.3, A mente vencendo o humor), 48-50
Objetivos. Ver também Definindo objetivos pessoais e observando as melhoras (Capítulo 5, A mente vencendo o humor)
   ansiedade e, 244-248
   crenças nucleares e, 178-179
   depressão e, 213
   especificidade na definição ou descrição, 54-55
   grupo de depressão baseado em protocolo em A mente vencendo o humor, 423, 436-437
   mudando, 55-57
   o que ajuda as pessoas a atingir, 48-50
   objetivos mal-adaptativos, 57-62
   para a mudança emocional, 51-53
   planos de ação e, 130, 137
   priorizando e acompanhando o progresso, 53-54
   sinais de melhora, 51
   terapia de casal e, 407t
   vantagens e desvantagens de atingir, 48
Onde estão as evidências (Capítulo 8, A mente vencendo o humor).
   Ver também Evidências a favor ou contra um pensamento
   exemplos do uso com um cliente, 96-100, 97f, 99f, 103-116, 107f, 114f-115f
   guia para a resolução de problemas para, 121-125
   quando um pensamento "quente" é uma imagem, 108-116, 114f-115f
   uso na terapia, 101-104, 108-109
   visão geral, 93-116, 97f, 99f, 107f, 114f-115f

P
Pausas, 332-334
Pensamento alternativo ou compensatório (Capítulo 9, A mente vencendo o humor).
   Ver também Exemplos do uso de pensamentos compensatórios; Pensamentos alternativos
   com um cliente, 114f-115f, 115-120
   guia para a resolução de problemas para, 121-125
   visão geral, 113-121, 114f-115f
Pensamento catastrófico, 169-171, 293-300, 294f, 296f, 299f, 301t
Pensamento do tipo tudo-ou-nada, 123-125. Ver também Crenças dicotômicas; Crenças nucleares
Pensamentos. Ver também Crenças; Evidências a favor ou contra um pensamento; Novos pensamentos, planos de ação e aceitação (Capítulo 10, A mente vencendo o humor); Pensamentos automáticos; Pensamentos compensatórios; Situações, Estados de humor e pensamentos (Capítulo 6, A mente vencendo o humor)
   ansiedade e, 234, 269-270
   como pressupostos subjacentes, 254-258, 258t
   depressão e, 219-224
   fortalecendo novos pensamentos, 127-129
   raiva, culpa e vergonha e, 325-327, 345-346
   Registro de pensamentos e, 31, 69-73
Pensamentos alternativos. Ver também Novos pensamentos, planos de ação e aceitação (Capítulo 10, A mente vencendo o humor); Pensamento alternativo ou compensatório (Capítulo 9, A mente vencendo o humor); Pensamentos
   evidências a favor ou contra um pensamento e, 119-120
   fortalecendo novos pensamentos, 127-129
   Registro de pensamentos e, 113-118, 114f-115f
   visão geral, 113-116
Pensamentos automáticos.
   Ver também Conexões de

pensamentos; Evidências a favor
  ou contra um pensamento;
  Pensamentos; Pensamentos
  automáticos (Capítulo 7, *A mente
  vencendo o humor*); Pensamentos
  "quentes"
 crenças nucleares e, 177
 depressão e, 141, 220-224
 estados de humor e, 77-84, 90-92
 grupo de depressão baseado
  em protocolo em *A mente
  vencendo o humor*, 442
 identificando, 78-91, 85*f*
 raiva, culpa e vergonha e, 142,
  325-327, 345-346
 Registro de pensamentos e,
  31, 70
 terapia de casal e, 407-408, 407*t*
 transtorno de ansiedade
  generalizada (TAG) e, 284
 visão geral, 30-34, 72-77, 74*f*
Pensamentos automáticos (Capítulo
  7, *A mente vencendo o humor*).
  Ver também Pensamentos
  automáticos
 exemplos do uso com um
  cliente, 73-77, 74*f*, 84-86,
  85*f*, 87-91
 guia para a resolução de
  problemas para, 90-92
 verificações do humor e, 90-92
 visão geral, 72-92, 74*f*, 85*f*
Pensamentos compensatórios,
  113-118, 114*f*-115*f*, 119-120,
  127-129. *Ver também* Novos
  pensamentos, planos de ação e
  aceitação (Capítulo 10, *A mente
  vencendo o humor*); Pensamento
  alternativo ou compensatório
  (Capítulo 9, *A mente vencendo o
  humor*); Pensamentos
Pensamentos negativos,
  129-134, 219-224. *Ver também*
  Pensamentos; Pensamentos
  automáticos
Pensamentos "quentes". *Ver também*
  Pensamentos automáticos
 como uma crença nuclear,
  121-122
 evidências a favor ou contra
  um pensamento e, 94-116,
  97*f*, 99*f*, 107*f*, 114*f*-115*f*,
  119-120
 grupo de depressão baseado
  em protocolo em *A mente
  vencendo o humor*, 442

identificando, 84-91, 85*f*
 quando um pensamento
  "quente" é uma imagem,
  108-116, 114*f*-115*f*
 visão geral, 84, 90-91
Perdão, 337-342, 344, 355-357,
  364-366
Perdoando a mim mesmo (Folha de
  Exercícios 15.9, *A mente vencendo
  o humor*), 344, 364-366
Perguntas
 em diálogos socráticos, 160,
  162-164, 409-411
 grupo de depressão baseado
  em protocolo em *A mente
  vencendo o humor*, 445-251,
  450*f*
 relações colaborativas em TCC
  e, 402-404
Perguntas analíticas, 162-164.
  Ver também Perguntas
Perguntas informais, 160.
  Ver também Perguntas
Perguntas sintetizadoras, 162-164.
  Ver também Perguntas
Perigo, superestimação. *Ver*
  Superestimação do perigo/ameaça
Perspectiva
 aceitação e, 134-136
 evidências a favor ou contra
  um pensamento e, 101-102
 perdão e, 340-341
 raiva, culpa e vergonha e,
  326-330, 334-335
Perspectiva de "uma terapia",
  387-408, 390*f*, 397*f*, 407*t*
Pesar, 232
Pessimismo, 30, 77-78, 221-223, 229
Planejamento do tratamento,
  238-239, 280-282
Plano de ação (Folha de Exercícios
  10.2, *A mente vencendo o humor*),
  100, 130-134, 136-137, 453-455.
  Ver também Planos de ação
 agorafobia e, 305-306
 ansiedade e, 238
 aumentando a felicidade e as
  experiências positivas e, 379
 combinando com aceitação,
  136-137
 evidências a favor e contra um
  pensamento e, 100
 exemplo da utilização com um
  cliente, 119-120, 130-134
 fobias específicas e, 303

grupo de depressão baseado
  em protocolo em *A mente
  vencendo o humor*, 460
 para resolver problemas,
  129-134
 pensamentos alternativos ou
  compensatórios e, 119-120
 prevenção de recaída e, 375-377
 raiva, culpa e vergonha e,
  329-330, 361-364
 segredos e, 361-364
 terapia de casal e, 408
 uso de substâncias e, 414
Pontos fortes, 48, 137
Preocupações, 22, 254-255, 259,
  282-283, 287-289. *Ver também*
  Ansiedade e transtornos de
  ansiedade
Pressupostos alternativos, 289-293,
  293*t*. *Ver também* Pressupostos
  subjacentes
Pressupostos, subjacentes. *Ver*
  Pressupostos subjacentes
Pressupostos subjacentes.
  Ver também Experimentos
  comportamentais; Pressupostos
  subjacentes e experimentos
  comportamentais (Capítulo 11,
  A mente vencendo o humor)
 "duas mentes" e, 163-165
 ansiedade e, 142, 247-249,
  254-258, 258*t*
 crenças perfeccionistas,
  169-171
 desenvolvendo e fortalecendo
  novos pressupostos
  subjacentes, 164-167
 entraves do terapeuta relativos
  a, 166-170
 experimentos comportamentais
  e, 31, 165-166, 288-289
 grupo de depressão baseado
  em protocolo em *A mente
  vencendo o humor*, 454-460,
  457*f*
 identificando, 143-145
 pressupostos alternativos,
  288-291
 quando trabalhar com, 140-143
 raiva, culpa e vergonha e,
  329-330
 referentes às relações, 171-172
 terapia de casal e, 397-398,
  397*f*, 407, 407*t*
 teste, 145-165

transtorno de ansiedade generalizada (TAG) e, 288-291
transtorno de ansiedade social e, 306-308
transtornos da personalidade e, 209
visão geral, 31-34, 139-140, 165-166
Pressupostos subjacentes e experimentos comportamentais (Capítulo 11, *A mente vencendo o humor*). *Ver também* Experimentos comportamentais; Pressupostos subjacentes
desenvolvendo e fortalecendo novos pressupostos subjacentes, 164-167
exemplos do uso com um cliente, 144-145, 149-150, 153-160, 171-174
guia para a resolução de problemas para, 166-174
raiva, culpa e vergonha e, 329-330
terapia de casal e, 407t, 408
usando na terapia, 145-165
uso de substância e, 411-412
visão geral, 139-141
Previsões, 31, 149-160, 308-310, 312-313
Previsões do tipo "Se...então...", 145-147, 168-170, 248-249
Previsões por escrito, 149-157. *Ver também* Experimentos comportamentais; Previsões
Problemas de saúde, 136-137, 413
Programas de 12 passos, 413-414
Progresso
acompanhando, 53-54
apoiando com *A mente vencendo o humor*, 16-19
grupo de depressão baseado em protocolo em *A mente vencendo o humor*, 426-428, 427f, 436-437
terapia de grupo e, 468-469
Psicoeducação, 270-273
Psicologia positiva, 227
Psicose, 252-253

Q

Quadro de escores do humor (Folha de Exercícios 15.2, *A mente vencendo o humor*) 321-322

Questões LGBTQ+, 361-364, 393-394, 396

R

Raça. *Ver* Fatores culturais
Raiva. *Ver também* Compreendendo a raiva, a culpa e a vergonha (Capítulo 15, *A mente vencendo o humor*)
abordagens de TCC e, 387
avaliando e acompanhando, 320-322
crenças nucleares e, 178
estratégias de manejo, 341-343
Guia de leitura para, 474
imaginação antecipatória, 330-332
pensamentos automáticos e, 77-78, 80-81
pressupostos subjacentes e, 142
retardando uma resposta de raiva, 329-337
terapia de casal e, 407-408, 407t
usando *A mente vencendo o humor* no tratamento de, 322-343, 333t
uso de substâncias e, 414
visão geral, 318-320
Recuperação racional, 413-414
Reestruturação cognitiva, 315, 407
Registro de crenças nucleares: registando evidências que apoiam uma nova crença nuclear (Folha de Exercícios 12.6, *A mente vencendo o humor*), 38-39, 186-199, 188f, 193f, 199-200
Registro de pensamentos
aderência às tarefas e, 40, 43-44
agorafobia e, 304-306
ansiedade e, 238, 255-257
avaliando estados de humor e, 120-121
Coluna 1: Situação, 70-71, 100
Coluna 2: Estados de humor, 71-73, 100
Coluna 3: Pensamentos automáticos (imagens), 72-73, 100
Coluna 4: Evidências que apoiam o pensamento "quente", 94-100, 97f, 99f, 100
Coluna 5: Evidencias que não apoiam o pensamento "quente", 100-116, 107f, 114f-115f

Coluna 6: Pensamentos alternativos/compensatórios, 113-118
Coluna 7: Avalie os estados de humor agora, 120-121
crenças dicotômicas e, 123-125
depressão e, 213
desenvolvimento do, 476-478
engajamento no ou impacto do, 122-124
estados de humor e, 120-121
evidências a favor ou contra um pensamento e, 94-116, 97f, 99f, 107f, 114f-115f, 119-120
exemplos do uso com um cliente, 73-77, 74f, 84-91, 85f, 96-100, 97f, 99f, 103-118, 107f, 114f-115f,
grupo de depressão baseado em protocolo em *A mente vencendo o humor*, 437-455, 437f, 441f, 450f
guia para a resolução de problemas para, 90-92, 121-125
identificando pensamentos "quentes" e, 84
importância do, 67-68
pensamentos alternativos ou compensatórios e, 113-118, 114f-115f
prevenção de recaída e, 375-376
raiva, culpa e vergonha e, 142, 323, 329-331, 344-346
situações, estados de humor e pensamentos e, 67-73
terapia de casal e, 407t
usando depois do término da terapia, 377-378
usando na terapia, 68
uso de substância e, 411-412
visão geral, 31, 66-67
Registro de pensamentos (Folha de Exercícios 13.4, *A mente vencendo o humor*)
ativação comportamental e, 216-218
grupo de depressão baseado em protocolo em *A mente vencendo o humor*, 431-433
transtorno obsessivo--compulsivo (TOC), 315
uso de substâncias e, 412

visão geral, 212
Registros de pensamento.
 Ver Registro de pensamentos de sete colunas
Relação terapêutica. *Ver também* Colaboração
 perdão e, 337-338
 raiva, culpa e vergonha e, 324-326
 relações colaborativas em TCC e, 398-404
 rupturas na terapia e, 417-420
 segredos e, 356-357
 transtornos da personalidade e, 209-210
Relações. *Ver também* Relações interpessoais; Relação terapêutica
 agorafobia e, 304-306
 perdão e, 337-338
 pressupostos subjacentes referentes a, 171-172
 segredos e, 359-364
 uso de substâncias e, 413
Relações interpessoais, 142-143, 171-172, 179, 413. *Ver também* Relacionamentos
Relaxamento muscular.
 Ver Relaxamento muscular progressivo
Relaxamento muscular progressivo, 234, 262-263, 268-270
Religião. *Ver* Fatores culturais
Remorso, 364-365
Reparações, 344, 353-357, 364-365
Repetição de habilidades, 208
Resiliência, 48, 267-268, 321, 379, 391-392, 479
Respiração controlada. *Ver* Técnicas respiratórias
Respiração diafragmática. *Ver* Técnicas respiratórias
Responsabilidade, 363-365
Resumindo, 161-162
Resumos por escrito, 41, 161-164, 410
Revelação, 356-364
Rotinas, 43-44

S

Segurança, 171-174
Sinais de alerta, 332-333. *Ver também* Desencadeantes
Sinais de melhora (Folha de Exercícios 5.4, *A mente vencendo o humor*), 51, 213, 237, 437

Situações, estados de humor e pensamentos (Capítulo 6, *A mente vencendo o humor*), 69-73, 90-92.
 Ver também Estados de humor; Fatores situacionais: Pensamentos
SMART Recovery, 413-414
Sobrecarregado, sentimentos de estar, 228
Solução de problemas
 aderência às tarefas e, 41-42
 planos de ação e, 129-134
 raiva, culpa e vergonha e, 324
 terapia de casal e, 407, 407t
 terapia de grupo e, 466-469
 uso de substâncias e, 413
Subestimação da habilidade de enfrentamento/recursos, 234, 248-255, 283, 307-309
Superestimação do perigo/ameaça, 234, 248-255, 306-308, 313
Supervisão, 4-6

T

Tarefa de casa. *Ver* Tarefa de aprendizagem
Tarefas de aprendizagem
 antecipando as dificuldades, 216-217
 como organizá-las, 38-43
 crenças do cliente que interferem, 44
 em terapia de grupo, 423
 resumindo as tarefas de aprendizagem, 160-164
TCC focada no trauma, 315
Técnica agindo "como se", 197-198
Técnica da seta descendente, 181-184
Técnicas de exposição
 ansiedade e, 234
 comportamentos de enfrentamento em vez de evitação ou comportamentos de segurança, 241-243, 243t
 Escadas de medos e, 258-259
 fobias específicas e, 300-303, 304t
 temores do terapeuta em relação ao uso de, 273-275
 transtorno obsessivo-compulsivo (TOC) e, 314-315
 visão geral, 258-273
Técnicas de imaginação
 ansiedade e, 263-268

como um método de enfrentamento comparado a um comportamento de segurança, 267-270
 prevenção de recaída e, 375-377
 raiva, culpa e vergonha e, 330-332
Técnicas de relaxamento, 234, 262-263, 267-270. *Ver também* Técnicas respiratórias
Técnicas respiratórias, 234, 261-262, 267-270
Terapeutas
 ansiedade e, 235, 238-239, 273-275
 familiarizando-se com os conteúdos de *A mente vencendo o humor*, 23
 abordagens da TCC e, 385-387
 relações colaborativas na TCC e, 398-404
 empirismo e, 403-406
 praticantes isolados, 6
 rupturas na terapia e, 417-420
 pressupostos subjacentes e experimentos comportamentais e, 166-170
 treinamento e, 4-6, 138
 aplicações deste guia, 3-8
Terapia breve, 195-196
Terapia cognitiva (TC), 224-227
Terapia cognitiva baseada em *mindfulness* (MBCT), 226-227, 260-261
Terapia cognitivo-comportamental (TCC). *Ver também A mente vencendo o humor*
 abordagens para, 385-387
 apresentando aos clientes, 23-24
 crenças nucleares e, 178-179
 depressão e, 212, 226-227
 guia para a resolução de problemas para, 414-421
 modelo da TCC apresentado em *A mente vencendo o humor*, 7-8
 modelo de cinco partes e, 25-26, 26f
 princípios da, 387-408, 390f, 397f, 407f
 temores do terapeuta em relação ao tratamento de ansiedade e, 274

transtorno de estresse
pós-traumático (TEPT) e,
315
transtornos de ansiedade e,
282-283
treinamento e, 4-5
visão geral, 4, 384-385
Terapia cognitivo-comportamental
em grupo (TCCG), 422-423,
465-469. *Ver também* Terapia de
grupo
Terapia de aceitação e compromisso
(TAC), 260-261
Terapia de casal
aquisição de habilidades em,
407-408, 407*t*
conceitualização de caso e,
396-398, 397*f*
raiva e, 342-343
usando *A mente vencendo
o humor* em, 407-408,
407*t*
Terapia de família, 342-343.
Ver também Terapia de casal
Terapia de grupo. *Ver
também* Terapia cognitivo-
-comportamental em grupo
(TCCG)
cronogramas para, 470-471
estrutura da, 423
grupo de depressão baseado
em protocolo em *A mente
vencendo o humor*, 423-466,
427*f*, 430*f*, 437*f*, 441*f*, 450*f*,
457*f*, 463*f*
grupos abertos *versus* fechados,
471
guia para a resolução de
problemas para, 468-471
sessões individuais pós-grupo,
464-466
TCCG modular, 465-469
transtorno de ansiedade social
e, 305-307
visão geral, 422
Terapia de processamento cognitivo,
315
Terapia interpessoal (TI), 224-226
Tomada de decisão, 402-404

Torta de responsabilidades, 315, 344,
350-353, 414
Transtorno de ansiedade
generalizada (TAG). *Ver também*
Ansiedade e transtornos de
ansiedade
abordagens da TCC e, 385
Escadas de medos e, 259
MBCT e TAC para, 261
pressupostos subjacentes e,
254-255, 258*t*
problemas de ansiedade
múltipla, 316-317
testando crenças nucleares na
ansiedade e, 250-251
usando *A mente vencendo o
humor* no tratamento de,
282-293, 293*t*
visão geral, 238-239
Transtorno de estresse pós-
-traumático (TEPT), 238-239,
282, 313-316, 387. *Ver também*
Ansiedade e transtornos de
ansiedade
Transtorno do pânico. *Ver também*
Ansiedade e transtornos de
ansiedade
Escada de medos e, 259
múltiplos problemas de
ansiedade, 316-317
pressupostos subjacentes e,
258*t*
usando *A mente vencendo o
humor* no tratamento do,
282, 293-300, 294*f*, 296*f*,
299*f*, 301*t*
visão geral, 238-239
Transtorno obsessivo-compulsivo
(TOC), 238-239, 282, 313-315,
387. *Ver também* Ansiedade e
transtornos de ansiedade
Transtornos alimentares, 178
Transtornos da personalidade,
178-180, 207-210
Tratamentos baseados em
evidências, 283, 387
Tríade cognitiva, 219-220
Tríade cognitiva negativa, 219-220
Tristeza, 232. *Ver também* Depressão

U

Usando uma torta de
responsabilidades para culpa ou
vergonha (Folha de Exercícios
15.7, *A mente vencendo o humor*),
344, 350-353, 363-365, 414
Uso de álcool. *Ver Uso* de
substâncias
Uso de drogas. *Ver Uso* de
substâncias
Uso de substâncias. *Ver também*
Adição
crenças nucleares e, 178
segredos e, 361-362
tratando ansiedade com
medicação e o risco de, 270-273
usando *A mente vencendo o
humor* no tratamento do,
411-414

V

Vantagens e desvantagens de atingir
e não meus objetivos (Folha de
Exercícios 5.2, *A mente vencendo
o humor*), 48, 412-413
Vergonha. *Ver também*
Compreendendo a culpa, a raiva e
a vergonha (Capítulo 15, *A mente
vencendo o humor*)
autoperdão e, 363-366
avaliando e acompanhando,
320-322, 342-343
crenças nucleares e, 178
culpar outros em vez de,
365-368
fazendo reparações e, 353-357
Guia de leitura para, 475
pensamentos automáticos e,
78, 83-84
pressupostos subjacentes e, 142
segredos e, 356-364
terapia de casal e, 407-408, 407*t*
usando *A mente vencendo o
humor* no tratamento da,
342-366, 345*t*, 349*f*
uso de substâncias e, 414
visão geral, 318-320, 342-343,
345-346
Verificações do humor, 90-92